종교개혁자
츠빙글리의 삶과
개혁신학

종교개혁자 츠빙글리의 삶과 개혁신학

발행	2022년 10월 25일
지은이	주도홍 외
발행인	윤상문
디자인	박진경, 장미림
발행처	킹덤북스
등록	제2009-29호(2009년 10월 19일)
주소	경기도 용인시 기흥구 동백동 622-2
문의	전화 031-275-0196 팩스 031-275-0296
ISBN	979-11-5886-262-6 03230

Copyright ⓒ 2022 주도홍 외
이 책은 저작권법에 따라 보호받는 저작물이므로 무단전재와 복제를 금지하며,
이 책의 내용의 전부 또는 일부를 이용하려면 반드시 저작권자와 킹덤북스의
서면 동의를 받아야 합니다.

※ 잘못된 책은 구입한 곳에서 교환하여 드립니다.
※ 책 가격은 표지 뒷면에 있습니다.

킹덤북스(Kingdom Books)는 문서사역을 통해 하나님의 나라를 확장하고,
한국 교회와 세계 교회를 섬기고자 설립된 출판사입니다.

목차

추천사   6

프롤로그 **츠빙글리의 생애와 신학 사상**   12
주도홍(츠빙글리 종교개혁 기념대회 대회장, 전 백석대학교 부총장)

01   울리히 츠빙글리와 개혁교회의 역사   40
Ulrich Zwingli und die Geschichte der reformierten Kirche
유디스 베커(Prof. Judith Becker)
독일 베를린 훔볼트대학교 교수(Humboldt University of Berlin in Germany)
Prof. Dr. Judith Becker, HU Berlin/IEA Nantes

02   1523년 츠빙글리의 논쟁과 "하나님의 말씀"을 듣는 교회의 시작   86
Zwinglis Disputationen von 1523 und die Anfänge einer auf "Gottes Wort" hörenden Kirche
페터 오피츠(Prof. Peter Opitz)
스위스 취리히대학교 교수(University of Zurich in Switzerland)

03   예배, 어떻게?   118
주도홍(총신대학교 초빙교수)

04   정의란 무엇인가?   150
이은선(안양대학교 교수)

05   통일, 어떻게?   184
안인섭(총신대학교 교수)

06   설교, 어떻게?   212
서창원 교수(전 총신대학교 교수)

07   츠빙글리와 루터의 성만찬 논쟁에 나타난 그리스도 신앙 이해   248
(Understanding the Faith in Christ in Zwingli and Luther's Controversy for the Lord's Supper)
조병하(전 백석대학교 교수)

| 08 | 불링거와 칼빈의 만남
이승구(합동신학대학원대학교 교수) | 284 |

| 09 | 국가와 가난한 자들에 대하여
이신열(고신대학교 교수) | 326 |

| 10 | 다시 세례를 받아야 하나?
박찬호(백석대학교 교수) | 368 |

| 11 | 성찬식 어떻게 해야 하나?
Reflections on Zwingli and Calvin's Sacraments
임종구(대신대학교 교수) | 398 |

| 12 | 그리스도인의 삶, 어떻게?
우병훈(고신대학교 교수) | 432 |

| 13 | 참 자유는 무엇인가?
유정모(횃불트리니티신학대학원대학교 교수) | 470 |

| 14 | 기독교 평화, 어떻게?
Zwingli's Understanding of Freedom as an impulse for Christian Peace Ethics for the Korean Peninsula
조용석(안양대학교 교수) Yong Seuck Cho | 504 |

| 15 | 어떻게 살아야 하나?
주도홍(총신대학교 초빙교수) | 530 |

| 16 | 하나님의 언약, 어떻게?
이은선(안양대학교 교수) | 566 |

에필로그 **재발견된 츠빙글리, 한국 교회에 말하다.** 606
안인섭(츠빙글리 종교개혁 기념대회 편집위원장, 총신대학교 교수)

추천사

올해 1월 23일 남서울교회(담임목사: 화종부)에서 개최된 제503주년 기념학술대회에서 발표된 논문들이 『종교개혁자 츠빙글리의 삶과 개혁신학』이란 제목으로 출판되었다. 독일 베를린 훔볼트대학교 유디스 베커, 스위스 취리히대학교 페터 오피스 교수 등 종교개혁에 정통한 국내외 학자들의 총 16편 무게 있는 논문들이 실려 있다. 본 저서는 종교개혁 과정에서 일찍 사라진 개혁교회 창시자 츠빙글리의 교회 개혁 모습을 5백년 후 오늘날 다시 살려내고 있다. 본서는 츠빙글리 연구에 대한 한국 신학계의 성과를 국제 학계에 제시한다. 여태까지 주된 흐름인 루터 주도의 루터교 종교개혁 연구에서 조명받지 못한 츠빙글리 주도의 개혁교회 종교개혁 연구를 보완하고 있다. 한국 신학계는 본서 출판으로 세계 신학계의 츠빙글리 연구에 큰 기여를 하고 있다.

김영한 박사(기독교학술원장, 숭실대 명예교수)

성경의 영적 권위를 강조한 츠빙글리의 신학은 오늘날 한국 교회가 돌아가야 할 가장 근본적인 종교개혁 정신이다. 츠빙글리 종교개혁 503주년을 맞아 한국과 독일, 스위스 개혁주의 신학자들이 함께 연구한 본서는 '개혁주의의 아버지'로 불리는 종교개혁자 츠빙글리를 새롭게 이해하고 개혁신학의 지평을 넓히는 귀중한 자산이 될 것이다. 신학의 사변화 속에서 세계 교회를 향해 외치는 개혁주의생명신학의 '영적생명운동'이 츠빙글리의 '오직 성경'과 맞물려 교회 개혁의 새 시대를 열어가길 바라며, 기쁜 마음으로 이 책을 추천한다.

장종현 박사(백석대학교 총장)

16세기 유럽의 종교개혁하면, 대부분의 사람들은 독일의 마틴 루터와 스위스 제네바의 장 칼뱅의 교회 개혁을 떠올리지, 스위스 취리히의 울리히 츠빙글리는 잘 생각하지 않습니다. 이를 안타깝게 생각한 주도홍 박사님이 츠빙글리 교회 개혁 503주년을 기해 기념학술대회를 조직했고, 그 결과물이 이 책으로 묶여 나오게 된 것을 함께 기뻐하고 축하드립니다. 츠빙글리는 그의 개혁신학만이 아니라 개혁자로서의 그의 삶으로도 깊은 영향을 끼친 인물입니다. 자기 개혁의 길을 모색하는 시대의 한국 교회에게 츠빙글리는 귀중한 나침반이 될 것입니다.

채수일 박사(전 한신대학교 총장/ 전 경동교회 담임목사)

츠빙글리 종교개혁 기념학술대회 때 발표된 논문들이 이번에 『종교개혁자 츠빙글리의 삶과 개혁신학』이란 책으로 한국에 소개된 것은 참으로 뜻깊은 일이다. 츠빙글리는 칼빈에 비해 상대적으로 잊힌 종교개혁자이지만, 사실 칼빈 및 루터와 함께 3대 종교개혁자로서 개혁신학의 창시자, 개혁신학의 아버지이다. 츠빙글리는 삶 전체를 성경적 시각으로 보면서 성경적으로 개혁하는데 진력했다. 한국에 상대적으로 잘 알려진 칼빈의 선구자로서 특별히 성경적 실천적 시각으로 삶 전체를 개혁하려 했던 츠빙글리의 종교개혁이 오늘 한국 교회의 절실하고 절박한 개혁에 성경적 동기와 성경적 방향을 제시하리라 믿어 강력하게 추천한다.

권성수 박사(대구농신교회 원로목사, 미국 웨스트민스터신학교 특훈교수)

본디 자리를 돌아보는 것은 사람이 살며 존재하는 데 아주 중요합니다. '근원으로 돌아가자(ad fontes)'는 종교개혁의 가르침이 오늘날의 한국 교회와 세계 교회가 걸어갈 방향입니다. 성경 말씀을 묵상하고 그 깨달음으로 살아 교회가 새로워지는 것이 우리가 희망할 수 있는 근거입니다. 16세기 츠빙글리의 삶과 정신을 살피며 21세기의 우리를 성찰하는 일이 더없이 절박합니다. 개혁되지 않으면 교회가 죽습니다. 살려면, 말씀으로 새로워져야 합니다.

지형은 박사(성락성결교회 담임목사)

교회는 여전히 세상의 소망입니다. 그리스도의 몸으로서의 교회와 세상에서 부름 받은 하나님 나라에 소속되어 구별된 거룩한 자녀들의 영적 공동체이기 때문입니다. 이런 의미에서 본서는 목회자들에게 교회의 본질에 대한 치열한 질문과 그에 대한 성경적 응답을 보여줍니다. 코로나 펜데믹 이후에 영적 공황 상태를 경험하는 한국 교회가 교회의 본질을 회복하는 일에 본서가 귀하게 쓰임 받을 줄 확신합니다. 특별히 믿음의 선각자이며 선구자이신 개혁자 츠빙글리의 영적 유산을 재발견하는 은혜가 우리 모두에게 강력하게 임하기를 기원합니다.

오정호 목사(새로남교회 담임목사)

어려운 시대일수록 교회 역사 속에서 귀한 역할을 감당하셨던 믿음의 선진들을 만나는 것은 큰 격려요 힘입니다. 그런 점에서 개혁주의 신학의 아버지라 할 수 있는 츠빙글리는 상대적으로 덜 알려지고 그 신학의 깊이와 삶의 귀함이 덜 드러났는데 금번에 이처럼 귀한 책이 여러분들의 수고와 섬김을 통해 출간하게 됨을 크게 감사하고 기쁘게 생각합니다. 우리가 사랑하는 성경과 성경에 가까운 개혁신학을 담은 이 귀한 인물을 더욱 널리 알리고 또 이 시대적 필요들을 섬기는데 이 책이 귀하게 사용될 줄 믿음으로 즐겁게 추천드립니다.

화종부 목사(남서울교회 담임목사)

오늘날 교회가 추구하는 말씀 중심의 예배는 형식적일 때가 많다. 설교의 초점을 하나님의 말씀으로서의 성경보다 사람의 필요에 맞추기 때문이다. 이 점에서 우리는 개혁교회의 역사를 잊고 있고, 그 정신으로부터 멀어진 것이 분명하다. 이제 우리는 실질적인 말씀 중심의 예배로 돌아가야 한다. 그러기 위해서 개혁교회의 출발에 서 있는 츠빙글리를 살펴보는 일이 그 시작이 되어야 할 것이다.

도지원 목사(예수비전교회 담임목사, 교리와 부흥 대표)

우리에게 다소 생소한 종교개혁자 츠빙글리를 한국 교회에 널리 소개하고 그의 업적을 기리는 책이 출간된 것을 기쁘게 생각하며 축하드립니다. 성경적 진리에 대한 츠빙글리의 놀라운 통찰력과 교회와 국가를 향한 그의 애끓는 기도는 종교개혁의 후손들에게 심오한 영적 자산입니다. 츠빙글리를 연구하신 국내외 다양한 학자들이 이 책에 실은 글들은 개혁신학의 보고이자 자랑입니다. 한국교회 목회자들과 성도들이 종교개혁의 정신을 더 깊이 깨닫고 종교개혁자들의 후예다운 삶을 살 수 있게 되기를 간절히 소망하면서 기쁘게 이 책을 추천하는 바입니다.

권오헌 목사(대한예수교장로회 고신 총회장, 서울시민교회 담임목사)

츠빙글리의 생애와 신학 사상

주도홍

프롤로그

프롤로그

츠빙글리의 생애와
신학 사상

주도홍(츠빙글리 종교개혁 기념대회 대회장, 전 백석대학교 부총장)

1. 왜 개혁교회 종교개혁인가?

개혁교회의 아버지, 개혁신학의 창시자 츠빙글리는 한국 신학계에 여태껏 그렇게 친숙한 인물은 아니었다. 루터의 나라 독일에서도 츠빙글리를 제2의 종교개혁자로 기꺼이 인정하며, 독일 교회사도 루터, 츠빙글리, 칼빈을 3대 종교개혁자로 부른다. 그렇지만 츠빙글리를 보는 그들의 눈은 밝지만은 않은데, 무엇보다 독일 종교개혁자 루터(M. Luther, 1483-1546)와 스위스 종교개혁자 츠빙글리의 성례론에서의 역사적 균열이 결정적으로, 후대 독일 신학자들로 하여금 자연스럽게 종교개혁자 루터에게로 옮겨가게 했고, 게다가 1531년 47세로 갑작스럽게 세상을 뜬 츠빙글리보다는 한 세대 후에 등장한 제네바의 종교개혁자 칼빈(J. Calvin,

1509-1564)의 활약과 저작 『기독교강요』(1536-1560)를 통해 칼빈의 수월성(Excellence)이 인정받았기 때문이라 하겠다. 엄격하게 볼 때, 나중 등장하는 칼빈의 신학은 츠빙글리의 신학과 여러 면에서 개혁신학(Reformed theology)으로 일치를 보인다. 츠빙글리의 신학이 개혁신학의 초석을 놓았다면, 칼빈은 그 길 위에서 개혁신학을 체계화하고 통합화하여 견고히 그 틀을 형성했다 할 것이다.

독일의 루터신학(Lutheran theology)과 스위스의 개혁신학을 함께 종교개혁신학(Reformational theology)이라 일컬을 때, 루터신학이 수직적으로 계승되었다고 한다면, 개혁신학은 수평적으로 형성되었다고 할 것이다. 신학의 계승이라는 관점에서 아래로 흘러내리는 신학적 경향성을 종교개혁 신학의 틀 안에서 무시할 수 없겠지만, 특히 개혁신학은 진리의 척도인 하나님의 말씀 성경의 신학이라는 관점에서 수직적이지만, 시대와 상황에 따라 하나님의 말씀에 근거를 둔 수평적 신학을 추구했다. 한 마디로 '늘 새로워지는 교회'는 하나님의 말씀으로의 회귀를 통해 성립되지만, 그 말씀에로의 회귀를 통해 수시로 변화하는 인간과 상황에서 그 변하지 않은 말씀에 서서 새로운 신앙고백을 해야 하는 당위적 요청이다. 곧 '늘 새로운 신앙고백'이 '늘 새로워지는 교회'에 속한 성도들을 비전과 열정으로 불러냈고 살게 한다. 개혁교회는 마땅히 늘 개혁된 교회로서 지금도 늘 새로워져야 한다!

Reformata Ekklesia semper reformanda.

유럽 개혁신학과 청교도 신학에 근거한 개혁교회 신앙고백서를 집중적으로 수집하고 연구한 롤스(Jan Rohls)는 16세기 초 츠빙글리로부터 시작하여 17세기 3/4 분기에 이르기까지 개혁신학의 앞선 신앙고백의 형성 및 전개 과정을 7단계로 나눈다. 첫째, 1523년 츠빙글리에 의해 출현한 '67조'를 시작으로 하여 1675년 스위스 일치신조(Helvetische Konsensusformel)로 인해 정통 교리가 형성된다. 곧 그 시작은 무엇보다 츠빙글리의 영향으로부터 출발한 독일어를 쓰는 스위스 신앙고백이다. 둘째, 츠빙글리의 후계자 불링거(H. Bullinger)와 취리히 사람들과의 연계된 가운데 이루어진 제네바 전통의 칼빈과 함께 형성된 신앙고백이다. 셋째, 서부 유럽 및 동부 유럽으로의 칼빈주의의 확장이다. 넷째, 칼빈주의와 루터의 후계자 필립 멜란히톤(Philipp Melanchthon, 1497-1560)의 신학, 곧 필립주의(Philippismus)와의 만남으로 독일에서 나타난 독일 개혁교회 신앙고백의 전통을 형성한다. 다섯째, 아르미니우스주의를 정죄한 화란 도르트(Dordt) 총회에서 고백한 엄격한 (예정) 교리 확정이다. 여섯째, 견고한 영국 국교회로부터 뛰쳐나온 청교도주의 신학의 전개다. 마지막으로 소무르 학파로부터 출현한 새로운 이론에 맞서 스위스 일치신조를 다시 견고히 붙드는 칼빈주의 정통이다.[01]

이러한 연구를 통해 개혁교회와 개혁신학의 출발에 취리히의 종교개혁자 츠빙글리가 있다는 사실을 확인하게 된다. 개혁신학을 내세우는 장로교가 주류라고 할 수 있는 한국에서 츠빙글리가 마치 낯선 이방인으로 다뤄지고 있음은 츠빙글리를 교회사적으로 알아야 한다는 말일 것이다. 츠빙글리가 취리히 그로스뮌스터 교회에 부임하여 강해 설교로 스위스 종교개혁을 시작한 시점은 1519년 1월 1일이다. 츠빙글리의 종교개혁이 시작된 지 500년이 지난 시점에서야 '세계적 교회'를 기꺼이 입에 담는 한국 교회가 역사적 뿌리를 아는 데 있어 빈약하다는 것은 얼굴이 붉어진다. 개혁신학의 시작 츠빙글리를 건너뛰고 칼빈에게 매료된 한국 교회는 이제 여유를 갖고 그 출발점에 서서 찬찬히 '개혁교회의 아버지' 츠빙글리를 알아야 할 것이다.

2. 츠빙글리, 어떤 종교개혁자인가?

하나, 루터의 종교개혁으로 스위스 종교개혁을 대체할 수 없다. 중세를 마감하고 새로운 시대 근세를 연 1517년 루터의 종교개혁은 분명 역사적으로 그 의미가 놀랍고 충분하다. 거기다 참믿음을 일깨운 루터의 종교개혁은 제2의 교회 탄생으로 불러도 무방할 것이다. 그렇다고 루터의 종교개혁이 1519년 취리히에서 일어난 츠빙글리의 종교개혁을 대체할 수 없는데, 개혁교회는 루터교회와는 분명한 다름이 제시되고, 스위스는 스위스대로 하나님의 특별한 부르심에 응답하여 종교개혁을 하였기 때문이다. 독일의 루터파 종교개혁은 스위스 종교개혁을 칼빈주의(Calvinismus)로 일컬으며 못 마땅히 여겼으며, 이단으로까지 생각했다. 개혁교회 종교개혁이 독일 루터교회로부터 1648년 '베스트팔렌 종교 화해'에서 인정되기까지 130년이라는 긴 시간을 기다려야 했다. 츠빙글리, 불링거, 칼빈은 루터를 향해 하나님의 부르심을 받은 거대한 종으로 경외심을 잃지 않았다. 그렇다고 스위스 종교개혁은 루터의 관점을 획일적으로 따르지 않았고, 말씀에 입각한 나름의 개혁신학을 형성했다.

둘, 츠빙글리는 잊힌 종교개혁자, 개혁교회 아버지이다. 다르게는 양편으로부터 오해된 종교개혁자이다. 그렇다면 츠빙글리 연구를 이제부터라도 차분히 시작해야 한다. 말할 것도 없이 사료(史料)에 근거한 확인이다. 그저 앞선 연구를 인용하거나 가져올 때 나타나는 위험성이 적지 않다. 앞에서도 언급했지만, 무엇보다 츠빙글리는 성찬 이해에서 루터와의 사이에서 다른 입장에 선 종교개혁자였다. 츠빙글리는 스위스 취리히의 종교개혁자이면서 루터의 환영을 받지 못한 "다른 영을 가진"(1529년) 인물이었다. 츠빙글리를 향한 루터의 가혹한 부정이 특히 후대 독일 신학자들의 연구에 어떤 영향을 주었을지를 어렵지 않게 짐작할 수 있다. 개혁신학을 단지 칼빈주의로 이해하는 협의의 연구에서 나타나는 경향은 그 역사성을 바라보지 못하고 있다. 칼빈의 신학이 형성되기까지 앞선 츠빙글리의 신학의 영향을 부정할 수 없음에도, 츠빙글리와의 경솔한 선 긋기를 시도하는 점이다. 다양성을 부정해서는 안 되겠지만, 츠빙글리는 개혁신학의 선구자임을 인정해야 한다. 사람이 다르듯 그들의 생각과 신학이 같을 수 없다. 오히려 다름은 조화와 균형을 위해 바람직하다. 앞선 연구를 답습하는 정도로 신학의 성숙을 기대할 수 없다. 분명 세계 교회사가 츠빙글리를 3대 종교개혁자로 일컫는다면, 개혁신학에 서 있는 한국 교회는 어떻게 츠빙글리가 그토록 인식되고 있는지, 그에 맞는 평가를 신중히 할 수 있어야 하겠다.

 셋, 츠빙글리는 실천적-성경적 종교개혁자이다. 그는 모든 삶을 성경적으로 바라보며 성경적으로 형성하려 애썼다. 하나님의 말씀 성경이 지나치는 그 어떤 한 치의 예외적 삶은 츠빙글리에게 상상할 수 없다. 교회와 정치 분리 등 이원론, 루터식의 두 왕국론은 츠빙글리에게는 낯선 것이다. 츠빙글리에게 개혁은 말 그대로 종교의 개혁으로 끝나지 않으며, 모든 삶의 총체적 개혁이었다. 츠빙글리의 신학은 한 마디로 공적 삶(public life)까지를 포함한다. '개혁 신앙의 원형'으로 일컫는 1523년 발표된 67조는 취리히 종교개혁의 로드맵이 되었으며, 스위스 종교개혁의 길잡이가 되었다. '츠빙글리 사상의 핵심 고백서'라고 불리는 67조는 그리스도를 교회와 사회생활 가운데 밝히 드러내며, 크리스천의 개인 윤리와 사회 윤리를 성경에 근거하여 세우고자 했다. 츠빙글리는 친구 슈타이너(W. Steiner)에게 보낸 편지에서 67조를 "우리 사회에서 일어난 수많은 뜨거운 논쟁점들의 집합체"라고 일컬었다. 츠빙글리의 종교개혁과 함께 종교개혁에는 새로운 유형이 나타났는데, 그것은 개개인을 변화시키는 것뿐 아니라, 공동체의 삶을 변화시키는 것을 목표로 하고 있다(Chr. Frey)는 것이다. 언젠가부터 이원론에 빠진 한국 개혁신학은 이 점을 츠빙글리로부터 배웠으면 한다. 사실 한국에 복음을 가져온 초대 선교사들은 복음 전파와 함께 모든 삶을 복음으로 변혁하려는 강한 의지와 실천을 하였던 사람들이었다. 츠빙글리의 글은 성경 인용으로 가득하다. 그의 글은 성경적이다. 교부의 인용도 조심스러워하며 꺼리고 있다. 그 예가 그의 '67조', '목자'로서, 많은 성경 인용으로 넘친다.

3. 생애

스위스 종교개혁자", "잊힌 종교개혁자", "고난의 개척자", "개혁교회의 아버지"(der Vater des Reformiertentums), "성도들의 성직자"(people's priest),[02] "고유의 종교개혁자"(an original reformer), "개혁교회 전통의 설립자"(founder of Reformed tradition) 등으로 불리는 독창적인 개혁자 츠빙글리(Huldrych Zwingli, 1484-1531)를[03] 역사는 루터를 이어 '제2의 종교개혁자' 또는 칼빈을 앞세우며 '제3의 종교개혁자'로 일컫는다. 츠빙글리는 스위스 취리히를 중심으로 활약하였는데, 그의 업적으로는 성경의 명료성과 역할을 강조하며 복음적 강해 설교를 내세웠으며, 성경의 진정한 주석자로서의 성령의 사역과 기도를 강조했고, 급진적인 예전의 개혁을 이루었고, 하나님의 언약과 섭리(die Vorsehung, 예견)와 예정을 강조하며 개혁교회의 예정론과 성례 신학에 기초를 놓았다. 그는 교회에서의 평신도의 역할을 광범위하게 넓혀가고자 했으며, 라틴어 대신 평민들의 언어를 사용하였으며, 성례 중심의 미사를 강해 설교 중심인 예배로 대치시켰다. 세속 정부의 철저한 권징을 강화하며, 대회 정치 제도를 실시했고, 공무원을 목자로 일컬으며 국가와 교회의 파트너십을 강조하였다.

1484년 1월 1일 스위스의 동부 농촌 산악 지역 톡겐부르크의 빌트하우스(Wildhaus /Toggenburg)에서 태어난 츠빙글리는 산골 농부[04] 아버지 울리히 츠빙글리와 어머니 마가레타 사이에 태어난 셋째 아들이었다. 1494년 바젤에서 츠빙글리는 라틴어 학교를, 1497년 베른(Bern)으로 옮겨 인문주의자 하인리히 뵐프린(Heinrich Wölflin)에 의해 세워진 학교를 다녔다. 1498년 그는 빈대학교 교양학부에 등록하였다. 그런데 바로 다음해 1499년 알려지지 않은 이유로 그는 대학에서 제명되었으나, 다시 1500년 여름 학기 등록을 하였다. 1502년 초 그는 다시 바젤(Basel)로 옮겨 공부하여, 1504년 문학사 학위를, 1506년 역시 이곳에서 문학석사(Magister Artium) 학위를 취득하였다. 이곳 바젤에서 츠빙글리는 인문주의 학자들과 소문난 출판업자들과 관계를 갖게 되었고, 신학도 공부하였다. 이곳에서 츠빙글리는 글라루스(Glarus) 지역의 성직자로 1506년 부름을 받게 되어, 그해 9월 콘스탄츠에서 목사 안수를 받아, 두 차례의 종군 목회자로 부름을 받아 이탈리아로 향했는데, 이곳에서 1516년까지 목회를 했다. 1516년 아인지델른(Einsiedeln), 1519년 취리히의 그로쓰뮌스터(Großmünster)교회의 담임 목회자와 종교개혁자로서 1531년 47세에 세상을 떠나기까지 12년 동안 종교개혁자로서 활약하였다. 1514년 에라스무스(Desiderius Erasmus, 1466?-1536)의 헬라어 신약 성경을 위시한 저술을 접하게 되면서 복음에 대한 이해를 한 츠빙글리는 전환의 순간을 맞게 된다. 1515년 초 바젤에서 에라스무스를 만난 그는 교황 추종자에서 1518년까지 에라스무스의 도덕적 그리스도 중심론(Christozentrismus)에 강력한 영향을 받아 개혁자와 인문주의자로 활약하였다.[05] 1519년부터 독학으로 아우구스티누스와 바울 신학을 접하게 되면서 종교개혁으로 새로운 안목을 갖게 되고, 1522년 최초로 지금까지의 중세 교회 교회법과의 단절을 가져왔다. 이 대목에서 츠빙글리는 독일의 종교개혁자 루터와의 직접적 영향을 부인하였다.

> 하나님 앞에서 증거 하는 바는, 요한복음을 읽고 아우구스티누스의 글들을 접하면서, 특히 바울의 서신들을 헬라어로 정성을 다하여 1516년부터 직접 쓰고, 읽으면서 나 스스로 복음의 능력과 총체를 배우게 되었다는 것입니다.

1523년 츠빙글리는 교황주의자와 공개 토론을 공회 앞에서 가졌고, 결국 67조로 개혁프로그램을 제시하게 되고 공회는 츠빙글리를 지지하였고,[06] 모든 성직자는 동참하여 중세 교회를 향한 개혁을 추진하게 되었다. 교회 개혁은 매우 급속도로 진행되었는데, 오르간은 부서졌고, 교회 내부에 걸려있던 성상과 성화는 제거되었으며, 성직자들의 결혼이 허용되었고, 수도원은 문을 닫아야 했으며, 예전(Liturgy)을 단순화했고, 성례는 기억, 고백, 그리고 친교의 예식(a commemorative feast)으로 이해하였다. 1524년 츠빙글리는 자녀를 가진 과부와 공개 결혼하였다.[07] 1525년 중세 교회의 미사는 츠빙글리가 목회하는 취리히 교회에서 개혁된 예배 의식으로 바뀌었다. 1525년은 츠빙글리의 종교개혁에 있어서 절정으로 이해될 수 있는데, 그해 3월 츠빙글리는 칼빈의 『기독교강요』에도 영향을 준, 라틴어로 된 저작 『진정한 신앙과 거짓 신앙에 관한 주석』(Commentarius de vera et falsa religione)을 세상에 내놓았다.[08] 츠빙글리는 기독교의 모든 신앙론을 29장에 걸쳐, 특히 중세 교회를 대적하여 겨냥하면서 예리하게 서술한다. 다른 저술에서 츠빙글리는 신앙을, 신앙의 해설(fidei ratio)과 그리스도 신앙(fidei christianae)으로 요약한다. 1528년 스위스 베른(Bern)이 츠빙글리의 개혁을 계승하였으며, 이어 바젤(Basel)과 성 갈(St. Gall) 등의 도시가 동참하였다. 독일 헤센주의 필립(Philip of Hessen) 공의 주선으로 1529년 10월 2-4일 독일의 마부르크에서 열린 종교 회의(Marburger Religionsgespräch)에 참석하여 독일의 종교개혁자 루터, 멜란히톤, 바젤의 개혁자 외콜람파드(Johannes Ökolampad, 1482-1531) 등과 성찬론을 위시한 여러 면에서 14조항으로 개신교회의 합의를 가져오기를 기대한 대로 일치를 보았지만, 마지막 15조항 성찬 이해에서만은 츠빙글리와 루터는 합의점에 이를 수 없었다. 게다가 재세례파들(Anabaptist)의 동요였는데, 그들은 더 강력한 개혁을 요구하였다. 큰 문제는 아직 옛 신앙 중세 교회로 남아있는 도시들의 무장된 저항 세력들이었다. 취리히가 이러한 도시들과의 거래 단절을 강행하였을 때, 결국 1531년 전쟁으로 번지게 되었고, 1531년 10월 11일 취리히 군대의 종군 목사로서 츠빙글리는 2차 카펠(Kappel) 전투에서 쓰러져 하나님의 부름을 받았다.

츠빙글리의 갑작스러운 죽음으로 동역자 불링거(Heinrich Bullinger, 1504-75)가 그의 업무를 이어받았으나, 이후 스위스의 종교개혁은 엄밀하게 볼 때 한 세대 후에 등장한 요한 칼빈(J. Calvin)의 손으로 건너갔다. 칼빈의 포괄적인 신학 체계는 부분적으로 츠빙글리의 업적 위에 있다. 칼빈은 츠빙글리의 세례론과 성찬 이해에는 동의하지 않았지만, 1549년에 나온 "콘센수스 티구리누스"(취리히 일치신조 - Consensus Tigurinus)는 츠빙글리주의자로부터 칼빈주의자까지 포괄적인 스위스 종교개혁의 이해와 일치, 출발을 보여준다. 츠빙글리의 사상을 이어받은 인물들로는 가장 가까웠던 츠빙글리의 동역자 레오 유드(Leo Jud), 요한네스 외콜람페드, 오스발드 미코니우스(Oswald Myconius), 초기의 불링거(Heinrich Bullinger), 볼프강 카피토(Wolfgang Capito) 등을 들 수 있다.

4. 고유한 종교개혁자

츠빙글리에게 종교개혁 전환점이 언제였는가를 묻는다면 두 가지 면에서 루터와의 무관함, 곧 독자성을 제시한다. 하나. 1519년 자신의 노력을 통해 스스로 확신에 이르렀다. 이는 루터와 츠빙글리와의 정신적 무관함을 증명하는 것으로서, 이때는 츠빙글리에게 루터의 사상이 아직 알려지지 않은 시점이다. 둘. 빈번하게 츠빙글리는 1516년, 1519년의 자신의 새로워진 설교를 제시하는데, 이 시점이야말로 종교개혁으로의 공개적 전환을 분명히 보여준다. 츠빙글리가 자신의 독자적 종교개혁 행위를 드러내는 것은 루터와는 무관하게 자신의 종교개혁이 이뤄졌음을 증명하고자 함이었다. 물론 츠빙글리는 루터의 종교개혁 행위(die reformatorische Tat)와 자신의 종교개혁 인식(die reformatorische Erkenntnis)은 다름을 강조했다.

츠빙글리와 루터의 관계는 몇 차례의 변화를 보여준다. 첫째 단계는 1518년 가을에서 1520년 여름까지로 루터에게 매료된 단계이며, 둘째 단계는 1520년 여름부터 1522년 초까지로 교회 정치적 이유로 루터와 조금은 거리감이 나타나는 기간이고, 셋째 단계는 1522년부터 1524년까지인데 신학적 독자성을 내세우면서 루터와의 조심스러운 관계 설정이 이루어지는 기간이다. 마지막 단계는 1525년에서 29년까지인데 무엇보다도 두 사람 사이 성찬에 대한 구별된 이해로 날카로운 대립이 있던 시기이다.

루터의 이름이 츠빙글리의 동료들 사이에서 가장 먼저 일컬어지기 시작한 시점은 1518년 12월 6일로 제시되는데, 1518년 가을부터 1520년 여름까지 츠빙글리에게 있어서 루터는 말 그대로 감동적인 인물이었다. 당시 어려움을 당하는 루터의 저작을 츠빙글리의 동료들은 비밀리에 바젤에서 출판하여 에라스무스 추종자들과 함께 조직적으로 보급하는 데 일조하였다. 루터를 향한 츠빙글리의 매료는 1519년 라이프치히 담화 이후 절정에 이르렀는데, 루터를 새로운 "엘리야"로 일컬었다. 1520년 루터의 3대 명저가 등장하기 전, 1519년 당시 루터는 교황의 권위를 부정하지도, 적그리스도로 일컫지 않았으나, 츠빙글리는 그리스도의 복음에 근거하여 교황의 오류와 잘못된 인간적 전통들을 이미 비판하였다. 츠빙글리는 1520년 1월 4일 쓴 한 서신에서 교황은 그리스도를 대신할 수 없다는 분명한 입장을 제시하였다. 물론 츠빙글리에게도 아직 교황은 적그리스도는 아니었다.

1521년 츠빙글리는 교황의 입장을 더는 지지하지 않는데, 이때를 츠빙글리의 본격적인 종교개혁의 출발로 보아야 할 것이다. 그렇지만, 그가 여기까지 오기에는 조금은 신중함과 망설임이 발견된다. 1520년 6월 15일 루터에게 교황청의 파문 경고가 내려졌을 때, 츠빙글리는 루터에게 거리감을 두었다. 츠빙글리는 당시 신학적으로 루터와는 아직 독자적인 입장이었지만, 에라스무스의 제자로서 루터의 몰락을 바라지는 않았다. 동료들로부터 루터의 스위스 추종자로서 일컬어지는 것을 경계하며, 침묵할 것을 주문하기도 했다.

1522년 이후 1524년까지, 츠빙글리는 루터와의 신학적 독자성을 강조하면서 조심스러운 행보를 하게 되는데, 콘스탄츠의 비숍과의 결정적 관계 단절 후 루터와의 유대를 더는 부정하지 않았다. "만약 그가 거기서 루터를 마셨다면, 우리도 거기서 루터를 마셨다. 그래서 우리와 함께 그는 공동으로 복음적 교리를 가졌다." 그러면서도 츠빙글리는 자신의 독자성을, "우리는 루터파가 아니라, 우리는 복음적이다"(Wir sind nicht lutherisch, wir sind evangelisch)는 말로 강조하였다.

츠빙글리는 『67개 논제에 대한 해제』(1523년)[09]에서 루터와의 관계를 직접 다루었다. 18조에서 츠빙글리는 적지 않은 분량으로 독일 종교개혁자 루터에 대해 밝힌다. 츠빙글리는 루터를 "하나님의 성실한 종"(des weidlichen diener gottes), "매우 특별한 하나님의 전사"(ein treffenlicher streyter gottes)로 일컬으면서도, 자신을 루터주의(luterisch)로 규정하는 것에는 동의하지 않는다. 어떤 이유에서 츠빙글리는 자신이 루터주의자가 아닌지를 신학적 차이를 들어서, 그리고 역사적으로 조목조목 밝힌다. 특히 츠빙글리가 이해할 수 없는 일이 "우습게도" 벌어지고 있는데, 성경적으로 또는 하나님의 말씀을 따라 그리스도의 가르침을 전할 경우에도 사람들이 자신을 루터 추종자로 부르는 일이다. 루터를 알지도 못하는 사이에 자신이 오직 성경을 따라 행한 일들을 보고 루터주의라 부른다는 것이다.

교황 추종자들이 나를 '루터주의자'라고 규정하는 것을 원하지 않습니다. 왜냐하면 나는 그리스도의 가르침을 루터에게서 배운 것이 아니라, 하나님의 말씀 자체에서 배웠기 때문입니다.… 비록 루터를 살아있는 모든 사람 중에서 가장 높게 평가하고 있음에도 불구하고, 왜 내가 '루터주의자'라고 불리는 것을 싫어하는지 사람들이 잘 이해하기를 바랍니다.… 루터와 나와의 지리적 거리가 엄청나게 떨어져 있음에도 불구하고 우리 둘이 가르치는 그리스도의 가르침이 마치 약속이나 한 듯이 똑같다는 사실을 사람들에게 보여주라는 것입니다. 그렇다고 내 자신의 위치를 루터와 같은 위치에 두려고 하는 것이 아닙니다. 사람은 모두 하나님의 부르신 대로 행하기 때문입니다.

츠빙글리는 자신이 왜 루터주의가 아닌지를 여섯 가지로 밝힌다. 첫째, 츠빙글리는 자신이 독일의 종교개혁자 루터를 알기 전에, 앞서 오직 성경 sola scriptura의 원리를 실천했다. 다르게는 루터가 독일에서 1517년 종교개혁을 일으키기도 전에, 1516년 아인지델른에서 사역할 때 오직 성경에만 기초하여 그리스도의 복음을 설교하기 시작했다. 둘째, 츠빙글리는 교부들의 성경 해석을 경계하기 시작했다. 물론 아인지델른 목회 당시 교부들의 성경 해석에 심하게 의지했었지만, 아인지델른 수도원장이었던 게롤드제크(D. v. Geroldseck)가 교부의 성경 해석에 자주 화를 내는 것을 보면서 교부들이 "성경을 완전히 잘못 해석하고 있다는 사실을 분명히 깨닫기 시작"했다. 셋째, 츠빙글리가 중세 교회와는 차별화된 오직 성경을 만방에 알리는 시점은 1519년이었다. 1519년 1월 1일 취리히 그로스뮌스터 교회에서 마태복음 시리즈 설교가 결정적이었다. 넷째, 츠빙글리는 마태복음 주석에서 주기도문 강해를 루터보다 앞서 출판했다. 다섯째, 교황청에서 취리히로 특사로 보낸 추기경들은 루터를 이단으로 정죄하기 전에는 츠빙글리를 루터주의로 정죄하지도 부르지도 않았다. 여섯째, 츠빙글리는 자신을 루터주의자라고 일컬음을 받기보다는 바울주의자 아니 그리스도의 말씀을 선포하는 그리스도인이라고 부르라고 호소한다.

앞에서도 언급했지만, 츠빙글리에게 루터는 "매우 특별한 하나님의 전사"이며 지난 천년 이래 그와 같은 사람이 이 땅에 없을 정도로 성경을 온 힘을 다해 연구한 인물로 평가한다. 교황제가 생긴 이래 루터처럼 용기 있게 로마 교황을 공격한 사람은 없었다는 것이다. 그러면서도 츠빙글리에게 루터의 가르침은 전혀 새로운 것은 아니었고, 영원히 변하지 않는 하나님의 말씀 속에 있는 내용, 곧 하늘의 보물을 전달할 뿐이었다. 츠빙글리는 본인을 루터주의자로 불리는 것에는 반박하면서도 루터의 역사적 가치에 대해서는 인정하였다.

> 1519년 취리히에서 설교를 시작했을 때, 존경하는 기관장들과 수도원장과 주교좌 성당 참사회원들에게 분명히 내 생각을 천명했습니다. 하나님의 도우심으로 마태복음을 설교할 계획이지만, 사람이 세운 별로 가치 없는 전통을 전혀 따르지 않을 것이며, 그 전통에 잘못 이끌려가지도 않을 것이며, 동시에 전통과 논쟁할 생각도 없음을 밝혔습니다. 그해 초에 -나는 요한의 날에 취리히로 갔습니다.- 우리 중에 너는 누구도 루터가 면죄부에 대한 책자를 썼다는 사실 외에는 그에 대해서 더 아는 사람이 없었습니다. 그런데 루터의 책자 내용은 전혀 새로운 것이 아니었습니다. 내 상담자이며 스승이었던 비엘(Biel) 출신의 비텐바흐(T. Wyttenbach) 박사가 바젤에 머무르기 얼마 전 - 물론

나는 거기에 없었습니다.- 자신의 논문을 발표했는데, 그 글에서 '면죄부가 사기'라는 사실을 이미 잘 알고 있었습니다. 따라서 그 당시 루터의 저서는 마태복음에 관한 내 설교에 거의 도움을 주지 못했습니다. 그러나 처음부터 하나님의 말씀을 듣기를 열망하는 사람들이 모두 마태복음에 관한 설교에 예외 없이 몰려들었고, 나 또한 그런 상황에 놀라지 않을 수 없었습니다.

1525년 이후 '마부르크 종교 회의'가 열렸던 1529년까지 특히 성찬에 대한 서로 다른 이해로 루터와 츠빙글리가 날카롭게 대치되는 기간이다. 루터 역시 그 '마부르크 종교 회의' 후 츠빙글리가 자기와는 다른 영을 가지고 있다고 비판하였다. 그럼에도 츠빙글리에게 루터는 여전히 로마를 대적한 "복음의 대변자"(propugnator Evangelii)인 것만은 변함이 없었다(1527년). 이 기간에 츠빙글리는 루터와의 차별성을 내세웠는데, 루터는 종교개혁의 길에 들어서기까지 조금은 분명하지 않은 여러 과정을 거쳤지만, 자신은 달랐다는 것이다. "나는 하나님의 도우심으로 복음의 정수를 바로 터득하여, 교황권, 연옥설, 성인들의 조작된 중보 기도를 거부하였지만, 너(루터)는, 사람들이 말하는 대로, 여전히 너의 글들에서 인정하고 있다." 그렇다고 츠빙글리의 사상이 전적으로 독자적이라고는 여기지 않는데, 그 역시 아우구스티누스의 영향을 받은 것으로 본다. 특히 츠빙글리에게 있어 믿음 대신, 복음의 역할로 등장하는 "하나님의 사랑"(amor dei)은 아우구스티누스의 중심 사상으로 이해한다.

5. 성령과 복음 선포[10]

　1522년의 글들 가운데서 하나같이 츠빙글리는 복음에 대한 새로운 인식이 시작되었다고 고백한다. 츠빙글리의 복음에 대한 이해는 보편적으로 건전하고 그리스도 중심적이며, 외적 말씀(verbum externum)과 내적 말씀(verbum internum)으로의 구별은 독특하다. 츠빙글리에게 있어서 복음은 복된 그리스도의 소식으로서 교회 선포를 통해서 현존한다. 성경보다는 그 성경 안에 증거되는 그리스도(Christuszeugnis in der Schrift)가 우선적이다. 선포의 수단을 통해 그리스도를 증거 하는 성경의 명료성은 그리스도 자신이다. 그리스도께서 우리에게 믿음을 주시는데, 성령을 통해 우리의 마음에 부은 바 되는 내적 말씀은 우리의 믿음을 성장하게 한다. 역사적으로 츠빙글리의 내적 말씀에 대한 이해는 고전 2:15를 해석하면서, 1524년 8월부터 나타나고 있다. 외적 말씀과 내적 말씀은 요 6:44, 그리고 롬 10:17을 근거로 서로 간 자연스럽게 채워준다. 한 예로 성찬의 떡과 포도주는 하나의 표식(Zeichen)이며, 그것이 나타내고자 하는(Bezeichnetes) 그리스도의 몸과 피와는 일단 구별이 된다. 믿음에 의해 입으로 먹는 것과 보혜사 성령의 임재로 그리스도의 육체적 현존(praesentia corporalis Christi)과는 구별이 된다. 육과 영, 입으로 먹는 것과 신앙으로 먹는 것은 서로 대적하는 관계가 아닌, 외적인 것과 내적인 것을 보여준다. 물론 외적 말씀은 내적 말씀에 엄격하게 볼 때 시간으로 앞선다. 신앙에 앞서, 먼저 듣고 이해하는데, 말씀과 성령은 동시적이 아니고, 성령이 우선권(Priority)을 가진다. 이 점에 있어서 츠빙글리는 말씀에 앞선 성령의 제약 없는 우선권을 강조하려 하였다. 그렇다고 츠빙글리에게 있어서 외적 말씀 그 자체만으로 의미 없는 것은 아닌, 구원의 수단이었다. "성령은 본인 뜻대로 우리의 마음에 동일한 신앙을 주시고 새롭게 하시는데, 우리가 그리스도의 복음과 말씀을 들을 때이다." "분명하게 말해, 성령은 먼저 설교, 입으로 전파되는 말씀, 그리스도의 복음이 함께 하지 아니할 때는 누구에게도 믿음과 은사를 주지 않고, 입으로 선포되는 말씀과 함께 성령이 뜻대로 역사하시고 우리 안에 믿음을 일으키신다." 인간의 구원은 오직 하나님만이 행하시는 일이지, 인간의 손에 의해서 행해지는 그 어떠한 외적 구원의 수단도 필요하지 않다. 성례와 설교 행위도 예외이지 않다. "믿음은 사람에게 역사하는 성령을 통해서지, 설교자의 말씀을 통해서 일어나지 않는다." 성례 그 자체를 구원의 수단으로 이해하는 가톨릭교회와 츠빙글리는 분명한 차이가 있다. 외적 말씀은 말씀과 사건의 복사(imago verbi et rei)이고, 내적 말씀은 그 사건의 원형이다(idea rei). 분명한 것은 츠빙글리에게 있어서 성경과 설교는 "인식의 근거"(Erkenntnsgrund)로서 성령의 역사가 결정적이다.

츠빙글리에게 있어서 말씀은 언제나 성령과 불가분의 관계에 있는데, 설교는 구원을 선포하지만, 그것이 인간들의 마음에서 실존적으로 역사하게 하는 일은 성령 자신의 사역이다. 츠빙글리가 말하는 내적 말씀은 결코 주관적 인간의 말이 아니며, 성경 스스로가 성령의 역사로 자신을 해석하는 하나님의 말씀이다. 타락 전부터 인간은 성령에 의존하여 살아야 하는데, 하나님을 아는 일, 진리를 깨닫는 일, 인간 자신을 아는 일, 죄로부터의 회개도 성령의 역사이다. 성령 안에서 그리스도께서 죄 용서, 믿음, 위로, 확신, 하나님과의 평화를 주시며 우리를 새롭게 살도록 하신다. 성령의 특성은 성령에 의해 영감 된 하나님의 말씀에로의 확신을 주며, 하나님의 영광을 위해 살도록 하고, 죄로부터 회개하게 하고 인간을 겸손하게 한다. 츠빙글리의 성령 이해는 그가 사랑한 요 6:44 말씀, "아버지께서 이끌지 아니하면 아무라도 내게 올 수 없으니"의 해석에서 두드러진다. 분명한 것은 하나님의 은혜로우신 현존(die gnaedige praesentia Dei)이 믿음의 전제이지, 우리의 믿음이 전제이지 않다.

츠빙글리의 성령 이해를 조금은 지평을 넓혀 그의 독특한 성례론을 가지고 이해할 수 있다. 역시 외적, 그리고 내적으로 나눈다. 물, 떡, 포도주는 그것들이 제시하려는 영적 은사들과 구별된다. 첫째, 성례는 이미 이루어진 그리스도의 구원 행위를 보여준다. 성례가 제시하는 그 은혜는 이미 십자가 위에서 이루어졌고, 하나님께서 이 구원의 사건을 만방에 알리셨으며, 믿음으로 이것을 받아들였다. 성례는 신앙을 전제로 할 때 의미를 지닌다. 둘째, "서약"(Eid)의 의미이다. 서약은 인간의 편에서 이루어지는 일로 "입례"(initiatio)이며, "의무 이행"(oppignoratio)이다. 츠빙글리에게 있어 성찬은 기억(commemoratio), 고백(collaudatio), 교제(communicatio 또는 coniunctio)라는 세 가지 관점에서 이해된다. 기억의 만찬이란 고전 11:24의 "나를 기념하라"라는 예수님의 명령에 따라 믿는 자들이 이미 우리를 위해 행하신 구원의 사역을 눈으로 확인하며, 믿음으로 받아들인다. 고백의 만찬이란 고전 11:26에 따라 주의 죽으심을 전하는 것이며, 성찬은 의무로서 공동체를 돈독히 하며, 형제애를 마땅히 강화한다. 교제의 만찬이란 고전 10:16,17의 "많은 우리가 한 몸이니"에 입각하여 "그리스도의 몸 된 공동체"를 보여준다. 츠빙글리는 성찬에 그리스도가 육체적으로 임재한다는 입장을 단호하게 거부하였다. 1529년 '마부르크 종교 회의' 이후 츠빙글리는 조심스럽게 입장을 개진하였는데, 루터도 동의하였던 신앙의 강화, 그리스도의 영적 임재였다.

6. 자유의 개혁

독일 에어랑엔대학교의 함(Berndt Hamm)은 츠빙글리의 종교개혁을 "자유의 종교개혁"(Reformation der Freiheit)으로 명명했다. 이는 종교개혁자 츠빙글리가 복음이 성도들을 얼마나 놀라운 자유로 불렀는지를 역설하며 가르쳤다는 말이다. 자유(libertas)는 종교개혁자 루터, 츠빙글리, 칼빈에게 더할 수 없는 중요한 개념이지만, 츠빙글리에게는 더욱 그러했다. 그들이 외쳤던 자유는 오직 믿음으로 얻어지는 죄로부터 자유, 율법의 굴레가 아니라 자유하게 하는 복음의 누림, 거대 교회 권력 교황권으로부터의 자유였다.

1522년 츠빙글리는 중세 교회가 지켜오던 사순절의 금식 전통을 깨는 설교와 글을 세상에 내놓으며, 자유의 종교개혁을 시작하였다. 츠빙글리가 여기서 가져온 성경은 마태복음 11장 28절 "수고하고 무거운 짐 진 자들아, 다 내게로 오라 내가 너희를 쉬게 하리라"였다. 금식은 자유로운 선택이어야 한다. 하나님은 성도에게 자유롭게 음식을 선택하여 먹을 권리와 자유를 주셨는데, 중세 교회는 교회법을 만들어 성도들에게 불필요하고 힘든 짐을 지게 했다. 츠빙글리는 이러한 억압을 깨뜨려 성도를 하나님이 주신 자유로 불러내고자 했다. 츠빙글리에게 교회법은 성경과 일치할 때만 유효하고, 초대 교회와 교부의 전통까지도 성경에 근거하여 비판적으로 검토해야 했다. 사람이 먹는 어떤 음식도 사람을 더럽히지 않는다. 그리스도인의 자유에 반해 공간과 시간을 제한하는 것은 주인이신 그리스도를 대적하는 것이다. 우리 주님은 안식일의 주인이시다.

금식하기를 원하십니까? 그렇다면 그렇게 하십시오! … 나는 그것을 그리스도인들의 자유로운 선택에 맡겨 놓겠습니다. 일하지 않을 때 많이 금식할 것이며, 당신이 자주 잘못된 습관으로 유혹하는 음식을 먹지 말아야 합니다.

츠빙글리에게 발견되는 중요한 자유가 있는데, 중세 교회의 철학적 신학인 스콜라주의로부터의 신학적 자유이다. 츠빙글리는 이성의 지배를 받는 철학적 신학을 성령의 신학으로 전환할 것을 역설하였다. 철학이 끝나는 곳에서 하나님을 인식하는 신학이 시작되는 것이지, 사람의 이성과 지혜로 신학을 하는 게 아니라는 것이다. 츠빙글리는 성령께서 우리의 눈을 열어줄 때 하나님의 말씀을 바로 깨닫게 된다고 확신했다. 츠빙글리에게 성령의 조명은 말씀 이해에 결정적이다.

> 우리는 스콜라 신학이라고 부르는 철학에서 나온 모든 지식은 무너져야 한다고 생각합니다. 그 신학은 인간적 기준에 근거한, 단지 학문에 불과하기 때문입니다. 만약 사람들이 그러한 신학으로 완전히 세뇌당했을 때 사람들은 '신학은 외견상 확실한 것처럼 보이는 지식에 따라 정리되고 바뀌어야 한다.'고 생각하게 됩니다. 그렇지만 철학이 끝나는 곳에서 신학은 시작됩니다. 사람들은 '사람의 지식을 잘 배운 사람이 하나님의 교리를 훨씬 더 잘 판단할 수 있다'고 공개적으로 말하고 싶어 합니다. 그것은 마치 우리의 인간적인 이성의 빛이 하나님의 명확성을 압도하고 밝혀낼 수 있다고 믿는 것입니다.

츠빙글리는 교부 신학을 맹목적으로 받아들이지 않았다. 그들도 언제나 성경의 판단을 받아야 했다. 츠빙글리는 교부의 오류가 성경 해석에서 나타나고 있다고 밝히며, 중세 교회가 교황의 권위를 교부에게 두는 것에 이의를 제기하였다.

> 빛이 비치기 시작하면, 어둠이 사라지기 때문입니다. 성령의 바람이 불면, 모든 위선의 부스러기들과 겉껍질은 날아가 버리고, 새로운 꽃이 피어날 것입니다. … 복음은 사람에게서 온 것이 아니라, 하나님으로부터 온 것으로서 사람의 이성으로 해석할 수 없다는 사실을 모든 사람이 이해하는 것입니다.

츠빙글리는 잘못된 기도로부터의 자유도 말한다. 기도하는 자들이 벗어나야 할 두 가지로, 기도를 물질적 요청으로 이해하는 것, 하나님께서 기도의 양에 따라 보상하는 그 어떠한 공로로 이해하는 태도이다. 소리 내어 입술로만 하는 기도는 하나님에 대한 모독이고, 조롱이다. 츠빙글리에게 그리스도는 율법의 굴레로부터 믿는 자를 자유하게 한다. 말할 것도 없이 율법은 하나님에게서 나온 것으로 정의와 선의 영원한 원천으로, 하나님의 정의와 선에 대한 규칙이고 기준이다. 문제는 죄에 빠진 인간이 그 율법의 요구를 따라가지 못함이다. 츠빙글리에게 영원한 계명은 하나님을 사랑하고 이웃을 사랑하는 것이다.

중세 교회 성도들에게 수도원 삶은 중요한 경건의 기준이었다. 수도자처럼 살아야 바른 신앙인이었다. 이에 츠빙글리는 이의를 제기하며, 수도원으로부터의 자유를 외쳤다. 수도복, 여러 종교적 상징물, 삭발 관습을 위선과 가면으로 정죄하였다. 사람들은 성직자들이 어떤 형태로든지 일반 교인들과 구별이 필요하다고 하는데, 이것이야말로 '마음의 위선', '위선자들의 가면'이라는 것이다. 힘써야 할 것은 예수님이 가르치신 서로를 향한 섬김, 사랑, 겸손이다. 츠빙글리에게 수도원은 폐지되어야 하며, 그리스도인은 '단순한 그리스도인'이 되어 모두가 평등한 위치로 주를 섬김이 마땅하다.

츠빙글리는 성욕과 결혼을 성경적으로 이해하며 중세 교회의 가르침에서 벗어날 것을 요청하였다. 결혼은 하나님이 모든 사람에게 주신 권리이다. 하나님은 돕는 배필 하와를 아담에게 주셨는데, 이는 "아담 이후 모든 남성은 여성의 도움이 필요하다"는 의미이다. 순결하게 사는 것은 하나님의 선물이지만, 하나님이 그렇게 살도록 한 사람들만이 가능하다. 한 예가 고자이다. 일반인들에게는 성적 욕망을 허락하셨다. 성적 욕망을 절제할 수 없는 사람은 마땅히 결혼해야 한다.

> 결혼을 원하는 성직자들을 인간 쓰레기 같은 존재가 아니고, 귀한 크리스천입니다. … 쓰레기 같은 존재는 성관계를 포기하지 않으면서, 결혼은 하지 않으려는 사람들입니다. 결혼 생활을 선택하려는 사람들은 오히려 건전한 사람들입니다.

츠빙글리는 성도들이 중세 교회의 고해 성사로부터 자유할 것을 가르친다. 야고보서 5:16을 제시하며 서로 죄를 고백하며 서로 기도해 주는 관계가 바람직하다. 신부에게 하는 고해 성사보다 하나님께 직접 고하는 세리의 짧은 참회가 훨씬 귀하다. 오직 예수 그리스도가 우리의 죄를 없이 하는 것이지, 그 어떤 참회 수단으로도 죄를 없이 할 수 없다. 참회 제도는 하나님을 모독하는 행위이다. 그리스도의 공로를 사람의 공로로 돌리려는 시도로서 명백히 잘못이며, 그리스도의 영광을 빼앗는 행위로 하나님을 모독하는 짓이다.

츠빙글리는 잘못된 성례 이해로부터의 자유를 내세운다. 루터와 격론에 이르기까지 했는데, 이는 츠빙글리만의 독자성으로 이해할 수 있다. 1526년, 1529년 츠빙글리가 루터의 성례 이해와는 명확하게 다른 입장을 제시하여, 결국 루터교회와 스위스 개혁교회 사이에 역사적 긴장이 시작되어야 했다. 츠빙글리를 향해 루터는 '교회를 어지럽히는 자'(Schwaermer)로까지 불렀다. 츠빙글리에게 중요한 것은 성찬에서 무엇을 먹느냐가 아니라, "우리를 구원하시기 위해 자기 생명을 바치신 하나님의 아들을 믿는 것"이다. 츠빙글리는 성령의 조명을 강조하며, '이것은 나의 몸이다'라는 말을 상징적으로 이해하며, 그 어떤 음식을 먹고 마시느냐보다는 "우리를 구원하시기 위해 자기 생명을 바치신 하나님의 아들을 믿는 것"에 있다. 예수 그리스도는 우리가 그의 육체를 먹음으로써 그 무엇을 얻을 수 있다고 강조한 적이 없다. 중요한 것은 요한복음 6:54-56의 말씀처럼 우리가 예수 그리스도를 믿는다는 것이다. 성찬은 믿는 것이지, 먹는 것이 아니다. 예수께서 말씀하신 대로, 십자가에서 이루신 그 죽음을 기념하고 감사하면 충분하다. 성경은 그 어디에도 그 몸을 먹을 때 우리의 죄가 용서받는다고 약속하지 않았다.

> 우리는 단지 설명하고 명령하는 말씀을 믿는 것으로 충분합니다. 그러니까 우리는 성찬식을 통해서 그를 기념하라고 한 것을 믿고 그를 기념하면 됩니다. 그러나 우리는 그리스도의 실제의 몸이 죄를 사해 주기 위해 제공된다는 것을 절대 믿어서는 안 됩니다. … 이 사실을 수긍하지 않으면 우리는 그리스도인이 아니라, 루터의 추종자일 뿐입니다.

7. 맺는말

우리는 지금까지 독자적 종교개혁자 츠빙글리의 생애와 사상을 살펴보았다. 특히 루터와의 관계에 있어서뿐만 아니라, 성경 해석에 있어서 츠빙글리의 독자성을 확인할 수 있었다. 그렇다고 츠빙글리가 루터를 누구와 비교할 수 없을 만큼 귀한 하나님의 종으로 인정하지 않은 것은 아니다. 하나님은 독일에서 루터를 사용하셨듯이 츠빙글리를 스위스에서 불러내어 소중하게 사용하셨다. 개혁신학의 뿌리인 67조는 츠빙글리의 사상을 일목요연하게 보여주는데, 과연 개혁신학이 무엇인지를 알려면 그의 67조 해설은 결정적이라 하겠다. 츠빙글리의 외적 말씀과 내적 말씀에 대한 구별은 무엇보다도 하나님의 말씀에 함께 하는 성령의 역사에 결정적으로 의존한다. 성령께서 함께할 때 살아있는 하나님의 말씀이 된다. 츠빙글리에게 있어서 나타나는 말씀과 성령의 상관관계는 무엇보다도 중세 교회의 스콜라주의 성경 해석에 대한 반동으로 이해해야 할 것이다. 츠빙글리에게 성령의 영감 받은 성경이 성경 되게 하는 결정적 근거는 오직 그 말씀의 주인이신 하나님이다. 이 말은 역사적으로 볼 때 교회가 성경을 성경 되게 한다는 중세 교회의 성경관을 정면으로 반박하고 있다. 이런 맥락에서 볼 때 츠빙글리의 말씀관은 먼저 중세 교회의 잘못된 성경 이해와 단절을 보여주었다. 아울러 "오직 성경"이라는 종교개혁의 표어가 어디에 그 근거를 가지는지 보여주며, "성경 스스로가 해석한다(Sui ipsius interpres)는 종교개혁 해석을 제시한다. 또 자유의 종교개혁자 츠빙글리는 크리스천은 자유에로 부름을 받았음을 외쳤다. 그렇다고 이 땅에서 천국의 온전한 자유(absoluta libertas)를 향유할 수 있다고 기대하지 않았다. 천국 자유로의 여정에 그리스도인은 순례자일 뿐이다. 그리스도인은 여전히 망가진 세상에서 죄악과 부단히 싸워야 한다. 다르게는 자유를 향한 싸움이다. 죄악의 종노릇에서 벗어나 자유로 초대받은 그리스도인들은 다시는 종노릇 하지 않아야 하는 자유인이다. 종교개혁자 칼빈의 말대로 그리스도인이 자유를 바로 알지 못하면 양심은 거의 매사에 망설이게 되고, 자주 주춤거리거나 지체하며, 항상 동요하고 걱정에 시달리게 될 뿐만 아니라, 그리스도의 복음도 바로 알 수 없다. 한국 교회가 할 일은 먼저 역사적 사실을 바로 인식하여 정체성을 확고히 하는 일이다. 그럴 때 미래지향적으로 한국 교회는 시대적 사명을 분명히 감당하게 될 것이다. 유일한 분단의 땅에서 한국 교회가 분명한 복음의 기치를 내세우면 세계 교회사적 역할을 감당할 수 있을 것이다.

프롤로그
미주

01 Jan Rohls, Theologie reformierter Bekenntnisschriften: von Zuerich bis Barmen, Goettingen, 1987(UTB fuer Wissenschaft: Uni-Taschenbuecher, 1453), 14.

02 여기서 말하는 '평민의 성직자'란 중세 교회 교황청의 성직 임면권과 함께 생각할 수 있는데, 취리히 그로스뮌스터교회의 공동의회가 직접 자신들의 교회의 목회자로 츠빙글리를 청빙했음을 뜻한다.

03 원전 및 1차 자료: Huldrych Zwingli, Schriften, Bd. I-IV, Im Auftrag des Zwinglivereins hrsg. von Thomas Brunnschweiler und Samuel Lutz unter Mitarb. von Hans Ulrich Bächtold, Theologischer Verlag (Zürich 1995); Zwingli, Ulrich, 1484-1531. Commentary on true and false religion. edit. by Samuel Macauley Jackson and Clarence Nevin Heller, (Durham 1981); Ulrich Zwingli, Early Writings, edit. Samuel Macauley Jackson; (Durham 1987); Ulrich Zwingli, On Providence and other essays, edit. William John Hinke, (Durham 1983); 홀트라이히 츠빙글리, 『저작선집 2』, 임걸 역, (서울: 연세대학교 대학출판문화원, 2018). 참고문헌. Kurt Aland, Die Reformatoren: Luther, Melanchthon, Zwingli, Calvin, (Gütersloh 1983)(3판); Ulrich Gäbler, Huldrych Zwingli, Eine Einführung in sein Leben und sein Werk, (München 1983). 본서의 영어판으로는 Ruth C. L. Gritsch의 역으로 출판되었다. Huldrych Zwingli. His Life and Work, (Philadelphia 1986); Gottfried W. Locher, Zwingli's Thought. New Perspectives, (Leiden 1981); G. R. Potter, Huldrych Zwingli, (New York 1977); Jean Rilliet, Zwingli. Third man of the Reformation, trans. Jean Knight, (Philadelphia 1964); Jan Rohls, Theologie reformierter Bekenntnisschriften: Von Zürich bis Barmen, (Göttingen 1987); W. P. Stephens, The Theology of Huldrych Zwingli, (Oxford 1986); 롤란드 베인톤, Desiderius Erasmus『에라스무스』, 박종숙 역, (현대지성사 1998); Lee Palmer Wandel, "Zwingli, Huldrych", Hans J. Hillerbrand(edt.), The Oxford encyclopedia of the Reformation, Vol. 4, 320-323.

04 어느 곳에서는 아버지의 직업을 시장으로 말하고 있는데(Geoffrey W. Bromiley), 원래 직업인 농부와 함께 생각해 볼 수 있을 것이다.

05 에라스무스는 츠빙글리에게 보낸 편지에서 루터에 대한 언급을 다음과 같이 쓰고 있다. "나는 교황과 황제에게서, 군주들에게서, 그리고 학자들과 친구들로부터 루터를 비판하는 글을 쓰라는 요청을 받아 왔습니다. 하지만 나는 그런 글을 쓰지 않겠습니다. 혹은 쓰더라도 바리새인들을 기쁘게 하는 따위의 글을 쓰지는 않을 것은 확실합니다."(롤란드 베인톤, 『에라스무스』, 225)

06 H. A. Obermann(edt.), Kirchen- und Theologiegeschcihte in Quellen, Die Kirche im Zeitalter de Reformation, (Neukirchen 1988), 96-100: "Die 67 Schlussreden". 한글 번역. 홀트라이히 츠빙글리, 『저작신집 2』를 참고하라.

07 마르틴 루터의 결혼식은 수녀 출신 폰 보라와 1525년 6월이었으며, 스트라스부르의 종교개혁자 마르틴 부처 역시 수녀 출신 여인과 1522년 결혼하였다.

08 영어판. Zwingli, Urlich, Commentary on True and False Religion, (Durham 1981).

09 홀트라이히 츠빙글리, 『저작선집 2』.

10 Huldreich Zwingli's Werke, Erste vollstaendige Ausgabe durch Melchior Schuler und Joh. Schuthess, Erster Band, (Zuerich 1828), 52-82: "Von Klarheit und gewuesse des worts gottes"; G. W. Bromiley, op. cit., 49-95: "Clarity and certainty of word of God".(영어 번역)

울리히 츠빙글리와
개혁교회의 역사

Ulrich Zwingli und die Geschichte der reformierten Kirche

유디스 베커(Prof. Judith Becker)

01

01

울리히 츠빙글리와 개혁교회의 역사
Ulrich Zwingli und die Geschichte der reformierten Kirche

유디스 베커(Prof. Judith Becker)

독일 베를린 훔볼트대학교 교수(Humboldt University of Berlin in Germany)

Prof. Dr. Judith Becker, HU Berlin/IEA Nantes

22.1.2022, Seoul/Video

번역: 조용석(안양대학교 교수)

Welche Bedeutung hatte Zwingli für die Geschichte der reformierten Kirche? Dieser Frage möchte ich in vier Schritten nachgehen. Dass ich hierbei nur kurze Schlaglichter auf die Geschichte werfen kann, versteht sich von selbst. "Zwingli und die Geschichte der reformierten Kirche" wäre ein Thema für ein dickes Buch.

츠빙글리는 개혁교회의 역사에서 어떤 의미를 지니고 있습니까? 저는 이 질문에 대하여 4단계로 진행하고자 합니다. 여기서 제가 역사에 대한 간략한 조명을 할 수 있다는 것은 당연한 것입니다. "츠빙글리와 개혁교회의 역사"는 두꺼운 책의 주제가 될 것입니다.

Bevor wir uns aber dem Thema zuwenden, ist kurz zu erörtern, wer die reformierte Kirche ist, um deren Geschichte es hier gehen soll. Wenn man sich die reformierten Kirchen heute ansieht, so findet man eine Vielzahl an unterschiedlichen reformierten Kirchen. Das sehen Sie in Korea, und das sehen wir noch viel stärker weltweit, wo die Bandbreite der Kirchen, die sich selbst als reformiert verstehen, sehr groß ist. Das gilt selbst, wenn man nur diejenigen Kirchen betrachtet, die sich im Reformierten Weltbund zusammengeschlossen haben. Mir scheint hier sogar das Spektrum noch breiter zu sein als bei den im Lutherischen Weltbund vertretenen Kirchen, weil es im reformierten Protestantismus noch nicht einmal die alle einigenden Bekenntnisse gibt. Hier existieren seit der Reformationszeit unterschiedliche Traditionen, die sich weiter ausdifferenziert haben, die aber auch im Laufe der Jahrhunderte Vereinigungen eingegangen sind und wechselseitig Bekenntnisse oder einzelne Lehren übernommen haben. Auch die Zürcher Theologie heute ist ja nicht mehr die reine Theologie Zwinglis - so wie schon in den 1560er Jahren die von Heinrich Bullinger vertretene Theologie nicht mehr dieselbe war wie die Zwinglis. Man hat sich immer wieder den Fragen und Bedürfnissen der jeweiligen Zeit angepasst.

그러나 우리가 주제로 돌아가기 전에 여기서 다루어야 할 개혁교회와 그 역사에 대하여 간략하게 논의되어야 하겠습니다. 오늘날의 개혁교회를 보면, 다양하면서도 수많은 개혁교회를 발견할 수 있습니다. 당신은 한국에서 그것을 볼 수 있으며, 우리는 스스로를 개혁되었다고 이해하는 교회의 범위가 세계적이라는 사실을 훨씬 더 강하게 봅니다. 이는 세계개혁연맹 안에서 모인 교회들을 본다면, 그것은 분명해 집니다. 저에게 있어서 개혁교회 프로테스탄티즘이 하나된 모든 신앙고백들을 가지고 있지 않기 때문에 여기서의 스펙트럼이 루터교회 세계연맹에 소속된 교회들보다 훨씬 더 넓은 것으로 보입니다. 종교개혁 시대 이후로 다양한 전통들이 여기에 존재해 왔으며, 분화되면서 수세기 동안 연합체를 형성했으며 신앙고백이나 개별 교리들을 서로 받아들였습니다. 1560년대 하인리히 불링거에 의하여 대변되는 신학이 츠빙글리의 신학과 더 이상 같지 않은 것처럼 오늘날 취리히 신학도 더 이상 순수한 츠빙글리의 신학이 아닙니다. 사람은 언제나 항상 각 시대의 질문과 필요성에 적응해 왔습니다.

Wenn ich im Folgenden über Zwingli und die Geschichte reformierter Kirchen spreche, so tue ich das in dem Bewusstsein, dass es hier nur um einen Teil der reformierten Kirchen gehen kann. Das gilt ja sogar, wenn man sich die Geschichte der Schweizer Reformation des 16. Jahrhunderts ansieht, wo Zwingli auch nur in Teilen der Schweiz von großem Einfluss war. Aber genau auf diese Teile wollen wir nun gucken.

제가 다음에서 츠빙글리와 개혁교회의 역사에 대해 언급할 때, 저는 이 것이 개혁교회의 일부를 다룰 수 있는 것이라고 인식합니다. 16세기 스위스 종교개혁의 역사를 본다면, 이것은 츠빙글리가 스위스 일부 지역에서 만 큰 영향을 미쳤을 때, 해당됩니다. 그러나 우리는 지금 이 부분들을 정확히 살펴보고자 합니다.

Ich möchte an drei Stellen etwas genauer auf das Thema "Zwingli und die Geschichte der reformierten Kirche" blicken: zu Zwinglis Lebzeiten in Zürich und Südwestdeutschland; im 16. Jahrhundert in Europa; und im 19. Jahrhundert in der Mission. Es folgt als vierter Teil eine kurze historische Kontextualisierung zur Zwingli-Forschung und -Deutung im 19. Jahrhundert. Dabei liegt der Schwerpunkt des Vortrags auf den ersten beiden Teilen, der Reformationsgeschichte. In einer knappen Conclusio werde ich einige Forschungsperspektiven aufzeigen.

저는 "츠빙글리와 개혁교회의 역사"라는 주제에 대하여 세 곳에서 살펴보고자 합니다.: 취리히와 독일 남서부 지역에서의 츠빙글리의 생애; 16세기 유럽; 19세기 선교. 네 번째 부분은 19세기 츠빙글리 연구와 의미의 간략한 역사적 맥락화입니다. 강연의 주안점은 처음 두 부분인 종교개혁의 역사에 있습니다. 저는 간략한 결론부에서 몇 가지 연구의 관점을 보여줄 것입니다.

1. Ulrich Zwingli als Akteur im sich bildenden reformierten Protestantismus
개혁교회 프로테스탄티즘의 배우로서의 울리히 츠빙글리

In den letzten Jahren ist der Fokus der Forschung verstärkt auf gemeinsam handelnde Gruppen und nationale und internationale Vernetzungen gelegt worden. Die Tendenz geht schon seit Jahren weg von der Konzentration auf die großen Männer hin zur Untersuchung von Netzwerken. (Was nicht bedeutet, dass es nicht noch gute und wichtige Forschung zu Theologie und Leben der einzelnen Reformatoren gäbe. Nur hat sich der Fokus deutlich verschoben.) Das gilt nicht nur für die Schweizer Reformation, sondern zum Beispiel auch für die Wittenberger Reformation, wo man sich zusätzlich zu aller Lutherforschung vermehrt den Reformatoren zugewandt hat, die neben Luther in Wittenberg oder von Wittenberg ausgehend wirkten. Infolgedessen sprechen manche Forschende auch weniger von der lutherischen als vielmehr der Wittenberger Reformation.

최근 몇 년 동안 연구는 함께 행동하는 그룹과 국내 및 국제 네트워크에 점점 더 초점을 맞추고 있습니다. 수년 동안 연구 경향은 위대한 사람들에 대해 집중하는 것으로서, 네트워크를 연구하는 방향으로 전환되고 있습니다. (이것이 개인별로 종교개혁자들의 신학과 삶을 연구하는 것이 바람직하지 않다거나 중요한 연구가 아니라는 것을 의미하지 않습니다. 단지 초점이 분명하게 바뀌었을 뿐입니다.) 이것은 스위스 종교개혁뿐만 아니라 예를 들어 비텐베르크 종교개혁에도 적용됩니다. 모든 루터 연구뿐만 아니라, 비텐베르크 또는 비텐베르크 출신으로서 루터와 함께 일했던 종교개혁자들에게 점점 더 관심을 갖게 되었습니다. 그 결과 일부 연구자들은 루터 교회보다 비텐베르크 종교개혁에 대하여 더 많이 언급합니다.

Ähnliches gilt für die Schweizer Reformation (wo die Forschung zumindest in der Wortwahl allemal traditionell weniger auf einzelne Personen fokussiert war). Auch hier tritt die Frage nach den Netzwerken in den Vordergrund, und d.h. für uns konkret: es wird nach den Reformatoren gefragt, die mit Zwingli in Zürich wirkten und mit denen Zwingli außerhalb Zürichs in Kontakt stand. Hier wird zum Beispiel die Rolle Leo Juds betont, aber auch die anderer Kollegen und die bestimmter Personen aus dem Stadtrat, die Zwingli unterstützten. So wird seine theologische und politische Entwicklung eingebettet in seine Netzwerke.

스위스 종교개혁(최소한 단어 선택 속에서 전통적으로 개인에 대하여 적게 집중했던 곳)에 유사하게 적용됩니다. 여기에서도 네트워크에 대한 질문이 대두되며, 이는 우리에게 있어서 구체적인 질문입니다.: 취리히에서 츠빙글리와 함께 사역했으며, 취리히 외부에서 츠빙글리와 접촉했던 개혁자들에 대한 질문입니다. 예를 들어, 여기에서 레오 주드의 역할이 강조되지만 츠빙글리를 지지했던 다른 동료들 및 시 의회의 특정한 사람들의 역할도 강조됩니다. 이와 같은 방식으로 그의 신학적, 정치적 발전이 그의 네트워크에 내재되어 있습니다.

Als sehr fruchtbar hat sich auch ein Ansatz erwiesen, den eine Arbeitsgruppe um Christoph Strohm in Heidelberg verfolgt, die sich mit Reformatoren in Südwestdeutschland beschäftigt (wenn sie auch mit der eigentlichen Forschung erst 1550 beginnt). Sie haben keinen primären Fokus auf Zwingli oder Zürich, aber eines ihrer Ergebnisse ist der Nachweis der Verflechtungen zwischen Zürich und Südwestdeutschland, die sich im Vorfeld des Forschungsprojektes auch schon für Zwingli und seine Zeit aufzeigen lassen. Dass es diese Verflechtungen gab, wussten wir auch vorher. Wie stark die Verflechtungen waren, ist neu.

하이델베르크의 크리스토프 스트롬(Christoph Strohm)를 중심으로 하는 연구자 그룹이 수행했던 접근 방식이 유익한 것으로 증명이 되었습니다. 그들은 독일 남서부 지역의 종교개혁자들을 다루고 있습니다(실제로 1550년대 연구를 시작했다고 하더라도). 그들은 츠빙글리나 취리히에 일차적으로 초점을 맞추지 않았습니다. 그 결과 중 하나는 취리히와 독일 남서부 지역 사이의 상호 의존성에 대한 증거이며, 연구 프로젝트의 전단계에서 츠빙글리와 그의 시대를 위하여 드러나는 증거가 됩니다. 우리는 또한 이러한 상호 관계가 존재한다는 것을 미리 알고 있었습니다. 얼마나 상호 관계가 강력했는지는 새로운 것입니다.

Dass Südwestdeutschland für Zürich so wichtig war, ergibt sich auch daraus, dass zwischen Zürich und den großen Reichsstädten in Südwestdeutschland enge Handelsverbindungen bestanden, und nicht zuletzt gehörte Zürich kirchlich betrachtet zur Diözese von Konstanz. Im Zuge der Reformation begann man dann auch vermehrt militärische Bündnisse zu schließen, zu gegenseitigem Schutz und Abwehr von Angriffen.

취리히에 있어서 남서부 독일이 취리히에게 매우 중요했다는 것은 취리히와 남서부 독일의 대도시들 사이에 긴밀한 무역 관계가 있었다는 것, 그리고 특히 취리히가 콘스탄츠 교구에 교회적으로 취리히가 속해 있다는 사실에 기인합니다. 종교개혁이 진행되는 과정 속에서 공격을 받았을 때, 상호 간 보호와 방어를 위해 점점 더 많은 군사 동맹이 형성되기 시작했습니다.

Die theologischen Verflechtungen werden heute vor allem mithilfe der überlieferten Korrespondenzen zwischen den verschiedenen Reformatoren und reformatorisch orientierten Räten, Juristen und Adeligen untersucht. Ein weiterer Ansatz sind Erwähnungen in Widmungen und Einleitungen zu reformatorischen Schriften. Hier ist natürlich noch einmal genau zu fragen, was aus solchen Erwähnungen geschlossen werden kann und wann Beziehungen in Veröffentlichungen ein echtes Netzwerk abbildeten und wann sie ein Netzwerk simulieren sollten. - Was bisher noch wenig untersucht ist, ist der Austausch von materiellen Dingen über die Briefe und Schriften hinaus.

오늘날 신학적 상호 관계는 특히 다양한 종교개혁자들과 개혁지향적인 의회들, 법률가들과 귀족들이 교환한 전승된 서신들의 도움을 받아 연구됩니다. 또 다른 접근 방식은 종교개혁 문헌에 대한 헌정 및 서문에서 진술들(을 추론하는 것)입니다. 물론 여기서 우리는 이러한 언급에서 무엇을 추론될 수 있는지, 언제 출판물의 관계가 실제 네트워크를 드러내고 있는지, 그리고 언제 그것들이 (출판물들의 관계)가 네크워크를 재현하고 있는지에 대하여 질문해야 합니다. 서신들과 문헌들 너머 물질적인 것의 교환이 아직까지 적게 연구되었습니다.

Bei der Untersuchung von Zwinglis Netzwerken in Zürich gilt es zunächst sich vor Augen zu führen, dass Zwingli selbstverständlich schon einem Netzwerk angehörte, als er nach Zürich kam. Dieses Netzwerk basierte zum einen auf seinen Studienkontakten. Die jungen Männer, die gemeinsam studiert hatten, blieben danach brieflich in Kontakt. Zum anderen hatte er sich auch von seinem früheren Wirkungsort in Einsiedeln aus neue Korrespondenz-Netzwerke aufgebaut. Er saß in diesem kleinen Ort in den Schweizer Bergen und korrespondierte mit den großen Humanisten in Reichs- und Handelsstädten.

취리히에 있는 츠빙글리의 네트워크를 연구할 때 그가 취리히에 왔을 때, 츠빙글리는 이미 네트워크의 일부였다는 점을 염두해야 합니다. 한편으로 이 네트워크는 그의 연구자 접촉의 영역을 기반으로 했습니다. 함께 공부했던 청년들은 그 후에도 편지로 관계를 유지했습니다. 다른 한편, 그는 이전 아인지델른의 사역지에서 이전 직장에서 새로운 서신 교환 네트워크를 구축했습니다. 그는 스위스 산속의 이 작은 마을에서 제국 및 무역 도시의 위대한 인문주의자들과 서신을 교환했습니다

Netzwerke wurden auch dadurch größer, dass Menschen ihre Freunde und Freundinnen miteinander bekannt machten oder dass Briefe von einer Person an andere weitergeleitet wurden. Überhaupt war dies ein übliches Vorgehen: Briefe waren nur selten ausschließlich an eine Person gerichtet bzw. verblieben ausschließlich bei dieser Person. Teils wurden ganze Briefe weitergeleitet, teils Ausschnitte daraus. Als Boten fungierten häufig Freunde, Bekannte oder Familienangehörige, die die Briefe übermittelten und damit selbst die Netzwerke stärkten bzw. ihnen beitreten konnten.

네트워크 또한 사람들이 그들의 친구들과 서로 알게 되고, 편지들이 한 사람에게서 다른 사람에게 전달되는 것을 통하여 성장했습니다. 일반적으로 이것은 일반적인 절차였습니다.: 편지는 거의 한 사람에게만 전달되거나 그 사람에게만 남아 있었습니다. 일부는 전체 편지가 전달되고, 일부는 발췌문들이 전달되었습니다. 친구나 지인, 가족들이 전달자의 역할을 하는 경우가 많았고, 이들은 편지를 전달해 스스로 네트워크를 강화하거나 합류할 수 있었습니다.

In ihren Korrespondenzen unterhielten sich die Männer (und

einige Frauen!) über Persönliches ebenso wie über theologische und politische Fragen. Bei der Untersuchung des theologischen Austauschs im Rahmen des ersten Abendmahlsstreits hat Amy Nelson Burnett nachgewiesen, wie sich die Korrespondenznetzwerke Zürichs nach dem Beginn der Auseinandersetzungen um das Abendmahl Mitte der 1520er Jahre merklich veränderten: Während vor dem Abendmahlsstreit intensive Korrespondenz auch zu Wittenberg und anderen von der dortigen Reformation beeinflussten Gebieten bestand, wurde nun der Austausch von Briefen zwischen Straßburg, Basel und Zürich deutlich verstärkt.

그들의 편지 교환 속에서 남성(그리고 일부 여성!)은 개인 문제와 신학적, 정치적 문제에 대해 이야기했습니다. 첫 번째 성찬론 논쟁의 영역에서 신학적 교류를 연구하는 동안 아미 넬슨 버넷(Amy Nelson Burnett)은 1520년대 중반에 성찬론 논쟁이 시작된 후 취리히의 편지 네트워크가 어떻게 명백하게 변했는지 증명했습니다. 성찬론 논쟁 이전에 비텐베르그와 종교개혁의 영향을 받은 지역의 다른 사람들에게 집중적인 서신 교환이 있었던 동안, 스트라스부르, 바젤, 취리히 사이의 편지 교환이 크게 증가했습니다.

In der Korrespondenz nach außen unternahmen die Reformatoren eine Arbeitsteilung: Straßburg (vor allem Wolfgang Capito und Martin Bucer) und Basel (Johannes Oekolampad) korrespondierten vermehrt mit deutschen Partnern, während sich die Zürcher an die Schweizer wandten. Am Ende des Abendmahlsstreits waren die Netzwerke nach Wittenberg und zu anderen von diesen beeinflussten deutschen Reformatoren, die Anfang der 1520er Jahre noch bestanden hatten, weitgehend aufgegeben. Hingegen war der Austausch zwischen Südwestdeutschland und der deutschsprachigen Schweiz intensiviert worden. Zudem waren neue Korrespondenzen aufgebaut worden nach Schlesien zu Personen, die Luther als Schwärmer bezeichnete, wie Kaspar Schwenckfeld. Das illustriert schon allein die Zahl der überlieferten Briefe.

외부 서신 교환 속에서 종교개혁자들은 사역을 분담했습니다. 스트라스부르(특히 볼프강 카피토와 마틴 부처)와 바젤(요하네스 외콜람파드)은 점점 더 독일의 동역자들과 서신을 주고받았고, 취리히 사람들은 스위스를 주목했습니다. 성만찬 논쟁이 종료될 무렵, 1520년대 초에 여전히 존재했던 비텐베르크와 그들에게 영향을 받은 다른 독일 개혁자들과의 네트워크는 대부분 포기되었습니다. 이에 반해 독일 남서부 지역과 스위스 독일어권 사이의 교류가 강화되었습니다. 또한 루터가 카스파 쉥크펠트처럼 열광적인 사람으로 규정했던 사람들과의 새로운 서신 교환이 실레지아에서 이루어졌습니다. 오직 전해지는 편지들의 개수가 이것을 설명하고 있습니다.

Der Austausch lässt sich aber natürlich nicht nur formal in der Zahl der Briefe nachweisen, sondern er hatte auch unmittelbaren

Einfluss auf die Theologie. Und hier ist bemerkenswert, dass eben nicht nur Zwingli andere beeinflusste, sondern dass er auch von anderen Theologen beeinflusst wurde. In den Netzwerken tauschte man sich aus, glich Meinungen miteinander ab, und glich sich, bewusst oder unbewusst, einander an.

물론 그 편지 교환은 편지 개수에서 형식적으로 증명될 수 있을 뿐만 아니라 신학에 직접적인 영향을 미쳤습니다. 그리고 여기서 츠빙글리가 다른 사람들에게 영향을 미쳤을 뿐만 아니라 다른 신학자들로부터 영향을 받았다는 것은 주목할 만합니다. 네트워크에서 사람들은 의견들을 서로 나누고 비교하며 의식적이든 무의식적이든 서로 동화되어 갔습니다.

Christoph Strohm hat dies für den ersten Abendmahlsstreit nachgewiesen: Zwingli stimmte sein Vorgehen eng mit seinen Kollegen in Straßburg (und an anderen Orten) ab, und mehr als das: er übernahm Vorschläge und Konzeptionen der Straßburger in seine Theologie.

크리스토프 스트롬은 첫 번째 성찬 논쟁에서 이것을 증명했습니다.: 츠빙글리는 그의 조치를 스트라스부르(및 다른 지역)에 있는 동료들과 긴밀히 조정했으며 그 이상으로 협의했습니다. 그는 자신의 신학에서 스트라스부르 신학자들의 제안과 개념을 수용했습니다.

Im ersten Abendmahlsstreit vertraten Capito, Bucer, Zwingli

und Oekolampad zunächst sehr ähnliche Positionen. Die Frage, die zwischen ihnen diskutiert wurde, war nicht so sehr, was man inhaltlich vertreten solle, als vielmehr, wie man dies vertreten solle. Als Luther Zwingli scharf angriff, ermutigten auch die Straßburger sowohl Zwingli als auch Oekolampad, sich dagegen zu wehren. Allerdings sollten sie dies, so Bucer in einem Brief an Zwingli, in Form einer "freundlichen Ermahnung" tun, einer "amica admonicio [sic!]". Und wie lautet der Titel der Schrift, die Zwingli als Antwort auf Luther 1527 veröffentlichte? "Amica Exegesis". Offenbar hat Zwingli die Überschrift seiner Entgegnung an Luther aus Bucers Brief übernommen.

첫 번째 성찬 논쟁에서 카피토, 부처, 츠빙글리 및 외콜람파드는 우선 매우 유사한 입장을 취했습니다. 그들 사이에서 논의된 질문은 무엇을 주장해야 하는 가보다 어떻게 내용적으로 주장해야 하는가였습니다. 루터가 츠빙글리를 날카롭게 공격했을 때, 스트라스부르 신학자들은 츠빙글리와 외콜람파드가 대응하도록 격려했습니다. 물론 그들은 그렇게 해야만 했습니다. 부처는 츠빙글리에게 보낸 편지에서 "우호적인 훈계", "amica admonicio [sic!]"의 형태로 했습니다. 그리고 1527년에 츠빙글리가 루터에 대응하여 출판한 문헌의 제목은 무엇입니까? "'우호적 주석". 분명히 츠빙글리는 부처로부터 루터에 대한 답변의 제목을 넘겨 받았던 것입니다.

Der Briefwechsel zwischen Straßburg, Basel und Zürich im

Zuge des ersten Abendmahlsstreits zeigt mithin nicht nur, wie sich die Reformatoren untereinander absprachen und auf diese Weise bewusst eine Gruppe bildeten, sondern er zeigt auch, wie sie sich theologisch beeinflussten. Noch deutlicher wird dies, wenn man die Inhalte der Abendmahlslehre ansieht. Bucer versuchte hier zunehmend zu vermitteln, indem er Zwingli nahelegte, wie er Luthers Terminologie in seinem Sinne deuten könne. Möglicherweise konnte es nur deshalb zu der relativ weitgehenden Einigung in Marburg 1529 kommen.

첫 번째 성찬 논쟁 과정에서 스트라스부르, 바젤, 취리히 사이의 편지 교환은 종교개혁자들이 어떻게 서로 협의하여, 이와 같은 방식으로 그룹을 형성했는가 뿐만 아니라, 그들이 서로 어떻게 신학적으로 영향을 미쳤는가를 보여줍니다. 성찬론의 내용들을 보게 된다면, 이것은 분명해 집니다. 부처는 루터의 용어를 그의 (신학적) 의미로 해석할 수 있는 방법을 츠빙글리에게 제시함으로써 여기에서 중재하고자 점점 더 시도했습니다. 아마도 그것이 1529년 마르부르크에서 비교적 광범위한 합의에 도달할 수 있게 했습니다.

Dieses Beispiel zeigt exemplarisch, dass Zwingli nicht nur ein wichtiger Reformator war, der viele andere beeinflusste, sondern dass er selbst seine Theologie im Austausch mit anderen Reformatoren aus seinen Netzwerken entwickelte. Die gegenseitigen Beeinflussungen wirkten in beide Richtungen.

Zwingli stand in engem und wechselseitig fruchtbaren Austausch - nicht mit der Welt, aber doch mit seiner näheren und weiteren Umgebung. Die Ausweitung in verschiedene europäische Länder fand unter seinem Nachfolger Heinrich Bullinger statt.

이 실례는 츠빙글리가 다른 많은 사람들에게 영향을 미쳤던 중요한 종교개혁자였을 뿐만 아니라, 그 자신이 네트워크의 다른 개혁자들과 서신을 교환하면서, 자신의 신학을 발전시켰다는 사실을 보여줍니다. 상호 영향은 양방향으로 작용했습니다. 츠빙글리는 세상이 아니라 주변 환경과 밀접하고 유익한 교류를 하고 있었습니다. 다양한 유럽 국가로의 확장은 그의 후계자인 하인리히 불링거(Heinrich Bullinger)에 의해 이루어졌습니다.

2. Die Zürcher Theologie und Europa in der Reformation des 16. Jahrhunderts
16세기 종교개혁 시기 취리히와 유럽의 신학

Bullinger hat die Zürcher Theologie zu einer wahrhaft europäischen Theologie gemacht. Er steht in der Wahrnehmung häufig im Schatten von Zwingli. Das entspricht aber nicht seiner Bedeutung im 16. Jahrhundert. Bullinger leitete die Zürcher Kirche nach Zwinglis Tod für fast 40 Jahre. Er pflegte ein enorm großes Korrespondenznetzwerk, viel größer als alle anderen Reformatoren (zumindest den überlieferten Briefen nach zu urteilen). Bullinger war aber nicht nur Reformator, Theologe, Kirchenorganisator und Briefschreiber, sondern er betätigte sich auch als Historiker und war somit der erste, der die Rolle seines Vorgängers Zwingli immer wieder hervorhob.

불링거는 취리히 신학을 진정한 유럽 신학으로 만들었습니다. 그는 자주 츠빙글리의 그림자 속에서 가려져 있습니다. 그러나 그것은 16세기의 중요성과 일치하지 않습니다. 불링거는 츠빙글리가 사망한 후 거의 40년 동안 취리히 교회를 이끌었습니다. 그는 다른 모든 개혁자들보다 훨씬 더 큰(최소한 전승되는 서신으로 판단할 때) 엄청나게 큰 편지 네트워크를 유지했습니다. 불링거는 종교개혁자, 신학자, 교회를 조직하며, 편지를 쓰는 사람이었을 뿐만 아니라, 역사가로도 활발히 활동했습니다. 따라서 그의 전임자 츠빙글리의 역할을 항상 반복적으로 강조한 최초의 사람이었습니다.

Zu der bisher schon bestehenden Netzwerkbildung kamen nun zusätzlich zwei Aspekte hinzu: erstens studierten immer mehr an reformatorischer Theologie interessierte Studenten in Zürich. Das heißt, sie lebten in der Stadt, lernten den dortigen Protestantismus nicht nur in der Theorie, sondern auch in der Praxis kennen, und manche von ihnen wohnten bei den Reformatoren, Professoren und Pastoren. Diese persönlichen Erlebnisse prägten sie, und die Kontakte nicht nur untereinander, sondern auch zu den Reformatoren wie Heinrich Bullinger blieben bestehen. Sie nahmen sie mit in ihre Heimatländer, und wenn sie dort reformatorische Maßnahmen durchführten, ließen sie sich von ihren Zürcher Erfahrungen leiten und von Bullinger beraten.

기존의 네트워크 형성에 추가하여, 두 가지 측면이 존재합니다. 첫째, 종교개혁에 관심이 있는 많은 학생들이 취리히에서 공부하고 있었다는 것입니다. 즉, 그들은 도시에 살면서 이론뿐만 아니라 실천을 통하여 프로테스탄티즘(개신교)을 배우게 되었고, 그들 중 많은 사람들이 종교개혁자들, 교수들, 목사들과 함께 살았습니다. 그들은 이 개인적인 경험을 강렬하게 가지고 있으며, 서로 간의 접촉뿐만 아니라 하인리히 불링거와 같은 개혁자들과의 접촉을 계속 유지했습니다. 그들은 이 경험들을 가지고 귀향하여, 개혁적 조치를 취할 때, 취리히에서의 경험을 통하여 이끌어 갔으며, 불링거의 조언을 받았습니다.

Zweitens begann man schon sehr früh, Schriften von Reformatoren zu sammeln und herauszugeben. So wurden Schriften Zwinglis ediert und veröffentlicht, wurden Teile aus seinem Briefwechsel veröffentlicht und wurden die Schriften übersetzt, um sie einer breiten Öffentlichkeit, auch in nicht deutschsprachigen Ländern wie zum Beispiel England, zugänglich zu machen. Auf diese Weise wurde die Theologie Zwinglis verbreitet. Dies geschah natürlich durch die Brille derjenigen, die die Ausgaben von Schriften und Briefen erstellten und entschieden, welche Ausschnitte wichtig seien und deshalb veröffentlicht werden müssten. Mit der Verbreitung ging eine erste Modifikation der Theologie einher.

둘째, 사람들은 매우 일찍부터 종교개혁자들의 저작들을 모아 출판하기 시작했습니다. 츠빙글리의 저작들이 편집되고, 출판되었으며, 그의 편지들 중 일부가 출판되었습니다. 그의 저작들은 영국과 같은 비독일어권 국가 안에서 더 광범위하게 대중이 접근할 수 있도록 번역되었습니다. 이와 같은 방식으로 츠빙글리의 신학이 전파되었습니다. 물론 이것은 저작들과 편지들을 출판하고, 어떤 발췌문이 중요하여 출판되어야 하는지 결정한 사람들의 신학적 시각을 통해 일어난 일입니다. 그 신학의 첫 번째 수정은 (그의 신학의) 확산과 함께 진행되었습니다.

Aus Bullingers Korrespondenz-Netzwerk sind weit mehr Briefe überliefert als von jedem anderen Reformator. Anhand des Briefwechsels zwischen Bullinger und dem polnischen Reformator Johannes a Lasco, der von 1550-1553 Superintendent der französisch- und niederländischsprachigen Fremdengemeinde in London war, möchte ich Ihnen Inhalte und Funktionen eines solchen Briefwechsels illustrieren. Dabei ist festzuhalten, dass Bullinger und a Lasco einander mehr oder weniger auf Augenhöhe begegneten; es gab andere Briefwechsel, bei denen Bullinger stärker als Seelsorger oder als Berater in reformatorischen Fragen fungierte.

불링거의 서신 네트워크에는 다른 어떤 개혁자보다 훨씬 더 많은 편지가 남아 있습니다. 불링거와 1550년부터 1553년까지 런던에서 프랑스어와 네덜란드어를 사용하는 외국인 교회 목회자였던 폴란드 종교개혁자 요하네스 아 라스코(Johannes a Lasco)의 편지에 근거하여, 이러한 편지 교환의 내용과 기능을 설명하고자 합니다. 불링거와 아 라스코는 어느 정도 동등한 위치에서 만났습니다. 불링거가 목사 또는 종교개혁 문제에 대한 조언자로서 더 많이 활동했던 다른 서신 교환도 있었습니다.

Aus dem Briefwechsel sind deutlich mehr Briefe von a Lasco an Bullinger als von Bullinger an a Lasco überliefert, das sagt aber zunächst einmal nur etwas über die Überlieferungssituation aus. Bullinger sammelte die Briefe, die bei ihm ankamen, nicht aber die Kopien seiner eigenen Briefe. A Lasco hingegen musste immer wieder fliehen bzw. wollte oder musste weiterreisen, sodass die Briefe, die er empfangen hat, nicht vollständig überliefert sind. 1553 musste er nach der Thronbesteigung Mary Tudors England verlassen, reiste über Dänemark, wo den Glaubensflüchtlingen der Aufenthalt verwehrt wurde, nach Emden. Ein Jahr später musste er auch Emden verlassen und ging von dort 1555 nach Frankfurt, wo er einer der Akteure im Zweiten Abendmahlsstreit war. 1556 kehrte a Lasco nach Polen zurück; dort starb er Anfang Januar 1560. Bei einem solchen Lebenslauf gehen Briefe verloren.

그 서신 교환에서 아 라스코가 불링거에게 보낸 편지가 불링거가 아 라스코에게 보낸 편지보다 훨씬 더 많았습니다. 이것은 전승되는 상황에 대하여 언급할 뿐입니다. 불링거는 받은 편지를 수집했지만 자신의 편지 사본은 수집하지 않았습니다. 반면에 아 라스코는 몇 번이고 도피해야 했으며, 더 여행을 원했거나, 혹은 여행을 했어야만 해서, 그가 받았던 편지들이 완전히 전해지지는 않았습니다. 1553년 메리 튜더가 왕위에 오른 후 그는 영국을 떠나 신앙의 피난민들의 거주가 거부되었던 덴마크를 거쳐 엠덴으로 여행해야 했습니다. 1년 후 그는 또한 엠덴을 떠나 1555년 그곳에서 프랑크푸르트로 갔고 그 곳에서 그는 2차 성찬론 논쟁의 주역 중 한 사람이었습니다. 1556년에 아 라스코는 폴란드로 돌아왔으며, 1560년 1월 초에 그 곳에서 세상을 떠났습니다. 이러한 이력으로 인하여, 편지를 잃어버렸던 것입니다.

Die beiden Reformatoren informierten einander über ihr Leben, das Wohlergehen von Kindern und Ehefrauen (bzw. in a Lascos Fall den Tod der Frau), über das Voranschreiten der Reformation am jeweiligen Ort, und sie tauschten sich über reformatorische und theologische Fragen aus. Für Bullinger, der sich intensiv für die Verbreitung der Reformation Zürcher Prägung in Europa engagierte, bedeutete der Kontakt zum Superintendenten der Londoner Fremdengemeinde einen wichtigen Ankerpunkt für die Reformation in England.

두 개혁자들은 삶, 자녀와 아내의 안녕(라스코의 경우 여성의 죽음), 각자의 위치에서 종교개혁의 진행 상황에 대하여 서로 정보를 주었습니다. 그리고 개혁적이며 신학적 질문들을 나누었습니다. 유럽의 취리히 종교개혁의 확산에 헌신했던 불링거에게 있어서 런던의 외국인 교회 목사와의 접촉은 영국 종교개혁을 위한 중요한 계기를 의미했습니다.

Dabei hatte a Lasco als erster den Kontakt zu Bullinger aufgenommen, und das schon 1544. Seit 1542 war er als erster reformatorischer Superintendent für Ostfriesland in Emden (Norddeutschland) tätig, und nun kontaktierte er aus Begeisterung für die Zürcher Theologie Heinrich Bullinger. A Lasco hatte einige theologische Konzeptionen von Zwingli aufgenommen, dann wandte er sich an dessen Nachfolger und bat um dessen Freundschaft. Offensichtlich war Bullinger bereit, diese dem polnischen Baron zu gewähren.

아 라스코는 이미 1544년에 불링거와 접촉한 첫 번째 사람이었습니다. 1542년부터 그는 엠덴(독일 북부)에 있는 동프리스란트의 첫 종교개혁적 성향을 지닌 감독이었고, 취리히 신학에 대한 열정으로 하인리히 불링거와 접촉했습니다. 아 라스코는 츠빙글리의 몇 가지 신학적 개념을 수용하고, 그의 후계자에게 향했으며, 우정을 부탁했습니다. 분명히 불링거는 그 폴란드 남작에게 이것들을 줄 준비가 되어 있었습니다.

A Lasco ist in der älteren Forschung manchmal als Zwinglianer beschrieben worden, aber ich würde daran zweifeln. Sicher finden sich, gerade in der Abendmahlslehre, Auffassungen, die denen

Zwinglis nahestehen, aber sie haben doch eine andere Prägung, und vor allem: neben der Abendmahlslehre gibt es ja auch noch andere theologische Lehren, und da war a Lasco eindeutig von anderen Reformatoren stärker beeinflusst als von Zwingli. Dies gilt zum Beispiel für die Ekklesiologie, die für a Lasco eine große Rolle spielte, weil er sowohl in Emden als auch später in London reformatorische Gemeinden von Grund auf neu aufbauen musste. In der Ekklesiologie finden sich bei ihm neben Zürcher eindeutig auch Genfer Auffassungen und starke Einflüsse Martin Bucers. Dennoch waren die Zürcher und insbesondere Heinrich Bullinger wichtige Korrespondenzpartner.

아 라스코는 이전 연구에서 츠빙글리주의자로서 묘사되었지만 저는 그것을 의심합니다. 성찬론에 있어서 츠빙글리의 견해에 가까운 견해가 있는 것은 분명합니다. 그러나 그것들은 다른 특성을 가지고 있으며, 특히 성찬론 이외에 다른 신학적 교리가 있습니다. 아 라스코는 츠빙글리보다 다른 종교개혁자들의 영향을 더 강하게 받았습니다. 예를 들어, 아 라스코에게 있어서, 교회론은 큰 역할을 수행했습니다. 왜냐하면 그는 엠덴과, 이후에 런던에 종교개혁적 교회를 새롭게 세워야 했기 때문입니다. 그의 교회론에서 취리히 이외에 제네바와 마틴 부처의 강한 영향을 발견하게 됩니다. 그럼에도 불구하고 취리히 신학자들과 특히 하인리히 불링거는 중요한 서신 교환자였습니다.

In der Abendmahlslehre übernahmen Bullinger und a Lasco

unterschiedliche Aspekte der von Zwingli erarbeiteten Konzeption. Dennoch erkannten sie einander als zur gleichen Theologie gehörend an, und insbesondere a Lasco betonte immer wieder die Gemeinsamkeiten, die trotz unterschiedlicher Formulierungen bestünden.

불링거와 아 라스코는 성찬론에 있어서 츠빙글리가 고안했던 개념의 다른 측면을 수용했습니다. 그럼에도 불구하고 그들은 서로가 동일한 신학에 속해 있다고 인식했고, 특히 아 라스코는 다른 표현들에도 불구하고 공통점들을 거듭 강조했습니다.

Die beiden Reformatoren sandten einander Schriften anderer Reformatoren sowie ihre eigenen Schriften zu. Von Bullinger ist eine Antwort an a Lasco überliefert, in der er berichtete, wie weit er mit dem Lesen von dessen aktueller Schrift gekommen war. Es könnte interessant sein, die Abendmahlsschriften Bullingers auf Einflüsse a Lascos hin zu untersuchen.

두 명의 종교개혁자들은 자신의 글뿐만 아니라 다른 종교개혁자들의 문헌들을 서로 보냈습니다. 아 라스코에 대한 불링거의 답장이 전해지고 있는데, 여기서 그는 현재 문헌을 얼마나 읽었는지 알려주었습니다. 불링거의 성찬론 문헌이 아 라스코에게 미친 영향을 연구하는 것은 흥미로운 것이 될 수 있을 것입니다.

Die Reformatoren glaubten sich aber nicht nur in theologischer, sondern auch in persönlicher Gemeinschaft. In ihren Briefen sprachen sie auch von der Fürbitte, die sie füreinander halten wollten. A Lasco bat Bullinger und die Zürcher Theologen immer wieder um deren Fürbitte, aber auch darum, gemeinsam mit ihm und seiner Gemeinde Gott zu loben und ihm zu danken. Nach der Ausweisung aus England hatte er mit einem Teil seiner Gemeinde - knapp 200 Personen - London verlassen und war über das Meer nach Dänemark und von dort nach Emden gereist, mitten im bitterkalten Winter.

종교개혁자들은 신학적으로 뿐만 아니라 개인적 사귐 속에서 자신을 신뢰했습니다. 그들은 편지에서 서로를 위해 하기 원하는 중보 기도에 대해 말했습니다. 아 라스코는 불링거와 취리히 신학자들에게 중보 기도 및 그와 그의 교회가 하나님을 찬양하고 감사하는 일에 동참해 줄 것을 요청했습니다. 영국에서 추방된 후 그와 그의 교회의 일부(거의 200명)는 몹시 추운 겨울에 런던을 떠나 바다를 건너 덴마크로, 그 곳에서 엠덴으로 여행했습니다.

Diese Reise beschrieb er in einem Brief an Bullinger und die Zürcher Theologen und erklärte, er sende ihnen diesen ausführlichen Bericht, damit sie gemeinsam mit ihm Gott dankten. Die Gemeinschaft im Gebet war nicht nur als Gemeinschaft der Fürbitte, sondern auch des gemeinsamen Dankens und Lobpreises

Gottes konzipiert. Dies entsprach der Überzeugung, dass Ehre und Lob Gottes eines der höchsten Ziele des christlichen Lebens seien. Zugleich wurde durch diese geglaubte Gemeinschaft im Gebet eine imagined community, eine imaginierte Gemeinschaft gebildet, die für ihre Mitglieder nichtsdestoweniger real war und im Gebet realisiert wurde.

그는 불링거와 취리히 신학자들에게 보내는 편지에서 이 여행을 기록하고, 그들이 그와 함께 하나님께 감사할 수 있도록 상세한 보고서를 보내겠다고 말했습니다. 기도하는 공동체는 중보 기도의 공동체일 뿐만 아니라 함께 하나님께 감사하고 찬양하는 공동체로 이해되었습니다. 이것은 하나님의 영광과 찬양이 그리스도인의 삶의 가장 높은 목표 중 하나라는 확신과 일치했습니다. 동시에 이 믿음의 기도 공동체를 통해 상상의 공동체가 형성되었고, 그럼에도 불구하고 구성원들에게는 현실적이면서도 기도로 실현되는 상상의 공동체가 형성되었습니다.

Zudem besprachen die Reformatoren, insbesondere im Zweiten Abendmahlsstreit, politische und kirchenpolitische Taktiken. Wer wann auf welche Schrift wie antworten sollte, war eines der Themen, die a Lasco und Bullinger miteinander besprachen. Genauso wichtig wie diese taktischen Überlegungen waren die gegenseitigen Versicherungen, im Grunde die gleiche Theologie zu vertreten. Das musste immer wieder betont werden, weil die Reformatoren ihre Abendmahlslehre durchaus unterschiedlich formulierten und hinter diesen unterschiedlichen Formulierungen genau genommen auch unterschiedliche Theologien standen. Es war mitnichten dieselbe Theologie, die von ihnen gelehrt wurde, aber sie konnten sich darauf einigen, dass sie die gleiche Theologie vertraten und sich gegenseitig als rechtgläubig und recht lehrend anerkannten.

또한 종교개혁자들은 특히 두 번째 성찬 논쟁에서 정치 및 교회정치적 전술에 대해 논의했습니다. 누가 어떤 문헌에 어떻게 대답해야 하는지는 아 라스코와 불링거가 논의한 주제 중 하나였습니다. 기본적으로 (그들이) 동일한 신학을 대표한다는 상호 보증이 전술적 고려만큼 중요했습니다. 개혁자들이 그들의 성찬론은 아주 다르게 표명했고, 정확하게 말하자면, 이러한 다른 표명 배우에 다른 신학도 존재했기 때문에 이것은 항상 반복하여 강조되어야 했습니다. 그들이 가르쳤던 동일한 신학은 결코 아니었지만, 동일한 신학을 대변하고 서로를 정통적이고 합당한 가르침으로 인정한다는 점에는 동의할 수 있었습니다.

Corinna Ehlers, die nicht nur die Korrespondenz zwischen Bullinger und a Lasco untersucht hat, sondern die sehr umfassend die Korrespondenzen und Schriften sowohl der lutherischen als auch der reformierten Theologen im Zweiten Abendmahlsstreits analysiert hat, konnte zeigen, wie im Verlauf des Zweiten Abendmahlsstreits eine gemeinsame "reformierte" Identität, ein Gruppenbewusstsein ausgebildet wurde, das zuvor nicht in dem

Ausmaß bestanden hatte. Vor dem Zweiten Abendmahlsstreit waren die Abgrenzungen zwischen reformiertem und lutherischem Protestantismus viel fluider gewesen.

불링거와 아 라스코 사이의 편지 교환을 연구했을 뿐만 아니라 두 번째 성찬 논쟁에서 루터파와 개혁파 신학자 모두의 서신들과 저작들을 매우 포괄적으로 분석한 코린나 에러스(Corinna Ehlers)는 공통된 "개혁적" 정체성, 이전에는 그 정도로 존재하지 않았던 공동체 의식이 형성되었다는 사실을 보여주었습니다. 두 번째 성찬 논쟁 이전에 개혁교회와 루터교회의 프로테스탄티즘의 경계는 훨씬 더 유동적이었습니다.

Die Beziehung zwischen Bullinger und a Lasco führt noch auf einen weiteren Aspekt hin: die Bedeutung Zürichs für den Protestantismus in anderen europäischen Ländern. Hier kann ich im Folgenden nur auf eine Beziehung eingehen und muss eine Besprechung der wichtigen Einflüsse Zürichs in osteuropäischen Ländern ebenso weglassen wie die große Bedeutung für die deutsche Kurpfalz. Die Bedeutung Zürichs für England habe ich vorhin ganz kurz angesprochen. Auch dies kann ich nun nicht weiter vertiefen. Ich werde mich auf die Niederlande konzentrieren.

불링거와 아 라스코의 관계는 다른 측면으로 이어집니다: 다른 유럽 국가들 안에서 프로테스탄티즘(개신교)을 위한 취리히의 중요성입니다. 저는 다음에서 하나의 관계에 대하여 다룰 것이며, 독일의 팔츠주에 대한 큰 의미처럼 동유럽에 대한 취리히의 중요한 영향에 대한 논의를 생략해야만 합니다. 저는 전에 잉글랜드에 대한 취리히의 의미를 간략하게 언급했습니다. 더 이상 심화시킬 수는 없습니다. 저는 네덜란드를 주목하고자 합니다.

Die Hervorhebung der Niederlande mag in diesem Zusammenhang etwas überraschen, denn es hat sich in der Forschung eingebürgert, von den calvinistischen (und eben nicht den zwinglianischen) Niederlanden zu sprechen, und zweifellos ist dies im Blick auf viele theologische Lehren, nicht zuletzt die Prädestinationslehre, richtig. Doch ohne Einfluss war auch Zürich nicht, und zwar auf zwei Wegen. Zum einen existierten persönliche Kontakte zu niederländischen Theologen, die Zürcher Theologie in den Niederlanden vermittelten. Zum anderen gab es die indirekten Kontakte über die niederländischsprachigen Fremdengemeinden, von denen Johannes a Lascos Gemeinde in London nur eine, wenn auch die größte, war.

이 관련성 안에서 네덜란드를 강조하는 것은 다소 놀랄 수 있습니다. 왜냐하면 연구에서 칼빈주의적인(츠빙글리주의적이 아닌) 네덜란드에 대해 말하는 것이 정착되었기 때문입니다. 이것은 많은 신학 이론들과 관련하여 분명합니다. 특히 예정론은 맞습니다. 그러나 취리히는 두 가지 측면에 있어서 영향을 주었습니다. 한편으로 취리히 신학을 네덜란드에 소개했던 네덜란드 신학자들과의 개인적인 접촉이 있었습니다. 다른 한편으로 네덜란드어를 사용하는 외국인 교회들에 대한 간접적인 접촉이 있었습니다. 이 중 런던에 (네덜란드어를 사용하는) 한 교회가 있었습니다. 요한네스 아 라스코가 목회했던 그 교회의 규모는 컸습니다.

Die Niederlande hatten eine komplizierte Reformationsgeschichte mit jahrelangen Religionskriegen und Unterdrückung des Protestantismus durch die herrschenden Habsburger, mit dem sogenannten Wunderjahr 1566, als die Evangelischen in mehreren Städten erste Erfolge errangen, bevor ein Jahr später die Habsburger den Protestantismus wieder brutal unterdrückten. Erst Mitte der 1570er Jahre wurden nördliche Provinzen endgültig protestantisch. Aufgrund dieser religiösen und politischen Wirren waren überzeugte Protestanten und Protestantinnen immer wieder gezwungen zu fliehen. So entstanden Fremdengemeinden an unterschiedlichen Fluchtorten, die durch die fortwährende Migration immer stärker miteinander vernetzt wurden und sich theologisch und ekklesiologisch einander anpassten. Diese Anpassungen wurden auch deshalb als nötig empfunden, damit sich die Gemeindeglieder überall willkommen und zuhause fühlen konnten.

네덜란드는 프로테스탄트 진영이 많은 도시들에서 성공을 거두었던 기적의 해인 1566년에 여러 해에 걸친 종교 전쟁과 통치 권자였던 합스부르크가의 개신교 탄압으로 인하여 복잡한 종교개혁의 역사를 가지고 있었습니다. 1년 전에 합스부르크가는 개신교를 잔인하게 박해했습니다. 1570년대 중반에 이르러서야 북부 지역이 프로테스탄트화되었습니다. 이와 같은 확신에 찬 개신교도들은 피난을 가야만 했습니다. 그래서 여러 피난민 장소에 외국인 교회가 세워졌습니다. 지속적인 이민으로 인하여 서로 강하게 연결이 되었으며, 신학적, 교회적으로 서로 적응하게 되었습니다. 교회 성도들이 환대받고 집에 있는 것처럼 느낄 수 있도록, 이 적응은 필수적인 것으로 여겨졌습니다.

1571 fand in Emden eine Synode statt, an der Vertreter der verschiedenen niederländisch- und französischsprachigen Fremdengemeinden teilnahmen. Hier wurden Entscheidungen über Vereinheitlichungen in den Kirchenordnungen, den Liturgien, Katechismen usw. getroffen, um so zu einer einheitlichen Kirche, insbesondere für die Niederlande, zu kommen.

1571년에는 엠덴에서 다양한 네덜란드어와 프랑스어를 사용하는 외국 공동체의 대표들이 참석한 시노드(교회 회의)가 개최되었습니다. 여기서 특히 네덜란드를 위한 연합된 교회가 되도록 교회 질서, 예식, 예전, 교리 문답 등을 통일시키는 것에 대한 결정이 내려졌습니다.

Als Katechismus wurde der 1563 verabschiedete Heidelberger Katechismus als verbindlich erklärt. Fortan sollte der christliche Glaube vornehmlich mithilfe dieses Katechismus gelehrt werden, und in den folgenden Jahren wurden in den verschiedenen

Gemeinden die eigenen Katechismen durch den Heidelberger erst ergänzt und dann ersetzt. Der Heidelberger Katechismus kann nicht einfach auf Zwingli zurückgeführt werden, so wie er nicht einfach auf Calvin, Bullinger oder einen anderen Theologen zurückgeführt werden kann. Vielmehr sind in ihm verschiedene Ansätze zusammengekommen, und zu diesen gehörte auch die Zürcher Theologie. Wie groß deren Einfluss war, wird in der Forschung immer wieder neu diskutiert. Sicher ist, dass Zürich über den Heidelberger Katechismus Einfluss auf die Niederlande ausgeübt hat.

1563년에 통과된 하이델베르크 교리 문답이 교리 문답으로 구속력이 있다고 선언되었습니다. 그때부터 기독교 신앙은 주로 이 교리 문답의 도움을 받아 가르쳐져야 했으며, 다음해에는 여러 교회에서 각자의 교리 문답이 하이델베르크 교리 문답을 통하여 먼저 보완되고 대체되었습니다. 하이델베르크 교리 문답은 단순히 칼빈, 불링거 또는 다른 신학자까지 거슬러 올라갈 수 없는 것처럼 단순하게 츠빙글리까지 소급될 수 없습니다. 오히려 그 안에 다양한 접근이 합류되었으며, 취리히 신학은 (합류된 신학적 흐름)에 속하는 것이 되었습니다. 그것들의 영향력이 얼마나 컸는지 연구에서 계속 새롭게 논의되고 있습니다. 취리히가 하이델베르크 교리 문답을 통해 네덜란드에 영향을 미쳤다는 것은 확실합니다.

Neben Katechismus und liturgischen Texten sowie Liederbüchern wurden bei der Emder Synode 1571 auch kirchenordnende Beschlüsse gefällt. Die Ordnung wurde auf der Grundlage der Erfahrungen der Fremdengemeinden und der Untergrundgemeinden entworfen. Selbstverständlich musste dies eine Ordnung sein, die unabhängig von der weltlichen Obrigkeit funktionierte, denn die Unterstützung der Obrigkeit hatten diese Gemeinden ja gerade nicht. Daher waren in dieser Beziehung die Einflüsse der Genfer Theologie tatsächlich stärker als die aus Zürich. Dennoch ist auch hier die Beziehung zu Zürich noch nicht abschließend untersucht.

1571년 엠덴 교회 회의(시노드, Synod)에서는 교리서와 전례서, 찬양집 이외에 교회 규정 결의안이 통과되었습니다. 이 질서는 외국인 교회들과 지하교회들의 경험에 근거하여 기획되었습니다. 물론 이것은 세속 당국으로부터 독립적으로 기능하는 질서이어야만 했습니다. 왜냐하면 그 교회들은 정부의 지원을 받지 않았기 때문입니다. 따라서 이 관련성 안에서 제네바 신학의 영향은 실제로 취리히의 영향보다 더 강했습니다. 그럼에도 불구하고 취리히와의 관계는 여기에서 아직 결정적으로 연구되지 않았습니다.

3. Zwingli in der Mission im 19. und frühen 20. Jahrhundert
츠빙글리와 19세기와 20세기 초 선교

Bisher ist deutlich geworden, wie von Zürich aus Netzwerke

geknüpft wurden, die Zwinglis und die Zürcher Theologie in Europa verbreiteten. Nun soll in einem nächsten Schritt nach der Verbreitung der Theologie auch außerhalb Europas gefragt werden. Dabei wäre die Frage, wie diese Theologie verbreitet worden sein könnte, und eine schnelle Antwort würde lauten: durch die Mission. Die Missionsgesellschaft, die dafür infrage käme, wäre die Basler Mission als Deutsch-schweizerische Missionsgesellschaft. Nun war die Basler Mission offiziell überkonfessionell, und in den ersten Jahrzehnten ihres Bestehens hat sie sich auch nicht auf einen Reformator speziell oder primär bezogen. Hinzu kommt, dass die Missionsinspektoren und auch viele der Missionare im 19. Jahrhundert aus Deutschland, genauer: aus Württemberg kamen und damit lutherisch geprägt waren. Eine schnelle Antwort würde also lauten, dass Zwinglis Theologie nicht durch die Basler Mission verbreitet wurde.

지금까지 츠빙글리와 취리히 신학을 유럽으로 확산시킨 네트워크가 취리히에서 어떻게 만들어졌는지 분명해졌습니다. 다음 단계는 유럽 이외의 지역에서 신학의 확산에 대해 질문하는 것입니다. 질문은 신학이 어떻게 전파될 수 있었는가이며, 선교를 통하여 이루어진 것이라고 신속하게 대답됩니다. 이를 위해 고려할 수 있는 선교 단체는 독일-스위스 선교 단체인 바젤미션(Basel Mission)일 것입니다. 바젤미션은 공식적으로 초교파였으며, 설립 초기 수십 년 동안 특별히 또는 주로 종교개혁자와는 무관했습니다. 19세기에 선교 감독관과 많은 선교사들이 독일, 더 정확하게는 뷔르템베르크(Württemberg) 출신이었고 따라서 루터교회 소속이었습니다. 따라서 신속한 답변은 츠빙글리 신학이 바젤미션을 통하여 전파되지 않았다는 것입니다.

Es lohnt sich aber ein zweiter Blick, und zwar aus zwei Gründen: erstens ist die Frage zu stellen, welche Theologie durch die Missionare faktisch gelehrt und gelebt wurde. Und hier zeigt sich ein interessantes Bild: in Bezug auf zentrale Lehren wie die Rechtfertigungslehre oder die Vorstellungen von Bekehrung und "wahrem Glauben" vermittelten die Missionare eine Theologie, die durch unterschiedliche Traditionen geprägt war (Luther auf der einen Seite, die reformiert geprägten Puritaner auf der anderen), und die ihre spezifische Form im frühen 19. Jahrhundert gefunden hatte. In Bezug auf die Ekklesiologie und die Kirchenorganisation aber gingen auch die lutherischen Missionare - notwendigerweise - anders vor: Hier vermittelten auch lutherische Missionare eine eher reformierte Ekklesiologie, aus dem einfachen Grund, dass eine auf das landesherrliche Regiment bezogene Ekklesiologie, wie sie sich im Luthertum entwickelt hatte, in den Missionsgebieten gar nicht möglich war. Dort musste eine reformierte Ekklesiologie gelebt werden, die ihr von unten aufgebaut war.

그러나 두 가지 이유로 다시 살펴볼 가치가 있습니다. 첫째, 선교사들이 실제로 어떤 신학을 가르치고 살았는지에 대한 질문이 있어야 합니다.

그리고 여기서 흥미로운 그림이 나타납니다. 선교사들은 칭의론 혹은 회심과 "진정한 믿음"과 같은 핵심 교리와 관련하여 다른 전통에 의해 형성된 신학을 전달했습니다(한편으로는 루터, 다른 한편으로는 개혁주의 청교도), 그리고 19세기 초에 특별한 형식을 발견했습니다. 그러나 교회론과 교회 조직과 관련하여 루터교회 선교사들은 - 필연적으로 - 다르게 진행하였습니다. 여기에서 루터교회 선교사들도 다소 개혁주의적인 교회론을 소개했습니다. 그 이유는 단순합니다. 루터교회에서 전개된 영주의 통치와 관련된 교회론(영방교회)이 선교지에서는 적용이 불가능했던 것입니다. 그 곳에서 개혁주의의 교회론이 생명력을 가지고 있었으며, 교회는 아래로부터(성도들로부터) 세워졌습니다.

Nun ist es natürlich so, dass der reine Aufbau der Gemeinden von unten stärker von Johannes Calvin als von Ulrich Zwingli und Heinrich Bullinger vertreten wurde. Wieweit aber die Einflüsse der verschiedenen Reformatoren reichten, und worauf genau die Missionare sich bezogen, ist bisher meines Wissens überhaupt nicht untersucht. Insgesamt ist die Ekklesiologie in der Missionsgeschichte bisher ein weitgehend unbearbeitetes Gebiet.

물론 아래로부터의 순수한 교회 건립은 울리히 츠빙글리와 하인리히 불링거보다 요하네스 칼빈에 의하여, 더 강력하게 대변되었습니다. 다양한 개혁자들의 영향력이 어느 정도였으며, 선교사들이 정확히 무엇을 언급했는지는 내가 아는 한 아직 전혀 연구되지 않았습니다. 전반적으로 교회론은 지금까지 선교의 역사에서 크게 다루어지지 않은 분야이었습니다.

Der zweite Grund, warum sich ein genauerer Blick lohnt, sind die Rekonfessionalisierung ab dem zweiten Drittel des 19. Jahrhunderts und die Renaissance der Reformatoren in den letzten Jahrzehnten des 19. Jahrhunderts in Europa. Das gestiegene Interesse an den eigenen Wurzeln und den Reformatoren war kein rein akademisches, sondern es erstreckte sich auch auf viele Pastoren – die sich selbst als Akademiker in ihren Gemeinden verstanden. Meines Wissens ist bisher nicht untersucht, inwieweit Missionare des späten 19./frühen 20. Jahrhunderts dieses Interesse teilten und dann auch in ihren Missionsgemeinden verbreiteten.

자세히 살펴볼 가치가 있는 두 번째 이유는 19세기 후반부터 재교파화와 19세기 마지막 수십 년 동안 유럽에서 종교개혁자들의 르네상스가 일어났기 때문입니다. 자신의 뿌리와 종교개혁자들에 대한 관심이 높아진 것은 순전히 학문적인 것만은 아닙니다. 오히려 이것은 교회에서 스스로를 학자로 여기는 많은 목회자들에게까지 확대되었습니다. 제가 아는 한, 19세기 후반과 20세기 초반의 선교사들이 얼마나 이러한 관심을 공유하고 그들이 선교했던 교회에 전파했는가에 대하여 아직 연구되지 않았습니다.

Dabei ging es nicht nur um die Gemeinden, sondern auch um die Missionsschulen und die Ausbildungsstätten für höhere Bildung, die in den verschiedenen Ländern eingerichtet wurden. Hierbei ist zu betonen, dass bei weitem nicht alle dieser Ausbildungsstätten auf Mission und europäische oder amerikanische Akteure zurückzuführen waren. Das gilt insbesondere für Korea, wo immer wieder die missionsunabhängigen Ursprünge des Christentums hervorgehoben werden.

교회뿐만 아니라 여러 나라에 세워진 선교 학교와 훈련 장소에 관한 것들이 다루어졌습니다. 여기서 강조해야 할 것은 이 모든 훈련 장소들이 유럽 혹은 미국 선교부로 소급되어서는 안 된다는 것입니다. 특히 독립적으로 기독교 선교가 이루어졌던 한국의 경우에 적용됩니다.

All dies sind Felder, die bisher kaum bearbeitet wurden, weshalb ich hier auch mehr offene Fragen als Antworten formulieren kann. Aber was wäre die Wissenschaft ohne offene Fragen?

이 모든 것이 지금까지 거의 연구되지 않은 분야이기 때문에, 여기서 답변보다 더 많은 개방적 질문을 할 수 있습니다. 그러나 개방적 질문이 없다면 학문의 의미가 무엇이겠습니까?

4. Zwingli-Deutungen des 19. und 20. Jahrhunderts
19-20세기 츠빙글리의 의미

Damit kommen wir zur Zwingli-Renaissance und der Frage der Bedeutung und Wahrnehmung Zwinglis. Vorab gilt es noch einmal zu betonen, dass Heinrich Bullinger der erste war, der Zwinglis Erbe hochhielt. Er hob immer wieder die Bedeutung seines Vorgängers hervor und begann damit eine Tradition, die später fortgeführt wurde.

이것을 통하여 우리는 츠빙글리 르네상스와 츠빙글리의 의미와 인식에 대한 질문으로 넘어갑니다. 먼저 하인리히 불링거가 츠빙글리의 유산을 소중하게 여겼던 첫 번째 종교개혁자라는 사실을 다시 한번 강조해야 합니다. 그는 전임자의 중요성을 거듭 강조하여 후대에 이어진 전통을 시작했습니다.

Gegen Ende des 19. Jahrhunderts wurde diese Tradition verstärkt, als sich viele Kirchen und Theologen auf ihre Ursprünge zurückbesannen. In Deutschland wurde Martin Luther zum "Erinnerungsort", der eng mit der Nationsbildung verknüpft wurde. In Teilen der konservativen niederländischen Kirche setzte eine Rückbesinnung auf Johannes a Lasco als Gründungsvater ein. In Zürich betonte man die Rolle Ulrich Zwinglis.

이 전통은 많은 교회와 신학자들이 그들의 기원으로 소급했던 19세기 말에 강화되었습니다. 독일에서 마틴 루터는 국가 건설과 밀접하게 연결된 "추억의 장소"가 되었습니다. 네덜란드 교회의 일부에서는 요하네스 아 라스코(Johannes Lasco)를 창립자로서 받들었습니다. 쥐리히에서는 울리히 츠빙글리의 역할이 강조되었습니다.

Dies war die Zeit, in der Denkmäler errichtet wurden, mit denen man an die großen Männer erinnern wollte. Für eine solche Heldenverehrung eignete sich Zwingli in besonderer Weise. Mit knapp 50 Jahren im Krieg gefallen, gestorben für die Freiheit der protestantischen Schweiz, für seinen Glauben - aus diesem Stoff sind Legenden gemacht, auch wenn es bei Zwingli mehr ist als eine Legende. Dennoch: damit wurde Zwingli für die Suche nach einer Identifikationsfigur im Nationalismus des späten 19. Jahrhunderts ungleich attraktiver als Bullinger, der nach mehr als 40 Jahren Arbeit in Zürich still und friedlich entschlief.

이 시기에는 위대한 사람들을 기억하기 위한 기념비를 세웠습니다. 츠빙글리는 그러한 영웅 숭배에 특히 적합했습니다. 거의 50세의 나이에 개신교 스위스의 자유와 신앙을 위해 전쟁에서 전사했습니다. 이것은 츠빙글리가 전설 그 이상일지라도 전설이 만들어지는 재료가 됩니다. 그럼에도 불구하고: 이것은 19세기 후반의 민족주의에서 동일시할 인물을 찾는데 있어서, 츠빙글리를 취리히에서 40년 이상 일한 후 조용하고 평화롭게 잠들었던 불링거와는 다르게 매력적으로 만들었습니다.

Das war die Zeit, als in Theologie und Geschichtswissenschaft in der Erinnerung an diese großen Männer Quelleneditionen unternommen wurden. 1834 begann die Herausgabe des Corpus Reformatorum, der Edition der Schriften großer Reformatoren. Ab 1904 erschienen dort die Schriften Ulrich Zwinglis. Das beinhaltete nicht nur eine Ehrung der dort vertretenen Reformatoren, sondern es hatte auch sehr praktische Auswirkungen: auf diese Schriften konnte fortan leicht zugegriffen werden. Für Theologiestudierende wie Forschende war es viel leichter, Zwingli zu untersuchen als Bullinger, und das über Jahrzehnte. Das führte dazu, dass Zwingli in der Forschung und darüber hinaus in der allgemeinen Wahrnehmung lange den Vorrang vor Bullinger behielt.

신학과 역사학의 위대한 사람들을 기리기 위해 원본판을 만들던 때였습니다. 1834년에 위대한 종교개혁자들의 저작물인 코퍼스 레포르마토룸(Corpus Reformatorum)이 출판되기 시작했습니다. 울리히 츠빙글리(Ulrich Zwingli)의 글이 1904년부터 그 곳에 등장했습니다. 이것은 대표적인 개혁자들을 기리는 것뿐만 아니라 매우 실용적인 효과도 있었습니다.: 이 문헌들에게 쉽게 접근할 수 있었습니다. 신학생과 연구자에게 있어서, 불링거보다 츠빙글리를 연구하는 것이 더 용이했습니다. 수십 년 동안 그렇게 했습니다. 그 결과 츠빙글리 연구가 일반적인 인식 너머 불링거보다 우선순위에 있었습니다.

All diese Überlegungen zeigen, wie Zwingli zu dem bedeutenden Theologen wurde, als der er heute wahrgenommen wird.

이 고려된 모든 것들은 츠빙글리가 오늘날 그가 인식되는 것처럼, 위대한 신학자가 된 방법을 보여주고 있습니다.

5. Conclusio
결론

Sie werden gemerkt haben, dass ich in diesem Vortrag mehr Fragen aufgeworfen als Antworten gegeben habe. Aber das ist ja gerade das Schöne an der Wissenschaft, dass es immer wieder neue Fragen und Forschungsansätze gibt, denen man nachgehen kann. Ich möchte nun noch einmal Perspektiven zusammenfassen, die mir besonders vielversprechend erscheinen.

당신은 제가 이 강연에서 답변보다 질문을 더 많이 했다는 사실을 파악하셨을 것입니다. 그러나 항상 새로운 질문과 추구할 수 있는 연구 접근 방식이 있다는 것이 학문의 좋은 점입니다. 이제 저는 저에게 특히 유망해 보이는 관점들을 요약하고 싶습니다.

1. Da ist erstens die Einbeziehung der material history in die Reformationsgeschichtsschreibung. Das habe ich heute nur kurz angesprochen, weil es über die Forschung zu Bildern hinaus noch nicht viele veröffentlichte Erkenntnisse zu diesem Forschungsbereich gibt.

첫째, 종교개혁사를 기록함에 있어서 물질적 역사가 포함되어 있다는 것입니다. 성상에 대한 연구 이외에 이 연구 분야에서 발표된 연구 결과가 많지 않기 때문에 오늘 간단하게 언급했습니다.

2. Zweitens sind zwar in den letzten Jahren Netzwerke zunehmend in den Fokus der Forschung gerückt, aber auch hier kann die Forschung noch deutlich verstärkt werden.

둘째, 최근 몇 년 동안 네트워크는 점점 더 연구의 초점이 되었지만 여기서 연구는 여전히 크게 강화될 수 있습니다.

3. Dies gilt, drittens, insbesondere für wechselseitige Einflüsse über Briefe und Schriften. Das ist bisher vor allem anhand bestimmter paradigmatischer Fälle untersucht worden, zum Beispiel in der Entwicklung des ersten Abendmahlsstreits, neuerdings auch des Zweiten Abendmahlsstreits.

셋째, 이것은 특히 편지와 저작들에 대한 상호 영향을 위하여 중요합니다. 지금까지 예를 들어, 이것은 첫 번째 성찬론 논쟁과 새롭게 두 번째 성찬론 논쟁의 발전과 같은 특정 패러다임 사례를 기반으로 주로 연구되었습니다.

4. Die Wahrnehmung, Darstellung und Vermittlung einzelner Reformatoren wie Zwingli in der Mission ist bisher, viertens, kaum untersucht.

넷째, 선교에 있어서 츠빙글리와 같은 개별 종교개혁자의 인식, 표현 및 중재는 지금까지 거의 연구되지 않았습니다.

5. Welchen Einfluss der Konfessionalismus des späten 19./frühen 20. Jahrhunderts hatte und in welcher Beziehung dieser zum Nationalismus der Zeit stand, wissen wir bisher auch nur in Ansätzen.

19세기 말-20세기 초의 교파주의가 어떤 영향을 미쳤고 그것이 당시의 민족주의와 어떤 관련이 있었는지는 아직까지 초보적인 형태로만 알고 있습니다.

Sie sehen: es gibt noch viel zu tun. Und das sind nur meine bruchstückhaften Ideen zum Thema. Ich bin gespannt zu erfahren, welche Perspektiven Sie als Mitglieder des koreanischen Zwinglivereins zur gemeinsamen Erforschung der Geschichte des reformierten Protestantismus beitragen.

당신은 보고 있는 것처럼, 아직 해야 할 일이 많이 있습니다. 그리고 이것들은 주제에 대한 저의 단편적인 생각일 뿐입니다. 당신이 한국 츠빙글리 학회의 일원으로서 개혁교회 프로테스탄티즘 역사에 대한 공동 연구에 어떤 관점으로 기여하고 있는지 매우 알고 싶습니다.

1523년 츠빙글리의 논쟁과 "하나님의 말씀"을 듣는 교회의 시작

Zwinglis Disputationen von 1523 und die Anfänge einer auf "Gottes Wort" hörenden Kirche

페터 오피츠 (Prof. Peter Opitz)

02

02

1523년 츠빙글리의 논쟁과
"하나님의 말씀"을 듣는 교회의 시작

Zwinglis Disputationen von 1523 und die Anfänge einer auf "Gottes Wort" hörenden Kirche

페터 오피츠(Prof. Peter Opitz)

스위스 취리히대학교 교수(University of Zurich in Switzerland)

번역: 조용석(안양대학교 교수)

Die Aufgabe
과제

Die beiden vom Zürcher Rat 1523 einberufenen Disputationen, die erste im Januar und die zweite im Oktober, werden in der Forschung zumeist aus historischer Sicht betrachtet: Als Mittel der politischen Obrigkeit zur Durchsetzung der Reformation, mit dem Ziel der Machtübernahme im religiös-kirchlichen Bereichs. Das ist natürlich nicht falsch. Es ist aber keineswegs die einzige mögliche, und auch nicht die zum Kern der Sache vordringende Perspektive. Die beiden Disputationen waren Veranstaltungen, an denen ganz grundlegend das "reformierte" Verständnis von christlicher Kirche zur Debatte stand und erstmals eingeübt wurde. Auf diesem Hintergrund soll im Folgenden gefragt werden: Wie kommt in diesen Disputationen Zwinglis Verständnis des "göttlichen Wortes" und wie kommt dort Zwinglis Verständnis der christlichen "Kirche"zur Sprache? Natürlich unter den kulturellen und politischen Bedingungen seiner Zeit.[01]

1523년 취리히 의회가 소집한 두 번의 논쟁(제1차 논쟁은 1월에, 제2차 논쟁은 10월에 개최)은 대개 역사적 관점에서 고찰되고 있습니다: 종교-교회 영역에서 영향력을 행사하면서, 종교개혁을 관철하기 위한 정부의 수단으로서 (이해되고 있습니다.) 물론 잘못된 것은 아닙니다. 그러나 그것이 유일하게 가능하면서도, 사안의 핵심을 관통하는 관점도 아닙니다. 두 번의 논쟁은 근본적으로 기독교 교회에 대한 개혁적 이해가 근본적으로 논의되면서, 처음으로 실천된 사건이었습니다. 이러한 배경에서 다음과 같은 질문이 제기되어야 합니다. "하나님의 말씀"에 대한 츠빙글리의 이해는 이 논쟁들 속에서 어떻게 드러나며, 기독교 "교회"에 대한 츠빙글리의 이해는 어떻게 드러나고 있는가? 물론 당시의 정치적, 문화적 상황이 (고려되어야 할 것입니다.)

Die Erste Zürcher Disputation
제1차 취리히 논쟁

Die sogenannte Erste Zürcher Disputation[02] war etwas Neues. Das ist bereits daran zu erkennen, dass sie als Veranstaltung keinen Namen besitzt. Zwingli hat sie als "Disputation" bezeichnet, wohl in Verbindung mit den für diesen Anlass konzipierten "Disputationsthesen".[03] Die Ausschreibung erfolgte am 3. Januar 1523 in Gestalt eines Mandats der Bürgermeister und der beiden Räte. Es richtete sich an alle Priester auf dem Zürcher Herrschaftsgebiet und rief sie für den 29. Januar ins Rathaus zusammen. Zum Handeln sieht sich die Obrigkeit genötigt, um "Zwietracht" zu beenden und "Frieden und Einigkeit" in ihrem Herrschaftsgebiet wiederherzustellen. So soll die gesamte zerstrittene Geistlichkeit am 29. Januar "zu früher Ratszeit" im Rathaus erscheinen, um die Streitpunkte in deutscher Sprache zu besprechen.

소위 제1차 취리히 논쟁은 새로운 것이었습니다. 이것은 이 행사의 명칭이 없다는 점에서 이미 인식되어야 합니다. 츠빙글리는 그것을 "논쟁"이라고 불렀는데, 아마도 그 계기로 고안된 "논쟁 테제"와 관련되어 있습니다. 1523년 1월 3일 (취리히) 시장과 두 의회가 위임하는 형태로 통지되었습니다. 그것은 취리히 지역의 모든 성직자들에게 전달되었으며, 1월 29일 시청에서 모이도록 소집하였습니다. (취리히) 시정부는 취리히의

"불화"를 종식시키고 "평화와 통합"을 회복하기 위해 행동하는 것이 필요했습니다. 분열된 성직자 전원은 독일어로 핵심 쟁점에 대하여 논의하기 위하여, 1월 29일 이른 회의 시간에 시청에 와야 했습니다.

Gestritten wurde schon länger. In seiner Klageschrift über Zwinglis Lehre vom Frühjahr 1522 hatte der Chorherr Konrad Hoffmann deshalb eine Disputation vor dem Chorherrenkapitel verlangt, deren Protokoll an den Konstanzer Bischof weitergeleitet werden sollte.[04] Damit war keine akademische Disputation intendiert, die nur dem engen Kreis Gebildeter zugänglich war, aber eine kirchliche Disputation, die im Kreis kirchlicher Amtsträger unter Ausschluss "gewöhnlicher" Leute stattfinden sollte. Im Unterschied dazu berief der Zürcher Rat bewusst ein öffentliches Glaubensgespräch ein. Er folgte damit Zwinglis am Modell von 1Kor 14 veranschaulichten Idee: Alle sollten die Gelegenheit haben, die Predigt Zwinglis und seiner Kollegen zu kritisieren und von ihm Rechenschaft zu fordern, und umgekehrt sollte der Vorwurf der Ketzerei, der ihm gemacht wurde, einer Prüfung unterzogen werden. Damit wurde auch der Entscheidungsprozess öffentlich und transparent, und in der Folge das Resultat verbindlich. Das Kriterium für Zwinglis Lehre und für den ihm gemachten Vorwurf der Ketzerei sollte die "göttliche Schrift und Wahrheit" sein.

그동안 논쟁은 오랫동안 지속되었습니다. 참사회장 콘라드 호프만은 1522년 봄 츠빙글리의 교리에 대한 고소장에서 참사회에 논쟁을 요청했습니다. 그 기록은 콘스탄츠 주교에게 전달되는 것이었습니다. 이것은 교육받은 소수의 사람들만 접근할 수 있는 학문적 논쟁이 아니라, 일반적인 사람들을 제외하고, 교회 직분자들이 참석하여 개최되는 것이었습니다. 이와 대비하여 취리히 의회는 공개적인 신앙의 대화를 의식했으며, 고린도전서 14장 모델에서 제시된 생각을 따랐습니다. 모든 사람들은 츠빙글리와 그의 동료들의 설교를 비판하며, 설명을 요구하는 기회를 가지며, 역으로 그에게 이단이라고 가해지는 비난은 검증받아야 합니다. 이를 통하여 결정 과정은 공개적으로 투명해야 하며, 결과적으로 구속력이 있어야 합니다. 츠빙글리 교리와 그에게 이단이라고 가해지는 비난의 기준은 하나님의 성경과 진리이어야 합니다.

Begründet wurde dieser Schritt, der von Zwingli selber angeregt worden war,[05] mit der Untätigkeit des Konstanzer Bischofs und der Dringlichkeit angesichts der andauernden Konflikte in Zürich.[06] Auch die Wahl des Lokals, das Rathaus und nicht die Kirche, dokumentiert die Führung der politischen Obrigkeit. Das entsprach nicht nur der Verantwortung der Obrigkeit für den Religionsfrieden auf dem eigenen Territorium, es stand mit Zwinglis theologischer Sicht durchaus in Einklang: Eine lokale Christengemeinde wurde im Horizont des Corpus Christianum-Gedankens auch des 16. Jahrhunderts unumgänglich zunächst politisch definiert, und so waren es die gewählten Zunftvertreter, welche hier die Führung der Gemeinschaft übernahmen. Im Rückblick kann dieser Schritt als Anfang der Trennung Zürichs von der römischen Kirche und damit der Reformation in der Schweiz gesehen werden. Eingriffe der Obrigkeit in das kirchliche Leben hatten in der Eidgenossenschaft eine lange Tradition. Dabei ging es vor allem um die Unterstellung der Geistlichen unter die lokale weltliche Rechtsordnung, um Stellenbesetzungen und Steuern, aber auch um Fragen der Moral der Kleriker. Nun aber ging es um Verkündigungsinhalte; dass diese eine kirchliche Angelegenheit und nicht im Kompetenzbereich einer weltlichen Obrigkeit lagen, hatte sich bisher von selbst verstanden.[07]

츠빙글리 자신이 제안한 이 조치는 어떠한 활동을 하고 있지 않은 콘스탄츠 주교와 취리히에서 진행중인 분쟁을 고려한 긴급한 조치로서, 정당화되었습니다. 지역의 선택, 교회가 아니라 시청을 선택한 것은 정부의 지도력을 증명합니다. 이것은 해당 지역의 종교 평화를 위한 정부의 책임과 상응하며, 츠빙글리의 신학적 관점과도 일치했습니다. 지역 기독교 교회는 16세기에도 기독교 공동체(Corpus Christianum) 사상의 맥락에서 불가피하게 정치적으로 규정되었고, 따라서 이 곳에서 선출된 길드 대표자들이 공동체를 지도했습니다. 돌이켜보면, 이 단계는 취리히가 로마 교회로부터 분리되며 스위스의 종교개혁이 시작되는 것으로 간주될 수 있습니다. 교회 생활에 대한 정부의 개입은 연방 내에서 기나긴 전통을 가지고 있습니다. 이것은 지역의 세속적인 법질서 아래 성직자들의 종속, 자리 충원, 세금, 도덕성에 대한 질문들을 다루었습니다. 그러나 이제는 이것이 교회의 일이며, 세속 정부의 권한이 아니라는 분명하게 이해된 선언의 내용을 다루고 있습니다.

Zwingli hatte für dieses Gespräch siebenundsechzig Thesen verfasst.[08] An der Disputation vom Januar 1523 wurde allerdings keine von Zwinglis Disputationsthesen wirklich diskutiert. Dennoch blieb die Debatte nicht an Äußerlichkeiten haften.[09] Vielmehr stand Zwinglis theologischer Ansatz, und damit sein Entscheidungskriterium selber im Zentrum des Gesprächs: das Wesen des "göttlichen Wortes" und seine Autorität, aber auch das Wesen der christlichen Kirche.

츠빙글리는 이 대화를 위해 67개의 논제를 작성했습니다. 1523년 1월 논쟁에서 츠빙글리의 논제는 실제로 논의되지는 않았습니다. 그럼에도 불구하고 논쟁은 피상적인 것에 집중하지 않았습니다. 오히려 츠빙글리의 신학적 단초와 그에 따른 결정 기준 자체가 대화의 중심에 있었습니다.: "하나님의 말씀"의 본질과 권위, 그리고 교회의 본질.

Zwinglis Eingangsplädoyer knüpfte inhaltlich an seine beiden ersten Thesen[10] an: Gott hat den Menschen seinen Willen durch sein Wort bekannt gemacht, und der Ort, an dem Menschen diese Botschaft finden, ist die heilige Schrift. Das Evangelium braucht keine Beglaubigung oder Bestätigung durch die römische Kirche. Es hat Kraft, sich selber durchzusetzen. Und der Inhalt des Evangeliums ist Christus, der uns den Willen Gottes bekannt gemacht hat und uns mit Gott versöhnt hat.

츠빙글리 변증의 서두 부분은 그의 두 가지 논제와 내용적으로 연결되어 있습니다.: 하나님은 그의 말씀을 통해 그의 뜻을 사람들에게 알리셨고 사람들이 이 메시지를 발견하는 곳은 성경입니다. 복음은 로마 교회의 공증 혹은 증명을 필요로 하지 않습니다. 스스로 관철시키는 능력이 있습니다. 그리고 복음의 내용은 하나님의 뜻을 우리에게 알게 하시고 우리를 하나님과 화목하게 하신 그리스도이십니다.

Auch für die Vertreter des Bischofs spielte die Berufung auf die biblische Schrift eine wichtige Rolle. Der Streit ging nicht um die Bibel als grundlegendes Dokument des christlichen Glaubens, sondern um das sola scriptura.

성경에 대한 호소도 주교 회의 대표자들에게 중요한 역할을 했습니다. 논쟁은 기독교 신앙의 근간이 되는 문서로서의 성경이 아니라, 오직 성경(sola scriptura) 원칙에 대하여 다루어졌습니다.

Johannes Faber etwa berief sich auf das kontinuierliche Wirken des göttlichen Geistes in der Tradition der römischen Bischofskirche. Für ihn gibt es eine Kontinuität der Wahrheit von den biblischen Schriften bis ins Corpus Iuris Canonici hinein. Spätere kirchliche Lehrentscheidungen standen unter dem lehrenden Wirken des Heiligen Geistes, des "Geistes der Wahrheit"(Joh 16,12f.), den Christus seiner Kirche verheißenen hat.

요하네스 파버는 로마 주교 교회 전통 속에서 지속적인 하나님의 영의 활동을 증거로 제시했습니다. 그에게 있어서 성경으로부터 법전까지 진리의 연속성이 존재합니다. 이후 교회의 교리적 결정은 진리의 영이며, 그리스도께서 그의 교회에 약속하신 성령의 가르치는 활동의 영향을 받았습니다.

In die gleiche Richtung argumentierte der bischöfliche Gesandte Martin Blantsch. Er begründete die Irrtumsunfähigkeit der Kirche mit Bibelworten: Das Christuswort von Lk 10,16: "Wer euch hört, der hört mich!", kombiniert mit dem berühmten Petruswort von Mt 16,18f., belegt, so Blantsch, dass die römische Bischofstradition von Christus selber dazu autorisiert ist, sein Wort und seine Wahrheit in der Welt zu repräsentieren.[11]

주교 사절인 마틴 블란취(Martin Blantsch)도 동일한 입장에서 주장했습니다. 그는 교회가 성경 말씀으로 오류를 범할 수 없다는 것을 정당화 했습니다: 누가복음 10장 16절에 나오는 그리스도의 말씀: "너희의 말을 듣는 자는 내 말을 듣는 것이다!", 그는 마태복음 16장 18절 이후의 유명한 베드로에 대한 그리스도의 말씀과 결합하여, 로마 주교 교회의 전통은 그리스도로부터 그의 말씀과 진리를 이 세상에서 대표하는 권위를 부여 받았습니다.

Zwingli verwies in seiner Antwort zunächst auf die Frage der sachgemäßen Exegese der Bibel. Hier müssen nach ihm humanistisch-philologische Regeln zur Anwendung kommen: Die biblischen Texte und Aussagen müssen im Kontext gelesen werden und dürfen nicht einfach aus dem Zusammenhang herausgerissen werden. So bezieht sich nach Zwingli das Wort "Wer euch hört, der hört mich!" nicht auf Konzile oder Bischöfe in späteren Jahrhunderten. Im Zusammenhang der Aussendungsrede Jesu an die Jünger ist der Satz als Beauftragung der Jünger zu verstehen, das Reich Gottes zu verkündigen - nicht als Übertragung der Autorität Gottes auf Menschen.[12]

츠빙글리는 정확한 성경 주석에 대한 질문에 대답하며 언급했습니다. 그에 따르면, 여기에 인문주의적-철학적 원칙이 적용되어야 합니다. 성경 본문과 진술은 컨텍스트 속에서 독해해야 하며, 연관성을 벗어나서는 안 됩니다. 츠빙글리에 따르면, "너희의 말을 듣는 사람이 내 말을 듣는 것이다"라는 말씀은 후대의 공의회 혹은 주교들을 가리키지 않습니다. 제자들을 파송하시는 예수님의 말씀과의 연관성 속에서, 이 말씀은 제자들에게 위임하는 것, 하나님 나라를 선포하는 것으로 이해되어야 합니다. 하나님의 권위를 사람들에게 양도하는 것으로 이해해서는 안 됩니다.

Aus Zwinglis Argumentation wird deutlich, dass seine Berufung auf die "göttliche Schrift" mit dem oft verwendeten Ausdruck des "Formalprinzips" nicht hinreichend gefasst ist. Die populäre Ansicht, für die Anfänge der Reformation sei das Bibelbuch das Kriterium theologischer Wahrheit, zielt an der Pointe Zwinglis und dem gesamten "reformierten" Verständnis des "Wortes Gottes" vorbei. Zwingli verstand "die Schrift" nicht als Sammlung von göttlichen Gesetzen und Anweisungen, aus der man je nach Bedarf die entsprechenden Sätze heranziehen konnte.[13] Genau dies kritisierte er an seinen Gesprächskontrahenten.[14] Vielmehr muss die Heilige Schrift von ihrer Mitte her interpretiert werden: Der Botschaft von der Versöhnung allein durch Christus und der Aufforderung, allein auf Christus zu hören. Noch vor aller inhaltlichen "Lehre" geht es dabei um eine Anrede Gottes, die uns in der Bibel entgegenkommt, und die nie einfach in unseren christlichen Besitz übergeht. Dies ist die Pointe von Zwinglis Schrift von 1522 mit dem Titel Von der Klarheit und Gewissheit des Wortes Gottes.[15] Entsprechens spricht Zwingli vom notwendigen "Geistverständnisses" der Schrift.[16]

츠빙글리의 논증으로부터 그가 자주 사용하는 "형식 원리"라는 표현으로 그가 성경을 증거로 제시하는 것이 충분하게 기술되지 않았다는 것이 분명해 집니다. 종교개혁 초기 성경이 신학의 진리의 기준이라고 주장하는 대중적 견해는 츠빙글리의 견해와 하나님의 말씀에 대한 개혁파의 이해를 간과하고 있습니다. 츠빙글리는 성경을 필요에 따라 부합하는 문장들을 끌어올 수 있는 하나님의 율법과 지침의 모음집으로 이해하지 않았습니다. 그는 그의 대담자에게 이것을 비판했습니다. 오히려 성경은 중심으로부터 해석되어야 합니다.: 오직 그리스도를 통한 화해의 소식과 오직 그리스도만을 들어야 한다는 요구. 모든 내용적인 가르침 이전에 이것은 단순하게 기독교인의 소유로 넘어가지 않는 하나님의 말씀을 다루고 있습니다. 이것은 1522년 "하나님의 말씀의 명료성과 확실성" 문헌의 핵심 내용입니다. 츠빙글리는 이에 상응하여 성경에 대한 필수적인 영적 이해에 대하여 말하고 있습니다.

In der Konsequenz von Zwinglis Verständnis des göttlichen Wortes lag es, dass es menschliche "Richter" über die Wahrheit des göttlichen Wortes grundsätzlich nicht geben kann; dies gilt nicht nur für Konzile oder die Hohen Schulen römischer Theologie wie Paris, Köln oder Freiburg, sondern auch für den Zürcher Rat.[17] Es war ein hermeneutischer Gedanke, den seine Disputationsgegner nicht nachzuvollziehen in der Lage waren. Immer wieder wenden sie ein, dass es ohne menschliche "Richter" in Sachen christlicher Wahrheit nicht gehen kann.[18]

하나님의 말씀에 대한 츠빙글리 이해의 결과는 하나님의 말씀의 진리에 대한 인간적 판단자가 근본적으로 존재할 수 없다는 것입니다. 이것은 공의회 혹은 파리, 쾰른, 프라이부르크와 같은 로마 신학교뿐만 아니라 취리히 의회에도 적용됩니다. 이것은 그의 논쟁의 대적자들이 공감할 수 없는 해석학적 생각이었습니다. 항상 그들은 인간적 판단자 없이 기독교 진리를 다룰 수 없다는 것을 반대합니다.

Das legitime Gegenüber zu der so in der Heiligen Schrift

begegnenden göttlichen Wahrheit ist nach Zwingli eine glaubend-hörende Versammlung von Christenmenschen, die auf das göttliche Wort hört und sich um dessen rechtes Verständnis bemüht: die versammelte Ortsgemeinde.[19] Ungeachtet der Bildung und des gesellschaftlichen Standes ihrer Mitglieder steht sie in ihrem gemeinsamen "Hören" auf Gottes Anrede durch das biblische Christuszeugnis unter der Christusverheißung aus Mt 28,19f. Vor diesem sie anredenden "göttlichen Wort" hat sich die christliche Kirche in ihrer Lehre, Frömmigkeitspraxis und ihrem Tun zu verantworten. Dazu ist keine Bischofskonferenz nötig. Jede Versammlung von Christen, die Gottes Willen aus der Heiligen Schrift hören möchten, ist eine legitime christliche Kirche:

츠빙글리에 따르면, 성경에서 만나는 하나님의 진리에 대한 정당한 대응은 하나님의 말씀을 들으며 올바른 이해를 위해 노력하는 기독교인들의 믿고 따르는 것만 있을 뿐입니다. 교육 수준과 구성원들의 사회적 지위와 무관하게 마태복음 28장 19절 이하의 그리스도의 약속 아래 성경적 그리스도의 증언을 통하여 하나님의 말씀을 공동으로 듣는 것입니다. 그들을 부르시는 하나님의 말씀은 그들의 교리, 경건의 실천, 그들의 행동에 책임을 지는 행동 안에서 교회를 가지고 있습니다. 주교 회의를 필요로 하지 않습니다. 기독교인들의 모든 모임은 성경으로부터 하나님의 뜻을 듣는 모든 기독교인들의 모임은 적법한 기독교 교회입니다.

"Denn ich hoffe, die Mehrheit der hier Versammelten sind aus

Liebe zum göttlichen Willen hier und begierig, Gottes Wahrheit zu hören, zu fördern und zu wissen, was der allmächtige Gott uns nicht verweigern wird, wenn wir dies, zu seiner Ehre, mit rechtem Glauben und von Herzen begehren. Denn der Herr spricht: ‚Wo zwei oder drei in meinem Namen versammelt sind, da bin ich mitten unter ihnen' [Mt 18,20]'."

"저는 이 자리에 모인 많은 사람들이 하나님의 뜻을 사랑하고 하나님의 진리를 듣고 이것을 장려하기를 원합니다. 그리고 우리가 하나님의 영광을 위하여 올바른 믿음과 마음을 가지게 된다면, 전능하신 하나님께서 우리를 거부하지 않으실 것을 알기를 원합니다. 주님께서 말씀하십니다.: '두 세 사람이 내 이름으로 모인 곳에는 나도 그들 가운데 있느니라' [마태복음 18:20]."

Der Ausgang der Disputation bestand im Beschluss der Bürgermeister und Räte, dass Zwingli "wie bisher das heilige Evangelium und die rechte göttliche Schrift" zu verkündigen fortfahren solle, "so lang und so oft, bis er eines Besseren belehrt werde." Darüber hinaus wurden alle Prediger angemahnt, nur noch zu predigen, "was sie mit dem heiligen Evangelium und auch sonst mit wahrer göttlicher Schrift bestätigen können,"[20] verbunden mit dem Verbot, diese Lehrer künftig weiterhin als Ketzer zu bezeichnen. Zürich hatte damit als erste Stadt ausdrücklich das Schriftprinzip als Grundlage ihres Christentums offiziell eingeführt.

Der Beschluss und Zwinglis Thesen erregten großes Aufsehen sowohl im reformatorisch gesinnten wie im römisch-habsburgischen Lager und waren bedeutende Impulse für andere eidgenössische Orte.[21] Offen war damit allerdings, was die Legitimation von Zwinglis Verkündigung und Verständnis des göttlichen Wortes für eine künftige Wahrheitsfindung unter diesen neuen Bedingungen bedeutete.

논쟁의 결과는 시장들과 의회들이 츠빙글리가 지금까지 선포한 거룩한 복음과 올바른 하나님의 성경의 선포를 "오랫동안 자주 더 나은 가르침을 받을 때까지" 계속하는 것입니다. 모든 설교자들은 그들이 거룩한 복음과 일치하고 참된 하나님의 성경으로 증명할 수 있는 것만을 설교하도록 요청받았습니다. 이후에 이 교사들을 이단자로서 명시하는 것을 금지하는 것과 관련이 있습니다. 취리히는 성경의 원칙을 기독교의 근거로서 공식적으로 도입한 최초의 도시였습니다. 의회의 결의와 츠빙글리의 논제들은 종교개혁을 지향하는 진영과 로마-합스부르크 진영에서 주목을 크게 받았으며, 다른 연방 지역에 의미있는 자극을 주었습니다. 물론 츠빙글리의 하나님의 말씀 선포와 이해의 합법화가 새로운 조건 속에서 미래에 진리를 발견하는 것을 위하여 어떠한 의미가 있는가에 대하여, 확정적이지는 않았습니다.

Die Zweite Zürcher Disputation
제2차 취리히 논쟁

Zwingli hat selber früh über dialogisch-diskursive Formen der Durchsetzung des göttlichen Wortes in der sozialen Realität der Kirche nachgedacht und ist dabei auf den Gedanken gestoßen, an die alte Konzilstradition anzuknüpfen. In einem Brief an den neuen Propst des Berner Chorherrenstifts Nikolaus von Wattenwyl vom 31. Juli 1523, wenige Monate nach der ersten Zürcher Disputation, taucht der Plan für eine weitere Disputation auf, die zu einer Art regionalem, eidgenössischem Konzil nach dem Vorbild der Synode von Gangra werden sollte.[22]

츠빙글리는 스스로 일찍이 교회의 사회적 현실태 속에서 하나님의 말씀을 선포할 수 있는 대화적-담론적 형태에 대하여 고민했으며, 이를 오래된 공의회 전통과 접목시키는 생각을 하게 되었습니다. 니콜라우스 폰 바텐빌이 제1차 취리히 논쟁이 끝나고 몇 개월이 지난 이후에 1523년 7월 31일 베른 참사회의 새로운 수도원장에게 보낸 편지에서 또다른 논쟁의 계획이 드러났습니다. 이것은 강그라 공의회의 모델에 따른 일종의 지역 및 연방 공의회였습니다.

Umsetzen ließ sich dieser Plan 1523 auf eidgenössischer Ebene nicht, dazu waren die Fronten bereits zu verhärtet. Die Zweite Zürcher Disputation vom 26. bis 28. Oktober 1523 mit ihrer breiten

Ausschreibung kann aber als Versuch gelten, diese Lücke zumindest regional füllen.

이 계획은 1523년에 연방 차원에서 시행되지 않았으며, 전선은 이미 강화되었습니다. 광범위하게 개최통지문이 발송되면서 개최된 1523년 10월 26일부터 28일까지의 제2차 취리히 논쟁은 지역적으로는 격차를 메우기 위한 시도로 볼 수 있습니다.

Zwar war die Ausschreibung dieser Zweiten Zürcher Disputation im Vergleich zur Ersten weiter abgefasst: Sie richtet sich über die gesamte Priesterschaft in Stadt und Land hinaus an alle, die sich zu den Fragen äußern möchten; darüber hinaus wurden die Bischöfe von Konstanz, Chur und Basel eingeladen, die Universität Basel und alle zwölf verbündeten eidgenössischen Orte.[23] Weil aber die auswärtigen Angeschriebenen der Disputation fernblieben, wurde sie zu einem Glaubensgespräch, das vor allem der innerzürcherischen Selbstverständigung zur weiteren Klärung diente. Die Durchführung erinnert zumindest partiell auch an den Brauch der Volksbefragung bzw. Ämterbefragung,[24] auch wenn hier das "Volk" aus den Verantwortungsträgern der Kirche und kirchlicher Institutionen bestand. Sie wurden nicht nur zur Teilnahme aufgeboten, sondern an der Disputation wiederholt aufgefordert, sich zu beteiligen und allfällige Einwände öffentlich zu formulieren.[25]

제2차 취리히 논쟁의 개최 통지문은 제1차 논쟁보다 더 광범위하게 작성되었습니다. 그것은 도시와 시골의 전체 사제들뿐만 아니라 질문들에 대하여 의사를 표현하기를 원하는 모든 사람들을 대상으로 했습니다.: 더 나아가 콘스탄츠, 루르 및 바젤의 모든 주교들, 바젤대학교와 12개 연방 지역들이 초대되었습니다. 그러나 외부에서 등록한 사람들은 논쟁에 참여하지 않았기 때문에, 이 논쟁은 신앙의 대화가 되었으며, 이것은 더 많은 설명이 이루어지면서, 취리히 내부의 의사소통에 기여했습니다. (이 논쟁을) 진행하는 것은 부분적으로 국민들이 관료들에게 질문하는 관습을 연상시킵니다. 여기서 "백성"이 교회와 교회의 기관의 책임을 맡은 사람들이라고 할지라도 (이 관습을 연상시킵니다.) 그들은 참여를 요청받았을 뿐만 아니라, 경우에 따라 반대 의사를 표현할 것을 지속적으로 요청받았습니다.

Der äussere Anlass dieser Zweiten Zürcher Disputation[26] war die immer lauter werdende Kritik an der Messe und an den religiösen Bildern in den Kirchen, vor denen die Menschen beten.

제2차 취리히 논쟁이 발발한 외적인 이유는 사람들이 기도하는 교회의 미사와 종교적 이미지(성상)들에 대한 비판이 증가했기 때문입니다.

Das Prinzip des sola scriptura und Zwinglis Verständnis der Kirche als einer versammelten Ortsgemeinde musste sich nun in zwei konkreten Streitfragen bewähren, die für die römische Religiosität von zentraler Bedeutung waren.

오직 성경(Sola scriptura)의 원칙과 회집된 지역 교회로서 이해하는 츠빙글리의 교회론은 이제 로마카톨릭 교회의 종교성에 있어서 중요한 의미를 지니고 있는 두 가지 구체적인 쟁점들을 증명해야 했습니다.

Das Ziel der Disputation, wie es die Ausschreibung formuliert, lässt diese als eine Art Wahrheitsfindungsprozess erkennen: Bevor der Rat in der Frage der Messe und der Bilderverehrung entscheidet, will er einer offenen Disputation der beiden Punkte beiwohnen, in welcher diese am Maßstab des göttlichen Wortes gemessen werden.

개최 통지문에 명시되어 있는 것처럼, 이 논쟁의 목적은 이것을 일종의 진리를 모색하는 과정으로서 인식됩니다.: 의회가 미사와 성상 숭배에 대한 문제를 결정하기 이전에, 두 가지 문제에 대한 공개 토론에 참여하기를 원합니다. 이것은 하나님의 말씀의 기준에 의하여 판단되는 것입니다.

Während in der Ersten Disputation noch der Bürgermeister das Gespräch eröffnete und schloss, und im Übrigen Zwingli für seine Thesen das Wort übergab, wurde die Zweite Zürcher Disputation klarer organisiert. Zu Beginn wurde nicht nur allgemein an das göttliche Wort als Kriterium erinnert, es wurden darüber hinaus drei nichtzürcherische Vorsitzende bestimmt: Joachim Vadian und Christoph Schappeler aus St. Gallen und Sebastian Hofmeister aus Schaffhausen. Ihre Aufgabe bestand darin, über die Einhaltung der

Grundregel, die Argumentation allein mit der göttlichen Schrift zu wachen, was eine bestimmte Diskussionskultur einschloss. Sie taten dies denn auch und erinnerten Redner öfter an diese Regel.[27]

시장이 제1차 논쟁에서 대화를 개최하고 폐회했으며, 츠빙글리는 자신의 논제들을 제출한 반면에, 제2차 취리히 논쟁은 보다 명확하게 조직되었습니다. 처음에는 일반적으로 하나님의 말씀이 기준으로 상기된 것만은 아닙니다. 취리히 출신이 아닌 세 분의 의장이 임명되었습니다. 성 갈렌 출신의 요아킴 바디안과 크리스토프 사펠러, 샤프하우젠 출신의 세바스티안 호프마이스터입니다. 그들의 임무는 기본 규칙을 준수하며, 특정한 토론 문화를 포함하며, 성경과 함께 논증을 감독하는 것입니다. 그들은 그것을 했으며, 발표자들에게 자주 이 규칙을 상기시켰습니다.

Zu Beginn bat der Vorsitzende Hofmeister Zwingli noch einmal zu erläutern, was eine christliche Kirche ausmacht. Was Zwingli in der ersten Disputation als These aufgestellt und gegen Kritik verteidigt hatte, wurde nun als Grundlage und Ausgangspunkt des Gesprächs erläutert:

처음에 의장 호프마이스터(Hofmeister)는 츠빙글리에게 기독교 교회에 대하여 설명해 줄 것을 요청했습니다. 츠빙글리가 제1차 논쟁에서 논제로 제시했으며, 비판에 대응했던 것이 대화의 근거와 출발점으로서 설명되었습니다.

"Ihr wisst aus dem wahren Wort Gottes [···] dass, wo zwei oder drei im Namen Jesu Christi versammelt sind, er mitten unter ihnen ist und alles, was sie von Gott begehren, ihnen gewährt wird [Mt 18,19f.]. So [···] wollen wir in unseren Herzen Gott anrufen [···], dass er alle, die seinem Wort widerstehen, zu ihm ziehe, alle, die es nicht verstehen, erleuchte, und alle, die es falsch verwenden und missverstehen, korrigiere."[28]

"너희는 참된 하나님의 말씀을 통하여 [···] 두세 사람이 예수 그리스도의 이름으로 모이는 곳은 어디든지 하나님께서 그들 가운데 계시고 그들이 하나님께 구하는 바를 허락하신다는 것을 알고 있습니다. [마 18:19 하]. 그래서 [···] 우리는 마음으로 하나님께 간구하기를 원합니다. [···] 그분은 그분의 말씀을 반대하는 모든 사람을 그분께로 이끄십니다. 그리고 그것을 이해하지 못하는 모든 사람을 깨우치시며, 그것을 오용하고 오해하는 모든 사람을 교정하십니다."

Über weite Strecken entwickelte sich diese Disputation zu einem exegetischen Gespräch zu den beiden Themen. Bibelpassagen aus dem Alten und dem Neuen Testament wurden diskutiert und philologisch analysiert. Voten, die auf die Tradition verweisen oder an die Autorität des Papstes erinnerten, wurden als nicht schriftgemäß und deshalb unzulässig abgewiesen.[29] Bei Voten, die die Bilderverehrung oder das Messopfer mit biblischen Texten zu begründen suchten, diskutierte man die entsprechenden Texte in ihrem (griechischen oder hebräischen) Wortlaut und Kontext.[30]

오랫동안 이 논쟁은 두 가지 주제에 대한 주석적 대화로 전개되었습니다. 구약과 신약의 성경 구절을 문헌학적으로 토론하고 분석했습니다. 전통을 언급하거나 교황의 권위를 상기시키는 투표는 비성경적인 것으로 거부, 금지되었습니다. 성경 본문에 기반하여 성상 숭배나 희생 제사로서의 미사를 정당화하고자 시도했던 투표의 경우, 해당 본문은 (그리스어 또는 히브리어) 단어와 문맥에서 토론되었습니다.

In beiden diskutierten Fragen wurde aber nicht einfach mit einzelnen Passagen oder Sätzen aus der Bibel argumentiert, sondern mit biblischen Christuszeugnissen: Letztlich war es der "Prüfstein" Christus, der zur Kritik an der Bilderverehrung und am Messopfer führte.

그러나 논의된 두 가지 질문에서 논쟁은 단순히 성경의 개별 구절이나 문장들이 아니라, 그리스도에 대한 성경적 증언으로 이루어졌습니다. 최종적으로 성상 숭배와 희생 제사로서의 미사에 대한 비판으로 인도한 시금석은 그리스도였습니다.

So argumentiert etwa Konrad Schmid gegen die Bilderverehrung nicht vornehmlich mit einzelnen biblischen Aussagen, die das Verfertigen von "Götzenbildern" verbieten. Stattdessen zielte er, unter Hinweis, dass Christus der einzige "mittler" und "fürsprecher" zwischen Gott und den Menschen ist und dass das menschliche Verhältnis zu Gott allein im vertrauenden Glauben auf diesen Christus besteht,[31] auf die "inneren" Götzen: Die Christuserkenntnis "im Herzen" würde alle Götzenverehrung hinfällig machen. Damit berührte er zugleich die praktische Frage des konkreten Vorgehens bei der Abschaffung der religiösen Bilder, das Verhältnis zwischen der äußeren Beseitigung der Bilder und der religiösen Belehrung der Bevölkerung. Diesbezüglich gab es unterschiedliche Ansichten. Schmid schlug hier, im Unterschied zu anderen ein behutsames Vorgehen vor.[32]

콘라트 쉬미트(Konrad Schmid)는 "우상"의 제작을 금지하는 개별적인 성경적 진술을 가지고, 성상 숭배를 반대하는 논증을 하지 않았습니다. 대신에 그는 그리스도께서 하나님과 사람 사이의 유일한 "중보자"이고 "대언자"이시며, 하나님에 대한 사람의 관계는 오직 그리스도에 대한 믿음에 달려 있음을 지시하면서, 내적인 우상들을 목표로 했습니다.: "마음으로" 그리스도를 인식하는 것은 모든 우상 숭배를 쓸모없게 만들 것입니다. 동시에 그는 종교적 형상의 폐기를 위한 구체적인 조치, 형상의 외적 제거와 사람들을 위한 종교적 가르침 사이의 관계에 대한 실천적 질문을 다루었습니다. 이와 관련하여 다양한 입장들이 존재합니다. 쉬미트(Schmid)는 다른 사람들과 달리 신중한 접근 방식을 제안했습니다.

Obwohl an dieser Zweiten Zürcher Disputation verschiedene Ansichten aufeinanderprallten, war sie deutlich von Zwingli,

Leo Jud und weiteren Mitstreiter ihrer Sache dominiert. Die Eingangsvoten zu den Gesprächspunkten von Zwingli und Jud gaben den Ton vor, und grundlegender, hartnäckiger Widerspruch erfolgte nicht. Er war aus dem Kreis der Anwesenden auch nicht zu erwarten. Immerhin: Vertreter der verschiedenen Orden und bekannte Vertreter des Widerstands gegen Zwingli wurden gar namentlich zur Stellungnahme aufgefordert.[33] Sie brachten nur vereinzelt Gegenargumente vor, stimmten zu oder bekundeten Gehorsam gegenüber den Entscheidungen der Obrigkeit. Die theologische und argumentative Überlegenheit Zwinglis und Leo Juds gegenüber den verschiedenen kirchlichen Amtsträgern und Ordensvertreter war offensichtlich, und verschiedene Anwesende erklärten, von den Argumenten Zwinglis überzeugt worden zu sein. Differenzen, die auftauchten, betrafen Fragen der Anwendung der biblischen Texte - etwa die Frage, ob die biblischen Texte zu "Götzen" auf Heiligen- und Christusbilder anwendbar sind[34] - und die Frage, wie die Einsicht, dass sich weder die Heiligenverehrung noch das Messopfer vor der Schrift verantworten ließ, konkret in Zürich umgesetzt werden soll. Hier standen sich die Vorstellungen Konrad Schmids und Konrad Grebels gegenüber.[35]

이 제2차 취리히 논쟁에서 서로 다른 견해가 충돌했지만, 분명히 츠빙글리와 레오 주드 및 그들의 동료들이 (상황을) 좌우했습니다. 츠빙글리와 주드의 대화 쟁점에 대한 초기 투표가 분위기를 좌우했으며, 참석자들 중에서 근본적이면서도 완고한 반대는 없었습니다. 하여튼 츠빙글리에 대항하는 다양한 교단의 대표자들과 알려진 대표자들은 이름을 밝히도록 요청받았습니다. 그들은 개별적으로 반론을 제기했으며, 정부의 결정에 대하여 동의하거나 혹은 순종을 표현했습니다. 여러 교회 직분자들과 교단의 대표자들과 대비하여, 츠빙글리와 레오 쥬드의 신학적, 논증적인 우월함은 분명하게 드러났으며, 여러 참석자들은 츠빙글리의 논증이 설득력이 있다고 선언했습니다. 드러났던 차이점들은 성경 본문의 적용에 대한 문제들이었습니다. 우상에 대한 성경 본문이 성인 숭배와 그리스도 성상에 적용이 되는가에 대한 문제, 그리고 성경 앞에서 성인 숭배와 희생제사로서의 미사가 책임질 수 없다는 통찰이 취리히에서 어떻게 실천될 것인가에 대한 문제. 여기서 콘라드 쉬미트와 콘라드 그레벨의 견해가 대립되었다.

Ziel der Zweiten Zürcher Disputation war aber nicht ein konkreter Beschluss. Ihr Zweck bestand darin, durch ein gemeinsames Hören und Diskutieren des göttlichen Wortes in den Fragen der Heiligenverehrung und des Messopfers dem Rat, der die Entscheidung fällen musste, eine Hilfe zu geben. Entsprechend formulierte der Leiter der Disputation Joachim Vadian am Ende die Bitte an den Rat, aus der Disputation die Konsequenzen zu ziehen.

그러나 제2차 취리히 논쟁의 목표는 구체적인 결정을 내리는 것이 아니었습니다. 그 목적은 성인 숭배와 미사에 대한 질문 속에서 하나님의 말씀을 듣고 토론함으로써, 결정을 해야만 하는 의회를 돕는 것이었습니다. 따라서 본 논쟁을 주도했던 요아킴 바디안(Joachim Vadian)은 논쟁이 끝나갈 때, 논쟁의 결론을 내릴 수 있도록 의회에 요청했습니다.

Dabei war die Situation im Herbst 1523 zu berücksichtigen. Der Rat beschloss schliesslich, in beiden Punkten vorerst beim alten Brauch zu bleiben. Er hat dabei wohl vor allem auf das Votum von Konrad Schmid gehört, der zunächst für eine gründlichere Belehrung des Volkes als Voraussetzung für eine Änderung der religiösen Bräuche plädiert hatte.[36] Gleichzeitig wurde Zwingli aufgefordert, eine Schrift zu verfassen, die der Belehrung der Priester dienen sollte.[37]

1523년 가을의 상황을 고려해야 했습니다. 의회는 우선 두 가지 점들을 고려하여 오래된 관습을 고수하기로 결정했습니다. 의회는 우선적으로 종교 관습의 변화를 위한 전제 조건으로 사람들에게 보다 철저한 교육을 찬성했던 콘라트 쉬미트(Konrad Schmid)의 의견 발표를 들었습니다. 동시에 츠빙글리는 성직자들을 가르치도록 도와주는 가르칠 문서를 작성하라는 요청을 받았습니다.

Am Ende des ersten Tages der Zweiten Zürcher Disputation sprach der Vorsitzende Sebastian Hofmeister aus, was wohl als gemeinsame Erfahrung gelten konnte, eine Erfahrung selbstverständlich, die nur diejenigen zu machen in der Lage waren, die die entsprechenden Voraussetzungen und Erwartungen dazu besaßen bzw. in die Disputation mitbrachten:

제2차 취리히 논쟁의 첫째 날이 끝나갈 무렵, 의장 세바스티안 호프마이어는 공유된 경험으로 간주될 수 있는 것에 대하여 말했습니다. 논쟁 속에서 적절한 전제 조건과 기대를 가지고 있거나, 논쟁을 야기시키는 사람들만이 논쟁을 할 수 있었던 경험을 하게 한 것은 분명합니다.

"der allmächtige und ewige Gott sei gelobt und geehrt, dass er stets in uns sieghaft ist, das ist: in seinem heiligen göttlichen Wort, dass der heilige Paulus und die anderen Apostel und, so Gott will, wir Organe und Instrumente sind, durch welche das göttliche Wort wirkt. Wie er denn auch heute siegreich war in der Frage - deren Beantwortung wir in seinem heiligen Wort gesucht haben -, ob Bilder und Götzen im christlichen Volk geduldet werden sollen."[38]

"우리 안에서 항상 승리하시는 전능하시고 영원하신 하나님께서 찬양과 영광을 받으십니다. 즉, 거룩한 하나님의 말씀 안에서 성 바울, 다른 사도들, 그리고 하나님께서 원하십니다. 우리는 하나님의 말씀이 역사하는 기관이며 도구입니다. 오늘날 하나님께서 성상과 우상이 기독교인들 안에서 용인되어야 하는가에 대한 질문 속에서 승리했던 것과 같습니다. 우리는 그의 거룩한 말씀 안에서 답을 구했습니다.

Die konkrete Umsetzung dieser Einsicht sollte allerdings zugleich "in Frieden und ohne dem Mitmenschen ein Ärgernis zu sein"[39] erfolgen. Es entspricht dem mit Zwingli beginnenden "reformierten" Verständnis von "Glaubensgesprächen", dass sie immer wieder neu aufgenommen werden müssen, im Ringen um Entscheidungen und um gemeinsame Antworten auf das "göttliche Wort" in jeweils unterschiedlichen Situationen. Definitive, den Vorbehalt besserer Belehrung außer Acht lassende, "richterliche" Resultate wären nach dieser Sicht ein Beweis, dass die "Sache" verfehlt wurde. Denn wo es um Gottes Wahrheit geht, bedarf die Sache "nit menschlicher richter"[40], sondern eine Gemeinde, die immer wieder neu bereit ist, auf Gottes Wort zu "hören".

그러나 이러한 통찰력의 구체적인 시행은 "다른 사람들에게 방해가 되지 않고 평화롭게" 동시에 이루어져야 합니다. 그것은 츠빙글리로 시작하는 "신앙의 대화"에 대한 "개혁된" 이해와 상응하며, 다양한 상황에서 "하나님의 말씀"에 대한 결정과 공동의 대답을 위한 논쟁 속에서 다시 새롭게 수용되어야만 하는 것입니다. 이 관점에 의하면, 더 나은 가르침을 유보하는 것을 무시하는 결정적인 "사법적" 결과는 "사안"이 누락되었다는 증거가 될 것입니다. 왜냐하면 하나님의 진리와 관련된 곳에서, 이 사안은 "인간적 재판관이 아니라" 하나님의 말씀을 항상 "들을" 준비가 되어 있는 공동체를 필요로 하기 때문입니다.

Zusammenfassung
요약

Die beiden Zürcher Disputationen vom Januar und Oktober 1523 können als Beginn einer "reformierten" Disputationskultur verstanden werden. Ein im Vergleich zum spätmittelalterlichen Christentum bahnbrechend neues Verständnis vom Wesen der christlichen Kirche und ihrem Verhältnis zur göttlichen Wahrheit verlangte nach einer neuen Form von Glaubensgesprächen und Prozessen christlicher Wahrheitsfindung. Während das Resultat der Disputation vom Januar in der Legitimierung einer solchen Disputationskultur bestand, ging es in der Disputation vom Oktober um eine erste Bewährung angesichts konkreter, zur Entscheidung stehender Fragen.

1523년 1월과 10월에 개최된 두 번의 취리히 논쟁은 "개혁된" 논쟁의 문화의 시작으로 이해될 수 있습니다. 중세 후기 기독교와 비교하여 기독교 교회의 본질과 하나님의 진리와의 관계에 대한 획기적인 새로운 이해는 신앙의 대화와 기독교 진리를 모색하는 과정에 대한 새로운 형식을 요구하였습니다. 1월 논쟁의 결과가 이와 같은 논쟁 문화의 정당화였던 반면에, 10월 논쟁은 결정해야 할 구체적 질문과 관련한 첫 번째 검증이었습니다.

01
미주

01 본 기고문은 신학 사상사 혹은 관념사적 전망 속에서 원문 해석을 시도한 것으로서, 최소한 2차 문헌에 제한됩니다. 왜냐하면 이 주제에 대한 새로운 연구는 후기 교파주의 시대 신앙의 대화에 집중하고 있기 때문입니다. 이 주제는 항상 중요합니다.: Bernd Moeller, Zwinglis Disputationen. Studien zur Kirchengründung in den Städten der frühen Reformation, 2. Aufl., Göttingen 2011.

02 Z I, 442-569.

03 Z I, 488,13.

04 Emil Egli (Hg.), Aktensammlung zur Geschichte der Zürcher Reformation in den Jahren 1519-1533, Zürich 1879, Nr. 213. Moeller, Disputationen (Anm. 2), 315-317; Rudolf Pfister, Kirche und Glaube auf der Ersten Zürcher Disputation vom 29. Januar 1523, in: Zwing. XIII (1973), 553-569, hier 556.

05 Z I, 488,11f.

06 Z I, 470,1-7

07 Z I, 491,1-17; 503,14-504,15. 면죄부 설교자 삼손의 설교를 금지했던 경우, 주교의 지시에 의지하거나, 로마에 승인 여부에 대하여 문의했습니다. Z VII, 115, Anm. 4.

08 Z I, 488,16-27.

09 Walther Köhler, Huldrych Zwingli. Durchgesehen und neu herausgegeben von Ernst Koch, Leipzig 1983,95.

10 Die erste These behauptet die Unabhängigkeit und Autorität, und damit die Vor- und Überordnung des göttlichen Wortes gegenüber jeder kirchlichen und überhaupt jeder menschlichen Vermittlung, während die zweite These dieses göttliche Wort inhaltlich mit der Christusbotschaft füllt. Die sich daraus ergebende ekklesiologische Konsequenz ist das Bekenntnis zu Christus dem alleinigen "Haupt" sowohl der Menschheit wie der Kirche, was wiederum bedeutet: Kirche ist dort, wo auf Christi Wort gehört wird, vgl. Thesen 1-8 und 13-15 (Z I, 458,11-459,5 und 459,21-37).

11 Z I, 534,14-23.

12 Z I, 538,19-539,1. Vgl. dazu Z XVII, 127 (zu Mt 10,40); im Kommentar zu Lk 10,16 betont Zwingli, dass das Wort als Trost und Ermutigung der "wie Lämmer unter die Wölfe" gesandten Jünger zu verstehen ist, nicht als Machtübertragung, Z XVIII, 138.

13 Martin Haas, Huldrych Zwingli und seine Zeit, Zweite Auflage Zürich 1969, 172.

14 Z I, 511,18-20; Z II, 752,11-30.

15 Z I, 328-385.

16 "verstand des geists", vgl. Z I, 381,15-26.

17 Z I, 557,557,10-558,5.

18 Z III, 309,4-310,1.

19 Z III, 168,5-8.

20 Z I 495,10-16.

21 Z I, 471,1-7. : Peter Opitz / Ernst Saxer (Hgg.), Zwingli lesen. Zentrale Texte des Zürcher Reformators in heutigem Deutsch, Zürich 2018, 90.

22 Z I, 446-450.

23 Z 8,103. Barbara Müller, Zwingli und das Konzil von Gangra, in: Zwingliana XXXIII (2006), 29-50.

24 Z II, 664-668.

25 Christian Dietrich, Die Stadt Zürich und ihre Landgemeinden während der Bauernunruhen von 1489 bis 1525, Frankfurt am Main / Bern / New York 1985, bes. 248-255; André Holenstein, Politische Partizipation und Repräsentation von Untertanen in der alten Eidgenossenschaft, in: Landschaften und Landstände in Oberschwaben - Bäuerliche und bürgerliche Repräsentation im Rahmen des frühen europäischen Parlamentarismus, hg. von Peter Blickle, Tübingen 2000, 223-249.

26 Z II, 715,34-716,12; 734,5-12.

27 루브리비 헤처(Ludwig Hätzer)와 게오르그 빈더(Georg Binder)가 논쟁에 대한 기록을 남겼다. 이것은 1523년 12월 프로사우어(Froschauer) 인쇄소에서 의회원들의 점검 이후에 인쇄되었다. Z II, 669-803.

28 Z II, 687,11-20.

29 Z II, 680,12-23.

30 V Z II, 697,34-598,31; 728,5-28; 766,29-767,28.

31 Z II, 693,4-697,29; 752,14-30.

32 Z II, 699,20-706,10.

33 Z II, 704,36-705,6.

34 Z II, 762,23-26; 763,5-7; 767,37; 769,3; 774,18f.; 775,22f.

35 Z II, 693-699.

36 Z II, 788-798.

37 Z I, 793,15-798,24.

38 Z II, 626-663.

39 Z II, 730,17-24.

40 Z II, 730,25-27.

예배, 어떻게?

주도홍(총신대학교 초빙교수)

03

03

예배, 어떻게?

주도홍(총신대학교 초빙교수)

1. 들어가는 말

1531년 여름, 츠빙글리(H. Zwingli, 1484-1531)는 "가장 경건한 왕" 프랑스 왕 프랑수아 1세(1515년부터 1547년까지 재위)에게 보낸 글 "기독교 신앙의 단순명료한 해설(Expositio fidei)"에서[01] 제시하는 예전을 "성경에서 사도들이 보여준 모범에 따른 교회의 법으로서 진리와 신앙의 자유를 위한 신적인 법"으로 칭한다.[02] 1523년 가을 10월 26일부터 28일까지 열린 취리히 시 의회에서 츠빙글리는 예전에 관해 로마 교회 감독들과 공개 논쟁을 제안했으나, 그들이 공회(Konzil)에서만 다룰 수 있다고 미루다, 3년 후 1526년 5월 19일부터 6월 9일까지 바덴 논쟁이 이뤄졌으나, 로마 교황이 지시한 미사에 참석해서는 안 된다는 결정을 취리히 시 의회가 결정하게 되었다. 츠빙글리는 이 글에서 미사는 폐지되어야 하고, 성경적으로 검증된 예배 형식이 새롭게 도입되어야 한다고 주장한다. 츠빙글리는 이를 위해 분명한 원칙을 제시하는데, 하나님의 말씀의 권위 위다. 그래야만 그어떤 공격과 비난도 이성과 하나님의 말씀으로 물리칠 수 있음을 확신한다.[03]

1531년 10월 11일, 카펠 전투에서 47세의 나이로 갑작스러운 죽음을 앞둔 츠빙글리는 몇 달 전 여름, 유언과 같은 이 글을 남기게 되는데, 루터와는 차별화된 성찬 이해를 집요하게 제시했던[04] 그가 이론뿐만 아니라, 예전에서의 차별화된 실천을 비로소 종합적으로 보여준다. 츠빙글리는 성찬 신학을 확실하게 재차 제시한 후, 이제 예배에서 어떻게 주의 만찬이 집행되어야 할지를 실천적으로 제시하는데, 중세 교회 미사와의 차별화를 통해 "필연적으로 요구되는 그리스도적 단순한 규범"으로서 말씀 중심의 종교개혁 예배로 대체해야 했다.[05] 이런 면에서 목회자 츠빙글리는 정확하게 바른 교회를 위한 실천적 종교개혁자였다.

교회와 공적 삶의 관계를 새롭게 정립한 츠빙글리를 향해 많은 동시대인은 그가 생각하는 교회가 너무 정치적이라는 의구심을 갖는다. 하지만 프랑스 왕은 황제를 맞서 동맹을 규합하기 위해 1529년 말 2명의 특사를 스위스 연방에 보냈고, 1531년 초 개신교 진영과 협의를 통해 츠빙글리가 신앙고백을 서술하기 이르렀는데, 프랑수아 1세에게 보낸 츠빙글리의 이 글이 바로 그 열매이다.[06] 5년 후 1536년 역시 프랑수아 1세에게 『기독교강요』(초판) 헌정사를 보냈던 제네바의 종교개혁자 칼빈(John Calvin, 1509-1564)을 기억하는데, 츠빙글리가 강조했던 새로운 교회 이해가 칼빈의 특별한 교회론의 근거가 되었다. 츠빙글리가 이 글에서 말하는 교회 표지도 칼빈과 다르지 않다.[07] 성찬 이해에서 루터와는 길을 전혀 달리했던 츠빙글리의 입장이 당시 즉각적으로 받아들여지지 않았지만, 차츰 개신교 예전에 스며들었는데, 대표적으로 영국 국교회 예전의 직접적 원천이 되었다.[08] 1540년부터 16세기 후반에 이르기까지 츠빙글리의 사상이 강력하게 영향을 미친 지역은 프랑스, 헝가리, 오스트리아, 스위스, 독일의 팔츠주, 네덜란드, 영국과 스코틀랜드였다. 16세기, 17세기에 이르기까지 가장 강력하게 영향력을 행사한 지역은 영국으로 1530년대 초 틴데일(W. Tyndale, 1494-1536), 커버데일(M. Coverdale), 후퍼(J. Hooper)의 언약 사상과 기독교 공동체는 츠빙글리의 아이디어로부터 나온 것이었다. 대주교 크랜머(Th. Cranmer)의 신학 역시 츠빙글리 사상(Zwinglianism)의 영향을 받았다. '피의 메리' 여왕이 개신교를 박해할 때 20명의 영국 학자가 취리히로 피신하였는데, 이때 그들은 츠빙글리의 사상에 영향을 받았다. 물론 오늘날 츠빙글리 교회는 존재하지 않지만, 그의 신학은 근원적으로 개혁신학의 전통을 형성했는데, 개혁교회의 정치 이해, 행동하는 윤리, 세상을 살아가는 성도의 하나님 뜻 이행 자체를 그리스도의 현존으로 이해한 점이다.[09]

2. 성찬 이해

중세 교회의 미사가 종교개혁 예배로 전환되는 주요 근거 중 하나는 성찬 이해의 상이성에 있는데, 어떻게 그리스도의 인성과 신성을 이해하는지에 따라 달라졌다. 츠빙글리는 글에서 예전(Liturgie)를 제시하기 전후 성찬을 언급하면서 중세 교회의 미사(화체설)와 루터의 공재론이 어디서 문제점을 갖는지 설명한다.[10] 성찬은 상징을 통해서 그리스도를 보여주는데, 성령은 성찬에서 청각, 시각, 감각을 통해서 그리스도를 알게 한다. 츠빙글리는 이 글에서 그리스도의 인성과 신성에 대해 분명하게 설명한다. "그는 영원부터 주와 하나님으로서 어머니 없이 아버지로부터 나셨다. 그래야만 그가 거룩하고 흠 없는 희생 제물이 될 수 있었다."[1] 츠빙글리가 무엇보다 오류로 반박하는 것은 미사에서 우리 죄를 사하기 위해 그리스도를 희생 제물로 바친다는 점이다. 그리스도는 스스로 희생양이 되어 인간의 죄를 짊어졌다. 어떻게 인간이 부활 승천하신 예수 그리스도를 미사에서 반복적으로 희생 제물로 바칠 수 있다는 말인지, 츠빙글리는 이에 반박한다. 그리스도 자신 외에 누구도 그리스도를 희생 제물로 바칠 수 없다. 만약 그리스도를 미사에서 희생 제물로 바친다면, 그리스도는 반복해서 죽어야만 하는데, 그렇다면 십자가에 달리신 그리스도의 역사적 죽음은 무의미하다. 츠빙글리는 성찬을 통해 십자가에서 죄인을 위해 돌아가신 그리스도를 영적으로 기억하고, 희생 제물이 된 그에게 감사한다면 이에 동의한다. 문제는 미사에서 제시되는 주의 몸과 피는 주의 실제 몸이라는 그들의 주장을 말장난이라고 비난한다. 실제 몸으로 십자가를 지신 그리스도는 부활 후에도 똑같은 실제 몸을 가지고 있는데, 부활 승천해서서 그 실제 몸을 가지고 하나님 우편에 계시는데, 만약 그 실제 몸이 반복적으로 희생 제물로 바쳐진다면, 그리스도는 오늘도 죽어야만 하는데, 그거야말로 거짓이며, 모순이고 궤변(Widersinnigkeit)이라고 비난한다. 그리스도가 갈보리에서 역사적으로 실지(real) 화목 제물이 되었고, 또한 '미사에서 영적으로(geistlich) 바친다.'라는 중세 교회의 표현을 츠빙글리는 이중적이고 캄캄하며(zweideutig oder dukle) 애매모호한 모순, 말장난으로 본다. 진리를 이해하지 못하게 하여 위기를 넘어가려는 수작이라는 말이다. 이에 반해 츠빙글리는 '영적으로 바친다'(geistlich darbringen)라는 말을 성도가 함께 모여 십자가의 화목 제물로 죽은 그를 '영적으로 기억하고'(erinnern uns in unserem Geist), 감사하면(danken) 전적으로 옳은 것이라 믿는다.

츠빙글리는 그리스도의 실제 몸을 미사에서 바친다고 주장한다면, 두 가지로 반문한다. 첫째, 무엇이 죄인을 위해 드려지는지? 둘째, 어떻게 그 몸이 바쳐지는지? 만약 미사에서 그리스도의 실제 몸이 제물로 드려진다면, 두 가지 모순을 보여준다. 첫째, 그리스도의 십자가 죽음은 오직 하나님의 거대한 일로서, 구약의 제사장이 인간보다 못한 동물을 희생 제물로 바치는 식의 일로 격하하는 모순이다. 구원받은 인간이 마땅히 드려야 할 것은 살아있는 자신을, 거룩한 삶을 주께 제물로 드려야 한다(롬 12:1). 그리스도는 자신이 스스로 화목 제물이 되었을 뿐이다. 둘째, 미사에서 그를 희생 제물로 바친다면, 그를 다시 죽이는 일로, 그리스도를 다시 십자가에 못 박아 죽이는데, 그리스도의 갈보리 십자가는 인류의 죄를 단번에 씻었다(히 9:7; 7:27). 그러기에 그리스도는 십자가에 다시 반복하여 죽을 필요가 없다(롬 6:10; 히 9:28). 그렇다면 교황 교회는 이러지도 저러지도 못하는 "쥐르텐의 모레 톱"에 좌초한 사람들이다. 누구도 그리스도를 희생 제물로 드릴 수도, 다시 그리스도가 죽을 수도 없다는 것은 명확한 사실이다. 츠빙글리는 계속해서 그들이 그리스도를 죽이는 미사를 감행하려는 것은 더 많은 돈을 탐하는 것으로 비난하며, 더는 죽음이 그리스도를 지배할 수 없음을 분명히 선언한다(롬 6:9). "그리스도는 오직 단 한 번(nur ein einziges Mal) 죽을 수 있었기에, 그는 오직 단 한 번(nur ein einziges Mal) 화목 제물로 드려질 수 있었다. 그런데 그 한 번(einmal)의 드려짐이 성도들을 죄로부터 정결하게 하였다. 이는 그들을 영생으로 확정하였다는 말이다. 영원히! 그는 하늘에 앉아 있어야 하는데, 그럴 때 아버지 하나님과 우리가 화해할 수 있기 때문이다."[12] 츠빙글리는 히브리서 7, 8, 9장을 가져와 그리스도를 향한 신앙고백을 강하게 제시하는데, 이 순간 츠빙글리에게 넘치는 구원의 확신과 성령의 은혜로 가득한 한 편의 설교가 행해진다. 그리스도는 가장 높은 하나님 영광의 광채, 하나님의 형상으로서 본체, 영원한 신성의 동일체요 대변자, 능력 충만한 말씀으로 만물을 보존하며, 본인 스스로 우리의 죄를 정결하게 하며(히 1:3), 모든 만물이 그의 목소리에 순종하는 전능한 대제사장이다(히 5:5; 7:24; 7:26f). 그리스도의 몸과 피를 미사에서 바치는 일은 그리스도의 죽음이 부족하다는 말이며, 그리스도가 다시 고통을 당해야 한다. 이는 그리스도의 단 한 번의 죽음을 부정할 뿐 아니라, 결국 그리스도를 부인하는 것이다.[13]

본래 초대 교회에서 성찬은 감사례(eucharieste)로 일컬어졌는데, "학식이 많고 실수가 없는" 아우구스티누스 이후 미사라는 단어가 등장하면서 희생 제물(Opfer)이라는 말을 쓰기 시작하였다고 밝히면서, 츠빙글리는 희생 제물이라는 분명하지 않고 애매모호한 개념에 조심스럽게 이의를 제기한다. "많이 배우고 하나님을 더욱 경외할수록, 하나님의 말씀에서 벗어나지 않는다"고 말하면서, 츠빙글리는 아우구스티누스의 말을 가져오며, 모순적으로 보이는 애매모호한 개념 "희생 제물"에 이의를 제기하며, 오직 성경으로 돌아갈 것을 강조한다. 결론적으로 츠빙글리는 1세기 초대 교회가 성찬을 감사례, 곧 유카리스티아라 불렀던 그 뜻을 신중히 붙잡기를 촉구한다.[14] 역시 아우구스티누스를 인용하며 츠빙글리는 미사나 성찬식에서 떡과 포도주를 실지 희생 제물 그 자체로 만드는 것은 완전히 길을 잘못 든 것이며, 성찬은 단지 희생 제물의 비유와 현재화일 뿐이다라고 주장한다. 잘못된 길에 들어선 그들은 '상징을 본질 그 자체로'(aus Zeichen eine Sache) 둔갑한 오류를 범하고 말았는데, 그들이야말로 얼마나 무지하고 미숙한 자들인지를(ungebildet und unerfahren) 잘 보여준다. 어리석은 그들이 이처럼 범한 오류와 거짓말은 수천 가지가 넘는다고 츠빙글리는 말한다.[15]

교황 교회가 츠빙글리 자신을 두 가지로 비난하는데, 첫째, 성찬에 그리스도가 함께 한다는 사실을 부정한다. 둘째, 그리스도의 말씀과 능력을 부인한다는 것이다. 이에 대해 츠빙글리는 본인의 입장을 분명히 밝힌다. 그리스도의 현존, 곧 그리스도가 실제로 성찬에 함께 함을 믿는다는 것이다. 이때 츠빙글리가 바로 연이어 가져오는 말씀은 마태복음 18:20으로, 두세 사람이 주의 이름으로 모일 때, 거기에 주께서 함께한다는 말씀으로, 중세 교회의 화체설과 루터의 공재설과는 다른 영적 임재를 내세운다. 츠빙글리는 요한복음 17:11과 6:63도 가져오는데, 그리스도는 승천 후 더 이상 세상에 있지 않으며, 육은 무익하다는 말씀이다. 하나님 경외(Gottesfurcht)할 때, 하나님의 독생자 그리스도의 맨살을 정육점에서 가져온 고기처럼 생으로 먹는다는 일은 얼마나 소스라치게 놀라 뒷걸음질하게 하는 일인지! 참믿음은 굳이 십자가에 달리신 주님 크기만큼 살을 먹어야 할 필요가 없는데, 성령과 진리는 그렇게 먹는 것을 거부한다. 츠빙글리는 초대 교회의 "거룩한 크리소스토무스(Chrysostomus)"를 인용하며, 성찬식에서 "경건하고 거룩한 신앙적 영혼들이 주의 몸을 성례적으로 그리고 영적으로 그리스도의 몸을 먹는다"라고 결론을 내린다.[16]

츠빙글리는 영적으로, 그리고 성례적으로 먹는다는 의미를 글의 마지막에서 다시 확실히 설명한다. 영적으로 먹는다는 것은 성령 안에서, 그리고 그리스도를 통해서 나타난 하나님의 선하심과 긍휼하심을 신뢰하면서, 곧 하나님께서 자신의 독생자를 십자가에 내어주셔서 우리에게 죄사함과 영생의 기쁨을 주셨음을 향한 흔들리지 않은 그 믿음 안에서 먹는 것이다. 그리스도의 몸을 성례적으로 먹는다는 말은, 엄격하게 그 단어의 의미를 따르면, 성령 안에서 성례와 상관하여, 그리고 우리를 위해 십자가에서 죽임당하신 그리스도의 몸을 성찬을 통해(in Verbindung mit dem Sakrament) 묵상하며 기억하며 먹는다는 뜻이다.[17]

츠빙글리는 영적으로, 그리고 성례적으로 먹는다는 말을 종합한다. 성찬은 성령의 역사로 믿음을 불러일으킨다. 그리스도가 우리를 위해 나섰으며, 십자가 고난을 생생하게 보여주는데, 이는 성찬의 능력이다. 성령께서 하나님의 선하심을 보여주는 그 구원의 신비를(das Mysterium der goettlichen Guete) 내적으로 가르치고 인정하게 한다. 하나님의 영 성령 외에는 하나님을 믿는 믿음을 주지 않는다. 하나님 아버지께서 이끌어주지 아니하면, 누구도 그리스도께로 갈 수 없기 때문이다(요한 6:44).[18] "믿음이 커지고 거룩할수록 영적으로 먹음에 만족한다. 영적으로 먹는 일에 족할수록, 하나님을 경외하는 영혼은 육을 먹는다는 사실에 그만큼 더 소스라치게 놀란다."[19]

3. 거짓 예배

츠빙글리는 누가 예배의 대상인가를 밝히는데, 먼저 잘못된 숭배 또는 우상에 대해 언급한다. 중세 교회 미사에 등장하는 마리아와 성례는 숭배의 대상이 아님을 분명히 한다. 결코 마리아를 경멸하거나 모욕하지 않지만, 그녀를 하나님처럼 숭배할 수는 없는데, 그녀는 도리어 하나님의 능력과 은혜를 입어야 하는 피조물일 뿐이다. 하나님을 숭배하고 경외하는 일은 성령의 도우심으로만 가능하다. 마리아는 본인 스스로 찬양과 숭배받는 것을 절대로 용납하지 않을 것인데, 이는 무신론자와 귀신의 짓이기 때문이다. 우상 숭배는 인간을 어둠과 무지로 이끄는데, 그 예가 벌레에 먹혀 죽은 헤롯 왕이다. 츠빙글리에게 성례는 예수 그리스도의 십자가, 그의 역사적 죽음을 기억하고 상징하는 거룩한 표식으로 인정하고 존경하며 소중히 여기지만, 자체가 숭배의 대상은 아니다. 성찬은 십자가의 죽음을 기억나게 하고(눅 22:19) 갈보리 산의 거룩한 그리스도의 죽음을 우리의 눈으로 보고, 우리의 죄 용서를 위한 역사적 죽음 앞에 드리는 감사 잔치(Dankesfeier)다. 빵과 포도주라는 상징(Symbole)을 통해 청각, 시각, 미각을 통해 성령은 그리스도를 듣고 보고 느끼며 기뻐하고 내적으로 만난다. 이러한 모습이야말로 그리스도와 신앙의 선진이 성례를 향해 기대하는 가장 옳은 경외라고 츠빙글리는 확신한다. 또한 성찬은 그리스도께서 죄인을 아무 조건 없이(umsonst) 받아 큰 사랑을 주셨던 것처럼, 우리도 이웃을 같은 사랑으로 받아들여야 한다(행 1:5; 롬 13:14). 우리가 경배해야 할 대상은 천지를 지으신 창조자, 독생자 그리스도 아니 본인을 스스로 용서의 담보물로 희생한, 참사람이며 참 신이신, 모든 사물의 원천인 유일한 하나님이다. 츠빙글리는 "거룩한 아타나시우스"의 삼위일체를 받아들이며, 그리스도는 구별된 특별한 인성과 구별된 특별한 신성을 받아들인 것이 아니라, "영원한 하나님 아들의 인격(die Person)이 사람을 본성의 하나 됨 안(in)으로 받아들였다."[20] 그는 삼위일체 하나님으로서 동정녀 마리아로부터 세상의 해방자요 영혼의 위로자로 태어났지만(geboren), 태초부터 그리스도는 흠 없는 거룩한 희생 제물이 되기 위해 어머니 없이 아버지 하나님으로부터 나셨다(gezeugt). 그는 십자가 화목 제물이 되어 실제로 죽었지만, 우리를 위해 다시 살아나셨다. 그리스도의 모든 행위와 삶은 온전히 우리의 것이다. 결론적으로 "그리스도가 부활하였기에, 우리도 역시 다시 산다. … 그리스도가 다시 살아나지 않았다면, 우리 역시 부활하지 않는다. … 그리스도가 다시 살아나지 않았다라고 가정하면, 다시 살아남은 우리의 것이 아니다."[21]

연옥을 내세워 그리스도의 화목의 죽음을 의미 없게 만들어버린 그들이야말로 영혼의 협박자요 탈취자로서 그리스도를 거부하고 모욕하는 자들이다. "죄에서 구원은 받았지만, 벌에서 자유롭게 된 것은 아니다."라는 주장은 거짓말인데, 죄가 없는 곳에 그에 따른 벌은 부과되지 않는다고 츠빙글리는 반박한다. 세상을 떠나간 죽은 영혼을 향해 당시 교황이 부과하는 연옥에서의 고통스러운 기다림은 욕망을 채우기 위한 새빨간 거짓말(erstunken und erlogen)이다.[22]

4. 예전

미사에 대한 불신이 가득하여 미사에 참여하지 않는 상황이 전개될 때, 츠빙글리는 1523년 제2차 취리히 논쟁에서 로마 감독들과 공개 토론을 제안했지만, 로마 교회는 예전은 공회(Konzil)에서 다룰 수 있는 문제라고 하면서 미루다, 3년 후 바덴 논쟁(Badener Disputation)에서 양쪽이 제시하는 성경 본문과 교부의 자료를 검토한 후, "아무도 미사를 읽거나 중단하게 강요할 수 없다"라고 결정하였다. 그렇지만 이후 로마 교회측은 사람들을 돈으로 매수하면서 옛 미사로 돌아가려 시도했는데, 취리히, 바젤, 바덴 등을 중심으로 한 종교개혁은 누구도 이러한 로마 교회를 영원히 따를 수 없음을 선언하고, 성경에 근거해 바르게 예배를 드리기로 하고 새로운 규례를 만들었다. 로마 교회 미사(Messe)는 중단되고, 주의 만찬(Abendmahl)이 예배에 도입되고, 독일의 많은 성주, 귀족, 백성, 도시가, 그리고 유럽의 수를 헤아릴 수 없을 정도의 사제들과 수도자, 관청, 개인들까지도 새 규례를 따르기로 했다. 츠빙글리는 새 예전은 이성(Vernunft)과 하나님의 말씀의 권위(die Autoritaet des Wortes Gottes)에 그 어떤 것도 반하지 않았음을 확신한다. 초대 교회 교부 아우구스티누스와 크리소스토무스도 기꺼이 준거로 가져온다.[23] 결국 츠빙글리는 미사를 제대로 개혁했다고 강조하였다.[24]

이제 츠빙글리는 새로운 예배 규례를 제시한다. 성찬에 대한 바른 이해, 제거되어야 할 잘못된 우상 숭배, 진정한 예배의 대상으로서 하나님과 그리스도가 어떤 분인지를 명확히 제시한다. 예배 중 성찬식에서 가져와야 할 성경 말씀, 기도, 경배와 찬양, 신앙고백, "성도들이 그리스도의 몸을 성례적으로, 그리고 영적으로 먹는 성찬식"(die Kommunion der Kirche oder das geistliche und sakramentale Essen des Leibes Christi durch die Glaeubigen)을 예전을 통해 구체적으로 제시한다. 이는 중세 교회 미사에서 보존할 것과 제거해야 할 것으로 나누는데, "그리스도가 세우지 않는" 것들을 예전에서 빼내야만 했다. 산 자와 죽은 자를 위해 드리는 제물, 죄의 사함을 위해 드리는 제물, 교육받지 못한 불신자처럼 로마교회가 주장하는 모든 오류는 제거되어야 했다. 새 규례는 취리히, 베른, 바젤 등 여러 도시를 대상으로 하였다. 이제 중세 교회의 성찬 중심의 미사가 아니라, 말씀 중심의 종교개혁 예배(Gottesdienst)로 바뀌었다.[25]

지금까지 미사에서 선포되는 짧은 설교보다 하나님께서 그 아들을 통해 우리에게 행하신 선하신 일을 선포하는 "길고 옳은 설교"가 행해진 후, 이에 성도들은 그 사실(Sache)을 깊이 묵상하고, 성가대와 함께 감사하며 찬송한다. 그런 후 성가대 앞에 성찬대를 세운다. 여기서 성가대가 위치한 곳을 짐작할 수 있다. 성가대는 설교 강단보다 아래에 서 있지 않고, 설교자와 같은 위치에서 노래했음을 알게 되는데, 곡조 있는 말씀 선포로서 찬양을 향한 종교개혁 이해를 본다. 떡과 포도주로 준비된 성찬대는 큰 보로 덮인 상태로, 빵은 무효병으로 하고, 포도주는 잔에 담아 올린다. 담임목사가 두 명의 조력자인 집사와 보조 집사와 함께 앞으로 나와 회중을 향하여 서고, 그들 가운데 담임목사 또는 교회 대표가[26] 위치한다. 이때 담임목사나 교회 대표는 특별한 옷을 입을 입지 않는데, 평상시 교양있는 성도들이 입는 단정한 옷이면 족하다. 이는 성직자와 일반 교인을 의복으로 구별을 했던 중세 교회와는 차별을 보인다.

중세 교회가 미사에서 사용하던 라틴어가 아닌 일상 언어로 "성부와 성자와 성령의 이름으로!"라는 담임목사의 큰 목소리가 들릴 때, 성도들은 이제 성찬식이 시작되는지를 알고, 회중과 조력자는 "아멘"으로 화답한다. 그런데 성찬식을 바로 앞두고 목사는 헌금 기도(Kollektengebet)를 하는데, 왜 하필 성찬식을 앞두고 헌금을 하는 것일까? 독생자를 내어주신 하나님께 교회는 헌금을 드리며 헌신을 표시하는 것이리라. 헌금 기도를 하려고 목사가 "우리 함께 기도합니다."라고 하면, 회중은 무릎을 꿇는다. 기도의 엄중성을 보는데, 그렇다고 모든 기도마다 무릎을 꿇고 하는 것은 아닌데, 특히 이 헌금 기도에서 무릎을 꿇었다는 점이다. 목사는 창조자 하나님, 독생자를 통한 죄를 사하신 하나님을 향한 경배와 감사, 성령으로 하나님과 하나 되어 세상의 주관자 하나님께 찬양과 감사가 영원하길 기도한다.

이제 담임목사 왼편에 선 조력자 집사가 바울 사도의 서신서를 낭독한다. "지금 낭독할 서신은 고린도전서 11장입니다"라고 알린다. 그가 읽는 바울 서신은 고전 11:20-29로, 하나님의 말씀을 낭독하고 난 후, 회중은 낭독자와 함께 "주께 경배합니다!"라고 답한다. 본문은 성찬식에 임하는 성도들의 바른 자세를 요구하는 말씀으로 초대 교회가 성찬식에 어떤 자세로 임했는지를 보여준다. 한국 교회는 앞 3절을 생략하고 23절부터 읽는데, 츠빙글리가 함께 포함하는 고린도전서 11:20-22는 성찬식에 임하는 잘못된 태도를 엄히 경고한다. 주님이 베푸신 만찬에 동참할 수 없는데(nicht moeglich), 교회가 파당으로 하나 되지 못할 때, 먼저 와서 너무 많이 먹는다거나, 포도주에 취하는 경우이다. 떡과 포도주가 모자라서 늦게 온 성도가 동참하지 못하고, 주정으로 하나님의 집을 업신여기는 경우다. 현재 한국 교회에서 실시되는 엄숙하고 간결하게 말 그대로 예식으로 진행되는 성찬식과는 다른데, 말 그대로 식사로서의 '주의 만찬'(ein Mahl des Herrn)을 떠오르게 한다. 성도의 교제 측면에서 볼 때, 한국 교회의 엄숙한 성찬식은 주님이 베푸는 만찬과는 거리가 멀다. 한국 교회는 예식으로서의 성찬과 더불어 주께서 친히 베푸는 천국 잔치의 맛보기로서 성도의 교제가 꽃피는 풍성한 잔치를 구현해내는 초대 교회에서 행해졌던 '사랑의 만찬'(Agapemahl)을 보완해도 좋을 것 같다.[27]

다음으로 찬송이다. 담임목사가 "높은 곳에서는 하나님께 영광을!"이라고 말하면, 집사가 "땅에서는 평화"라고 말하며, 보조 집사는 "사람들에게 바른 성령이 임하길"이라고 화답한다. 다시 집사가 "우리는 하나님을 경배합니다. 우리는 당신을 찬양합니다."라고 말하면, 집사와 보조 집사가 한 소절씩 바꾸어가며 찬송 마지막까지 찬송한다. 이때 온 회중은 가사의 의미를 음미하며, 엄숙하게 한마음이 되며 말씀을 묵상하고 경건하게 하나님의 임재를 사모하고 그것을 느낀다. 그렇다면 조력자로서 앞에 선 집사와 보조 집사는 어느 정도 찬송 실력이 있는 자여야 할 것 같다. 곡조뿐 아니라, 가사도 잘 전달될 수 있도록 발음도 확실해야 할 것이다. 찬송이 끝나며, 집사는 "주께서 우리 모두에게 함께 합니다!"라고 말하면, 함께 한 조력자들은 "당신의 영으로 함께 합니다!"라고 화답한다.

이제 복음서를 낭독한다. "지금 낭독할 말씀은 요한복음 6장에 기록된 말씀입니다."라고 집사가 말한다. 이때 회중은 "영광이 주께 있을지어다." 라고 화답한다. "이제 예수께서 말씀하십니다."라고 말한 후, 집사는 요한복음 6:47-63을 낭독한다. "내가 너희에게 이른 말은 영이요 생명이라"라고 마지막까지 읽고 끝낸다.[28] 복음서의 낭독 후 조력자 집사가 성경에 입을 맞춘다. 성경에 입을 맞추는 행위는 종교개혁 초기 나타나는 중세 교회의 잔재가 아닌가 하는 생각을 하게 한다. 담임목사가 "말씀대로 우리의 모든 죄를 사하신 하나님께 영광을 돌립니다."라고 말하면, 옆에 선 조력자는 "아멘"으로 화답한다.

이제 라틴어가 아닌 일상 언어로 된 사도신경을 담임목사, 집사, 보조집사가 한 구절씩 돌아가며 낭독한다. 아마도 당시 성도들이 오늘처럼 암기해서 동참하기는 어렵지 않았나 추측하는데, 그때까지 라틴어로 이루어진 신앙고백이었다면 더욱 그랬을 것이다. 물론 문맹률도 높아서 함께 읽기도 쉽지 않았을 것이다. 사도신경 신앙고백이 끝났을 때 조력자들은 앞에서 부른 찬송 "높은 곳에서는 하나님께 영광"을 다시 큰소리로 노래한다. 뮤지컬을 연상시키는 대목이라 할 것이다.

담임목사는 성찬에 참여할 성도에게 주의를 고취한다(Abendmahlsvermanhnung). 우선 담임목사는 주의 만찬으로 성도들을 공식으로 초대하지만, 보다 품위 있게 성찬을 베풀기(wuerdig zu feiern) 위함인데, 먼저 주님이 베푸신 대로, 그를 따라 형성된 교회법(Ordnung)에 근거한다. 주님이 베푼 주의 만찬은 우리 죄를 용서하기 위해 피 흘리시고 고통을 당한 주의 죽음을 기억(Erinnerung)하고, 경배(Lob)하고, 감사

(Danksagung)의 세 가지 목적에서 행해짐도 상기한다. 사도 바울이 전한, 주의 말씀을 따라 성찬에 참여하는 자들은 자신을 살피고, 경솔히 죄를 범하지 않도록 우리가 그 주님 안에서 어떤 신뢰 관계와 믿음의 확신 가운데 있는지, 스스로 자신을 돌아봐야 한다. 성찬에 참여하기 전 다시 무릎을 꿇고 기도하기를 요청한다. 성찬 전 드리는 무릎 기도는 앞에서 보여준 헌금 기도와 함께 우리의 주목을 요청하는데, 그만큼 엄숙하게 주의 만찬에 임했음을 보여준다. 이때 회중이 드리는 기도는 바로 '주기도'로서 기도가 끝날 때 조력자는 "아멘"으로 화답한다.

집례 목사는 성찬 기도(Abendmahlsgebet)를 한다. 성령을 통한 하나 된 믿음 안에서 주의 몸 된 정결한 교회가 하나님께 경배와 감사를 드리는데, 하나님은 우리 죄를 씻기 위해 독생자 주 예수 그리스도를 화목 제물로 내주셨음을 믿음으로 확신하고 이를 고백한다. 무엇보다 이 대목에서 츠빙글리는 거짓된 위선으로 하나님을 모욕해서 하나님의 분노를 일으키지 않기를 간구한다. 주의 몸 된 교회와 하나님의 가족답게 주의 자녀로 거룩하게 살아, 불신자가 이를 보며 하나님의 이름과 존귀를 알게 되기를 구한다. 결코 부끄러운 언행과 삶으로 하나님의 이름과 명예를 더럽히지 않기를 또한 기도한다. "주님, 우리는 언제나 기도합니다. 우리에게 믿음을 더하시옵소서. 영원토록 살아 계시며 우리를 다스리시는 당신을 모든 의심을 떠나 더욱 신뢰케 하소서. 하나님!" 이때 회중은 "아멘"으로 화답한다.

이제 목사는 고린도전서 11장을 가지고 성찬 제정사(Einsetzungsworte)를 한다. 츠빙글리는 먼저 고린도전서 11:23의 말씀 "주 예수께서 잡히시던(배신당하는) 밤에 빵을 가지사"를 낭독하며 시작한다. 목사는 이때 무효병을 손에 들고, 감사하고, 빵을 떼며 말한다: "이것을 받아, 먹으라. 이것은 너희를 위하여 나누었으니, 이것을 행하여, 나를 기억하라." 이때 목사는 식탁에 둘러선 조력자에게도 같은 경외를 가지고 빵을 배분한다. 그런 후 목사는 또한 잔을 손에 들고 감사하고 말한다. "여러분 모두가 마십니다. 이 잔은 나의 피로 세운 새 언약이니, 이것을 마실 때마다 나를 기억하라! 여러분은 이 빵을 먹고 이 잔을 마실 때마다, 주의 죽음을 선포하며, 주께 크게 찬양하며 그가 다시 오실 때까지 감사하길 바랍니다"(고전 11:23-26).

이제 회중이 떡과 포도주에 참여하게 된다. 조력자가 빵을 돌려, 함께 먹는데, 모든 성도는 본인 손으로 빵의 적은 조각을 가져가고, 옆에 앉은 자에게 남은 빵을 계속하여 전해 준다. 그런데 만약 어떤 자가 본인 손으로 직접 빵을 만지려 하지 않을 경우, 조력자가 그에게 빵을 떼어준다. 당시 중세 교회의 화체설로부터 츠리히 종교개혁의 영적 임재론으로 바뀌는 전환의 시대를 사는 성도의 당황을 보여준다. 그는 주의 실제 몸인 빵과 실제 피를 감히 만질 수 없다는 생각에서일 것이다. 이때 평화의 종교개혁자 츠빙글리는 본인의 달라진 입장을 강요하지 않고, 조력자가 손으로 잡아 성도에게 먹여주는 방식을 택하고 있는데, 믿음이 약한 자에게 그의 입장에 서서 이해하고 행동하는 목자 츠빙글리를 본다. 이제 같은 방식으로 주의 잔도 차례로 성도들에게 돌린다. 물론 어떻게 주의 피를 함부로 더러운 손으로 잡느냐고 놀랄 경우도 없지 않았겠지만, 이런 식으로 할 때 우연히 불화와 미움 가운데 있던 성도가 옆에 앉았을 경우, 성찬의 빵과 포도주에 함께 들며 서로 화해하는 경우를 츠빙글리는 기대한다. 성찬의 빵과 잔이 배분되는 동안 조력자 중 한 사람이, 어떤 마음으로 성찬의 주의 몸을 먹어야 하며, 주의 피를 마셔야 하는지를 말하는 요한복음 13장의 말씀을 낭독한다. 여기서도 담임목사가 아닌 조력자의 성경 낭독은 새롭고 신선하다.

배찬이 끝난 후, 담임목사는 성찬식에서 세 번째로 "모두 무릎을 꿇습니다!"라고 하는데, 지금까지 앉은 채로 주의 만찬을 먹고 마셨고, 주의 말씀을 침묵으로 귀 기울였기 때문이라는 것이다. 모두가 무릎을 꿇었을 때, 담임목사는 "너희 주의 종아, 경배하라, 주의 이름을 경배하라!"라고 말한다. 집사가 "지금부터 영원까지 주의 이름이 경배를 받을지어다!"라고 화답한다. 보조 집사는 "해 돋는 때부터 해 지는 때까지 … "라고 말한다. 이런 식으로 그들은 시편 113:1-9를 함께 교독한다. 츠빙글리는 시편 113편은 유대인이 조상 때부터 식사 후 서서 암송하는 말씀이라고 설명한다.

그런 후 담임목사는 마지막으로 회중에게 권면한다. 그리스도의 명령을 따라 함께 모여 성찬에 참여했다. 주님은 십자가에서 그 몸과 피를 죽음에 내주어 영원한 죽음으로부터 죄인인 우리를 구원하였다. 우리는 그 믿음 안에서 감사(Danksagung)로 성찬에 참여했다. 우리는 그리스도의 피로 구원받은 형제자매다. 그러기에 사랑과 믿음, 서로 존중함으로 우리 사이를 가득 채워야 하겠다. 우리는 주의 죽음을 가슴 깊이 새기고, 날마다 죄로부터 죽으며, 모든 덕을 추구하며, 은혜와 성령의 은사로 더욱 강해져서, 주의 이름을 거룩하게 하며, 이웃을 사랑하고 격려해야 하겠다. "주여, 우리를 긍휼히 여기시고, 우리에게 복을 내려주소서! 그의 얼굴을 우리에게 향하여 비추시고, 우리를 긍휼히 여기소서! 아멘" 기도로 마친다.

끝으로 목사는 간단하게 감사 기도를 드린다. "주님, 우리 모두 당신의 모든 은사와 선하심에 감사를 드립니다. 당신은 영원히 살아계시며, 우리를 다스리십니다. 아멘!" 그런 후 목사가 회중을 향해 "이제 평안히 가십시오. 아멘!" 말하면, 성도는 각자 흩어져 집으로 향해간다. 이렇게 성찬식이 있는 예배가 끝을 맺는다.

5. 프랑수아 왕에게

츠빙글리는 왕을 향해, "새로운 규례"(eine neue Ordnung)인 이 예전이야말로 "옳고 사도적 성찬 배설(feiern)로서 그 어떤 것도 배제하지 않았다."라고 말하면서, 굳이 빠진 것이 있다면, 인간의 탐욕이라고 역설적으로 말한다. 사도의 모범을 따라 형성된 새 예전을 향해 이단이라고 공격을 하지만, 왕은 국가와 도시의 법과 신적인 하나님의 법, 곧 진리와 신앙의 자유와 교회법 사이 있는 거대한 차이를 알기를 요망한다. 인간의 법은 외적 것을 지키며 질서를 따르지만, 하나님의 법은 인간의 양심과 묶인다. 하나님의 뜻은 인간의 양심과 묶이는데, 죄의 깨달음은 양심을 통해 온다(롬 3:20). 성령을 거슬러 죄를 짓는 것을 양심이 알면 알수록 마음은 불안해지고, 창조자 하나님을 모욕함을 인식한다. 성령의 도우심으로 우리는 하나님의 독생자가 죽임당하므로 단 한 번의 유일한 화목 제물이 되었음을 알았다. 츠빙글리는 어떻게 하나님을 모욕하는 면죄부와 같은 확실한 불의를 용납할 수 있는지를 반문하며, 신앙에 대해 선언적으로 말한다. "신앙은 다른 사람의 판단을 마냥 기다릴 수 없고, 스스로부터 존재한다. 신앙은 하나님의 아들에게 심각한 모욕이 행해지는 것을 목격할 때, 참을 수 없음을 인지하고, 가능한 한 속히 처음부터 잘못을 없애고 추방해야 한다." 교황이 만든 미사에 우리는 더는 참석하지 않으면서, 미사는 불필요하게 되었고, 그 미사는 사라지게 되었다. 그래서 우리는 어쩔

수 없이 단순한 그리스도적 규례를 만들어야 했다고 다시 말한다.[29]

6. 추가된 부록

필자가 부록이라고 일컫는 것은 츠빙글리가 "취리히에서 그리스도의 권위를 덧입은 존경하는 왕에게, 훌드리히 츠빙글리"라고 글을 다 마감하고서,[30] 추가로 성찬에서의 그리스도의 현존과 성례의 능력을 덧붙였기 때문이며, 츠빙글리 역시 이미 언급했던 주제로 다시 돌아감을 인정하기 때문이라 하겠다.[31] 앞에서도 츠빙글리는 이 부분을 다루었지만, 다시 분명하게 다루어야만 했던 것은 바로 이 부분이 로마 교회와 루터와의 논쟁에서 핵심이라고 봤을 뿐만 아니라, 있을법한 정죄와 오해를 피하려 했기 때문이다.[32] 그만큼 취리히 종교개혁자요 개혁교회의 아버지 츠빙글리에게 성경과 인정받는 초대 교부의 입장에 근거한 성찬론은 생의 주제였다. 솔직히 그 외 단 한 마디도 츠빙글리 본인이 가르친 것은 없었다고 토로한다.[33] 아우구스티누스를 인용하며 재차 츠빙글리는 부활 후 그리스도는 여러 곳에 있지 않으며, 세상을 떠나 아버지께로 가서(요 16:28), 오직 한 장소 하나님 아버지 우편에 계시며, 성찬의 떡과 포도주에 있지 않다고 단언한다.[34] 그러기에 우리는 그리스도의 실제 몸을 "그 크기와 양만큼" 먹는 것이 아니고, "단지 성례적으로, 그리고 영적으로" 먹는다. 그렇다면, 성찬에서 그리스도의 몸을 육으로, 자연적으로, 그 실체를, 나아가 그 분량만큼 먹는다는 것은 생명의 진리와는 상관없는 것으로 무신론적이고(gottlos) 신앙에 반하는(glaubenswidrig) 것이다.[35]

츠빙글리는 마지막으로 성례의 놀라운 능력을(eine sehr grosse Kraft)

7가지로 제시한다. 첫째, 성찬은 대제사장이신 주님이 친히 제정하고 시작했다. 둘째, 십자가의 역사적 사실이 실지로 일어났음을, 곧 그리스도의 죽음과 부활을 증언하고(Zeugnis fuer ein Ereignis) 있다. 셋째, 우리가 볼 수 없었던 화목 제물인 그리스도의 몸과 모든 역사적 사실을, 이를 대신해서 빵과 포도주가 우리가 먹을 수 있도록 제공된다. 넷째, 성찬의 빵과 포도주는 하나님이 자신의 독생자를 통해 죄인인 사람과 화해하고 견고히 교제하기를 바라는 믿음의 상징(das Symbol der untrennbaren Gemeinschaft und des Glaubens)이다. 이런 맥락에서 성례적 빵이요 포도주라고 일컫는다.[36] 다섯째, 빵은 생명을 지탱하며, 포도주는 사람을 기쁘게 하듯이, 그리스도는 우리의 생명과 기쁨이다. 여섯째, 성찬은 우리의 믿음을 도와주며, 붙들어준다. 성찬에 참여할 때 사탄의 유혹을 떠나 육체의 네 가지 감각 청각, 시각, 감각, 후각은 육체의 욕망을 떠나 우리의 영혼은 자유하고 믿음에 순종한다. 일곱째, 성찬은 맹세를 대체한다. 주의 한 몸에 참여하여, 성례적으로 한 백성이 된 교회는 거룩한 교제 가운데 거한다. 이처럼 교회는 신비로운 성례적 한 몸이다.[37]

7. 예전의 비교

이제 츠빙글리의 종교개혁 초기 예전과 21세기 오늘의 예전과 비교하려 한다. 특히 한국 장로교 예전을 중심으로 살펴볼 것인데,[38] 미국 회중교회 성찬 예전도 간단히 들여다볼 것이다.[39] 앞에서 중세 교회의 예전과 스위스 개혁교회의 예전의 차이를 살펴보았듯이, 오늘 개혁 신앙의 전통에 서 있는 교회의 예전이 얼마만큼 역사적 정체성 또는 유사성을 지니고 있으며, 변화했는지를 확인하기 위해서다. 그러는 중 더 나은 예전을 위한 지혜를 얻을 수 있지 않을까 하는 기대도 없지 않다.

한국 장로교 성찬식은 예식서에 단 1회 나오는데, 유럽의 개혁교회에서는 세례식이 끝난 후 그들에게만 따로 베푸는 성찬식이 있는데, 그렇다면 이에 대한 언급도 제시될 수 있다고 생각하기 때문이다. 한국의 예식서에도 학습과 유아 세례, 그리고 성인 세례 후에 배설되는 성찬식이 그려진다. "예배 중"이라고 제목에 언급되듯이, 주일 예배 중 실시되는 성찬식이다. 묵도와 함께 낭독되는 성경은 이사야 53:1-6으로 메시아의 죽음을 예언하는 말씀이다. 그런 후, 송영 찬송 1장을 부르고, 신앙고백을 하고, 또 찬송을 부르고, 대표 기도가 있은 후, 인도자인 목사가 성찬에 관한 내용 고린도전서 11:23-32; 요한복음 6:53-58을 설교 본문으로 봉독한다. 두 성경 본문은 꽤 긴 말씀이다. 그렇지만, 츠빙글리의 예전에서 낭독되는 고린도전서 11:20-22는 여기서 생략되고, 상대적으로 츠빙글리가 생략한 11:30-32는 추가되고 있는데, 그 이유가 무언지 궁금하다. 물론 츠빙글리는 성찬 주례사에서 고린도전서는 상대적으로 짧게 11:23-26을 가져오는데, 여기에 말씀의 중심을 맞추려 했기 때문이라 생각한다. 역시 츠빙글리는 요한복음 6:47-63까지 읽고, 한국 교회는 요한복음 6:53-58까지 읽는데, 한국 교회가 앞뒤를 잘라 생략하고 있다. 보이는 복음으로서 성찬식이 한국 교회 예배의 후반부에서 광고가 다 끝난 후 행해지는데, 왜 이토록 뒤에 배치해야만 하는지 궁금한 대목이라 하겠다. "목사가 강단에서 내려와 성찬상 앞에 선다."라고 쓰고 있는데, 설교 강단 아래에서 성찬식을 진행함은, 성찬을 설교보다 한 단계 아래로 바라보는 것이라 하겠다. 이에 조금은 신학적 설명이 따라야겠고, 과연 타당한 것인지 물어야 할 대목이다. 이제 목사는 성찬식을 향한 감사 기도를 드린다. "하나님 앞에서 구속함을 입은 저희 무리가 하나님의 사랑과 그리스도의 은혜를 기억하면서 이 거룩한 예전에 참여케 하심을 진실로 감사드립니다." 기도를 통해 확인하는 성찬의 목적은 세 가지로 우리의 심령이 새로워지고, 우리의 삶이 변화되고, 예수 그리스도의 고난과 죽으심, 그리고 부활과 승리를 기념함이다. 그런 후 주님과 깊은 교제와 사랑이 있길 바란다.

찬송을 부른 후, 목사의 성찬 설교가 예식서에 제시된 간단한 설교를 읽는 것으로 끝나는데, 이미 앞에서 일반 설교가 길게 행해졌기 때문이라 추측한다. 성찬 설교는 몇 가지를 말한다. 그리스도께서 친히 세우신 예식이며, 그의 죽음을 기억나게 한다. 성찬의 능력이 언급되는데, 죄를 대적하게 하며, 고난에서 견고히 붙들어주어 굳세게 하며, 부르심을 받은 자로서 책임을 감당하게 하며, 사랑의 감화를 받아, 마음의 평안과 소망을 갖는다. 성찬식에는 양심의 가책을 받지 않는 "무흠 입교인들만이" 참여할 수 있음을 밝힌다.[40] 문제는 흠이 없고 양심의 가책을 받지 않는 성도들이 과연 얼마나 될 것인지 하는 것이다. 거기다 어떻게 이를 이해하고 정의할 수 있는지이다. 대부분 흠이 없지 않을 것인데, 도나투스처럼 완벽주의를 내세워 자칫 성도들로 하여금 성찬에 참여하지 못하게 하지는 않을지 생각해봐야 할 것이다. 그보다는 성찬의 능력을 내세워 회개하는 마음으로 기쁨으로 주의 만찬에 참여함이 낫지 않을까 생각한다. 어쨌든 츠빙글리의 예전에서는 이런 말은 보이지 않는데, 어디에서 언제부터 이런 말이 예전에 들어가게 됐는지 묻게 된다.

이제 떡이 분배된다. 집례 목사를 도와 위원 장로가 앞으로 나와 도운다. 목사는 다시 성찬의 떡을 들고 기도한다. "주의 분부를 따라 나도 여러분에게 이 떡을 나누어 드리고자 하오니 십자가를 묵상하기"를 권면한다. 목사는 "주님의 몸을 대함같이 신령한 은혜가 넘치게 하시고 … 생명의 능력을 확신케 하는 거룩한 떡이 되게 하옵소서." 기도한다. 떡을 모든 성도가 다 받을 때까지 목사가 고린도전서 11:23-29과 요한복음 6:47-48을 낭독한다. 그러면서도 목사는 앞에서 언급한 무흠 입교인이 떡을 받을 수 있도록 재차 말한다. "성령을 거스리는 자, 교리를 이해하지 못하는 자, 교회를 부끄럽게 하는 자, 은밀한 중에 범죄하고 회개치 못하는 자 등을 경계하여 예식에 참여치 못하"게 경계한다. 그렇지만, "죄에 빠져 할 수 없는 형편인 줄로 깨달아 죄 사함과 하나님의 허락하심을 얻기 위하여 그리스도의 구속함을 의지하는 자, 복음의 도리를 학습하고 주의 몸을 분변하는 온전한 지식을 갖춘 자, 저희 죄를 끊어버리며 거룩함과 경건함으로 빛 된 생활을 하기로 작정하는 자, 같은 도리와 같은 신앙고백을 통하여 구원을 확신한 타 교파의 무흠 입교인도 함께 참여토록 한다."[41] 바로 앞은 감히 참여하지 못하게 하고, 연이어 어떻게라도 참여할 수 있도록 하는 듯하다. 이럴 경우, 참여하지 못하게 하는 자들과 참여하게 하는 자들 사이를 어떻게 구별하느냐일 것이다. 무엇보다 흠이 없는 입교인에 대한 정의를 현실적으로 파악할 수 있느냐이다. 그 의도를 짐작하겠지만, 이 부분을 보완해야 할 것이다. 회중에게 떡이 분배된 후, 목사는 친히 위원에게 떡을 나누어 먹게 한다.

성찬 위원들에게 포도주가 담긴 성찬 그릇을 나누어 준 후, 그 가운데 잔 하나를 들고 집례 목사가 의미를 말한다. 주님의 당부대로 우리도 피로 세운 새 언약인 이 포도주를 마시며, 주님을 기념하며, 주의 생명과 더욱 연합하는 자가 되길 바란다. 그런 후 목사는, 이 잔을 통하여 주의 사랑에 이르며, 주의 피에 참여하므로 영생에 이르고, 자기를 살피고 잔을 마셔, 죄를 먹고 마시지 말기를 기도한다. 잔이 배분되는 동안 집례 목사는 혼자 고린도전서 11:23-29, 요한복음 6:4-7, 이사야 53:1-6을 낭독한다. 잔을 회중이 다 받았을 때, 목사는 위원에게 직접 잔을 나눈다. 이제 성찬대를 천으로 다시 덮는다. 마태복음 26:30 "이에 그들이 찬미하고 감람산으로 나아가니라"를 읽은 후, 찬송하고, 목사의 축도로 34가지의 긴 순서를 마감한다. 빠르면 1시간 반 두 시간이 걸리는 예배라 하겠다.

이제 간단히 오늘 보스톤에 위치한 한 회중교회(the Congregational Church)에 소속된 파크 스트리트 처치(Park Street Church)의 성례 예배를 살펴볼 것이다. 미국의 역사 깊은 이 회중교회의 성례 예배는 오르간 또는 음악가의 예배 전주곡(The Prelude)이 울려 퍼지면서 오전 11시 예배 시작을 알린다. 앉은 채로 회중 찬송으로 시작한다. 찬송이 끝날 때, 사회자가 회중을 예배로 부른다. 이때 회중은 일어선다. 사회자와 회중이 시편 95편을 한 구절씩 교독한다. 그런 후 5절로 된 찬송을 부르는데, 1, 2, 5절은 회중이 부르고, 중간 3, 4절은 성가대가 부른다. 이렇게 하므로 찬송 시의 의미를 음미하며, 감상할 수 있는 여유를 갖게 한다. 기원, 죄 고백에 연이어 주기도를 장로가 대표로 읽는다. 이제 사회자가 '주의 평화가 여러분에게 항상 있을지어다!' 말하면, 회중은 '성령으로 함께!'라고 화답한다. 서로에게 다가가 악수하며 마음을 다한 평화로의 축복을 주고받는다. 그런 후 교회 광고 시간이다. 새 교우를 별지로 소개한다. 새 교우를 일으켜 세워 박수로 환영한다. 그 후 회중이 자리에 앉아 찬송한다. 그런 후 설교를 위한 구약의 특정 본문을 낭독한 후, 낭독자가 "주의 말씀입니다."라고 하면, 회중은 "하나님께 감사합니다."라고 화답한다. 이제 회중이 자리에서 일어나 찬송한다. 회중이 자리에 앉으면, 이제 설교를 위한 신약 특정 본문을 낭독한다. 낭독이 끝난 후, 낭독자가 "주의 말씀입니다."라고 말하면, 회중은 "하나님께 감사합니다."라고 화답한다. 회중이 일어나 말씀을 주신 삼위 하나님께 짧은 감사 찬송을 한다. 회중은 선 채로 기도하고, 자리에 앉는다. 이제 "신앙의 순종"이라는 목사 설교다. 설교 끝난 후, 회중이 일어서서, 4절로 이뤄진 곡을 감사 찬송한다. 선 채로 사도신경을 함께 암송한다. 이제 무릎을 꿇든지, 아니면 앉든지 자유롭게 세계, 교회, 병든 자, 고통당한 자를 위한 회중 기도 시간을 목사가 인도한다. 헌금 시간이다. 성도들이 헌금을 하는 동안 특별 음악이 역시 주께 드려진다(Music is offered to the Lord). 드려진 헌금이 강단 앞으로 나오고, 이때 회중은 서고, 목사는 회중을 대신하여 기도한다. 이제 주의 만찬(The Lord's Supper)이 배설되는 시간이다. 성찬에 참여하는 자는 세례받은 모든 성도, 부모와 함께 한 세례받은 자녀이다. 성찬이 베풀어지는 동안 회중은 찬송한다. 성찬이 끝난 후, 회중은 일어서서 찬송한다. 목사의 축도로 한 시간 정도 모든 순서가 끝나면, 오르간의 예배 후주가 연주된다. 회중은 이제 각자 집으로 흩어진다.

8. 맺는말

개혁은 말과 실천이 함께해야 한다. 제2의 종교개혁자 츠빙글리의 예전은 한 마디로 12년 종교개혁의 실천이고 열매이며 그의 유언이다. 그 어렵고 험난한 과정을 지나 츠빙글리는 중세 교회의 미사를 물리치고 말씀에 근거한 바른 예배를 제시하였다. 무엇보다 로마 교회의 화체설과 루터의 공재론의 오류를, 그리고 우상 숭배를 성경적으로 지적하며 물리쳐야만 했다. 목회자였던 츠빙글리가 1531년 죽는 해 유언과 같은 새로운 예전을 통해 실천적으로 종교개혁을 정리하고 마감하였다. 그런 맥락에서 츠빙글리의 예전은 생애 집중했던 성찬론의 결실, 종교개혁의 열매라 하겠다. 스위스 개혁교회의 예전은 영국으로 건너가 알게 모르게 세계 개혁교회에 영향을 주었다. 스위스 개혁신학을 뿌리로 둔 한국 장로교회의 예전과 비교하며, 21세기 열린 예배라는 이름으로 사라져가는 예전에 대해 새로운 제안을 했으면 한다. 성찬 이해에 있어서 한국 장로교회 예전은 상당 부분 츠빙글리 예전과 일치함을 본다. 이에 반해 회중교회는 신학적 언급을 하지 않고 있는데, 깊이 생각해야 할 부분이다. 아무튼 역사적 정체성과 유사성을 가진 개혁교회의 예전을 제안하는 것은 의미롭다. 무엇보다 개혁교회의 아버지 츠빙글리가 말하는 성찬론을 그 원전으로부터 이해하고 꽉 붙잡았으면 한다. 츠빙글리가 말하는 성찬의 7가지 능력은 목회적으로도 매우 유익하다.

앞에서 츠빙글리의 예전과 한국 장로교회의 예전 그리고 회중교회의 예전을 간단하게나마 살펴보았다. 한국 교회 성례는 인내가 요구되는 긴 예배 순서이다. 물론 학습, 유아 세례, 세례식이 함께 진행되고 있지만, 일반 예배와는 구별된 성례 예배로 드릴 때 설교의 중복을 피할 수 있을 것이다. 성례 예배로 구별하여 드리면 성례에 집중하여 시간 절약과 아울러 그 효과를 기대할 수 있을 것이다. 뜻깊은 성례 설교가 행해진다면 바람직하다. 자못 너무 많은 순서로 산만해지고 지루한 시간으로 흐를 수 있다. 모든 순서를 목사 혼자 담당하는데, 그 이유가 궁금해지는데, 굳이 종교개혁의 만인사제설을 가져오지 않더라도, 츠빙글리의 예전에서처럼 성찬이 진행되는 동안 성경 낭독은 다른 사람과 나눌 수 있으면 좋겠다. 주의 몸과 피인 떡과 포도주를 동역자와 함께 회중에게 나눌 수 있다면, 순서를 나누어도 문제 될 것이 없다. 가능하다면, 예식으로서의 성찬과 초대 교회에서 발견되는 식사로서 애찬을 천국의 잔치 구현으로 배설하였으면 한다. 츠빙글리에게서 발견되는 회중과 목사, 위원이 함께 참여하고 나누는 교독, 교송도 고려했으면 한다. 미국 회중교회의 경우, 아주 부드럽고 순발력 있게, 조용하고, 자연스럽게 연결되고, 진행되는 예배에서 지루함은 느껴지지 않았다. 한국 교회는 현대 예배로서 찬양을 예배 시작 전 집중적으로 부르는데, 예배학적인 고찰이 요구된다. 자못 예배 외 순서로 이해할 수 있기 때문이다. 아니면 예배 초청이 이뤄지고 난 후, 예배 순서 안에서 경배와 찬양이 이뤄지도록 함이 바람직하다. 츠빙글리에게 발견되는 회중과의 교독과 위원과 나눔과 동역은 회중교회에서 발견된다. 서로를 향한 평화 기원은 주를 본받음으로 마음을 다한 축복으로 아름답다. 설교 본문으로 구약과 신약을 낭독하는데, 하나님의 말씀 자체로 의미가 있으며, 낭독 후 주의 말씀을 향한 고백이 이뤄지고 감사 찬송을 드림은 아름답다. 긴 찬송은 성가대와 나눠 부르는데, 쉼과 여유가 있어 좋다. 목사가 인도하는 기도 시간에 세계, 교회, 병든 자, 고통당하는 자를 위한 기도는 그 폭과 함께 하나님의 통치를 생각하게 하는 기도로 귀하다. 유아 세례를 받은 아이를 부모가 손을 잡고 함께 성찬에 참여하도록 하는데, 신학적으로도 고려할 수 있었으면 좋겠다. 찬송할 때 일어서서 하는데, 하나님을 향한 찬송을 할 때 일어설 수 있다면 바람직하다. 오르간으로 하는 예배 전주와 예배 후주는 역사 깊은 독일 교회에서도 발견되는 것으로 넉넉히 아름답다.

03 미주

01 츠빙글리 기념대회장

02 H. Zwingli, "Kurze und deutliche Erklaerung des Christlichen Glaubens an den Koenig der Christen", in : H. Zwingli, Schriften IV, Zuerich, 1995(TVZ), 281-361.

03 H. Zwingli, Schriften IV, 322.

04 H. Zwingli, Schriften IV, 324.

05 성찬에 관해 1526년 츠빙글리가 루터에게 보낸 우정어린 설명은 다음 글이 대표적이다. "Amica Exegesis id est expositio euchristiae negotii ad Martinum Lutherum Huldrico Zuingglio auctore", 459-562, in : HULDRICI ZUINGLII OPERA, Vol. III, Latinorum Scriptorum, Pars Prima, 1521-1526, 1832.

06 H. Zwingli, Schriften IV, 323,

07 H. Zwingli, Schriften IV, 283.

08 자끄 꾸르브와지에, 『개혁신학자 츠빙글리』, 이수영 역, (한국장로교출판사, 2002), 73.

09 Hans Hillerbrand(edt.), "Zwinglianism", The Oxford Encyclopedia of the Reformation, Vol. IV, Oxford 1996, 326(323-327).

10 Hans Hillerbrand(edt.), "Zwingli, Huldrych(1484-1531)", The Oxford Encyclopedia of the Reformation, Vol. IV, 323(320-323).

11 H. Zwingli, Schriften IV, 302-315: "Abendmahl und Messe"; 345-361: "Die Gegenwart des Leibes Christi im Abendmahl".

12 H. Zwingli, Schriften IV, 298.

13 H. Zwingli, Schriften IV, 309-310.

14 H. Zwingli, Schriften IV, 304-307.

15 H. Zwingli, Schriften IV, 310.

16 H. Zwingli, Schriften IV, 312. "Daher steht es fest, dass die Paepstler gaenzlich auf dem Holzweg sind, wenn sie die Messe oder das Abendmahl zu einem wirklichen Opfer machen, da es einzig ein Gleichnis und eine Vergegenwaertigung des Opfers ist."

17 H. Zwingli, Schriften IV, 315.

18 H. Zwingli, Schriften IV, 349-351. "Also wird der Leib Christi von uns nicht natuerlich oder in seinem Wesen gegessen - um wieviel weniger dann noch in seiner ganzen Groesse! -, sondern nur sakramental und geistlich."

19 H. Zwingli, Schriften IV, 354.

20 H. Zwingli, Schriften IV, 356. "Je groesser also der Glaube und je heiliger, umso mehr ist er mit einem geistichen Essen zufrieden; und je mehr dieses saettigt, umso

mehr schreckt eine gottesfuerchtige Seele vor dem koerperlichen Essen zurueck."

21 H. Zwingli, Schriften IV, 297: "Er nahm naemlich die menschliche Natur in die Einheit der Hypostase oder der Person des Gottessohnes auf; nicht so, dass der angenommene Mensch eine eigene Person und die ewige Goettlichkeit ebenfalls eine eigene Person waeren, sondern so, dass die Person des ewigen Gottessohnes den Menschen in und zu seiner Einheit angenommen hat, wie die heiligen Menschen Gottes das wahrhaft und deutlich gezeigt haben."

22 H. Zwingli, Schriften IV, 291-300.

23 H. Zwingli, Schriften IV, 302.

24 H. Zwingli, Schriften IV, 310 이하, 346 이하.

25 324. "Also ist bei uns nichts gegen die Vernunft getan worden, nichts gegen die Autoritaet des Wortes Gottes…."

26 H. Zwingli, Schriften IV, 316-325: "Es folgt der Gottesdienst, wie wir ihn im Wesentlichen in Zuerich, Bern, Basel und den uebrigen Staedten des christlichen Staates pflegen."

27 1531년 여기서는 아직 장로(Presbyter)라는 말은 등장하지 않는다. 스트라스부르의 종교개혁자 알자스 지방 출신 독일인 마르틴 부처(M. Butzer, 1491-1551)의 영향을 받은 제네바의 칼빈은 1541년 제네바로 복귀하여 네 교회 직분 목사, 교사, 장로, 집사를 교회 조직으로 만들었다.

28 초대 교회는 주의 만찬을 식사와 교제 중심의 애찬식(Agapemahl)으로 진행했음을 본다.

29 츠빙글리에게 요한복음 6장은 루터와 논쟁할 때도 빈번하게 인용하는 말씀으로 츠빙글리가 사랑하는 요절이다. 특히 "살리는 것은 영이요 육은 무익하니라"를 가져와서 가톨릭의 화체설과 루터의 공재설을 반박할 때 즐겨 가져왔다. 성만찬의 떡과 포도주는 실지로 승천하셔서 하나님의 우편에 계신 주의 몸과 피가 될 수 없는데, 그래서 실지 주의 몸과 피를 마실 수도 없고 마셔봤자 살리는 것은 영이기에 육은 무익하다는 것이다. 이러한 츠빙글리에게 루터는 요한복음 6장은 맞지 않는 인용이라고 반박했다.

30 H. Zwingli, Schriften IV, 321-324.

31 H. Zwingli, Schriften IV, 345.

32 H. Zwingli, Schriften IV, 347.

33 H. Zwingli, Schriften IV, 345-361: "Die Gegenwart des Leibes Christi im Abendmahl"(345-356), "Die Kraft der Sakramente"(356-361)

34 H. Zwingli, Schriften IV, 347. "… , obwohl wir doch nie ein einziges Wort gelehrt haben, das wir nicht aus den Heiligen Schriften oder aus den Theologen geschoeft haetten."

35 H. Zwingli, Schriften IV, 347.

36 H. Zwingli, Schriften IV, 349-351. "Also wird der Leib Christi von uns nicht natuerlich oder in seinem Wesen gegessen - um wieviel weniger dann noch in seiner ganzen Groesse! -, sondern nur sakramental und geistlich."

37 H. Zwingli, Schriften IV, 358.

38 H. Zwingli, Schriften IV, 360-361. "Dies ist das Sakrament meines Leibes, oder Dies ist mein sakramentaler oder mystischer Leib."

39 대한예수교장로회 총회, 『표준예식서』, (대한예수교장로회 총회, 2014, 3판 6쇄), 45-52.

40 Park Street Church/ Boston/ USA, 주보 : 2021년 10월 3일 주보 : Service of Holy Communion, 총 12면.

41 대한예수교장로회 총회, 49.

정의란 무엇인가?

이은선(안양대학교 교수)

04

정의란 무엇인가?[01]

이은선(안양대학교 교수)

I. 들어가는 말

 최근에 한국에서 가장 많이 듣는 말이 공정이란 말이다. 한국 사회가 공정하지 못한 반증일 것이고 공정한 사회를 이루고자 하는 염원으로 보인다. 공정한 사회를 이루려면 그 사회가 정의에 기반이 되어야 할 것이다. 정의가 제대로 작동할 때 그 사회는 공정한 사회가 되고 사람들은 결과에 승복하고 상호 간에 존중하는 사회가 이루어질 것이다.
 종교개혁자들 가운데 정의를 중요한 화두로 제시한 인물이 있다. 우리가 잘 알고 있는 바와 같이 취리히에서 교회와 사회를 함께 개혁하고자 했던 츠빙글리이다. 그는 1523년에 그의 유명한 설교인 '하나님의 정의와 사람의 정의'에서 정의를 근거로 앞으로 추진할 개혁의 방향을 제시하였다. 츠빙글리의 이 설교는 정의를 바탕으로 종교개혁을 추진하고자 했기 때문에, 정의가 주목받는 시대에 연구자들의 큰 관심을 끌고 있다.

따라서 츠빙글리의 '하나님의 정의와 사람의 정의'는 우리나라 학자들의 연구 대상으로 주목을 받아 여러 편의 논문들이 작성되었다. 임희국은 2002년에 "16세기 종교개혁자 츠빙글리(H. Zwingli)의 사회 윤리에 조명해 본 오늘의 시장 경제,"[02]를, 2003년에는 "정의로운 시장 경제 질서를 위한 아투어 리히(Arthur Rich)의 경제 윤리"[03]를 썼다. 임희국은 1989년 동구 사회주의 경제가 무너진 이후에 득세한 자유주의 시장 경제의 문제점을 인식하면서 츠빙글리의 '하나님의 정의와 사람의 정의'에 기초하여 그의 사회 윤리를 연구한 취리히 대학의 아투어 리히의 입장을 소개하였다. 리히는 츠빙글리의 입장에 근거하여 자유주의 시장 경제를 비판하고 사회적 시장 경제를 주장하는데, 임희국은 그의 논의를 바탕으로 정의로운 시장 경제의 가능성을 타진한다. 김유준은 2009년에 "Zwingli의 경제 윤리에 관한 현대적 고찰"에서 츠빙글리의 "하나님의 정의와 인간의 정의"를 논의하면서 현대적인 적용을 모색하고 있다.[04]

정미현은 2015년에 "하나님의 정의와 인간의 정의: 츠빙글리 윤리의 현대적 적용"[05]을 썼고, 2016년에 "아이리스 마리온 영의 정의론의 관점에서 본 츠빙글리 연구"를 썼다.[06] 정미현은 츠빙글리의 '하나님의 정의와 인간의 정의'가 가지는 의미를 현대에 적용시키는데, 첫 번째 논문에서는 낸시 프레이저(Nancy Frazer)의 분배와 인정 정의, 그리고 "지구화 시대의 정의"에서 제기된 대표성의 관점에서 정의에 접근하며 츠빙글리의 논의와 비평적 대화를 시도한다. 둘째 논문에서는 아이리스 마리온 영의 정의론에 비추어 츠빙글리의 글을 해석하고 있다. 최영재는 "츠빙글리의 『하나님의 정의와 인간의 정의』에 관하여"라는 논문을 써서 츠빙글리의 글의

구조 자체를 분석하고 루터의 두 왕국론과 츠빙글리의 두 정의론을 비교하고 있다.[07]

현재까지 츠빙글리의 '하나님의 정의와 인간의 정의'에 관한 논의는 처음에는 경제 윤리에서 정의의 문제에 관심을 기울였던 반면에, 최근에는 정의 자체의 문제에 관심을 기울이고 있다. 본고에서 논자는 츠빙글리가 당시 개혁을 하면서 정의 개념을 사용하여 개혁을 추진하는 방법과 결과에 초점을 맞추고자 한다. 츠빙글리는 당시 개혁을 추진하면서 여러 저항 세력들을 만났는데, 그 저항 세력들의 반대를 극복하면서 자신의 개혁을 지지하는 세력들을 결집하여 개혁을 추진하고자 하였다. 개혁을 추진하는 과정에서 츠빙글리는 바로 정의의 개념을 바탕으로 자신의 개혁을 정당화하면서 반대 세력들의 반대 논리를 극복하였다. 그래서 본고에서는 츠빙글리가 이 글을 쓸 당시에 만났던 다양한 세력들을 먼저 분석해 보고, 그들과 관련하여 정의의 개념과 논리를 사용하는 방법을 고찰하고자 한다. 츠빙글리의 정의 개념을 분석하기 위해 하나님의 정의, 인간의 정의, 양자의 관계 등의 순서로 고찰해 보고, 마지막으로 츠빙글리의 정의를 이용한 개혁 추진 방안과 결과를 분석해 보고자 한다.

II. 츠빙글리의 설교의 대상자들

츠빙글리는 1523년 6월 24일 '하나님의 정의와 인간의 정의[08]'를 설교할 때, 그 대상자로 누구를 염두에 두고 있었는가? 그가 가장 염두에 두었던 대상은 그의 개혁을 전통적인 입장에서 비판하던 로마 가톨릭교회였다. 그가 개혁해야 할 대상들은 교황과 그의 지배 아래 있는 대주교와 주교를 비롯한 교회 고위 성직자들, 그리고 수도원과 수도사들과 수녀들이었다. 당시 츠빙글리가 시무하던 취리히 교회가 소속되어 있었던 콘스탄츠 대주교를 비롯한 고위 성직자들은 츠빙글리가 소요를 일으키고, 교회를 분열시키며, 루터와 동일한 이단자라고 비판하면서 그의 설교가 교회의 승인을 받지 않은 잘못된 것이라고 비판하였다.[09] 이러한 비판에 대해 츠빙글리는 자신은 성경에 근거한 복음을 설교하고 있으며, 이 복음은 고위 성직자들에 의해 승인받고 선포해야 할 내용이 아니라, 하나님에게서 배웠으므로 그들이 승인하지 않더라도 반드시 선포해야 할 내용이라고 주장하였다.[10] 바로 그는 이것을 67개 조항의 첫 번째 조항에서 주장하고 있다.[11] 그는 당시 교황을 중심한 고위 성직자들은 자신들의 행정 권력을 주장하며 공권력에 순종하지 않는 것을 비판하였다.

또한 수도원과 수도사들과 수녀들이 그의 개혁 활동을 비판하고 있었다. 츠빙글리는 1522년 6월 말과 7월 초 성자 숭배를 반대하였는데, 수도사들은 이에 대해 분명한 반대 의사를 표현하였다. 얼마 후에 취리히에서 탁발 수도사가 마리아와 성인에 대해 설교할 때, 츠빙글리가 항의했다. 시 의회가 개입하여 1522년 7월 21일에 츠빙글리의 방식대로 성경적 설교를 하도록 수도사들에게 명령했다.[12] 이후에 츠빙글리는 수도회 내의 전담 계층에게만 허락되었던 외텐바흐에 있는 도미니크 수도회에서 설교하게 되어 수도원 개혁을 추진하게 되었다.[13] 츠빙글리는 '하나님의 정의와 인간의 정의'에 대한 설교에서 수도회가 자신들만의 권리를 주장하며 공권력에 불순종하는 것을 비판하고 있다.[14]

츠빙글리가 비판했던 또 하나의 세력이 당시의 사회 질서를 고수하며 경제 질서의 변화를 거부하고 기득권을 유지하려는 세력들이었다. 츠빙글리는 그들에게 그들의 입장이 인간의 정의에서는 타당할 수 있지만, 하나님의 정의에 비추어 볼 때는 문제가 있다는 것을 지적하면서 현실적인 경제 질서의 문제점들을 해결하고자 하였다. 이들은 사회의 지배 계층으로, 츠빙글리에 대해 이자 지급을 반대하여 사회 불안을 조장한다고 비판하고 있었다.[15]

츠빙글리는 자신의 비판 세력들을 염두에 두었을 뿐만 아니라, 자신의 지지 세력을 결집하고 확대하고자 의도하며 이 설교를 하였고 출판하였다. 츠빙글리는 이 설교를 출판하여 베른의 주교좌 성당의 니클라우스 폰 바텐빌(N. V. Wattenwyl)에게 헌정하면서 자신의 개혁 지지 세력의 확장을 시도하고 있다. 베른에 츠빙글리의 설교로 이제 도시가 혼란에 빠질 것이라는 소문이 퍼지자 그 소문을 잠재우고 오히려 자신의 도시에서 "우리 믿는 사람들 가운데 어느 누구도 왕의 명령이나 결정 없이는 그 어떤 것도 시도하지 않으려고 합니다"라고 말하며 자신과 같이 종교개혁에 참여할 것을 권면하고 있다.[16]

중요한 설교 대상은 지지 세력인 자신의 동료들이었다. 츠빙글리는 취리히에서 오직 성경과 전체 성경에 입각하여 복음을 전파하고 있었다. 이러한 복음 전파는 로마 가톨릭의 격렬한 반대를 일으켰고, 더 나아가 도시의 주민들 사이에 분열이 일어났다. 그래서 1523년 1월 29일에 제1차 논쟁이 일어났다. 이러한 논쟁에서 츠빙글리가 승리하였고, 그 이후에도 츠빙글리의 노선을 따라 복음을 전파하는 것이 승인되었다. 그러므로 취리히 안에서 츠빙글리의 노선은 성경 말씀에 나타난 하나님의 정의의 실현을 주장하는 것이었고, 그것을 계속 성취할 수 있게 되었다. 츠빙글리는 종교개혁을 지지하는 사람들과 함께 자신들이 성경의 진리인 하나님의 정의를 가지고 있다는 확신을 가지고 종교개혁을 추진하고자 하였다.

츠빙글리는 또한 정당한 관리들의 입장을 강력하게 후원하면서 부정한 관리들에 대한 경고를 하고 있다. 정당한 관리들은 하나님의 말씀에 근거하여 공권력을 가지고 사회 질서를 유지하고 있다. 그러므로 관리들은 정당한 공권력 행사를 통하여 사회를 안정시키고 종교개혁을 지지해야 한다. 당시 취리히에서 츠빙글리는 시 의회와 손을 잡고 개혁을 추진하고 있었다. 그러므로 츠빙글리는 관리들의 정당한 공권력 집행을 로마서 13장을 가지고 강력하게 지원하고 있다. 반면에 자신의 이익을 추구하며 사회 질서를 유지하지 못하는 관리들은 오히려 하나님이 불러오는 심판자에 의해 심판을 받을 것이라고 지적한다.[17]

그가 설교하며 비판했던 또 하나의 대상은 급진 개혁자들이었다. 이들은 츠빙글리가 하나님의 정의를 제대로 추구하지 않는다고 비판하면서 급진적인 개혁을 주장하였다. 이들은 신적인 정의가 교회와 사회의 인간적인 정의를 대체해야 한다고 하면서, 십일조세와 이자 제도의 폐지를 주장하였다.[18] 이러한 급진주의자들의 주장에 농민들이 동조하여 가담하고 있었다.[19] 츠빙글리는 이러한 급진 개혁자들과 농민들과 거리를 두면서 이들보다는 온건하고 점진적인 중도적 개혁을 추진하고자 하였다.

III. 하나님의 정의

1월에 열린 1차 논쟁 후에 다양한 세력들이 서로 다른 견해를 가지고 대립하여 개혁 추진이 어려움을 겪고 있던 1523년 6월에 츠빙글리는 바로 "하나님의 정의와 인간의 정의"라는 설교를 하였다. 츠빙글리는 이 설교를 통해 하나님의 정의와 인간의 정의를 올바르게 정의한 후에 설교자들의 하나님의 정의의 설교와 공권력에 의한 인간의 정의 시행의 조화 속에서 츠리히를 하나님의 정의를 향하여 안정적으로 개혁하고자 하였다.

그러므로 츠빙글리는 이 설교에서 하나님의 정의를 먼저 제시한다. 츠빙글리는 하나님의 정의를 하나님의 본질과 성경으로부터 끌어낸다. 먼저 하나님은 본질적으로 정의로우시다. "하나님은 모든 깨끗함, 모든 올바름, 모든 정의, 그리고 모든 선의 원천으로 의로우시다. 왜냐하면 그분 자신이 본질적으로 정의롭고, 깨끗하며, 완전히 선하기 때문이다."[20] 그러므로 하나님만이 어떤 불의도 없이 의로우며 정의 자체이시다. 그의 정의는 근본적으로 순수하고 인간의 욕심 같은 그 어떤 더러움도 섞이지 않는 순수한 정의이다. 하나님의 정의는 "맑고 바르고 순수한 하나님 자신에게서 비롯된다."[21]

다음으로 우리는 하나님의 정의를 그분의 말씀을 통해 알 수 있다. 모든 선의 근본이 되는 하나님의 마음에서는 오직 선한 것만이 나오고 우리는 그분에게서 나오는 정의와 선하심을 통하여 하나님이 근본적인 모든 의로운 샘이 된다는 것을 안다. "사람이 열매를 통해 나무의 종류는 아는 것과 같이(눅 6:44) 사람들은 하나님의 말씀을 통해 하나님의 의를 알게 된다."[22] 하나님은 자신의 정의로우신 본질을 성경을 통해 계시하셨다. 이같이 츠빙글리는 하나님의 본질과 성경을 통해 하나님의 정의를 설명한다.

그런데 이러한 하나님의 정의는 그리스도께서 인간을 위해 성취하셨다. 하나님의 정의는 우리가 흠 없고 인간의 욕망과 욕심이 없어야 한다는 것을 요구한다. 이러한 하나님의 정의는 인간을 초월하기 때문에 인간 편에서 접근할 수 없다. 그러므로 하나님께서 그의 아들을 보내셨고 그 아들은 우리 죄인들을 위해 죽으셨다. 하나님의 아들은 우리가 오직 하나님의 자유로운 은혜와 은사를 통해 하나님께 나아갈 수 있도록 해 주셨다. 이것이 바로 복음이다.[23] 하나님의 아들은 우리의 죄를 사하시며 우리가 하나님께 나아갈 수 있도록 온전한 의를 획득하셨다. 이같이 츠빙글리에게 있어서 하나님의 정의가 인간의 죄에 대한 용서를 가능하게 하는 은혜와 사랑으로 자연스럽게 연결된다. 이것이 가능한 이유는 그의 정의의 개념은 사랑을 포함하는 개념이기 때문이다.[24]

하나님은 은혜로 우리를 구원하신 후에 또한 우리에게 모든 욕망과 욕심에서 깨끗한 사람이 되도록 요구하신다. 그런데 하나님이 우리에게 가르쳐 준 정의는 하나님 자신이다. 하나님은 자신이 명령하신 대로 존재하는 분이다. 그러므로 우리는 완전한 사람으로 성장하기 위해 노력해야 할 것이다. 츠빙글리는 우리가 지향해야 할 목표로 주님의 산상 수훈의 내용을 제시한다.

츠빙글리는 하나님의 정의로 인정받을 만한 하나님의 정의에 대해 구체적으로 10가지 항목을 설명한다. 이 모두 내용은 신약 성경에서, 특히 산상 설교로부터 나온 것이다. 1. 무조건적인 용서. 2. 절대로 화를 내지 않는 것. 3. 소송을 하지 않고 겉옷을 내주는 것. 4. 음욕을 품지 말고 이혼하지 말 것. 5. 맹세 금지 6. 보상을 바라지 말고 주는 것 7. 원수에게도 선을 행하는 것. 8. 탐내지 말 것 9. 불필요한 말도 하지 말 것. 10. 이웃 사랑이다.[25] 이러한 내용을 6계명부터 10계명까지 연결시켜 해석해 보자. 먼저 살인하지 말라는 6계명과 관련된 내용은 무조건 용서하고, 절대 화를 내지 않으며, 원수에게도 선을 행하는 것이다. 간음하지 말라는 7계명과 관련된 내용은 음욕을 품지 말고 이혼하지 말라는 것이다. 도둑질하지 말라는 8계명과 탐내지 말라는 10계명과 관련된 것은 소송하지 않고 겉옷을 내주는 것과 보상을 바라지 말고 주는 것과 탐내지 않는 것이다. 거짓 증거하지 말라는 9계명과 관련된 것은 맹세 금지와 해치는 말을 하지 말라는 것이다. 그리고 이러한 하나님의 정의의 모든 내용은 10번째 항에서 말하는 이웃 사랑으로 완성된다. 하나님의 정의는 이웃을 해치지 않고 돕는 것에서 더 나아가 이웃을 사랑할 때 성취된다. 그러므로 츠빙글리는 하나님의 정의가 6계명에서 10계명까지 문자적인 의미에서 그치지 않고 예수님께서 설명하신 영적인 의미까지 성취할 때 이루어지는 것으로 설명한다.

츠빙글리는 하나님의 정의를 나타내는 이러한 그리스도의 명령을 우리가 지켜야 할 계명이라고 말한다.[26] 그의 계명은 하나님의 영원한 뜻에 대한 계시이다.[27] 그리고 이 계명들 속에 우리의 잘못을 회복시켜 주고, 그분 자신이 우리의 도움이 되시는 그리스도에 대한 복음이 포함되어 있다. 이 모든 계명은 하나님 사랑과 이웃 사랑의 계명으로 요약된다. 하나님을 온 마음으로 사랑하면 쓸데없는 말과 행동을 하지 않게 되고 이웃을 사랑하면 맹세할 필요가 없어진다. 츠빙글리에 따르면, 그리스도는 그를 믿는 자에게 자신이 직접 하나님의 정의를 성취함으로 그에게 하나님의 정의를 선물로 줄 뿐만 아니라, 그 의미를 분명히 밝히고 그것을 실천할 것을 명령한다. 그러한 면에서 하나님의 정의는 그리스도인들이 성취해야 할 목표이다. 하나님의 정의는 하나님의 계명들이 지켜져야 하는데, 그 계명들은 성령의 역사로 지켜지며 결국에는 이웃 사랑의 열매를 맺는다.

츠빙글리의 하나님의 정의는 하나님의 본질과 하나님의 말씀에서 알려진다. 그와 동시에 하나님의 정의의 성취는 기독론과 성령론과 밀접하게 관련되어 있다. 하나님의 본질에서 나오고 성경에서 알려지는 하나님의 정의는 인간이 성취하는 것이 불가능하다. 그래서 예수님이 육신을 입고 오셔서 그의 의를 성취하였다. 그리고 우리는 예수님의 의를 믿음으로 하나님께 나아가게 된다. 그러므로 하나님의 의의 성취는 그리스도를 통해서 이루어지고, 우리는 그의 의의 성취를 통해 믿음으로 하나님께 나아가게 된다. 츠빙글리는 이와 함께 그리스도는 우리를 구원하신 후에 우리가 하나님의 영원하시고 불변하시는 뜻인 율법을 실천하도록 명령하신다고 말한다. 우리는 하나님의 정의를 실천해야 한다. 하나님의 정의의 실천은 인간의 노력으로 불가능하고, 오직 성령의 역사로 가능하게 된다. 구원받은 성도들은 하나님의 정의를 실천해야 하는데, 이것은 성령의 역사를 통해 이루어지며 성도들은 성령의 역사에 순종하여 하나님의 정의를 실천해야 한다.[28] 그는 네 이웃을 네 몸과 같이 사랑하라는 것을 자연법(자연의 계명)이라고 하는데, 자연법은 "하나님의 영과 다름없는 것 같다"라고 말한다.[29] 이 자연법은 황금률(마 7:12)과 예수님의 율법 요약(마 22:37-39)에 완벽하게 요약되어 있다.[30] 따라서 자연법은 "바로 성령의 인도하심과 우리 삶에 대한 성령의 행위"(롬 2:14)이다.[31]

하나님의 정의는 율법의 제3용도가 츠빙글리의 초기부터의 가장 중요한 관심사라는 것을 분명하게 보여준다. 츠빙글리는 그리스도인들은 율법을 실천하여 하나님의 정의를 향해 나아가야 한다고 말한다. "츠빙글리에게 있어서 율법은 하나님을 알게 하며, 더 깊이 있게 교제하는 은혜의 수단이다."[32] 이렇게 율법을 실천하여 하나님의 정의를 향하여 나아갈 때, 여기서 기독교인들의 개인적인 윤리와 함께 사회 윤리가 발생하게 된다. 그가 말하는 하나님의 정의의 10가지 항목들은 결국은 기독교인의 사회 윤리를 나타내고 있다. 탐내지 않는 것은 바라지 않고 빌려주는 것으로 나아가고, 자신의 소유물을 나누어주는 데까지 도달해야 한다. 여기까지 나아갈 때 진정한 이웃 사랑을 실천하게 된다.

III. 인간의 정의

그렇지만 하나님을 믿지 않는 사람들은 범죄하며 살아가기 때문에 그들의 죄를 억제하고 사회생활을 가능하게 하고자 율법이 주어졌다. 이것은 율법의 제1기능에 대한 설명이다. 하나님의 정의와 인간의 정의가 있듯이 신적인 율법과 인간적인 율법이 있다. 하나님의 율법은 하나님과 이웃 사랑의 율법으로 내적 인간을 향하고 있다.[33] 남의 것을 탐내지 말라는 계명은 인간의 내면을 겨냥한 하나님의 율법이다. 반면에 인간의 율법은 외적 인간을 향하고 있으며, 악한 행위를 규제하기 위한 것이다. '도둑질하지 말라'는 인간의 외면을 향한 인간의 정의와 관련된 율법이다. 탐욕을 부리지만 도둑질하지 않으면 인간의 정의에서 의롭지만, 하나님 앞에서 의롭지 않다. 도둑질을 하는 사람은 인간의 정의를 어겨 죄인이 되어 처벌을 받는다. 바로 이러한 인간적 율법을 통해서 실현되는 것이 인간의 정의이다. 인간의 정의를 위해 하나님께서 주신 것이 십계명 가운데 5-10계명이다.[34] 이것은 인간의 외적인 생활을 규제하기 위한 것이다. 비록 인간의 정의도 하나님의 정의에서 나온 것이지만, 그 인간의 정의는 하나님이 요구하는 것만큼 완전하지 못하다. 따라서 인간의 정의는 하나님의 정의와 비교하면 어리석고 불완전한 정의이다. 이것은 인간의 외적인 행위만을 규제하여, 인간의 내면에 대해서는 영향을 미치지 못하고 판단할 수도 없기 때문이다. 하나님은 인간적인 정의가 시행되도록 하고자 행정 관리들을 두었다. 그는 행정 관리를 잘못을 바로잡는 훈육관이라고 말한다.[35]

츠빙글리는 하나님의 정의와 인간의 정의가 어떻게 관련되어 있는지 설명한다. 하나님의 정의는 무조건 용서하라고 말한다. 하지만 사람들이 용서하지 않아 갈등과 분열이 생겨나고, 이러한 문제들을 법에 따라 해결하여 인간의 정의를 세우기 위해 재판관을 세우게 된다.[36] 화를 내게 되면 살인하게 되기 때문에 이를 방지하기 위해 훈육관은 죽음에는 죽음, 폭력에는 폭력으로 벌을 준다. 간음하지 말라는 계명을 지키게 하려고 간음이 널리 퍼져 있는 상황에서 간음죄에 대한 형벌이 강화되어야 한다. 진실하게 말하지 않고 거짓을 말하기 때문에 거짓 증언을 하는 자를 처벌하게 된다. 나누어 주라고 하지만 그렇게 하지 않기 때문에, 이자 없이 빌려주라고 한다. 이것도 실천되지 않기 때문에 적절한 이자를 주고받도록 한다. 원수를 선함으로 대하라 하지만, 그렇게 하지 않기 때문에 원수에게 해를 입히지 말고 원수가 모르고 입은 피해조차 회복시켜 놓으라 명령하신다. 이 계명을 지키지 않으면 훈육관이 벌을 내린다. 남의 것을 탐내지 말라 했는데, 이것이 지켜지지 않아 도둑질하지 말라는 계명을 주신다. 거짓 증언을 하거나 거짓말을 하면 그가 이웃을 해치려고 마음먹었던 그만큼 벌을 주라고 명령하신다. 이같이 하나님은 모든 계명에 처벌 규정을 두셨다. 하나님은 수많은 계명을 주셨지만, 인간은 처벌 규정이 있어야 계명을 지키기 때문이다.[37]

이같이 인간의 정의는 하나님의 정의가 규정한 것을 외적인 행위의 수준에서 지키는 것이다. 그런데 인간들은 외적인 행동의 수준에서 지키는 것도 처벌 규정이 없으면 지키지 않기 때문에 처벌 규정을 두었고 그것을 시행하기 위하여 공권력을 두었다. 이처럼 하나님의 정의를 지키지 않으면 결과적으로 인간적인 정의도 지켜지지 않게 되고 사회가 무질서해져서 유지할 수 없게 된다. 그러므로 최소한 사회 질서 유지를 위한 인간적인 정의를 지키기 위해 관리들을 두고 처벌을 시행하게 된다. 인간적인 정의를 지킨다고 해서 하나님 앞에서 의로운 것은 아니지만, 인간 사회의 질서는 유지된다. 사람의 정의는 타락한 인간의 본성을 위한 것이다. 그러므로 타락한 본성이 범죄 행위를 하지 못하도록 막는 공권력이 요구된다.[38] 그러므로 세속 권력은 인간의 정의를 유지하기 위해 하나님께서 세우신 것이다.[39]

IV. 하나님의 정의와 인간의 정의의 관계

츠빙글리에게 있어서 하나님의 정의와 인간의 정의는 구별되지만 결코 분리되지 않는다. 하나님의 정의가 인간의 내적인 측면을 목표로 삼는 반면에, 인간의 정의가 외적인 행위를 목표로 삼는 점에서 구별된다. 그렇지만 두 가지 정의 모두 하나님께서 주신 것이기 때문에 결코 분리될 수 없다.[40] 그러므로 그리스도인은 인간의 정의의 수준에서 살아가는 것으로 그쳐서는 안 된다. 인간은 사회생활을 하는 수준에서는 인간의 정의를 지키는 것으로 만족할 수 있다. 그렇지만 하나님 앞에서 이러한 생활은 의로운 것이 될 수 없다. 그러므로 그리스도인들은 인간의 정의에서 하나님의 정의를 향하여 나아가야 한다. 그리스도는 '하나님의 나라와 의를 먼저 구하라. 그리하면 이 모든 것을 너희에게 더하시리라'고 말씀하셨다. 이 말은 모든 사람이 하나님의 정의를 추구해야 하며, 그리스도의 풍성함에 도달할 때까지 순결한 하나님의 뜻을 찾으려고 끊임없이 노력해야 한다는 것을 말한다. 그런데 인간이 자신의 노력으로 하나님의 정의에 도달할 수 없다. 그러므로 인간에게 그리스도가 성취한 의의 빛을 알리기 위해 설교자가 필요하다.[41] 그리스도인들은 말씀 선포를 통해 하나님의 은혜와 또한 하나님의 정의를 알아야 하고 성령의 역사로 실천해야 한다.

V. 말씀 선포자들의 역할

그리스도인은 인간의 정의에 머물러서는 안 되고 하나님의 정의를 향해서 나아가야 한다. 따라서 그리스도인들이 하나님의 정의를 실천하도록 인도하기 위해서 복음 선포자들이 끊임없이 하나님의 정의를 선포하고 교육해야 한다. 츠빙글리는 "그리스도가 요청한 대로 하나님의 정의를 설교하고 선포하지 못한다면 차라리 죽는 것이 더 낫다"고 말할 정도로 이 사명을 강조한다.[42] 그리스도의 의가 나타나는 하나님의 말씀은 모든 사람을 비추는 단 하나의 빛이다. 따라서 우리는 그 빛을 그릇 속에 숨겨 놓아서는 안 되고 모든 사람이 그 빛을 보며 그 빛 속에서 일할 수 있도록 켜놓아야 한다. 그렇게 우리는 순전한 하나님의 말씀을 끊임없이 선포해야 한다. 왜냐하면 일반 사람들은 말씀 선포를 통해 하나님이 우리에게 명령하는 것과 하나님의 은혜가 우리에게 어떤 도움이 되는지를 알기 때문이다. 여기서 츠빙글리는 당시에 교회의 승인을 받지 않고는 복음을 선포할 수 없다는 로마 가톨릭교회의 주장을 강력하게 비판한다.[43] 복음은 모든 사람에게 빛으로 드러나야 한다. 그러므로 말씀의 선포자들은 자유롭게 복음을 선포할 수 있어야 한다.

성경은 하나님과 그의 계명을 알려준다. 그의 계명은 완전하게 드러나야 한다. 예수님은 우리에게 오셔서 율법의 감추인 의미를 드러내어 하나님의 정의를 완전히 드러내셨다. 산상 수훈에서 하신 일이 그것이다. 재산에 대해 그리스도는 "여러분의 소유를 팔아 자선을 베푸십시오"(눅

12:33)라고 말했다.⁴⁴ 그리스도는 율법을 완성했고 우리를 대속하여 우리가 하나님께 갈 수 있도록 은혜를 베푸셨다. 그는 이런 측면에서 율법을 폐지했다. 그리스도의 사랑이 우리를 새로운 사람으로 만들고 우리를 하나님께 갈 수 있게 만든다. 동시에 그리스도는 우리에게 하나님의 정의를 온전하게 드러내어 우리에게 지키라고 명령하신다. 말씀 선포자는 하나님의 정의와 은혜를 분명하게 전하고 가르쳐야 한다. 이 양자를 함께 알아야 인간의 정의의 초라함을 알고 하나님의 정의를 향해 나아가게 된다. 이 양자를 알게 될 때, 만약 우리가 하나님의 정의와 은혜에 합당한 삶을 살지 않으면, 하나님이 우리를 심판하신다는 것도 알게 된다(마 25:41-45).⁴⁵ 동시에 말씀이 선포될 때, 성령께서 역사하셔서 성경의 진리를 이해하여 실천하도록 역사하신다.⁴⁶ 츠빙글리는 고전 12:12-13절과 요일 2:27절에 근거하여 성령께서 성경에 나타난 하나님의 진리를 깨닫게 하신다는 것을 강조한다.⁴⁷ 츠빙글리는 "하나님의 말씀이 당신을 새롭게 하고 사람이 만든 지식을 들을 때보다 하나님을 사랑하기 시작한다는 것을 느껴보라"고 권면한다.⁴⁸ 성령의 역사로 깨닫는 하나님의 말씀은 우리를 새롭게 하고 하나님을 사랑하여 하나님 사랑과 이웃 사랑인 하나님의 정의를 실천하도록 인도한다. 따라서 츠빙글리는 교회에서 말씀 선포의 직분이 가장 중요한 직분이라고 보았다.⁴⁹

츠빙글리는 우리에게 하나님의 정의를 실천하라고 요구하지만, 우리의 힘으로 실천할 수 없다는 것을 명확하게 말한다. 그렇지만 그는 "하나님이 우리의 마음에 (성령의) 불을 불인 후에, 하나님의 정의에 대한 소망이 다른 사람들보다는 일부 사람들 속에서 더 크다"고 말한다.⁵⁰ 그리스도인들에게 성령의 역사로 하나님의 정의를 실천하려는 더 큰 소망이 생겨난다.

V. 인간의 정의를 시행해야 하는 공권력

그렇지만 인간 사회에서 하나님의 정의가 완전하게 실현될 수 없기 때문에, 츠빙글리는 국가를 인간의 정의가 유지될 수 있도록 하나님께서 세워 놓으신 기구로 이해한다. 따라서 국가의 공권력은 율법의 제1용도를 실천하여 국가의 사회 질서를 유지해야 한다.

츠빙글리는 먼저 잘못된 공권력을 행사하는 두 가지 세력을 바로잡고자 한다. 먼저 종교 권력들의 잘못된 공권력 행사를 지적하고 있다. 인간의 정의를 시행하는 공권력은 행정 권력으로 규정되는 국가 권력에 주어진 것이다. 그러므로 국가 권력이 공권력을 시행해야 한다. 츠빙글리는 인간의 정의와 관련해서 종교 권력에 어떤 자리도 인정하지 않는다.[51] 그런데 당시에 실질적으로 종교 권력이 공권력을 행사하는 것에 대해 츠빙글리는 강하게 비판하고 있다. 종교 권력은 섬기는 역할을 해야 하며, 공권력을 가지고 있지 않고, 따라서 정치 권력이 아니다. 그런데도 이들은 성경적 근거가 전혀 없이 공권력을 행사하면서, 베드로전서 2장 13-14절의 말씀을 교황과 종교 권력에 복종하라는 왜곡된 의미로 해석하여 근거로 삼고 있다. 이들의 그러한 공권력 행사는 어디서나 정당한 일반 세상 공권력을 혼란스럽게 만들고 있다. 이들과 함께 모든 공동체와 모든 수도회는 자신들만의 독특한 수도원 규칙을 가지고 공권력에 불순종하고 있다.[52] 츠빙글리는 교황 추종자들이 세상 권력을 행사하려 하면서 세상 권력에 복종하지 않는 것은 하나님을 알지 못하는 양심을 가졌기 때문이라고 지적한다. 오히려 하나님을 두려워하는 양심을 가지고 있으면 세상 권력에 복종해야 한다.[53]

다음으로 츠빙글리는 로마서 13장 1-7절에 근거하여 먼저 왜곡된 공권력 행사를 바로 잡고 다음으로 올바른 공권력 행사의 방향을 모색하였다. 왜곡된 공권력 행사는 교황의 잘못된 지시를 따라 복음의 선포와 수도사들의 결혼을 막는다. 츠빙글리는 원론적으로 사람들은 공권력에 순종할 뿐만 아니라 악한 지도자들에게도 복종해야 한다고 지적한다. 그러나 그런 관점에서 보더라도 당시의 타락한 귀족들과 고위직에 있는 권력자들은 너무 심하게 제멋대로 행동하고 있다. 세속 권력은 종교 권력의 요구대로 폭력으로 하나님의 말씀과 기독교인의 자유에 간섭하고 있다. 교황의 마음에 들지 않는 하나님의 말씀을 전하는 것을 금지하고 있다. 그리고 성경에 근거가 없는 교회법을 강요하여 미사에 관한 예배 규정의 변경이나 금식법의 폐지를 못하도록 막고 있다. 그와 함께 수도사들이나 수녀들이 수도원 안에 머물도록 강요하고 있다.[54] 그러나 하나님만이 인간의 영혼을 인도할 수 있으며, 설교된 하나님의 말씀을 통해 깨달은 인간의 양심은 자유, 즉 영적인 자유를 가지고 있다.[55] 그러므로 인간은 그 양심의 자유를 제한당해서는 안 된다. 따라서 하나님의 말씀은 순수하게 선포되어야 한다. 그렇지만 당시에 권력자들은 종교개혁의 새로운 가르침을 전혀 따르지 않고 오히려 교황의 입맛에 따라 복음 전파를 하지 못하도록 명령하고 있었다. 이런 권력자들에 대해서, 설교자들은 사람의 말보다 하나님의 말씀에 순종해야 하고(행 4:19), 하나님과 맞서는 권력에 순종할 필요가 없다.[56] 이러한 공권력은 부당하게 하나님의 말씀과 인간의 양심을 간섭하는 것이다. 그러므로 이러한 공권력들에게는 굴복해서는 안 되고 성경의 진리를 따라야 한다.

이러한 사례로 츠빙글리는 수도사들에게 수도 생활을 강요하는 교황청의 명령에 순종할 필요가 없는 이유를 설명한다. 세상 권력자들은 악한 행위만을 처벌할 수 있는 빈약한 정의의 시행자들이다. 그래서 그들의 행위의 선악의 판단 기준은 하나님의 말씀에서 나온다. 그러므로 관리들은 하나님의 말씀을 따라서 통치해야 한다. 그런데 교황청을 따르는 공권력은 결혼 생활에 대한 하나님의 말씀을 어기고 오히려 수도사들에게 수도 생활을 강요하고 있다. 교황은 각 사람은 부르심을 입은 자리에 머물라(고전 7:20)는 말씀을 수도사의 자리에 머물라는 의미로 왜곡하여 해석하고 공권력에게 수도사들의 결혼을 금지하도록 지시한다. 그러나 이렇게 하나님의 진리에 맞서는 권력에 순종할 필요가 없다.[57]

다음으로 국가가 수행해야 할 합당한 임무를 설명한다. 국가는 정의로운 행동을 한 사람을 제대로 칭찬하지 못하고 있는데, 국가의 과제를 올바르게 수행한 사람을 칭찬해야 한다. 국가의 과제는 죄없는 사람들과 수많은 힘없는 대중, 곧 과부와 고아, 그리고 힘없이 억눌린 사람을 보호하는 것이다. 국가는 약한 자들을 보호하기 위해 악한 자들을 처벌해야 하며, 악한 일을 하지 않는 불쌍한 그리스도의 양들을 처벌해서는 안 된다. 반면에 국가는 범죄 행위에 대해서는 명백하고 정확한 처벌을 해야 한다.[58]

국가가 해서는 안 되는 일이 있다. 국가 권력이 하나님의 뜻에 반대되는 것을 만든다면, 사람들의 양심을 파괴하는 것이다. 그래서 이러한 국가의 명령에 양심 때문에 거부하는 사람들도 있다. 츠빙글리는 공직자의 양심이 하나님을 믿는 양심이 되어야 한다는 것을 강조한다. 그는 고위 공직자들이 과도한 세금을 거두는 잘못된 현실을 지적한다. 이렇게 공직자들이 잘못된 일을 할 경우의 해결책은 하나님이 돌아보실 때까지 참아야 한다. 하나님께서 반드시 그들을 심판할 폭압자를 멀리서 불러올 것이라고 경고한다.[59] 당시에 쟁점으로 제기되었던 십일조세와 이자 문제에 관련해서 사람들은 츠빙글리가 빚을 갖지 말라고 한다고 비난하고 있지만, 자신은 사람의 공동체를 유지하기 위해 하나님이 우리가 빚진 모든 사람에게 돌려주라고 명령한 것으로 이해하고 세금 개혁방안을 제시한다. 국가가 십일조세와 이자 문제에서 과도하게 거두거나 오용되고 있는 것들을 개혁하도록 요구한다.

츠빙글리는 국가의 공권력이 해야 할 가장 중요한 과제를 세 가지로 제시했다. 첫째는 하나님의 진리가 자유롭게 선포되도록 보장하고, 그 선포된 말씀을 기준으로 선악의 올바른 판단 기준을 세워 처벌을 공정하게 시행해야 한다. 둘째는 사회의 약자들을 보호해야 한다. 사회적인 약자들은 가난한 자들과 고아들과 과부들이다. 셋째로 하나님의 말씀을 지키려고 하는 기독교인들을 박해하지 말고 보호하며 그들의 삶을 장려해야 한다.

여기서 츠빙글리는 교회와 국가의 올바른 관계를 제시하려고 하면서 하나님의 정의와 인간의 정의가 올바르게 구현되는 신정 정치를 실천하려고 한다. 신정 정치를 실현하는 것은 성직자와 국가의 역할을 구분하는 데서 출발한다. 각자의 역할은 구분되지만, 상호 간에 밀접한 연관을 가지고 함께 하나님의 말씀을 실천하고 하나님의 주권을 구현해야 한다.[60] 성직자는 하나님의 정의와 인간의 정의에 관한 하나님의 말씀을 자유롭게 선포해야 한다. 츠빙글리의 가장 큰 관심사는 당시 복음의 자유로운 선포를 막으려고 하던 로마 교황청의 방해를 극복하고 시 의회의 후원 하에서 자유로운 복음 선포의 권리를 확보하는 것이었다. 그리고 이러한 자유로운 복음 선포가 이루어지면 하나님의 말씀과 하나님의 정의에 어긋나는 일들이 개혁될 것이다. 그것은 종교 권력의 행정 권력에 대한 복종, 미사 개혁, 그리고 수도사들의 결혼 제도 시행 등이다. 둘째로 츠빙글리는 국가 권력이 올바르게 작동하는 원리를 제시하고자 하였다. 국가 권력은 소극적으로 복음 전파의 권리를 제한하려고 해서도 안 되고, 인간의 양심을 간섭하려고 해서도 안 된다. 오히려 국가 권력은 말씀 선포자들과 협력하여 복음이 자유롭게 선포되도록 보장해야 한다. 그리고 선포된 복음의 진리에 따라 로마 가톨릭교회의 개혁이 이루어지도록 노력해야 한다. 그리고 인간의 정의의 영역에서도 하나님의 말씀에 비추어 합당한 개혁이 이루어지도록 후원해야 한다.

츠빙글리는 하나님의 진리의 선포와 함께 인간의 양심의 자유를 중요하게 지적하고 있다. 인간의 양심은 하나님의 말씀만이 지배할 수 있다. 인간의 양심은 하나님이 인도하시는데, 그 말씀을 통해 인도하신다. 그러므로 하나님의 말씀의 선포가 자유롭게 이루어질 때, 그 말씀이 인간의 양심을 자유롭게 하고, 올바른 하나님의 정의로 인도해 간다. 그런 까닭에 하나님의 말씀의 자유로운 선포가 이루어져야 한다. 더구나 인간의 정의에 근거하여 행위만을 처벌할 수 있는 국가 권력이 인간의 양심을 간섭하려고 해서는 안 된다.

츠빙글리는 하나님의 정의와 인간의 정의라는 설교에서 다음을 목표로 하고 있다. 하나님의 정의는 츠빙글리 자신을 포함한 말씀 선포자들이 지속적으로 선포해야 한다. 하나님의 정의는 두 가지이다. 하나는 인간이 성취할 수 없어서 예수 그리스도께서 성취하는 정의이다. 여기서 율법은 인간이 죄를 인식하여 무력하다는 것을 깨닫게 만드는 기능을 수행한다. 그리고 이 정의는 하나님의 은혜로 우리에게 주어져 우리가 하나님께로 나아가게 한다. 둘째로 하나님의 정의는 구원받은 그리스도인들에게 산상 수훈에서 주어진 계명을 실천하도록 요구하는 것이다. 이것은 궁극적으로 하나님과 이웃에 대한 사랑이다. 이 사랑의 계명이 성취되어야 한다. 이 하나님의 정의를 사람들이 정확하게 알도록 말씀 선포가 이루어져야 한다. 그리스도가 하나님의 율법을 완전히 드러내서 알게 하신 것같이, 선포자들도 그것을 알게 해야 한다. 그렇지만 인간들은 그것들을 실천할 수 없고, 다만 성령의 역사를 통하여 실천하게 된다. 하나님의 정의는 인간의 내면이 말씀과 성령의 역사를 통하여 변화함으로써만 실천될 수 있다.

이 하나님의 정의와 함께 하나님께서는 인간의 정의를 주셨다. 이 인간의 정의는 공권력에 의해 행사되어 사회생활을 유지하게 한다. 인간의 정의는 5-10계명에 규정된 것이다. 국가의 공권력은 인간의 외적인 행동을 규제하게 된다. 이 계명들이 지켜지지 않을 때, 사회는 짐승 같은 수준으로 전락하고 유지될 수 없다. 그러므로 국가의 공권력은 외적 행위의 수준에서 이 계명을 지키지 않을 때 그들을 처벌하여 사회의 질서를 유지해야 한다. 츠빙글리는 이 인간의 정의에서 두 가지에 특별한 관심을 기울였다. 국가의 관리들이 종교개혁이 진척되도록 뒷받침해야 한다. 그와 함께 사회의 약자들을 보호해야 한다. 그리고 인간의 정의가 하나님의 정의를 향하여 나아가도록 말씀 선포자들과 협력해야 한다. 츠빙글리는 세속 권력이 성직자가 선포하는 하나님의 윤리와 정의를 지향해야 한다고 말한다.[61] 정부는 "모든 법을 신법에 최대한 가깝게 맞추어서 조정할 수 있도록 섬겨야 한다."[62]

VII. 개혁 시행의 구체적 방안

이러한 상황에서 츠빙글리는 하나님의 정의와 인간의 정의의 관계를 고려하는 가운데 구체적으로 당시의 개혁 과제로 제기된 문제들을 해결해 나갔다. 그는 인간의 정의에 입각한 당시 사회 질서와 경제 질서들 가운데 문제점이 있는 것들을 하나님의 정의를 고려하면서 해결하고자 하였다. 이러한 개혁을 추진할 때에 십일조세를 비롯한 세금 제도와 이자의 급격한 폐지를 주장하던 급진 개혁자들과는 일정한 거리를 두면서 개혁을 추진하고자 하였다. 이들의 입장은 인간의 정의의 질서를 부정하고 사회에서 하나님의 정의만을 시행하려는 것이기 때문에 당시의 사회 질서를 전면 부정하여 혼란을 일으키기 때문에 츠빙글리는 수용할 수가 없었다.

당시에 취리히 교외에 살고 있던 농민들은 당시에 봉건 제도하의 농도 신분에서 완전히 벗어나지 못한 채로 여러 가지 무거운 세금으로 고통을 당하고 있었다. 그러므로 이들은 지속적으로 자신들의 가장 큰 부담이었던 십일조세 제도를 폐지할 것을 요청하였다. 츠빙글리는 그와 함께 이자와 고리대금업의 문제를 해결해야 했고, 더 나아가 가난한 자들의 문제를 해결할 방안을 마련해야 했다.

1. 십일조세

당시에 농민들이 폐지할 것을 요구하며 납부를 거부했던 것이 십일조세였다. 1522년에도 농민들은 츠빙글리가 섬기던 그로스뮌스터 교회에 십일조세 납부를 거부하였고, 1523년에는 6개 마을이 연합하여 거부하였다.[63] 이러한 상황에서 츠빙글리는 이 문제를 해결하기 위하여 상당한 노력을 기울이게 되었다.

츠빙글리는 십일조세의 원래 목적이 성직자들의 생활비의 지급과 가난한 자들의 구제의 목적으로 만들어진 것이다. 따라서 당시의 십일조세가 상당히 오용되고 있다는 것을 인정하였다.[64] 그렇지만 츠빙글리는 십일조세가 신약 성경에 규정이 없으므로 폐지해야 한다는 급진 개혁자들과 농민들의 입장을 수용하지 않았다. 여기서 급진 개혁자들은 십일조세가 성경에 근거가 없다고 폐지를 주장하였다. 그러나 츠빙글리는 교회와 국가의 질서를 하나님의 정의 하나로 관철시키려는 급진주의자들의 주장은 매우 위험하다고 보고 양자를 구분하였다. 왜냐하면 그런 생각 속에는 인간의 타락으로 자신들 속에 내재되어 있는 이기심과 욕심을 전혀 보지 못하고 있을 뿐만 아니라, 그런 사람들이 모여 살고 있는 인간 사회를 보존하기 위해 인간에게 주신 "가장 기본적인 계명"을 외면하는 것이기 때문이다.[65] 츠빙글리는 십일조세가 신약 성경에 근거가 없다는 것은 인정하였다. 그렇지만 교회 역사에서 십일조세가 성직자들의 생활비와 가난한 자들의 구제를 위해 사용되어 온 과정과 함께 중간에 교황과 수도원장들과 세속 권력자들의 담합 속에 십일조세 징수권이 매매되었고 오용된 과정을 분석한다. 그리고 당시에 십일조세 징수의 문제는 행정 관리의 권한에 속한다는 것으로 답변한다.[66] 당시 십일조세는 교회에서 빌린 토지에 대해서 갚아나가는 일종의 지대나 연금 형태의 대부였다.[67] 그러므로 행정 관리들이 동조하지 않는 한, 십일조세를 폐지할 수 없다는 것이다. 대신에 츠빙글리는 이 십일조세 징수를 합리적으로 조정해 나갈 것을 설득했다. 당장에 십일조세를 폐지하면 사회 질서에서 더 큰 혼란이 일어나고 가난한 자들의 구제 비용이 사라지게 된다는 것이다. 그래서 츠빙글리는 농민들의 십일조세 납부의 부담을 줄여주기 위해서 소출과 관계없이 1/10를 징수할 것이 아니라, 매년의 소출의 상태를 파악하여 가감하도록 하는 방안을 제시하였다.[68] 1523년 9월 29일에 참사회원들과 시 의회가 공동으로 그로스뮌스터 교회의 십일조세 사용에 대해 설교자들을 지

원하고 가난한 자들의 구호에 사용하도록 개혁하였다.[69]

독일에서 농민 전쟁이 일어나던 1525년 5월에 취리히시에 속한 농민들이 다시 십일조세 납부에 저항하는 소요를 일으켰으나 폭력을 행사하지는 않았다. 이 때 농민들은 중세 면역지대[70]의 완전한 폐지와 들짐승 사냥과 수렵권에 대한 규제 해제, 그리고 목회자의 자유로운 선택을 요구했다. 또한 농민들은 십일조세(소출세)를 대폭 줄이고, 교회 재산을 가난한 이웃의 구제에 사용하고, 용병 제도와 연금 제도의 폐지를 요구했다. 이에 취리히 시 의회는 이들의 요구를 받아들여서 면역지대를 폐지하고 사냥과 수렵권에 대한 규제를 푸는 등 여러 가지 점을 개혁했다. 농민들은 이러한 면역지대의 폐지를 통해 농노의 신분에서 벗어나 자유인이 되었다.[71] 그러나 십일조세에 관해서는 1525년 8월 시 의회가 재산과 관련해 서명된 계약은 존중되어야 한다는 츠빙글리의 견해에 동의하여 십일조세에 대한 거부가 성경적 근거 위에서 정당화될 수 없기에 농민들이 십일조세를 계속 납부하도록 결정했다.[72]

2. 이자와 고리대금업

츠빙글리는 이자에 대해 두 가지를 나누어 설명한다. 하나는 현물을 차용하여 사용하면서 그 사용료를 지불하는 이자(zins)이다. 이 현물 임대 사용료를 12달에 나누어 내기 때문에 이것을 토지 사용 이자라고 하였다. 고리대금이란 현물이 아닌 현금을 빌려주고 높은 이자는 받는 것을 말한다.

츠빙글리는 기본적으로 사유 재산제를 인정했다. 원래 하나님의 정의라는 관점에서 사유 재산제는 죄이다. 왜냐하면 하나님이 "우리에게 거저 주신 것을 자기 소유로 만들었기 때문이다."[73] 그러나 그것은 하나님의 정의로서, 인간이 지키기가 매우 힘들다. 그래서 그런 인간의 현실을 고려할 때 사유 재산제는 용인되며, 인간의 정의로써 다뤄져야 하는 문제이다.

그는 사유 재산 제도가 인정되는 상황에서 "아무 것도 받지 말고 빌려주라"는 말씀에 근거하여 이자 폐지를 주장하는 사람들에 대해 당신이 그렇게 할 수 있는지 질문한다. 오히려 당신이 이자를 지급하기로 계약을 맺고 대부를 했다면, 신용을 지켜서 이자를 지불해야 한다는 것이다. 고리대금에 대해서도 역시 같은 논리를 제공한다. 국가 관리들이 고리대금을 인정한다면, 그 계약에 따른 이자를 지급해야 한다는 것이다. 그렇지만 그와 동시에 츠빙글리는 국가 관리들은 이러한 대부 제도가 복리와 같은 과도한 이자 징수로 인한 문제들을 줄여나갈 방안을 마련할 것을 주장한다.[74] 특히 이자는 5%가 넘지 않도록 해야 할 것을 주장한다.

3. 수도원 재산 처리와 가난한 구제법

츠빙글리는 수도원 소속 토지의 십일조세 징수권을 회복하는 방안을 마련하였다. 이것은 수도원 소속의 토지들에 대해서 수도원의 점차적인 폐쇄 과정을 거쳐서 수도원 토지를 시 의회로 이전하여 이곳에서 나오는 십일조세는 가난한 자들의 구제를 위한 비용으로 사용하게 하였다. 이렇게 해서 자선 사업에 시 의회가 참여하여 실천하게 되었다.[75]

1525년을 기점으로 취리히에 있던 세 개의 탁발 수도회뿐만 아니라 그로스뮌스터 교회(대성당)와 마리아 성당의 사업단들이 재조직되어 취리히에서 더 이상 전통적인 형태로 존속하지 않게 되었다. 마리아 성당에는 단 한 사람의 수녀도 없었기에 수녀원장은 1524년 11월 30일 수녀복을 벗고 모든 재산을 시에 헌납할 수 있었다.[76] 두 사업단의 재조직에 뒤이어 시 의회는 수도원들의 해체를 준비하기 위하여 1524년 12월 1일 위원회를 임명했으며,[77] 12월 중에 세 개의 탁발 수도회의 건물들이 시 의회로 넘어갔다.[78] 첫 번째 조치는 1525년 1월 15일에 츠빙글리가 참여한 가운데 공적인 부조를 위한 취리히 빈자보호법이 제정되었다. 이 법의 제정 목적은 일체의 구걸 행위를 금지하는 대신에 대신 시 의회는 가난한 자들에게 공적인 식사와 질병 치료에 참여할 수 있는 권리를 주었다.[79]

4명의 특별위원회가 복지 기금을 관리했고, 시 의회에 대해 그 업무를 책임지고 있었다. 이 기금을 조성하기 위해 1525년 이후로 점점 더 많은 교회 수익이 위원회에 귀속되었다. 주로 성직록을 지급하던 토지로부터 발생하는 지대 수익의 이전이었다. 그로스뮌스터 교회의 32명의 성직록 성직자들 중에서 23명분이 이런 방식으로 위원회의 기금으로 유입되었다. 세 개의 탁발 수도회는 영적인 기관으로서의 기능이 중지되었다. 공제조합들과 수녀회에서 발생하는 수익들도 이런 목적으로 사용되었다. 빈자구호법 제정 과정을 거쳐 취리히에서 구호 행위들을 총괄하는 시립 구호 기관이 설립되었으며, 이는 매키가 말하는 구호 행위의 집중화로 이해될 수 있다.[80]

이러한 개편을 통해 1525년부터 중세의 수도원이 병원이나 사회 복지 기관으로 바뀌었다. 츠빙글리는 취리히 시 의회와 협력하면서 종교개혁의 사상을 신학적이고 교회적인 개혁의 차원에서뿐만 아니라 사회적인 개혁의 차원으로까지 실행했다.[81] 이러한 조치는 취리히시에서만 성공을 할 수 있었다. 취리히 시골 지역에서의 보호권이 취리히 시 의회나 인물에 속해 있는 경우는 별로 없었으며, 이러한 지역에서 교회 재산에 간섭하는 것은 감당하기 어려운 법적 투쟁을 초래할 우려가 있었기 때문이었다.[82]

VIII. 나가는 말

츠빙글리는 종교개혁을 추진하는 과정에서 당면한 다양한 문제들을 해결하는 과정에서 하나님의 정의와 인간의 정의를 기준으로 제시하였다. 기독교인들의 사회에서 하나님의 정의가 완전히 구현될 수 있다면 가장 바람직할 것이다. 그렇지만 현실의 인간 사회에서 그것의 완전한 실현이 불가능하므로, 국가를 세워 인간의 정의에 근거한 사회 질서가 유지되고 있다. 그러나 인간의 정의는 언제나 하나님의 정의에 비추어 개선되어야 하고 개혁되어야 한다. 그러므로 츠빙글리는 자신의 개혁 활동에서 교회 내부만의 개혁이 아니라 취리히 사회 공동체의 개혁을 함께 추진하고자 하였다. 츠빙글리는 교회 내부에서 로마 가톨릭교회를 개혁하고자 할 때는 하나님의 정의를 토대로 개혁을 하고자 하였다. 그리하여 하나님의 말씀에 어긋나는 것들을 철저하게 개혁하고자 하였다. 물론 이러한 개혁에서 로마 가톨릭교회가 국가 권력에 복종할 것을 주장하여 시 의회에 협력하여 개혁하고자 하였다. 그와 함께 사회 공동체를 개혁할 때는 급진 개혁자들의 하나님의 정의에 입각한 과격한 개혁 주장을 수용하지 않았다. 오히려 사회 공동체의 문제들을 해결할 때는 인간의 정의를 인정하면서 동시에 하나님의 정의에 비추어 개혁가능한 범위 안에서 개혁을 추진하였다.

츠빙글리는 당시에 공권력을 가진 취리히 시 의회와 협력하여 교회와 사회를 개혁하고자 하였다. 츠빙글리는 개혁에서 인간적인 정의를 유지하는 국가의 공권력을 개혁의 축으로 삼으면서 로마 가톨릭교회와 수도사들과 기존 질서를 유지하려는 세력들에게 국가 권력에 복종하라고 요구하면서 개혁하였다. 다른 한편에서 현재 질서를 부정하면서 급진적인 질서를 주장하는 급진주의적인 개혁자들과 농민들에 대해서도 국가 권력에 순종하면서 법률적인 테두리 안에서 개혁할 것을 주장하였다. 그는 이러한 입장에서 십일조세, 이자 제도, 가난한 자들의 구제의 문제를 개혁하였다.

국가와 교회와의 관계에서 인간의 정의는 율법의 외적인 준수를 말하는 것이고, 하나님의 정의란 성령의 역사를 통해 하나님의 율법을 마음에서 준수하는 것이다. 하나님의 정의는 성령의 역사를 통한 계명의 온전한 성취이다.[83] 하나님의 주권적 통치의 실현에서 교회는 말씀 선포를 통한 내적 인간의 변화를 추구하고, 국가는 율법의 외적 실천을 통하여 사회 공동체를 유지하면서 하나님의 정의를 지향한다.[84] 여기서 성화의 사회적이고 국가적인 차원이 있다.[85] 교회와 국가의 협력을 통한 하나님의 주권적인 통치의 실현이란 의미에서 츠빙글리는 신정을 추구하였다.

츠빙글리는 설교자가 하나님의 은혜의 복음과 동시에 하나님의 정의의 율법을 동시에 선포해야 한다고 주장한다. 그리스도인은 한편에서 그리스도가 율법을 성취하여 얻은 (정)의의 복음으로 구원의 은혜를 받은 사람들이면서 다른 한편에서는 그리스도가 우리에게 요구한 산상 수훈의 정의의 율법을 실천해야 하는 사람들이다. 그러한 면에서 츠빙글리에게서 율법과 복음은 조화를 이루고 있다. 이러한 하나님의 복음과 정의가 동시에 선포되어야 하며, 이러한 복음과 정의의 선포는 누구에게도 제한받지 않고 자유롭게 이루어져야 한다.

동시에 인간의 행위를 규제하는 인간의 정의가 있다. 이 인간의 정의는 국가에 의해 시행되어야 한다. 그런데 국가는 인간의 정의에서도 하나님의 말씀에 기초한 선악의 판단 기준이 필요하므로 말씀 선포자들과 협력해야 한다. 그리스도인들은 인간의 정의에 안주해서는 안 되고, 하나님의 정의를 향하여 나아가야 한다. 그러므로 츠빙글리는 인간의 정의가 하나님의 정의를 향해 나아가는 개혁을 통해 교회와 국가의 협력에 의한 하나님의 주권의 실현을 추구하였다. 이러한 면에서 하나님의 의와 인간의 의를 대립시키는 가운데 두 왕국론을 세우는 루터와는 구별되게 츠빙글리는 율법과 복음의 조화 속에서 인간의 의와 하나님의 의의 조화를 모색하고 있어 교회와 국가의 안정적인 협력 관계를 구축해 나간다.[86]

04 미주

01   대한예수교장로회 총회, 『표준예식서』, 50.

02   이 논문은 「ACTS 신학저널」 51 (2022), 9-49에 게재되었다.

03   임희국, "16세기 종교개혁자 츠빙글리(H. Zwingli)의 사회 윤리에 조명해 본 오늘의 시장 경제", 「장신논단」 18 (2002): 219-248.

04   임희국, "정의로운 시장 경제 질서를 위한 아투어 리히(Arthur Rich)의 경제 윤리", 「로고스경영연구」 1/1 (2003): 23-40.

05   김유준, "Zwingli의 경제 윤리에 관한 현대적 고찰", 「복음과 실천신학」 19 (2009): 38-62.

06   정미현, "하나님의 정의와 인간의 정의: 츠빙글리 윤리의 현대적 적용", 「기독교사회윤리」 31 (2015): 217-249.

07   정미현, "아이리스 마리온 영의 정의론의 관점에서 본 츠빙글리 연구", 「기독교사회윤리」 34 (2016): 209-245.

08   최영재, "츠빙글리의 『하나님의 정의와 인간의 정의』에 관하여", 「장신논단」 49/4 (2017): 115-142.

09   이 설교는 한 달 뒤인 1523년 7월 30일에 출판되었으며, 제목은 다음과 같다. Von götlicher und menschlicher grechtigheit, wie die zemen sehind und standind. Ein predge Hyldrych Zuinglis an s. Ioanns teuffers tag gethon im 1523 [jahr]. 이 글은 Hudlreich Zwingli, Huldreich Zwinglis sämtliche Werke, Vol. II (Leipzig: Heinsius, 1908) (Corpus Reformatorum 89), 471-525 페이지에 수록되어 있다.

10   Ulrich Gäbler, Huldrych Zwingli: His Life & Work, 박종숙 역, 『츠빙글리: 그의 생애와 사역』 (서울: 아가페 출판사, 1993), 70.

11   Huldrych Zwingli, Schriften Vol. 2, 임걸 옮김, 『츠빙글리 저작선집 2』 (서울: 연세대학교 대학출판문화원, 2015), 27-30.

12   제1조 '교회의 검증을 받지 않은 복음은 아무 가치가 없다'고 말하는 사람은 모두 틀린 것이며, 하나님을 모독하는 것이다.

13   Gäbler, 『츠빙글리: 그의 생애와 사역』, 68.

14   Gäbler, 『츠빙글리: 그의 생애와 사역』, 71.

15   Huldrych Zwingli, Schriften Vol.1, 임걸 옮김, 『츠빙글리 저작선집 1』 (서울: 연세대학교 대학출판문화원, 2014), 235.

16   Zwingli, 『츠빙글리 저작선집 1』, 254.

17   Zwingli, 『츠빙글리 저작선집 1』, 203.

18   Zwingli, 『츠빙글리 저작선집 1』, 246.

19   Gäbler, 『츠빙글리: 그의 생애와 사역』, 89.

20   Peter Opitz, Ulrich Zwingli: Prophet, Ketzer, Pionier Des Protestantismus, 정미현

역, 『울리히 츠빙글리』 (서울: 연세대학교 출판문화원, 2017), 62.

21 Zwingli, 『츠빙글리 저작선집 1』, 206.
22 이신열, "츠빙글리의 신론", 『한 권으로 읽는 츠빙글리의 신학』 (서울: 세움북스, 2019), 217.
23 Zwingli, 『츠빙글리 저작선집 1』, 206.
24 Zwingli, 『츠빙글리 저작선집 1』, 209.
25 츠빙글리는 "하나님의 섭리"라는 자신의 글에서 다음과 같이 말한다. "그러나 만약 우리가 정의라는 개념을 선과 같이 최상의 개념으로 사용하기를 원한다면, 이때 정의라는 개념은 사랑이라든지 친절이라는 개념을 포함하게 됩니다." Huldrych Zwingli, Schriften Vol. 4, 임걸 옮김, 『츠빙글리 저작선집 4』, 214.
26 Zwingli, 『츠빙글리 저작선집 1』, 211-13.
27 Zwingli, 『츠빙글리 저작선집 1』, 213.
28 루터는 복음과 율법의 대립을 강조하는 반면에, 츠빙글리는 하나님의 사랑에 근거한 율법과 복음의 조화를 말한다. 우병훈, "츠빙글리의 성화론", 「한국개혁신학」 64 (2019): 157.
29 W. P. Stephens, Zwingli: An Introduction to His Thought, 박경수 역, 『츠빙글리의 생애와 사상』 (서울: 대한기독교서회, 2007), 123.; 우병훈, "츠빙글리의 성화론", 159.
30 Zwingli, "Auslegen und Gründe der Schlußreden," Huldreich Zwinglis sämtliche Werke, Vol. II, 262. Denn das natürlich gsatzt verklagt und entschuldiget sy in inen selbs. Was aber das natürlich gsatzt sye (dunckt mich nüt anderst sin denn der geist gottes), lassend wir ietz ston.
31 Şevket Yavuz, "The Religious vs /Cooperates with the Secular Zwingli: A Church & State Equilibrium through Sola Scriptura ("Only Scripture")," Çanakkale Onsekiz Mart Üniversitesi İlahiyat Fakültesi Dergisi (2014), 17.
32 Jaques Courvoisier, Zwingli: A Reformed Theologian, 이수영 역, 『개혁신학자 츠빙글리』 (서울: 한국장로교출판사, 2002), 108.
33 김지훈, "구원자 하나님의 영광과 성도의 겸손: 츠빙글리의 섭리론과 예정론", 「한국개혁신학」 63 (2019), 77.
34 Zwingli, 『츠빙글리 저작선집 1』, 217.
35 Zwingli, 『츠빙글리 저작선집 1』, 219.
36 Zwingli, 『츠빙글리 저작선집 1』, 224.
37 Zwingli, 『츠빙글리 저작선집 1』, 221.
38 Zwingli, 『츠빙글리 저작선집 1』, 224.
39 Zwingli, 『츠빙글리 저작선집 1』, 227.
40 최영재, "츠빙글리의 『하나님의 정의와 인간의 정의』에 관하여", 128.
41 임희국, "16세기 종교개혁자 츠빙글리(H. Zwingli)의 사회 윤리에 조명해 본 오늘의 시장 경제", 229.
42 Zwingli, 『츠빙글리 저작선집 1』, 228.

43　Zwingli, 『츠빙글리 저작선집 1』, 228.

44　Zwingli, 『츠빙글리 저작선집 1』, 229.

45　Zwingli, 『츠빙글리 저작선집 1』, 230.

46　Zwingli, 『츠빙글리 저작선집 1』, 231.

47　김재성, "츠빙글리의 성경관과 스위스 종교개혁의 특징들", 『한 권으로 읽는 츠빙글리의 신학』, 177.

48　Zwingli, 『츠빙글리 저작선집 1』, 174, 175.

49　Zwingli, 『츠빙글리 저작선집 1』, 195.

50　김선권, "츠빙글리의 성령론", 「한국기독교신학논총」 116 (2020): 287.

51　Zwingli, 『츠빙글리 저작선집 1』, 232. "Und wiewohl sie wissen, daß ihnen die Erfüllung derselben nicht möglich ist, so ist nichtsdestoweniger die Begierde darnach in dem Einen größer als im Andern, je nachdem Gott sein Feuer in unsern Herzen anzündet. Denn Gott ist es, der alle Dinge in uns wirket, 1. Kor. XII, 6." Zwingli, "Von göttlicher und menschlicher Gerechtigkeit," Huldreich Zwinglis sämtliche Werke, Vol. II, 497.

52　최영재, "츠빙글리의 『하나님의 정의와 인간의 정의』에 관하여", 129.

53　Zwingli, 『츠빙글리 저작선집 1』, 235.

54　Zwingli, 『츠빙글리 저작선집 1』, 244-5.

55　Zwingli, 『츠빙글리 저작선집 1』, 237.

56　Robert C. Walton, "The Institutionalization of the Reformation at Zurich," Zwingliana 13 (1972), 500. 497-515.

57　Zwingl, 『츠빙글리 저작선집 1』, 239.

58　Zwingli, 『츠빙글리 저작선집 1』, 242.

59　Zwingli, 『츠빙글리 저작선집 1』, 243.

60　Zwingli, 『츠빙글리 저작선집 1』, 246.

61　우병훈, "츠빙글리의 성화론: 그의 신론, 교회론, 국가론과 연결하여", 177.

62　최영재, "츠빙글리의 『하나님의 정의와 인간의 정의』에 관하여", 136.

63　Herman Bavinck, Die Ethiek van Ulrich Zwinglis (Kampen: G. PH. Zalsman, 1880), 155. "humanam justitiam administret and servet quantum fieri potest, ut quam proxime ad divinam legem eam omnesque leges suas dirigat."

64　Gäbler, 『츠빙글리: 그의 생애와 사역』, 107-108.

65　Zwingli, 『츠빙글리 저작선집 1』, 407.

66　최영재, "츠빙글리의 『하나님의 정의와 인간의 정의』에 관하여", 134.

67　Zwingli, 『츠빙글리 저작선집 1』, 250.

68　이오갑, "종교개혁자들의 경제관", 「사회이론」 52 (2017): 67.

69 Zwingli, 『츠빙글리 저작선집 1』, 253.

70 Lee Palmer Wendel, Always Among Us: Images of the Poor in Zwingli's Zurich (Cambridge: Cambridge University Press, 1990), 137-8.

71 면역지대(quitrent)는 농도들이 영주의 직영지에 대해 지고 있던 노동 부역 지대 대신으로 화폐로 지급하던 지대로서 농노제의 구속의 형태였다.

72 Opitz, 『울리히 츠빙글리』, 68. Emidio Campi, "The Reformation in Zurich," in A Companion to the Swiss Reformation, eds. Amy Nelson Burnett & Emidio Campi (Leiden: E. J. Brill, 2016), 76. 59-125.

73 Gäbler, 『츠빙글리: 그의 생애와 사역』, 109.

74 Zwingli, 『츠빙글리 저작선집 1』, 247.

75 Zwingli, 『츠빙글리 저작선집 1』, 254.

76 Robert Heinich Oehninger, Das Zwingliportal an Grossmünster in Zürich, 정미현 역, 『츠빙글리의 종교개혁 이야기』(서울: 한국장로교출판사, 2002), 52.

77 Martin Haas, Huldich Zwingl Und Seine Zeit, 정미현 역, 홀드리히 츠빙글리와 그의 시대 (서울: 한국기독교장로회신학연구소, 1999), 156.

78 Gäbler, 『츠빙글리: 그의 생애와 사역』, 111.

79 Wendel, Always Among Us, 140.

80 Opitz, 『울리히 츠빙글리』, 76.

81 Elsie MacKee, Diakonia in the Classical Reformed Tradition and Today, 류태선·정병준 옮김, 『개혁 전통과 디아코니아』(서울: 한국장로교출판사, 2001), 93.; 이신열, "국가와 가난한 자에 대한 츠빙글리의 이해", 「고신신학」 22 (2020), 173.

82 김유준, "Zwingli의 경제 윤리에 관한 현대적 고찰", 45.

83 Gäbler, 『츠빙글리: 그의 생애와 사역』, 112.

84 우병훈, "츠빙글리의 성화론", 160.

85 안인섭, "츠빙글리(Ulrich Zwingli: 1484-1531)의 사회 윤리 사상", 「신학지남」 86/4 (2019), 181.

86 우병훈, "츠빙글리의 성화론", 175.

통일, 어떻게?

안인섭(총신대학교 교수)

05

05

통일, 어떻게?

안인섭(총신대학교 교수)

I. 들어가는 글

　최근까지 세계는 소위 G2로 불리는 미국과 중국이 중심이 되는 질서 속에서 움직였다. 그러나 현대 국가들은 역사상 유례가 없는 코로나19를 겪으면서 국제 사회에 큰 변화를 경험하고 있다. 특히 한반도의 통일 문제는 더욱 혼미한 상황 가운데 놓여있기 때문에 교회의 바람직한 국가관은 더욱 중요한 신학적 주제로 떠오르고 있다. 역사는 현재와 미래 세대에 지혜를 제공한다. 한반도의 분단은 19세기 말과 20세기 초 식민 통치와 냉전 체제라는 세계사적 격변의 시대 속에서 발생했기 때문에, 21세기에 통일을 모색하는 길 또한 역사적 고찰을 통해 그 방향성을 얻을 수 있을 것이다. 기독교는 역사적인 종교이기 때문에 통일을 위한 교회의 역할

또한 교회의 역사 연구에서 통찰력을 얻을 수 있다. 이런 맥락에서 특히 16세기 종교개혁 시대가 주목되는데 그 이유는 종교개혁이 내적으로 보면 중세 교회의 왜곡된 신앙을 하나님의 말씀으로 개혁하기 위한 운동이기도 하지만, 외적으로는 유럽의 중세 봉건 사회가 근대 시민 사회로 나갈 수 있는 정신적인 기초를 놓았기 때문이다. 특히 한국 교회의 다수가 개혁 신앙을 고백하는 장로교회에 속해 있기 때문에 개혁교회의 아버지와 같은 츠빙글리의 국가론을 연구하는 것은 한국 교회가 추구해야 하는 통일의 방향 설정에 큰 유익이 있을 것이다.

1519년 스위스 취리히에서 츠빙글리의 마태복음 강해 설교로부터 시작된 개혁교회의 종교개혁은 전 유럽으로 확산되면서 교회의 범위를 넘어 중세 1,000년에서 근대 사회로 넘어가는 중요한 원동력이 되었다.[01] 츠빙글리의 사상은 최근 한국에 본격적으로 소개되고 있는데 그의 국가론은 독립적인 주제나 사회 윤리의 맥락에서 몇 가지 방향으로 진행되었다.[02] 첫째는 츠빙글리가 교회보다 국가에 더 비중을 두었다는 연구다.[03] 스위스 종교개혁 안에서 츠빙글리의 국가 교회적인 경향에 반대하여 취리히에서 재세례파가 형성되었으며 스위스 종교개혁 사상은 2세대인 칼빈에 와서 종합되었다고 본다. 둘째는 츠빙글리의 교회와 국가를 긴장 속에서 역동적인 상호 관계로 바라보는 입장이다.[04] 셋째는 츠빙글리의 교회와 국가를 하나님의 말씀의 신학에 근거하여 비교적 통합적이며 개혁적인 관점으로 고찰하는 연구들이 있다.[05] 넷째는 츠빙글리의 사회-경제-국가에 대한 관점은 현상유지적이라는 견해도 있다.[06] 다섯째는 츠빙글리와 취리히의 재세례파는 신학적으로 서로 대립하기는 했지만 그들의 교회와 국가론에 공통적인 측면도 있다면서 화해와 협력의 방향을 모색하려는 시도도 있다.[07]

츠빙글리의 국가론에 대한 기존의 연구를 종합해 보면 그는 루터와는 달리 개인적인 칭의뿐만 아니라 신자들 안에 계신 그리스도를 닮아가는 삶의 신학을 강조하면서[08] 사회와 국가 공동체까지 아우르는 신학적 체계를 제시했다는 점에서 대체로 일치한다. 대부분의 연구들은 츠빙글리의 중요 저작 한두 개를 선택해서 그것을 집중적으로 분석하고 있다. 그러므로 츠빙글리의 초기부터 말기까지의 전체 작품들 속에 나타난 그의 국가론을 종합적으로 제시하는 연구가 필요하다. 이런 방법으로 츠빙글리에게 접근해야 후대의 신학적 입장에서 츠빙글리를 편향적으로 평가하지 않고 츠빙글리 자신의 사상을 바로 이해할 수 있을 것이다.[09]

그러므로 본 연구의 목적은 크게 두 가지인데, 첫째는 츠빙글리의 종교개혁 활동 초기인 1522년부터 사망 직전인 1531년까지 그의 전 생애에 걸친 저작들을 고찰하여 그의 국가론을 연구하는 것이다. 둘째는 이렇게 도출된 츠빙글리의 국가관에 근거해 볼 때 통일을 위한 한국 교회의 책임감은 무엇이며, 한국 교회는 통일을 향해 어떤 방향으로 나가야 하는지를 제시하는 것이다.

츠빙글리의 사상은 시간적 흐름에 따라 변했다고 보기보다는 일관성 있는 흐름하에서 주어진 상황에 대응하며 작품들이 저술되었다고 보아야 한다. 그런 의미에서 본 연구에서는 "슈비츠 사람들에 대한 하나님의 경고"(1522. 5. 22), 그리고 츠빙글리의 국가론을 살펴볼 수 있는 초기의 중요한 작품인 "하나님의 정의와 사람의 정의"(1523. 6. 30)부터 시작해서 "67개 논제에 대한 해제"(1523. 7. 14), "어떻게 아이들을 훌륭하게 교육시킬 것인가"(1523. 8. 1), "목자"(1524. 3. 26), "스위스 연방에 대한 간곡한 경고"(1524. 5. 2), "누가 사회를 혼란스럽게 만들었는가"(1524. 12. 7), "발발 가능성이 있는 전쟁의 대비를 권면함"(1524. 12월 중순), "참된 종교와 거짓 종교에 대한 주해"(1525)는 물론 그가 후기에 저술했던 작품들인 "믿음의 내용"(1530. 7. 3), 그리고 "그리스도 신앙 선언" (1531. 7월) 등의 그의 전체 저작들에 나타난 국가론을 고찰함으로 츠빙글리의 국가론의 종합적인 특징을 연구하게 될 것이다.

츠빙글리의 신학에 근거하여 통일을 길을 조명해 주는 기존의 연구들이 있다. 츠빙글리의 생애 초기인 1522-1524년에 출판된 저작들을 중심으로 츠빙글리의 국가론을 고찰하여 북한을 바라보는 관점이 제시된 바 있고,[10] 1522년의 프로샤우어(Christoph Froschauer)의 인쇄소 직원들의 "소시지 사건"에 대한 츠빙글리의 복음의 자유 정신으로 통일을 바라보는 연구 등이 있었다.[11] 그러므로 본 연구에서는 츠빙글리의 종교개혁 활동 초기부터 말기까지 출판되었던 그의 모든 저작들을 총체적으로 분석하여 그의 국가론을 고찰한 후에, 이에 근거해서 한반도 통일을 방향을 찾아보게 될 것이다.

한치 앞도 예측할 수 없었던 16세기 종교개혁 시대에 스위스 취리히에서 개혁과 종교개혁을 출범시켜 이후 개혁교회에 큰 영향을 미쳤던 츠빙글리의 국가론은, 가까운 미래도 예상하기 어려운 한반도의 분단 상황에서 통일을 향한 교회의 책임이 무엇인지에 대해서 소중한 방향을 제시해 줄 수 있을 것으로 기대한다.

II. 스위스 종교개혁의 배경

츠빙글리의 국가론은 스위스 종교개혁의 맥락에서 이해된다. 중세의 신성 로마 제국과 로마 가톨릭으로부터 스위스가 종교개혁을 진행하는 것은 필연적으로 스위스 연방(Confederatio Helvetica)의 자유 및 독립과 연계되어 있었다. 게다가 츠빙글리는 참된 신앙은 개인을 넘어 공동체와 연결되어 있다는 개념을 강하게 가지고 있었기 때문에 츠빙글리의 국가론은 그의 기본적인 신학적 이해 위에 서 있게 되었다. 츠빙글리는 그리스도의 왕국을 연결점으로 해서 스위스 교회와 스위스 시민 사회라는 두 개의 별도의 영역을 하나로 통합했다.[12]

스위스 연방은 13세기 말에 오스트리아에 맞서는 과정에서 형성되어 그 영역을 확장해 나갔다. 비교적 늦은 1351년에 취리히는 이 연방에 합류했으며 취리히의 종교개혁이 진행되던 16세기에는 13개의 주가 스위스 연방을 이루고 있었다.[13] 스위스 종교개혁은 1524년에서 1526년에 이르기까지 급격하게 퍼져 나갔고 스위스의 가톨릭주의자들은 위협을 느끼게 되었다. 더 나아가 그 영향은 남부 독일에까지 미치게 되어 이 지역의 대도시들이 스위스와 연대하기까지 했다.[14]

츠빙글리의 종교개혁이 취리히 교회에서 선포되는 설교를 도화선으로 하여 스위스 전체와 국외로 확산되었지만 실제로는 취리히 시 의회가 츠빙글리의 신학을 수용해야만 종교개혁이 가능한 구조였다. 그러므로 츠빙글리의 교회와 국가에 대한 사상은 자연스럽게 취리히 종교개혁의 성공과 실패를 가늠하게 하는 지렛대였다고 볼 수 있다.

III. 츠빙글리의 국가에 대한 이해

1. 국가는 신적 기관이며 위정자들은 하나님의 대리자

츠빙글리는 세상 권력의 근거를 그리스도의 말씀과 사역 위에 놓으면서 국가의 신적 기원을 명시하고 있다.[15] 타락한 인간의 죄를 억제하여 인간다운 삶을 살도록 하기 위해 하나님이 국가를 세우셨다는 의견은 루터와 칼빈을 포함한 대부분의 종교개혁자들이 공유하고 있는 내용이다.[16] 따라서 국가의 권위는 존중되어야 한다. 이들과 달리 급진적인 종교개혁은 기독교인이 국가의 공직을 갖는 것을 바람직하지 않게 보았다.

츠빙글리는 그의 활동의 초기인 1523년 작품인 『67개 논제에 대한 해제』에서 국가의 통치자는 하나님의 일꾼으로서 법에 근거하여 사람을 처벌할 수 있다고 말했다.[17] 이런 주장은 츠빙글리가 1530년 장 스트룸을 통해서 신성 로마 황제 칼 5세에게 제출했던 "믿음의 내용(Ratio Fidei)"(1530. 7.3)에서도 강조되고 있다. 그는 "정당한 방법으로 집권한 정치 권력은 예언자에 비해서 뒤지지 않는 하나님의 대리자"라고 선언하고 있다.[18] 결국 합법적인 위정자들은 하나님의 일을 대신하고 있다고 보았던 것이다.

그러므로 츠빙글리에 의하면 위정자는 하나님의 대리자로서 하나님의 말씀에 따라서 국가를 통치해야 한다. 츠빙글리는 그의 국가관과 사회 윤리관의 근저에 하나님의 말씀을 놓고 있다.[19] 이것의 의미는 물론 영적인 교회의 일을 맡은 목회자는 당연하겠지만, 세속 정치를 맡은 위정자 또한 하나님의 말씀이 가르치는 정신 위에서 통치하라는 것이다.

츠빙글리는 하나님의 말씀에 의해서 세상에 대한 견해가 근본부터 새롭게 된다고 보았다. 성령의 명확성과 능력으로 말미암아 하나님의 말씀에 의해서 인간은 하나님과 연결되며 역동성을 얻게 된다.[20] 위정자는 하나님의 말씀을 경청해야 하는데 하나님의 말씀이 통치자의 앞길을 인도할 것이기 때문이다.[21] 그러므로 공적인 권력을 가진 자들은 영적인 임무를 다하는 사람들과 같으므로 그리스도인들이 위정자들에게 세금을 지불하는 것이다.[22]

2. 국가 권력의 형태

츠빙글리는 칼 5세의 아우구스부르그 회의 결과가 만족스럽지 못하자 다음해(1531)에 『그리스도 신앙 선언(Christianae fidei expositio)』을 작성했는데, 프랑스 1세에게 헌정한 이 책에서 그리스인의 국가 권력의 형태를 자세하게 논하고 있다.[23] 첫째는 군주제인데 라틴인들은 왕정이라고 했다. 왕 한 사람에게 권력이 집중되며 인간성과 정의에 근거해서 국토를 수호한다. 그러나 이 군주제가 타락하면 독재 정치(라틴인들은 폭력 정치라고 하는데)가 되는데 사회 정의가 말살되는 국가다. 츠빙글리는 이미 1522년에 출판되었던 『슈비츠 사람들에 대한 하나님의 경고』에서부터 성경의 예를 들어 왕정의 위험을 지적한 바 있었다.[24]

둘째는 귀족제인데 이것을 가장 좋은 제도라고 보고 있다. 우수한 사람들이 정권을 잡고 통치하는 것이다. 그러나 츠빙글리는 이것 또한 예리하게 비판하는데 이 귀족제가 타락하면 과두제가 되어 소수에 의한 독재 정치로 전락하고 만다는 것이다. 현대적인 개념으로 풀어보자면, 귀족제의 위험성은 소수의 기득권 세력이 권력을 잡고 국민을 위하는 것이 아니라 자신의 이기적인 욕망을 채우면서 국가를 사유화할 수 있다는 것이다. 이것은 한국의 정치계가 진지하게 경청해야 할 가르침이라고 생각한다. 그리스인들의 세번째 정치 제도는 민주 제도인데 라틴식으로는 공화정이다. 국민들에게 권력이 있다. 그러나 이것이 타락하면 폭동, 반란, 무질서가 되는데 츠빙글리는 무질서에 대한 강한 불신을 표현하고 있다.

이것은 츠빙글리가 국민에게 권력이 있는 것 자체를 반대했다기보다는, 당시 유럽의 급진 개혁 세력에 의한 혼란에 대해 의구심을 표현한 것이라고 보아야 할 것이다. 츠빙글리는 이 책을 프랑스의 왕에게 헌정하면서 당시 스위스와 프랑스의 종교개혁 진영이 맞고 있는 정치적 상황 속에서 종교개혁주의자들은 급진적인 혁명 세력이 아니며 국가의 법을 준수하는 시민이라는 것을 강조한 것으로 보아 알 수 있다. 칼빈도 동일한 맥락에서 그의 기독교강요를 같은 프란시스 1세에게 헌정하면서 종교개혁주의자들은 급진 혁명 세력이 아님을 강조하고 있는 것이다.[25]

3. 위정자는 국민의 평화로운 삶을 목적하라

츠빙글리는 영혼이 육체와 다르듯이 교회와 국가는 구별되지만 국가 또한 그리스도의 평화를 유지하기 위해 하나님이 세운 기관임을 강조한다.[26] 국민이 국가의 법에 복종해야 하는 이유가 여기에 있다. 츠빙글리는 그의 말년뿐 아니라 초기에도(1523) 국가 권력자들은 국민의 평화를 위해 일해야 한다고 주장했다. 츠빙글리는 자신의 의붓아들들을 위한 교육서에서 하나님과 바른 관계를 맺은 청년이 사회 속에서 타인과 어떻게 살아야 하는지를 가르치면서 국가가 전투하는 유일한 목적은 조국과 국민을 보호할 때라고 그 한계를 명확하게 정하면서, 청년 때부터 정의감과 신앙심을 확고하게 가질 때 국가와 국민 모두에게 유익을 줄 수 있다고 강조했다.[27]

츠빙글리는 하나님께서 위정자들의 돌같이 굳은 마음을 부드럽게 하여 이웃을 사랑하도록 할 것이라고 강조했다. 츠빙글리는 자신이 취리히에서 평화를 설교해 왔다고 밝힌다.[28] 위정자는 국민에 맞서서 싸우지 말고 그들에게 도움을 주며 평화롭게 살라고 권면하면서 두 명의 해방자 모세와 예수를 모범으로 제시한다.[29] 하나님을 불신하는 독재자는 수단을 가리지 않고 부를 축적할 것이지만 하나님을 두려워하는 위정자는 모든 것을 백성들과 나누고 그들의 평화와 안녕을 중시할 것이다.[30]

스위스 연방의 시민들은 이기적으로 서로 분쟁할 때 공멸하게 될 것이다. 스위스 연방은 서로 화해하고 평화를 유지해야 하며, 투쟁하고 분열하게 되면 국가의 미래를 바라볼 수 없다. 스위스 연방의 구성원들은 연방의 분열을 획책하는 외국 세력에 말려들어서는 안 된다.

츠빙글리는 국가가 그 본래의 역할인 정의와 평화를 추구하는 책임을 더 잘할 수 있도록 가장 잘 도와줄 수 있는 것은 그리스도의 교훈 즉 말씀이라고 정리한다. 통치자와 국민이 하나님의 말씀을 믿을 때 세상에는 더 큰 평화와 사랑이 넘치게 될 것이다.[31]

4. 위정자는 개인의 탐욕을 버리고 국민을 위하라

츠빙글리에 의하면 국가의 통치자는 국민을 괴롭히거나 착취하는 자들이 아니라 국민을 위해서 선행을 실천하는 자다. 따라서 위정자가 폭군이 되어 신성한 인권을 무시하고 국민들을 압제한다면 목자는 과감하게 국민들을 보호해야 한다고 주장한다.[32] 위정자가 본래의 역할을 이탈해서 자신의 탐욕 때문에 국민을 고통스럽게 할 때 츠빙글리는 목회자는 희생당하는 국민을 지켜야 한다고 소리를 높였다.

당시 스위스에 만연해 있었던 뇌물에 대해서 츠빙글리는 위정자는 하나님 앞에서 뇌물을 받지 말라고 강조한다. 권력자가 주는 뇌물은 국가의 질투와 배반을 야기시키게 된다.[33] 뇌물을 받는 정치가들은 지혜로운 자들의 눈을 멀게 하고 정의로운 자의 말을 왜곡시킨다.[34]

또한 당시 스위스의 재정에 중요했던 용병제에 대해서 츠빙글리는 용병 제도 자체가 악한 것이며, 스위스 청년들의 외국 용병의 핏값으로 취리히는 외국 자본에 종속되었고 방탕하게 되었다고 한탄하고 있다. 스위스 연방을 파멸시킬 수 있는 인간의 이기심을 없애는 방법은 하나님의 말씀을 진실하게 선포하는 것이다. 여기서 츠빙글리는 신정 정치를 강조한다기보다는 국가와 위정자가 성경의 정신 위에 세워져야 한다는 것에 방점을 두고 있다고 해석해야 한다. 국가가 수행하는 전쟁을 대비하는 지휘관들은 사적인 욕망을 채우려고 하지 말아야 하며 병사들에게 신뢰를 받아야 한다.[35] 그러므로 츠빙글리의 저작들에 나타난 이상적인 국가 지도자 상은 개인의 이기적인 욕망이 아니라 국민의 유익을 위해야 하는 것으로 요약된다.

5. 국가는 억압받는 자를 환대하고 보호하라

츠빙글리는 국가의 정치가는 사회의 부자들이 가난하고 연약한 사람들을 착취하지 않도록 예의 주시하라고 가르치고 있다.[36] 국가의 권력자들은 국민들이 원하는 바에 따라 정직하게 통치해야 한다. 즉 통치자들은 보통 시민들을 돌아보아야 하며, 사회적 약자들이 억울하게 망하지 않도록 일해야 한다.[37]

스위스는 하나님의 자유를 활용해 해외에서 온 박해자들을 환대하는 피난처였다. 스위스 자체의 자유도 외국의 지배자에 대한 저항으로 얻어진 것이었다. 그러나 현재의 스위스는 자신의 자유를 가지고 박해받는 난민들을 환대하지 않고 있으며 이들에 대한 찬반으로 사회가 분열되었다. 그러므로 츠빙글리는 국가는 핍박받는 자들을 환대하고 난민들을 돌보며 가난한 자에게 부를 나누어 주어야 한다고 역설했다.

6. 경제 및 노동관

츠빙글리는 기본적으로 적법한 사유 재산을 인정하고 있다. 그에 의하면 경제적으로 약한 자나 강한 자나 모두 그들의 소유는 지켜져야 한다.[38] 그래서 국민은 정당하게 국가에 세금을 내야 한다. 동시에 재산을 소유하고 있는 사람은 정의로운 청지기로서 소작인들에게 정의롭게 대해야 한다.[39] 츠빙글리는 국민의 책임과 정체성에 대해서 가르치고 있다. 특히 1520년대 중반기에 스위스에는 일확천금을 노리면서 놀리는 땅도 많았다. 츠빙글리는 이것을 비판하면서 경제적으로 부요한 자나 가난한 자 모두를 포괄하면서 국민의 진정한 경제관과 노동관을 설명해 주고 있다.

츠빙글리는 노동은 인간을 게으르게 하지 않고 타락하지 않게 하며 신성한 노동의 대가로 양식을 얻는 것은 매우 귀한 것이라고 노동의 가치를 칭송하고 있다. 더 나아가 츠빙글리는 노동의 건전성과 정당성을 높이 평가한다. 츠빙글리는 노동으로 작물을 수확하는 것을 창조주 하나님의 창조와 같이 아름다운 일이라고 평가한다.[40] 그러므로 츠빙글리에 의하면 국민은 이기심을 버리고 스위스 연방을 위해 책임있는 시민으로서 살아가야 한다.

IV. 츠빙글리의 교회와 국가

1. 하나님의 하나의 지배하의 두 공동체

츠빙글리의 신학 전체는 그의 "애국주의(patriotism)"를 떼어놓고는 말하기 어려운데[41] 특히 그의 교회와 국가론은 더욱 그렇다고 할 수 있다. 츠빙글리는 교회와 국가를 두 개의 공동체가 아니라 하나님의 절대적인 지배하에 있는 동일한 공동체로 보았다.[42] 그리스도의 왕국을 매개로 하여 교회와 시민 모두를 통합했다. 국가는 인간의 정의가 하나님의 정의에 수렴하는 기관이다. 교회는 내적인 정의를 감당하며 국가는 외적인 정의를 맡는다. 츠빙글리는 교회와 국가는 내적, 외적 관련을 갖지만 그 역할을 구별시킨 것이다. 츠빙글리는 신학적 내용은 목회자들의 몫이며 위정자는 신학적 문제에 개입하는 것이 아니라 스위스 국민들의 삶을 책임져야 한다고 주장했다.[43]

2. 내적인 의에서 외적인 의로

하나님의 정의는 완전한 것이며 인간적인 것을 초월한다. 그러나 인간적인 정의는 하나님의 정의에서 나온 것이지만 불완전한 것이며 타락한 인간의 본성을 위한 것으로서 국가 권력을 의미한다.[44]

츠빙글리는 인간의 의를 하나님의 의와의 관계성 속에서 바라보았다. 하나님의 정의는 반드시 인간의 정의로 나가는 것이지 결코 대립되는 개념이 아니다. 인간은 먼저 교회에서 내적인 의를 얻은 후에 외적으로 국가를 통한 의로 나간다. 루터가 하나님의 정의와 인간의 정의의 긴장성(tension)을 강조했다면 츠빙글리는 이 둘이 서로 모순적인 것이 아니라 내적인 의에서 외적인 의로 점진적으로 발전해 나가는 것으로 보았다. 츠빙글리와 루터의 국가론을 비교한다면 츠빙글리의 국가론은 종말론적인 관점에서 이해할 수 있으며,[45] 따라서 국가에 보다 긍정적인 의미가 부여된다.

츠빙글리의 교회와 국가론은 루터와 비교할 때 적지 않은 부분에서 유사한 점이 있다. 국가를 죄의 결과로 보거나 국가 통치자를 하나님이 세우셨다는 것이나 기독교인들이 공적인 직무를 수행할 수 있다고 보면서 급진 재세례파들과 차별되는 점에서 츠빙글리는 루터와 대립하지 않는다. 그러나 하나님의 정의와 인간의 정의의 관계에서 루터보다 츠빙글리가 보다 긍정적인 역할을 국가에 부여했다는 점에서 츠빙글리는 루터와 갈라선다.[46]

3. 교회와 국가의 구별성과 상호 관계성

츠빙글리는 교회와 국가를 혼합시키거나 분리시키지 않고 구별된 것으로 보았다. 두 기관 모두 하나님이 부여하신 영역이 있다. 교회의 권력과 국가의 권력은 다른 것이다. 츠빙글리는 그의 유명한 저서『하나님의 정의와 사람의 정의』에서 교회와 국가의 관계를 체계적으로 정리하고 있다.[47] 첫째, 모든 권세는 하나님으로부터 왔기 때문에 복음을 증거하는 자는 국가 권력에 순종해야 한다. 둘째, 세상의 권력은 내적인 죄가 아니라 외적인 악행에 대한 정의를 집행한다. 셋째, 국가 권력은 정의로운 사람을 칭찬하고 보호해야 한다. 넷째, 그래서 국가 권력은 하나님의 종이다. 다섯째, 정의로운 통치자는 악을 행한자를 처벌해야 하며 죄 없는 국민을 처벌해서는 안 된다. 여섯째, 국가 통치자는 불의를 행한자를 처벌하는 하나님의 종이기 때문에 칼을 가지고 집행할 수 있다. 일곱째, 국민들은 국가 권력자가 무섭기 때문이 아니라 양심을 위해서 복종해야 한다. 여덟째, 그러므로 국민은 위정자가 국정을 수행할 수 있도록 국가에 세금을 납부해야 한다. 아홉째, 그리스도인은 모든 빚진 사람들에게 갚아야 한다. 열째, 모든 사람들은 자신의 의무를 다해야 한다.

여기에서 츠빙글리는 내적인 정의가 아닌 외적인 삶을 통치하는 국가의 특징을 상세하게 설명하고 있다. 츠빙글리의 교회와 국가의 구별성은 가톨릭의 그것과 다를 뿐만 아니라 루터의 두 왕국설이나 재세례파의 분리주의와도 다르다. 이런 관점은 츠빙글리 이후 칼빈과 같은 개혁주의자들에게 이어지는 공통적인 골격을 형성했다고 평가할 수 있을 것이다.

국가 권력은 악한 인간을 칼과 법에 의한 처벌로 공공의 행복을 증진시키지만, 교회와 성직자는 성령의 검인 하나님의 말씀을 설교함으로 하나님의 나라를 섬긴다.[48] 츠빙글리는 교회와 국가의 구별성을 말하지만 동시에 교회와 국가가 서로 하나님의 나라를 섬긴다고 하는 점에서는 상호 관계성이 있다는 것을 강조했다. 국가 권력이 성경의 정신대로 사용되면서 국민적 연합을 만들어 낼 때 복음의 정신은 그 권력을 더 강하게 한다.[49]

4. 그리스도인의 청지기적 사회적 책임

교회와 국가와 서로 관련성을 갖는다는 츠빙글리의 관점은 자연스럽게 그리스도인의 사회적 책임을 역설한다. 츠빙글리가 공공적인 삶의 영역에서 기독교인의 책임이 얼마나 중요한지를 강조한 것처럼 현대 사회에서도 그리스도인들의 책임은 막강하다고 할 것이다.[50]

츠빙글리에 의하면 인간은 자유를 갖지만 청지기로서 사회적 책임을 갖는다. 그리스도인은 공적인 영역에서도 하나님의 의가 나타나도록 살아야 한다. 그리스도인의 사회 윤리에 대한 츠빙글리의 강조는 경제 윤리, 정치 윤리로 확산되며, 시민 사회 안에서 좋은 그리스도인이자 정의로운 시민이라는 그리스도인의 정체성에 대한 근대적인 특징을 제시해 주고 있다. 츠빙글리는 사회 안에 존재하는 가난한 자를 보호해 주지 않는 목자들에 대해서 "거짓 사제들"이라고 비판할 정도로 그리스도인의 사회적 책임을 인식하고 있다.[51]

츠빙글리는 만약 국가가 위기에 처했을 때 교회가 회개한다면 국가는 희망이 있다고 말한다.[52] 교회가 회개함으로 자기 중심에서 하나님의 은혜 중심으로 회복된다면 스위스 연방이 다시 화해됨으로 미래를 보장받을 수 있다는 것이다. 츠빙글리는 교회가 사회와 국가의 미래에 대한 막중한 책임 의식이 있다는 것을 강조하고 있는 것이다.

5. 그리스도인의 국가에 대한 복종과 저항

츠빙글리는 그의 초기 저작부터 후기까지 일관되게 그리스도인은 국가에 복종해야 한다고 말해왔다. 모든 그리스도인은 한 사람도 예외 없이 세속 통치자에게 복종해야 한다. 왜냐하면 모든 권세는 하나님으로부터 나왔기 때문이다. 츠빙글리는 더 나아가 악한 권력도 하나님으로부터 나왔다고 말한다.[53]

츠빙글리는 심지어 악한 독재자라도 신앙에 방해가 되지 않는다면 죄에 대한 심판과 인내의 시험이라는 차원에서 참고 견디라고 했다. 그에 의하면 하나님을 믿지 않는 독재자는 악한 수단으로 부를 축적할 것이며 하나님을 두려워하는 위정자는 시민의 안녕과 평화를 중시할 것이다.

그렇다면 그리스도인의 국가에 대한 복종을 강조했던 츠빙글리는 세상 권력자의 폭정에 대해서 어떻게 생각했을까? 츠빙글리는 독재자의 폭정에 대해서는 제한을 가하고 있다. 츠빙글리는 교회는 국가 통치자에 대해 책임이 있으며 정부에 대한 선지자적 비판을 하는 사명이 있을 뿐 아니라 만약 국가가 그리스도의 통치에 어긋나게 되면 저항할 권리도 있다고 보았다.[54] 국가 통치자의 법이 하나님의 뜻과 반대되는 경우에 츠빙글리는 "사람보다 하나님에게 더 순종하라(행 5:29)"고 말한다.[55]

위정자가 국민의 권리를 지키지 않고 하나님에 대한 경외심도 없고 이웃을 배려하지도 않는 폭군이 되었다면 목회자는 그 폭군에 복종하는 것이 아니라 과감하게 나서서 국민들을 보호해야 한다. 사울 왕에 대한 사무엘, 다윗에 대한 나단, 여로보암에 대한 하나님의 사람, 아합 왕에 대한 엘리야처럼, 목자는 정치 권력자가 정도에서 벗어났을 때 방관하지 말고 하나님의 말씀으로 비판해야 한다고 주장한다.

여기에서 츠빙글리의 강조점이 나타난다. 목회자가 위정자에 대항할 때 그 방법은 하나님의 말씀을 통해서 하라는 것이다. 세속의 정치 지도자도 하나님의 말씀에 순종해야 한다. 국가의 통치자가 자기 마음대로 통치하며 특권을 유지한다면 츠빙글리는 목자는 사람보다 하나님께 복종해야 하기 때문에 두려워하지 말고 권세에 저항해야 한다는 것이다.[56] 츠빙글리에 의하면 목회자는 권력을 남용하는 권력자를 제어하기 위해서 세워진 것이며, 동시에 목회자에게는 양을 위한 사랑이 필요하다고 강조했다.

그러면 통치자의 임무를 상실한 권력자에 대해서 어떻게 저항할 수 있을까? 먼저 츠빙글리는 이런 폭군은 제거되어야 하며 그것은 어려운 일이 아니라고 말한다. 폭군에 대한 저항은 전쟁과 폭력의 방법으로 하는 것이 아니다. 흥미롭게도 츠빙글리는 여기에 대해서 매우 민주적이고 평화로운 방법을 제시한다. 만약 보통 선거를 통해 선출된 권력자가 위정자의 임무를 저버렸다면 츠빙글리는 보통 선거를 통해서 그를 제거하라고 제안한다. 이 얼마나 민주적이고 평화적인, 그리고 확실한 저항인가?

만약 소수가 군주를 선출했는데 국민들을 고통스럽게 하는 군주로 전락해 버렸다면 츠빙글리는 이 악한 군주를 제거할 것을 널리 알리라고 말한다. 이 경우 비록 이 폭군이 사전에 자신을 제거할 것을 인지하게 될지도 모르지만, 츠빙글리는 정의를 위하고 그것이 하나님의 뜻에 맞는다면 죽음조차도 명예스러운 일이라고 강조하고 있다.[57]

그러나 여기에서 주목할 것이 있다. 츠빙글리는 악한 위정자에게 저항하고 그를 제거하는 경우에도, 국민의 일반적인 승인과 동의가 있어야 한다고 주장한다. 한 개인이 위정자를 폐위시켜서는 안 된다고 하면서 민주적이면서도 적절한 절차를 제시하고 있는 것이다.[58]

V. 통일을 향한 기독교의 책임

이상에서 살펴본 츠빙글리의 국가론은 한반도의 통일을 향해서 어떤 교훈을 제시해 줄 수 있을까? 본 논문은 크게 둘로 나누어 먼저 국가를 향한 기독교인의 책임과, 다음으로 통일을 향해 한국 교회가 나가야 할 방향에 대해서 고찰할 것이다.

1. 통일을 위해 국가를 향한 기독교인의 책임

첫째, 평화 통일을 위해 국가가 일할 수 있도록 기독교인은 적극 협력해야 한다. 츠빙글리는 교회는 물론 국가도 인간다운 삶을 살수 있도록 하나님에 의해 세워진 기관으로 보았다. 그 국가의 중요 역할은 국민의 평화로운 삶을 위하는 것이다. 그러므로 국가가 평화로운 통일을 지향하여 일하는 것은 하나님 나라의 정신과 일치하는 것이므로 교회는 평화 통일을 위해서 적극 후원하고 협력해야 한다.

둘째, 국가의 통치자가 개인적인 이익 관계를 넘어 국민을 위해 통일의 방향을 세울 수 있도록 기독교는 격려해야 한다. 국가의 위정자는 개인적인 이해관계에 따라서 통일의 방향을 좌우해서는 안 된다. 정치가들은 정치적인 손익관계를 따지면서 통일 문제에 접근하고자 하는 유혹을 받을 수 있지만 교회는 위정자가 그것을 넘어 국민과 국가의 미래를 바라보며 통일 정책을 세울 수 있도록 지속적으로 감시하며 방향을 제시해야 할 것이다.

셋째, 탈북민의 안정적인 정착을 위해서 국가가 적절한 정책을 세우고 집행할 때 기독교인들은 그 정책이 실행될 수 있도록 노력해야 한다. 츠빙글리는 국가의 역할 가운데 억압받는 자를 환대하고 난민을 보호하는 역할을 강조했다. 한반도의 상황에서 분단으로 인해 발생된 나그네는 탈북민에 해당된다. 그러나 국가의 단순한 행정적인 방편만으로는 탈북민의 진정한 정착은 실패할 수밖에 없다. 그러므로 교회는 보다 목양적이고 기독교적인 방법으로 탈북민과 더불어 살아갈 수 있는 방편을 찾을 뿐 아니라 포용성 있는 구체적인 실천을 해야 할 것이다.

넷째, 위정자가 통일을 위하지 않고 폭군이 되고자 할 때 기독교인은 민주적인 방법을 동원해서 저항해야 한다. 한반도의 상황에서 남북의 분단과 긴장은 정치적으로 독재의 방향으로 나갈 수 있는 빌미를 제공하기도 했다. 그러나 기독교인은 이런 폭군에 대해 맹목적으로 복종하는 것이 아니라, 츠빙글리가 제시한 것처럼, 폭군에 대해서 저항하되 그 방법은 민주적이어야 한다. 특히 츠빙글리가 말했던 바와 같이 한 개인이 판단해서 할 것이 아니라, 국민의 일반적인 승인과 동의하에서 이루어져야 할 것이다. 이 맥락에서 한국 교회는 국민과 소통하고 국민적 합의를 존중하는 태도를 견지해야 할 것이다.

2. 통일을 위해 한국 교회가 나가야 할 방향

첫째, 한국 교회는 자기중심적인 태도를 회개하고 통일 문제에 대해 국가와 함께 공적 책임을 져야 한다. 한국 교회가 양적 성장에 있어서는 나름대로의 성과가 있었다고 할 수 있지만, 그 과정에서 지나치게 경쟁적인 개교회 중심주의가 있었다는 것을 부인하기 어렵다. 그 결과 남한 교회의 성장에만 집중해 왔다고 반성적 평가를 할 수 있을 것이다. 츠빙글리는 국가가 위기에 처했을 때 교회가 회개한다면 희망이 있다고 강조한 바 있다. 그러므로 한반도의 통일의 길이 혼란하면 할수록 한국 교회는 이기적인 태도를 회개하면서 공공의 책임을 다해야 한다.

둘째, 교회는 박해받고 있는 북한 기독교인의 신앙의 자유와 인권의 증진을 위해서 다각도로 활동해야 한다. 현재 북한의 정치적 상황 속에서 북한의 기독교인들은 극심한 박해와 고난을 당하고 있다. 그렇지만 남북한의 정치적인 지형도와 국제적 정세 때문에 대한민국의 정부가 전면에 나서서 북한의 신앙의 자유 문제를 주도하는 것은 쉬운 문제가 아니다. 이런 문제는 정부가 아닌 교회와 기독교 단체가 나서서 북한에 신앙의 자유가 인정될 수 있도록 활동해야 한다.

셋째, 국가가 평화 통일에 반대되는 방향으로 나가고자 할 때 교회는 하나님의 말씀에 근거하여 비판해야 한다. 물론 정당은 현실적인 이유에 의해서 한반도의 평화보다 다른 가치를 더 우선시 할 수도 있을 것이다. 그러나 교회는 정당이나 정부의 정책이 아니라 성경의 정신에 따라서 평화 통일의 방향을 제시해야 할 것이다. 그럼에도 정부가 이것에 역행할 때는 교회는 맹목적으로 복종하는 것이 아니라 하나님의 말씀에 근거하여 선지자적 사명을 다해야 할 것이다.

넷째, 한국 교회는 각 교단별로 통일을 위한 전문적인 상설 기구를 세우고, 각 교단의 통일 기구들이 연대하여 평화 통일을 위해 연구하고 실제적인 대안을 제시해야 한다. 지금까지 한국 교회에서 통일에 대한 일치된 목소리를 내고 영향력 있는 역할을 다하지 못하는 이유 가운데는 그럴 수 있는 구조가 형성되지 못한 면이 크다. NGO 차원의 북한 선교나 통일 선교 단체들이 있지만, 하나의 교단 차원에서 통일에 대해 지속적으로 연구하고 방향을 제시할 수 있는 전문적인 상설 기구의 설립이 긴요하다. 특히 각 교단의 통일 기구들이 정기적으로 공동으로 연구하여 한국 교회의 일치된 통일 방안을 교회와 국가에 제시할 수 있다면 평화 통일을 위해 큰 유익이 있을 것이다.

VI. 나오는 글

미래를 예측할 수 없었던 16세기 유럽의 역동적인 정치적 역학과 종교개혁 상황 속에서 개혁교회의 아버지인 츠빙글리가 제시했던 국가론은 한반도의 통일을 향한 교회의 책임을 살펴보는데 매우 유익한 통찰력을 제공해 준다. 츠빙글리의 종교개혁 활동 초기인 1522년부터 사망 직전인 1531년까지 전 생애에 걸친 저작들을 고찰할 때 츠빙글리는 일관성 있는 국가론을 보여주고 있으며, 말년으로 갈수록 신성 로마 제국의 칼 5세나 프랑스의 프랑시스 1세에게 자신의 저작들을 헌정하는 등 국가론에 있어서 스위스를 둘러싼 주변국과의 국제 정치적인 관점을 반영하고 있다.

츠빙글리에 의하면 국가는 교회와 더불어 하나님이 세우신 신적 기관이며, 국가는 국민의 평화로운 삶을 위해서 일해야 한다. 하나님에 의해

임명된 국가의 지도자는 탐욕을 버려야 한다. 교회는 국가에 순종해야 한다. 그러나 국민의 인간적인 삶을 무시하고 권력을 남용하는 이기적인 위정자에 대해서 교회는 저항해야 한다. 특히 목회자는 이것을 방관하지 말고 저항해야 하되 그 방법은 철저하게 하나님의 말씀에 근거해야 하며 민주적인 절차에 따라야 한다는 것이 츠빙글리의 가르침이다. 국가 안에서 그리스도인들은 청지기 의식을 가지고 사회적 책임을 다해야 한다. 이렇게 함으로 츠빙글리는 하나님의 정의와 인간의 정의가 수렴해야 한다고 보았다.

이와 같은 츠빙글리의 국가론에 근거하여 본 논문은 한국 교회 통일의 길을 두 가지 방향에서 모색해 보았다. 먼저 통일을 위해 국가를 향한 기독교인의 책임이 무엇인지를 고찰했다. 다음으로 통일을 위해 한국 교회가 나가야 할 방향을 제시해 보았다. 종합해 보자면 교회는 국가가 성경적인 평화 통일을 위해 일할 수 있도록 적극적으로 국가에 복종하며 협력해야 한다. 그러나 만약 국가가 평화 통일에 반대되는 방향으로 나갈 때는 교회는 하나님의 말씀에 근거하여 적극적으로 비판해야 한다. 그 방법은 민주적이어야 하며, 국민의 일반적인 동의 속에서 이루어져야 한다. 한마디로 교회는 통일을 향해서 공공적인 책임을 다해야 하는 것이다.

교회는 또한 탈북민의 안정적인 정착과 북한의 박해받는 기독교인을 위해서 다각도로 활동해야 한다. 이런 일은 정치적인 맥락이 있기 때문에 정부가 앞장서서 나서기 어려운 상황도 있을 수 있기 때문에 교회가 그 책임을 다해야 하는 것이다.

아울러 본 논문은 한국 교회의 각 교단들이 통일을 위한 전문적인 상설 기구를 세우고, 이 통일 기구들이 연대하여 통일 문제에 대해 공동으로 연구할 뿐 아니라 한국 교회의 일치된 목소리를 만들어 내야 한다고 제시하는 바이다.

| 05 |
| 미주 |

- 본 연구는 「기독교와 통일」 제13권 1호 (2022): 7-36에 게재된 필자의 논문을 중심으로 작성되었다.

01 교회사적으로 중요한 교부, 종교개혁, 그리고 개혁주의 신학으로 통일의 길을 조명한 연구들에 대해서는 다음을 보라. 안인섭, "통일신학 정립을 위한 개혁주의적 고찰: 어거스틴(354-430)의 사상을 중심으로," 「한국개혁신학」 53 (2017): 198-222.; Idem. "칼빈의 화해 신학에 근거한 남북한 화해와 협력 - 역사신학적 관점," 「기독교와 통일」 5 (2011): 11-44.; Idem. "네덜란드 연방공화국 출범(1588)을 통해 전망하는 통일 한반도의 미래," 「기독교와 통일」 제12권 1호 (2021): 5-38.; 주도홍, "츠빙글리의 국가관: 한국 교회, 어떻게 북한을 바라보아야 하나," 「기독교와 통일」 제11권 1호 (2020): 5-40.; 조만준, "마틴 루터(Martin Luther, 1483-1546)의 교육 사상이 교회의 통일 교육에 주는 과제," 「한국개혁신학」 57 (2018): 167-199.; Idem. "아브라함 카이퍼(Abraham Kuyper)의 신-칼빈주의(Neo-Calvinism)가 기독교 통일 교육에 주는 함의," 「한국기독교교육정보학회」 53 (2017): 165-197.

02 츠빙글리의 작품은 Huldrych Zwingli Schriften I-IV가 독일에서 출판(1995)되었으며 한글로는 총 4권으로 번역되어 출판되었다. Huldrych Zwingli, Schriften (ed.) Thomas Brunnschweiler and Samuel Lutz, 4 vols. (Zürich: TVZ, 1995). 츠빙글리, 『츠빙글리 저작선집 1-4』 임걸, 공성철 역 (서울: 연세대학교 대학출판문화원, 2014-2018). 츠빙글리 신학에 대한 간략하고 핵심적인 안내는 다음을 보라. 강경림 외, 『한 권으로 읽는 츠빙글리의 신학』 (서울: 세움북스, 2019).

03 주도홍에 의해 주도된 "개혁교회 종교개혁 500주년 기념대회"(2019)는 한국 교회가 잊고 있었던 종교개혁자 츠빙글리에 대한 관심을 크게 불러 일으켰다. 츠빙글리의 원저작 연구를 통한 츠빙글리 연구 르네상스을 일으킨 다음의 연구들을 보라. 주도홍, 『개혁신학의 뿌리, 츠빙글리를 읽다』 (서울: 세움북스, 2020).; Idem. 『처음 시작하는 루터와 츠빙글리』 (서울: 세움북스, 2019).

04 박찬호, "교회와 국가의 관계에 대한 츠빙글리의 견해," 「한국개혁신학」 65 (2020): 80-117.

05 정미현, "하나님의 정의와 인간의 정의: 츠빙글리 윤리의 현대적 적용," 「기독교사회윤리」 제31집 (2015): 217-249; 임국회, "16세기 종교개혁자 츠빙글리의 사회 윤리에 조명해 본 오늘의 시장 경제," 「장신논단」 18 (2002): 219-248; 최영재, "츠빙글리의 『하나님의 정의와 인간의 정의』에 관하여," 「장신논단」 49(3) (2017): 115-142.

06 안인섭, "츠빙글리의 사회 윤리 사상," 「신학지남」 제86권 (2019): 165-191; 우병훈, "츠빙글리의 성화론: 그의 신론, 교회론, 국가론과 연결하여," 「한국개혁신학」 64 (2019). 148-192; 조용석, "츠빙글리와 교회: 사회적 영역으로의 통합," 「신학 사상」 156 (2012): 153-180.

07 이오갑, "종교개혁자들의 경제관," 「사회이론」 (2017. 가을/겨울): 55-81. 츠빙글리는 다음의 페이지에서 논의되고 있다. 64-68.

08 정미현, "츠빙글리와 재세례파의 교회와 국가에 대한 이해와 그 현대적 적용," 「한국조직신학논총」 제62집 (2021): 117-161.

09 A. McGrath, Reformation: An introduction, 4th ed. (Oxford: Wiley-Blackwell, 2012), 128-129.

10 Gottfried W. Locher, Zwingli's thought: New perspectives (Leiden: E.J. Brill, 1981), 44.

11 주도홍, "츠빙글리의 국가관: 한국 교회, 어떻게 북한을 바라보아야 하나," 「기독교와 통일」 제11권 1호 (2020): 5-40.

12 조용석, "Zwingli and Korean Reunification," 「제503주년 츠빙글리 종교개혁기념학술대회 자료집」 (2022년 1월 22일, 남서울교회), 341-353.

13 Emidio Campi, The Swiss Reformation: Ulrich Zwingli, Pietro Martyr Vermigli, Heinrich Bullinger, 김병훈, 박상봉, 안상혁 이남규, 이승구 공역, 『스위스 종교개혁: 츠빙글리, 베르밀리, 불링거』 (수원: 합신대학원출판부: 2016), 15-21. 그리고 37-50.

14 Philip Schaff, History of the Christian Church. Vol. VIII. The Swiss Reformation, 박경수 역, 『스위스 종교개혁』 (서울: 크리스챤 다이제스트, 2004), 21-24.

15 G.R. Potter, Zwingli (Cambridge: Cambridge University Press, 1976), 225.

16 츠빙글리, "67개 논제에 대한 해제," 368-371.

17 A. McGrath, Reformation: An introduction, 216.

18 츠빙글리, "67개 논제에 대한 해제," 398-400.

19 츠빙글리, 『믿음의 내용』, 135.

20 안인섭, "츠빙글리의 사회 윤리 사상," 183-185.

21 페터 오피츠, 『울리히 츠빙글리: 개혁교회의 예언자, 이단자 선구자』 정미현 역 (서울: 연세대학교 대학출판문화원, 2015), 38-41.

22 츠빙글리, "스위스 연방에 대한 간곡한 경고," 380-381.

23 츠빙글리, "67개 논제에 대한 해제," 402.

24 츠빙글리, "그리스도교 신앙 선언," 329-331.

25 츠빙글리, "슈비츠 사람들에 대한 하나님의 경고," 118.

26 Calvin, Iohannes Calvinus, Institutio Christianae Religionis, in Ioannis Calvini opera quae supersunt ominia, eds. G. Baum, E. Cunitz, E. Reuss, Vol. 2 (Brunswick: C. A. Schwetschke, 1868), cols. 25-28" 이하 CO로 표기한다. John Calvin, Institutes of the Christian Religion, trans. Ford L. Battles (Philadelphia: Westminster Press, 1960), 3.19.15. 이하 Institutes로 표기한다.

27 츠빙글리, "그리스도교 신앙 선언," 331.

28 츠빙글리, "어떻게 아이들을 훌륭하게 교육시킬 것인가," 282-283.

29 츠빙글리, "67개 논제에 대한 해제," 378.

30 츠빙글리, "누가 사회를 혼란스럽게 만들었는가," 427.

31 츠빙글리, "참된 종교와 거짓 종교에 대한 주해," 371 이하.

32 츠빙글리, "67개 논제에 대한 해제," 395-396.

33 츠빙글리, "목자," 318.

34 츠빙글리, "슈비츠 사람들에 대한 하나님의 경고," 130.

35 츠빙글리, "스위스 연방에 대한 간곡한 경고," (1524. 5. 2), 327.
36 츠빙글리, "발발 가능성이 있는 전쟁의 대비를 권면함," 32-33.
37 츠빙글리, "67개 논제에 대한 해제," 397.
38 츠빙글리, "67개 논제에 대한 해제," 400-401.
39 임희국, "16세기 종교개혁자 츠빙글리의 사회 윤리에 조명해 본 오늘의 시장 경제," 232-233.
40 츠빙글리, "누가 사회를 혼란스럽게 만들었는가," 415-416. 452.
41 츠빙글리, "스위스 연방에 대한 간곡한 경고", 373-374.
42 W.P. Stephens, The Theology of Huldrych Zwingli (Oxford: Clarendon Press, 1986), 7-8.
43 W.P. Stephens, The Theology of Huldrych Zwingli, 282.
44 츠빙글리, "스위스 연방에 대한 간곡한 경고," 377.
45 츠빙글리, "하나님의 정의와 사람의 정의," 227, 232.
46 최윤배, "츠빙글리, 부처, 칼빈의 종말론," 「한국기독교신학논총」 38 (2005): 185-209.
47 A. McGrath, Reformation: An introduction, 216.
48 츠빙글리, "하나님의 정의와 사람의 정의," 235-247.
49 츠빙글리, "67개 논제에 대한 해제," 368-375.
50 츠빙글리, "하나님의 정의와 사람의 정의," 203-204.
51 Gottfried W. Locher, "The change in the understanding of Zwingli in recent research," Church History 34, 1 (1965), 19.
52 츠빙글리, "목자," 347.
53 츠빙글리, "스위스 연방에 대한 간곡한 경고," 378.
54 츠빙글리, "67개 논제에 대한 해제," 376-384.
55 Gottfried W. Locher, Zwingli's Thought: New Perspectives, 63-64.
56 츠빙글리, "67개 논제에 대한 해제," 387-388.
57 츠빙글리, "목자," 318-326.
58 츠빙글리, "67개 논제에 대한 해제," 407 411.

설교, 어떻게?

서창원 교수(전 총신대학교 교수)

06

06

설교, 어떻게?

서창원(전 총신대학교 교수)

들어가는 말

　과거나 현재나 미래나 기독교 강단을 점령하고 있어야 할 것은 성경이다. 성경이 교회의 존폐 여부를 좌우한다. 지난 기독교 역사가 이를 증명한다. 하나님의 말씀에 충실한 이스라엘은 존속만이 아니라 번영을 구가했다. 그러나 말씀에서 벗어나거나 버린 행태들은 반대의 결과를 낳았다. 초대 교회 이후로부터 지금까지도 그 원리는 변하지 않았다. 그 점에서 볼 때 작금의 우리 현실은 존속과 번영의 길과는 거리가 멀어지고 있다. 지나친 유희적인 말놀음과 단순히 윤리 도덕적인 교훈 주기 또는 약간의 감동적인 이야기들이 뒤섞인 메시지들로 가득하다. 참된 회개와 변화를 일으키는 순수한 복음 전파를 듣기가 희귀한 일이 되어가고 있다. 새로운

교회 개혁 운동이 절실한 상황까지 도달하였다.[01]

16세기 종교개혁 이전의 설교 내용도 주로 흥밋거리 위주의 이야기들로 구성되었거나.[02] 그러나 순수한 복음 중심의 성경 진리를 강론하는 종교개혁 시대의 유산을 이어가지 못한 18세기 대각성 운동 이전의 국가 교회에 번진 형식주의나 19세기 스코틀랜드 온건주의자들이 그러했듯이 현대 교회도 인문학과 윤리 도덕, 과학 철학 심리학 심지어 경제학 등의 내용들이 강단을 잠식해가고 있다. 마치 설교자들의 주 업무가 성경 진리를 강설하는 것이라기보다 상당히 교양 있고 지적, 도덕적 품격이 높은 현대인을 양성하는데 있는 것처럼 산뜻하고 윤리 도덕적이고 문화적인 정보들로 가득해지고 있다. 이런 현상은 성경의 시대적 유효성을 의심케 하며, 참 교회의 성경 진리 선포 사역에 대한 심각한 도전이요, 죄인을 향한 하나님의 구원 계획과 상관이 없는 종교 놀음에 불과하다고 말하지 않을 수 없다. 물론 성경의 권위나 해석 및 유효성 문제는 어제 오늘의 논쟁 거리가 아니라 기독교 역사 속에서 항상 존재하는 문제이지만 현실의 흐름은 그 도가 심하다. 그런 의미에서 제3의 교회 개혁 운동이 시급하게 일어나야 한다는 외침은 높다. 이는 긍정적인 요소이기는 하나 눈덩이처럼 불어나고 있는 교회의 세속화는 브레이크가 없는 상황이다. 어떻게 하든지 이를 막아야 하고 정상으로 되돌려야 한다는 의식을 가진 목사들과 학자들이 많아져야 한다. 츠빙글리 기념학회의 오늘의 이 행사는 역사를 통한 한국의 교회 문제를 진단하고 처방하는 좋은 기회를 제공하는 신학자들의 외침의 일환이라고 생각한다.

한국의 교회를 무너뜨리고 있는 지금의 영적 기후를 어떻게 바꿀 것인가? 방도가 있다면 무엇인가? 나는 개혁파 교회 개혁의 선구자인 츠빙글리의 개혁 운동에서 그 대안을 엿본다. 역사의 주인이시며 알파와 오메가이신 영원하신 하나님이 사용하신 길이 있기 때문이다. 16세기 종교개혁 시대의 개혁파 교회의 원류인 울리히 츠빙글리의 교회 개혁 운동의 주 발판이었던 'letzgen'과 그의 뒤를 이은 하인리히 불링거 (1504-1575)의 지속적인 개혁의 실천적 교육 수단이었던 일명 '프로페짜이'(Prophezei), 그리고 17세기 설교의 황금시대를 연 영국의 청교도들의 '예언회'(Prophesying) 혹은 '설교 학교'의 역할을 살펴보면서 이 시대의 강단 개혁과 한국의 영적 기후의 변화를 일으키는 새로운 방안을 제시하고자 한다. 이 작업을 위하여 먼저 성경의 위치가 어떠한 것이어야 하는지를 고찰함이 필요하다. 왜냐하면 스위스 종교개혁의 방편이나 청교도들이 활용한 도구가 다 성경이 그 핵심이었기 때문이다. 이어서 본 논문은 츠빙글리와 청교도들의 예언회/설교 학교의 실체를 소개한다.

1. 성경의 권위는 영원하다.

루터를 제외한 16세기 종교개혁자들의 성경에 대한 이해는 교회의 전통이나 관습 및 교황권보다 더 우위에 있는 최고의 권위를 가진 법규였다. 심지어 성경에 명시되어 있지 않는 한 로마 교회의 관습은 구속력이 있음을 인정한 루터조차도 성경을 정확 무오한 하나님의 말씀임을 부정하지 않았다. 이처럼 성경은 하나님의 말씀으로서의 신학적 체계만이 아니라 하나님의 모든 통치 영역에서도 유일한 원리(unicum principium)로 간주하였다. 즉 종교개혁 시대의 성경의 위치는 교리와 삶을 위한 최고의 권위를 가진 것으로 천명되었다. 이는 지금도 마찬가지이다. 하나님의 말씀으로서의 성경의 권위는 영원하기 때문이다. 여기에 이의를 단다면 참된 그리스도인이 아니다. 교회의 부패와 타락은 이러한 성경에 대한 이해와 맞물려있다. 성경의 권위가 높이 유지되었을 때 교회의 영적 힘은 상승했다. 그러나 그 자리에 인간의 이성이 올라섰을 때 교회는 더 이상 교회 자체만이 아니라 사회 규범적 역할을 수행하지 못했다. 진리의 기둥과 터인 교회가 사람들의 발에 짓밟힘을 당한다. 지금도 이러한 상황은 다르지 않다.

츠빙글리(1484-1531) 역시 당시 인문주의의 영향과 로마 가톨릭 신학의 영향에 있었지만 그는 루터의 영향을 받지 않고 스스로의 성경 연구를 통해 터득한 독자적인 개혁 운동을 펼쳤다. 그는 성경의 절대 권위를 붙들고 자신의 개인적인 깊은 성경 연구에 의해 깨달은 구원의 확고한 방편과 하나님의 은혜의 교리를 천명함으로써 로마 가톨릭과 단절하고 개혁교회의 발판을 만들었다. 루터와는 달리 츠빙글리는 '단순한 신앙 혹은 로마 교회의 개혁만 추구하는 것이 아니라 기독교의 전반적인 삶을 개혁하고자 했다.[03] 츠빙글리가 추구한 삶의 갱신은 오직 하나님의 말씀의 권능으로부터 흘러나올 수 있으며 교회와 신앙의 갱신으로부터 발생하는 것이었다.

교회 개혁과 삶의 변혁을 위하여 로마 교회의 거짓과 위선을 공격한 그의 모든 주장은 다 기록된 말씀인 성경에 근거한 것이었다. 한마디로 교회 개혁의 동력은 성경이었다. 교회 공동체만이 아니라 성도 개개인 삶의 모든 영역이 다 성경의 규범에 따라야 한다는 교회 개혁과 삶의 변혁을 위한 새로운 이정표를 성경에 근거하여 제시한 것이다. 그가 1522년 9월 6일, 『하나님의 말씀의 명료성과 확실성』이라는 설교를 출판하면서 서론에서 "성경은 하나님으로부터 온 것이요, 사람으로부터 나온 것이 아님"

을 선언함으로써 성경의 신적 권위를 앞세웠다. 츠빙글리에게는 성경은 인간의 모든 권위와는 달리 절대적인 순종을 바쳐야 할 대상이었다. 말씀에 대한 순종에 있어서 우리는 하나님이 그 말씀을 역사 속에서 계시하여 준 것과 같이 하나님의 참된 뜻에 충실한 자가 되게 하는 것이다. 교회의 존속과 번영은 교회의 전통이나 교황권에 의존되어 있는 것이 아니라 오로지 하나님의 말씀에 달려있음을 구현하였고 증명하였다.

이러한 정신은 성경에 대한 동일한 사상을 가진 제네바의 칼빈에게서도 구체적으로 전개되었다. 칼빈은 『기독교강요』 1권 6장에서부터 12장에서 자신의 성경에 대한 확고한 이해를 피력하였다. 신학의 근원적인 원리나 삶의 모든 영역의 규범이 정확 무오한 하나님의 말씀에 기초한 것이어야 함을 강조하고 있다. 장로교의 창시자인 존 녹스의 사상 역시 이와 다르지 않았다. 그가 1560년에 스코츠 신앙고백서와 제일치리서를 만들면서 그 서문에서 이 원리를 분명히 못 박았다. 칼빈과 녹스의 '유니쿰 프린시피움' 원리는 17세기 청교도들에게 그대로 계승되어서 '성경이 침묵하고 있는 곳에서는 나도 침묵하고 성경이 말하고 있지 않는 것에서는 나도 들을 귀를 가지고 있지 않다'는 유명한 고백을 낳았다(토마스 부룩스). 웨스트민스터 총회의 문서인 신앙고백서에서는 성경의 최고 권위를 내세워 신앙고백서 제일 장에서 이를 다루면서 '성경은 신앙과 행위의 유일한 규범'(unicum regula)으로 천명하기에 이른 것이다.

그 이후로 개혁교회는 이 원리를 고수하고 있다. 물론 19세기 등단한 자유주의 신학의 영향으로 성경의 절대 권위를 훼손하고 '유니쿰 프린시피움'에서 '여러 규범 중 하나의 규범'이라는 종교 다원주의 주장을 피력하는 자들의 목소리가 높아진 것은 사실이다. 그러나 그들 교회의 현상을 보면 교회의 영적 권세와 힘은 현저하게 저하되어 있고 각종 현안에 대한 세상의 지렛대 역할은 전혀 감당하지 못하고 있다. 물론 복음주의를 표방하는 진영에서 성경의 권위를 의심하는 자들은 거의 없다. 그러나 그 고백적 선언은 교회의 교육과 예배 및 직제와 권징 등 모든 영역들에서 전혀 구가되지 않는 사문서가 되어버렸다. 자영업자로서 성공가도를 달리는 특정인들이 선망의 대상이 되듯 성공적인 종교사업가로서의 사례들이 성경의 권위를 대체하고 있다. 그런 상황에서 소귀에 경 읽기에 그치게 될지라도 성경의 권위를 믿는 사람으로서 이것이 신학적 선언문으로 그치는 것이 아닌 실질적 효력을 발휘하기 위해서는 츠빙글리와 청교도들을 포함한 위대한 믿음의 선진들이 목적하며 실천했던 방안을 되살리는 것도 필요하다. 힘들고 어려울수록 기본으로(ad fontes) 돌아가는 것이 상식이다. 본 논고는 그 작업을 위한 일환이다.

2. 츠빙글리와 '프로페차이'(Prophezei)

　Locher는 '취리히의 종교개혁의 특성 중 하나가 1525년에 출범한 구약 원문 해석을 위한 교육 기관'이라고 하였다.[04] 일반적으로 취리히에서 '프로페차이'는 1525년 6월 19일에 출범하였다고 알려졌다. 그러나 그 용어 자체를 츠빙글리가 사용한 근거가 없다는 Timmerman의 주장은 상당히 설득력이 있다. 팀머만은 그의 책 『하인리히 불링거의 예언과 예언 직제』라는 책에서 이 용어가 문헌에 공식적으로 등장하는 것은 츠빙글리의 사후인 1530년대 불링거에 의한 것임을 피력하고 있다. 팀머만도 그 뿌리는 취리히의 종교개혁에로 거슬러 올라감을 인정한다. 1519년 1월 1

일에 취리히에 있는 그로스뮌스터 교회에 부임하면서 츠빙글리는 일명 'sodalitium Literarium'을 소집했는데 이것은 인문주의 스타일의 문학 및 문학 연구 그룹이었다.[05] 주로 라틴어 선생들과 교회 참사회 회원들이 참여하여 고전 헬라어 연구에 집중한 모임이었다. 그러나 츠빙글리가 참여하면서 이 모임은 1520년부터 로마서 강해를 도맡아 하다가 그해 말에 히브리어를 공부한 그는 1521년부터 시편 강해를 하였다. 구약 성경 연구에 흥미를 가진 그는 주변에 식자공 동료들을 뜻하는 'contubernium'이 형성되었고 1522년부터는 '소달리티움 리테라리움'을 대체하는 모임으로 성장하였다고 한다. 팀머만의 설명에 의하면 츠빙글리의 개혁 작업에 불만을 품은 사람들이 늘어나면서 츠빙글리를 지지하는 자들이 따로 모여 공부한 것이 '프로페차이'의 기원이었다는 말이다.

　이로 인하여 성경 원어 연구의 중요성을 강조한 그는 '소달리티움'의 이상을 구현하고자 자신의 교육 철학에 맞는 취리히의 교육 체계를 재구성하였다. 그의 호소에 동의한 의회는 1523년 9월 29일에 개혁에 관한 조례를 제정함으로써 성경 교육을 위하여 교수진을 선발하되 히브리어 헬라어 라틴어를 바탕으로 가르치게 하였다. 시 의회의 결정은 '정확하게 츠빙글리의 종교개혁 프로그램'을 반영한 것이었다. 여기에는 성경적 해석으로서 예언에 대한 그의 이해가 포함되었다. 그는 고전 14:5절에 있는 '방언'(언어들)은 히브리어와 헬라어를 가리킨다고 보았다. 즉 사도행전 2장에서 사도들이 말했고 통역된 언어라는 것이다.[06] 츠빙글리에게 있어서 예언(Prophecy)은 선지자가 성경을 원어로 해석하여 강론하는 일이었다. 이렇게 해서 시작된 주해적인 강론은 1525년 6월 19일부터 시작했다. 그 일과표는 다음과 같다. '참석자들은 아침 일찍 7시 혹은 8시에 모였다. 교회당 찬양대석에 앉았다… 개회 기도 후 학생 중 한 사람이 라틴어 성경을 가지고 공부할 본문을 읽었다. 그런 후 Ceporin이 그 본문을 구약 원어로 강론하였다. 마지막 강론자인 츠빙글리는 70인역 성경에서 그 본문을 읽고 그 발췌된 본문을 강해하였다. 그리고 그 도시의 설교자 중 한 사람인 Leo Jud가 현지어(독일어)로 폐회 설교를 하였다.[07] 불링거에 의하면 시간이 지남에 따라 시간표는 변경이 되기도 했으나 성경 원어로 본문을 읽고 강론하며 라틴어로도 주해하였다는 것은 변함이 없었다. 그리고 폐회 설교는 그날 연구한 구약에만 한정되지 않았고 종종 신약에서도 설교를 하였다고 한다.

팀머만의 연구에 의하면 1520년대까지 취리히 교과 과정에는 정규 교과목이 없었고 초빙된 교수들이 원어 강론에 집중하고 신학적인 설명은 츠빙글리가 도맡아 했으며 구약에 대한 '연속 강해'(lectio continua)에 이어 프라우뮌스터에서 신약을 주로 강해해온 오스발트 미코니우스(Oswald Myconius, 1488-1552)가 1524년부터 그로스뮌스터에서도 신약 성경을 강해하였다. 이 강좌를 한 교육 기관이 두 교회에서 다 라틴어 학교 과정이었다는 것이다. 여기에서 츠빙글리는 새로운 신학 교육 과정을 개설하게 되었는데 이것이 나중에 취리히 아카데미로 승격이 되었지만 아직까지 '프로페차이'라는 용어가 등장한 것은 아니었다.[08] 지금까지 알려진 것과는 달리 1520년대 츠빙글리의 작품 그 어디에도 '프로페차이'라는 말을 사용한 적이 없었다는 점이다. 심지어 공개강좌를 담당하며 설교를 해온 Megander나 Jud도 '공개강좌'(Publica lectio) 과정을 언급하는 것에서 '프로페티아'(Prophetia)라는 용어를 사용한다든지 혹은 성경적 해석으로서 예언이라는 단어를 사용하지 않았다. 결론적으로는 츠빙글리의 생애 동안에 그로스뮌스터 교회에서 구약을 매일 읽는 과정은 '프로페차이'로 불린 것이 없고 대신 '강좌' 혹은 '강연'(lectures, letzgen)으로 사용한 것이 분명하다.[09]

츠빙글리가 사용한 '레츠겐'은 목회자 후보생들을 위한 공개강좌 성격이었으며 여기에 일반 회중들도 초청되어 참석할 수 있게 하여 회중에게 미치는 교회 개혁 운동의 도구가 된 것이다. 그의 사후에 불링거가 목회자들을 위한 고등 교육 기관으로 'Prophezei'가 형성된 것이었다. 이 용어에 대한 기원은 잠시 후에 살펴볼 것이다. 불링거의 '프로페차이' 교육 과정은 다 교회를 개혁하기 위한 츠빙글리의 교육 철학을 반영한 것이었다. 즉 성경에 대한 학문적 주해를 하는 선지자적 이상에 대한 반영 그 자체였던 것이다. 사역자들만의 모임으로 끝나지 않고 회중들을 참여시킨 것은 학문과 삶을 분리하는 것이 아닌 신학적 지식이나 성경적 지식이 성도들의 삶에 배어나오게 하기 위함이었다고 본다.

이처럼 츠빙글리의 'Letzgen'은 개혁교회의 예전 및 성경 해석의 원리를 교육하여 교회 개혁을 주도해 나가는 방편이었다. 정기적인 아침 예배를 대신하여 취리히시에 있는 성직자들과 교사, 학생들과 관심 있는 평신도들이 이 모임에 참여하였다. 여기서 학생들은 단순히 설교 기술을 연마한 것이 아니라 성경 해석과 이해에 가장 중요한 원어 공부를 통해서 하나님의 말씀에 대한 전문가가 되는 것이었다. 당시 로마 교회가 회중들에게 결코 줄 수 없었던 영의 양식을 자국어로 풍성하게 공급하는 물꼬를 트는 것이었다. 그들은 히브리어로 구약 성경을 읽고 해석하며 자국어로 번역과 강론을 일삼았다. 그리고 70인역 성경을 헬라어로 읽으며 해석하였다. 이와 같은 교수들과 학생들의 수고의 결실은 그들이 연구하고 해석한 성경 진리를 회중들이 알아듣는 자국어로 전달되게 함으로써 종교개혁 사상을 폭넓게 공급하는 결정적인 역할을 담당했던 것이다. 이렇게 회중이 자국어로 읽게 된 1531년 『취리히 성경』 번역본의 탄생이 그러한 수고의 결실이었던 것이다.[10] 이에 더해 성경 주석 작업은 취리히에 있는 성직자들로 하여금 설교를 준비할 수 있게 하는 양분이 되었다. 그리고 학자로 하여금 학문적인 주석서를 출간하게 되는 발판이 되어주었다.[11]

츠빙글리는 구약은 히브리어를 모르고서는 제대로 이해할 수 없다고 믿었다. 히브리어와 문화에 대한 정확한 이해를 통해서 구약 성경의 의미를 정확하게 파악하게 한 것이다. 이러한 작업은 츠빙글리를 이어서 하인리히 불링거(Heinrich Bullinger)가 1532년에 이 기관을 취리히의 고등 교육 기관으로 승격시키는 성장을 가져왔다. 당대 최고의 성경 원어 전문가들을 교수진으로 배치하여서 개혁주의 신학의 산실로 확고히 자리 잡게 하였다.[12] 츠빙글리가 사역한 그로스뮌스터 예배당에서 처음 이 학교가 시작했을 때만 해도 성경적인 인문주의 정신을 바탕으로 한 학문적인 실천 사항이 전부였다. 그리하여 미래 목회자 양성을 위한 원론적인 훈육의 방편으로서 매우 논리적인 담론들이 오고간 것이었다. 다시 말하면 조직적이고 체계적으로 성경을 연구한 결과물로서 회중들에게 전달된 방식이 아니라 처음엔 성경에 대한 개인의 경험이 그 성경을 체계적으로 연구하는 계기가 되어 시작된 것이었다. 그러나 시간이 지나면서 설교자 양성을 위한 설교 학교 성격이 강하게 부각되었다. 콜린슨도 취리히에서 '프로페차이'를 이렇게 설명하였다: '비개혁적인 교회의 매일 찬양을 담당한 자들을 교회에서 밀어내고 대신 신학생들이 그로스뮌스터 교회 찬양대석에 모여서 한 주에 5일 동안 매일 오전에 모여서 히브리어와 라틴어로 된 구약 성경을 읽고 체계적으로 주해를 함께 나누었다. 이 강도 높은 훈련이 성경적인 주석들을 가지고 개혁주의 신학을 체계적으로 강론하는 기초가 되었으며 자국어로 성경을 번역하여 출판하는 근간이 되었다.[13] 처음에 츠빙글리 자신이 직접 70인역 성경을 읽고 해설한 것은 주로 구약 성경을 읽고 공부하는 것이었으며, 신약은 오후에 Frau Münster에서 오스발트 미코니우스(Oswald Myconius, 1488-1552)가 담당하였다.[14]

앞에서도 잠시 언급했지만 그 수업 과정을 조금 더 세밀하게 살펴보자. 아우구스브르게르에 의하면 '프로페차이'는 금요일과 주일을 제외하고 매일 오전 7시에(겨울엔 8시) 신학생들과 목사들이 모였다. 한 사람이 그 날을 위하여 정해진 본문을 라틴어로 읽고 다른 사람은 같은 본문을 히브리어로 읽었다. 그리고 다른 사람이 70인역 헬라어 성경을 읽고 그 본문의 문자적인 의미를 설명하였다. 그리고 다섯 번째 사람이 설교 준비에 있어서 라틴어로 묵상된 것을 발표하였으며 여섯 번째는 츠빙글리 자신이나 아니면 다른 동료에 의해서 실천적인 적용을 가지고 그 본문을 어떻게 설교할지에 대한 제시들이 주어졌다. 마지막엔 함께 공부하게 된 그 본문을 가지고 다른 사람이 독일어로 설교를 하는 방식으로 운영된 것이었다.[15] '프로페차이'가 된 'Letzgen'의 첫 시작은 츠빙글리가 단에 서서 기도하는 것이었다. 그가 설교단에 서서 설교하기 전에 늘 하던 기도로 알려진 이 기도문은 매우 유명하여서 상당수의 설교자들이 하나님의 말씀을 설교하기 위한 준비 과정에서 늘 되새긴 것이라고 한다. 그 내용을 로체르는 이렇게 소개하고 있다:[16]

> 전능하시며 영원하시고 자비로우신 하나님, 주의 말씀은 우리 발의 등이요 우리 길에 빛이신 하나님께서 우리의 심령을 여시고 비추어주시어 우리가 순수하게, 그리고 온전하게 주님의 말

씀을 이해할 수 있게 하옵시며 우리가 올바르게 이해한 말씀을 따라서 우리의 삶이 변화되게 하옵소서 우리가 주님의 신적 위엄을 불쾌하게 하는 일이 결코 없게 하옵소서 우리 주 예수 그리스도의 이름으로 기도하옵나이다. 아멘!

이 작업의 강점은 성경을 전문가들의 전유물로 만들지 않고 성경 말씀의 직접적인 강론과 적용을 통해서 성경을 살아있는 하나님의 말씀으로 직접 회중들에게 들려지게 하는 것이었다. 회중들이 알지 못하는 언어인 라틴어로 미사가 집전 되어서 말씀과는 전혀 상관이 없이 눈으로 보는 예배가 이제는 자신들이 알아듣는 자국어로 하나님의 말씀을 직접 듣는 예배가 된 것이다. 관망자에서 참예자가 된 것이다. 즉 예전에 대한 강조점에서 설교의 중요성을 부각시킨 것이다. 물론 이것은 성경이 정확 무오한 하나님의 말씀이라는 확신에 의한 것이었다. '프로페차이'는 단지 지적 목마름을 해결하고자 하는 성경 연구에만 머문 것이 아니라 실천적 적용을 강단에서 선포하는 메시지에 그대로 반영시킴으로써 스위스 개혁파 교회의 개혁을 성공적으로 정착시킨 도구가 된 것이다. 뿐만 아니라 개신교 주의에 전반적으로 가장 폭넓게, 그리고 가장 깊이 있게 영향을 끼친 방편이 되었다.[17]

우리가 알듯이 츠빙글리는 그가 그로스뮌스터 교회당에 부임하는 첫 주일부터 마태복음을 강론하였다. 사실 부임한 그 날이 그의 생일이기도 했다. 그의 나이 35세 때 그는 스위스의 가장 중요한 도시에 있는 가장 큰 교회에서 마태복음 강론을 시작한 것이다. 로체르(Locher)의 설명에 의하면 그가 마태복음을 시작한 것은 회중들에게 우리 주님 자신의 말씀들을 직접 들려주기 위함이라고 하였다.[18] 이것이 그의 설교의 주 특징인 연속 강해, lectio continua를 선보인 첫 사역이었다.

그렇다면 '프로페차이' 용어의 근간은 무엇이었는가? 학자들의 공통된 견해는 고린도전서 14장 29-30절에서 사용하고 있는 '예언'에 대한 츠빙글리의 이해에서 비롯되었다는 것이다. 즉 성경 주해 훈련 기관인 'letzgen'가 신약 성경의 예언에 대한 그의 이해, 특히 고린도전서 14장에 대한 바울 서신 강론에 의해서 동기가 된 것이라는 사실은 누구도 의심하지 않는다. 그렇지만 학자들 사이에 신약의 예언과 그로스뮌스터의 매일 성경 읽기 사이에 츠빙글리의 사상과 관련이 있는 것이라는 점에 대해서는 의견의 일치가 없다. 과연 그는 letzgen을 교육적 발판으로 이해하였는가? 아니면 취리히 교회의 예배 생활의 일부분이었는가?[19]

팀머만이 그의 책에서 주장하는 논리를 종합하면 결론적으로 '프로페차이'라는 용어 자체는 츠빙글리 사후인 1530년대에 사용된 것이었고 츠빙글리 생전에는 'letzgen'이 사용되었다는 것이다. 취리히의 'letzgen'은 그로스뮌스터에서 전통적으로 진행되어온 'horae canonicae'의 변형이었다. 츠빙글리에게는 구약에 대한 예언적인 읽기와 수도승이나 세속 성직자들이 매일 자신들의 직무로 라틴어 성경을 읽는 전통적인 방식에 익숙한 것이었다. 그러므로 평일 직무로 예전서를 읊는 것과 히브리어 헬라어 성경으로 매일 교훈하는 것으로의 'letzgen' 사이에는 병행되는 것이 없다. 그러므로 츠빙글리의 '레츠겐'은 '프로페차이'로 승격한, 취리히에서 고등 교육 기관으로 진전한 하나의 단계였다고 볼 수 있다.[20] 여기서 츠빙글리의 종교개혁 운동의 주 도구로 말해진 '프로페차이'는 불링거의 작품이며 그 근간이 된 '레츠겐'은 훗날 청교도들이 사용한 개혁의 두 날개 중 하나인 성경 주해를 근거로 한 공적인 말씀 강론이 주를 이룬 신앙강좌(lectureship)와 같은 것이었다. 그가 취리히 교회를 담임하고 있는 동안

'letzgen'은 미래 목회자들을 길러내기 위한 매우 명성이 자자한 학문적인 훈련 기관으로 성장하였다. 여기에는 츠빙글리의 매일 구약 읽기를 구약 주해를 위한 학문적인 훈련 과정과 정기적인 주중 예배 시간으로 구분하였던 것도 포함된다.

팀머만은 매우 유용한 대조표를 제시하였다.[21] 집회 편성표에 의하면 8시 설교는 일반적으로 7시에 시작하는 주해적인 강의가 끝난 다음에 이어졌다. 1520년대에 두 요소가 일반적인 모습이었음에 비해 1530년 10월에는 공개 강론이 어떤 측면에서 비공개 모임이 되어 지금은 평일 두 번째 집회가 된 것이다. 이러한 구조 변경은 1535년 교회 법규에 있는 증거와 관련되어 있다. 여기에는 예전적 prophecy 집회가 성경 본문에 대한 학문적 논의 이후에 실시된 구별된 요소로 소개되었다.

1520년대	1530년대
평일 설교 오전 5시	평일 설교 오전 5시
오전 7시 letzgen	7시 letzgen
츠빙글리의 기원(라틴어)	학문적인 prophecy
주해 세미나	츠빙글리의 기원(라틴어)
	주해 세미나
독일어 설교	오전 8시 두 번째 설교
	prophecy service
	츠빙글리의 기원(독일어)
	독일어 설교
	모든 필요를 위한 공통 기도

이 도표가 보여주듯이 불링거의 '프로페차이'는 청교도들이 설교자 훈련 학교로 삼은 'Prophesyings'(예언 학교, 혹은 설교 학교)의 뿌리였다. 이 것은 불링거가 취리히의 '레츠겐'을 성경에 대한 예언적 읽기로 이해한 것

에서도 증명 된다. 불링거는 고린도전서를 주석하면서 예언을 하는 선지자 직에 대해서 팀머만이 소개한 내용을 언급하면 이렇다: '그는 라틴어, 그리스어, 히브리어로 된 본문을 근면하고 완전히 신뢰할 수 있는 방식으로 설명하면서, 논의 중인 구절이 이전 주석가들에 의해 어떻게 논의되었는지, 유대인과 가톨릭 해석자들이 그곳과 유사한 견해를 가지고 있는지를 나타냅니다. 단어의 일관성, 구조 및 힘, 문장의 탁월성, 특성, 힘 및 우아함, 그리고 어떤 주제와 관련되어야 하는지는 성경의 다른 본문과 관련이 있습니다. 요컨대, (선지자가 가리키고 있는) 이 구절의 진정한 의미와 적용이 무엇인지, 즉 어떻게 믿음과 경건과 거룩과 의와 굳건함을 배울 수 있는가 하는 것'을 강론하는 자이다.[22] 이렇게 '레츠겐'은 성경을 원어로 강해한 것을 토대로 모국어로 강론하는 작업을 의미했다면 이는 청교도들이 이해한 성경을 체계적으로 강론하여 회중들로 하여금 성경에 대한 풍성한 이해와 깨달음을 가지게 한 신앙강좌(lectureship)와 같은 것이며 불링거가 이를 바탕으로 목회자 후보생들을 위한 고등 교육 기관으로 승격시킨 '프로페차이'가 설교자들의 설교 실습을 바탕으로 한 설교 학교인 '프로페싸잉스'(Prophesyings)의 토대였다고 볼 수 있다.[23]

츠빙글리는 단지 교리적인 부분만이 아니라 예배 문제까지도 성경의 가르침을 따라 개혁하고자 한 것이다. 그리하여 미사를 대신하여 하나님의 말씀을 신실하게 선포하는 설교 사역을 강조한 것이었다. 하나님께서 성경을 통해서 직접 자기 백성들에게 말씀하시는 것이기 때문에 성경을 해석하고 강론하는 것은 미사와 비교할 수 없는 것이다. 그가 말씀 선포 사역을 매우 귀중하게 여긴 이유는 성경이 특정인들의 전유물이 아니라 모든 성도들이 소유해야 하는 진리로 간주하였기 때문이다. 동시에 그는 교회 제단 위에 있는 희생 제물에 대한 시각적인 경험을 강조하는 로마교회의 예식을 제거하고 회중들로 하여금 직접 하나님과 만나게 하는 방편으로서 시각적인 자리에 청각적인 선포의 말씀을 대체한 것이었다.

3. 청교도들의 신앙강좌(Lectureship)과 설교 학교(Prophesyings)

16세기 종교개혁의 강력한 파급력은 17세기 설교의 황금시대를 열었다. 그 주역이었던 청교도들은 '신구약 성경 밖에서 만나는 유일한 성경적인 사람들'을 길러낸 자들이다.[24] 그 비결이 무엇이었을까? 그것은 뛰어난 설교자들을 가지고 있었기 때문이었다. 청교도주의의 진가를 저술한 피터 루이스만이 아니라 로이드 존스도 설교자의 필요성을 그가 1977년에 설립한 런던신학교 개교식에서 강력하게 주장하였다. 그러나 한국의 기독교는 개신교의 역사와 전통을 계승한다고 자랑하나 신학자보다 설교자가 절실하다는 인식의 결여 때문에 예배당 수는 그 어느 때보다 증가했어도 성경적인 그리스도인을 배출하지 못하는 안타까움이 존재한다. 당대의 다른 성직자들과는 달리 츠빙글리나 칼빈이나 존 녹스 역시 위대한 설교자이자 신학자였던 것을 부정할 사람은 없을 것이다. 특히 존 녹스는 '하나님이 자신을 책을 쓰라고 부른 것이 아니라 복음을 전하라고 불렀다'는 강한 확신을 가지고 오로지 복음 전파에 심혈을 기울임으로 스코틀랜드라는 한 나라를 종교개혁에 성공시키는 위대한 업적을 남겼다.[25]

잉글랜드에 청교도를 낳게 한 강력한 영향력을 발휘한 존 녹스나 잉글랜드의 장로교회 운동을 펼친 토마스 카트라이트, 그리고 윌리암 퍼킨즈

등의 지도력에 힘입은 청교도 운동의 가장 강력한 도구로 작용한 것은 성경 강좌와 설교 학교였다. 이제 그 내용을 좀도 살펴보도록 하자.

전통적으로 잉글랜드 교회 내에서 성경을 강론하는 강좌를 개설하는 것은 매우 낯선 혁신적인 일이었다. 그래서 왕들은 성경 강사들의 출현에 대해서 매우 부정적이었고 박해를 일삼았다. 엘리자베스 1세만이 아니라 제임스 1세도 성경을 강의하는 일, 그리고 그런 설교자들을 길러내는 수단이 된 예언회/설교 학교에 대하여 강력한 저지와 반대를 일삼았다. 이러한 이유로 잉글랜드 교회사에서 이에 대한 언급이 거의 없다는 것은 잘 알려진 상식이다.[26] 이 일은 주로 청교도들이 주도했고 청교도들 교회에 속한 것이었기 때문이었다. 물론 이에 대해서 매우 우호적이었던 감독들도 더러 있었지만, 국교회 내에서는 전반적으로 매우 낯선 일이었다. 이 일이 언제 시작되었느냐에 대해서는 의견이 분분하지만 대체로 엘리자베스 1세 때에 시작된 것으로 간주한다.[27] 이는 설교 학교와 마찬가지로 잉글랜드 독자적 창조물이 아니라 대륙에서 건너온 유형이었다. Patrick Collinson은 청교도의 설교 학교의 뿌리를 취리히의 '프로페차이'로 규정하였다.[28] 그 이유는 용어의 유사성에서만이 아니라 실지로 설립 목적과 교과 과정에 있어서 연속성을 부정할 수 없기 때문이다. 츠빙글리도 교회 개혁과 삶의 변혁을 위하여 하나님께서 제정하신 최고의 수단으로 설교로 보았고 그리하여 설교자 양성의 중요성을 강조하지 않을 수 없었 듯이 잉글랜드 교회의 개혁 운동 역시 철저하게 말씀으로 되돌아가는 것이기에 이를 위한 말씀의 전달자 곧 설교자들을 양육하고 훈련함이 교회 개혁의 성패를 좌우한다고 믿은 것이다. 사람의 심령 골수를 찔러 쪼개어 변화시키는 능력을 지닌 하나님의 말씀을 올바르게 이해하고 강론하도록 설교자들을 준비하고자 한 것이다. 이런 모습을 취리히에서 경험한

John a Lasco가 런던에서 모인 그의 난민 교회에서 처음으로 소개하였던 것이다.[29] Paul S. Seaver는 그의 책 『The Puritan Lectureships』에서 'Prophesyings'에 대해서 이렇게 설명하고 있다: '예언회/설교 학교는 상호 덕성 함양과 비판을 목적으로 하는 목사들의 모임이다. 청교도 설교자들에 의해서 주도되었고 종종 성직자 계급에 속한 회원들 중 동정적인 입장을 띤 자들에 의해서 인준되기도 했다. 그들의 원리적인 목적은 성경 강론과 설교 주해를 잘하도록 훈련받는 기회를 제공하는 것이었다.'[30] 이것은 '게으르고, 무지하고 설교하지 않는 성직자와 치유를 제공할 수도 없고 할 마음조차도 없는 성직자 계급에 속한 자들에 대한 해결책'이었다.[31]

실질적으로 엘리자베스 여왕의 통치가 국교를 안착시켜나가고자 할 때 에드워드 6세 때부터 토마스 크란머, 니콜라스 리들리, 그리고 존 후퍼에 의해서 작성된 강론(Homilies)에 관한 내용을 읽게 하는 것 자체가 활력이 넘치는 설교를 대체할 수 없었기 때문에 예언회/설교 학교 운동은 '정확한 교리를 표현하면서도 죄에 대한 확신을 두고 하나님의 주권적인 은혜에 영광을 돌리는 설교, 심령을 관통하는 설교를 위한 엘리자베스 시대의 용어였다.'[32] 그러나 엘리자베스 여왕은 자신의 종교 통일 정책에 반감을 사는 이들이 주도하는 이 예언회 모임을 좋아하지 않았기 때문에 당시 켄터베리 대주교인 에드문드 그린달(Edmund Grindal)로 하여금 예언회 모임을 모조리 제거하라고 명령하였으나 그린달은 예언회 모임에 조금은 우호적인 입장을 취하였다. 자신을 책망하는 엘리자베스 여왕에게 이렇게 권고하였다: '공권력이 제시한 경건한 강론을 낭독하는 것으로 충분하다고 생각되는 경우, 저는 마지막으로 폐하와 함께 모였을 때와 같은 마음인데, 강론 낭독은 가치가 있기는 하지만 설교의 직무하고는 비할 바가 아닙니다. 경건한 설교자는 강론 낭독을 할 수 없는 때와 장소와 청중의 다양성에 따라서 자신의 설교를 적용할 수 있는 자들입니다. 그들은 청중의 심령을 감동케 하는 권면과 책망과 설복함이 더 큰 애정을 가지고 쏟아내는 자들입니다…. 더구나 강론 낭독은 설교자의 부족 때문에, 폐하의 형제가 서로 부족함을 메우기 위하여 경건한 감독들에 의해서 고안된 것이며 사람들이 선호하는 것이 아니라 설교를 대신 하는 것입니다…. 강론 낭독은 잉글랜드 교회를 위하여 충분한 교훈을 담고 있다는 생각을 결코 가질 수 없는 것입니다.[33] 이러한 우호적인 몇몇 감독들의 묵인하에서 복음 진리를 전하고자 하는 강렬한 열망을 지닌 청교도들의 담대한 활동에 힘입어서 1572년부터는 목사들만의 사적인 연구 활동에서 벗어나 공개적인 신앙강좌 또는 성경 강론으로 이어지게 되었다.[34] 오늘날의 그룹 성경 공부 모임과 같은 신앙강좌에 대해 더 이상 공개적인 비난이나 반대의 목소리가 나오지 않았고 설혹 있었다고 하더라도 개인적인 대화를 통해서 설득하여 납득하게 했다. 시간이 지나면서 사적인 연구 활동으로부터 시작한 신앙강좌나 예언회/설교 학교가 공적으로 설교자를 양성하는 일종의 교육 기관이 된 것이다. 16세기의 신앙강좌나 설교 훈련이 감독들의 인준이나 묵인하에서 진행된 것이라면 17세기에서는 청교도 목사들이 주도적으로 이끌었다. 그런 모임은 기하급수적으로 증가하여 성경적인 그리스도인을 양성하는데 크게 기여한 것이다.

William Perkins는 주일 강단에서 말씀을 전파하는 일이나 이런 모임에서 진행되는 강론 형식을 "Prophesying"이라고 불렀다. 그가 쓴 『The Art of Prophesying』(1608/9 초판)이라는 책 제목으로 등장한 이 용어는 설교자의 설교 행위를 의미하는 단어였다. 이 책은 당시 설교자들의 성경 해석학과 설교학의 원론을 습득하고 심령을 관통하는 설교에 곁들인 개인적 경건생활에 심오한 영향을 미친 책이다. Paul R. Schaefer는 이 책에 대한 글에서 퍼킨즈가 당대 설교자들에게 미친 영향을 말하는 중 계보를 언급하였다. 퍼킨즈(1558-1602)는 폴 베인스(Baynes, 1573-1617)에게, 베인스는 리차드 십스(Richard Sibbes, 1577-1635)에게, 십스는 존 커튼(John Cotton, 1585-1652)에게, 커튼은 존 프레스톤(John Preston, 1587-1628)에게, 프레스톤은 토마스 세퍼드(Thomas Shepard, 1605-1649)와 토마스 구드윈(Thomas Goodwin, 1600-1680)에게 설교자로서 깊은 영향을 미친 것을 언급하였다.[35] Schaefer는 퍼킨즈가 사용한 'Prophesying'을 하나님을 예배하는 것과 이웃들의 구원과 관련된 엄숙한 공적 발설로 해석하면서 성도들을 모이게 하는 수단이요 늑대들을 주님의 양우리에서 몰아내는 수단이며, 이기적인 의지와 생각을 굴복시키는 도구요, 불경건과 이교도적 삶에서 벗어나 기독교 신앙과 회개의 삶으로 변화시키는 도구로 평가하였다.[36]

한마디로 '예언'에 대한 퍼킨즈의 이해 역시 츠빙글리와 마찬가지로 구약의 선지자들처럼 새로운 계시를 주님으로부터 받아 발설하는 행위로 본 것이 아니라 성경을 통해서 하나님께서 주신 말씀을 옳게 다루는 기술로 간주한 것이다. 즉 하나님의 말씀을 설교하는 것은 그리스도의 이름으로, 그리고 그리스도를 대신하여 예언하는 행위인 것이다. 목사들을 위한 지속적인 교육 형태가 된 이 모임들은 대체로 지역에 따라 차이가 있어도 지역의 중심 교회당에서 모였다. 그리고 취리히의 '프로페차이'와는 다르게 한 본문을 가지고 가장 나이가 어린 목사부터 시작하여 3명 또는 6명까지 차례대로 설교하고 마지막 가장 잘 개혁된 목사가 설교 내용을 요약하며 강론된 교리들을 가지고 실천적인 적용을 강조하였다. 이런 방법을 통해서 성경에 대한 온전한 이해와 자신들의 성경 주해 및 설교 전달 기술 등을 연마할 수 있게 된 것이다.[37] 당시 설교는 목사들과 회중들이 함께 참여하는 것이었지만 깊이가 있었다.

이러한 양상은 긍정적인 열매만 있었던 것은 아니었다. 프란시스 베이컨이 지적한 것처럼 상당수의 회중, 때로 수백 명의 신자가 참여함으로 설교자들 사이에 서로 경쟁심이 드러나 악용되는 사례들이 있었다는 것이다.[38] 그러나 그런 비평이 있음에도 불구하고 효과는 지대했다. 설교를 잘못하는 설교자나 해석을 엉터리로 하는 자들은 회중의 비난을 사야 했기 때문이었다. 사실 설교자 자신들만의 성장을 가져온 것이 아니라 듣는 청중들 역시 올바른 성경 이해와 교회 개혁에 대한 필요성을 깊이 인식하고 청교도들의 사역에 적극적으로 지지하는 결과를 얻게 된 것이다. 콜린슨은 이를 가리켜서 '말씀 선포와 훈육을 통해서 사람들이 경건한 순종으로 돌아서게 하는 활력있는 힘'이었다고 말했다.[39] 즉 설교자들이 선포하는 복음에 순종하지 않고는 안전할 수 없으며, 설교 없이는 복음을 옳게 이해할 수 없다는 인식이 파다하게 퍼진 것이다. 국교회 내에서는 제단에서 미사를 집전하듯 성찬을 집례하는 것이 설교 사역보다 더 중하다고 보는 시각이 상당했다. 그럼에도 불구하고 설교를 통해 영국의 교회 얼굴을 뒤바꾸는 작업은 상당한 효과를 가져왔다.

특히 그들은 최초의 관주 해설 성경이라 할 수 있는 제네바 역을 사용함으로써, 일반 성도들에게 직접 하나님의 말씀을 자신들의 말로 이해하게 할 뿐만 아니라 말씀을 알고자 하는 열정을 불러일으켰다. 또한 주로 성경을 권별로 강해하거나 기독교 교리나 실체에 대한 주제들을 연속적으로 강론하는 것이어서 기독교 신앙 전반에 걸친 지적 함양과 경건 훈련에 큰 유익을 안겨다 주었다. 여기에서 강론되어진 것들은 주로 책으로 인쇄되어 오늘날까지 이르러 성경의 특정한 부분들을 강론하고자 하는 분들에게 좋은 자료가 되고 있다. 예를 들어, 조셉 카릴(Joseph Caryl, 1602-1673) 같은 이는 욥기를 23년 동안 강론하였고 윌리암 고우지(Willam Gouge,1575-1653)는 런던에 있는 그의 교회에서 히브리서를 33년간 강론하였다.[40]

과연 이들의 설교 내용들은 어떠했는가? 성경적이고 교리적이며 실천적이고 경험적인 설교라는 면들은 청교도들의 설교를 연구하며 전하는 이들이 이구동성으로 하는 말이다. 삶의 현장과 동떨어진 전문가들만의 놀음이 아니었음을 말하는 것이다. 최근에 연구된 논문에서 두 사람의 설교 사례를 들어 강좌에서 혹은 예언회/설교 학교에서 선포된 말씀을 분석해 놓은 것이 있어 잠시 소개하고자 한다. 실제 청교도들이 성경을 어떻게 분석하고 강론하였는지 그 실례들은 이미 번역 출판된 여러 청교도들의 책들에서 쉽게 발견할 수 있을 것이다. 그러나 마이클 쿠퍼(Michael R. Cooper)가 그의 논문에서 제시한 두 사람의 설교에 대한 분석은 청교도들의 설교를 이해하는데 큰 도움을 준다고 본다. 먼저 토마스 왓슨 목사의 마태복음 5:5절에 대한 설교 내용이다.

I. 본문 명제와 설명: 온유한 자는 복이 있다.
두 유형의 온유함:
1) 하나님을 향한 온유함-그의 말씀에 복종하는 것과 그의 의지를 향한 유연함

2) 인간을 향한 온유함
   a. 상처를 견디는 것
      i. 온유는 도도함과 반대되는 정신
      ii. 온유는 악의적인 것과 반대되는 자세
      iii. 온유는 복수심과 반대되는 정신
      iv. 온유는 악한 말을 내뱉는 것과 반대

   b. 상처들을 용서함
      i. 하나님은 죄를 드러내지 않으신다.
      ii. 하나님은 모든 죄를 용서하신다.
      iii. 하나님은 자주 용서하신다.

   c. 악을 선으로 갚는다.
      i. 네 원수를 사랑하라

II. 교리: 성도의 참된 특성: 온유함. 모든 그리스도인은 이 온유의 탁월한 은혜 안에서 뛰어난 자가 되도록 힘쓸 것을 간청한다.
첫째, 온유함은 교훈을 위하여 필요하다.
둘째, 온유함은 하나님의 말씀을 듣는 일에 필요하다.
셋째, 온유함은 책망함에 필요하다.

III. 이유/동기
   I. 온유의 모범 사례들: 예수 그리스도, 모세, 엘리야, 다윗 및

이교도

II. 온유함은 그리스도인에게 위대한 향기이다.

III. 이것이 하나님을 닮아가는 길이다.

IV. 온유함은 훌륭하고 고상한 정신을 주장한다.

V. 온유함은 원수의 마음을 정복하고 녹이는 최고의 길이다.

VI. 온유한 자는 땅을 유업으로 받는다.

VII. 온유하지 못한 영의 해악

VIII. 우리가 하나님께 속한 자라면 하나님은 모든 것으로 우리에게 선을 이루신다.

IX. 온유의 부족함은 은혜의 증거이다.

X. 이 분노와 진노의 맹목적인 공포를 제기한 모든 말씀이 도움이 안 된다면, 당신은 개혁되기를 싫어하고 말씀에 대하여 반역하는 자이다.

IV. 적용

반대: 그러나 내가 성깔을 내는 것은 천성이라서요.

답: 우리의 죄를 하나님께 맡기라.

답: 당신의 천성도 변해야만 한다.

질문: 온유함에 대한 이 놀라운 은총을 어떻게 소유할 수 있을까?

답: 종종 그리스도의 온유하심을 바라보라.

답: 하나님께서 내 영을 온유하게 만들어주시도록 간청하라.

두 번째 설교는 안토니 버게스(Anthony Burgess) 목사가 1661

년에 '주님을 향한 신뢰 혹은 의지함에 대한 특성, 목적과 문제들'이라는 제목으로 고린도후서 1:9절을 설교한 것이다.

I. 본문에 대한 명제와 설명: 하나님만이 우리가 신뢰할 적합한 대상이다.
  i. 하나님을 신뢰한다는 것은 성령께서 우리에게 주신 은혜로운 선물이다.
  ii. 거듭나지 않았거나 새로운 피조물이 되지 않는 한 하나님을 신뢰할 자는 아무도 없다.
  iii. 이 신뢰는 믿음의 행동으로 그 은혜에 의하여 우리가 오직 하나님만을 의지할 수 있게 된다.
  iv. 우리가 하나님을 신뢰하는 목적을 하나님은 절대적으로 고려하지 않으신다.

II. 교리: 우리가 신뢰할 적합한 대상은 하나님뿐이다.

III. 하나님을 신뢰해야 할 이유들
  i. 하나님만이 무한하시고 참되며 영원히 살아 계신 분이다.
  ii. 하나님이 우리의 소망의 적합한 대상이심은 그의 존재만큼이나 그의 약속들의 불변성 때문이다.
    a) 약속을 변개하지 않으신다.
  iii. 하나님은 전능하시고 전지하신 분이며 그가 약속하신 것은 무엇이든지 다 행하실 수 있으신 분이다.
    a) 하나님이 우리가 신뢰할 대상이시기에 그를 신뢰하는 것

이 우리가 원하는 모든 좋은 것이다.

IV. 영적 자비를 위한 적용들
　i. 그렇게 함이 모든 은혜와 거룩함의 궁극적인 목적이요 마지막 목적인 영생과 영원한 영광이다.
　ii. 이 목적에 이르게 하는 수단인 긍휼에는 우리의 본성의 칭의와 성화, 날마다의 죄 사함, 우리가 결코 넘어지지 않는 은혜의 상태로 날마다 보전하는 것과 같은 긍휼함이 있다.

이처럼 설교에 관한 청교도주의 원리는 신학적 사상만이 아니라 교리에 근거한 삶 자체였다. 청교도들이 목적한 설교 자체는 단순한 지식 전달이 아니라 의지에 감화를 끼쳐 정서를 자극하여 결국은 선포된 진리의 말씀이 삶으로 오롯이 표출되는 삶의 변화를 추구한 것이다. 이것은 종교개혁자들이 추구한 바이며 17세기 이후로 개혁파 교회에 유유히 흘러내리는 정신이다. 성경 본문에 대한 충분한, 이해와 교리적 사유, 그리고 그로 인한 삶에서 구체적으로 적용까지 담아낸 청교도들의 설교는 오늘날 성경 이해와 교리적 확신에 바탕을 두기보다 성도들의 삶에 초점을 두는 방식의 설교하고는 상당한 차이가 있음을 볼 수 있다. 우리도 강단의 개혁이 필요하다. 참된 진리의 말씀으로 가득 채우는 강단, 이로부터 흘러나오는 구원의 우물물을 풍성히 퍼마시어 심령의 변화로 인한 삶의 개혁으로 열매 맺는 참 설교자들이 많아지기를 갈망한다.

오늘날 설교의 능력 부재 현상은 설교자들에게 전적으로 책임이 있다.

설교를 듣는 회중들에게 주님의 말씀을 더 사모하고 주님의 진리를 더 알고 싶어 하는 열망을 전혀 일으키지 못하고 있기 때문이다. 단순히 교양 강좌 하나 들으려고 예배당에 오는 것이 아니다. 개개인이 가진 산적한 문제 해결만을 위해서 나오는 것도 아니다. 회중은 목사와 마찬가지로 생명의 말씀을 섭취해야 사는 자들이다. 하나님께 속한 자는 하나님의 말씀을 듣는다. 그러나 입으로는 성경대로 전하고 가르친다고 하면서 실상은 성경 본문의 의미조차도 파악하지 못하게 만드는 빈약한 설교 때문에 설교에 대한 성도들의 기대감은 거의 찾기 어려운 실정이다.

종교개혁 당시나 17세기에서는 라틴어 예배, 벌게이트 역본을 사용하였기 때문에 성도들이 개인적으로 번역된 성경을 통해 모국어로 이해하게 한다는 것은 매우 낯선 이단적인 생각이었다. 그럼에도 하나님의 말씀의 위력을 경험하게 된 성도들은 국교회 성직자들이 주지 못하는 신선한 은혜를 받게 하는 신앙강좌 시간이나 설교 학교에서 시행되는 말씀 선포 시간을 사모하지 않을 수 없었다. 놀랍게도 이들 강연이나 설교 시간 모두가 상당히 이른 아침에 시작되었다는 것이다. 새벽 5시에 모여서 기도하고 찬송을 부르되 시편 찬송을 사용하였다. 그러고 난 다음에 6시에 신앙강좌가 이어졌다. 이런 과정을 통해서 설교자로서 성경에 대한 충분한 이해와 전달 능력을 길러냈으며 회중들은 이런 설교자들을 통해서 알아야 할 진리를 깨닫고 진리에 순응하는 실천적 삶을 영위할 수 있도록 인도를 받은 것이다. 청교도들에게 있어서 하나님의 말씀을 선포하는 것 그 자체는 '그리스도의 이름으로 예언(발포)하는 것이요 그리스도를 대신하여 대언하는 일이었다.'[41] 앞에서 잠시 언급하였듯이 16세기 청교도 운동이 시작된 때에는 하나님의 말씀에 충실한 설교를 하는 일은 잉글랜드 교구에서 매우 드문 일이었기 때문에 신앙강좌 시간이나 설교 학교의 활동들은 목사들 자신에게도 강력한 도전이었고, 회중들은 생생한 혀로 증언하는 살아있는 하나님의 말씀을 듣는 감동이 넘쳤다.

나가는 말

본 논고는 개혁파 교회의 종교개혁자 츠빙글리가 취리히에서 실천한 설교자 훈련 학교 역할을 한 'Letzgen'과 불링거가 고등 교육 기관으로 승격시킨 'Prophezei'의 실천 사항이 17세기 청교도들의 'Lectureship'과 'Prophesying'과 밀접한 관계가 있음을 살폈다. 일찍부터 설교자의 절대적 필요성을 인식한 종교개혁자들의 활동이 17세기 설교의 황금시대를 연 청교도들에게 그대로 이어졌고 그 이어짐을 통해서 지금까지 개혁교회는 말씀이 선포되는 강단 중심의 사역을 가장 중시하고 있는 그 근원이 어떠했는지를 살펴본 것이다. 지금의 신학 교육 기관은 엄청나게 진일보한 시설과 도서들을 공급하며 지적인 분량은 최고조에 이르게 되었다. 그러나 왜 말씀 선포의 위력은 월등하게 뒤처졌고 유능한 설교자들을 보유하지 못하게 되었는지는 심각하게 고민하지 않을 수 없다.

지금은 말씀을 맡아 강단을 책임지고 있는 목사는 하나님의 부르심에 따라 합법적인 교육 기관에 의한 소정의 훈련을 받아서 교회의 일군으로 세워진다. 물론 신학교를 졸업했다고 해서 다 목사가 되는 것은 아니다. 위로부터의 분명한 부르심에 충실한 목사는 종교개혁자들과 청교도들이 보여준 그 직무에 목숨을 걸어야 한다. 17세기 청교도들과 18세기 스코틀랜드 토마스 보스톤(Thomas Boston, 1676-1732)과 같은 마로 논쟁(Marrow Controversy)의 주역들과 대각성 운동의 주역들이 철저한 신학적 바탕 위에 서 있었던 설교자들이었다. 그리고 19세기 온건파들과 맞선 복음주의 진영의 사람들이 그러했다. 그중 토마스 찰머스(Thomas Chalmers, 1780-1847)는 스코틀랜드의 영적 기후를 바꾸어야 한다는 소명에 사로잡혀 성공적인 목회 현장을 떠나 설교자를 길러내는 신학교 교육에 사활을 걸었다. 성경 진리에 충실한 참 설교자만이 교회를 살리고 나라를 변화시킨다는 확고한 믿음 때문이었다. 그 정신이 20세기 최고의 설교자로 활동한 마틴 로이드 존스(1899-1981)에게 이어졌다. 그는 지금 영국에 필요한 것은 신학자들이 아니라 설교자들이라 하여 설교자 양성을 위하여 성경 66권을 충실하게 가르치는 런던신학교를 1977년에 설립한 것이다. 이러한 결과물은 결국 설교가 무엇인가에 대한 인식에서 비롯된 것이다.

'청교도들에게 있어서 설교를 통한 복음 선포 사역은 청중에게 갈림길에 서서 영생으로 이르는 길, 아니면 멸망으로 나아가는 길을' 선택하게 만드는 강력한 선언이었다. 이러한 '설교의 목적은 청중이 세상적인 삶을 버리고 경건한 삶으로의 돌아서게 하는 회심이었다. 단지 정보 전달 수준에 머무는 것이 아니라 심령의 변화를 촉구하는 것이다.[42] 이를 위하여 그들이 부여잡은 교회 개혁 운동의 주된 무기가 설교였던 것이다. 성공회 규범이나 예배 형식 자체가 성경에 충실한 것이 되지 못하다고 확신한 그들은 기록된 정확 무오한 하나님의 말씀에 따라 온전히 교회가 개혁되기를 열망하였다. 더욱이 잘 교육을 받아서 성경을 올바르게 분별할 줄 알고 정확하게 전달할 수 있는 자질이 있는 지도자 부족을 절감한 그들은 신앙강좌나 예언회/설교 학교라는 교육 과정을 적극적으로 활용하였다.[43] 기독교인의 모든 삶이나 교회의 교육, 직제, 예배 등 모든 것이 다 성경의 가르침에 따라 형성되어야 한다고 굳게 믿은 청교도들은 츠빙글리나 칼빈의 사상을 그대로 이어받은 성경 중심의 교회 개혁 운동가들이었다. 존 녹스가 설교 사역 하나로 스코틀랜드를 개혁에 성공시킨 사례를 안 그들은 하나님께서 교회에 주신 은사 중 목사에게 주신 말씀 선포 사역의 은사를 은사 중 은사로 여겼다. 그래서 설교 사역을 가장 소중히 여겼고 회중도 말씀 선포 사역을 귀하게 여겨서 말씀 듣는 준비와 말씀을 듣는 자세 그리 듣고 난 후의 일들까지도 소상하게 가르쳐준 것이다.[44]

암울한 그림자가 깊이 드리우고 있는 한국의 교회는 소망이 있는가? 교회 개혁의 열망을 성취할 가능성이 있는가? 그러려면 자유주의 신학만이 아니라 개혁주의를 표방하는 교회와 성도들에게도 번져있는 실추된 성경의 최고 권위를 되찾아야 한다. 성경의 무오성과 충분성을 신뢰하는 설교자들이 절실하다. 교양 강좌 수준으로 그치는 것이 아니라 지혜와 지식의 모든 보고를 지니신 우리 주 예수 그리스도 구속의 은혜를 풍성하게 드러내는 말씀 강론에 집중해야 한다. 성경에 대한 비평적 시각보다 수용적 자세를 가지고 말씀을 말씀으로 받게 하는 것이어야 한다. 교회 지도자들이 선포된 말씀을 두렵고 떨림으로 받아 삶 속에서 실행하는 것이 선행되어야 한다. 신학교에서 적극적으로 성경에 대한 충분한 이해, 이를 바탕으로 한 올바른 주해와 강론의 역량을 길러주는 과정을 가져야 할 것이다. 츠빙글리의 꿈이나 청교도들의 꿈은 이상 세계의 실체가 아니라 구역질이 날 수밖에 없는 불의와 거짓과 분쟁과 죽임이 난무한 이 세상에서 실현될 목표였다. 그들이 해냈다면 우리도 꿈으로 품기만 하지 않고 실행에 옮김으로 교회 개혁의 고삐를 바짝 당기는 일꾼이어야 한다. 바울의 사역의 목적처럼 "내가 교회의 일꾼이 된 것은… 하나님의 말씀을 이루려 함"(골 1:25)에 혼신의 힘을 기울여야 한다.

청교도들은 예전 중심에서 말씀 중심으로, 경건의 모양이 아니라 경건의 능력이 있는 온전한 신앙생활을 위하여 정규 예배만이 아니라 신앙강좌와 설교 학교에서 진행되는 말씀 선포 사역과 선포된 말씀을 출판하여 보급하고 젊은 설교자들을 양성하는 과정을 통해서 설교의 우선성과 존귀함을 크게 고양시켰다. 이 시대에도 프로그램 중심의 보여주기식 종교 생활에서 벗어나 영적 활력을 불어넣는 말씀 선포 사역의 우선성을 속히 회복해야 할 것이다.

06 미주

01 츠빙글리, "67개 논제에 대한 해제," 410.

02 서창원, 한국의 교회 위기, 성경에서 답을 찾다, 진리의 깃발, 2019, 69f.

03 종교개혁 이전에 강단을 점령하고 있던 메시지는 Gesta Romanorum이었다. 이것은 Pierre Bercheure가 저자로 알려져 있다. 그러나 Herr Oesterley에 의하면 1472년에서 1475년에 인쇄되어 나온 것으로 추정하는 원 글은 라틴어로 쓰인 것으로 Charles Swan과 Wynnard Hooper가 번역하였다. 영어 판은 1871년에 두 권의 책을 한 권으로 내면서 뉴욕에 있는 J. W. Bouton, 706, Broadway에서 출판하였다(실질적으로 번역본 역자 서문은 1권이 출판된 1824년 6월 9일자로 되어 있다). 이 책이 출판되자 가장 즐겨 읽은 독자들은 로마 교회 사제들이었다. 이 책의 주 내용은 로마인들의 역사적인 신변잡기들, 도덕적인 흥밋거리들이 대부분이었는데 15세기에 잉글랜드와 스코틀랜드에서 사제들이 그들의 설교에 단골 메뉴로 사용하였다고 한다.

04 Gottfried Locher, Zwingli's Thought-New Perspectives, Studies in the History of Christian Thoughts, 25 (Leiden, 1981), 4.

05 Gottfried W. Locher, "Im Geist und in der Wahrheit", 52. quoted from Daniel Timmerman, Heinrich Bullinger on Prophecy and the Prophetic Office(1523-1538), Vandenhoeck & Ruprecht, 2015, 112.

06 Daniel Timmerman, ibid, 112.

07 Daniel Timmerman, ibid, 113.

08 Daniel Timmerman, ibid, 115,

09 Daniel Timmerman, ibid, 118.

10 취리히 성경은 신구약 성경 완역본은 Froschauer Bible로도 불려진다. 이 성경은 최초로 성서 지도를 포함시킨 성경으로 알려진다. 츠빙글리가 서론을 쓰고 각장마다 간략한 내용을 소개하고 있는 특징이 있다.

11 Daniel Timmerman, ibid, 117.

12 Zurich Higher School에서 가르친 교수들은 당대 최고의 학자들이었다. Konrad Pelikan, Theodor Bibliander, Peter Matryr Vermigli가 교수진으로 참여하였다.

13 Patrick Collinson, The Elizabethan Puritan Movement, Jonathan Cape: London, 1967, 169.

14 오스발트 미코니우스는 스위스의 개신교 신학자요 개혁자로서 츠빙글리의 추종자였다. 그는 1534년 츠빙글리의 전기와 바젤 신앙고백서의 작성자이기도 하다.

15 Daniel A. Augusburger, 'Huldrych Zwingli and the Reformed Tradition' in Andrews University Seminary Studies, Autumn 1985, vol. 23. No. 3, 227.

16 Gottfried W. Locher, 28.

17 Gottfried W. Locher, 28. 로체르는 16세기 당시 종교개혁에 취리히 종교개혁이 가장 크게 미친 영향력을 성경주의(Biblicism)라고 지적하였다.

18 Gottfried W. Locher, 27.

19 Daniel Timmerman, ibid, 120.

20 Daniel Timmerman, ibid, 124.

21 Daniel Timmerman, ibid, 210.

22 Daniel Timmerman, ibid, 282.

23 '1531년 이후로 그로스뮌스터에서 열린 매일 학습(daily meetings)은 일반적으로 letzgen, lection 또는 같은 어원의 용어로 불렸다. 하나의 규율로서 불링거는 이를 '강의들'(lectures), '세 언어로 성경 읽기'(the reading of the Bible in three languages)라고 하였다. 이를 근거로 더욱 분명한 것은 불링거가 1532년 자신의 취리히 교회 예전서를 개인적으로 만든 개요에서 'prophety'라는 용어를 소개한 것이다. 이때부터 그는 1535년도 판 취리히 교회 규칙서에서 이 용어를 혼합하여 사용하였다. 팀머만의 책, 286.

24 Peter Lewis, The Genius of Puritanism, Carey Publications, 1975, 7.

25 Kirkwood Hewat, Makers of the Scottish Church at the Reformation, Macniven & Wallace, 1920, 6. quoted from David Lang, The Works of John Knox, 1848, vol. 6. 229. 위의 글을 인용한 이유는 녹스 전집에 실린 글은 스코틀랜드 고어라 전혀 이해할 수 없는 상황에서 현대 영어로 번역해 수록한 글이 필자에게 이해하기 용이하였기 때문이다.

26 Patrick Collinson, The Elizabethan Puritan Movement, Clarendon Press. Oxford, 1967, (rep. 2004), 168.

27 Paul S. Sever, The Puritan Lectureship, Standford University Press, 1970, 73f. 솔직히 말해서 나는 이 기원이 어떻게 시작되었느냐에 대한 관심은 없다. 다만 이것이 발전하여 설교의 황금시대를 이루었다는데 있어서 그들이 설교자 양성을 위하여 어떤 과정을 밟았는지가 더 중요하기 때문이다.

28 Patrick Collinson, The Elizabethan Puritan Movement, Jonathan Cape: London, 1967, 169. 그러나 콜린슨은 팀머만의 주장에 따르면 츠빙글리보다 불링거라고 말해야 함이 옳다. 다만 불링거에 의하여 제시된 내용들은 츠빙글리의 letzgen과 크게 다르지 않기 때문에 연속성 측면에서 보면 틀리지 않는다고 생각한다.

29 Locher, ibid, 29. 존 알라스코는(1499-1560) 폴란드 출신으로 영국에서 살면서 에드워드 6세 때에 대륙에서 건너온 영국의 난민들을 위하여 목회를 한 일꾼이다. 그러나 그는 1556년에 조국 폴란드로 돌아가 폴란드 교회 칼빈주의 지도자로 마지막 활동을 하였다.

30 Paul S. Seaver, The Puritan Lectureship, Stanford University Press, 1970, 18.

31 Ibid, 86.

32 Kelly M. Kapie and Randall C. Gleason ed, The Devoted Life: An Invitation to the Puritan Classics, IVP, 2004, 39.

33 Ibid, 40. The editors quoted it from Edmund Grindal, Remains, Cambridge Parker Society, 1843, 382.

34 콜린스에 의하면 1572년 이전에 이미 런던에서만 신앙강좌와 같은 모임들이 200여 개나 될 정도로 성직자들의 배움의 열기가 강렬한 것임을 볼 수 있다. 이것은 특히 런던에 있는 교회 중 90%가 동참하였다는 것을 말하는 것이다. 에드워드 가스톤(Edward

Gaston)이라는 한 성도가 해돈 목사에게 보낸 서신의 한 조각에 이런 표현이 기록되어 있다: '청교도의 예언회/설교 학교는 1570년대에 경건한 교구들 사이에 상당히 대중적인 것이 되었습니다. 이 모임은 목사들과 회중이 정기적으로 만나서 성경 본문을 해석하고 설명하는 방식으로 진행되었습니다.' On Prophesying: The National Archiveshttps://www.nationalarchives.gov.uk 에서 발췌한 것임.

35 Paul R. Schaefer, 'The Art of Prophesying by William Perkins' in The Devoted Life: An Invitation to the Puritan Classics, 41.

36 Paul R. Schaefer, ibid, 41.

37 Joel R. Beeke and Mark Jones, A Puritan Theology, RHB, 703f. 참고.

38 Francis Bacon, 'The Letters and Life of Francis Bacon', in the Works of Francis Bacon, ed. James Spedding, Robert leslie Ellis, and Douglas Denon Heath, London: Longman, 1857, 8:88.

39 P. Collinson, ibid., 191.

40 Peter Lewis, ibid., 62, 루이스는 여기에서 제레마이어 버러스, 토마스 만톤, 윌리암 그린힐, 스티븐 차르녹 등 같은 인물들의 강론을 엮은 출판물을 언급하고 있다.

41 William Perkins, The Art of Prophesying, Edinburgh: Banner of Truth Trust, 1996, 7.

42 Horton Davies, Worship and Theology in England: From Cranmer to Baxter and Fox, 1534-1690, GrandRapids: Eerdmans Publishing, 1970, 294-5.

43 David D. Hall, The Puritans: A Transatlantic History, Princeton: Princeton University Press, 2019, 46.

44 Peter Lewis, The Genius of Puritanism, 53-58.

츠빙글리와 루터의 성만찬 논쟁에 나타난 그리스도 신앙 이해

(Understanding the Faith in Christ in Zwingli and Luther's Controversy for the Lord's Supper)

조병하(전 백석대학교 교수)

07

07

츠빙글리와 루터의 성만찬 논쟁에 나타난 그리스도 신앙 이해

(Understanding the Faith in Christ in Zwingli and Luther's Controversy for the Lord's Supper)

조병하(전 백석대학교 교수)

서론

I. 들어가는 말

1) 연구의 문제점

　종교개혁 500주년을 보내면서 마르틴 루터와 홀드리히 츠빙글리가 세계 신학계에서 새롭게 조명되고 있다. 우선 발표자는 세계 프로테스탄트 교회와 한국 교회의 현장에서 느낀 바와 같이 루터와 츠빙글리뿐만 아니라 요한네스 칼비누스까지도 종교개혁 1세대로 파악하고 있었다. 그러나

요하킴 로게는 루터와 츠빙글리만을 1세대로 칼비누스는 2세대로 구별하면서 칼비누스가 루터와 츠빙글리 없이는 생각할 수 없다고 단정하고 있다. 그러면서도 로게는 종교개혁가들 연구에 대한 오늘날의 문제점으로 종교개혁가들 상호 간의 의존 관계를 규명하는 것에 있음을 지적하고, 칼비누스를 루터의 "가장 독창적 제자"로 보았다. 그리고 로게는 츠빙글리와 루터에 대한 지난 100년이 넘는 연구 안에서, 특히 독일의 연구 안에서 둘 사이에 균열이 생기는 현상들이 강조되어 왔다고 판단하고 있다.[01] 오늘날 우리들은 개혁가들을 연구하면서 이러한 그의 지적을 깊은 관심을 가지고 역사 사실에 근거하여 개혁가들의 상호 의존 관계와 각자의 특징들을 균형 있게 기술하여야 한다고 본다.

그래서 오늘 나의 발표 논제에 도움이 되는 상호 관련 부분을 우선 집고 넘어가고자 한다. 보통 연구 글들이나 관련 교회사 기술을 읽으면서 루터나 츠빙글리, 칼비누스 역시 당시 널리 퍼진 인문주의의 영향을 생각보다 크게 받고 있다는 사실을 실제적으로 간과하고 있다는 것을 발견하게 된다. 종교개혁의 가장 중요한 힘은 성경과 교부들의 글을 깊이 있게 연구함으로 얻게 되었다. 루터나 츠빙글리는 개혁의 발걸음을 내디디면서 이미 이를 위한 인문주의 삶을 받아들이고 있었다는 것이다. 루터는 1510년 비텐베르크대학을 세운 요한네스 폰 슈타우핏츠로부터 성경과 교부들 (특별히 아우구스티누스)에 대한 연구에 전념할 것을 요구받고 그리하였으며, 츠빙글리 역시 1516년 이른 봄 에라스무스를 개인적으로 알게 되기 전 1513년부터 인문주의 영향으로 성경과 교부들 연구에 심혈을 기울이고 있었다.[02] 츠빙글리는 루터가 자신에게 주었던 영향을 결정적인 것으로 보지 않았다. 그는 처음에 온전히 에라스무스주의의 생각에 따라 그리스도교를 ("인문주의 그리스도교") 공동체로 점차적으로 개혁해 나가

길 원했다. 그래서 그는 1518년에는 자신의 간청으로 교황청 대사로부터 교황의 시제(시중자, Akoluthe)의 칭호를 받았다. 칼 허위시는 1519년 루터의 라이프찌히 논쟁에서 츠빙글리를 루터의 영향권으로 끌어들였다고 말한다. 그 결과로 츠빙글리는 점차 에라스무스의 영향에서 "매우 점차적으로" 루터에게로 향하며 제1차 취리히 논쟁(1523년 1월 29일, 67개 신앙 조항 제출)에 참여하면서 결단을 내리게 했다고 주장한다.[03]

2) 마르부르크 담화(논쟁)[04]

마르부르크 담화에서 루터는 츠빙글리와 그리스도론에 대한 논쟁을 주된 논쟁으로 끌고 가지 않았고 성만찬 논쟁에 머물렀지만 자연스럽게 그리스도론에 대한 문제가 논쟁에 포함되었다. 실제로 종교개혁자들 간의 논쟁은 성만찬 이해의 차이에서 발생하게 되었다. 이와 같은 논쟁은 로마 가톨릭교회 세력들에 대립하여 독일 국가 형성과 이를 위한 프로테스탄트 세력을 규합하려는 군주들에 의해 심화되게 되었다. 루터를 지지하는 군주들은 프로테스탄트 개혁자들을 신학적으로 일치시키고지 미르부르크에서 1529년 10월 1-4일 아침까지 "마르부르크 신앙 담화"를 열었다.

루터는 담화 후 10월 4일 자기 부인에게 보낸 편지에서 성만찬에 대한 견해의 일치를 이루지 못했음을 못마땅해하면서 나머지 14개항은 "거의 모든 부분에서 일치"[05]를 가져왔음을 편지하였다.[06] 물론 루터와 츠빙글리 사이에는 성만찬 요소들과 그리스도의 현존의 방법과 관련하여 그리스도론에서도 약간의 차이가 있었다.[07] 그러한 이유로 그들은 마르부르크 담화에서 성만찬에 대한 의견들의 일치를 가져올 수 없었다.

츠빙글리는 1527년 2월부터 1528년경까지, 루터는 마르부르크 담화 이후에 1537년 이후 파리대학교 신학자들과의 논쟁에서 집중적으로 그리스도론이 논쟁의 주제가 되었다. 이와 같은 논쟁과 글들을 통하여 마르틴 루터는 속성 간의 교류(communicatio idiomatum)을 츠빙글리는 알로이오시스(Alloeosis)의 신학을 주장하였다. 이 글에서는 이와 같은 역사적인 사실과 신학을 츠빙글리와 루터의 글을 중심으로 살피고자 한다.

최근에 루터의 "속성 간의 교류"에 대한 신학적인 해석을 담은 연구 글들은 오스왈드 바이어가 편집한『창조자가 피조물이다: 속성 간의 교류의 가르침으로서 루터의 그리스도론』,[08] 조어 하가의『무엇이 그 점에서 하나의 형이상학인가? 초기 근대 루터주의에서 속성 간의 교류에 대한 해석』,[09] 500주년과는 거리가 있어 보이는 프리데만 프리쯔의 박사 학위 논문『속성 간의 교류: 하나의 그리스도론적인 결정의 의미를 위하여』[10]가 있다. 한글로 쓴 연구로는 김재윤의 글 정도를 찾을 수가 있다.[11]

II. 논쟁의 역사적인 배경

츠빙글리와의 논쟁 이전에 마르틴 루터는 호의적인 입장에서 1526년에 스위스의 "열광주의자들"과 관련하여 4편의 글들을 집필하게 된다. 발단은 1524년 11월 16일 러위트링겐(Reutlingen)의 알베르(Alber)에서 츠빙글리가 "Allen Liben Freunden Iyn Christo(그리스도 안에서 사랑하는 모든 형제들에게)"라는 수기 글을 제시했고, 이 수기의 글이 널리 퍼졌으며, 그것이 1525년 3월에 인쇄됐다.[12] 이에 대하여 사람들은 루터에게 답할 것을 요구했고, 당시 농민 전쟁에 많은 시간을 할애해야 했던 루터는 인문주의자 에라스무스나 스위스의 개혁가들을 우군으로 두기를 원했기

에 답하는 일이 지연되고 있었다.[13]

그러나 에라스무스의 도전『의지의 자유로운 결정에 대하여』에 일 년이 지난 1525년에 9월에야『의지의 종속적 결정에 대하여』라는 글로 답해야 했던 마르틴 루터는 그 이듬해 스위스 개혁자들에 대하여 다음의 4편의 호의직인 글들을 쓰게 되었다. 1. Erste Vorrede zum schwäbischen Syngramm:[14] Allen Lieben Freunden ynn Christo(『슈바벤의 공동의 글을 위한 첫 번째 서문: 그리스도 안에서 사랑하는 모든 형제들에게』)(WA 19, 457-461), 2. Schreiben an Johann Herwagen: Iohanni Hervagio Typographo Argentinensi Gratiam et Pacem(7월, 471-473)(『요한네스 헤르바겐에게 쓴 글: 스트라스부르의 인쇄공 요한네스 헤르바겐에게 은혜와 평화를!』), 3. Sermon von den Sakrament des Leibes und Blutes Christi, wider die Schwarmgeister(482-523)(『그리스도의 살과 피의 성례전에 대한 설교, 광신자들에 대항하여』),[15] 4. Zweite Vorrede zum Schwäbischen Syngramm: Dem christlichen Leser wunsch ich, Martin Luther, Gnad und fride yn Christo(529-530)(『슈바벤의 공동의 글을 위한 두 번째 서문: 그리스도인 독자에게 나, 마르틴 루터가 그리스도 안에서 은혜와 평강이 있기를 원합니다』).

루터의 이 네 편의 글들은 그가 1526년 스위스인들의 성만찬론[16]에 대하여 언급하였던 "모든 것"에 해당되었고 반박으로서가 아니라 해명으로 이해 된 것으로 약 1526년 8월 이래로 논쟁서로 그의 글들이 변하기 이전에 쓰였다.[17] 그의 글들이 논쟁서로 바뀌게 된 것은 그의 적대자들과 친구들의 요구에 의한 것이었다. 특별히 외콜람파드가 밀어붙여 루터의 마음을 무겁게 내려누르게 했다. 헷센의 필립 역시 루터에게 편지 쓰기를 "츠빙글리의 (것을) 잊지 마시오! 그리고 외콜람파드의 (것을) 잊지 마시오!

새로운 오류에 대항하여 무엇인가를 끝내도록 하시오!", 그리고 그는 루터에게 얼마 뒤에 설명을 첨부한 그 둘의 성만찬 글을 보내왔다. 루터는 우선 1527년 1월 1일에 논쟁을 준비하였고 10일에 "비판(Angriff 공세)"를 폈다. 처음에는 천천히, 루터는 2월 5일에서 3월 21일까지 단지 짧은 편지만, 그리고 4월 24일 외콜람파드에게 알릴 수 있었다. 그는 3월 말에 완성되어 4월에 출판되었던 책을 프랑크푸르트 도서전시장에서 입수할 수 있었다.[18]

사실 위 네 편의 글들 이전에 루터는 성만찬 논쟁에 '불을 지피는 글'로 1526년 1월 4일에 『러위틀링겐의 그리스도인들에게 답변서』를 썼다. 이는 앞에서 언급한 대로 츠빙글리가 1524년 11월 16일 러위틀링겐에서 제시했던 수기 글에서 발단된 성만찬 논쟁에 대한 답변이었다. 그 답변과 더불어 루터는 1525년 "하늘의 예언자들"에 대항하여 일어났던 논쟁을 1526년에는 호의적인 네 편의 글들을 통하여 스위스의 "열광주의자들"에 대항한 '논쟁의 전주곡을 연주'하고 있었다.[19]

루터가 성만찬 논쟁에 들어가려고 했던 때에 츠빙글리는 "나는 이미 여러 해 전에 성만찬에 대한 이러한 의견이 있었다. 그러나 나의 계획은 그것을 경솔하게 백성들에게 제시할 수 없었다. … ."라고 말하고 있다.[20]

사실 츠빙글리와 루터 사이의 그리스도 신앙 논쟁은 종교개혁자들의 성만찬 논쟁을 통하여 간접적으로 일어나게 되었다. 성찬 제정에 대한 예수 그리스도의 말씀인 "이것은 내 몸이다."(마 26:26, 고전 11:24)라는 말씀에 대한 다른 시각과 각기 다른 문장의 부분에서 해석 열쇠를 가지고 이해하려 시도하는데서 논쟁은 발생했다. 결과적으로 성만찬 요소에 대한 논쟁은 자연스럽게 예수 그리스도가 누구인가를 주요하게 논의하게 하였다.[21]

헷센의 백작 필립이 종교개혁 성공을 위하여 독일어권 스위스의 개혁 세력과 연합을 위해 시도했던 마르부르크 신앙 담화는 실패했다. 성만 찬 조항에 대한 문제 때문이었다. 다른 한편 그리스도론은 담화에서 논쟁 의 이슈가 되지 못했다. 이 발표에서는 이와 같은 배경과 츠빙글리 전사 (1531년 10월), 그 이후 1537경년부터 소르본 학자들에 대해 루터가 집중 적으로 논박했던 글들을 중심으로 츠빙글리와 루터의 신학을 정리한다. 루터의 "속성 간의 교류"의 신학은 소르본 신학자들과의 논쟁에서 더욱 명료해졌다.

III. 훌드리히 츠빙글리의 알로이오시스

츠빙글리의 Alloeosis(ἀλλοίωσις, Veränderung, Wechsel) 신학은 다음 의 다섯 권의 그의 책에 잘 드러난다.[22]

츠빙글리기 알로이오시스(일레오시스)의 단어를 처음 쓴 것은 1526년 4-5월경에 쓴 글인 『"왜냐하면 그리스도의 이 말씀 '이것은 나의 몸이다.' 가 아직도 확실하기 때문이다."라는 루터의 글에 대한 강의 메모』이다. 그 는 신인양성의 교환에 대하여 처음으로 성육신과 관련하여 언급하고 있 다. "교환들로부터 시작(Initium de alloeosibus): 육신에로 아들의 취하기 로부터 영원한 지혜의 아들, 이러한 기적이 일어났을 때에…." 그의 "교 환"의 가르침은 성육신에서부터 시작된다고 말한다.

츠빙글리가 풍부하고 자연스럽게 이러한 용어를 활용하는 것은 1527 년 2월 8일에 쓴 『우호적인 해석, 즉 성체 실행에 대한 해설, 마르틴 루터 에게』이다. 그는 이글을 통해 정중하면서도 날카롭게 "루터가 성체 실행

안에서 외콜람파드와 츠빙글리에 일치하지 않고 있다."고 비판하고 있다.[23] 아울러 츠빙글리는 "성체 실행"의 차이점을 중점적으로 다루면서 자신의 그리스도 이해를 개진한다. 그는 그리스도의 신인양성의 문제를 언급하는데 있어서 "그리스도 안에서 본성들을 혼합"하는 것을 우려하였고, 이렇게 주장하는 자들은 "본성들의 (쌍방)교환(alloeosim)과 속성들의 교환[변화, commutationem]"를 통하여 사역이 이루어진다는 것을 주장하여 결과적으로 "신성의 모양(modus)"에 해당하는 것을 설교를 통하여 "인간의 본성"을 "인성의 모양"에 해당하는 것을 "신의 본성"에 대한 것으로 설교하는 오류를 범하는 것이라고 비난한다.[24]

그렇게 츠빙글리는 두 본성의 교환 안에서 죽을 본성에 대하여 말한다.[25] 요 6:63 "살리는 것은 영이니 육은 (무엇이거나를 막론하고) 유익하지 못하니라…"라는 말씀을 증거로 살리는 것은 영인데 왜 생명을 몸에게 공으로 돌리는 지를 반문한다. 그리고 두 본성들은 이 말씀에 따라 "존재의 기묘한 표현에 따라서, 그리고 결국 모방을 따라서 교환적인 형상 양태들"이라고 정의한다.[26]

츠빙글리에게 있어서 "떡 자체는 그리스도의 몸에 참여(communicatio corporis Christi, κοινωνία τοῦ σώματος)하는 것이다."[27] "그리스도의 몸에 참여하는 것을 의미한다. 의미한다. 의미한다(est)."[28] 그는 그의 글에서 고전 10:16-17을 해석하면서 그것이 그리스도의 몸에 참여하는 것임을 길게 입증한다.[29] 공동체의 참여(친교)를 위하여 "다 한 떡에 참여"하는 데 초점을 맞춘다. 그는 참여를 위해 participatio와 communicatio를 유사하게 사용하고 있다. 그리고 일치를 이루는 것을 위하여 교제(친교, communio)를 적용한다.[30] communicatio idiomatum은 아직도 그에게 루터와의 논쟁의 논점이 되지 않았다.

츠빙글리는 그리스도의 영혼이 사물이 아닌 한 분 하나님께 붙어있어야 한다고 주장한다(신 6:13, 10:20). 그 이유는 그와 함께 "그리스도의 순수하고 꾸밈없는 인간성이 경배되어질 수 있기 때문이다." 이런 내용들에서 "교환을 통하여", "순전하고, 신성한 본성이 깨달아져야 한다."고 주장한다. 그런 이유에서 "성만찬이 경배되어져야만 한다. 왜냐하면 그리스도가 이 점에 있어서 하나님이시고 인간이시기 때문"이라고 주장한다.[31]

루터가 츠빙글리의 "그리스도 안에서 두 본성의 alloeosis" 주장에 대해 반박하는 것에 대하여, 그가 이 단어를 선택한 이유로 "가장 무지한 자들인 백성"을 고려하였음을 밝힌다.[32] 그리고 이어서 그 자신이 주장하는 "그리스도 안에서 두 본성들의 교환"에 대하여 상세히 설명한다. 전의적 표현(tropus, 한 단어의 본래적이 아닌, 회화적 적용)이라는 뜻으로 그는 그 의미를 중기 플라톤 철학자인 플루타르쿠스(Plutarchus, 45-125)에게서 찾았다. 플루타르쿠스는 이런 전의적 표현을 통하여 "상례의 질서 혹은 이성이 교환되어진다.(commutatur)"고 주장한다. 즉 이 용어가 "문법들의 수동의 어떤 밀접한 관계 때문에 하나로부터 다른 것으로(de una ad aliam) 도약(saltus)이든지 혹은 변화(교환, permutatio)가 발생할 때에" 적용된다는 것이다.

그러므로 그는 "영감 된 사람들(divini homines)은 그리스도에 대하여 그 안에서 두 본성의 연합을 위하여 변화들이나 혹은 교환들 혹은 뛰어내렸던 이(permutationes sive commutationes sive desultus[33])를 자유롭게 사용했다."고 소개한다. 이러한 내용을 "신학자들이 얼마 전에(paulo ante) 속성과 관련하여", "고유성들의 교류(proprietatum communicationem)"라고 불렀시만 츠빙글리 자신은 "교환 혹은 뛰어내렸던 이"라고 말한다고 주장한다.[34] "따라서 ἀλλοίωσις는, 그것이 이러한 형편에까지 관계[

상관]되는 만큼, 있고, 그것은 뛰어내려졌든지 혹은 건너갔다[지나갔다] (desultus aut transitus est). 혹은 네가 더욱 원할 때에 그것을 통하여 그 안에 다른 본성에 대하여 우리들이 말하고 다른 주장들을 통하여 우리들이 말하는 변화가 (있다.)"[35]

그럼에도 츠빙글리는 양성이 나누일 수 없음을 놓치지 않는다. 즉 "그리스도가 "내 살[몸 caro]은 참된[참으로] 양식이다."(요 6:55)라고 말씀할 때에 마치 몸이 고유하게 그 안에 인간의 본성과 관련하여 있는 것처럼, 그러나 몸이 교환을 통하여 이러한 곳에서 신성을 위하여 놓여진다. 왜냐하면 하나님의 아들이라는 점에서[하나님의 아들인 한에 있어서] 거기까지 그는 영혼의 양식(animae cibus)이기 때문이다."

그러나 그럼에도 불구하고 츠빙글리는 초대 교회부터 중심적으로 이어오던 가르침인 그리스도의 죽으심이 인간의 본성에 국한된다고 주장한다. 마 21:38-"이는 상속자니"라는 말씀을 신성의 이름으로 규정하면서도 "인간의 본성을 위하여 수용"하는데, 그 이유는 "이러한 (본성에)따라 죽을 수 있었고, 신의 (본성)에 따라서가 결코 아니기 때문이다. 나는 말한다. 그가 다른 본성에 대하여 설교[선포]되어질 때에 다른 하나의 것이 (설교되기 때문이다). 결국 즉, alloeosis 혹은 idiomatum communicatio[36] 혹은 commutatio 이기 때문이다." 그리고 "모든 이들이 더욱더 호의적인 것을 속성 간의 이러한 교환 혹은 교환들을 통하여 상용했다. 왜냐하면 하나님의 아들은 영원으로부터 있는 자이고 받아들여졌던[취하였던] 인간을 통하여 인간의 아들도 또한 되셨기 때문이다."라고 주장한다.[37]

츠빙글리는 그리스도론의 핵심 성경 구절인 요 1:14를 들어 하나님이 "alloeosis를 통하여" 인간이 되셨다고 해석하고 "인간을 취하신 이가 영원한 하나님이시고 또한 그가 그를 취하신 이후에 영구적인(영원한, perpetuus) 인간이시다."고 설명한다.[38] 이어서 신인양성의 사역이 교환적으로 일어나는 것을 위하여 요 7:16(인성), 요 10:18(인성(humanitas)이 뿐만 아니라 신성(divinitas)), 마 26:39과 동일하게 요 10:30(신성(divina natura)), … . 요 14:6(인성) 등의 성경 구절을 들어 입증하고 있다.[39] 그는 인성이 하나님이 아님을 강조한다.[40] 그리고 루터의 성만찬의 가르침에 대하여 비판하는 츠빙글리는 신인양성의 교환에 대하여 글의 후반부까지 "alleoses"[!] "는 그리스도 안에서 두 본성들 사이에서뿐만 아니라 신성의 위격들 사이에서도 일어난다."라고 주석하여 그리스도론에서 양성들 사이에서뿐만 아니라 삼위일체론에서 세 위격들 사이에서도 "교환"이 일어난다고 주장하고 있다.[41]

그의 다섯 편의 관련 글들 중에 또 하나의 중요한 글은 1528년 8월 말에 쓴 Über D. Martin Luthers Buch, Bekenntnis genannt, zwei Antworten von Johannes Oekolampad und Huldrych Zwingli(『(신앙)고백이라고 언급되어졌던 루터의 책에 대한 요한네스 외콜람파드와 훌드리히 츠빙글리의 두 가지 대답들』)이다. 제목 자체에서 이 글은 츠빙글리의 이전 글들에 대한 마르틴 루터의 대답에 근거하고 있음을 알 수 있다. 우선 마르틴 루터가 이 alloeosis라는 말을 아직 알지 못하여 배척했다고 츠빙글리는 말한다.[42] 그리고 츠빙글리는 스스로 상응하는 독일어 단어 "Gegenwechsel(상호 교환)"를 제시함으로써 이 단어를 통해서 자신이 무엇을 추정하는지("vermeine")를 설명하고 있다. 츠빙글리는 이 글에서 자신이 두 본성에 대하여 말할 때에 왜 "옛 전의적 표현(tropus)"를 "순에크도케[43]"로 사용하지 않는지를 루터가 반문한다고 파악하고 관련 단어로 alloeosis를 제시한다. 그리고 순에크도케는 키케로의 말 "개요(collectio)"나 혹은 "총괄(comprehensio)"를 뜻하는 것으로 "파격 어법" 혹은 "전의적 표현"[44]을 의미한다고 말하면서 자신의 용어 "상호 교환"을 "상응하는 속성이 교환되어지는(verwechßlet, 혼동하다!) 것", "그러나 상호 anerbornn(선천적)이거나 혹은 틈새가 없이/ 긴밀하게 zemengefuegt(고착시켜졌던) 일들 안에서" 이와 같은 일들이 일어난다고 주장한다.[45]

츠빙글리는 "그렇게 이제 순에크도케는 그것이 역시 전혀 고유성이나 일치/ 결합, 그리고 비슷한 것들, 그리고는 모든 것들이 완수되어졌던 것(기회)들을 서로 결코 갖지 않은 그러한 사실들에 적합한 것처럼 그렇게 널리 퍼졌을 가능성을 제시한다. (그리고) 그렇게 그것이 나에게 duocht(진정한 유용성/ 덕)로서 적합하지 아니하고 오히려 alloeosis(상호 교환)로서 (적합하다.) 그리고는 상호 온전히 비슷하다는 사실에 유일하게 적합하다."[46]라고 주장한다.

츠빙글리는 그 의미를 독일어로 구체화한다. "맞다! 하나의 본성에 대하여 말 되어질 때에 그것은 다른 본성에 대하여 있다. 즉 그것은 alloeosis이다. 최종적으로 상호 교환 혹은 속성들의 공유와 교환[47]"이라고 말한다. "루터가 속성 간의 교류, 즉 고유성들의 공동의 것"(gemeynsame der eygenschafften)이라고 말할 때 츠빙글리 자신은 상호간의 교환(alloeosis, gegenwechsel)이라고 말한다고 그의 글에서 스스로 주장한다.[48]

그럼에도 불구하고 츠빙글리는 "… 그리스도로부터 두 실체(인격)들을 만들려고 원했던 것은 결코 내 생각이 아니었다. 그가 두 본성을 가질지라도 적어도 사람이 두 실체(인격)들일 때 사람은 육체와 영혼을 갖는다. … 그래서 이제 사람은 홀로 하나로 창조 되었던 하나의 인격이다. … 그것에 따라서 내가 더욱더 … '말씀이 인간이 되었다.'라는 말씀을 또한 다루었다. '말씀이 인간이 되었다.'와 '하나님이 인간이 되셨다.'라는 말은 역시 상호 교환의 힘 안에서 말 되어졌다. 인간을 자신에게 취하였던 자가 영원한 하나님이시기 때문에 역시 그가 인간을 자신에게로 취한 후에 영원한 인간이 되었다."[49]라고 설명한다.

루터가 한 말 "사람들이 하나님이 인간이라고 혹은 인간이 하나님이라고 말할 때에, 맞다! alleosis일 수가 없고, 맞다! 역시 순에도케나 혹은 일치된 전의적 표현일 수가 없다. 그렇다면 그 순간에 하나님이 하나님을 위하여 인간이 인간을 위하여 취해져야하기 때문이다."를 인용하여 츠빙글리는 "그 때에 alleosis가 없다면 그가 하나님이라는 단어 안에서 하나님이심(die gottheyt)을 이해하는지"를 반문한다. 그리고 그것을 가지고 "하나님이심"과 "인간이심(die menscheyt)"로 이해하는 것은 "비그리스도교적"이라고 반박한다. 츠빙글리 자신이 가르치는 "경건한 alloeosis"는 하나님이 "인격적으로, 떼어 놓아진 것(abstracto) 안에서가 아니라 응고되어진 것(concreto) 안에서 이해되어져야 한다."고 주장한다.[50]

츠빙글리는 지속적으로 양성의 상호 교환을 같은 글에서 매우 풍부하게 증명하고 있다.[51] 이 글은 그가 "경건한 제후들"에게 쓴 것이었다.[52]

IV. 마르틴 루터의 communicatio idiomatum의 가르침

루터의 그리스도론은 일찍부터 인간 구원에 대한 질문에서 발생했다. 그리고 성만찬 논쟁에서 논쟁으로 점화되어졌다.[53] 루터와 다른 종교개혁가들과의 그리스도 신앙 논쟁은 1525년부터 나타난다. 츠빙글리와의 논쟁에 연루되어 1527년부터 논쟁은 루터의 주장을 좌우했다.[54] 앞에서 다루었던 츠빙글리의 Amica exegesis와 함께 문헌적인 논쟁이 시작됐다.

루터는 그의 모아진 글들(WA) 중에서 14회 이상 "속성 간의 교류"를 중거하고 있다. 그 중에 2회 정도만 츠빙글리와 관련되어 있다. 사실 루터는 마르부르크 담화에서도 성만찬에 대한 이해의 큰 차이를 비판했지 그리스도 신앙 이해의 문제를 크게 문제 삼지는 않았다. 그리고 관련 글들의 대부분(12회)은 1537년 이후에 집중되어 있다. 이는 '철학과 신학의 일치'를 주장한 소르본대학의 신학자들의 반발에 응한 내용들이다. 루터의 글들에 나타난 속성 간의 교류의 의미를 살펴보자!

1. 츠빙글리와의 논쟁

1) 우선 1527년에 행한 요한일서 강의에서 루터는 이 단어를 처음으로 이용한 것으로 나타난다. 강의는 8월 19일부터 11월 7일까지 진행되었고, 이 용어는 첫날 행한 그의 강의 기록에서 나타난다. 기록은 강의를 받아쓴 것이 전해지고 있는데 Körer의 자료(K)가 상단에, 하단에는 감독교구장에게 소급되는 전승 자료(P)가 인쇄되어 있다. 첫 강의에서 나타나는 속성 간의 교류라는 단어는 P에만 나타나고 두 자료는 내용상의 큰 차이를 보인다. P자료의 관련 부분을 살펴보면 다음과 같다.

> 이단들은 '속성 간의 교류'에 대하여 논쟁하기 시작한다. 어떻게 그의 속성들이 하나 각각에게 부여되어져야만 하는지를, 그리고 그들은 우리들의 새로운 오류들을 언급한다. … 요한복음 14장에서 '나를 본 자는 아버지를 보았다.' 빌립은 그리스도의

인간성(humanitas)으로부터 아버지를 상상했다(fingebat). 이러한 덧없는 생각들이 그를 그리스도로부터 [속성들을] 갈라놓았을 것이다. … 우리는 예수 그리스도가 참으로 두 본성으로부터 구성되어졌던 하나의 실체(인격)(una persona)임을 믿는다. … 참으로 일광주의자들(Suuermeri)이 그리스도가 인성을 따라 수난 받았다고 말하는 것은 거짓이다. 성경은 이러한 두 본성들이 하나의 실체(인격) 안에(in una persona) 있다고 말한다. 성경은 유대인들이 '인성'이 아니라 '하나님의 아들'을 십자가에 못 박았다고 말한다. (롬 8:3; 고전 2:8)[55]

이 강의는 루터가 츠빙글리와의 성만찬에 대한 신학 논쟁이 깊어졌을 때에 행한 것으로 그리스도가 인성을 따라 수난을 받았다고 주장하는 츠빙글리의 주장을 강력하게 반박하고 있다.

2) 1528년 1월 13일부터 3월 31일까지 25회에 걸친 디모데전서에 대한 강의에서 루터는 츠빙글리의 신학을 Alloeosis로 규정한다. 그리고 그의 주장에 대하여 루터는 2월 5일 강의에서 다음과 같이 밝힌다.

십자가에 못 박힌 자는 하나님과 인간의 진정한 아들이다. 실제로 사람들은 하나님의 아들이 십자가에 못 박혔다고 말한다. 나는 communicatio idiomatum에 대한 주제를 논하는 것을 수용했다. … '온 세상의 구원이 오직 인성을 통하여(per humanitatem solam) (몸값을 치르고) 구원되었던 우리들에게 돌아간다. 그리고 그가 추인하는 단어를 alleosin 즉, 교환(바꿈,

permutationem)을 통하여 원한다. 이러한 것으로부터 그것은 우리들의 신앙의 항목으로 추정되어졌고, 그리고 거룩한 문자로 보였다. 본질적으로, 그리고 참으로 본성적으로 그리스도가 하나님이시기 때문에, 그의 실체(인격)의 하나의 지체를 상처 입힌 자였다면 그는 전 실체(인격)를 상처 입힌다. 그리고 그는 신성이 아니라 수난당한 인성을 말한다. 그것은 형상 양태를 갖는다. (즉) 신성은 죽어질 수 없고 오히려 그는 따르지 않는다. (즉) 따라서 하나님의 아들이 십자가에 못 박히지 않으셨다.[56]

이와 같이 루터는 츠빙글리가 신인양성의 "상호 교환"의 신학을 견지함으로써 갖는 문제점을 지적한다. 츠빙글리는 신성이 아니라 인성의 수난 당함을 주장함으로써 성경이 말하는 '하나님의 아들을 십자가에 못 박았다.'는 가르침을 가르치지 않는다는 비판을 받고 있다. 이에 대한 논쟁이 더 진전될 수 없었던 것은 츠빙글리가 카펠 전투에서 전사(1531년 10월 11일)하였기 때문이다.

2. 파리 소르본 신학자들과의 논쟁

루터의 "속성 간의 교류"에 대한 논쟁은 소르본대학 교수들의 신학 논지를 가지고 1536년부터 다시 시작되었고 1545년까지의 논쟁을 통하여 이에 대한 그의 신학은 충분히 설명될 수 있었다.

1536년 5월 5일 공포되었던 소르본대학 교수들의 신학 논지들을 가지고 루터가 1539년부터 그의 임종 전 해인 1545년까지 신학 논쟁을 벌렸다. 이 신학 논쟁에서 그리스도론과 관련하여 그의 속성 간의 교류의 신학을 명료하게 파악할 수 있다. 루터는 소르본의 관련된 학자들을 "오류들의 어머니들"이라고 비난한다. 루터는 이를 위해 소르본 신학자들의 신학 논쟁 논지들 중에서 '신학 안에서 진리인 그것이 철학 안에서도 진리이어야 한다.'는 문장을 취하여 싸웠다. 그들은 "그것은 참으로 철학과 신학 안에서 동일한 것 자체이다."라고 주장했다. 그러나 루터는 철학의 무의미함을 지적하는 동시에 "말씀이 육신이 되었다."(요 1:14)는 신학 명제를 가지고 논증하면서 모든 철학의 개념들이 성경이 말하는 하나님, 인간 등에 대하여 다른 의미를 갖기 때문에 철학이 성육신을 이해하는 길을 제거한다고 주장한다. 논쟁은 1539년 1월 11일에 시작되어 루터 임종 전 해인 1545년까지 지속되었다.[57]

1539년 1월 11일에 행한 요한복음 1장 14절에 대한 논쟁에서 그는 철학자들의 관련 주장과의 차이를 분명히 한다.[58] 이때 그는 논쟁을 위하여 소르본의 신학자들에 의하여 주어졌던 42논제들을 다루고 있었다. 그와 함께 루터는 신학에서 참인 것은 역시 철학에서도 참이어야만 한다는 파리 대학 신학자들의 주장들을 반박하고 있다.[59] 루터는 모든 신학 개념들은 철학에서 하나의 다른 의미를 갖는다고 주장한다. 그러므로 그는 철학이 성육신에 관하여 논하는 것은 불가능하게 되었다고 말한다. 그리고 철학은 율법과 행함의 공로의 길을 가르치는 것이라고 한정한다. 루터는 그것과 함께 철학이 자연의 범주에서 기꺼이 진리에 봉사할 수 있다고 주장하였다.[60]

> 우리들은 속성의 교제(communio idiomatum)를 통하여 인간이

신 하나님을 말한다.

c) 그것은 성육신 되신 신성의 실체(인격)(persona)를 의미한다. 그러나 철학에서는 그것이 되어진 실체(인격)(factam personam)를 의미한다. 그렇게 그들 스스로가 해설한다.

틀림없이 신학에서는 인간이 참다운 삼단 논법의 소전제가 아니다. 그러나 철학에서는 그렇다. … 우리들은 그럼에도 불구하고 오직 말씀(solo verbo) 안에서 풍부하게 되어져야만 한다. 훌륭하게 외콜람파디우스가 사람이 여기에서 포르퓌리오스의 나무[61]에서와 다르게 취해(인용되어)진다는 것을 말한다. 멜리우스(Melius)가 속성의 교류가 있다고 말했었다. 철학자는 하나님이 인간이시라고 혹은 인간이 하나님과 하나님의 아들이라고 말하지 않는다. 그러나 우리들은 인간이 하나님이시라고 말한다. 그리고 삼단 논법 없이 하나님의 이 말씀을 통하여 우리들은 증언한다 ….[62]

[논증 15] 아들이 하나님과 동일한 실체(본질)와 권능이었다면 성경은 모든 것들이 그에게 아버지에 의하여 굴복시켜졌다(고전 15:27-, 엡 1:22)라고 말하지 않았을 것이다. 그러나 모든 것들이 그리스도에게 아버지에 의하여 굴복시켜진다. 따라서 그리스도는 아버지와 동일한 실체(본질)와 권능이 아니다.

(루터의) 답. 너희들은 자주 드러내었고, communicatio idiomatum에 대하여 말하였다. 그리고 그것은 주의 깊게 관찰되어져야만 한다. 왜냐하면 이러한 본성 각각의 고유성(특성)이 이미 실체(인격)(persona)이신 그리스도 안에서 분배되었기(주어졌기) 때문이다. 즉 그가 아버지와 바로 그 (본질) 자체

일 때에, 그럼에도 불구하고, 왜냐하면 그가 성육신하셨고, 고난 받으셨고, 우리들을 위하여 십자가에 달리셨기 때문에, 모든 것들이 아버지에 의하여 그에게 굴복시켜졌다. 즉 실체(인격)(persona)는 하나님이고 인간이다. 하나님이신 만큼 그는 수난 받지 않으셨다.

c) 왜냐하면 요한이 "말씀이 육신이 되셨다."고 말할 때에 그는 두 번째 행동이 아니라 첫 번째 행동을 의미한다. 피조물들 이전에 있었던 그것이 피조물들 이후에 낳아지지 않았다. 따라서

답) 이러한 삼단 논법은 철학 안에서 선하고, 오히려 신학 안에서가 아니다. 그리스도의 실체(인격)(persona)는 하나님이고 인간이다. 그가 수난 받으셨다. 왜냐하면 인성(humanitas)을 위하여 그러나 실체(인격)(persona)가 하나이었기 때문이다. 수난 받은 그리스도가 언급되고 그리스도가 올라가시고 왕국을 받으신다. 비록 그가 이전에 왕이셨을지라도- 당신이 모든 것을 굴복시기셨다 그럼에도 불구하고 모든 것을 이진에 가지셨을 때에, 이러한 모든 것들이 communicatio idiomatum으로 인하여 말 된다.

하나님은 고난당하실 수 없고 그러나 인간인 만큼 그는 수난 당하신다(deus non est passibilis, in quantum autem homo, patitur). 그러나 그럼에도 불구하고, 왜냐하면 하나님과 인간으로서 하나의 실체(인격)가 분리되어질 수 없기 때문에 우리들은 참 하나님이시고 참 인간이신 그리스도가 우리들을 위하여 고난 받으셨다고 말하도록 강요되어진다. 그리고 사람들은 우리들을 위하여 죽으신 온전한 실체(인격)를 말한다. 즉 그렇게 상

징 안에서 사람들은 그가 하늘로 올라가셨다고 말한다.[63]

소르본 신학자들이 철학을 근거하여 삼단 논법으로 그리스도론을 주장하고자 할 때 루터는 이를 거부한다. 루터에게는 소르본 신학자들과 달리 신학의 개념과 철학의 개념이 같을 수가 없다.

3. 논쟁 과정에서 행한 설교와 강해들에 나타난 루터의 가르침

다음의 내용들은 소르본 신학자들과의 논쟁 과정에서 행해진 것들이다.

1) 1537년 10월 16일에 비텐베르크 성 교회에서 행했던 설교에서 속성의 교류에 대하여 요한복음 1:16과 롬 5:12를 근거로 다음과 같이 강조한다.

> 아들이 인성(humanitatem)때문에 은혜를 갖는다. 그것은 내가 삼위 즉, 아버지, 아들, 성령의 은혜에 대하여 말할 때와 다른 것이다. 그리고 그럼에도 불구하고 하나의 인간에 대한 것으로서 두 번째 실체(인격)(persona)에 대하여 사람들은 말한다. 그를 통하여 구원되어졌던 그 하나님은 인간이다. 그리고 진리를 통하여 충만한 자, 유일한 자로서 진리를 성취하였던 이러한 이(talis)는 육체와 영혼이 순수하게 되었다. 왜냐하면 비록 새자 속성의 교제를 통하여(communione idiomatum) 하나님이심

(deitas)을 위하여 말 되었다고 하더라도 인간에 대하여 언급되었기 때문이다 ….⁶⁴

2) 1540년 2월 28일에 행한 그리스도의 신성과 인성에 대한 논쟁에서 신학적인 논쟁을 위한 두 번째 주제에서 "온전히 동일한 실체(geminam substantiam)의 이러한 진리로부터, 그리고 실체(인격)의 일치로부터 사람들이 말하는 것인 이러한 속성 간의 교류가 따른다."⁶⁵고 주장한다. 루터는 계속되는 논쟁에서 다음과 같이 주장한다.

> 우리들은 그리스도가 단지 피조물이고, 그러나 하나의 실체(인격) 안에서 하나님이시고 인간이시라고 말하지 않는다. 이러한 본성들이 실체(인격)의 일치 안에서 인격적으로(personaliter) 결합되어졌다. 두 아들들이 아니고 두 재판관들이 아니고 두 실체(인격체)들이 아니고 두 예수가 아니고 오히려 결합으로서 일치와 두 본성의 일치 때문에 속성의 교류가 된다. 그와 함께 하나의 본성에게 분배되어진 것이 다른 본성에게 역시 분배되어진다(tribuitur). 왜냐하면 하나의 실체(인격, una persona)가 되기 때문이다.⁶⁶

마르틴 루터는 계속되는 신학적인 논쟁에서 "신성이 그리스도 안에서 고통을 느끼지 않았다. 하나님은 신성이시다. 그러므로 그는 십자가에서 고통을 느끼지 않으셨고, 논리적 귀결을 통하여 그는 역시 수난을 받지 않으셨다."⁶⁷는 주장을 다음과 같이 반박한다.

답: 속성 간의 교류가 있다. 그리스도가 수난을 받았다는 그것이 역시 하나님에게도 분배되어진다. 왜냐하면 그들은 하나이기 때문이다. 적대자들은 실체(인격)들의 일치(unitatem personae)를 나누기를 원한다. (그러나) 우리는 (인격의 일치를) 인정하기를 원한다. 그리고 우리들은 둘 다 각각의 것을 말한다. 우리들은 구별된 본성들을 결합시킨다(coniungimus). 혹은 하나의 실체(인격)에로(in unam personam) 결합시킨다(unimus).[68]

3) 1544년에 쓴 이사야 53장에 대한 해설에서 루터는 신인양성이 상호 참여하는 것을 위하여 속성의 교류를 주장한다.[69] 교부들이 속성 간의 교류를 선언한다고 주장하면서 그 이유를 다음과 같이 열거한다.

왜냐하면 그것이 본성 각각의 그것의 본성들을 그것의 실체(인격)(persona)에 참여시키기 때문이다. (communio) 하나님의 아들은 실체(인격)이다. 인성이 하나님의 아들인 그것(persona)에, 그리고 신성이 마리아의 아들인 그것(persona)에 참여한다. … 참여 자체가 이러한 두 본성을 하나의 실체(인격)(persona)와 일치하고, 그리고 둘로부터 하나의 아들이 있다. 두 아들들이 아니다.[70]

4) 루터는 계속해서 1535년부터 45년까지 있었던 창세기에 대한 강해에서 "마찬가지로 하나님이 지옥에 내려가셨고, 하늘로 올라가셨다. 이것이 속성 간의 교류이다."[71]라고 가르친다. 또한 루터는 "그리스도의 인성

과 그의 직무에 대하여"를 엘리사벳 목요일(1537년 11월 22일)에 행한 설교에서 속성 간의 교류를 주장한다.

> '그들은 하나님의 아들을 그 자신 안에서 십자가에 못 박았다.'(히 6:6) 바울. 다른 곳에서: '영광의 주'(고전 2:8)를, 그리고 그럼에도 불구하고 다만 '인성(humanitas)'을, 왜냐하면 하나님은 피를 갖지 않았고, 그리고 죽여지지 않으시기 때문이다. 왜냐하면 참으로 실체(인격)(person)가 나누어지지 않으시기 때문에, 즉 속성 간의 교류, 왜냐하면 그것이 이러한 두 본성들과 관련하여 혼합(서로 교환)하기(vermengt, verwechseln) 때문이다. 그럼으로 사람들은 '사람이 창조했다.'라고 말하기에 이른다. 그러나 사람이 아니라 인간의 본성 안에 있으신 하나님이시다. 그렇게 유대인들이 하나님의 아들을 십자가에 못 박았다. 왜냐하면 이가 하나님의 진정한 아들이시기 때문이다.[72]

5) 루터는 요한복음 14-15장을 본문으로 설교하면서 역시 주요하게 속성 간의 교류를 설명하고 있다.

> 옳다! 말씀이 그리스도에 대하여 말하는 모든 것이, 그것을 말씀이 또한 말하고, 그것이 온전한 실체(인격)(die gantze person)를 표현하고, 동시에 둘 다가, 즉 하나님과 인간이 하나의 존재가 된다(einerley wesen). 그리고 자주 또한 말이 뒤바뀌어진다. 실체(인격)적인 일치를 위하여 동일한 본성으로부터 두 종류도 언급되어 진다. 실체(인격)의 일치를 속성의 교류라

고 사람들은 기꺼이 말한다. 인간이신 그리스도는 그를 통하여 모든 피조물이 창조되었던 하나님의 영원하신 아들이다. 그리고 그는 하늘과 땅의 주님이시다. 또한 역시 재차: 그리스도, 하나님의 아들(즉 실체(인격), 그렇게 진정한 하나님이신)은 동정녀 마리아에 의하여 잉태되어졌고 낳아졌다. 본디오 빌라도 아래서 고난 받았고 십자가에 못 박혔고 죽으셨다…. 그것은 신의 본성에 따라 기꺼이 행하지 않았다. 그러나 역시 왜냐하면 동일한 실체(인격)가 행하여졌기 때문에 ….[73]

6) 계속해서 루터는 "속성 간의 교류가 있기 때문에 una persona이다."[74]라고 말한다. 또한 그는 요한복음 3-4장의 해설에서 속성 간의 교류에 대하여 자세히 서술하고 있다. 그가 주장하는 내용은 다음과 같다.

'오, 예수님! 하나님의 아들 당신이 나를 긍휼히 여기소서!'라고 당신이 말할 때, 마찬가지로 그를 당신이 마리아의 아들로 역시 숭배하는 것이다. 그리고는 두 본성들이 통합된 그리스도 안에 (in dem einigem Christo) 있다. 그처럼 이 본문의 말씀들이 하나님이 그의 아들을 우리들을 위하여 주셨다는 것과 인자가 그의 삶을 우리들을 위하여 주셨다는 것을 알린다. 왜냐하면 그것이 두 예수들이 아니기 때문에, 또한 하나는 오직 아버지로부터 왔고, 다른 것은 마리아로부터 나아지셨던 것과 마찬가지로, 그것은 단지 하나의 예수이시다. 그런 까닭에 옛 조상들은 그리스도의 전 인격의 두 본성들의 고유의 특성들이 응결물 안에서(in concreto) 인정되어졌고 그리고 셈되어졌다고 말했고, 그리고 그들은 속성 간의 교류를 가져왔다. 그리고 하나의 결합(관계, 유대 Gemeinschaft)이 있다. 왜냐하면 하나의 본성의 결합(관계, 유대)이 다른 본성에 참여되기 때문이다(mittgeteilet wird) …. 본성들의 교류(communicatio naturarum)가 역시 속성과의 상태에 이르게 한다.[75]

(31. 설교, 1538년 6월 29일, 베드로와 바울의 날에!) 하나님의 아들이 죽음에 주어졌고, 그리고 십자가에 달렸다. 우리들은 여기로부터 속성 간의 교류를 배운다. 두 본성의 고유성이 스스로 이러한 통합된 실체(인격)로 끈다(침투한다)(sich zihen auff diese einige person). 그리고 또한 두 본성에 고유성이 통합된 실체(인격) 상태에 있기 위하여. 그리고 그것이 사실일지라도 그것은 두 다른 것(존재)들이다.[76]

(48. 설교, 9월 13일) 그것에서 우리들은 이제 자주 열광자(몽상가/ 광신자, Schwermer)를 만나기를 배워야한다는 것을 들었다. 너희들은 … 주 그리스도 안에 두 종류의(서로 다른, zweierlei) 본성들과 그리고 그렇지만 단지 하나의 실체(인격)(eine Person)가 있다는 것을 알고, 이 두 본성들이 이끌고, 그리고 유지하는 것, 맞다! 그것의 속성들이 서로를 공유한다(mit einander teilen)는 속성 간의 교류를 안다.[77]

7) 루터는 역시 1539년에 행한 설교 편집 중 첫 번째 설교(1539년 1월 1일)에서 인간 자신의 본성, 즉 육체와 영혼을 말하면서 두 속성 간의 교류를 적용한다.[78] 또한 그는 1539년에 쓴 자신의 글 『회의들과 교회들에 대하여』라는 글에서 속성의 교류에 대하여 아래와 같이 서술한다.

그렇게 이제 네스토리우스의 유류는 오류가 아니다. 그가 그리스도를 하나의 순수한 인간으로 간주하였고 역시 그런 이유에서 두 실체(인격)들을 야기하지 않았고, 오히려 두 본성, 하나님과 인간을 하나의 실체(인격) 안에서 고백했다. 그러나 속성 간의 교류를, 왜냐하면 그가 (그것을) 부가(인정)하지 않았기 때문에, 그것을 내가 한 단어로 분명하게 말할 수 없다. 속성들은 하나의 본성에 결부되거나 혹은 그것의 특성이라는 것을 의미한다. 즉 죽고, 고난당하고, 울고, 말하고, 웃고, 먹고, 마시고, 자고, 슬퍼하고, 즐거워하고 낳아지고, 어머니를 가지고 … (루터는 이와 같은 내용들을 열거한 후에 네스토리우스의 이단 논지를 극복하고 말하기를) 이것이 네스토리우스의 견해이다.[79]

8) 루터는 자신의 임종을 몇 년 앞두고 행한 논박을 1545년에 쓴 『다윗의 마지막 말씀들에 대하여』에서 그의 주장의 결론처럼 다음과 같이 주장한다.

다른 시간적이고 인간적인 낳음에 따라 그에게 역시 영원한 권세가 주어졌다. 확실히 시간적으로, 그리고 영원으로부터가 아니게, 왜냐하면 신성이 영원으로부터 있을 때처럼 그리스도의 인간성(Menscheit)이 영원으로부터 있지는 않기 때문이다. 오히려 사람들이 셈하고 쓰는 것처럼 예수는 금년 1543년 5월 1일 만큼 나이다. 그러나 순간적으로 하나님이심(신성)(Gottheit)과 인성이 한 실체(인격) 안에(in einer Person) 결합(연합)되어졌기 때문에, 인간인 마리아의 아들이 전능한 영원한 하나님이

시고, (그리고 하나님)이시라고 부르기 때문에, 그는 영원한 권세를 지녔고 모든 것을 창조하셨으며, 그리고 속성 간의 교류를 통하여 보존(유지)한다. 그런 까닭에 그는 신성과 함께 하나의 인간(eine Person)이시고, 그리고 역시 틀림없는 (진정한/ 참) 하나님(rechter Gott)이시다.[80]

예수 그리스도는 진정한 하나님, 그리고 하나님의 아들이시다. 게다가 역시 진정한 인간, 다윗의 아들, 그리고 마리아의 아들, 그럼에도 불구하고 두 아들들, 두 남자들 혹은 두 사람들(zwo Personen)이 아니라 오히려 신성과 인성의 두 상이한 본성들로부터, 그리고 (두 상이한 본성들) 안에서 하나의 통합된 아들, 통합된 사람(einige Person)이다. 왜냐하면 위에서처럼 동일하게 신성에 대한 항목에서 당신이 하나의 위격에(in eine Person) 세 위격들(die drey Personen)을 혼합하지(mengest) 않도록, 그리고 당신이 존재나 혹은 본성이 세 신들로 나누지 아니하고 오히려 두 상이한 본성들을 하나의 통합된 실체(인격) 안에서 유시하도록 조심해야만 하기 때문이다. 그리고 왜냐하면 마치 두 본성이 하나의 실체(인격)로 결합(연합)되는 것과 동일하게 또한 역시 두 본성의 이름들이 통합된 실체(인격)의 이름에로 결합(연합)되기 때문이다. - 그것을 사람들이 라틴어로 communicatio idiomatum vel proprietatum(속성들 혹은/ 또한 고유성들의 교류)라 부른다. (열거하면, als:) 인간이라는 이름이고, 그리고 동정녀 마리아에 의하여 낳아지셨고, 그리고 유대인들에 의하여 십자가에 못 박혔다. 동일한 이름을 사람들이 역시 하나님의 아들로 주어야 했고, 그리고 '하나님이 마리아에 의해 낳아지셨고,

유대인들에 의하여 못 박히셨다.'라고 말한다. 왜냐하면 하나님과 인간이 하나의 실체(인격)이기 때문이다. 두 아들들, 하나는 하나님의 아들이고 다른 하나는 마리아의 아들이 아니고, 오히려 하나님과 마리아의 하나의 통합된 아들이다.[81]

루터는 하나님의 아들(하나님)이시고 인간의 아들(인간)이신 예수 그리스도가 어떻게 하나의 실체(인격)인지에 대하여 속성(고유성)간의 교류(교제)를 통하여 이루어진다고 강조하고 있다.

VI. 결론

본인은 최근 「한국 교회사학회지」에 "삼위일체 신앙과 그리스도 신앙 이해의 핵심 신앙고백 '속성 간의 교류' 신학형성사 연구: 종교개혁 이전의 역사를 중심으로"라는 제하에 게재하였다.[82] 이와 같은 연구를 통하여 살펴보면, 특별히 츠빙글리 때까지 바울의 몸 사상에서 보여주는 예수 그리스도의 몸이 십자가에 달렸다는 주장이 보편적이었다. 그러나 루터에게서 신인양성의 실체(인격)적인 연합을 통하여 속성의 교류에 따라 나눌 수 없는 신성 역시 십자가에 달렸다는 가르침이 보편화 되었다(고전 2:8 영광의 주를 십자가에 못 박았다.). 속성 간의 교류의 신학은 비잔틴의 레온티오스와 예루살렘의 레온티오스에게서 처음 구체화 되고 500년경 이 두 사람과 같은 시기에 안디옥에 살았을 것으로 추정되는 위 아레오파기타의 디오니시오스의 글의 영향을 받았던 보나벤투라에 의하여 "속성 간의 교류"라는 신학이 접목된 것으로 추정할 수 있었다. 그러나 이들은 모두 십자가의 고난보다 "이성"에 관련 신학의 초점이 맞추어져 있음을 알 수 있다. 이후에 라틴 교회에서 이 신학은 쟁점화 되지 않았고 아크뷔노의 토마스 역시 그의 "신학대전(summa theologica)"에서 활용되지만 크게 관심 있어 보이지 않는다. 루터 당시 철학자 멜리우스 정도가 이 말에 관심을 가졌던 것으로 보인다.

그리고 이를 위한 신학적인 논쟁은 츠빙글리에 의하여 시작이 되었고, 1536년 5월 5일 공포되었던 소르본대학 교수들의 신학 논지들이 발단이 되어 루터가 1539년부터 그의 임종 전 해인 1545년까지 신학 논쟁을 벌렸는데 논지 중 그리스도론에 관련된 부분에서 그의 "속성 간의 교류 신학"이 분명하게 정리될 수 있었다.

츠빙글리는 1527년 6월 20일에 쓴 글에서 상호 교환(gegenwechsel)이라는 의미의 알레이오시스 즉, "한 실체(인격) 안에 있는 두 본성들의 '교환하여 얻기든' 혹은 교환(ein abtuschen oder gegenwechßlen)"[83]의 신학을 가르친다. 루터는 이에 대하여 "참으로 열광주의자들(Suuermeri)이 그리스도가 인성을 따라 수난 받았다고 말하는 것은 거짓이라고 주장한다. 루터는 성경에서 이러한 두 본성들이 하나의 실체(인격)에(in unam personam) 속한다고 말한다. 성경이 유대인들이 '인성'이 아니라 '하나님의 아들'을 십자가에 못 박았다고 말한다(롬 8:3; 고전 2:8)."[84]라고 비판한다(1527년 8월 19일부터 행한 요한일서를 위한 강의에서).

루터는 소르본 학자들과 논쟁에서 진리가 철학과 신학 안에서 동일하다는 그들의 가르침에 대하여 반박한다. 그는 성육신의 말씀에서 보듯이 신학에서 말하는 하나님, 신인양성의 속성 간의 교류 등을 철학이 설명할 수 없다고 주장한다.

루터의 신인양성의 "속성 간의 교류"의 신학은 두 번째 헬베티아 신앙고백에서도 받아들여지고 있다. 11항 "진정한 하나님과 인간, 세상의 유일한 구원자로서 예수 그리스도에 대하여"에서 주가 고난 당하셨음을 증거 할 때에 "우선 우리들은 영광의 주가, 바울의 말들에 따라서, 우리들을 위하여 십자가에 달리셨다는 것을 부정하지 않는다(고전 2장 외). (Communicatio idiomatum) 왜냐하면 성경으로부터 찾아내졌고, 그리고 보편적인, 오랜 것으로부터 성경을 해설하는 일과 구성하는 일의 처소들 안에서 형상 양태와 대립하는 것들을 위하여 사용되어졌던 속성들 간의 교류를 우리들은 경건하게, 그리고 존엄하게 받아들이고 사용한다."[85]라고 고백하고 있다. 루터의 "속성 간의 교류"의 신학이 종교개혁자들에 의하여 보편화되었음을 입증한다.

07
미주

01　Rogge, Joachim, Anfänge des Reformation: Der junge Luther 1483-1521, Der junge Zwingli 1484-1523, Berlin: Evangelische Verlagsanstalt, 1983, 230-231.

02　Heussi, Karl, Kompendium der Kirchengeschichte, 12. Auf., Tübingen: J.C.B. Mohr(Paul Siebeck), 1991, 292-293.

03　Heussi, Karl, Kompendium der Kirchengeschichte, 294.

04　금번 특별히 기획되어 개최하게 되는 "츠빙글리 기념학회"를 위하여 연구 글로 제출되어 한국개혁신학회학회지에 게재되었던 글 "마르틴 루터의 신인양성 속성의 교류와 울드리히 츠빙글리의 아로이오시스"(「한국개혁신학회」 63(2019), 104-137)가 도움이 된다고 보아 토론을 위한 자료로 제출한다. 학회의 성격에 맞게 제목을 변경하고 얼마간의 내용을 보완하였다.

05　Heiko A. Oberman, Luther: Mensch zwischen Gott und Teufel (Berlin: Severin und Siedler, 1981), 250-51. "… 거의 모든 부분에서 하나를 이루었다. 단지 반대 측이 성만찬에 대하여 쓸데없이 빵을 기억하기를 원했고, 그리고 그리스도를 영적으로 그 안에서 현재적으로 고백하기를 원한다. …"(WABr 5,1541-6).

06　Martin Luther, ep. 1476, in WABr 5, 154.(참여자, 마르틴 루터, 필립 멜란히톤, 마르틴 뿌쳐, 훌드리히 츠빙글리, 외콜람파드, 요한네스 브렌쯔, 안드레아스 오시안더, 스테판 아그리콜라. Kolloquium은 공식적으로는 3일에 끝남)

07　Wolfgang Sommer u. Detlef, Kirchengeschichtliches Repetitorium, 4. Aufl. (Göttingen: Vandenhoeck & Ruprecht, 2006), 145.

08　Oswald Bayer(Ed.) et al., Creator est Creatura: Luthers Christologie als Lehre von der Idiomenkommunikation (in Theologische Bibliothek Töpelmann, Band 138, herg v. O. Bayer & W. Härl) (Berlin u. a.: Walter de Gruyter, 2007).

09　Joar Haga, Was there a Lutheran Metaphysics?: The interpretation of communicatio idiomatum in Early Modern Lutheranism (in Refo500 Academic Studies (R5as), vol 2. ed. by Herman J. Selderhuis) (Göttingen : Vandenhoeck & Ruprecht, 2012).

10　Friedemann Fritsch, Communicatio idiomatum: Zur Bedeutung einer christologischen Bestimmung, in Theologische Bibliothek Topelmann, bd. 89, herg v. O. Bayer & W. Härl. (Berlin u. a.: Walter de Gruyter, 1999)(Diss. Uni. Tübingen, 1996).

11　김재윤, "'속성 간의 교류'(communicatio idiomatum)교리와 그 함의에 대한 고찰: 루터와 본회퍼를 중심으로", 「한국개혁신학」. 55(2017), 237-75.

12　Wilh. Walther u. Paul Pietsch, "Vorwort" u. Erklärungen zu WA 19; Erklärung zur "Erste Vorrede zum Schäbischen Sygramm" zu Allen Lieben Freunden ynn Christo, in WA 19, 447(447-456).

13　Martin Luther, Daß dies Wort Christi "das ist mein Leib" noch fest stehen, wider die Schwärmgeister, in WA 23, 64-283.[필사본과 인쇄본이 대조로 인쇄되어 있다.](해설 38-63)

14 1525년 9월에 외콜람파드가 Zwingli의 상징설(기념설)을 지지하는 입장에서 쓴 글에 대해 10월 25일 슈바벤의 신학자들이 브렌쯔(Johannes Brenz)를 위하여 Syngramma Suevicum(슈바벤의 공동의 글)을 써 외콜람파드에게 보낸 글. 그는 이 글에서 츠빙글리의 성만찬 이해를 거부한다.("Syngramma Suevicum", in Wikipedia-deutsch)

15 세 편의 설교가 1526년 3월 28일(첫 번째), 29일(두 번째, 세 번째)에 행해진 설교를 후에 한편으로 묶어 출판됐다. 이러한 글을 9월, 10월경에는 외콜람파드, 카피토, 츠빙글리의 손에 쥐어졌다. Erklärung zur "Sermon von den Sakrament des Leibes und Blutes Christi, wider die Schwarmgeister", in WA 474(474-481).

16 1526년 1월 4일 스위스인들의 성만찬론(WA 19,114-)에 대한 답변 Antwortschriften an die Schriften zu Reutlingen: Allen lieben Christen zu Reudlingen meynen liben Herrn freundenn, brudern ynn Christo[수기와 인쇄본이 함께 편집!]에서 루터의 주장들은 1525년 "하늘의 예언자들"에 대항하여 루터의 싸움이 일어난 후 1526년 이 스위스인들을 "Schwärmer(열광주의자들)"에 대한 싸움의 전주곡이었다. 그리고 그 논쟁은 1527년 세차게 타올랐다.

17 Paul Pietsch u. Wilh. Walther, "Vorwort" u. Erklärungen zu WA 23; Erklärung zur "Daß dies Wort Christi "das ist mein Leib" noch fest stehen, wider die Schwärmgeister", in WA 23, 38(38-63).

18 Wilh. Walther, Erklärungen zu WA 23; Erklärung zur…, 38-39.

19 Paul Pietsch, Erklärungen zu "Antwortschriften an die Schriften zu Reutlingen", in WA 19,114(114-117).

20 Paul Pietsch, Erklärungen zu "Antwortschriften an die Schriften zu Reutlingen" 재인용, 114.

21 루터의 대학 동료였던 안드레아스 칼슈타트(Andreas Karlstadt)는 "이것은"을 강조하여 단순히 수난의 예고(1524년 10월)로 이해했고, 1525년 여름에 쮜리히 개혁가들은 "이다(est)"를 "의미한다(significat)"로 이해했다. 그리고 성만찬을 위해 모여 있는 무리들은 하늘 보좌에 앉으신 그리스도에게 속했다는 점을 강조했다. 이에 비해 루터는 그리스도의 현존에 대한 육체성의 보존이, 성육신 하신 것처럼 성만찬 요소들에 육체로 실재로 현존한다고 주장하였다. Heiko A. Oberman, Luther: Mensch zwischen Gott und Teufel, 246-47. 화체설에 반대했던 마르틴 루터는 성찬 요소 안에 그리스도가 '실재적으로 현존한다.'(real gegenwärtig)는 전통을 훼손하지 않았다. 그러나 당대의 다른 종교개혁가들은 이에 대한 다른 주장들을 다양하게 펼쳤다. 이에 대하여 루터는 성찬 문제를 주요쟁점화 했던 이들을 "성찬론자들(Sakramentierer, 스위스와 네델란드 지역에 분포되어 있었던 주장, 예로 재세례파)" 혹은 "성찬열광주의자들(Sakramentschwärmer)"이라 비판하였다.

22 1. Notizen bei der Lektüre von Luthers Schrift "Da diese Wort Christi 'Das ist mein Leib' noch fest stehen"(Nr. 187, 1526년 4/6월). 2. Amica Exegesis, id est: expositio eucharistiae negocii ad Martinum Lutherum(Nr. 104, 1527년 2월 8일). 3. Daß diese Worte: Das ist mein Leib usw. ewiglich den alten Sinn haben werden usw.(Nr. 107, 1527년 6월 20일). 4. In catabaptistarum strophas elenchus(Nr. 108, 1527년 7월 31일). 5. Über D. Martin Luthers Buch, Bekenntnis genannt, zwei Antworten von Johannes Oekolampad und Huldrych Zwingli(Nr. 125, 1528년 8월 말).

23 Huldreich Zwingli, Amica Exegesis, id est: expositio eucharistiae negocii ad Martinum Lutherum, in Sämtliche Werke, vol. 5(Leipzig: Heinsius, 1934(Corpus Reformatorum 92), 562(562-758).

24 Huldreich Zwingli, Amica Exegesis, 564.

25 Huldreich Zwingli, Amica Exegesis, 605.

26 Huldreich Zwingli, Amica Exegesis, 607.

27 Huldreich Zwingli, Amica Exegesis, 637.

28 Huldreich Zwingli, Amica Exegesis, 638.

29 Huldreich Zwingli, Amica Exegesis, 641.

30 Huldreich Zwingli, Amica Exegesis, 638-644.

31 Huldreich Zwingli, Amica Exegesis, 658.

32 Huldreich Zwingli, Amica Exegesis, 678.

33 의미를 단어 desilio, silui, sultum, ire라는 변화에서 찾았다.

34 Huldreich Zwingli, Amica Exegesis, 679.

35 Huldreich Zwingli, Amica Exegesis, 680. "변화를 의미한다."

36 이때만 하더라도 츠빙글리는 "속성"이라는 말을 다른 신학자들이 쓰고 있었던 것을 인지했으면서도 루터의 그리스도론의 특성이 되는 "communicatio"라는 말은 논쟁의 관계 속에서 아직도 고려하지 않고 있는 것처럼 보인다. 이런 때 그는 이 말을 "교환" 혹은 앞에서 보았듯이 "교제, 친교, 참여"로 이해하고 있다고 볼 수 있다.

37 Huldreich Zwingli, Amica Exegesis, 681.

38 Huldreich Zwingli, Amica Exegesis, 683.

39 Huldreich Zwingli, Amica Exegesis, 685-688, 비, 690, 691.

40 Huldreich Zwingli, Amica Exegesis, 692. "humana enim deus non est."

41 Huldreich Zwingli, Amica Exegesis, 700.

42 Huldreich Zwingli, Über D. Martin Luthers Buch, Bekenntnis genannt, zwei Antworten von Johannes Oekolampad und Huldrych Zwingli, 119.

43 synecdocha, συνεκδοχή는 공동의 이해, 특별히 하나의 수사학적인 표현 방법으로, 본래의 개념을 단지 윤곽만 서술하고 진정으로 표현되지 않고 전체를 위한 하나의 부분이나 혹은 하나의 부분을 위한 전체가 규정되어질 때 사용된다. 비, "제유"(提喩-깨우쳐 이끔)법(김종흡역) Aug., de doctrina christiana, III, 50을 번역하면서! [제유법 - 수사법의 하나. 하나의 명칭으로 전체 또는 그와 관련되는 모든 것을 나타내는 표현법《예를 들어, '빵만으로는 살 수 없다'에서 '빵'이 '식량'을 의미하는 것 따위》.]

44 칼케돈신앙고백(451년).

45 Huldreich Zwingli, Über D. Martin Luthers Buch, Bekenntnis genannt, 126.

46 "So nun die synecdocha sich so wyt laßt ußbreyten, daß sy ouch denen dingen zimpt, die gar kein eigenschafft, kein eynung noch änliche miteinander habend dann die allerverristen (die glegenheyt), so hat sy mich nit als gschickt duocht als alleosis (gegenwechsel), dann die denen dingen allein zimpt, die einander gantz änlich sind." Huldreich Zwingli, Über D. Martin Luthers Buch, Bekenntnis genannt, 127.

47 "gegenwechsel oder gmeynsame der eygenschafften und wechsel" Huldreich Zwingli, Über D. Martin Luthers Buch, Bekenntnis genannt, 128.

48 Huldreich Zwingli, Über D. Martin Luthers Buch, Bekenntnis genannt, 128.

49 Huldreich Zwingli, Über D. Martin Luthers Buch, Bekenntnis genannt, 130-131.

50 Huldreich Zwingli, Über D. Martin Luthers Buch, Bekenntnis genannt, 133.

51 Huldreich Zwingli, Über D. Martin Luthers Buch, Bekenntnis genannt, 134, 135, 136, 138, 143, 144, 149, 159, 177, 197.

52 Huldreich Zwingli, Über D. Martin Luthers Buch, Bekenntnis genannt, 22. "Den frommen christlichen fürsten Joansen, Herzogen zuo Sachsen, unnd Philippen, landtgraffenn zuo Hessen".

53 Joar Haga, Was there a Lutheran Metaphysics?, 21.

54 Joar Haga, Was there a Lutheran Metaphysics?, 34.

55 Martin Luther, Vorlesung über den 1. Brief des Iohannes, WA 20, 1527, 603(599-801).

56 Martin Luther, Vorlesung über den 1. Timotheusbrief, WA 26, 1528, 38(4-120). 작은 따옴표는 츠빙글리와 외콜람파드로 대표되는 사람들의 주장을 루터의 시각에서 비판한 것이다.

57 Heinrich Hermelink, "Die Disputation de sententia: Verbum caro factum est", in WA 39-2, 1-2(1-5).

58 Martin Luther, Die Disputation über den Joh 1,14, WA39-2, 1539, 6-33.

59 소르본, 오류들의 어머니가 가장 악랄하게 '그것이 철학과 신학 안에서 동일한 것 자체이고 참이다.'라고 정의하였다.(제4논제). Martin Luther, Die Disputation über den Joh 1,14, 3.

60 Martin Luther, Die Disputation über den Joh 1,14, 2.

61 '포르퓌리오스의 나무'는 존재자의 나무에 대한 비유로 존재자로부터 존재자가 변증법적으로 발출한다고 하는 것으로 아리스토텔레스의 기소 사항(고소)과 관련하여 포르퓌리오스의 도입(부)이고, 보에티우스에 의하여 번역되었던 중세 학교의 논리학의 교재에 표현(묘사)되어졌던 계보도로 실재의 인간을 위한 보편적인 존재에 대한 개념들의 계보도이다.(참조! Martin Luther, Die Disputation über den Joh 1,14, 12. 각주 1)

62 Martin Luther, Die Disputation über den Joh 1,14, 11-12.

63 Martin Luther, Die Disputation über den Joh 1,14, 20-21.

64 Martin Luther, Predigt am Gallustage in der Schloßkirche, Nr. 35(1537.10.16.), WA 45, 183(181-185).

65 Martin Luther, Die Disputation de divinitate et humanitate Christi, WA 39-2, 93(93-121).

66 Martin Luther, Die Disputation de divinitate et humanitate Christi, 98.

67 Martin Luther, Die Disputation de divinitate et humanitate Christi, 120.

68 Martin Luther, Die Disputation de divinitate et humanitate Christi, 121.

69 Martin Luther, Enarratio 53 Capitis Esadiae, WA 40-3, 1544(1550), 685-746.

70 Martin Luther, Enarratio 53 Capitis Esadiae, 703-705.

71　Martin Luther, Vorlesung über 1. Mose von 1535-45, WA 44, 94(1-825).

72　Martin Luther, Predigt am Donnerstag nach Elisabeth: Von der Menscheit Christi und seinem Ampt, WA 45,299-300(297-324).

73　Martin Luther, Das XIV und XV Capitel S. Iohannis durch D. Martin Luther gepredigt und auslegt, WA 45,555-560(465-733).

74　Martin Luther, Predigt am Tage Mariä Heimsuchung(50. Predigt, 1538.7.2.), WA 46,478(472-478). 필사본 S에!

75　Martin Luther, Auslegung des dritten und vierten Kapitels Johannis in Predigten 1538-40, herg. v. E. Buchwald, WA 47, 77(1-231). (29. Predigt!)

76　Martin Luther, Auslegung des dritten und vierten Kapitels, 86.

77　Martin Luther, Auslegung des dritten und vierten Kapitels, 199.

78　Martin Luther, Predigten des Jahres 1539, WA 47, 631(628-875).

79　Martin Luther, Von den Konziliis und Kirchen 1539, WA 50, 587(509-645). 마르틴 루터는 〈알렉산드리아의 키릴로스가 단성론적인 요소를 극복하지 못했던 것(비, 아돌프 마르틴 리터, 『고대 그리스도교의 역사』, 조병하 역, 서울: 기독교문사, 2010(2003), 189-191)에 비해〉 네스토리우스가 속성 간의 교류를 말하지 않았지만 그의 주장이 예수 그리스도의 양성을 뚜렷하게 구별했다는 점에서 네스토리우스를 인정하고 있다.

80　Martin Luther, Von den letzten Worten Davids, WA 54,49-50(28-100).

81　Martin Luther, Von den letzten Worten Davids, WA 54, 90.

82　조병하, "삼위일체 신앙과 그리스도 신앙 이해의 핵심 신앙고백 '속성 간의 교류' 신학 형성사 연구: 종교개혁 이전의 역사를 중심으로", 「한국 교회사학회지」, 제59집(2021), 33-65.

83　Huldreich Zwingli, Daß diese Worte: Das ist mein Leib usw. ewiglich den aleten Sinn haben werden usw., in Huldreich Zwinglis sämtliche Werke, vol. 5(Leipzig: Heinsius, 1934)(Corpus Reformatorum 92), 925-926.

84　Martin Luther, Vorlesung über den 1. Brief des Iohannes, WA 20, 1527, 603(599-801).

85　"confessio Helvertica posterior" in Die Bekenntnisschriften der reformierten Kirche, herg. v. E.F. Karl Müller (Zürich: Theologische Buchhandlung Zürich, 1987) (Nachdr. d. Ausg., Leipzig: Deichert.), 184,15-18(170-221). "제2차 스위스 신앙고백"으로 알려지기도 한 '두 번째 헬베르티아 신앙고백")"은 1561년 Heinrich Bullinger에 의하여 개인적인 신앙고백으로 집필되었던 것이 1564년 쮜리히 의회에 의하여 받아들여졌다.

불링거와 칼빈의 만남

이승구(합동신학대학원대학교 교수)

08

불링거와 칼빈의 만남[01]

이승구(합동신학대학원대학교 교수)

대부분의 비교 연구의 경우에서와 같이 하인리히 불링거(1504-1575)와 요한 칼빈(1509-1564)의 관계 문제에 대해서도 다양한 접근이 존재한다. 이에 대해 기본적으로 네 가지 접근이 있다고 판단된다.

불링거와 칼빈의 관계에 대한 네 가지 접근들

첫째 접근은 불링거를 거의 배제할 정도로 칼빈에게 집중하는 것이다. 이런 접근에 의하면 칼빈은 주류 개혁자 중 하나인데 비해서 불링거는 "주변의 개혁자"(reformers in the wings)[02] 또는 잊혀진 개혁자들 가운데 하나로 제시된다.[03] 많은 종교개혁 개론서에서 저자들은 루터, 칼빈, 츠빙글리에 대해서는 많은 면수를 할당해서 기술하는데, 불링거의 경우에는 그저 츠빙글리의 후계자 정도로만 언급한다.[04] 좀 나은 경우가 불링거의 언약 개념을 덧붙여 설명하는 정도이다. 불링거는 "항상 [츠빙글리]의 그늘에 가려 있다."[05] 물론 개론서의 이런 작성 방식은 불링거가 중요하지 않아서라기보다는 개론서의 성격상 보다 간명하게 진술해야 하는 필요성 때문일 것이다.

불링거와 칼빈의 관계에 대한 두 번째 접근은 죠셉 웨인 베이커의 유명한 책인 『하인리히 불링거와 언약: 좀 다른 개혁파 전통』의 출간과 함께 시작되었다고 할 수 있다.[06] 이 책에서 베이커는, 불링거의 언약 사상에 대해서 그래도 상당히 균형 있는 접근을 한 그의 학위 논문과는[07] 달리, 불링거는 은혜 언약 이해에 있어서 소위 "좀 다른 개혁파 전통"(the other Reformed tradition)을 도입하였다는 매우 강한 주장을 하였다. 웨인 베이커와 그를 따르는 사람들은 개혁파 안에 두 가지 다른 언약 신학의 전통이 있다고 한다. 이에 대한 웨인 베이커 자신의 요약은 다음과 같다.

> 오직 믿음(sola fide)과 오직 은혜(sola gratia)라는 개혁파의 핵심적 교리는 초기 개혁파 사람들 안에서 두 가지 다른 표현 방식을 드러냈다. 가장 보편적인(the most prevalent) 것은 칼빈의 여러 글에서 고전적으로 정식화된 이중 예정에 대한 확언과 연관된 '언약에 대한 어거스틴적인 관념'이었다. 이와 같이 좀더 강하게 예정론적인 칼빈주의 전통과 나란히 있던 좀 다른 개혁파 전통(the other reformed tradition)은 조건적 언약에 대한 불링거의 개념이었다.[08]

이렇게 웨인 베이커는 불링거를 "좀 다른 개혁파 전통"의 창시자와 대변자로 제시했다. 그러면서 불링거의 신학과 비교하면, "칼빈과 칼빈주의자들의 교리는 언약과 예정에 대한 후대의 대안을(a later alternative) 대변한다"고 웨인 베이커는 주장했다.[09]

불링거와 칼빈에 대한 세 번째 접근은 개혁파 전통 안에서 은혜 언약에 대한 이해를 구별하지 않으려는 경향을 지닌 관점이다. 이런 접근에 의하면, 개혁 신학 안에 은혜 언약에 대한 두 가지 다른 이해가 있지 않고 기본적으로 하나의 은혜 언약 이해가 있다는 것이다. 그런데 불링거는 좀더 균형 잡히고 더 건전하게 진술했다는 견해이다. 불링거에 대해서 오랜 시간에 걸쳐 연구하여 학위 논문을 쓰거나 이 시대에 불링거를 더 잘 소개해 보려는 사람들 중에 불링거를 "주변의 개혁자"로 보기보다는 종교개혁의 주된 인물로 소개하면서 이 이런 주장을 하려는 분들이 몇 있다.

이런 입장에 있는 사람들 중 대표적인 분이 불링거를 주된 개혁자로 소개하는 큰 책을 쓴 죠오지 엘라(George M. Ella, 1939-)다. 그동안 낙원의 신인이라고 불리는 18세기 영국 시인인 윌리엄 카우퍼(William Cowper), 윌리엄 헌팅톤(William Huntington), 제임스 헐비(James Hervey), 존 길(John Gill), 토플레이디(Augustus Montague Toplady), 그리고 아이작 맥코이(Isaac McCoy)에 대한 전기를 썼고 유럽 대륙에서 활동하며 마틴 부처 신학교를 이런 저런 방도로 돕는 조오지 멜빈 엘라는 불링거에 대한 자신의 책에서[10] 불링거는 "칼빈의 멘토였고, 칼빈은 불링거의 정신적 제자"였다고 말하고,[11] 불링거는 "[루터나 칼빈에게] 전혀 뒤지지 않고, 많은 경우에 더 건전하고, 더 목회적이며, 더 균형잡힌 교사임을 드러낸다"고 주장했다.[12]

언약 신학과 관련해서도 "언약에 대한 불링거의 가르침이 칼빈의 생각보다 더 발전되어 있고, 더 포괄적이며, 정교할 정도로 엄밀하고, 칼빈이 언약에 대한 주제를 다루기 14년 전에 이미 공적으로 제시된 것이다"고 한다.[13] 더구나 "칼빈은 불링거에게 있는 일관성을 상실하고 있다"고 엘라는 주장한다.[14]

그러므로 엘라에 의하면, "불링거는 종교개혁의 중심인물로 보아야만 하며, 칼빈은 제네바의 교리가 취리히의 기준에 이르렀는가를 알아보기 위해 비교할 수 있을 뿐이다."[15] 엘라에게 있어서, "불링거는 16세기에 가장 위대한 개혁파 목사였고 신학자였다."[16] 심지어 엘라는 불링거가 "츠빙글리 이상으로 종교개혁을 진전시켜 확고하게 하는 일에 있어서 칼빈보다 더 큰 기여를 했다"고 한다.[17] 엘라는 이렇게 말한다.

> 불링거는 한때 아주 옳게도 '모든 기독교회들의 보편적 목자'(the common shepherd of all Christian churches)라고 불렸고, 루터, 츠빙글리나 칼빈보다 더 한 국제적 명성을 가졌었다 …. 불링거는 이 세 사람의 개혁자들을 합한 것과 동등한, 그리고 때로는 더 훌륭한 기독교적 저작들을 더 많이 내었다.[18]

요약하면, 엘라에 의하면 불링거는 "스위스 종교개혁의 참된 아버지이다."[19]

이 짧은 글에서 나는 불링거와 칼빈의 관계에 대한 네 번째 입장을 제시하려고 한다. 우리가 후대라는 유리한 지점에서 교의학의 여러 주제들에 대해서 생각할 때나 교회의 여러 실천적인 문제들에 대해서 생각할 때에 두 분 중에 칼빈이 더 건전하고 더 균형 잡혀 있음을 발견할 수 있다는 주장이다. 사실 이는 세 번째 입장을 가진 분들의 글에 신학의 여러 문제들에 대한 칼빈의 견해를 진술하는데서 나타나는 여러 문제점들과 왜곡들에 대한 관찰에서 나온 것이다. (웨인 베이커와 그를 따르는 분들에 반해서) 개혁 신학 안에 은혜 언약에 대한 하나의 이해가 있다는 죠오지 멜빈 엘라 같은 분들의 견해는 매우 옳다. 불링거와 칼빈의 은혜 언약 이해는 근본적으로는 같다. 그러나 그들의 저작들을 깊이 있게 검토해 볼 때, 불링거의 진술에는 칼빈의 진술과 비교해서 조금 만족스럽지 않은 것들이 발견된다고 할 수 있다. 물론 불링거는 칼빈의 가까운 동료라고 할 수 있고 그들은 동일한 신학, 즉 개혁신학을 가졌다고 할 수 있지만, 많은 문제들에 대해서 칼빈의 견해가 조금 더 균형 잡혀 있다고 할 수 있다.

특히 엘라의 칼빈에 대한 이해는 정확하지 않다. 그래서 그는 (많은 학자들이 문제가 있다고 지적하는) 칼빈과 웨스트민스터 신앙고백서의 차이를 너무 구별하면서 대조시키려는 알란 클리포드(Alan Clifford)나 켄달(R. T. Kendall) 등의 견해가 "하나도 부정확한 것이 없다"고 말할 정도였다.[20] 사실 엘라는 전통적 칼빈주의를 "잘못된 칼빈주의",[21] "극단적 칼빈주의"(Ultra-Calvinism),[22] 심지어는 "하이퍼 칼빈주의"(Hyper-Calvinism)라고 하기도 한다.[23] 엘라는 이와 같은 방식으로 칼빈과 그를 따르는 분들의 견해를 왜곡한다.

그러므로 불링거와 칼빈의 관계에 대한 나의 접근은 어떤 의미에서 세 번째 접근에 대한 교정제라고도 할 수 있다. 세 번째 접근을 하시는 분들 중 특히 엘라 같은 분은 칼빈이 전체적으로 말하고자 하는 바를 잘 이해하지 않으려고 하면서 "칼빈은 다른 곳에서는 다른 목소리로 말한다"고 한다.[24]

이 글에서 나는, 물론 불링거와 칼빈이 기본적으로 같은 신학을 공유하고 있지만, 칼빈의 일관성 있는 예정론과 칭의론과 언약관과 교회의 연합에 대한 견해와 교회의 실제에 대한 성경적 이해가 불링거의 견해보다 훨씬 균형 잡혀 있다는 것을 드러내려고 한다.

그들의 살던 시기에 좀더 나이 먹었고 종교개혁에 먼저 헌신하였던 불링거가 칼빈으로 하여금 제네바로 다시 돌아가서 종교개혁 운동을 하라고 권면한 사람의 하나이며,[25] 칼빈이 자신의 로마서 주석에서 멜랑히톤을 "그전에 있던 분들보다 더 많은 빛을 비춘 사람"이라고 언급한 후에 불링거에 대해서 "그 다음에는 불링거가 오는 데 그는 많은 찬사를 받을 뿐 아니라, 특히 자명한 것을 깊은 학문과 연결시킨 것에 대해서 칭찬받아 마땅하다"고 할 정도로 칭찬받은 사람이었다.[26] 이렇게 칼빈과 불링거는 서로를 잘 알았고, 서로를 존경하였다. 몇몇 문제에 대해서 그들 사이의 의견의 차이가 있었던 것은 사실이나 그것이 현대의 몇몇 학자들에 의해서 너무 강조된 면이 있다.[27]

그래서 나는 이 소논문에서 먼저 불링거와 칼빈이 신학을 하는 기본적 유사성을 드러내고, 그 후에 그들 사이의 작은 차이를 언급해 보려고 한다. 이는 그저 학문적 논의이기만 한 것이 아니고, 교회의 갱신을 위한 그들의 감사에 가득찬 애씀(their grateful struggle for the renewal of the church)에 빛을 비추기 위해서 과연 어떤 식의 진술이 더 도움이 되는 지를 찾아보기 위한 것이다.

불링거의 생애 개요(1504-1575)

스위스 교회의 개혁자요, "당시에 가장 많은 조력을 주었던 사람들 중의 한 사람"인[28] 불링거의 생애를 먼저 간략히 생각해 보자. 요한 하인리히 불링거(Johann Heinrich Bullinger, 1504-1575, 미국 사람들은 "불린져"라고 발음하는 것을 보았다)는 1504년 7월 18일에 브렘 가르텐(Bremgarten)의 사제관에서 5남 2녀의 형제들 중 막내로 태어났다. 당시 스위스 사제들의 삶의 한 단면을 잘 보여 준다. 공식적으로 천주교 사제는 혼인을 할수 없는 상황이었지만 실제적으로 혼인 생활을 하는 경우가 많았음을 잘 드러내어 준다. 1509년 5월 12일에 어린 하인리히 불링거는 그 마을의 라틴어 학교에 등록하였고, 그가 12살이 될 때까지 7년 동안 라틴어 학교에서 공부했다.[29] 1516년 6월 11일에는 그의 사촌인 미하엘 뷔스트(Michael Wüst)와 함께 에멀리히(Emmerich)로 보내져서 그곳의 성 마틴 학교에서 인문주의 수업을 받게 된다.[30] "불링거는 그곳에서 시민이었던 코넬리우스 홀랜더(Cornelius Holländer)의 집에서 하숙을 하게 된다."[31]

하인리히 불링거는 에멀리히 라틴어 학교를 졸업하고 "한 일 년 여 전에 그의 형이 그리한 바와 같이" 1519년 7월에 쾰른대학교에 등록한다.[32] 여기서 그는 라틴 저자들과 희랍 저자들의 글을 세속적인 글들과 종교적인 글들 모두 폭 넓게 읽었다. "그는 그 말의 온전한 의미에서 중세적 체계에 푹 빠졌다."[33] 멀러가 그의 박사 학위 논문에서 잘 말한 바와 같이, "불링거는 쾰른(Cologne)에서 교부 신학과 스콜라 신학으로 교육받았다."[34] 비록 쾰른은 그 당시에 소위 "고전적 방식"(옛 길, the via antiqua)의 센터였지만, "독일의 로마"로도 불리던[35] 쾰른 도시는 대성당 중앙 제단 뒤에 "동방 박사들의 유골"을 가지고 있는 것을 기쁘게 여기던 도시였다.[36]

여기서 학사 학위(B.A., 1520)와 석사 학위(M.A., 1522)를 하면서 소위 "고전적 방식"(옛길, the via antiqua)이 요구하는 전통적 공부를 다 하면서, 불링거는 또한 오리겐, 제롬, 암브로시우스, 요한 크리소스톰, 아따나시우스, 키프리안, 터툴리안, 그리고 특히 락탄티우스와 어거스틴의 저작들을 많이 읽었다.[37] 그러므로 요하킴 스타케(Joachim Stadtke)가 다음 같이 말한 것은 매우 적절한 말이다: "불링거는 교부들과 함께 신학을 공부했다."[38]

그런데 놀랍게도 불링거는 바로 여기 쾰른대학교에서 성경을 아리스토텔레스보다 더 높이던 에라스무스와 그와 비슷한 사람들을 알게 된다.[39] 더 나아가 불링거는 루터의 "교회의 바빌론 유수"와 "기독자의 자유"를 읽고(1520), 개신교 최초의 조직신학서라고 불리는 멜란히톤의 『신학총론』(Loci communes)을 읽게 된다(1521).[40] 놀라운 것은 이때가 "쾰른 대학교가 독일에서 최초로, 그리고 유일하게 루터의 글을 공식적으로 정죄하고, 1520년 11월 15일에 루터의 저작들을 불태우는" 그런 상황 중이었다는 것이다.[41] 이렇게 자신이 직접 교부들의 글과 중세 저자들의 작품을 다 읽은 것에 근거해서 불링거는 "스콜라 학자들이 교부들의 견해에 의존하였지만, 교부들은 자신들이 신구약 성경에 의존하였음을 나는 확실히 말할 수 있다."고 했다.[42] 여기 쾰른에서 "그는 그의 처음 신약 성경을 사서, 1521년과 1522년에 그것을 제롬의 주석들을 참고하면서 밤낮 읽었다."[43]

1521년에 회의와 영적 투쟁의 시간을 가진[44] 후에 불링거는 사람의 행위도 어느 정도는 고려되는 '이중 공로'가 아니라, 오직 그리스도의 공로만으로 이루어지는 구원, 즉 오직 믿음으로만 말미암는 칭의와 오직 하나님의 은혜로만 이루어지는 구원에 대한 성경적 이해를 가지게 되었다. 자기 자신이 교부들의 글과 성경과 루터의 글을 읽은 것에 근거해서 불링거는 "자신이 이제까지 공부했으며 교부들을 바르게 해석했다고 고백하는 12세기와 13세기 교황주의 학자들보다 지금 교황의 칙서(Exsurge domine)에 의해 파문될 위험에 있는 루터가 교부들에게 더 가깝다"는 것

을 발견했다.[45] 이와 같은 방식으로 그는 "교황주의적 가르침을 온전히 혐오하기" 시작했다.[46]

그리하여 1522년 그가 석사 학위를 할 때 즈음에는 그가 천주교 신학을 전적으로 거부하고, 바로 2-3년 전에 나타나기 시작한 개신교적 견해를 취하게 되었다. "그의 회심은 순전히 독서에 의한 것이고 어떤 사람들과의 직접적 접촉이 있었다는 시사가 없다"는 프랭크 걸리(Frank Gulley)의 말은 참되다고 할 수 있다.[47] 그 결과 그는 이때 즈음에 천주교 미사 참석을 그만 두었다. 불링거는 이에 대해서 자신의 일기에서 이렇게 썼다: 이 과정은 "예배당의 쪽 구석에서 기도하며 설교를 듣는 것으로 시작되었다. 그러다가 1522년 즈음에 모두 미사 참석과 교황주의적 의식을 다 거부하였다."[48] 이때 불링거는 "성경은 그 자체로 구원에 필요한 모든 것을 가지고 있고, 그것이 교회의 가르침의 판단 준거"라고 확신하게 되었다.[49] 프리츠 뷧서가 잘 표현한 바와 같이, "불링거는 곧바로 성경에 사로잡혔다. 아니 오히려 하나님께서 그의 말씀으로 그를 사로잡았고, 그의 남은 생애를 이 보화를 잘 강해하는 사역에로 이끌어 가셨다."[50]

쾰른에서 석사 학위를 마친 후에 불링거는 "고향에서 잠시 머물다가,"[51] 1523년 1월 17일에 (1185년에 설립된) 카펠 암 알비스에 있는 수도원(the abbey at Kappel am Albis)과 관련된 라틴어 학교에서 아이들을 가르치는 일을 하기 시작했다. 불링거를 초빙한 사람은 그 끌레르보의 버나드를 따르는 버나드 수도원(the Cistercian Cloister)의 젊은 수도원장이었던 볼프강 요너(Wolfgang Joner)였다. 여기서 불링거는 라틴어 학교의 교육 과정을 상당히 바꾸어 도나투스의 문법책(Donatus' Grammar)을 사용하고, 버어질을 읽히고, 어거스틴, 크리소스톰, 아글리꼴라의 책들을 읽히고, 에라스무스의 초기 저작들과 심지어 멜란히톤의 『신학 총론』(Loci communes)도 읽혔다. 말하자면, 이레나 박쿠스가 잘 표현한 바와 같이, "카펠에서의 그의 프로그램은 그가 세속적인 글들과 거룩한 글들을 상호 조화적인 것으로 보았음을 드러내고 있다."[52]

또한 그는 수도원장 요너의 요청에 따라 카펠의 수도사들에게 성경을 강해하는 일도 하면서, "제롬과 크리소스톰과 어거스틴과 알렉산드리아의 시릴의 작품들"뿐만이 아니라,[53] "에라스무스와 멜란히톤의 저작들을 사용하면서 마태복음과 요한복음을 강해하였다."[54] 이때 "수도사들은 라틴어를 거의 이해하지 못했기 때문에 그는 정기적으로 스위스-독일어로 설교했다."[55] 그가 카펠의 수도원 학교장으로 있는 동안 "불링거는 마태복음서와 요한복음서, 그리고 누가복음서와 사도행전, 그리고 서신서 (특히 로마서와 히브리서를) 독일어로 대중들에게 강해하였다.[56]

수도원장인 볼프강 요너의 큰 도움과 방어 덕에 불링거의 교육은 큰 열매를 맺을 수 있었다. 예를 들면, "1524년에는 수도원의 예배당에서 상(像)들이 제거되었고,"[57] "1525년에는 더 이상 천주교 미사가 드려지지 않게 되었고, 1526년에는 주의 만찬이 아주 단순한 [개신교적 방식으로] 집례 되었다."[58] 더 나아가 수도 서약이 비성경적이라는 것을 깨닫고, "1527년에는 수도사들이 스스로 수도원의 공동생활을 하지 않고, 세상에서 평범한 삶을 살기로 결의하였다."[59] 그것이 성경이 가르친 하나님의 뜻에 더 부합하는 것이라는 확신에서 더 이상 수도사이기를 그만두었음을 표현한 것이다. 그러나 많은 분들은 "불링거에 의해 더 교육 받기 위해 계속 이곳에 있기를 원하였고, 그들은 후에 스위스 여러 칸톤에서 개혁파 설교자들이 되었다."[60]

이 기간 동안 불링거는 1523년에 취리히를 방문하여 처음으로 츠빙글리와 "레오 유드(Leo Jud)"를 만났다.[61] 그는 또한 1526년에 취리히에서 열린 세 번의 논쟁에 모두 참여하였다. 더구나 "불링거는, 취리히 의회의 명령에 의해, 베른 논쟁(the Bernese Disputation)에 츠빙글리와 동행하였고, 여기서 그는 부서, 카피토, 블라우어와 외콜람파니우스를 처음으로 만났다."62 1523년부터 1531년 동안의 츠빙글리와의 접촉은 불링거의 신학을 더 확고히 형성하는 데 큰 영향을 미쳤다. 특히 1527년에 불링거는 카펠에서 4개월 휴가를 얻어 취리히의 유명한 매일 열린 '성경 강해 모임'(Prophezei)에 참석하기도 하였다.63

후일에 불링거는 전반적으로 츠빙글리에게서 많은 것을 배웠다고 인정하였다. 그러나 다음 같은 죠셉 웨인 베이커의 주장도 옳다: "불링거는 츠빙글리는 선생님으로 보기보다는 연상의 동료로 본 듯하다."64 동시에 "그 이후로 불링거는 [츠빙글리의 기억과 명성을] 강력하게 옹호하였다"는 부루스 고든의 말도 옳다.65

1528년에 있었던 취리히 제1차 노회에서 불링거는 서약하고 목사로 임직하였다.66 그래서 6월 21일에 하우젠(Hausen)에서 첫 번째 설교를 하였다.67 2년 후에 불링거는 ("제르바시우스 슐러[Gervasius Schuler]와 함께")68 브렘가르텐의 목회자가 되었다. 처음에는 자신의 고향 교회에서 그저 한 번 설교하기로 되었었는데, 그 날인 "1529년 5월 16일부터 카펠의 제2차 평화 시기까지(1531)" 그는 그 곳에 머물면서 고향 교회를 개혁하였다. 5월 16일 처음 설교한 뒤에 예배당에서 "상(像)들이 제거되었고, 그 다음 날 예배당 마당에서 불태워졌고 제단도 없앴다"고 한다.69

이런 개혁은 그저 외적인 것만은 아니었으니, 그들 스스로 "신성 모독하는 자들, 간음하는 자들, 술 취하는 자들 등과 같은 사람들에 대한 조치를 동반하였기" 때문이다.70 결국 1529년 5월 18일에 브렘가르텐 시 의회(the council of Bremgarten)는 불링거에게 "머물도록" 즉 계속해서 목회자가 되어 주기를 요청하였다.⁷¹ 그러나 1531년 카펠 전투에서 개신교 진영(스위스 경우엔 개혁파 진영이)이 패배하자 1531년 11월 21일에 불링거와 다른 분들은 취리히로 피신할 수밖에 없었다. 그는 곧바로 11월 23일에 취리히 큰 예배당(the Grossmünster)에서 설교했다. 그가 취리히에 온 지 3주가 안 된 1531년 12월 9일에 취리히 시 의회는 이 그로스뮌스터의 담임 목사직을 감당해 주기를 요청했다.⁷²

그와 관련하여 흔히 언급되는 제일 목사(Antistes, chief pastor)라는 칭호는 그 다음해인 1532년에 불링거에게 부여되었으나,⁷³ 이 칭호는 "불링거 자신은 사용하지 않은 것이다."⁷⁴ 그렇지만 취리히 교회에서 최초로 이 용어(Antistes, chief pastor)를 사용해서 임명한 최초의 목사였음은 사실이다.⁷⁵ 이 지위는, 다니엘 볼린저가 말하는 바와 같이, "취리히 교회에서 거의 감독과 비슷한 지위"였으나,⁷⁶ "제일 목사의 기본적 권위는 '목사님들의 동료적 권위'(the collegial authority of the ministers)를 보장하는 것이었다."⁷⁷

그로스뮌스터에서 이 직임에서 봉직하는 동안 불링거는 28,000편의 설교를 하였다고 한다.⁷⁸ 43년 동안 이 지위에 있으면서 그는 이 도시에서 열심히 일했다. 더구나 그의 많은 출판물(약 170편의 논의들), 유럽의 여러 사람들과의 많은 서신 교환(700-1,000명과 주고받은 12,000통의 서신들),⁷⁹ 동료 개신교도들과의 교회 연합적인 활동들, 취리히에 와서 취리히 교회로부터 배우려고 이곳에 온 많은 이주민들에게 보인 호의와 환대는 16세기 유럽 종교개혁을 하는 사람들 안에서 불링거의 영향력에 큰 영향을 미쳤다. "1530년대에 그는 서신서들에 대한 라틴어 주석을 내었고 후에 묶어서 한 권으로(in a folio) 낸 것이 후에 12판을 내었다. 그리고 1540년대에는 각각의 복음서에 대해서 더 큰 판형으로(expanded folio size) 라틴어 주석을 내었고, 여기에 수백 편의 출간된 설교들도 덧붙여야 하니, 예레미야 설교(1557년), 요한계시록 설교(1557년), 다니엘 설교(1565년), 이사야 설교(1567년)가 일종의 주석으로 있었다."[80] 쥐리히와 쥐리히 교회에 대한 그의 오랜 섬김은 1575년 9월 17일 그의 소천으로 마쳐졌다. 브루스 고든이 지적한대로, "그가 죽을 즈음에 그는 유럽에서 가장 잘 알려진 개혁자들 가운데 하나였다."[81]

개혁파 교회에 대한 하인리히 불링거의 기여

개혁파 교회에 대한 불링거의 첫째 기여는 그의 성경관이라고 할 것이다. 모든 개혁자들과 함께 그는 하나님의 말씀으로서 성경이 가르치는 것에 충실하려고 하였다.[82] 성경의 충족성에 대한 그의 확신은 "요너 수도원장의 이름으로 1523년 11월 30일자로 루돌프 아스퍼(Rudolf Asper)에게 보낸 편지에 잘 나타나고 있다."[83] 이 편지에서 불링거는 성자께서 "성경을 그가 말하는 것과 행하는 것의 유일한 기준으로 여기며, 그 충족성과 온전함에 대해서 그 어떤 주저가 있을 여지가 없음"을 명확히 한다.[84] 불링거의 "최초의 국제적 저작"이라고 여겨지는[85] 영국의 헨리 8세에게 헌정된 『성경의 권위에 대하여』(Ueber die Autorität der Heilige Schrift)(1538)가 성경의 권위에 관한 것이었다는 사실도 의미 있다. 더 나아가서 터툴리안, 락탄티우스, 키푸리안, 그리고 어거스틴이 한 말을 언급해 놓고 불링거는 대개 "이런 말들은 사람의 말이었다. 이제 하나님의 말씀을 들어 보자"라고 하면서 성경을 인용한다. 1560년 『재세례파에 반대하면서』(Adversus Anabaptistas)라는 소책자에서 불링거는 키프리안의 편지들로부터 한 구절을 인용하고서는 "나는 사람의 가르침에 의존해서가 아니라, 그의 가르침이 하나님의 말씀에서 나온 것이고, 말씀에 의해 확언을 받을 수 있기에" 이를 말하는 것이라고 한다.[86] 불링거에 의하면 이 하나님의 말씀인 성경은 교회보다 더 오래 된 것이고, 더 중요한 것이다.[87] 그러므로 다음 같이 말하는 죠오지 멜빈 엘라는 옳다:

> 불링거에게 있어서는 모든 참된 지식은 성경을 지향하게 하도록 정신을 돕는 시녀일 뿐이다. 그러나 그 말씀을 이해 할 수 있는 은혜를 받은 사람은 아무리 단순한 사람이라도 지혜를 얻기 위해서 은혜를 받지 않은 철학자들의 지식에 의존할 필요가 없는 것이다.[88]

불링거가 천주교적 입장을 버린 후에는 그에게 성경은 절대적으로 중요한 것이었다. 대개 불링거는 그의 저술들과 주석들의 서문으로 "이는 내 사랑하는 아들이요 내 기뻐하는 자니, 너희는 그의 말을 들으라"는 마태복음 17:5 말씀을 사용하고 하였다고 한다.[89] 말하자면, 불링거는 성경이 말하는 모든 것을 직간접적으로 그리스도의 말씀으로 여겼다는 것이다. 불링거에게는 성경 자체가 매우 중요했다. "우리가 성경을 조심스럽게, 그리고 판단력을 가지고 읽으며 계속해서 성경과 관여하기만 한다면 성경은 그 자체의 주석이다(Scripturam Sui ipusus esse commentarium). 사람은 아무리 유식하고 경건한 사람이라도 오류를 범할 수 있고 참으로 오류를 범한다. 그러나 성경은 오류가 없다(minine fallere potest)."[90]

불링거의 가장 대중석이며 가장 널리 읽혀진 그러나 농시에 "가장 체계적이고 성숙한 신학적(most systematic and mature theological) 작품"

은 『제2 스위스 신앙고백서』(The Second Helvetic Confession, Confessio hevetica posterior, 1566)라고 할 수 있다. 이는 원래 1564년에 있었던 흑사병 유행과 감염에서 살아남은 후에 감사하면서 작성된 개인적 신앙고백으로 작성되었던 것이었다고 한다.[91] 여기서 우리는 성경이 바로 하나님의 말씀이라는 아주 분명한 진술을 듣게 된다. 불링거는 "선지자들과 사도들을 통해서 말씀하시는 분은 같은 성령님이시다"고 주장한다.[92] 그러므로, 불링거에게는, 성경이 "기독교 교리의 원천이요 규범"(the source and norm of Christian doctrine)이다.[93] 따라서 성경을 주해하는 것이 신학의 첫째요 제일 되는 목적이다.[94] 하나님의 말씀이 다음 같은 일을 하기 때문이다.

> 하나님의 말씀은 우리의 영혼을 (영적 양식으로) 먹이시고, 강하게 하시며, 화실하게 세우시고, 위로하신다. 우리를 중생시키시고, 정결하게 하시며, 기쁘게 하시고, 하나님과 연결시키시고, 우리에게 필요한 모든 것을 하나님의 손에서 얻도록 하여 주시고 우리들을 가장 복되게 하신다. 이 세상의 그 어떤 재화나 보물도 하나님의 말씀과 비교할 수 없을 정도로 그리하시는 것이다.[95]

불링거에게 성경은 하나님의 말씀이다. 그러므로 교회에 어떤 논쟁이 일어날 때에 그것들은 같이 하는 조심스러운 성경 연구(a careful, mutual study of the Scriptures)로 해결되어야 한다. 이를 위해서 "하나님의 말씀의 참되고 바른 의미가 성경 자체로부터 얻어져야 하고, 우리 자신들이 원하는 바와 같이 성경에 강제로 부가되어서는 안 된다."[96]

개혁파 교회에 대한 불링거의 둘째 기여는 성경적 예정론의 제시라고 할 수 있다. 예정론과 관련해서 불링거는, 다른 개혁신학자들과 같이, 두 가지 요점을 강조하려 하였다. 첫째는 예정이란 사람의 구원과 정죄에 대한 성경적 견해를 다루는 것이라는 점이다.[97] 불링거는 이렇게 말한다: "어떤 사람은 생명에로, 어떤 사람은 멸망에로 정하신 것이 영원에서의 하나님의 선택이다."[98] 예정에 대한 불링거의 공식적 정의는 다음과 같다: "그것에 의해 사람들을 구원하고 멸망시키시는 하나님의 영원한 작정, 이 것에 의해 삶과 죽음의 가장 분명한 것이 정해진 것이다. 그래서 다른 곳에서는 미리 정하심(a foreappointment)이라고 언급되기도 하였다."[99] 예정 문제에 대한 불링거의 둘째 요점은 하나님은 죄의 창시자(the author of sin)가 전혀 아니시라는 것이다.[100] 거의 모든 곳에서 불링거는 이 점을 강조하였고, 이 점에서 그는 칼빈과 같은 생각을 가지고 있었다고 해야 한다.[101] '제2 스위스 신앙고백서' 제8장에서 불링거는 하나님께서 죄의 창시자라는 견해를 거부하고, 제9장에서 사람이 자신의 자유 의지로 죄를 범한다고 주장한다. 예정 주제에 대해서 불링거가 표현하기 원하는 방식은 칼빈이 표현하는 것과 조금 다르다는 것은 후에 논의할 것이다. 그러나 그 내용에 관한 한, 성경에 충실하기 원하는 두 사람 다 비슷한 예정 이해를 가지고 있다고 해야 한다. 예를 들어, 다음 같은 불링거의 말에 칼빈이 하나도 동의하지 않는 것은 없을 것이다.

> 예정은 영원부터 모든 것, 특히 만물의 영장으로서의 사람의 분명한 목적(finitio)에 대한 하나님의 규정(ordinatio)이다. 하나님께서는 이를 그의 거룩하고 가장 의로운 의논(council)과 규범(iudicio)과 작정(decree)에 따라 하신 것이다. 더 나아가, 그

것에 의해 어떤 사람은 생명으로, 또 어떤 사람은 멸망으로 정하신 영원부터의 하나님의 선택이 있다. 선택과 예정의 이유는 순전히 하나님의 선하고 의로운 뜻이다. 그것에 의해 선택된 자들을 그들의 공로에 대한 고려 없이 구원하시고, 유기된 자들을 그들을 자신의 공로 없음 때문에(because of their own demerits) 거부하신 것이다. 하나님께서는 영원부터 자신이 원하시는 자들을 택하셨다. 그러나 그의 정하심과 계획에 의해 그들이 믿도록 원하셨다 …. 우리들은 믿음이 우리의 행위라고 여기지 않는다. 오히려 믿음은 신적 작정에 포함되는 것이다.[102]

이와 같이 불링거와 칼빈은 예정 문제에 대해서 같은 생각을 가졌다. 선택과 믿음의 관계에 대해서도 그들은 정확히 같은 말을 하였으니, 불링거는 믿음은 "당신이 선택되었다는 가장 확실한 표"라고 말했고,[103] 칼빈도 역시, 모든 사람들이 다 알 듯이, 믿음은 선택의 증거라고 하였다. 이 분들 모두가 믿음이 전적으로 하나님의 선물이라는 것을 강조한다.[104]

셋째로 죠오지 멜빈 엘라가 잘 말하고 있는 바와 같이, "개혁파 교회들에 대한 헨리 불링거의 가장 크고 영속적인 기여는 그의 언약론이라는 것에는 의심의 여지가 없다."[105] 언약 개념은 불링거 신학 전체의 핵심이고 그의 신학적 논의 모든 것에 영향을 미친다.[106] 칼빈의 경우도 그렇다고 할 수 있다.[107]

불링거는 이렇게 말한다: "전체 경건은 언약이라는 이 간단한 요점으로 구성된다."[108] 불링거에게 있어서 은혜 언약은 "모든 성경의 주제"이고, "성경이 겨냥하고 있는 표적"이다.[109] 마찬가지로, 릴백이 잘 말하고 있는 바와 같이, "언약은 칼빈 신학의 총체적 부분으로 있다."[110] 그 둘 모두가 언약 신학 발전에 있어서 큰 공헌을 하였다. "그 핵심과 본질이 1528년에 형성되었다고 할 수 있는 불링거의 언약 신학은 후의 성숙한 신학자로서 그의 사상에도 그 중요성을 지닌다"는 웨인 베이커의 말은 옳다.[111] 물론 "언약 사상의 원천"인 『언약에 대하여』(De testamento seu foedere Dei unio et aeterno)는 1534년에 출간되었지만" 말이다.[112]

같은 언약 사상을 제시하는 취리히 신학과 제네바 신학 사이에는 심각하게 다른 점이 없다고 논의하는 리쳐드 멀러와 다른 분들의 논의가 그 역사적 분석에 있어서 더 정확하다고 여겨진다.[113] 불링거도, 칼빈과 마찬가지로 언약에 있어서 하나님께서 주도권을 지니심을 강조하기 때문이다. "이 언약에서 하나님이 우위를 가지신다."[114] 그러므로 나는 불링거가 언약의 쌍무적(the bilateral) 성격을 강조하는 개혁신학의 또 다른 전통(the other Reformed tradition)을 대표한다는 웨인 베이커의 말에[115] 동의할 수 없다.

칼빈도 그렇지만 불링거도 언약을 지칭하는 두 단어인 '테스타멘툼'(testamentum)과 '푀두스'(foedus)를 구별하고 있는 것 같지 않다.[116] 이 점에서 나는 베이커의 다음 주장에 동의할 수 없다. 다른 개혁자들과 달리 "불링거는 테스타멘트(testament) 개념을 포함하고 있는 조건적 언약을 상정하였다."[117] 베이커에게는 참 안 되었지만, 가르시아가 잘 말하고 있는 바와 같이, "언약(testament)은 주로 하나님의 일방적 주심을 강조하는 일방적 언약의 형태(an eminently unilateral form of covenant)이다. 마치 바울에게서 아주 많이 나타나는 또 다른 용어인 '약속'(promise)이 그런 것이듯이 말이다."[118] 불링거는 테스타멘툼과 푀두스라는 말을 자주 상호 교호적으로 사용하고 있다.[119] 그의 저작 『언약에 대하여』(De Testamento)의 시작 부분에서 불링거는 "70인경에서 항상 '디아떼케'(diatheke)로 번역하고 라틴어 번역자들이 '테스타멘툼'(testamentum)이라고 번역하는 히브리어 '베리뜨'(berith)는 때로는 유언의 결과로 상속하게 되는 유산을 의미한다"고 말하고 있다.[120]

우리에게 중요한 것은 당신님의 자비와 선하심 가운데서 당신님을 인간들과 연합시키시기로 하나님께서 친히 구성하고 설계하신 언약을 지키는 것이다. 불링거는 언약을 지키는 것의 의미를 하나님께서 다음 같이 요구하시는 것으로 설명한다. "너희는 모든 필요한 상황에서 나를 신뢰하라. 너희의 전심(全心)으로 오직 나에게 신실하라."[121] 그러므로 불링거에게 있어서 "하나님의 계획에서 율법의 목적은 루터와 (멜란히톤과 칼빈의) 율법의 용법과 같이 회개하게 하고 은혜를 베푸는 것이다."는 아우렐리오 가르시아의 말을 옳다.[122] 그러므로 불링거는 율법의 완성에 대한 마태의 강조점인 그 어떤 행위로 말미암은 의의 용어로 해석하지 않고, 바울적으로 회개하고 하나님의 은혜에 전적으로 의뢰하는 것으로 해석한다. 불링거에 의하면, "이것이 종교의 기원이고, 이것의 기본적 요점은 '우리가 하나님의 신하심과 은혜로만 구원받는다'는 것이다."[123]

불링거와 칼빈은 모두 처음부터 하나님께서 타락한 아담에게 여인의 후손이 사탄을 이길 것이라고 약속하셨을 때(창 3:15)에 은혜 언약의 첫째 언약을 맺었다고 주장한다.[124] 불링거의 말을 들어 보라: "[하나님께서는] 신실하지 않고 타락한 아담을 곧바로 들어 올리셔서 선한 소망을 가지도록 명령하셨다."[125] 불링거와 칼빈 모두가 신앙의 필요성과 언약의 영원성을 주장한다.[126] 둘째로 그들 모두가 "시간의 진전에 따라서 (신약과 구약의) 특성이 명시되었지만, 언약의 요점은 전혀 변하지 않았다"는 것을 강조한다.[127] 불링거는 다음 같이 주장했다: "시점은 다르지만 신앙은 동일했다. 참으로 시점은 다르지만, 모든 시대의 사람들이 그리스도를 통하는 하나의 신앙의 문을 통해(through the one doorway of faith that is through Christ) 들어오는 것을 본다."[128] 그 둘 모두에게 있어서 사람은 그 목적에 도달할 수 없어서 "주 예수 그리스도께서 '믿는 모든 사람들을 칭의하기 위해 율법의 마침이 되셨다'(롬 10:4)."[129] 불링거와 칼빈 모두가 "율법과 복음은 그리스도 이전과 이후 모두에 같은 역할을 하였다"는 데에 의견을 같이 했다.[130]

이 점에 있어서 그들은 이를 테면 루터파가 아니었다. 율법과 복음의 관계에 대한 그들의 생각에는 참으로 개혁파적인 접근이 분명히 드러난다. 칼빈은 아주 명확하게 그리스도께서 오시기 전의 구약 교회도 그리스도께서 오신 이후의 교회와 (비록 표현 형식은 좀 달라도) 같은 복음을 가지고 있었고, 정확히 같은 신앙을 가졌다고 한다.[131] 같은 의미로 불링거는 이렇게 말한다: "그러므로 그리스도 이전과 이후에 한 언약이 있고, 모든 성도들의 한 교회가 있으며, 하늘에 이르는 오직 한 길(one way to heaven)이 있고, 모든 성도들의 불변하는 한 종교가 있다(시편 14편과 23편)."[132] 불링거는 또한 이와 같이도 말한다. "사람들은 전체 언약사에 있어서 오직 그리스도를 통해서만 구원을 얻을 수 있으므로, 하나님의 영원한 한 언약과 한 교회가 있어 온 것이다."[133]

불링거에게 있어서는 칼빈의 경우와 달리 언약이 일방적(unilateral)인 것이 아니고 쌍무적(bilateral)인 것이었다는 베이커의 논지와 관련해서 불링거의 언약 이해에 대한 아우렐리오 가르시아의 다음 요점을 유념하는 것이 좋을 것이다. "그는 이것이 동등한 당사자 간의 계약이 아니라는 것을 잘 의식하고 있었다. 우리의 피조물됨 때문에 하나님과 같은 수준에 설 수 없는 우리의 무능성(our imbecillitas, our incapacity)에 맞게 하나님께서 조절하신(an accommodation) 것이라는 것을 다시 한번 강조한

다."¹³⁴

개혁파 교회에 대한 불링거의 넷째 기여는 그의 성찬관이라고 할 수 있다. 불링거의 설명에 의하며, 그는 자신의 성찬관을 독립적으로 형성하게 되었다고 한다.¹³⁵ 불링거가 제네바 신학자들과 이룬 성찬에 대한 의견의 일치는 그들이 개혁파 교회에 준 가장 큰 선물들 가운데 하나라고 할 수 있다. 그들은 그리스도께서 실재로(really) 성찬에 임재하심을 아주 분명히 하였다. 그런데 그 임재 방식이 영적이라고 하였다. "츠빙글리를 높이 존경했고, 츠빙글리의 명성을 유지시키기 위해서 불링거가 성찬 문제에서도 본인 자신의 입장보다 좀더 츠빙글리적으로 표현했다"고 많은 사람들이 언급한다.¹³⁶ 우리가 츠빙글리의 작품을 좀더 상세하게 살펴보면, 우리는 그의 저작에도 영적 임재 사상이 있다는 것을 끌어 낼 수 있다. 그런데 불링거는 이 점에 있어서 더 분명해서, 그와 16세기의 다른 개혁신학자들이 이런 성찬 이해를 확립하는 데 있어서 큰일을 하였다고 할 수 있다. 그러므로 불링거와 칼빈이 거의 같은 성찬관을 가졌다고 할 수 있다.¹³⁷ 동시에, 불링거는 더 분명히 표현하기 위해서 그의 성찬에 대한 글에서 '드러낸다'(exhibere)는 단어나 '본질 또는 실체'(substantia)와 같은 용어를 사용하지 않으려고 했다는 점도 기억해야 한다.¹³⁸ 불링거에 의하면, "모호한 표현들은 그들 자신의 교회들에 논쟁만 일으키고 적들에게 공격할 무기만 제공하는 것이다."¹³⁹ 이런 용어들을 사용하지 않으려는 불링거의 강한 경향 때문에 1549년의 취리히 협약(the Consensus Tigurinus of 1549)에서 "칼빈은 이런 용어들을 버려 버렸다."¹⁴⁰ 불링거와 칼빈에게 있어서 성례는 "불가시적 은혜를 가시적으로 드러내는 표"(he visible signs of invisible grace)였고,¹⁴¹ "눈에 보이는 말씀"이었다. 물론 "하나님의 말씀이 선행되어야 성례가 되지만 말이다."¹⁴² 이와 같이 불링거는 그의 신학적 논의에서도 상당히 목회적이었다.

개혁파 교회에 대한 불링거의 다섯 번째 기여는 이런 신학하는 태도와 관련된 것이다. 스테픈스가 잘 표현한 것과 같이, "불링거는 설교자와 목회자에 깊은 관심을 가졌고 그에 상응하게 표현하였다."[143] 왜냐하면 "설교에 대한 불링거의 주된 관심은 복음을 수많은 노동자들과 교구 안의 일반 백성들에게 전하는 것이었기 때문이다."[144] 그래서 그의 신학은 이를테면 복음 중심적 신학(Gospel-centered theology)이었다. 그는 복음을 어떻게 선포할 수 있을까에 항상 관심을 가졌다. 그런 의미에서 불링거에게는 "하나님의 말씀에 대한 설교가 하나님의 말씀이었다"(Praedicatio Verbi Dei est Verbum Dei).[145]

더 나아가서, 불링거는 복음이 예배당 밖에서도 선포되어야(preached profanes) 한다는 것도 강조한다.[146] 복음은 이 세상의 모든 사람에게 선포되어야 한다는 것이다. 불링거의 동료였던 콘라트 펠리칸(Conrad Pellican) 교수의 기억에 의하면, "(설교자로서) 불링거는 그 어디서도 필적할 사람이 없었다. (펠리칸) 자신이 들었던 설교자들 가운데 최고의 그리고 가장 중요한 설교자였다 …. [동시에] 그의 설교를 들은 학식 깊은 학자들 중의 누구도 성경 주해에서 그 어떤 흠을 찾아 낼 수 없었다"고 한다.[147]

개혁파 교회에 대한 불링거의 마지막 기여는 그가 예배당에서 설교할 때 평상복(in ordinary attire)을 입고 설교했다는 사실을 언급할 수 있다.[148] 물론 관례적으로 목회자들이 입던 특별한 옷을 입고 설교하는 동료들을 비판하지는 않았으나, 그 자신은 예식 때에 어떤 특별한 옷을 입고 집례하거나 하지 않았다. 이 점에서는 불링거가 칼빈보다 좀더 개혁적이었다고 할 수 있다. 칼빈은 복잡하지 않게 소위 제네바 가운을 입고 집례했지만 불링거는 더 나가 평상복을 입고 집례한 것이다.

마지막 기여점을 빼고는 이 모든 기여점들에서 불링거의 신학은 칼빈의 신학과 같다고 할 수 있다. 이 두 사람 모두가 피터 마터 베르미글리(Peter Maryr Vermigli)와 같은 다른 개혁자들과 함께 개혁신학의 아버지들이라고 할 수 있다.

하인리히 불링거의 문제점?

그러나 엄격하게 판단할 때 불링거의 입장에 개혁신학적 입장에서 좀 적절하지 않는 것도 있다고 판단된다. 그 누구도 완벽하지는 않다는 것이 이런 데서 잘 드러난다. 칼빈도 완벽한 개혁신학자는 아니라고 말한 바 있다. 칼빈 신학의 문제가 되는 것을 지적할 수도 있다.[149] 그런 점에서 칼빈과 불링거를 비교해 볼 때 불링거의 생각의 어떤 측면은 칼빈의 생각보다 좀더 부적절하다고 느낄 수 있는 점이 있다고 여겨진다. 물론 불링거는 츠빙글리보다 훨씬 진전한 모습을 보였다. 예를 들어, 불링거는 츠빙글리처럼 마리아가 평생 동정이었다고 생각하지 않았다. 또한 불링거는 츠빙글리와는 달리 베드로전서 3:19에 언급된 사람들이 아브라함 품에 있는 것이라고 하거나 낙원에 있는 것이라고 여겼다.[150] 훨씬 더 후대가 말하는 개혁파적 표준에 근접해 간 것이다. 그럼에도 불구하고 불링거의 표현들에 후대의 개혁파적 감성에서 볼 때 좀 불편하게 여겨지는 것들이 있기는 하다. 그런 것들을 몇 가지 언급해 보도록 하자.

첫째로, 유기에 대한 불링거의 표현의 모호성이 후대의 사람들로 하여금 불링거로부터 이상한 결론을 끌어내도록 한 요인이라는 점을 지적하지 않을 수 없다.[151] 불링거가 무엇을 말하려고 하는 지에 대해서 동감적인 사람들에게는 이런 모호성이 그 어떤 문제를 일으키지 않는다. 예를 들어, 불링거가 "유기된 자들은 그들의 의도적 불신과 불순종 때문에(because of their willful unbelief and disobedience) 정죄된다"고 강조하는 것을 보면서 코넬리스 베네마는 "이런 강조는 유기 교리와 전혀 상충되지 않으니, 유기된 자들의 정죄는, 칼빈과 다른 개혁파 사상가들의 생각에 있어서 항상 '그들의 죄 때문에 선언되는 것이기'(justly on account of their sin) 때문"이라고 정확히 말한다.[152] 또한 베네마는 아주 옳게 다음 요점도 지적한다: "하나님이 죄의 조성자라는 관념에 대한 불링거의 거부와 유기자의 의도적 불신과 불손종이라는 표현 그 자체가 모든 형태의 유기론에 대한 거부를 뜻하지 않는다."[153]

그러나 불링거의 모호한 표현 때문에 베이커 같은 학자들은 다음 같이 (결과적으로 판단해 보면 부정확하게) 말한 것이다. "그러므로 불링거는 1536년에 단일 예정론을 확언하였다. 그는 예정으로서의 유기를 말할 수도 없었고 말하고 싶지도 않았다. 왜냐하면 그렇게 하는 것은 하나님을 죄의 조성자로 만드는 것이라고 느꼈기 때문이다."[154] 더 나아가 불링거의 모호성 때문에 그는 "의심 받았으니, 그는 항론파 사람들이(the Remonstrants) 애용하는 자료로 사용되었기 때문이다.[155] 물론 항론파가 불링거를 자신들의 주장의 자료로 사용한 것은 잘못 유용한 것이라고 할 수 있다.[156] 왜냐하면 불링거는 아주 명확하게 다음 같이 말하는 사람이기 때문이다. " 그리스도에 대한 신앙은 선택하시는 하나님에 은혜의 선물이다. 그것은 자유 의지를 사용하는데서 나오는 공로적 행위가 전혀 아니다."[157] 또한 불링거는 "하나님의 은혜에 의해서 의지가 새롭게 되지 않으면, 의지는 회개와 믿음으로 하나님께 돌이킬 능력이 없다"는 견해를 가졌기 때문이다.[158]

그러므로 베네마의 다음 같은 말은 아주 정확한 말이다. "불링거는 그의 [예정에 대한] 연설(Oratio)에서 [하나님의] 주권적 선택을 옹호하고, 구원을 인간의 노력과 의지에 의존하게 하는 모든 형태의 신인협력주의를 정죄했다."159 따라서 불링거의 사상에는 신인협력주의의 여지가 없다.160 그런 점에서 다음 같이 말하는 비어마(Bierma)가 옳다: "유기의 궁극적 원인을 인간의 불신에 놓을 때 불링거는 유기된 자들이 타락 후에 신앙의 조건을 성취할 수 있는 가능성이 있다고는 전혀 생각하지 않았다."161

그러나 불링거의 모호한 표현은 그를 이용하려는 다른 목적을 가진 사람들에 의해서 아주 쉽게 오용될 수 있다는 것은 사실이다. 더구나 불링거는 그 스스로가 유기에 대해서는 의도적으로 모호하게 표현하였다. 왜냐하면 그는 대개는 "우리들은 단어들을 될 수 있는대로 정확하게 사용하고 다양하게 해석될 수 있는 표현이나 모호성을 배제하려고 해야 한다"고 생각하고 말하는 사람이었기 때문이다.162 그러므로 우리가 볼 때에 유기 문제에 대해서만 불링거가 의도적으로 좀 모호한 표현을 사용한 것으로 보인다. 상당히 안타까운 일이다.

둘째로, 교회들의 공적 공의회(ecumenical council)에 대한 불링거의 태도에 대해서 말해야 할 것이다. 죠오지 엘라에 의하면, 불링거는 넓은 마음을 가지고 있었고, 따라서 개신교의 다른 분들과 관계를 가지려고 노력했다. 그런데 실제 역사는 엘라가 말한 것과는 좀 다르다. 특히 1550년대 후반에는 개신교도들 간에 성찬에 대한 논의를 하는 모임(a colloquy)을 가질 것에 대한 논의가 많이 있었다. 이와 관련해서 아미 넬슨 바넷은 이렇게 정확히 말한다. "이런 새로운 종교적 논의의 모임을 가지는 것에 대해서 일관서 있게 강하게 반대한 분은 하인리히 불링거였다."163 칼빈은 1557년 가을에 화렐에게 다음과 같이 편지한 바 있다: "불링거가 이런 회합을 가지는 것을 얼마나 싫어하는 지를 쓰는 것은 부끄러울 정도입니다."[164]

루터파 사람들이 츠빙글리와 그를 따르는 사람들에 대해서 계속해서 정죄한 것과 특히 155년 아우그스 부르크 평화 조약에서 취리히 사람들을 배제한 것을 생각하면 우리는 왜 불링거가 이런 태도를 가졌는지 이해 할 수는 있다. 그러나 1555년 이후에는 개신교도들 간에 의견을 차이를 해소하는 공의회를 가지는 것을 불링거 자신이 거부한 것은 사실인 듯하다. 불링거는 "개신교도들이 협의를 하는 것에서 얻는 유익보다는 그로부터 오는 위험이 더 크다"고 생각했다.[165] 불링거가 개신교도들 간의 협의의 결과에 대해서 비관적이었던 것이 더 현실적인 것인지도 모른다. 칼빈의 조금 더 낙관적 견해는 루터파 안에서의 멜란히톤의 위치를 오해한 결과일 수도 있다. 그러나 적어도 불링거가 1550대 후반에 다른 교회들에 대해서 더 개방적이었다는 말을 할 수는 없는 듯하다. 오히려 멜란히톤과 칼빈이 소위 엄격한 루터파(Gnesio-Lutherans)와 불링거 사이를 중재하려고 노력했다고 하는 말이 적절한 듯하다. 물론 성공하지는 못했지만 말이다. 그러므로 에이미 버넷의 다음 말은 정확한 것이다. "성찬론의 양끝의 확신을 가진 입장들을 전제로 할 때, 논의를 위한 회합에서의 같은 마음(concord)을 애호한 루터파의 멜란히톤이나 개혁파의 칼빈은 무력했다(powerless)."[166] 취리히 협약(1549)에 이른 논의에서도 성찬 이해에서 양보한 쪽은 칼빈이라고 할 수 있다.[167] 또한 뽀이시 협의(the colloquy of Poissy, 1561)에서 취리히 교회를 대표한 것은 피터 베르미글리(Peter Martyr Vermigli)였다. 물론 "베르미글리는 이 협의 모든 문제에 대해서 불링거와 계속 연락하면서 진행했지만" 말이다.[168]

08 불링거와 칼빈의 만남

셋째로, 불링거는 취리히시의 통치자들이 교회 성원들을 치리할 수 있다는 의견을 가졌다는 점을 지적해야 한다. 불링거와 칼빈 모두 기독교적 공화정(the republica Christiana)에 대한 관념을 가졌었고 그것을 각기 취리히와 제네바에서 실현해 보려고 노력하였다. 그런데 그들이 생각하는 기독교 공화정의 구체적인 모습은 조금 달랐다. 불링거의 견해에 의하면, 근본적으로 "교회와 사회는 언약이라는 관점에서 동연적(同延的, coterminous)이다."[169] 따라서 불링거는 행정부가 교회의 치리를 행할 수 있다고 본 것이다. 이에 비해서 칼빈은 교회의 독립을 강조하였다. 따라서 교회의 치리는 교회가 스스로 할 수 있고 정부가 간섭하면 안 된다는 것을 명백히 하였다.

넷째로, 불링거는 목회자를 목자, 목회자라고 강조하면서도 그를 "선지자"로 부르는 경향이 있다. 1532년 2월에 출간된 목회자 직분에 대한 책을 『선지자 직분에 대하여』(De prophetae officio)라고 제시한 것에서 이것이 잘 드러난다. 그래서 목회자들의 모임과 성경을 잘 강해는 모임을 "예언하는 것"이라고 이전의 명칭을 그대로 사용하면서 사용한 것일 수 있다. 그러나 이런 용어는 오해를 낳기에 충분하다. 신약의 직분들에 대해서는, 신약의 선지자들이 죽은 다음에는 선지자직이라고 하지 않는 것이 더 나았을 것이다.

다섯째로, 불링거는 유아 세례와 관련해서 이전에 천주교회에서 하듯이 대부(代父, god-father), 대모(代母, god-mother) 제도를 계속 사용한 점을 지적해야 한다. 한 예로 영국에서 피난와서 1547-49년에 불링거의 집에서 머물며 살던 (후에 우스터[Worcester]와 글로스터(Gloucester)의 주교가 되었다가 메리 여왕 휘하에서 처형당한) 존 후퍼(John Hooper, c. 1495-1555)와 앤 후퍼(Anne Hooper)의 딸인 레이첼(Rachel)의 세례식의 경우를 생각해 볼 수 있다. 취리히에서 태어난 이 아기에 대해서 불링거 자신이 대부 역할을 했다고 한다. 불링거가 이를 임시적 제도로 여겼는지 아닌지 확인하긴 어렵다. 이런 것들이 오용되기 쉽고 부모의 신앙을 덜 중요시할 위험이 있어서 후대의 개혁파 교회는 이런 제도를 다 제거하였다. 칼빈이 낙스에게 보낸 편지에서 볼 수 있듯이, 칼빈은 이런 것을 "종교개혁이 확립되기까지 임시적으로 사용할 수 있는 것으로 보았다."[170]

마지막으로, (앞서 언급한 바와 같이) 불링거 자신은 예배 때에 어떤 특별한 복장을 사용하지 않았지만, 후에 영국에서 존 후퍼(John Hooper)가 자신의 글로스터 주교 임직식에서 영국 교회의 특별한 성직복을 입을 것을 거부한 것과 관련하여 일어나 복식 논쟁(the controversy over the use of the vestment or cope)에서 종국적으로 영국 정부의 입장을 옹호하였다. 부셔(Martin Bucer)나 버르미글리(Peter Vermigli)는 이런 입장에 동의하였다. 칼빈은 이런 문제로 옥에 갇히고 목숨을 내놓을 문제는 아니라고 조언하였다고 한다. 오직 존 아 라스코(John à Lasco, 1499-1560)만 후퍼의 입장에 동의하였다. 불링거는 이런 것을 "아디아포라"(adiaphora, or res indifferentes)의 문제, 즉 이럴 수도 있고 저럴 수도 있는 것으로 여긴 것이다. 불링거는, 엘라가 말한 바와 같이, "이런 이차적 문제들은 유용성과 각 지역의 옷을 입는 전통과 관련된 것이라고 논의하였다."[171] 불링거는 청교도들이 외적인 것을 그보다 더 높은 것으로 여겼다고 느꼈다. 그래서 불링거는 복식 논쟁에서 영국 국교회 편을 든 것이다. 불링거의 마음에서는, 마가렛 아스톤이 잘 말한 바와 같이, "더 적은 악들은 더 큰 악들과 비교하여 (때로는) 용인될 수 있는 것이었다."[172] 그러나 이런 생각의 함의를 더 깊이 생각한 것 같지는 않다.

나가면서

개혁파 교회에 대한 불링거의 여러 기여와 그의 생각 중의 좀 애매한 분들을 다 살펴 본 우리들은 무슨 말을 할 수 있는가? 이 모든 것을 볼 때에 칼빈보다는 불링거가 스위스 종교개혁의 아버지라고 주장하는 엘라의 주장은 상당히 과장된 것으로 보인다. 또한 "칼빈에게는 하나님께서 사람을 저주하시기 원하셨기 때문에 사람은 저주된 것이고, 그는 타락하기 위해 창조된 것이다"고 말한 엘라의 말을 지나친 것이다.[173] 또한 "칼빈은 때때로 자신이 믿은 이 예정 교리를 엄격히 논리적이고 분석적이고, 선험적인 틀에 넣어 제시하였다"는 말도 매우 지나친 것이다.[174] 더 나아서 칼빈에 의하면 "불쌍한 사람은 선택을 할 수 없다. 그러므로 이 초칼빈주의 체계에 의하면 사람은 본성상 한 번도 옳은 적이 없었고, 하나님을 불순종해서 이런 본성을 가지게 된 것이 아니고 사람은 처음부터 이런 본성을 가지게끔 불순종을 그의 본성에 놓아 두셨다. 그래서 칼빈은 이 생에서의 사람의 정한 목적은 죄를 범하는 것이었다"고 하는 엘라의 말은 온전히 잘못된 것이다.[175]

불링거는 스위스의 종교개혁과 그것의 공교화에 큰 기여를 하였고 그도 개혁신학의 아버지의 하나라는 것은 사실이다. 그러나 우리가 불링거의 사상을 칼빈의 사상과 전체적으로 비교해 볼 때, 그들의 신학은 상당히 유사하였고 그들이 서로를 존중하였음에도 불구하고, 신학 전반에서나 교회의 실제 문제에 있어서 어떤 점에선 칼빈이 훨씬 더 잘 표현하였다고 할 수 있다. 이 짧은 글에서 나의 논점은 (1) 한편으로는 웨인 베이커와 그를 따르는 분들에 주장에 반해서 칼빈과 불링거 사상의 유사성을 더 잘 드러내어 교정하면서, 동시에 (2) 엘라나 그와 비슷한 분들이 주장하는 것처럼 신학 전반에 있어서 불링거가 더 나은 작업을 하였다는 주장에 대한 일종의 교정제라고 할 수 있다.

08 미주

01 이 논문은 2019년 가을과 2020년 초까지 필자가 필라델피아에 있는 웨스트민스터신학교의 방문 학자로 가 있는 동안 작성되었다. 그곳에 있는 동안 편하게 있으면서 좋은 결과를 낼 수 있도록 해 주신 피터 릴백 총장님과 여러 교수님들께 감사의 말을 전하고 싶다. 웨신에서 게스트 하우스로 제공해 주신 석남 하우스와 도서관을 사용해서 하이델베르크 요리문답 강해의 4번째 책인 『하나님께 아룁니다』(서울: 말씀과 언약, 2021)와 이 논문을 쓸 수 있어서 감사했다. 그러므로 이 논문은 미국 웨스트민스터신학교에 대해 사의(謝意)를 전하는 한 방식이기도 하다. 코로나 바이러스로 어려운 이 때에 웨신의 학생들과 교수들의 건강을 위해 기도한다. 이 논문은 영문으로는 합신에서 일 년에 한 번씩 내는 영어 논문집인 Hapshin Theological Review 8 (2020): 109-48에 실렸던 것임을 밝힌다.

02 누구나 다 알듯이 이 표현은 다음 스타인메츠의 책에서 온 것이다. David C. Steinmetz, Reformers in the Wings (1971; reprint, Grand Rapids: Baker, 1981). 베네마도 같은 표현을 사용한 바 있다. Cf. Cornelis P. Venema, Heinrich Bullinger and the Doctrine of Predestination: Author of 'the Other Reformed Tradition'? (Grand Rapids: Baker, 2002), 11.

03 Cf. Bruce Gordon, "Introduction," to Architect of Reformation, eds., Bruce Gordon and Emidio Campi (Grand Rapids: Baker, 2004), 17: "Heinrich Bullinger has been called the forgotten reformer of the sixteenth century."(His own emphasis).

04 예를 들어, 다음 같은 종교개혁 개론서들을 보라. B. J. Kidd, Documents Illustrative of the Continental Reformation (Oxford: Clarendon Press, 1890-1911); Vivian Hubert Howard Green, Renaissance and Reformation: A Survey of European History between 1450 and 1660 (London: Edward Arnold & Co., 1956); Kaspar von Greyerz, The Reformation in National Context (Cambridge: Cambridge University Press, 1994). 심지어 The Cambridge Companion to Reformed Theology, eds., David Gagchi and David C. Sterinmetz (Cambridge: Cambridge University Press, 2004)에도 불링거에 대한 독립된 장이 없을 정도다.

05 George M. Ella, Henry Bullinger: Shepherd of the Churches (Durham: Go Publications, 2007), 19.

06 J. Wayne Baker, Heinrich Bullinger and the Covenant: The Other Reformed Tradition (Athens, Ohio: Ohio University Press, 1980), esp., 53, 197; J. Wayne Baker, with Charles S. McCoy, Fountainhead of Federalism: Heinrich Bullinger and the Covenantal Tradition (Louisville: KY: Westminster/John Knox Press, 1991); and J. Wayne Baker, "Heinrich Bullinger, the Covenant and the Reformed Tradition in Retrospect," Sixteenth century Journal 29/2 (1998): 359-76. 물론 "두 가지 다른 언약 전통"(two covenant traditions)이 있다는 이런 주장은 많은 학자들이 이미 파악하고 지적한 바와 같이, 본래 오래 전에 레오랄드 트린테루드가 주장한 것이었다. Cf. Leonard J. Trinterud, in his "The Origin of Puritanism," Church History 20 (1951): 37-57, 베이커는 1970년에 아이와 대학교 근대사 분과에 제출한 그의 학위 논문에서 이 논문을 여러 번 언급한 바 있다. Cf. "Covenant and Society: The Republica Christiana in the Thought of Heinrich Bullinger," Ph. D. Dissertation in modern history (Iowa City, Iowa: The University of Iowa, 1970), vi, viii, 208, 221.

07 1970년에 낸 그의 학위 논문에서 웨인 베이커는, (행위 언약에 대해서 다른 생각을 하

지 않는다면) 칼빈과의 관계에 대한 언급이 좀더 균형 잡혀 있었다. 예를 들어, 그는 이렇게 진술했었다: "칼빈도 역사 안에 하나의 언약이 있다고 주장했다. 그도 불링거와 같이 [은혜 언약이] 시행 형식은 다르지만 그 본질은 같다고 가르친다. 그런데 칼빈은 언약의 역사에 발전에 좀더 주의를 기울이면서 불링거가 말하는 것보다 새 언약에 대해 좀더 의미 있는 이야기를 할 수 있었다. 그래서 칼빈은 새 언약의 교회 (신약의 교회)와 이스라엘(구약의 교회)와 좀더 분명하게 구별했다. 그는 기독교 사회가 모세의 율법을 꼭 그대로 따라야 한다고 생각하지 않았다. 하나님을 기쁘시게 하려는 모든 사람에게 십계명이 적용되지만, 기독교 사회(the commonwealth)에는 만국의 보편적인 법(the common laws of nations)의 적용으로 충분하다고 보았다(Baker, "Covenant and Society," 220-21, n. 41).

08 Baker, Heinrich Bullinger and the Covenant, 27.

09 Baker, "Heinrich Bullinger, the Covenant and the Reformed Tradition in Retrospect," 359.

10 Ella, Henry Bullinger: Shepherd of the Churches (Durham: Go Publications, 2007). 런던 바이블 컬리지 출신으로 Hull, Uppsala, Essen, Duisburg, 그리고 Marburg 등지에서 영문학 박사와 신학 박사 학위를 한 그에 대한 정보로 https://wipfandstock.com/author/george-melvyn-ella/을 보라.

11 Ella, Henry Bullinger, 27.

12 Ella, Henry Bullinger, 32.

13 Ella, Henry Bullinger, 333.

14 Ella, Henry Bullinger, 33.

15 Ella, Henry Bullinger, 25.

16 Ella, Henry Bullinger, 60.

17 Ella, Henry Bullinger, 12.

18 Ella, Henry Bullinger, 19.

19 Ella, Henry Bullinger, 12. 또한 Ella, Henry Bullinger, 171, 460; 그리고 "개혁교회의 토대를 놓은 교부"("the Founding Father of the Reformed Church")라고 말한 Ella, Henry Bullinger, 20도 보라. 이렇게 말할 때 그는 다음 스위스 학자들의 말을 따르는 것이다. Fritz Blanke & Immanuel Leuschner, eds., Heinrich Bullinger: Vater der Reformierten Kirche (Zürich: Theologischer Verlag, 1990); Fritz Büsser, Heinrich Bullinger: Leben, Werk, und Wirkung, vol. 2 (Zürich: Theologischer Verlag, 2005), ix (Bullinger "as father and mother not only of the Zürich Church but also of her sisters in France and Germany.") and xiii.

20 Ella, Henry Bullinger, 33.

21 Ella, Henry Bullinger, 244 et passim.

22 Ella, Henry Bullinger, 244.

23 Ella, Henry Bullinger, 25 et passim.

24 Ella, Henry Bullinger, 33.

25 이에 대해서는 특히 Ella, Henry Bullinger, esp., 189-95를 보라.

26 John Calvin, Commentary on Romans, Calvin's Commentaries (Grand Rapids, MI: Christian Classics Ethereal Library, 1999), 11, available at: http://www.ccel.org/ccel/calvin/calcom38.html.

27 특히 위에서 언급한 Baker, Heinrich Bullinger and the Covenant, esp., 53, 197; Baker & McCoy, Fountainhead of Federalism; Baker, "Heinrich Bullinger, the Covenant and the Reformed Tradition in Retrospect," 359-76와 Ella, Henry Bullinger, 33 등에서 각기 다른 방식으로 그런 차이가 증폭되어 논의되었다.

28 Bruce Gordon, "Introduction: Architect of Reformation," in Architect of Reformation, 17.

29 윌리엄 피터 스테븐스(William Peter Stephens)는 다른 견해를 취하면서 "불링거는 만 4세가 되기 전에 에멀리히(Emmerich)에 있는 라틴어 학교에 보내졌다"(William Peter Stephens, The Theology of Heinrich Bullinger [Göttingen: Vandenhoek & Ruprecht, 2019], 19)고 했다. (나에게 이 책을 선물해 주신 헤르만 셸더하이스 교수께 감사드린다). 여기서 나는 엘라가 제공한 정보를 따라 말하는 것이다(Ella, Henry Bullinger, 54f.).

30 Cf. Ella, Henry Bullinger, 55: "이 당시에 에멀리히에는 '공동생활의 형제단'과 인문주의자들이 모두 활약하고 있었기에 [에멀리히에 있는 라틴어] 학교에 두 가지 영향력이 있었을 개연성이 높다." 엘라는 여기서 불링거를 가르친 교사들의 이름을 나열하기도 한다: "Kaspar von Glogau, Petrus Homphäus, Matthias Bredenbach, Peter von Cochem and Johan Aelius from Münster" (Ella, Henry Bullinger, 55). 이레나 박쿠스(Irena Backus)도 말하기를 "이 학교는 상당히 데벤터의 알렉산더 헤기우스(Alexander Hegius of Deventer)의 영향하에 있었고, 불링거의 공부는 라틴어 문법과 라틴어 문학, 기초적인 희랍어 문법과 변증술(dialectic.)이었다"고 한다(Irena Backus, "Bullinger amd Humanism," in Heinrich Bullinger: Life, Thought, Influence, 2 vols., eds., Emidio Campi and Peter Opitz, vol. 2 [Zürich: Theologischer Verlag Zürich, 2007], 644). 박쿠스의 다음 요점은 매우 정확한 것이다: "한마디로, 불링거의 초기 교육은 근 20여 년 전에 에라스무스가 데벤터(Deventer)에서 받았던 교육과 상당히 비슷한 것이었다. 그러나 그것은 에라스무스가 그의 책들(De recta and De Pueris)에서 말한 인문주의 교육의 이상과 꼭 상응하는 것은 아니었다"(644).

31 Ella, Henry Bullinger, 55, n. 14.

32 Ella, Henry Bullinger, 56.

33 Backus, "Bullinger and Humanism," 645.

34 Richard A. Muller, Christ and the Decree (Durham, NC: Labyrinth, 1986), 90.

35 Ella, Henry Bullinger, 58.

36 Ella, Henry Bullinger, 56.

37 Cf. Ella, Henry Bullinger, 59. 또한 비슷한 지적을 하는 다음도 보라. David Wright, "Heinrich Bullinger and the Early Church Fathers," in Heinrich Bullinger: Life, Thought, Influence, vol. 1, 357-78, esp., 357; and Backus, "Bullinger and Humanism," 647. 스테븐스는 "그의 고향 사람인 게오르그 디에너(Georg Diener)의 도움으로 도미니칸 수도원의 도서관을 사용할 수 있었는데 여기서 그는 크리소스톰의 설교들을 읽을 수 있었다고 한다(Stephens, The Theology of Heinrich Bullinger, 20).

38 Joachim Stadtke, Die Theologie des jungen Bullinger (Zürich: Zwingli Verlag, 1962), 41, cited in Baker, "Covenant and Society," 197.

39 Cf. Joseph Wayne Baker, "Covenant and Society: The Republica Christiana in the Thought of Heinrich Bullinger," Ph. D. Dissertation in modern history (The University of Iowa, 1970), 196: "비록 그 당시 쾰른대학교의 커리큘럼에 인문주의가 영향을 미치지는 못했지만 문학부 교수 중에서 존 마토이스 후리제미우스(John Mattäus Phrisemius) 교수와 아놀드 폰 베셀(Arnold von Wesel)은 인문주의적 연구에 몰두하고 있었다."

40 Ella, Henry Bullinger, 59.

41 Ella, Henry Bullinger, 57, 58; Stephens, The Theology of Heinrich Bullinger, 20.

42 Bullinger, Diarium, ed. Emil Egli (Basel, 1904), 3, 6, cited in Wright, "Heinrich Bullinger and the Early Church Fathers," 357, n. 1.

43 Ella, Henry Bullinger, 59. 또한 Stephens, The Theology of Heinrich Bullinger, 20f. 도 보라.

44 이 시기에 대한 좋은 묘사로 Ella, Henry Bullinger, 60을 보라.

45 Ella, Henry Bullinger, 59.

46 Heinrich Bullingers Diarium (Annales Vitae) der Jahre 1504-1574, ed., Emil Egli (Basel: Basler Buch-und Antiquariatshandlung, 1904), cited in Baker, "Covenant and Society," 197.

47 Frank Gulley, Jr., "The Influence of Heinrich Bullingerand the Tigurine Tradition Upon the English Church in the Sixteenth Century," Ph.D.Dissertation (Vanderbilt University, 1961), 24. 또한 Margaret Aston, "Bullinger and Iconoclasm," vol. 2, 627: "교부들과 초기 교회사에 대한 자신의 연구로 그는 복음주의적 결론에 이르렀고, [상(像)과 관련한] 우상 숭배 문제에 대해서도 다른 개혁자들보다는 더 폭 넓은 역사적 이해를 가지고 접근했다."

48 Bullingers Diarium, 8, 126, cited in Aston, "Bullinger and Iconoclasm," 627, n. 8; 그리고 Stephens, The Theology of Heinrich Bullinger, 21.

49 Stephens, The Theology of Heinrich Bullinger, 21.

50 Fritz Büsser, Heinrich Bullinger (1504-1575): Leben, Werk und Wirkung, Band 1 (Zürich: TVZ, 2004), vol. 1, 26, cited in Ella, Henry Bullinger, 61.

51 Stephens, The Theology of Heinrich Bullinger, 22.

52 Backus, "Bullinger and Humanism," 647.

53 Backus, "Bullinger and Humanism," 648.

54 Bullingers Diarium, 7-8, cited in Baker, "Covenant and Society," 197.

55 Ella, Henry Bullinger, 61. 이 상황에 대한 이와 같은 엘라의 묘사가 이레나 바쿠스의 다음 같은 현학적 표현보다 더 적절하다고 여겨진다. "불링거가 독일어로 바울 서신과 복음서를 강해하였음은 '디보티오 모르데나'(devotio moderna)와 종교개혁의 혼합을 시사하는 듯하다(Backus, "Bullinger and Humanism," 650).

56 Edward Dowey, "Heinrich Bullinger as Theologian: Thematic, Comprehensive, and Schematic," in Gordon and Campi, eds., Architect of Reformation, 43.

57　Ella, Henry Bullinger, 65.

58　Gulley, "The Influence of Heinrich Bullinger," 24; 그리고 Ella, Henry Bullinger, 65.

59　Gulley, "The Influence of Heinrich Bullinger," 24.

60　Ella, Henry Bullinger, 65.

61　Aston, "Bullinger and Iconoclasm," 625.

62　Ella, Henry Bullinger, 72.

63　윌리엄 스티븐스(William P. Stephens)는 "5개월의 연구를 위한 방문"(a five month study visit)을 언급하면서, "이 기간 동안 그는 츠빙글리의 강의와 설교를 들었고, 희랍어를 공부했으며, 콘라드 펠리칸(Conrad Pelican)에게서 히브리어를 배웠다"고 말한다(Stephens, The Theology of Heinrich Bullinger, 23). 사실 수도원장 볼프강 요너는 이 기간 동안 그에게 적합한 신부감을 찾고 만나도록 하기 위해 이 휴가를 주었다고 한다. Cf. Ella, Henry Bullinger, 74. 그리하여 이 기간 동안 "불링거는 "취리히 출신이며, 오텐바하 수도원의 수녀였던 안나 아들리 쉬빌러(Anna Adlischwiler or Adlishwyler)를 만났고, 그녀와 후에 결혼하였다(Gulley, "The Influence of Heinrich Bullinger," 25).

64　Baker, "Covenant and Society," 198-99.

65　Gordon, "Introduction," to Architect of Reformation, 18.

66　Cf. Ronald Diethelm, "Bullinger and Worship: 'Thereby Does One Plant and Sow the True Faith,'" in Architect of Reformation, 150. 또한 Stephens, The Theology of Heinrich Bullinger, 23도 보라.

67　Stephens, The Theology of Heinrich Bullinger, 23.

68　이 정보는 Gulley, "The Influence of Heinrich Bullinger," 25에서 얻었다. Stephens, The Theology of Heinrich Bullinger, 25에서는 제르바스 슐러(Gervase Schuler)라고 표기했다.

69　Ella, Henry Bullinger, 79. 마가렛 아스톤(Margaret Aston)은 이 사건에 대해서 조금 다르게 표현한다. "불링거의 첫 설교는 그 다음 날 열매 맺었으니, 그 다음 날 제단이 철거되고 상들이 제거되었다"("Bullinger and Iconoclasm," 626).

70　Bullingers Diarium, 17, 126-27, cited in Aston, "Bullinger and Iconoclasm," 626.

71　Stephens, The Theology of Heinrich Bullinger, 25.

72　Ella, Henry Bullinger, 90; Daniel Bollinger, "Bullinger on Church Authority: The Transformation of the Prophetic Role in Christian Ministry," in Architect of Reformation, 163.

73　Baker, "Covenant and Society," 17, n. 21. 그러므로 1531년에 "제일 목사"(Antistes)가 되었다는 말은 틀린 것이다(Gulley, "The Influence of Heinrich Bullinger," 26; Bollinger, "Bullinger on Church Authority," 163; 그리고 Mark Taplin, "Bullinger on the Trinity," in Architect of Reformation, 70). 이 용어는 후대에 사용되었다는 것이 더 정확한 것으로 보인다. Cf. Bollinger, "Bullinger on Church Authority," 159.

74　Bollinger, "Bullinger on Church Authority," 176.

75　Ella, Henry Bullinger, 124.

76 Bollinger, "Bullinger on Church Authority," 159.

77 Bollinger, "Bullinger on Church Authority," 176.

78 Fritz Büsser, Heinrich Bullinger (1504-1575): Leben, Werk und Wirkung, Band 1 (Zürich: TVZ, 2004), vol. 1, 26, 166, cited in Ella, Henry Bullinger, 126. 그런데 브루스 고든은 이에 대해서 "다양한 추론이 있어 왔다고 하면서, 그가 취리히에 있던 동안 7,500번 설교한 것 같은데, 이 중의 600편만이 인쇄되었다"고 한다(Gordon, "Introduction," to Architect of Reformation, 23).

79 특히 Rainer Henrich, "Bullinger's Correspondence: An International Network," in Architect of Reformation, 231-41을 보라. 이 중 "2,000통만이 보존되었다"고 한다 (232).

80 Dowey, "Heinrich Bullinger as Theologian: Thematic, Comprehensive, and Schematic," in Architect of Reformation, 43.

81 Gordon, "Introduction," to Architect of Reformation, 21.

82 그러므로 나는 불링거의 성경관을 칼빈의 성경관과 구별하려는 죠오지 멜빈 엘라와 동의하지 않음을 밝혀야 한다. 이 문제에 대한 엘라의 입장 표명으로는 Ella, Henry Bullinger, esp., 313-15를 보라. 이것과 다음과 같은 정통적 칼빈의 성경관 제시를 비교해 보라. B. B. Warfield, Calvin and Calvinism (London, New York & Oxford: Oxford University Press, 1931), 29-130; John Murray, Calvin on Scripture and Divine Sovereignty (Grand Rapids: Baker, 1960). 불링거에게만이 아니라 칼빈에게도 "성경은 그자체가 참되고 온전하며 완벽한 하나님의 말씀 그 자체이다. 그러므로 성경에 무엇을 더하거나 뺄 수 없다. 모든 성경은 성령에 의해서 기록된 것이고, 하나님의 말씀에 더해진 것이란 없다. 성경과 하나님의 말씀은 동의어이다"(Ella, Henry Bullinger, 314-15).

83 이 정보는 Backus, "Bullinger and Humanism," 653에서 온 것이다.

84 Backus, "Bullinger and Humanism," 653.

85 이런 묘사는 Bollinger, "Bullinger on Church Authority," 170에서 온 것이다.

86 Heinrich Bullinger, Adversus Anabaptistas (Zürich, 1560), f. 85 v, cited in Wright, "Heinrich Bullinger and the Early Church Fathers," 362, n. 23.

87 Bullinger, in Von Schulthess-Rechberg, Heinrich Bullinger der Nachfolger Zwinglis (Halle, 1904), 26-27, cited in Ella, Henry Bullinger, 61.

88 Ella, Henry Bullinger, 316 (이는 1539년판 취리히 성경에 담긴 불링거의 서문에 의존하여 하는 말임에 유의하라).

89 엘라가 이 점을 지적한다(Ella, Henry Bullinger, 124) 이는 1534년에 낸 불링거의 매우 중요한 책인 『하나이며 영원한 하나님의 언약에 대한 강해』(De testamentio seu foedere dei unio et aeterno expositio)의 표지면에 나타난 말이기도 하다("Brief Exposition of the One and the Eternal Testament or Covenant of God," in Charles S McCoy & J. Wayne Baker, Fountainhead of Federalism: Heinrich Bullinger and the Covenantal Tradition [Louisville, KY: Westminster/John Knox Press, 1991], 99).

90 Bullinger, Studiorum Ration - Studienanleitung, ed., Peter Stotz, 2 vols. (HBW Sonderband: Zürich, 1987), vol. 1, 108, cited in Wright, "Heinrich Bullinger and the Early Church Fathers," 361.

91 이 점을 언급하는 다음을 보라. Gordon, "Introduction," to Architect of Reformation,

21. 또한 이것이 "기독교 신앙에 대한 불링거의 분명한 진술"이라고 하는 Venema, Heinrich Bullinger and the Doctrine of Predestination, 90도 보라("Bullinger's definitive statement of his understanding of the Christian faith.")

92 Bullinger, "A Brief Exposition of the One and Eternal Testament or Covenant of God," in Fountainhead of Federalism, 107.

93 『제2 스위스 신앙고백서』, 제1장.

94 Bullinger's Foreword to the 1539 edition of the Zürich Bible (1530-31). For this point, see Ella, Henry Bullinger, 316.

95 Bullinger, Decades, I. 2=The Decades of Henry Bullinger, ed., Thomas Harding and The Parker Society, 4 vols. (Cambridge, 1849-1852), I:66-67.

96 Bullinger, Decades, I. 2=I:75.

97 불링거에게 이중 예정 개념이 있었느냐는 오래 논쟁된 주제에 대해서 우리는 다음 절에서 구체적으로 다룰 것이다. 여기서는 단순히 그가 하고 있는 말들만을 언급하기로 한다. 불링거의 표현에 대한 좋은 요약으로 코넬리스 베네마의 다음 논의를 보라. Venema, Heinrich Bullinger and the Doctrine of Predestination, 35-87, esp., 104.

98 바돌료뮤 트라헤론(Bartholomew Traheron)에게 보낸 1553년 3월 3일자 편지 (Walter Hollweg, Heinrich Bullinger's Hausbuch [Neukirchen: Buchhandlung des Erziehungsvereins, 1956], 300-302), Ella, Henry Bullinger, 355에서 재인용. 이것을 Calvin, Institutes, 3. 21. 5와 비교해 보라.

99 Bullinger, Decades, IV. 4, fol. 20a=III:185.

100 이 점에 대해서도 코넬리스 베네마의 좋은 논의를 보라. Cf. Venema, Heinrich Bullinger and the Doctrine of Predestination, esp., 39, 105. 다음과 같은 베네마의 말은 정확한 것이다: "하나님이 죄나 유기된 자들의 불신의 창시자라는 것을 함의하는 표현을 불링거가 싫어했다는 것이 반드시 그가 이중 예정을 논박했다는 것을 뜻하는 것이 아니다."(105). 이런 말로 베네마는 "하나님이 죄의 창시자가 아니시라는 불링거의 주장은 유기 교리에 대한 논박과 거의 같은(tantamount to) 것이다"는 베이커의 잘못된 주장(Heinrich Bullinger and the Covenant, 32-33)을 교정하기 원했다.

101 Calvin, Institutes, 3. 23. 8-11를 보라. 또한 같은 의견을 표하는 다음 저자들의 논의들도 보라. Muller, Christ and the Decree, 24-25; Venema, Heinrich Bullinger and the Doctrine of Predestination, 105; 그리고 Jan Rohrs, Reformed Confessions: Theology from Zurich to Barmen (Louisville, KT: Westminster John Knox, 1997), 153.

102 바돌료뮤 트라헤론(Bartholomew Traheron)에게 보낸 불링거의 1553년 3월 3일자 편지, Ella, Henry Bullinger, 355에서 재인용.

103 Bullinger, Decades, 4. 4, fol. 20b=III, 187.

104 Bullinger, Decades, 1. 4, fol. 16a-17=I, 84 et passim. 또한 Bullinger, Summa Christenlicher Religion (Zurich: Christoffer Froschauer, 1556), 6.1, fol. 87a, cited in Venema, Heinrich Bullinger and the Doctrine of Predestination, 51, n. 61도 보라("죄인을 칭의하는 유일한 수단인 믿음은 인간의 행위가 아니고 그리스도 안에서 하나님께서 베푸시는 은혜의 값없이 주시는 선물이다").

105 Ella, Henry Bullinger, 334.

106 너무 분명한 것이기는 하지만 언약 신학자로서의 불링거에 대한 좋은 논의로 다음을 보라. Willem van't Spijker, "Bullinger als Bundestheologue," in Heinrich Bullinger:

Life, Thought, Influence, 2: 573-92.

107 칼빈의 언약 이해에 대한 좋은 논의에 대해선 다음을 보라. Peter A. Lillback, The Binding of God: Calvin's Role in the Development of Covenant Theology (Grand Rapids: Baker, 2001), esp., 137: "언약이 『기독교강요』의 체계적 구조를 제공하는 것은 아니지만, 언약은 분명히 칼빈 신학의 총체적 양상이라고 할 수 있다." 릴백은 또한 "칼빈은 언약 개념을 신학에 폭넓게 통합시킨 처음 신학자들 중의 하나다"고 말하기도 한다(311).

108 Heinrich Bullinger, De Testamento sev foedere Dei unico & Aeterno (Christoph Froschouer: Zürich, 1534), trans. Charles S. McCoy and J. Wayne Baker, "A Brief Exposition of the One and Eternal Testament or Covenant of God," in their Fountainhead of Federalism: Heinrich Bullinger and the Covenant Tradition (Louisville, Kentucky: Westminster/John Knox Press, 1991), 112.

109 Bullinger, "A Brief Exposition of the One and Eternal Testament or Covenant of God," 112.

110 Lillback, The Binding of God, 127.

111 Baker, "Covenant and Society," 19. 그 연대는 더 앞으로 나갈 수도 있으니 1525년에 낸 『세례에 대하여』(Von dem Touff)에 "언약 개념 전체가 분명히 제시되어 있기 때문이다."(Aurelio A. García, "Bullinger's De testamento: The Amply Biblical Basis of Reformed Origins," in Heinrich Bullinger: Life, Thought, Influence, vol. 2, 681).

112 McCoy and Baker, Fountainhead of Federalism, 11.

113 특히 다음을 보라. Muller, Christ and the Decree, 41; Lyle Bierma, "Federal Theology in the Sixteenth Century," Westminster Theological Journal 45 (1985): 320-21; Peter A. Lillback, "The Continuing Conundrum: Calvin and the Conditionality of the Covenant," Calvin Theological Journal 29/1 (1994): 42-74; Lillback, The Binding of God, esp., 20, 23; García, "Bullinger's De testamento," 675; and Venema, Heinrich Bullinger and the Doctrine of Predestination, 119 et passim.

114 Bullinger, "A Brief Exposition of the One and Eternal Testament or Covenant of God," 108: God "[held] the primacy in this covenant.".

115 Baker, Heinrich Bullinger and the Covenant, esp., 27, 197.

116 이 점에 대해서 비슷하게 논의하는 다음을 보라. Lillback, The Binding of God, 126-34.

117 Baker, Heinrich Bullinger and the Covenant, xxii.

118 García, "Bullinger's De testamento," 688.

119 Cf. García, "Bullinger's De testamento," 681.

120 Bullinger, "A Brief Exposition of the One and Eternal Testament or Covenant of God," 101.

121 Bullinger, "A Brief Exposition of the One and Eternal Testament or Covenant of God," 111.

122 García, "Bullinger's De testamento," 686, n. 45.

123 Bullinger, "A Brief Exposition of the One and Eternal Testament or Covenant of God," 115.

124 Cf. Calvin, Institutes, 2. 10. 20. See also Dowey, "Heinrich Bullinger as Theologian: Thematic, Comprehensive, and Schematic," in Architect of Reformation, 37.

125 Bullinger, "A Brief Exposition of the One and Eternal Testament or Covenant of God," 105.

126 불링거의 언약 이해에 대해선 다음을 보라: "A Brief Exposition of the One and Eternal Testament or Covenant of God," 105, 106.

127 불링거와 관련해서는 Baker, "Covenant and Society," 24, 그리고 칼빈과 관련해서는 Institutes, 2. 10. 1; 2. 10. 2; 2. 10. 7.을 보라.

128 Bullinger, "A Brief Exposition of the One and Eternal Testament or Covenant of God," 119. 이것을 칼빈의 다음 말과 비교해 보라: "족장들과 맺으신 모든 언약은 그 본질과 실체에 있어서 너무 비슷해서, 그 둘은 다시 시기의 양상을 가지고 있어도 사실은 하나의 같은(actually one and the same) 언약이라고 할 수 있다(Calvin, Institutes, 2. 10. 2).

129 Bullinger, "A Brief Exposition of the One and Eternal Testament or Covenant of God," 126.

130 불링거와 관련해서는 Baker, "Covenant and Society," 32를, 칼빈과 관련해서는 Institutes, 2. 7. 1; 2. 11. 10와 Lillback, The Binding of God, 187-89, 194-209를 보라.

131 Calvin, Institutes, 2. 7. 1; 2. 10. 4, 15, 20, 23을 보라.

132 Bullinger, "A Brief Exposition of the One and Eternal Testament or Covenant of God," 118. See also 120: "이로부터 나는 족장들에게나 우리에게나 같은 오직 하나의 교회와 한 언약이 있다는 것이 아주 명백하다고 생각한다." 또한 Lillback, The Binding of God, 158, 그리고 여러 곳들도 보라. 그래서 릴백은 칼빈은 "구속사에 있어서 오직 한 언약이 있다는 점에서 불링거에 동의했다고 말한다(The Binding of God, 307).

133 Bullinger, Decades, III. viii=II: 236-300.

134 García, "Bullinger's De testamento," 674.

135 Bullingers Diarium, 9 (1524년 9월 12일자 일기), cited in Baker, "Covenant and Society," 199.

136 이 표현은 다음에서 온 것이다. Amy Nelson Burnett, "Heinrich Bullinger and the Problem of Eucharistic Concord," in Heinrich Bullinger: Life, Thought, Influence, vol. 1, 239.

137 Cf. Calvin, Institutes, 4. 17. 33: "For us the manner is spiritual because the secret power of the Spirit is the bond of our union with Christ."

138 이점을 말하는 Burnett, "Heinrich Bullinger and the Problem of Eucharistic Concord," 241을 보라.

139 이 표현은 1557년 8월 13일 자로 불링거가 칼빈에게 보낸 편지에서 온 것이다(CO 16:567, n. 2682, Burnett, "Heinrich Bullinger and the Problem of Eucharistic Concord," 242에서 재인용).

140 Burnett, "Heinrich Bullinger and the Problem of Eucharistic Concord," 241. 취리히 협약에 대해서는 다음 글들도 보라. Paul Rorem, Calvin and Bullinger on the Lord's Supper (Nottingham: Grove Books, 1989), 41-45; Bruce Gordon, "Calvin and

the Swiss Reformed Churches," in Calvinism in Europe, 1540-1620, eds. Andrew Pettegree, Alastair Duke, and Gillian Lewis (Cambridge: Cambridge University Press, 1994).

141 Bullinger, "A Brief Exposition of the One and Eternal Testament or Covenant of God," 132.

142 Calvin, Institutes, 4. 19. 2.

143 W. Peter Stephens, "Predestination or Election in Zwingli and Bullinger," in Heinrich Bullinger: Life, Thought, Influence, 327.

144 Ella, Henry Bullinger, 324.

145 Cf. 『제2 스위스 신앙고백서』 (The Second Helvetic Confession), Philip Schaff, rev. by David Shaff, The Creeds of Christendom (1931; reprint, Grand Rapids: Baker Book House, 1983), 3:233. 샤프는 이 신앙고백서의 라틴어 판본만 제시하고 있다. 좀 편집된 영어 번역본으론 다음을 보라. James T. Dennison, Jr., ed., Reformed Confessions of the 16th and 17th Centuries in English Translation: vol. 2: 1552-1566 (Grand Rapids: Reformation Heritage Books, 2010), 809-81; the Second Helvetic Confession, in The Constitution of the Presbyterian Church (U. S. A.), Part 1: Book of Confessions (Louisville: Office of the General Assembly Presbyterian Church (U.S.A.), 1999), 51-116.

146 Ella, Henry Bullinger, 303.

147 Ella, Henry Bullinger, 325, 326에서 재인용.

148 이에 대해서 Ella, Henry Bullinger, 324, n. 36, 409를 보라.

149 Cf. Seung-Goo Lee, "Calvin and Later Reformed Theologians on the Image of God." Unio cum Christo 2/1 (Aril, 2016): 135-47.

150 이런 점에 대한 좋은 논의로 Ella, Henry Bullinger, 235를 보라.

151 불링거의 "초기 저술과 후기 저술들의 놀라운 일관성"을 잘 드러내고 지적하는 코넬리스 베네마조차도 "이중 예정론에 대한 진술 방식은 좀 일관성이 없고, 모호한 면이 있다"고 지적할 정도이다. Venema, Heinrich Bullinger and the Doctrine of Predestination, 102, 103, 104를 보라.

152 Venema, Heinrich Bullinger and the Doctrine of Predestination, 39, n. 18, Venema 자신의 강조점이라고 볼 수 있으니 유의하라.

153 Venema, Heinrich Bullinger and the Doctrine of Predestination, 55, n. 66, 역시 베네마 자신의 강조점이라 할 수 있다.

154 Baker, Heinrich Bullinger and the Covenant, 31.

155 García, "Bullinger's De testamento," 672; Venema, Heinrich Bullinger and the Doctrine of Predestination, 47.

156 불링거가 일종의 "원형적-알미니안"(Proto-Arminian)일 수 있다는 주장에 대한 좋은 논박으론 다음 논의들을 보라. Aurelio A. Garcia Archilla, The Theology of History and Apologetic Historiography in Heinrich Bullinger: Truth in History (San Francisco: Mellen Research University Press, 1992), 17, 42-43, 50-51, 314; García, "Bullinger's De testament, 672; 그리고 Venema, Heinrich Bullinger and the Doctrine of Predestination, 47, 114-19.

157 Heinrich Bullinger, Oratio De moderatione servanda in negoito in providentiae, preadestinationis, gratiae et liberi arbitrii, presented on January 28, 1536, cited in Venema, Heinrich Bullinger and the Doctrine of Predestination, 40.

158 Venema, Heinrich Bullinger and the Doctrine of Predestination, 41.

159 Venema, Heinrich Bullinger and the Doctrine of Predestination, 41. 또한 같은 책 113과 여러 곳도 보라.

160 Venema, Heinrich Bullinger and the Doctrine of Predestination, 103.

161 Ryle D. Bierma, "Federal Theology in the Sixteenth Century: Two Traditions," Westminster Theological Journal 44/2 (Fall 1983): 304-21, at 316, Bierma 자신의 강조점이라 할 수 있다.

162 이를 말하는 Ella, Henry Bullinger, 285f.를 보라.

163 Burnett, "Heinrich Bullinger and the Problem of Eucharistic Concord," in Heinrich Bullinger: Life, Thought, Influence, 233. 그녀는 이것이 역사적 사실이라는 것을 잘 논증하고 있다.

164 Cf. CO 16: 638-39, n. 2720. François Hotman은 6개월 뒤인 1558년 4월 11일도 정확히 같은 말을 하고 있다고 한다. CO 17:133-34, n. 2849, cited in Burnett, "Heinrich Bullinger and the Problem of Eucharistic Concord," in Heinrich Bullinger: Life, Thought, Influence, 233, n. 1.

165 Burnett, "Heinrich Bullinger and the Problem of Eucharistic Concord," 250.

166 Burnett, "Heinrich Bullinger and the Problem of Eucharistic Concord," 247.

167 같은 의견을 표하는 Gordon, "Calvin and the Swiss Reformed Churches," 72도 보라.

168 Frank A. James, III, "The Bullinger/Vermigli Axis: Collaborators in Toleration and Reformation," in Heinrich Bullinger: Life, Thought, Influence, 1:173.

169 Cf. Baker, "Covenant and Society," 39, 85.

170 Calvin's Selected Works, VII, 74-75 and Lillback, The Binding of God, 1236.

171 Ella, Henry Bullinger, 409.

172 Aston, "Bullinger and Iconoclasm," 632.

173 Ella, Henery Bullinger, 356.

174 Ella, Henery Bullinger, 350.

175 Ella, Henery Bullinger, 351.

국가와
가난한 자들에 대하여

이신열(고신대학교 교수)

09

09

국가와 가난한 자들에 대하여

이신열(고신대학교 교수)

I. 시작하면서

지난 3년간 코로나19 (COVID 19)는 우리의 생활 패턴을 완전히 변화시켰다. 많은 사람들의 삶이 어려움에 직면하게 된 것은 두말할 필요가 없는 자명한 사실이지만, 이 사태로 인해 가장 많은 어려움을 겪는 사람은 우리 주위의 가난한 사람들이었다. 우리 정부는 코로나19를 극복하기 위한 방안의 일환으로 모든 국민들을 대상으로 긴급재난지원금을 지원함으로써 코로나19를 극복하기 위한 노력을 기울였다. 이 지원금의 원래 취지는 어려움에 처한 가난한 자들을 돕기 위한 것이었다고 보아도 무방할 것이다. 엄청난 팬데믹(pandemic) 현상을 경험하면서 온 세계는 질병과의 전쟁뿐 아니라 가난과의 싸움에 직면해 있다고 해도 과언이 아닐 것이다.

그렇다면 16세기 유럽의 종교개혁자들은 경제적으로 어려움에 처한 가난한 자들을 돕기 위해서 어떤 견해를 표방했는가? 코로나 사태를 맞아 전염병에 대한 연구가 우리 신학계에도 활발하게 진행되고 있다.[01] 종교개혁 연구가들은 종교개혁자들이 가난한 자들의 복지를 외면한 것이 아니라 이를 자신들의 종교개혁에 있어서 가장 중요한 근간으로 삼았다고 간주한다. 바빙크 (Herman Bavinck)는 종교개혁자들 가운데 사회의 중요성을 가장 깊이 인식한 종교개혁자로 츠빙글리 (Huldrych Zwingli, 1484-1531)를 들었다.[02] 츠빙글리의 사회에 대한 깊은 관심은 가난을 신학의 중요한 모티브로 삼게 만들었다고 한스 숄 (Hans Scholl)은 다음과 같이 주장한다. "츠빙글리의 종교개혁은 인간 영혼의 상황과 경제적 상황의 차이를 알지 못한다. ⋯ 그러므로 종교개혁적 목회는 구빈사업에 제일 중점을 둔다. 종교개혁적 신학은 가난의 신학이며 그렇지 않으면 종교개혁적 신학이 아니다."[03]

본 논문에서는 코로나를 포함한 전염병에 대해서 직접 다루지는 않지만 이와 관련하여 국가가 어떤 방식으로 가난한 자들을 도와야 하는가에 관한 견해를 취리히의 종교개혁자 츠빙글리의 사고를 중심으로 고찰하고자 한다. 최근 국내에 츠빙글리에 관한 많은 연구물들이 출간되고 있지만 국가와 가난한 자의 관계에 대해서 고찰한 논문은 거의 없는 것으로 보인다.[04] 본 논문은 국가의 기원과 기능, 가난에 대한 이해, 자선과 구호, 국가와 빈민 구호라는 소단락을 설정하여 츠빙글리의 견해를 살펴보는 가운데 그의 메시지를 통해 21세기를 살아가는 우리에게 던지는 교훈이 무엇인가를 고찰하고자 한다.

II. 국가의 기원과 기능

1. 국가의 기원

먼저 츠빙글리는 참된 성도에게는 국가 권력이 필요하지 않다는 관점에 서서 국가에 대한 부정적인 견해를 다음과 같이 표명했다: "기독교인이 참된 기독교인이라면, 그는 국가 권력으로부터 일을 받지 않는다."[05] 국가로부터 미신 종교를 믿는다는 이유에서 박해받는 기독교인들의 경우를 생각해보면 츠빙글리의 이런 주장은 충분히 이해 가능한 주장에 해당된다. 이런 주장은 사실상 16세기 재세례파들의 주장과 유사하다고 볼 수 있다.[06]

그렇다면 츠빙글리는 나중에 왜 국가를 긍정적으로 수용하여 국가를 자신의 종교개혁에 필수적인 기관으로 인정하게 되었는가? 그는 국가의 기원과 필요성을 인간의 죄악에서 찾는다.[07] 타락은 인간에게 이기심을 제공했고 그 결과 그는 자기애(Selbstliebe, self-love)를 추구하는 삶을 살게 되었는데 이는 곧 자신의 창조주인 하나님을 섬기기를 싫어하며 대적하는 삶을 의미했다. 츠빙글리는 『하나님의 의와 인간의 의에 대하여』 (1523)[08]라는 글에서 이렇게 하나님을 대적한 결과로서 인간의 삶에 갈등과 분열이 초래되었는데 이를 막기 위해서 국가의 권력이 필요하게 되었다는 사실에 대해서 다음과 같은 설명을 제공한다.

> 그래서 우리들 가운데 갈등과 분열이 나타났습니다. 그렇습니다. 이제 우리의 모든 평화와 이웃과 더불어 사는 삶이 파괴되었습니다. 하나님은 분쟁을 막고 해결할 통치자와 재판관을 세

> 웠습니다. … 하나님의 정의가 사라진 것처럼 우리에게서 사람의 정의가 사라진다면 우리가 살고 있는 사회는 다른 아닌 비이성적 동물 세계로 전락하고 말 것입니다. … 그래서 재판관과 통치자는 하나님의 종인 것입니다. … 따라서 그들의 정의에 순종하지 않는 사람은 하나님을 반대하는 사람입니다.[09]

인간의 범죄는 츠빙글리가 주장하는 하나님의 의(göttlich grechtigheit)와 대조될 뿐 아니라 이와 정반대에 해당하는 인간의 의 (menschlich grechtigheit)를 위반하는 것이라는 사실에서 국가 권력의 필요성이 제기된다. 여기에서 츠빙글리는 인간의 의를 자연법 (lex naturae)과 동일시했으며 이 자연법이 지켜지지 않은 결과 국가라는 개념이 도입되었다고 주장했던 것이다.[10]

그렇다면 그가 주장하는 자연법이란 무엇인가? 그는 자연법이 "당신이 원하는 것은 다른 사람에게 하십시오. 그리고 당신이 원하지 않는 것은 다른 사람에게도 하지 마십시오 … 따라서 그리스도는 그 자연의 법칙을 '네 이웃을 여러분 자신처럼 사랑하십시오.'라고 말한 것입니다."[11]로 표현된다고 보았다. 그러나 자연법의 계명을 어긴 경우에 대해서는 반드시 인간에 의해 제정된 법에 의한 처벌이 뒤따르지 않는다. 왜냐하면 하나님의 의와 비교해 본다면,[12] 인간의 의는 정의라고 말할 가치도 없으며 어디까지나 가련하고 불완전한 (arme bresthafte)의에 불과하기 때문이다.[13]

그럼에도 불구하고 국가가 필요한 이유에 대해서 츠빙글리는 다음과 같은 설명을 제공한다. 율법은 두 종류의 율법, 즉 신적인 것과 인간적인 것으로 나누어지는데, 후자는 외적인 인간을 목표로 삼는다.[14] 인간적인 율법은 불완전한 인간의 의에 기초한 것으로 인간의 내면적 죄를 처벌하지 못하지만, 외적으로 드러난 죄인, 즉 사회적 법을 위반한 사람은 인간의 의뿐 아니라 하나님의 의에 비추어 볼 때에도 죄인이므로 국가 권력에 넘겨져서 처벌되어야 한다.[15]

2. 국가의 기능

크로이쳐 (Jakob Kreutzer)는 츠빙글리의 국가 기능 이해에 종교적 성격이, 슈미트 (Heinrich Schmid)는 종교적 성격과 정치적 성격이 포함되어 있다고 주장한다.[16] "하나님의 의와 인간의 의에 관하여"에서 츠빙글리는 국가의 기능 또는 과제를 10가지로 제시하는데 그 가운데 8가지는 "하나님은 바울의 입을 통해서", 또는 "바울의 말로"라는 표현으로 시작된다.[17] 또한 이 기능을 설명함에 있어서 신학적 성격이 분명하게 드러나는 경우가 많이 등장한다. 이 10가지 기능은 그 내용에 있어서 중복되는 경우가 몇 군데 있으므로 사실상 다음의 5가지로 나누어서 고찰될 수 있다.

첫째, 사회의 질서 유지를 들 수 있다. 국가의 권력은 선한 일을 하는 자가 아니라 악한 일을 하는 자들에게 두려움의 대상이 되도록 하여 이들의 악행을 억제시켜야 한다고 주장한다.[18] 제네바의 종교개혁자 칼빈에 의하면, 이렇게 악행을 억제하는 국가의 기능은 사회에 안전을 제공하는 차원을 지니고 있는데 이는 구체적으로 죄를 범하는 자들에게 부과되는 두려움을 통해서 이루어지게 된다. 그런데 이 두려움은 참된 경건을 가르치기에 유익한 것으로 하나님을 향한 두려움과 존경심으로 작용한다고 그는 주장한다.

> 하나님을 모르는 가운데서 이리저리 더듬거려본 경험이 있는 사람이라면 누구나, 율법의 굴레로 인하여 제재를 받고 하나님을 향하여 모종의 두려움과 존경심을 갖고 있다가, 성령으로 말미암아 중생하면서부터 진심으로 그를 사랑하기 시작하였다는 것을 인정할 것이다.[19]

이와 관련하여 츠빙글리에게 국가의 기능은 복음을 증진시키는 역할을 담당하는 것으로 이해되었다.[20] 여기에 취리히의 종교개혁자가 이해한 국가의 기능이 지닌 기본적 성격이 종교적인 이유가 드러난다.

츠빙글리는 국가 권력자들이 하나님의 말씀에 기초하여 어떤 행동이 선하며 어떤 행동이 악한가를 판단할 수 있는 능력을 부여받았다고 보았다. 그러나 중세 신성 로마 제국의 경우처럼, 국가가 선악을 판단하는 기준을 하나님의 말씀이 아니라 교회가 주장하는 전통에 두게 되었을 때, 국가 권력은 방탕한 길을 걷게 되었고 결국 이 전통에 의해 악용되었다고 주장한다.[21] 츠빙글리는 그 결과 이 권력은 가난한 자들을 억압하고 이들을 착취하여 부를 축적했는데 이는 선한 행동을 처벌하는 행위였다고 비판의 목소리를 드높였다.[22]

둘째, 국가는 개인의 사유 재산을 보호하는 기능을 담당해야 한다. 원래 츠빙글리는 개인이 사적으로 재산을 소유하는 것에 대해서 부정적인 입장을 취했다. 숄은 이런 츠빙글리의 자세를 루터보다 더 과격한 것이라고 지적하기도 했다.[23] 루터는 인간은 자신이 지닌 소유를 가지고 가난한 이웃을 도와야 한다고 주장했지만,[24] 츠빙글리는 이에 대해서 모든 사유 재산을 부정하고 이를 공동체의 소유로 보았다. 그 이유에 대해서 다음과 같은 설명이 주어진다.

> 따라서 그리스도는 재산을 불의한 것이라 말했습니다. 그리스도가 그렇게 말한 이유 중 첫 번째는 우리가 하나님의 것을 내 소유로 만들었기 때문입니다. 또 다른 두 번째 이유는 우리가 하나님의 것을, 그리고 우리 사람은 단지 관리자임에도 불구하고 하나님의 뜻에 따라 사용하지 않았기 때문입니다.[25]

사유 재산에 대한 이런 부정적인 견해에도 불구하고 취리히의 종교개혁자는 재산이 보호받아야 한다는 취지로 빚진 자들은 빚진 모든 사람들에게 이를 갚아야 한다고 주장했다.[26] 그의 이런 주장은 당시에 농민들과 재세례파들이 내세웠던 혁명적 경향을 부인하고 국가 권력의 존재와 기능을 정당시하는 그의 입장을 분명하게 드러내고 있다.[27] 츠빙글리는 이에 대해서 다음과 같이 주장한다.

> 비록 우리가 원래부터 부패하지 않았었더라도 개인 소유 자체는 하나님의 심판을 받을 정도로 죄입니다. 왜냐하면 사람은 하나님이 거저 준 것을 자기 소유로 만들었기 때문입니다. … 사유 재산이 있는 곳에서 폭동이나 불의가 일어나지 않기 위해서 하나님은 우리 심성이 타락된 것을 보면서 "남의 것을 탐내지 말라"고 명령한 것입니다. 우리는 여기서 하나님은 우리가 살고 있는 사회에서 사유 재산이 발생할 것을 염두에 두고 자신의 계

명을 우리에게 주신 것이라는 사실을 분명히 알 수 있습니다.[28]

셋째, 국가 권력은 모든 사람들을 이 권력에 순종하게 함으로써 하나님의 의를 시행한다.[29] 국가가 하나님의 의를 시행한다는 표현의 의미는 구체적으로 두 가지 의미를 지닌 것으로 파악된다. 먼저 츠빙글리는 국가는 불의를 심판하고 하나님의 진노를 집행하는 기능을 담당한다고 보았다.[30] 국가는 하나님의 종으로서 악을 행하는 자들에게 권력을 행사하여 하나님의 진노를 드러내므로 진노를 두려워해서가 아니라 양심을 생각해서 이 권력에 복종하는 것이 곧 하나님께 복종하는 것이라고 주장한다.[31] 그리고 츠빙글리는 국가가 이 권력을 강제적으로 행사함에 있어서 한계를 설정했다. 여기에서 '한계'란 다름 아닌 하나님의 말씀을 가리킨다. 국가는 하나님의 정의를 시행하는 종이므로 마땅히 하나님의 말씀에 순종해야 한다. 츠빙글리는 중세 후기 로마 가톨릭교회는 폭력으로 하나님의 말씀에 맞서서 그리스도인들의 자유에 간섭했고, 미사가 희생 제물이라는 가르침을 모든 사제들에게 강요했던 사실에 대해서 강력하게 비판한다.[32] 츠빙글리는 이런 이유에서 국가 권력에 대한 하나님의 말씀의 우선성을 다음과 같이 강조하면서 하나님의 진리에 대한 순교 정신을 아울러 주장했다.

> 만약 어떤 제후가 하나님의 진리에 반대되는 것을 하도록 명령하거나 또는 하나님의 진리를 전하지 못하게 한다면, 하나님의 말씀을 온전히 믿는 사람들은 그 명령을 받아들이느니 오히려 그 즉시 죽음을 택할 것입니다. … 따라서 그 어떤 권력 기관도 하나님의 말씀과 맞서서 존재할 수 없습니다. 만약 권력이 하나

님의 말씀과 맞선다면, 하나님의 말씀은 그 권력을 산산조각 내 버릴 것입니다.[33]

넷째, 츠빙글리는 국가를 모든 사람에게 좋은 일을 행하는 하나님의 종으로 생각했다.[34] 여기에서 좋은 일이란 사실상 옳은 일을 가리키므로 그의 주장은 국가가 인간적 의를 증진시키는 훈육관 (schulmeister)과 같은 기능을 담당해야 한다는 것을 가리킨다.[35] 이를 더 구체적으로 말한다면, 국가가 죄 없는 사람들과 과부와 고아, 그리고 힘없이 억눌린 자들을 보호하는 기능을 담당해야 한다는 뜻이다.[36] 츠빙글리는 국가 권력이 정의를 행하는 자를 칭찬한다는 맥락에서 정의의 시행 대상자인 억눌린 자들이 보호받아야 한다는 주장을 내세운다. 1520년에 취리히시 정부는 자선법 (Alms Statute of 1520)을 시행했는데 이는 빈민들을 돕기 위한 구체적 프로그램의 일환에 해당된다고 볼 수 있다.[37] 1525년에 마련된 '빈민 구호법' (Ordnung unnd Satzung die armen und das almuosen betraeffende)[38]에 근거하여 빈민 구호를 총괄하는 행정부서인 구빈원(alms office)을 두게 되었다.[39]

다섯째, 국가는 세금을 징수하여 사회 정의를 실현하는 국가 공복들의 생활비를 지급해야 한다.[40] 츠빙글리는 국가의 녹을 받는 공복들을 하나님의 종(diener gottes)이라고 칭하면서 이들의 일이 곧 사회 정의를 위한 일이므로 국가는 마땅히 이들의 생활을 도와야 한다고 주장한다. 츠빙글리는 당시에 시민들이 부담해야 하는 세금으로 네 가지를 언급한다: 거래세, 십일조세, 그리고 소작료 (이자)와 고리세 (Wacher).[41] 이 4가지 가운데 십일조세에 대해서 가장 상세한 설명이 제공되는데 이는 구체적으로 토지에 대한 십일조세를 가리킨다. 이 십일조세는 국가가 징수하는 것이 아니라 성직자 소유로서 그가 매매하는 십일조 징수권을 지칭하는데 츠빙글리는 당대에 시행되었던 이 세금이 지닌 문제점에 대해서 분명하게 인식하고 있었다. 그럼에도 불구하고 이 세금 납부를 거부하는 것은 공권력에 저항하는 것이라는 관점에서 이를 납부해야 한다고 주장했다.

> 나는 '국가가 십일조세를 요구하는 한, 모든 사람은 그것을 이행해야 할 의무가 있다.'라고 말하겠습니다. 공권력은 또한 그 명령에 불복하는 사람을 처벌할 수 있습니다. … 그러나 공권력에 저항하는 사람은 위에서 이미 밝힌 바와 같이 하나님에게도 순종하지 않는 것입니다. 모든 사람들은 공권력이 명령하는 대로 십일조세를 내어야 합니다. 공권력의 의무는 십일조세가 오용되지 않도록 지키는데 놓여 있습니다. 만약 그렇게 된다면, 이를 시정하는 것도 그 공권력의 의무입니다.[42]

츠빙글리는 이렇게 한 국가에 속한 모든 사람들이 십일조세를 납부해야 하는 이유를 공권력에서 찾았지만, 그는 국가가 공통적 인간관계와 정의를 해치지 않는다는 전제하에 이 세금이 변경될 수도 있다는 입장을 취했다. 왜냐하면 십일조세는 '일시적' 재화에 관한 것이므로 이를 변경하는 것도 국가에 의해서 가능하다고 보았기 때문이다.[43]

III. 가난한 자에 대한 이해

웬델 (Lee Palmer Wendel)은 취리히의 종교개혁자가 주장하는 가난한 자를 다음의 세 가지로 해석했다; 하나님의 '살아있는' 형상, 형제이자 공동체의 일원, 그리고 하나님의 '참된' 형상.[44]

첫째, 가난한 자는 하나님의 '살아있는' (living) 형상이다.[45] 여기에서 '살아있는' 이라는 수식어가 형상 앞에 사용된 이유는 하나님의 형상으로 지음 받은 가난한 자들이 돌봄과 보살핌의 대상이 되어야 한다는 측면을 강조하기 위함이었다. 츠빙글리는 이렇게 하나님의 형상인 가난한 자들을 돌보는 것이 목회자의 중요한 사명이자 임무라고 『목자』 (Der hirt, 1524)[46]에서 밝힌 바 있다. 이 작품의 '거짓 목자들에 대하여'라는 단락에서 가난한 자들에 대해서 다음과 같이 간략한 언급을 제공한다.

> 그러나 그들은 하나님은 상급을 바라면서 드리는 미사를 가장 싫어하신다는 것을 분명히 알아야 합니다. 사람들은 나무와 돌로 된 성인의 우상을 꾸미는 것이 아니라, 살아있는 하나님의 형상, 즉 가난한 그리스도인들에게 옷을 입히는 것이 하나님을 영화롭게 하는 것임을 알아야 합니다. … 크리스천들 가운데 수많은 게으름뱅이들, 사제들, 수사들, 그리고 수녀들이 존재하는 것은 무척 부끄러운 일입니다. … 벽에 적용되는 것들은 가난 때문에 주어진 아름다움으로 인해 위험에 처하게 될 불쌍한 딸들과 부인들의 경건함을 보호하는데 사용되어야 합니다.[47]

"목자"에 드러난 종교개혁의 성격은 철저하게 말씀 중심적이었다. 목자들이 하나님의 말씀과 설교에 집중할 뿐 아니라, 증거된 메시지와 일치하는 삶을 살도록 권면하는 것이 이 작품의 주된 메시지였다. 그러나 이런 말씀에 대한 집중은 사회적 이슈에 대해서 무관심하거나 이를 무시하는 신학을 허락하지 않았다. 슐이 올바르게 지적한 대로 츠빙글리는 복음 증거를 통해 그리스도의 나라가 내면적인 차원뿐만 아니라 이 세상 속에서도 효력을 지녀야 한다고 선언했던 것이다.[48] 콘스탄츠(Konstanz)의 암브로지우스 블라레르(Ambrosius Blarer)에게 보낸 서신에서도 츠빙글리에게 그리스도의 나라는 내적일 뿐만 아니라 또한 외적(regnum Christi etiam externum)이었다.[49]

이런 이유에서 츠빙글리는 "목자"에서 중세 로마 가톨릭교회의 사제들이 사랑의 정신을 저버리고, 이기심과 물질적 욕심에 사로잡혀 행했던 잘못된 행위들을 강하게 비판하면서 이들의 행위가 가난한 자들을 외면하는 행위이었을 뿐만 아니라 그들의 재산도 빼앗는 행위였다고 지적한다.[50]

따라서 가난한 자들이 하나님의 '살아있는' 형상이라는 주장은 목자들이 이들을 돌아보고 그들의 필요를 채워주어야 한다는 목회적 또는 신학적 차원에서 이해되어야 할 대목에 해당된다. "가난한 자들을 돌아보지 않고, 그들이 착취당하고 억압당하는 것을 내버려두는"[51] 목자는 거짓 목자이며 하나님의 "살아있는" 형상을 무시하고 이를 저버리는 목자이다. 왜냐하면 거짓 목자들이 자신의 이기적 욕망을 따라서 가난한 자들을 버려두는 것은 곧 이들을 죽이는 행위에 해당되기 때문이다. 츠빙글리는 이들이 목자가 아니라 가난한 자들을 죽이고 그들의 소유를 약탈하여 자기 배를 불리는 늑대(wolf)라고 비판한다.

1. 하나님의 말씀을 가르치기는 하지만 하나님의 말씀이 아니라 자신들의 생각을 가르치는 사람들은 늑대입니다.
2. 하나님의 말씀을 가르치지만 하나님의 영광을 위하여 가르치는 것이 아니라, 자신의 영광과 교황권과 관계된 높은 직위에 있는 사람들의 영광을 위하여, 그리고 고위 성직자들이 누리는 조작된 높은 직위를 정당화하기 위해서 가르치는 사람은 양의 가죽을 뒤집어쓴 하나님을 모욕하는 늑대입니다.
3. 그러나 하나님의 말씀을 가르치는 사람이더라도 사람들에게 가장 큰 고통을 주는 통치자를 비판하지 않고, 오히려 그들의 폭정을 방조하는 사제들은 아부하는 늑대 또는 백성들의 배신자입니다.[52]

둘째, 가난한 자들은 형제요 공동체의 일원(member)이다. 『누가 사회를 혼란스럽게 만들었는가』(1524)는 츠빙글리의 대표적 사회 비판 문서로서 루터의 사회 비판 문서인 『독일 귀족들에게 고함』과 "고리 대금에 대한 설교"를 연상시키는 글이다.[53] 이 글에서 츠빙글리는 가난이 개인적이며 사적인 차원의 문제를 넘어서서 공적이며 공동체적인 이슈라고 지적한다. 앞서 언급된 『하나님의 정의와 인간의 정의』에서는 반항적인 농민들과 종교적, 그리고 세속적 권력자들 사이에 존재하는 갈등에 대한 해결책이 제시되었다고 볼 수 있다. 그는 이 갈등을 해결함에 있어서 사유 재산의 인정에 근거한 공정한 자유 시장 경제를 옹호했다. 츠빙글리는 국가가 제정한 세금 제도가 시민들에 의해서 준수되어야 하며, 토지 사용에 대한 이자는 마땅히 지불되어야 한다고 보았다. 즉 츠빙글리는 국가가 시행하는 십일조세와 이자 제도가 지닌 한계를 인정하면서도 공정한 사회 질서를 위해서, 그리고 개인이 지닌 이기심을 극복하고 하나님의 뜻에 순종하기 위해서 이 제도들은 지켜져야 한다고 주장했던 것이다.

"하나님의 의와 인간의 의에 대해서"의 후속 작품에 해당하는 "누가 사회를 혼란스럽게 만들었는가"에서는 일치되고 평화로운 사회를 구현하기 위해서 공동체에서 구체적으로 무엇이 행해져야 하는가를 다루고 있다. 츠빙글리는 농민들과 재세례파들이 십일조와 이자에 대해서 불편한 심기를 감추지 않고 이의 폐기를 원했다는 사실 뿐만 아니라, 다른 한 편으로는 교회와 국가 정부의 권력이 이 이슈에 대해서 농민들과 정반대의 견해를 표방하는 것을 너무나 잘 알고 있었다. 토지의 소유주인 영주들도 자신들의 사리사욕을 위해서 이자 제도를 포기할 의향은 전혀 없었던 것으로 보인다.

이런 상황에서 츠빙글리는 농민들의 주장과 영주들의 주장을 절충적으로 수용하여 광범위한 민족 공동체를 구성할 것을 제안했는데 이것이 "누가 사회를 혼란스럽게 만들었는가"에서 그가 제안한 과감한 내용에 해당된다. 그는 이 글의 셋째 부분에서 교황 제도의 폐지와 더불어 이자 제도 또한 폐지되어야 하며 지금까지 행해졌던 것과는 다른 방식으로 십일조세가 사용되어야 한다고 제안한다. 먼저 이자 제도의 폐지에 대해서는 다음의 두 가지를 주장한다. 첫째, 어느 누구도 새로운 이자 제도가 도입되는 것이 적절하다고 생각하지 않도록 해야 한다는 것이며, 둘째, 이자를 줄이고 이를 폐지하는 것이라고 주장한다.[54] 달리 말하자면, 새로운 이자 제도의 고안이나 도입 대신에 이의 축소와 점진적 철폐를 주장했던 것이다. 그러나 그는 무척 심하게 오용되었던 십일조세가 폐지되어야 한다고 보지는 않았다. 그가 요구한 것은 십일조세의 폐지가 아니라 이의 개혁(verbesserung)이었다.[55] 중세 교회의 십일조세는 일종의 상품 또는 개인 자산으로 간주되었는데 이 십일조 징수권을 구매한 사람은 매출의 10%에 해당하는 수확물을 받을 수 있었던 것이다. 그러나 이 수확물에 손실이 발생할 경우에는 이자의 경우와는 달리 십일조세에 발생한 손실금은 매출자와 매수자가 공동으로 부담하게 되어 있었다.[56] 이런 이유에서 이자와 달리 십일조에 대해서는 약간 유연한 입장이 채택될 수 있었다. 즉 츠빙글리는 교회 법률 규정에 명시된 십일조세가 원래 일종의 수익세 또는 가난한 자들에게 주어지는 기부금 (Corpus Iuris Canonici, 66장 XVI, 질문 1)의 취지대로 시행되어야 한다고 보았다.[57] 물론 교회에서 징수된 십일조가 은행을 통해서 다른 기관으로 빠져나가는 위험이 방지된다면, 십일조는 먼저 사제들이 탐욕에 빠지지 않고 적절한 경제 생활을 유지하는데, 그리고 가난한 자들을 위해서 사용될 수 있다는 것이 츠빙글리의 주장이었다.[58]

이렇게 될 때, 즉 교황 제도가 폐지될 뿐만 아니라, 이자 제도가 점진적으로 폐지되고 오용된 십일조세가 개혁된다면, 가난한 자가 진정한 의미에서 형제요 공동체의 일원으로 간주되는 공동체가 성립될 수 있다고 츠빙글리는 믿었다. 이것이 그가 꿈꾸었던 형제애에 근거한 공동체, 즉 서로 협력하고 일치와 평화를 추구하는 공동체의 모습이었다. "누가 사회를 혼란스럽게 했는가"에서 재세례파의 비생산적이며 무정부적인 태도에 맞서서 취리히의 모든 시민들이 형제처럼 서로 협력하는 가운데 평화롭고 하나되는 공동체로서 비전이 제시되었다고 볼 수 있다.[59]

셋째, 가난한 자는 하나님의 '참된' (true) 형상이다. 츠빙글리는 『형상과 미사에 관한 논제』(A Proposition Concerning Images and the Mass, 1524)에서 다음과 같이 참된 형상에 대한 설명을 제공한다. "우리는 이것이 신적 사역임을 안다. 만약 하나님께서 원하신다면, 지금부터 이것들과 같이 우상들의 장식에 주어진 물건들은 하나님의 참된 형상인 가난한 자들에게 주어질 것이다."[60]

"형상과 미사에 관한 논제"에서 가난한 자에 대해서 간략하게 언급했다면, 『발렌틴 콤파르에 대한 답변』(Ein antwort, Valentin Compar gegeben, 1525)에서 이 주제가 더욱 집중적으로 고찰된다. 먼저 이 글은 복음, 교리, 형상, 그리고 발렌틴 콤파르가 연옥을 변호함이라는 4가지 주제를 항목 (article)별로 나누어서 다루고 있는데 여기에서는 세 번째 항목인 '형상'에 집중하고자 한다.[61] 세 번째 항목은 전체적으로 대중들이 우상숭배라는 잘못에 빠진 사실을 다루면서 왜 형상이 거부되어야 하는가를 설명한다. 인간에 의해 만들어진 우상이 곧 사람의 형상이라는 사실을 주장하면서 츠빙글리는 다음과 같이 가난한 자를 하나님의 형상으로 언급한다.

> 셋째로 우리는 그것들[형상들]을 은과 금으로 치장한다. … 우리는 하나님의 필요한 형상인 가난한 자들에게 주어져야 할 것을 사람의 형상에 걸어둔다. 왜냐하면 우상은 사람의 형상에 지나지 않지만, 인간은 하나님의 형상이기 때문이다.[62]

가난한 자들이 하나님의 형상이라는 표현은 이미 암브로시우스 (Ambrosius), 크리소스토무스 (Chrysostomus), 그리고 나지안주스의 그레고리우스 (Gregorius of Nazianzus)에 의해서 사용되었다.[63] 위 인용문에서 가난한 자들은 단순히 교회에 속한 형상들을 치장하는데 사용되었던 재화들을 교회가 되돌려 주어야 할 대상으로만 언급되지 않는다. 개인으로서 가난한 자들은 필요한 하나님의 형상인데 이 형상은 당시 로마 가톨릭교회에서 헛된 형상을 하나님의 형상으로 인식했던 것은 잘못이라는 사실을 드러낸다. 바로 이런 이유에서 이 형상은 '잘못된'(false) 형상에 해당된다. 츠빙글리는 인간이 만든 우상은 결코 하나님의 참된 형상이 될 수 없다고 보았던 것이다.

그렇다면 하나님의 참된 형상은 무엇인가? 츠빙글리는 『67개 논제에 대한 해설』(1523) 제30조에서 수도원에서 행해지는 가난에 대한 서원(votum)을 우상 숭배로 정죄한다. 왜냐하면 이들은 마음으로는 재물을 하나님으로 섬기지만 가난을 하나님으로 칭송하면서 가난을 서원함으로써 사실상 하나님을 가난으로 만드는 우상 숭배의 죄를 범하는 것이라고 주장한다.[64] 즉 우상은 하나님의 참된 형상이 아니라 거짓된 형상이라는 것이 츠빙글리의 생각이었다. 하나님의 형상은 이렇게 우상화된 가난이 아니라 하나님의 모습으로 지음 받은 가난한 자들이 참된 하나님의 형상에 해당된다. 가난한 자들은 '필요한' 하나님의 형상일 뿐 아니라 '참된' 하나님의 형상으로 이해되었다. 비록 이 구체적 표현이 "발렌틴 콤파르에 대한 답변"에서 문자 그대로 사용되지는 않았지만, 가난한 자들을 하나님의 형상으로 표현하는 것은 대부분의 경우 로마 가톨릭의 우상 숭배를 배격하는 맥락에서 다루어진다. 예를 들면, 츠빙글리는 당시 로마 가톨릭교회가 우상 숭배를 지원하기 위한 다양한 방법들을 고안하고 이를 시행했던 것을 여러 곳에서 비판하는데 예를 한 가지 살펴보면 다음과 같다.

> 이에 대해서는 내가 아주 많이 다루고자 한다. 나는 형상이라는 이름으로 우상을 보호하면서 이를 공개적으로 언급하는 자들에 대해서 말하고자 한다. 이들에 대한 당신의 모든 후원이 유익이

있는가를 생각해 보면, 이는 아무런 유익이 없었다. 이들은 백해무익한 사람들이며 하나님의 말씀에 근거가 없는 쓰레기로서, 올바른 신앙을 전혀 알지 못하는 자들이다.[65]

그러나 이런 우상 숭배의 행위는 반드시 배격되어야 하는데 그 이유로는 다음을 들 수 있다.[66] 먼저 하나님은 죽지 않으시고 비가시적이시므로 그는 형상화되지 않으신다. 둘째, 하나님을 사람과 짐승으로 형상화하는 자들의 눈을 어둡게 하심으로 벌하신다. 따라서 교회의 재정들이 더 이상 우상 숭배에 대한 후원이라는 비성경적이며 반기독교적 행위에 사용되지 않는 것이 마땅할 뿐만 아니라. 이렇게 잘못 사용되었던 재정들은 이제 가난한 자들을 위해서 올바르게 사용되어야 한다고 다음과 같이 주장한다.

[그 형상들은] 은이나 금으로 완전히 칠해지거나 또는 금과 보석으로 꾸며져야 한다. 그런데 이 모든 것들은 가난한 자들에게 주어져야 하는 것들이다. 그렇다. 우상의 모든 후원자들은 하나님께 하나님 자신의 형상이 굶고, 얼어붙게 방치해 두었으나, 그들 자신의 형상들은 아주 비싼 값을 들여서 치장했다고 설명해야 할 것이다.[67]

IV. 자선(almsgiving)과 구호(poor relief)

1) 자선

자선에 대해서 츠빙글리는 "발렌틴 콤파르에 대한 답변"의 첫 번째 항목에 해당하는 "복음"에서 이를 간략하게 다음과 같이 다루고 있다.

> 예를 들면, 자선을 베푸는 것은 아무런 의심의 여지없이 선행이다. 그러나 이를 베푸는 자들이 유익을 고려하지 않고 행하는가? 우리는 항상 최고의 부분을 지켜낸다. … 즐거움, 하나님의 영광, 그리고 이웃의 선을 위해서만 베푸는 사람은 아무도 없다. 이와 달리 악마와 지옥, 또는 폭군으로서의 하나님에 대한 두려움 때문에 자선을 베푼다. 그러나 우리는 일시적인 것이나 영원한 것을 사기 위해서, 또는 인간이 말로서 표현할 수 없는 지극한 영광을 위해서는 아무 것도 베풀지 아니한다.[68]

위 인용문에 나타난 츠빙글리의 자선에 대한 견해는 상당히 부정적인 것으로 이해될 수 있다. 자선은 가난한 자들을 돕는 수평적 행위임과 동시에 하나님의 영광을 위하는 수직적 행위에 해당된다. 그렇다면 왜 츠빙글리는 이런 부정적 견해를 지니게 되었는가?

이에 대한 이해를 돕기 위해서 먼저 중세의 자선 개념에 대해서 간략하게 살펴볼 필요가 있다. 프린스턴 신학대학의 엘지 맥키 (Elsie McKee) 교수는 중세의 자선 행위는 모든 기독교인들이 항상 실천해야 하는 아주 중요한 종교적 의무로 이해되었다고 보았다.[69] 여기에서 종교적 의무란 천국에 가지 못하고 연옥에 머무르고 있는 망자들을 구원해 낸다는 차원에서 의무에 해당된다.[70] 바로 이 부분에 있어서 자선이 지닌 수직적 행위에 대한 왜곡이 발생한 것이며 이에 대해서 개신교도들의 입장에서는 부정적 평가로 귀결될 수밖에 없었던 것이다.

그렇다면 츠빙글리는 자선에 대해서 무엇이라고 말하는가? 그는 『참된 종교와 거짓 종교에 관해서』(De vera et falsa religionis, 1525)[71]에서 로마 가톨릭이 주장하는 자선 행위를 통해 인간이 의롭다고 칭함을 받는다는 주장을 '허구'일 뿐 아니라 그리스도를 불필요하게 만드는 행위라고 주장한다.[72] 계속해서 그는 자선 행위가 부정에 기울기 쉽다는 사실을 언급하고 이에 대한 부정적인 평가를 6가지 이유에서 설명한 후에 (아래 인용문에서는 생략됨) 결론적 주장을 다음과 같이 제공한다.

> 자선 행위는 포도넝쿨들이 치명적인 병의 위험을 받듯이 아주 많은 위조와 사칭의 위험으로부터 위협을 받는다. … 요약. 그 자체가 의심의 여지없는 이 자신의 선행은 이토록 많은 잘못에 의해서 포위되어 있기에 누구도 올바르게 행하게 될 것을 바랄 수 없다. 그 누가 최고로 좋은 것을 자기를 위해서 남겨두지 않을 정도로 주겠는가? 그 누가 자신이 베푸는 자로 여겨지도록 하며 또는 자기가 아무 것도 베풀지 않는 자들에게 속하지 않는다는 것을 사람들이 보도록 하기 위한 목적이 없이 베풀겠는가?[73]

츠빙글리는 자선이 인간 안에 있는 것으로, 자신의 힘으로 이루어지는 행위라는 중세 교회의 주장에 맞서서 이런 방식으로 자선을 행하는 자는 자신이 더 큰 잘못된 행위를 하고 있음을 깨닫게 될 것이라고 하면서 강력한 비판을 제기한다. "우리가 하는 모든 것을 살펴보면, 거기에서 너는 더 작은 것이 아니라 더 큰 잘못들이 발생하는 것을 보게 될 것이다."[74]

2. 구호

그렇다면 구호 행위는 어떻게 이해되었는가? 츠빙글리의 자선 행위, 특히 개별적 기독교인들이 베푸는 행위가 지닌 부정적 요인, 특히 신학적 요인에 대해서 예리한 분석을 제공했던 츠빙글리는 구호 행위는 개인이 아니라 교회와 국가를 통해서 이루어져야 한다는 확신을 지니게 되었다. 자선 행위에는 베풂을 제공하는 개별적 후원자(benefactor)와 그가 제공하는 구호 물품을 받게 되는 거지와 같은 수혜자(beneficiary) 사이에 직접적인 교환(exchange)이 발생한다. 이 행위는 개인적이며 개별적 행위에 해당될 뿐만 아니라 수혜자는 채무자(debtor)로 간주되는 원치 않는 결과가 초래되기도 했던 것이다.[75] 츠빙글리가 "누가 사회를 혼란스럽게 만들었는가"에서 자선에 대해서 거의 논하지 않고, 십일조세의 올바른 사용과 이자 제도의 폐지를 통해서 가난한 자들에 대한 구호 활동이 원활하게 이루어지고 일치와 평화를 실현하는 이상적인 사회가 제시했던 배경이 어느 정도 이해될 수 있을 것이다

자선 행위에 드러난 이런 부정적 차원들은 종교개혁을 통해서 개선되기 시작했는데 이는 이 행위의 실천 방식에 대한 변화를 동반하였는데 이 변화는 곧 자선 대신에 구호 행위가 선호되는 방식으로 변화되는 것을 뜻한다. 맥키는 이 변화를 조직적이며 행정적인 차원에서 다음의 세 가지로 요약적으로 제시한다: 자선 행위의 집중화 (centralization), 평신도화 (laicization), 그리고 합리화 (rationalization).[76]

첫째, 집중화는 여러 개인들이나 단체들에 의해서 다양하게 나누어져 있는 재단들과 기관들을 하나 또는 서너 개의 재원이나 공동자금으로의 통합을 뜻한다. 여기에서 병원은 일반적으로 구호 활동을 위한 행정본부

로 작용하였으므로 공적인 보살핌을 필요로 하는 가난한 자들에게 필수 기관이자 안식처로 활용되었다.

둘째, 평신도화는 가난한 자들을 돕기 위해서 마련된 공동 자금이 교회의 사제들이 아니라 국가에 의해서 감독을 받게 된다는 것을 뜻한다. 여기에 관리자들은 교회의 평신도이자 집사이었지만 실제적으로 교회의 권력보다는 국가 권력의 지휘를 받고, 시민의 권력에 의해서 책임을 지게 되었다.[77]

고대 교회 전통에서는 원래 가난한 사람들을 위해서 적어도 교회 수입의 25%를 할애하는 것이 일반적이었지만,[78] 중세 교회, 특히 중세 후기 교회에서는 교회의 성직자들이 극도로 부패 타락한 나머지 교회의 본분과 사명을 망각하여, 자신들이 섬겨야 할 가난한 자들을 오히려 착취하고 자신들의 부를 축적하는 엄청난 만행에 젖어들었던 것이다. 그 결과 교회 내에서 행정적으로 많은 재정들이 비효율적으로 집행되었고 이는 상당한 재정적 낭비를 초래했다. 이런 와중에 중세 후기의 자선 단체들, 특히 교회와 수도원에 의해서 운영되는 자선 단체들은 많은 어려움에 처하게 되었던 것이 사실이다.[79] 이런 상황에 대한 어느 정도의 반전이 이루어졌던 것은 도시의 권한과 경제적 능력의 증대와 이에 따른 부유한 상인들의 증가에 기인한 바가 크다. 이로 인해 평신도들이 자선 단체를 운영하고 기부하는 일 또한 더욱 활발하게 전개되었다.[80]

셋째, 합리화는 구호 행위를 시행함에 있어서 필요한 재정 관리자와 가난한 자를 실질적으로 돌보는 구호 업무 전담자를 구분하여 이 행위의 효율성을 향상시키는 것을 뜻한다. 취리히에서는 1523년 9월 29일에 수사 신부들(canons)과 시 의회가 공동으로 개혁을 단행했으며,[81] 이듬해인 1524년 12월에 탁발 수도회의 건물이 시 의회로 넘겨졌다.[82] 1525년 1

월 5일 시 의회는 이 재산을 관리하고 가난한 자들을 구호하는 일을 담당하는 업무에 4명의 의원들을 임명했는데 이들 가운데 한스 라바터(Hans Rudolph Lavater)와 울리히 트링클러(Ulrich Trinkler)는 츠빙글리의 친구들이었다.[83] 이들에게는 수도원 재산 관리와 구호, 그리고 외국인들을 내어 쫓는 일을 포함하여 상당히 과중한 업무가 주어졌다. 그래서 이들을 돕기 위해서 1월 9일에는 4명의 다른 위원들이 임명되었는데 이들은 수도원 건물의 관리에 필요한 실질적 업무를 맡았다. 이들은 수도원의 보석과 장신구 등을 판매한 수익금으로 가난한 사람들을 도왔다. 또한 이들은 더 이상 사용되지 않고 보관되어왔던 사제들의 제의복(chasubles)과 장백의(albs) 등을 찾아내었는데 이 옷들은 판매 대상이 아니었기 때문에 가난한 자들에게 거저 주어졌다. 그 결과 취리히에서 많은 가난한 자들이 사제 복장을 한 채 거리를 활보하는 기이한 현상(!)이 전개되기도 했다.[84] 이런 방식으로 취리히의 구호 활동은 이에 필요한 재산(수도원 건물)을 관리하는 관리자와 실제로 가난한 자들을 돌보는 구호전담자로 세분화되었고 이를 통해서 이 활동이 더욱 합리화되었으며 전문화되기 시작했다고 볼 수 있다.

V. 국가와 구호 활동

이 단락에서는 국가의 구호 활동을 살펴보되 그 범위를 취리히 시 의회가 제정한 두 가지 법인 '자선법'과 '구호법'으로 제한하여 고찰하고자 한다. 츠빙글리의 종교개혁이 본격적으로 시작되기 전인 1520년에 제정된 '자선법'의 의도는 자선 행위 자체를 신학적으로 규명하는 법은 아니었다. 이 법은 자선의 대상자들이 어떤 사람이어야 하는가를 규정한다. '구호법'은 이와 달리 국가, 즉 시 의회가 어떤 방법으로 구호 활동을 전개할 것인가를 구체적으로 규정하는 법으로 볼 수 있다.

1. 1520년의 '자선법(Alms Statute of 1520)'

취리히는 가난한 자들의 구호에 있어서 아주 적극적인 태도를 취했다. 시 의회는 1520년 9월 8일에 '자선법'을 통과시켰는데, 이 법은 크게 세 부분으로 구분될 수 있는데, 먼저 이 법의 기본 취지로서 자선에 대한 설명이 상세히 제공되는데 이 단락에서 가난한 자들을 두 종류로 나눈다.

첫째, 자발적으로 가난에 처한 자들을 가리키는데 이들은 낭비와 사치, 그리고 도박에 빠지며 불필요한 일에 자산을 탕진할 뿐 아니라 일하기에 적합하지도 또한 일하기를 원하지 않으므로 가난의 비참함에 처하도록 내버려 두어야 한다고 밝힌다.[85] 둘째, 첫째와는 반대로 경건하고 존경받을 만한 사람들로서 자신들과 자신들에게 속한 자들을 양육하기 위해서 일하는 자들이다.[86] 이들은 낭비와 사치가 아니라, 화재, 전쟁, 가뭄, 그리고 다양한 질병 등으로 나타나는 신적 시험, 불운과 제도에 의해서 스스로를 경제적으로 유지할 수 없게 된 자들이다.[87]

'자선법'의 둘째 부분은 어떤 종류의 가난한 자들에게 자선이 제외되어야 하는가를 다룬다.[88] 취리히 시 의회는 기부자들과 수혜자들 사이에서 중재자 역할을 담당한다는 맥락에서 가난한 자들을 분류하는 일종의 메커니즘을 제공한 셈이었다.[89] 이렇게 기부의 대상에서 제외된 가난한 자들은 13가지 종류로 분류되어 언급된다. 예를 들면, 외적 행위에 있어서 문제를 지닌 자들로서 거리, 수도원 등에서 공적으로 구걸 행위에 임한 자들, 다른 사람의 자녀나 부인을 유혹하거나 성적으로 타락하게 만든 자들, 자신의 소유를 과도하게, 그리고 의도적으로 낭비한 자들, 성실하게 일하기를 거부한 자들, 결혼했으나 정당한 사유 없이 배우자와 동거하지 않는 자들, 그리고 결혼의 서약을 지키기를 원하지 않는 자들 등이 언급된다. 그리고 기독교 신앙에 있어서 결함이 있는 자들로서 주기도문, 천사의 인사, 성모송(Hail Mary)[90], 십계명 등을 이해하지 못하거나 암송하지 못하는 자들, 주일 설교, 미사, 저녁 기도회를 경청하지 않는 자들, 적어도 1년에 1회 이상 신부에게 고해 성사를 하지 않는 자들, 부활절에 성찬에 참여하지 않는 자들, 교회에서 출교되었으나 자신이 지은 죄에 대한 해벌을 원하지 않는 자들, 하나님 또는 성인들에 대해서 정규적으로, 그리고 악의적으로 저주하거나 맹세하는 자들, 다른 사람들을 불공정하게 대하며 평화를 깨뜨리는 자들, 서로 간에 거짓말하거나 악담하여 시기와 질투, 그리고 미움을 조장하는 자들이 이에 해당된다.

셋째 부분에는 어떤 종류의 가난한 사람들이 자선의 대상이 되는가를 다룬다.[91] 이들은 명예롭고 중용적인 자들로서 돈을 요구하거나 마을의 여러 가옥들을 돌면서 구걸하는 행위를 수치스럽게 여기는 자들이다.[92] 이들은 또한 애굽에서 지냈던 요셉처럼 악을 행하지 않고, 다른 가난한 사람들을 압제하지 않을 뿐만 아니라 이들과 더불어 고난을 받는 자들이다.[93] 요약하면, 이들은 하나님께 기도하고 감사하는 경건한 신앙인들이다. '자선법'이 명시한 자선의 대상에 포함된 자들은 이런 경건한 자들로서 구체적으로 살펴보면 3가지 부류의 사람들로 정리된다. 이 리스트는 앞서 언급된 자선의 대상에서 제외된 사람들의 리스트에 비하면 상대적으로 짧다고 볼 수 있다: 명예와 수치심을 지닌 자, 스스로를 지탱하려는

열망을 지닌 자, 그리고 구걸을 하지 않겠다는 각오를 다진 자.[94]

2. 1525년의 '구호법 (The Poor Law of 1525)'

1525년 1월 15일에 시 의회에 발의된 이 법의 목적으로 다음의 세 가지를 들 수 있다: 일체의 구걸 행위를 제거하는 것,[95] 가난한 자들을 돌보는 방법, 그리고 이 돌봄에 필요한 재원 마련.[96] 앞서 언급된 '자선법'이 자선 행위의 정의와 이 행위의 수혜자에 대해서 다루었다면, "구호법"은 여기에서 한 걸음 더 나아가서 지금까지 이루어져왔던 모든 종류의 구호 행위들(음식물과 구호 물품 제공, 거주지 제공, 병원의 환자들을 돌보는 활동 등)을 총괄하는 '시립' 구호 기관의 설립을 다루고 있다. 이는 앞서 언급된 구호 행위에 대한 '집중화(centralization)'로 이해될 수 있으며, 여기에서는 구체적으로 '취리히 시 의회에 의한' 집중화를 의미한다. 따라서 지금까지 주로 교회나 민간 단체에 의해서 다양한 방법으로 실시되어왔던 구호 활동들에 대해서 세속 정부가 이를 일원화하고 전체적으로 책임을 지게 되었음을 가리킨다. 앞서 살펴본 바와 같이, 이는 취리히의 종교개혁자가 "누가 사회를 혼란스럽게 했는가"에서 자선 행위의 문제점을 지적하고 이의 폐지를 주장했던 것과 같은 맥락에 놓인 것이라고 평가될 수 있다. 이런 정책의 일환으로 시 의회는 모든 가난한 자들에게 특정한 문양이 새겨진 옷을 입도록 하는 조치를 취했으며, 이런 옷을 입은 자들에게만 음식과 질병 치료가 제공되었다.[97]

'구호법'은 21개 조항으로 구성되었는데,[98] 구호 활동에 있어서 새로운 장을 열었다는 평가를 받는다.[99] 스트라스부르(Strassbourg)와 누렘

베르크(Nuremberg)와 같은 유럽의 도시들도 유사한 프로그램을 도입했다.[100] 먼저 제2항은 누가 구호 활동의 책임을 맡는가를 명시한다. 구호관(Pfleger)들은 모두 4명으로 구성되었는데 이들의 이름은 다음과 같다: 루돌프 슈톨(M. Rudolp Stoll), 외르크 괼들리(J. Jörg Göldli), 울리히 트링클러(Ulrich Trinkler), 그리고 한스 쉬네이베르거(Hans Schneeberger). 또한 이들을 총괄하는 의장이자 서기(scribe)가 지명되었는데 그의 이름은 하인리히 브렌발트(H. Heinrich Brennwald)였다.[101] 제2항에 근거해서 모든 구호 활동을 총괄하는 정부 기관이 설립되었다고 볼 수 있으며 특히 제3항에 나타난 다음과 같은 서약은 구호관들이 단순히 사적 차원의 구호 행위에 임하는 자가 아니라 시 의회 소속 의원들로서 시민들의 도덕적 정체성을 돌보는 공적 직무에 임명된 자임을 동시에 가리킨다.[102]

제4항은 지역 감독관들을 통해서 가난한 자들이 어떻게 검증될 수 있는가를 다룬다.[103] 지역 감독관들은 모두 7개로 나누어진 권역들을 돌보는 자들로서 권역 당 1명의 정직한 사제와 1명의 경건한 평신도 도우미로서 구성된다.[104] 시 의회가 사제를 지역 감독관들로서 인정했다는 것은 정부의 도움을 받을 가난한 자들을 선별함에 있어서 교회의 도움이 필요했다는 사실을 인정했다고 볼 수 있다. 또한 이렇게 구호관들이 가난한 자들을 검증하는 프로그램이 지역 사제와 평신도들의 도움을 받아 운영되었다는 것은 앞서 언급된 『자선법』(1520)에 기록된 가난한 자들에 대한 검증 기준이 철저하게 신앙적 원칙에 입각해야 함을 되새겨 준다.

사제와 평신도는 일주일에 1회 가난한 자들을 직접 방문하여 누가 자선의 대상이 되어야 하는가를 결정하는데 이를 위해서 선결되어야 할 문제는 취리히 시민이 아닌 자를 걸러내는 일이었다. 왜냐하면 이 구호 프로그램이 세속 정부에 의해서 시행되었기 때문에 이 구호 행위가 취리히의 시민들에게 제공되어야 한다는 사실이 중요했기 때문이다. 이런 이유에서 제7, 8항은 취리히 시민이 아닌 타 지역민들과 외국인들은 구호의 대상이 아닐 뿐만 아니라 시에서 추방되어야 한다고 밝힌다.[105] 구호가 제공되는 대상은 취리히의 시민들이었고, 특히 취리히에서 거주지가 확인된 자들(hussarmen, home poor)로 제한되었다. 제9항은 이렇게 구호의 대상으로 확정된 자들은 쉽게 식별될 수 있도록 특정한 문양을 지닌 옷을 입어야 했다.[106] 제10, 11항은 취리히시에서 구걸 행위를 금지하는 조항에 해당된다. 제12항은 설교자가 가난한 자들의 존재를 때때로 교회에 알려서 이들을 돕도록 해야 한다고 명시한다. 또한 이 목적을 달성하기 위해서 자선함(alms chest)을 설치하라고 밝힌다.[107] 제17항은 가난한 환자들의 치료를 위해서 외텐바흐(Oetenbach)의 도미니칸(Dominican) 수도원에는 의사들이 배치되어야 한다고 밝힌다.[108]

가난한 외국인들에게 도움이 제공되지 않아야 한다는 사실을 3회 (제5, 14, 18항)에 걸쳐 규정한 것은 '구호법'에 규정된 구호 행위가 시 의회의 공적 행위임을 명확하게 한 것으로 평가될 수 있다.[109] 가난한 방문객들이나 순례자들이 취리히에 도착했을 때 이들에게 단지 식사와 하룻밤의 숙박 편의가 제공되었을 따름인데 이런 편의가 제공될 수 있는 곳은 제18항에서 언급된 바와 같이 취리히시가 내곽이 아닌 외곽의 농촌 지역이었다.[110] 제19항은 시 의회의 구호 프로그램의 수혜자가 지켜야 할 의무를 제대로 이행하지 못한 채로 사망할 경우, 이들의 재산은 시에 귀속되어야 한다고 규정하고 있으며, 제20항은 가난한 임산부들에게 도움이 제공되어야 한다고 밝힌다. 마지막 항인 제21항은 구호 활동을 진행함에 있어서 사적으로 의사를 고용하거나 기부금을 이 법이 정한 방식 외에 다른 방식으로 사용하거나 낭비하는 자들에 대한 경고의 내용을 담고 있다.[111]

3. 츠빙글리의 기여

그렇다면 가난한 자들의 구호 활동에 있어서 국가의 역할에 대한 츠빙글리의 기여는 무엇인가? 츠빙글리 연구가 울리히 개블러(Ulrich Gäbler)는 이와 관련하여 다음과 같은 평가를 제공한 바 있다.

> 츠빙글리의 설교와 개혁 활동은 취리히의 일반적인 정치적, 경제적, 사회적 발달에 있어서 어떤 직접적인 영향력을 끼치지는 않았다. 요약하면, 우리가 말할 수 있는 최대의 것은 의회가 – 주교나 수도원과 같은 교회 기구들을 제거한 다음 – 사적 생활은 물론 사회적 생활의 큰 부분을 조정하고, 감독하고, 통제했기 때문에 그 권한이 증대하고 있었다는 사실뿐이다.[112]

1520년의 '자선법'과는 달리 1525년의 '구호법'은 취리히시의 구호 활동이 공적이며 검소한 활동이어야 한다고 선언한다. 따라서 세속 정부의 구호 활동에서 중요한 것은 구호 대상자들이 특정한 문양의 옷을 입었다는 사실에서 드러나듯이 이들이 공개되고 '알려진(known)' 존재이어야 한다는 사실이다.[113] 취리히의 시민이 아니거나 외국인이라는 이유 때문에 이들이 구호 대상에서 제외되었다는 점은 안타까운 현상이었다고 볼 수 있다. '구호법'이 하나님의 은혜를 간략하게 언급하는 것이 사실이지만,[114] 구호의 대상에서 다른 현의 주민들과 외국인들, 그리고 거주지가 없거나 '알려지지' 않은 걸인들은 제외되었다.

그렇다면 이런 가난한 자들에게 어떤 자선이나 구호 행위가 베풀어졌는가? 시 의회가 이런 기능을 담당하지 않는다고 말할 때, 그 기능은 개별

기부자나 교회에 의해 충족되도록 요구되었다. 이런 맥락에서 '구호법'은 개별 기부자들에게 양심에 따라 자선을 베풀기를 독려한다.[115] 이 점에 있어서 시 의회는 개인의 자선 행위를 금지하지는 않았던 것을 볼 수 있다. 여기에서 이 법이 취리히의 종교개혁이 진행된 후에 제정된 법임에도 불구하고 츠빙글리의 자선에 대한 이해를 충분히 반영하지 못했다고 판단된다. 물론 '구호법'의 후반부에는 개별 교회들이 이런 가난한 자들을 내버려 두지 않고 돌보아야 한다는 규정이 주어졌다.[116]

약 20년의 세월이 지난 후, 스위스의 또 다른 중요한 도시 제네바에서도 유사한 상황이 전개되었다. 칼빈은 『시편 주석』에서 그가 제네바에 도착했을 때 상당한 숫자의 외국인이 이주해서 아주 가난하게 살고 있었다고 기록한다.[117] 그 이후 종교적 탄압을 이유로 제네바로 이주하는 가난한 외국인들이 많이 증가했고 시 의회가 이들을 돌보는 것은 상당히 힘든 일이었다. 마침내 1545년 6월 15일에 제네바 시 의회는 모든 가난한 외국인들을 한 곳에 집합시켜 놓고 이들에게 빵을 제공한 후, 이 도시로 다시 돌아오지 말라는 명령을 내렸다.[118] 이로부터 열흘이 지난 뒤, 칼빈은 다비드 뷔장통(David Busanton)이 유언으로 3,000 에쿠스라는 거금을 회사한 사실을 시 의회에 알려왔고 이를 계기로 시 의회는 외국인에 대한 구호 활동을 허락했고 이 위기는 극복될 수 있었다.[119]

여기에서 우리가 주의 깊게 살펴보아야 할 사실은 제네바의 경우, 뷔장통의 기부금이 세속 정부가 관장하는 복지 기관의 기금으로 활용되었기 때문에 국가는 가난한 자들의 문제를 해결하는데 기여하지 않았다는 점이다. '프랑스 기금'(Bourse française)이라는 사설 재단에 이 거액의 기부금이 주어졌고 이를 통해서 외국인 피난민들을 포함한 가난한 자들을 도울 수 있었다.

취리히의 경우, 칼빈의 제네바처럼 가난한 외국인들이나 피난민들을 포함한 시민들 가운데 가난한 자들을 돕는 사설 재단이 설립되었는가에 대한 연구는 거의 없다.[120] 1523년의 1차 논쟁에 근거하여 수도원들이 폐지되었고,[121] 그 결과 여러 수도원의 재산과 취리히의 대표적 교회인 그로스뮌스터(Grossmünster)의 재산은 이 시 의회에 귀속되었는데 이는 츠빙글리의 주장을 따른 것으로 보인다,[122] 이 재정의 상당한 부분은 성경을 연구하고 가르치는 목적을 위해서 활용되었고 재정적으로 어려운 학생들을 위해서 장학금이 지급되었다.[123] 그러나 시 의회에 의해 제정된 '구호법'은 가난한 외국인들이 세속 정부의 구호 대상에서 제외되어야 한다는 점을 분명히 밝힘으로써 이들을 대상으로 하는 구호 및 자선 행위는 시 의회가 아니라 개인이나 교회에 의해서 제공되어야 한다는 사실을 암묵적으로 제시했던 것이라고 평가할 수 있다.

요약하면, 자선에 대한 츠빙글리의 부정적 견해는 국가의 구호 활동 이해에 어느 정도 영향력을 행사했다고 볼 수 있지만, 가난한 자와 외국인들을 구호의 대상에서 제외시켰던 취리히 시 의회는 사실상 개별적 자선을 용인하는 차원에서 머무를 수밖에 없었다고 볼 수 있다. 자선에 대한 츠빙글리의 부정적 견해는 그의 종교개혁적 신학에서 비롯된 것이었는데 취리히 시 의회가 제정한 '구호법'을 통해서 완전히 현실화되지 못하는 아쉬움을 남겼다고 볼 수 있다.

VI. 마치면서

본 논문은 국가와 가난한 자들의 구호 활동에 대한 츠빙글리의 견해를 살펴보았다.

　먼저 인간의 죄악에서 비롯된 삶의 갈등과 분열의 해결자로서 국가가 필요하다는 관점에서 국가의 기원이 생각될 수 있었다. 국가의 기능은 구체적으로 사회 질서의 유지, 개인의 사유 재산 보호, 하나님의 의 시행, 모든 사람에게 좋은 일을 행하는 하나님의 종으로서의 역할, 세금 징수를 통하여 국가 공무원의 생활비를 지급하는 것이라는 다섯 가지 차원으로 요약될 수 있다.

　가난한 자에 대한 츠빙글리의 이해는 다음의 세 가지로 집약된다고 볼 수 있다: 하나님의 살아있는 형상, 형제이자 공동체의 일원, 그리고 하나님의 참된 형상. 여기에서 하나님의 '살아있는' 형상이란 표현은 가난한 자들이 돌봄과 보살핌의 대상이라는 사실을, 그리고 형제이자 공동체의 일원이라는 주장은 가난한 자도 서로 협력하고 일치와 평화를 추구하는 공동체의 구성원이라는 점을 강조한다. 또한 하나님의 '참된' 형상이라는 표현은 반우상 숭배의 맥락에서 사용된 것인데 우상은 하나님의 거짓 또는 가짜 형상에 해당되며, 가난한 자들이야 말로 참된 형상이라는 점을 대조적으로 드러낸다. 우상을 치장하는데 사용되었던 막대한 비용들은 이제 가난한 자들을 돌보고 보살피는데 사용되어야 한다는 사실이 강력하게 시사되었다고 볼 수 있다.

　츠빙글리는 자선에 대해서 상당히 부정적인 견해를 표방했다. 이는 의심없이 선행에 해당되므로 하나님의 영광을 탈취하는 행위일 뿐 아니라, 이 행위를 통해 칭의함을 받는다는 주장은 그리스도를 불필요하게 만드는 불경건의 극치에 해당된다는 주장을 내놓았다. 이와 달리 구호 행위는 그 주체가 개인이 아니라 국가라는 측면에서 자선이 지니고 있는 문제점을 극복할 수 있는 대안으로 간주되었다. 자선의 문제점은 종교개혁을 통해서 다음의 세 가지 방식으로 서서히 극복되기 시작했고 이는 자선이 구호 행위로 변화되는 과정으로도 볼 수 있다: 집중화, 평신도화, 합리화.

마지막으로 국가와 가난한 자들의 구호라는 단락에서는 취리히 시 의회가 어떻게 가난한 자들을 돌보았는가를 두 가지 법령, '자선법'(1520)과 '구호법'(1525)을 통해서 살펴보았다. 취리히에서 종교개혁이 시행되기 이전에 제정되었던 '자선법'의 경우 어떤 사람들이 이 법의 수혜 대상인가를 밝히는데 이들은 경건한 삶을 추구하는 가난한 자들이었다. 또한 어떤 자들이 이 대상에서 제외되어야 하는 가를 명확하게 제시하되 이들을 13가지로 분류하는 치밀함을 엿볼 수 있다. 5년 뒤에 작성된 '구호법'은 국가의 구호 행위가 어떤 방식으로 수행되어야 하는가를 총괄적으로 다루는 법에 해당된다. 이 법은 시 의회가 공적 구호 기관을 설립하고 이를 주도한다는 사실을 천명했던 것이다. 그런데 이 법에서 특이한 부분은 취리히시가 가난한 자들을 구호함에 있어서 그 대상을 취리히에 거주하는 시민으로 제한하고, 타 지역 주민들과 외국인들을 그 대상에서 제외시켰다는 점이다. 이런 조치로 인해 개인에 의해 자선 행위가 용인되었다는 점에 있어서 종교개혁적 신학에 근거한 츠빙글리의 이에 대한 반대는 완전히 현실화되지 못했다는 아쉬움을 남겼다고 볼 수 있다.

09 미주

01 루터, 츠빙글리, 칼빈, 불링거, 그리고 베자를 위시한 종교개혁자들의 흑사병 이해에 대해서는 다음을 참고할 것. 안명준 외, 『전염병과 마주한 기독교』 (군포: 도서출판 다함, 2020), 126-89.

02 Herman Bavinck, De ethiek van Ulrich Zwingli (Kampen: G. Ph. Zaalsman, 1880), 122. 우병훈, "츠빙글리의 성화론: 그의 신론, 교회론, 국가론과 연결하여," 「한국개혁신학」 64 (2019): 174.

03 한스 숄, 『종교개혁과 정치』, 황정욱 옮김 (서울: 기독교문사, 1993), 95.

04 최근 국내 츠빙글리 연구는 두드러진 증가세를 나타내고 있는데 주요 결과물은 다음과 같다. 조용석, "츠빙글리와 하나님 중심주의 (Theozentrik): 신성의 보존을 위한 교의학적 기획," 「신학논단」 65 (2011): 233-53; 조용석, "츠빙글리와 교회: 사회적 영역으로의 통합," 「신학 사상」 156 (2012): 153-80; 정미현, "이미지와 성상 부정에 대한 츠빙글리 사상 다시 보기," 「한국조직신학논총」 43 (2015): 143-78; 정미현, "츠빙글리의 신 인식론," 「한국조직신학논총」 48 (2017): 123-62; 이신열, "츠빙글리의 신론," 『종교개혁과 하나님』 (부산: 개혁주의학술원, 2018), 45-83; 안인섭, "츠빙글리(Ulrich Zwingli, 1483-1531)의 사회 윤리 사상," 「신학지남」 86/4 (2019): 165-91; "박찬호, "교회와 국가의 관계에 대한 츠빙글리의 견해," 「한국개혁신학」 65 (2020): 80-117. 이 주제에 대한 본격적인 고찰로는 다음의 단행본을 들 수 있다. Lee Palmer Wendel, Always Among Us: Images of the Poor in Zwingli's Zurich (Cambridge: Cambridge Univ. Press, 1990).

05 Huldreich Zwingli, Huldreich Zwinglis Werke, hrsg. Melchior Schuler & Johannes Schulthess, Band III (Zürich: Friedrich Schulthess, 1832), 400. 이하 HZW로 약칭함.

06 Alfred Farner, Die Lehre von Kirche und Staat bei Zwingli (Tübingen: J. C. B. Mohr (Paul Siebeck), 1919), 32.

07 Jakob Kreutzer, Zwinglis Lehre von der Obrigkeit (Stuttgart: Ferdinand Enke, 1909), 7.

08 이 작품에 대한 대표적인 2차 자료는 다음과 같다. Heinrich Schmid, Zwinglis Lehre von der göttlichen und menschlichen Gerechtigkeit (Zürich: Zwingli Verlag, 1959). 또한 이 글에 대한 최근의 연구로는 다음을 참고할 것. 정미현, "하나님의 정의와 인간의 정의: 츠빙글리 윤리의 현대적 적용," 「기독교사회 윤리」 31 (2015): 217-49; 최영재, "츠빙글리의 『하나님의 정의와 인간의 정의』에 관하여," 「장신논단」 49 (2017): 115-42.

09 HZW I, 437 (한글 번역, 훌트라이히 츠빙글리, 『츠빙글리 저작선집 1』, 임걸 옮김 (서울: 연세대학교 대학출판문화원, 2014), 220-21.

10 Kreutzer, Zwinglis Lehre von der Obrigkeit, 9-10. 츠빙글리의 국가에 대한 이해가 자연법과 아무런 관련이 없다는 주장은 파너(Alfred Farner)에 의해 제기되었다. Farner, Die Lehre von Kirche und Staat bei Zwingli, 33-34. 파너는 츠빙글리는 국가가 하나님으로부터 직접적으로 (unmittelbar) 주어졌다는 주장을 내세운다. 개신교 전통에서 자연법에 대한 부정적 평가가 칼 바르트(Karl Barth)의 신명론(divine command ethics)에서 비롯되었다고 밝히면서 이에 대한 회복을 주장하는 글로는 다음을 참고할 것. Stephen J. Grabill, Rediscovering the Natural Law in Reformed Theological Ethics (Grand Rapids: Eerdmans, 2006), 3-11.

11 HZW I, 440. (한글 번역, 츠빙글리, 『츠빙글리 저작선집 1』, 226).

12 그의 하나님의 의에 대한 간략한 고찰로는 다음을 참고할 것. 이신열, "츠빙글리의 신론," 60-63.

13 HZW I, 436 (한글 번역, 츠빙글리, 『츠빙글리 저작선집 1』, 218).

14 HZW I, 435 (한글 번역, 츠빙글리, 『츠빙글리 저작선집 1』, 216-17).

15 HZW I, 436 (한글 번역, 츠빙글리, 『츠빙글리 저작선집 1』, 218).

16 Kreutzer, Zwinglis Lehre von der Obrigkeit, 28; Schmid, Zwinglis Lehre von der göttlichen und menschlichen Gerechtigkeit, 221-33. 츠빙글리의 국가 이해를 하나님 나라의 관점에서 고찰한 글로는 다음을 참고할 것. Robert C. Walton, Zwingli's Theocracy (Toronto: Univ. of Toronto Press, 1967).

17 이 두 가지 표현으로 시작되지 않는 경우가 세 번째 경우인데 그 내용은 국가 권력의 과제를 명시적으로 "죄 없는 사람들과 수많은 힘없는 대중, 곧 과부와 고아, 그리고 힘없이 억눌린 사람들을 보호하는 것"으로 나타난다. HZW I, 448: " (한글 번역, 츠빙글리, 『츠빙글리 저작선집 1』, 242).

18 HZW I, 447 (한글 번역, 츠빙글리, 『츠빙글리 저작선집 1』, 240-41).

19 John Calvin, Institutes of Christian Religion, 2.7.10-11.

20 Schmid, Zwinglis Lehre von der göttlichen und menschlichen Gerechtigkeit, 228-30.

21 그의 국가와 교회의 관계에 대한 이해로는 다음을 참고할 것. 박찬호, "교회와 국가의 관계에 대한 츠빙글리의 견해," 『한국개혁신학』 65 (2020): 80-117.

22 HZW I, 447-48.

23 숄, 『종교개혁과 정치』, 106: "츠빙글리는 여기서 보다 과격하게 사고한다. 하나님의 의는 소유를 폐기하며 또한 소유를 전혀 원하지 않았다. 하나님의 의의 빛에서 소유 문제에 대해서 단지 이렇게 말할 수 있다. 모든 것은 공동 소유다 (Omnia sunt communia)." 그러나 그는 다른 곳에서 이런 공동 소유의 개념이 일반적이지 않기 때문에 하나님께서 이를 강제적으로 명령하지 않았다고 주장한다. 따라서 사유 재산이란 하나님의 눈에는 존재하지 않지만, 인간 사회에서는 현실적으로 존재하는 것으로 그는 이해한다. HZW II.1, 390; 츠빙글리, "누가 사회를 혼란스럽게 만들었는가?(1524)", 『츠빙글리 저작선집 1』, 415.

24 루터의 소유 개념에 대해서는 다음을 참고할 것. Gottfried W. Locher, "Luther: Die Heilsgewissheit des Christen und sein Eigentum," in idem, Der Eigentumsbegriff als Problem der evangelischen Theologie (Zürich: Zwingli Verlag, 1962), 21-28.

25 HZW I, 453 (한글 번역, 츠빙글리, 『츠빙글리 저작선집 1』, 251), 숄, 『종교개혁과 정치』, 107에서 재인용.

26 HZW I, 451 (한글 번역, 츠빙글리, 『츠빙글리 저작선집 1』, 246-47).

27 숄, 『종교개혁과 정치』, 107.

28 HZW I, 451 (한글 번역, 츠빙글리, 『츠빙글리 저작선집 1』, 247).

29 HZW I, 445 (한글 번역, 츠빙글리, 『츠빙글리 저작선집 1』, 236).

30 HZW I, 445 (한글 번역, 츠빙글리, 『츠빙글리 저작선집 1』, 235).

31 HZW I, 449.

32 HZW I, 446.

33 HZW I, 446-47 (한글 번역, 츠빙글리,『츠빙글리 저작선집 1』, 238-39).

34 HZW I, 449.

35 HZW I, 436.

36 HZW I, 448 (한글 번역, 츠빙글리,『츠빙글리 저작선집 1』, 242).

37 당시 독일어로 작성된 이 법의 원문은 다음에 실려 있다. Emil Egli, Actensammlung zur Geschichte der Zürcher Reformation in den Jahren 1519-1533 (Zürich: 1879; reprint Aalen, 1973) [no. 132], 이하 EAc로 약칭함. Wendel, Always Among Us, 179-87에도 원문이 실려 있다.

38 EAc. no. 619, Wendel, Always Among Us, 188-95.

39 취리히의 구빈원의 구체적 활동에 대해서는 다음을 참고할 것. Wendel, Always Among Us, 163-64.

40 HZW I, 450-51.

41 HZW I, 451.

42 HZW I, 452 (한글 번역, 저자). 십일조세에 대한 더 상세한 논의는 "누가 사회를 혼란스럽게 만들었는가"에서 발견된다. HZW II.1, 385-89 (한글 번역, 츠빙글리,『츠빙글리 저작선집 1』, 407-14).

43 HZW I, 453.

44 Wendel, Always Among Us, 42-77.

45 Cf) 루터는 가난한 사람을 '살아있는 거룩한 제단'(Heiligtum, sacred altar)이라는 표현을 사용했다. Martin Luther, WA 10 III, 334, 23-24 ("Sermon von den Heiltumen", 1522): "… der armen ist da, da lebt gotts wort in, … ist das lebendige hayltumb; … ." Wendel, Always Among Us, 40, 각주 17에서 이를 살아있는 형상(living image)으로 번역했는데 의미상으로 유사한 점이 있지만 부정확한 번역으로 보인다. 왜냐하면 'Heiligtum'이란 단어가 지닌 주된 뉘앙스는 '거룩'에 놓여 있기 때문이다.

46 이 글은 제2차 토론회 마지막 날인 1523년 10월 28일 주교 공의회에서 행해진 설교인데 친구이자 이 토론회의 의장이었던 요아힘 바디안(Joachim Vadian, 1484-1551)과 인쇄업자이자 친구인 크리스토퍼 프로샤우어(Christoph Froschauer, 1490-1564)의 요청에 의해서 1524년 3월 26일에 작성되었다. 이 글에 대한 2차 자료로는 다음을 참고할 것. Paul Wernle, Der evangelische Glaube nach den Hauptschriften der Reformatoren, II. Zwingli (Tübingen: J, C, B, Mohr (Paul Siebeck), 1919), 116-31; 이은선, "츠빙글리의『목자』에 나타난 목회 윤리," 강경림 외,『한 권으로 읽는 츠빙글리의 신학』(서울: 세움북스, 2019), 55-77.

47 HZW I, 658 (한글 번역, 저자). Wendel, Always Among Us, 43 & Timothy George, Theology of the Reformers (Nashville, TN: Broadman, 1988), 136에서 재인용.

48 솔,『종교개혁과 정치』, 104.

49 Hans Rudolf Lavater, "Regnum Christi etiam externum: Huldyrch Zwinglis Brief vom Mai 1528 an Ambrosius Blarer in Konstanz", Zwingliana 15/5 (2010): 338-81. 솔,『종교개혁과 정치』, 104.

50 이 내용은 그의 다른 작품인 〈67개 논제에 대한 해설〉(Auslegen und Gründ der Schlussreden, 1523)의 제33조에 언급되기도 한다. HZW I, 344.

51 HZW I, 663 (한글 번역, 필자).

52 HZW I, 663 (한글 번역, 츠빙글리,『츠빙글리 저작선집 1』, 353). W. P. Stephens, The Theology of Huldrych Zwingli (Oxford: Clarendon, 1980), 276.

53 페터 빈첼러, "〈누가 사회를 혼란스럽게 만들었는가〉에 대한 해설", 츠빙글리,『츠빙글리 저작선집 1』, 385.

54 HZW II.1, 415-16 (한글 번역, 츠빙글리,『츠빙글리 저작선집 1』, 465-66.

55 HZW II.1, 416.

56 빈첼러, "각주", 8, 츠빙글리,『츠빙글리 저작선집 1』, 508.

57 HZW II.1, 386.

58 HZW II.1, 417ff.

59 빈첼러, "누가 사회를 혼란스럽게 만들었는가에 대한 해설", 386.

60 Huldrych Zwingli, Zwinglis sämtliche Werke, hg. Emil Egli, Georg Finsler und Walther Köhler, Band III (Leipzig: Heinsiu, 1914), 130 (CR 90). Wendel, Always Among Us, 59에서 재인용.

61 HZW II.1, 20-59.

62 HZW II,1, 33-34. Wendel, Always Among Us, 61에서 재인용.

63 Wendel, Always Among Us, 62. 웬델은 바젤(Basel)의 종교개혁자 외콜람파디우스(Oecolampadius)가 그의 설교집 De amandis pau//peribus에서 이 사실을 언급했다고 밝힌다.

64 HZW I, 331. 주도홍,『처음 시작하는 루터와 츠빙글리: 팩트를 따라 여행하는 종교개혁의 두 거장 이야기』(서울: 세움북스, 2019), 217: "츠빙글리는 가난으로 하나님을 칭송하는 가난 서원을 우상 숭배로 정죄한다. 알고 보면 재물이 그들에게 하나님이기 때문이다."

65 HZW II,1. 45. 츠빙글리의 우상 숭배 부정 및 배격에 대해서는 다음을 참고할 것. Carlos M. N. Eire, Against the Idols: The Reformation of Worship from Erasmus to Calvin (Cambridge: Cambridge Univ. Press, 1986), 73-86; 정미현, "이미지와 성상 부정에 대한 츠빙글리의 사상 다시 보기,"「한국조직신학논총」43 (2015): 151-62; 이은선, "츠빙글리의 예술 이해: 성상 파괴와 이미지의 활용을 중심으로,"「한국개혁신학」63 (2019): 175-93.

66 HZW II,1, 48.

67 HZW II.1, 56. Wendel, Always Among Us, 63에서 재인용.

68 HZW II.1, 10. Wendel, Always Among Us, 60에서 재인용. 예일대학교의 가톨릭 신학 교수인 게리 앤더슨(Gary Anderson)은 이 행위에 수평적인 차원과 수직적인 차원이 교차적으로 존재한다고 보았다. 전자는 가난한 자들을 돕는 차원을 가리키며, 후자는 하나님께 예배드리는 맥락에서 주어지는 행위로서 이는 하나님께 대여(loan)하는 행위로 이해된다. Gary W. Anderson, Charity: The Place of the Poor in the Biblical Tradition (New Haven/London: Yale Univ. Press, 2013), 105.

69　엘시 N. 맥키, 『개혁교회 전통과 디아코니아』, 류태선·정병준 옮김 (서울: 한국장로교 출판사, 2000), 90-91.

70　Anderson, Charity, 162-81; 맥키, 『개혁교회 전통과 디아코니아』, 97-98: "그러면 사람들은 왜 제일 먼저 자선 재단을 설립하였는가? 왜 그들은 지속적으로 기부하였는가? 그것은 전통적인 구제 행위의 목적 중에 하나가 영혼의 구원, 즉 기부자의 영혼 구원과 그들의 기부자들을 위해 기도하게 되는 수혜자의 영혼 구원이었기 때문이었다. 이러한 관습은 최종적인 목적에 봉사하기 위해 수행되었고, 수혜자들의 가난은 그들의 가치를 구성한다는 점에서 특별한 의미가 있는 것이었다."

71　이에 대한 최근의 연구로는 다음을 참고할 것. 박찬호, "츠빙글리의 개혁신학: "참 종교와 거짓 종교에 대한 주해"를 중심으로," 「조직신학연구」 27 (2017): 346-77; 조용석, "참된 종교와 거짓된 종교에 대한 주해," 강경림 외, 『한 권으로 읽는 츠빙글리의 신학』 (서울: 세움북스, 2019), 127-45.

72　HZW III, 182.

73　HZW III, 182-83.

74　HZW III, 483.

75　Wendel, Always Among Us, 48.

76　맥키, 『개혁교회 전통과 디아코니아』, 93-95.

77　16세기 제네바의 경우, 시 의회(city council)의 한 기관에 해당하는 시립병원(General Hospital)은 목사들이 운영하는 것이 아니라 '위탁자'들로 구성된 시 의회의 한 위원회에 의해서 실질적으로 운영되었다. 이 위탁자들은 다시 병원의 재정과 행정을 담당하는 프로큐라토르(the procurator)와 병원에 매일 근무하면서 일상적 운영의 책임을 지고 가난한 자들을 현장에서 돌보는 오스피탈러(the hospitaler)로 구분되었는데 이들은 또한 제네바 교회의 집사들이기도 했다. 로버트 킹던, "칼빈의 집사 직분 이해", 이신열 옮김, 『칼빈과 사회』 (부산: 개혁주의학술원, 2010), 140ff.

78　Calvin, Institutes of Christian Religion, 4.4.7. 그레고리우스 (Gregorius)에 의하면 교회 수입은 다음의 4가지 용도로 사용되어야 한다는 원칙이 고수되었다: 1) 감독과 그의 가족들, 그리고 나그네 접대를 위하여 2) 성직자를 위하여 3) 가난한 자들을 위하여 4) 교회 건물의 수리를 위하여.

79　중세 후기의 상황에 대해서는 다음을 참고할 것. Brian Tierney, Medieval Poor Law: A Sketch of Canonical Theory and Its Application in England (Berkely, CA/Los Angeles: Univ. of California Press, 1959), 67-135.

80　맥키, 『개혁교회 전통과 디아코니아』, 92.

81　Wendel, Always Among Us, 137-38.

82　Wendel, Always Among Us, 140; 울리히 개블러, 『츠빙글리: 그의 생애와 사역』, 박종숙 역 (서울: 아가페출판사, 1993), 111. 개블러에 의하면 수도원들은 병원과 복지 기관으로 전환되었으며 그 재산들은 복지 기금으로 조성되었는데 이는 츠빙글리의 주장에 의한 것이었다.

83　Wendel, Always Among Us, 142-44. 라바터는 유리세공업자이었는데 나중에 취리히의 시장으로 선출되었던 인물로서 츠빙글리의 가장 강력한 후원자이기도 했다.

84　Wendel, Always Among Us, 142-43.

85　Wendel, Always Among Us, 179.

86 Wendel, Always Among Us, 180.

87 Wendel, Always Among Us, 180.

88 Wendel, Always Among Us, 182-83.

89 Wendel, Always Among Us, 129.

90 라틴어로 Ave Maria에 해당된다. 거룩한 성녀 마리아를 찬양하는 기도로서 16세기 이후부터 이 기도는 마리아의 중재(intercession)을 바라는 문구로 마무리되었다.

91 Wendel, Always Among Us, 183-87.

92 Wendel, Always Among Us, 184.

93 Wendel, Always Among Us, 184.

94 Wendel, Always Among Us, 185.

95 개블러, 『츠빙글리』, 111.

96 Wendel, Always Among Us, 188-95.

97 개블러, 『츠빙글리』, 111.

98 이에 대한 자세한 해설은 다음을 참고할 것. Wendel, Always Among Us, 146-62.

99 Alice Denzler, "Geschichte des Armenwesens in Kanton Zürich im 16. und 17. Jahrhundert," Zürcher volkswirtschaftliche Studien, N. F., 7 (1920): 30. 취리히의 '구호법'은 18세기에 이르기까지 모든 구호 활동의 토대로서 작용했다고 알려져 있다.

100 Otto Wickelmann, "Uber die ältesten Armenordnungen der Reformationszeit (1522-1525)," Historische Vierteljahrschrift 17 (1914-15), 187-228, 361-400.

101 Wendel, Always Among Us, 188. 이 구호감독관 4명의 명단은 앞서 1525년 1월 5일에 시 의회에 의해 임명되었던 4명의 명단과 비교해 볼 필요성이 제기된다. 3명은 동일한 인물이지만, 1명은 다른 인물로 보이기 때문이다. 1월 5일에 임명된 명단에는 라바터가 포함된 반면에, '구호법'에는 라바터의 이름은 언급되지 않고 쉬네이베르거가 언급되어 있다.

102 Wendel, Always Among Us, 148.

103 Wendel, Always Among Us, 189-90.

104 페터 오피츠, 『울리히 츠빙글리: 개혁교회의 예언자, 이단자, 선구자』, 정미현 역 (서울: 연세대학교대학출판문화원, 2017), 76.

105 니콜라스 스미어(Nicolas Smiar)에 의하면 1525년부터 1529년까지 5년의 기간 동안 305건이 적발되었는데, 이들 가운데 피난민 목사를 포함한 가난한 외국인들, 목적지가 정해진 여행자들, 그리고 연수생들에게는 특별한 구호 혜택이 주어졌다. Nicolas Smiar, "Poor Law and Outdoor Poor Relief in Zürich, 1525-1529: A Case Study in Social Welfare History and Social Welfare Policy Implementation," (Ph. D. Diss., Univ. of Illinois at Chicago, 1986), 170-71. Wendel, Always Among Us, 150, 각주 84.

106 Wendel, Always Among Us, 191.

107 Wendel, Always Among Us, 192.

108 Wendel, Always Among Us, 193-94. 오피츠(Peter Opitz)는 외텐바흐 수도원뿐만 아니라 프레디거 수도원도 이런 목적을 위한 곳으로 전환되어 사용되었다고 주장한다.

오피츠, 『울리히 츠빙글리』, 76. 웬델은 외텐바흐에서 특히 천연두(smallpox) 치료가 이루어졌다고 밝힌다. Wendel, Always Among Us, 158. 환자 치료에 있어서 실무를 담당한 자들은 수도원의 전환 이후에도 그 곳에 머물렀던 수녀들이었지만, 대부분의 젊은 수도자들은 수도원을 떠나 스스로 직업을 갖고 살아갈 수 있도록 수공업 관련 기술을 배워야 했다.

109 Wendel, Always Among Us, 190, 192, 194.

110 Wendel, Always Among Us, 194.

111 Wendel, Always Among Us, 194-95. 오피츠는 구호 활동의 공적 성격을 담보하기 위해서 재화, 수입과 이자 등이 등록되어야 했으며, 연간 수입과 지출에 대한 결산보고가 이루어져야 했다고 주장한다. 오피츠, 『울리히 츠빙글리』, 76.

112 개블러, 『츠빙글리』, 110.

113 Wendel, Always Among Us, 149.

114 Wendel, Always Among Us, 192.

115 Wendel, Always Among Us, 192.

116 Wendel, Always Among Us, 194.

117 CO 31, 30. 이상규, "칼빈과 구호 활동," 『칼빈과 사회』 (부산: 개혁주의학술원, 2010), 186.

118 Jeannine E. Olson, Calvin and Social Welfare: Deacons and the Bourse française (Selinsgrove, PA: Susquehanna Univ. Press, 1989), 34.

119 제나인 올슨, "칼빈이 제네바에서 가난한 사람들을 돌본 것에 관한 연구," 윤천석 옮김, 『칼빈과 사회』 (부산: 개혁주의학술원, 2010), 164.

120 개블러, 『츠빙글리』, 110-11.

121 츠빙글리는 『67개 조항에 대한 해설』 제27조에서 경건한 그리스도인들에게 부패한 수도원을 떠나라고 강력하게 권면한다. HZW I, 321. 주도홍, 『처음 시작하는 루터와 츠빙글리』, 209-11. 마르틴 하우스, 『홀드리히 츠빙글리와 그의 시대: 취리히 종교개혁자의 생애와 사역』, 정미현 역 (서울: 한국기독교장로회신학연구소, 1999), 153-60.

122 오피츠, 『울리히 츠빙글리』, 75.

123 EAc, No. 426. 오피츠, 『울리히 츠빙글리』, 75.

다시 세례를 받아야 하나?

박찬호(백석대학교 교수)

10

다시 세례를 받아야 하나?

박찬호(백석대학교 교수)

1. 들어가는 말

　루터와 츠빙글리가 활동했던 비텐베르그와 취리히 양쪽 모두에서 이들보다 더 급진적인 개혁을 주장하는 사람들이 등장했다. 이들은 루터와 츠빙글리의 개혁이 타협이라고 주장했다. 교회의 전통이 성경을 구속하고 있는 시대에 필요한 것은 혁명이지 개혁이 아니다. 비텐베르그에는 안드레아스 칼슈타트(Andreas Karlstadt, 1486-1541)와 토마스 뮌처(Thomas Müntzer, 1489-1525)가 있었고 취리히에는 콘라드 그레벨(Conrad Grebel, c. 1498-1526)과 펠릭스 만츠(Felix Manz, c. 1498-1527)와 같은 사람들이 있었다. 나중에 칼빈이 활동하였던 제네바에서는 마이클 세르베투스(Michael Servetus, 1509/11-53)와 세바스챤 카스텔리오

(Sebastian Castellio, 1515-63)가 여기에 해당한다. 이들이 주장하고 이루고자 하였던 종교개혁은 루터와 칼빈 등의 관주도의 주류 종교개혁(magisterial reformation)[01]과 달리 급진적이고 근원적인 종교개혁(radical reformation)이라고 할 수 있다.

급진 종교개혁에는 다양한 부류의 집단이 소속되어 있는데 크게 세 가지로 분류할 수 있다.[02] 첫째는 복음적 이성주의자들(evangelical rationalists)이다. 이들은 신앙생활에서 인간의 이성을 권위로 생각했던 사람들이다. 성경 말씀이나 기독교 교리 가운데 이성으로 수용할 수 있는 것들만 받아들이려고 했던 자들이다. 파우스투스 소시누스(Faustus Socinus, 1539-1604), 마이클 세르베투스, 세바스챤 카스텔리오 등이 이런 부류에 속하는 사람들이었는데 이들은 18세기 이신론자들과 19세기 자유주의자들의 출현을 예고하는 자들이라고 할 수 있다.

둘째는 신령주의자들(spiritualists)인데 이들은 신앙생활의 권위를 성경 말씀보다 성령의 조명과 직통 계시를 더 중요한 권위로 인정하면서 역동적인 신앙을 중시하였다. 이 부류에 속하는 사람들에 의해 독일 농민전쟁(German Peasant's War, 1524-25)이나 뮌스터 폭동(Münster Revolt, 1534-35) 등이 일어났다. 이 부류에 속하는 대표적인 사람이 토마스 뮌처라고 할 수 있다.

급진 종교개혁의 세 번째 부류는 성서적 아나뱁티스트들(biblical anabaptists)이다. 이들은 성경, 특히 신약 성경의 권위를 매우 중시하였다. 이들은 지나치게 성경에 집착하는 '천진난만한 성서주의자들'(naive biblicists)이었다. 이 부류에 속하는 대표적인 사람들이 콘라드 그레벨과 펠릭스 만츠, 그리고 마이클 자틀러(Michael Sattler, 1490-1527) 등의 스위스 형제단(Swiss Brethren)과 발타자르 휘브마이어(Balthasar Hübmeier,

1480-1528), 그리고 메노 시몬스(Menno Simons, 1496-1561) 등이다.

츠빙글리가 직면했던 재세례파는 츠빙글리가 주도하였던 소그룹 성경공부 모임이었던 "예언 모임"에서 기원하였다. 콘라드 그레벨과 펠릭스 만츠를 중심으로 하는 스위스 형제단은 위에서 언급한 대로 하면 성서적 아나뱁티스들이었으며 온건한 재세례파라고 할 수 있다.[03] 1523년 10월 삼일에 걸쳐 개최된 2차 공개 토론회는 재세례파 운동의 태동과 밀접한 연관이 있다. 이른바 "10월 논쟁"을 통해 재세례파 제자들은 스승인 츠빙글리에게서 일종의 영적인 괴리감과 배신감을 느끼게 되었다. 1525년 1월에 개최된 3차 공개 토론회는 유아 세례에 대해 토론하였는데 토론회는 츠빙글리의 승리로 끝났고 이 3차 공개 토론회를 통해 츠빙글리와 그의 제자들인 재세례파가 적대하며 분열하는 결정적인 계기가 되었다.

필자는 교회와 국가의 관계에 대한 츠빙글리의 견해가 에라스투스적 경향이 있음을 두 번 정도 주장한 바 있다.[04] 츠빙글리는 교회와 국가의 관계에 있어서 루터보다 긍정적인 기능을 국가에 부여하고 교회를 공권력 아래 부속시키는 듯한 입장을 취하고 있다. 교회에 대한 국가의 우위를 주장하는 에라스투스적 성향이 츠빙글리에게 있다는 점은 츠빙글리의 제자들의 눈에 불만족스럽게 보였고 그것이 츠빙글리와 그의 제자들이 갈라서게 되는 결정적인 계기가 되었다. 그 한 가지 문제가 유아 세례 문제라고 할 수 있다.

이 논문에서는 유아 세례 문제와 관련된 츠빙글리와 그의 제자들 사이의 분리의 과정을 되짚어보려고 한다. 1523년 7월 츠빙글리는 1차 논쟁에 제출하였던 67개 논제에 대한 해설을 발간하여 자신의 개혁 프로그램에 대해 상세하게 설명하였다. 이 가운데 마지막 67번째 논제에서 츠빙글리는 이자와 십일조, 그리고 유아 세례에 대해 논하고 있다. 하지만 본격적으로 유아 세례가 문제가 된 것은 1525년 1월 3차 논쟁에서였는데 츠빙글리과 그의 반대자들 사이의 논쟁은 일방적이었다. 3차 논쟁 후 츠빙글리와 재세례파 제자들의 대결은 극단으로 치우쳐 비극적인 결말에 이르게 된다. 재세례파와의 대결에서 츠빙글리의 주된 관심은 어떤 면에서 세례 자체보다는 재세례파의 과격한 주장이 종교개혁에 미칠 영향이었다. 국가로부터 교회를 분리해서 생각할 수 없는 상황에서 유아 세례 문제는 매우 중요한 문제였을 것이다. 하지만 국가로부터의 교회의 자유가 일반적으로 인정을 받는 시대라고 한다면 유아 세례의 문제에 대한 토론은 다소 달라지지 않을 수 없을 것이다.

2. 츠빙글리와 예언 모임

츠빙글리는 1523년 이른바 "10월 논쟁"을 통해 미래에 스위스 형제단이 되는 일련의 사람들과 갈등 관계에 놓이게 되는데 이들과의 갈등은 츠빙글리에게 옛 신앙을 고수하는 자들과의 논쟁보다 여러 측면에서 더욱 고통스러운 것이었다. 왜냐하면 그들은 츠빙글리와 함께 종교개혁에 동참했고 용감하게 싸워주었던 사람들이었기 때문이었다. 이들은 츠빙글리와 마찬가지로 성경으로 돌아갈 것을 주장했었는데, 이제는 츠빙글리를 격렬하게 반대하고 나섰다. "시 의회원의 아들인 콘라드 그레벨과 … 펠릭스 만츠는 인문주의 교육을 받은 새로운 취리히의 시민들이었는데, 이들은 성서 강독회에도 참여했었다."[05]

콘라드 그레벨은 1498년경 취리히 시 의회 의원이었던 융커 제이콥 그레벨(Junker Jacob Grebel)의 2남 4녀의 하나로 출생하였다. 상대적으로 여유로운 가정 환경 덕에 그레벨은 1514년부터 바젤과 비엔나대학에서 공부하였고 파리에서 공부하기도 하였다. 하지만 불미스러운 사건에 연루되어 그레벨은 아버지의 분노 섞인 소환 통보를 받고 1520년 7월에 아버지 집으로 돌아오게 되었다. "그는 스스로 실패자요 낙오자라고 생각하며 당분간 절망감 속에서 집안에 칩거하였다."[06]

의욕 상실에 빠져 고민하던 그레벨은 당시 취리히의 종교개혁자요 목회자인 츠빙글리를 중심으로 젊은이들이 모여 성경을 공부한다는 소문을 듣게 되었다. 츠빙글리의 지도 아래 시몬 스텀프(Simon Stump), 게오르게 빈더(George Binder) 등이 희랍 고전을 함께 읽기도 하고, 원어 성경을 공부하며 토론을 하고 있었다. 1521년 11월에는 플라톤의 글들을 읽고 있었다. 당시 그레벨의 옛 친구들인 발레틴 츄디(Valentin Tschudi)와 암만(J. J. Ammann)이 그 모임에 참여하고 있었고 1522년 초에는 펠릭스 만츠가 열 번째 회원으로 가입하였다. "처음에는 그들의 주된 관심사는 종교적인 것이 아니라 인문적인 것이었지만, 점차 그들은 희랍어와 히브리어를 비롯한 성경 언어들을 공부하게 되었고 원어 성경을 읽는데 집중하게 되었다."[07]

이 모임은 결국 "예언 모임"(prophecy meeting)이라는 이름을 얻게 되었는데 츠빙글리가 의도적인 계획을 가지고 만들었다고 할 수 있다. "츠빙글리는 자신의 종교개혁을 수행함에 있어서 젊고 유능한 젊은이들을 훈련하고 제자화하여 이들의 적극적인 후원에 힘입어 취리히시를 개혁하고자 하였다."[08]

펠릭스 만츠는 1498년 취리히에서 출생하였다. 에라스무스나 하인리히 불링거와 마찬가지로 만츠는 가톨릭 신부의 사생아였다. 그의 아버지는 그로스뮌스터 성당의 참사회 회원으로 보좌 신부 사역을 감당하고 있었기에 만츠에게는 어린 시절 공부를 할 수 있는 특권이 주어졌고 라틴어와 성경 언어인 히브리어와 헬라어를 배울 수 있었다. 특히 그는 히브리어에 출중한 실력을 드러내었다. 1522년부터 만츠는 츠빙글리과 함께 신약 성경을 공부하는 젊은이들의 모임인 "예언 모임"에 참여하였고 츠빙글리의 사랑하는 제자가 되었다.[09]

츠빙글리와 그의 제자들 사이의 갈등이 본격화된 것은 제2차 취리히 논쟁(1523년 10월)을 통해서였다. 하지만 이런 갈등은 제1차 취리히 논쟁(1523년 1월)에 이미 잠재되어 있었다고 할 수 있다.

3. 재세례파의 태동과 비극

1523년은 첫 번째 취리히 논쟁 후에 취리히 시 의회가 츠빙글리의 종교개혁 운동을 제도적인 측면에서 인준한 해임과 동시에 사람들이 새롭게 신앙과 사회생활에 있어서 지켜야 될 실제적인 의무들도 발표된 중요한 해였다. 츠빙글리는 67개 논제의 67번 조항에서 이자와 십일조 문제, 그리고 유아 세례와 종부 성사 등에 대해 말하였고, 이 문제는 농민 운동과 맞물리며 츠빙글리의 종교개혁 운동에서 핵심 쟁점이 되었다. 67번 조항은 다음과 같다: "사람이 이자와 십일조와 유아 세례를 받지 못한 아이들과 종부 성사에 대해서 토론하길 원한다면, 나는 기꺼이 그와 토론하고 내 의견을 말하고자 한다."[10] 농민 운동에 참가한 사람들은 이자와 십일조 제도에 대한 츠빙글리의 비판에 근거하여 이자와 십일조의 획기적인 경감이나 폐지를 주장하였으며 더 나아가 모든 지배 권력에 대한 종말론적인 폐기까지도 주장하였다.[11]

츠빙글리는 67번 조항에 대한 설명에서 유아 세례를 받지 못한 아이들이 지옥에 떨어지는 것은 아니라고 주장하고 있다. 이런 주장을 츠빙글리는 자신의 설교에서 했고 그것 때문에 논란이 야기되었음을 인정하고 있다. 하지만 츠빙글리는 그들이 구원받았음을 확신한다고 자신이 주장하지는 않았다고 말하고 있다. 왜냐하면 "우리는 하나님의 심판에 대해서 모르기 때문"이다.[12] 요약하면 유아 세례에 대한 적극적인 반대나 적극적인 변호보다는 당시 가톨릭교회의 잘못된 주장에 대해 논박하고 있는 것이다. 즉 유아 세례나 세례가 구원에 필수적이라는 주장에 대해 츠빙글리는 부정적인 입장이었던 것을 볼 수 있다.

1523년 6월에 발간된 『하나님의 정의와 사람의 정의』에서 츠빙글리는 교회의 권위와 가톨릭교회의 질서를 고수하려는 사람들의 주장에 반대하면서 동시에 "극단주의자들", 곧 하나님의 소명이라고 주장하는 사람들의 견해를 반박하고 있다. 이들 "극단주의자들"은 모든 인간적 질서의 폐지를 주장하면서 그 결과에 대해서는 전혀 고려하지 않는 사람들이라고 할 수 있다. 또한 츠빙글리는 "현실고수주의자들", 곧 복음적인 설교에 있어서 경제 질서와 국가 제도의 권한과 자격에 대한 비판은 타당하지 않다고 주장하는 사람들도 비판한다.[13] 여기에서 츠빙글리가 지적하고 있는 극단주의자들이 바로 재세례파에 해당하는 사람들이라고 할 수 있다. 그리고 이들 재세례파의 눈에는 츠빙글리가 "현실고수주의자들"로 보였을 것이다.

재세례파 운동의 태동과 밀접한 관련이 있는 토론회는 1523년 10월 26-28일에 개최된 제2차 취리히 신학 논쟁이었다. 이른바 "10월 논쟁"(October Disputation)으로 알려진 이 토론회에는 10여 명의 신학 박사들과 350여 명의 성직자들, 그리고 900여 명의 시민들이 참석하였는데 토론회의 열기는 1차 논쟁 때보다 훨씬 더 뜨거웠다. 3일 동안의 토론회에서 다루어질 주제는 사전에 정해져 있었는데 첫째 날에는 교회 내에서의 성상과 성화의 사용에 대하여, 둘째 날에는 미사(Mass)에 관하여, 셋째 날에는 연옥(Purgatory)에 대하여 공개 토론을 하게 되어 있었다.[14]

문제는 둘째 날에 발생하였다. 그날의 토론 주제였던 미사는 로마 가톨릭교회가 화체설에 입각하여 드리는 또 다른 희생 제사적 예배 의식이었기에 미사 행위는 우상 숭배적인 양상을 갖는 것이며, 따라서 미사는 폐지되어야 하고, 주의 만찬(Lord's Supper)은 성경 말씀에 따라 예수 그리스도께서 십자가상에서 피 흘리시고 찢기신 고난을 기념하는 의미로 이해되어야 한다. 이는 츠빙글리의 상징설이 구체화되는 계기가 되었다.[15] 그날의 일정이 마쳐갈 즈음에 취리히 시장이 "미사에 대해서는 충분히 토론하였으니, 시 의회 의원들에게 최종 결정을 하시도록 맡기고 오늘의 토론회를 종료한다"고 선언하였다. 이에 대해서 콘라드 그레벨이나 시몬 스텀프와 같은 츠빙글리의 제자들은 무언가 분명한 결론이 내려지기를 기대하였고 여기에서 츠빙글리와 그의 제자들 사이의 충돌이 있게 되었다.[16]

연옥에 관한 토론이 예정되어 있던 셋째 날의 일정은 그 전날의 토의가 아직 완결되지 않은 상황이었기에 절차상의 문제를 놓고, 참석자들 사이에 격렬한 말싸움이 전개되었고 츠빙글리는 시 의회에 최종적인 결정권이 있음을 암시하는 발언을 하였다. 그러자 콘라드 그레벨을 비롯한 츠빙글리의 제자들은 스승의 태도에 크게 실망하였고 연옥에 관한 토론은 제대로 이루어지지 못한 채 마무리되었다.

이 "10월 논쟁"을 통해 교회와 국가의 관계에 대한 츠빙글리와 그의 제자들 사이의 견해 차이가 분명히 드러나게 되었다. 신학자들과 신앙인들이 모여 영적인 문제에 대해 토론하고 결정한 사항들에 대해 누가 최종적인 권위를 가지느냐 하는 문제가 제기되었던 것이다. 츠빙글리는 영적인 문제라 할지라도 성속을 총괄하는 취리히 시 의회에 최종적인 권위가 있기에 시 의회 의원들이 최종적인 결정을 내려야 한다는 입장이었다면 츠빙글리의 제자들은 영적인 문제는 영적인 권위 즉 교회에 의해 최종 결정되어야 한다는 입장이었다.[17]

1523년 10월에 있었던 2차 취리히 논쟁 이후 결정적으로 취리히에서 재세례파가 출현하게 되는 1525년 1월까지 무슨 일이 있었는가? 1524년 7월 스위스 북동부와 남독일에서 농민 봉기가 일어나기 시작했으며, 이 농민 봉기는 1525년 엘자쓰(Elsass) 지방과 튜링엔(Türingen), 그리고 1526년 7월에는 스위스 남부 지방을 휩쓸게 된다. '불평하는 자'(Beschwerden)의 원조로 지목받아 츠빙글리는 뉴른벡(Nürnberg)에서 열린 제국 의회(1522-24)에 소환되었다. 당시 교황 아드리안 6세(Adrian VI, 1459-1523, 재위 1522-1523)는 개신교도들과의 신학적인 타협은 거절하였지만 개신교 종교개혁의 요구 사항에 따라 가톨릭교회를 개혁하려 한 것으로 알려져 있다. 물론 그의 짧은 재위로 이런 노력은 무산되고 말았다. 페터 빈첼러에 따르면 뉴른벡 제국 의회는 일면 교황과 황제에 반대하는 사람들에게 힘을 실어 주었다. "제국 의회는 '선동적인 설교를 못하게 막았으나 소위 말하는 순수한 복음의 선포는 이용하길 원했다."[18]

1524년 12월에 출간된 츠빙글리의 『누가 사회를 혼란스럽게 만들었는가』라는 글은 츠빙글리의 "대표적인 정치 사회 비판 논쟁 문서"라고 할 수 있다. 이 글에서 츠빙글리는 "복음을 증오하게 만드는 네 번째 부류의 사람들"로 재세례파를 지목하고 있다. 이들은 "사랑이 많은 것을 자랑하는 것이 아니라, 복음에 관한 지식이 많다고 뽐내는 사람들[고전 13:4]"이다.¹⁹ 이들에 대한 츠빙글리의 설명을 살펴보자.

한편으로 그들은 어떤 국가 권력도 인정하지 않습니다. 그런데 그들은 다른 한편으로 국가 권력을 소유하기 원합니다. 그들은 '국가 권력에 종사하는 사람은 진정한 그리스도인이 아니다'라고 말합니다. 그들은 당장 자기들만의 교회를 가지기를 원합니다. 그들은 '어느 국가도 복음의 설교를 막을 권리가 없습니다. 오늘날 사람들은 잘못 가르치는 설교자를 죽여도 된다'고 주장합니다. 그런데 다음 날 그 사람들은 아무런 권한도 없으면서 잘못 가르치는 설교자들이 멋대로 설교하는 것을 방치하고 있습니다. 그들은 우리가 어린이에게 세례를 줄 때, '우리 그리스도교 안에서 어린이 세례를 주는 것만큼 혐오스럽고, 소름끼치고, 죄악된 일이 없다'고 외치고 있습니다…. 그리고 그들은 싸우는 사람들이 영에 속한 사람들이 아니라 육에 속한 사람들이라는 사실을 알지 못합니다(고전3:1).²⁰

이들의 유아 세례에 대한 반대에 대해 츠빙글리는 다음과 같이 말하고 있다:

> 곧 내 생각은 우리 인간이 얼마나 약한 존재인가를 깨달았을 때 나온 생각이며 유아 세례에 반대하는 사람들이 '마치 큰 죄를 발견한 것처럼' 아기에게 세례를 준다고 한탄하는데, 거꾸로 내 생각은 우리가 아기 세례를 줄 때 그 어떤 잔혹한 일도 일어나지 않는다는 사실에서 나온 것입니다. 나는 오히려 아기 세례에서 이삭을 낳은지 팔일 만에 할례를 베푼 아브라함의 후손들을 봅니다.²¹

신약 시대의 세례를 구약의 할례에 연결시키고 있는 이런 주장의 배후에 언약 신학에 대한 생각이 츠빙글리에게서 싹트기 시작하고 있는 것을 확인하게 된다.

제3차 공개 토론회는 1525년 1월 17일에 개최되었는데 그 주제는 유아 세례 문제였다. 그레벨과 만츠 등은 신약 성경의 구절들을 인용하면서, 신앙고백을 하는 신자들에게만 세례를 베풀어야 하며, 자발적으로 신앙고백을 할 수도 없고 하지도 못하는 유아들에게 세례를 베푸는 것은 성경적이지 않다고 역설하였다. 이에 대해 츠빙글리는 유아 세례의 정당성을 옹호하며 이미 유아 세례를 받은 자들에게 다시 세례를 받아야 한다고 주장하는 자들을 향해 "소나기 같은 웅변"(torrent of words)을 쏟아 놓으며 자신들의 제자들이었던 자들을 비난하였고 그들에게 "Wiedertäufer"(Rebaptizers, Anabaptists, 다시 세례를 베푸는 자)라고 비난하며 조롱 섞인 별명을 붙여주었다. 토론회는 츠빙글리의 승리로 끝났고 이 3차 공개 토론회는 결과적으로 츠빙글리와 그의 제자들인 스위스 형제단이 적대하며 분열하는 결정적인 계기가 되었다.[22]

토론회 후 취리히 시 의회는 8일 안에 아이들에게 세례를 주라고 강제하면서 그렇지 않으면 추방하겠다고 하였다. 하지만 며칠이 지난 1525년 1월 21일 밤 펠릭스 만츠의 집에서 10여 명이 모여 제이콥 가문의 게오르게 블라우록(George Blaurock, c. 1491-1529)이 그레벨에게 재세례를 요구하였고 그레벨은 블라우록에게, 블라우록은 다른 15명에게 재세례를 베풀었다. 드디어 취리히시에 재세례파가 등장하게 된 것이다.[23] 개혁자들과 이들 재세례파들 간의 만남 혹은 토론이 3월과 11월에 있었지만 별다른 합의나 진전을 보지는 못하였다. 1526년 3월 7일 취리히 시 의회는 재세례를 행하는 자는 누구든지 익사당하게 될 것이라고 선언했고 1527년

1월 5일 최초의 희생자로 펠릭스 만츠가 죽임을 당하였다.[24]

오피츠는 만츠가 저지른 범죄가 종교적인 것이 아니였음을 말하고 있다. 만츠는 이교도로 죽임을 당한 것이 아니었다. 즉 만츠는 정치적으로 위중한 것과 선출된 시 집행부 결정에 불복종을 반복했던 것 때문에 죽임을 당했다. 만츠의 어머니와 형제들은 형 집행 장소에 도달하게 될 때까지 그가 주장을 철회하도록 독려하였지만 만츠는 죽음에 이르기까지 그가 저지른 일을 뉘우치라는 회유 요청을 거부하였다.

이러한 유형의 범죄는 처음 있는 일이었으나 이미 일반적으로 유효한 법에 따라 처벌이 이루어진 것이다. 그가 이전에 감옥에서 석방되었던 것은 자의에 의한 것은 아니었으나, 다시 세례를 주지 않겠다고 법 절차에 상응해서 서약했었기 때문이었다. 그것은 바로 하나님 앞에서 한 것과 다름없었다. 그러나 그는 기독교적 행정부의 권위를 인정하고 싶지 않았기 때문에, 바로 이러한 서약을 어기게 된 것이었다.[25]

1525년 1월부터 1527년 사이 만츠는 졸리콘과 추르, 아펜젤 등을 다니며 전도 활동을 하였고 재세례를 행했다. 그리고는 여러 번의 투옥을 경험하였다. 그는 1525년 10월 8일 그뤼닝겐의 힌빌에서 감옥에 갇혔다가 일시 탈옥하였으나 10월 31일에 다시 체포되었고, 그레벨과 블라우록과 함께 취리히의 위치 타워(Witch's Tower) 감옥에 투옥되었다. 다시 위치 타워 감옥을 탈출한 후 14일이 지난 뒤에 만츠는 재세례를 베풀었고 1526년 10월 12일에 그뤼닝겐 숲 속에서 체포되었다. 이때 그레벨은 이미 세상을 떠난 상태였기에 만츠는 스위스 형제단의 지도자로 부상해 있었다.[26]

4. 츠빙글리와 재세례파 결별에 대한 평가

"10월 논쟁"에서 드러난 츠빙글리와 그의 제자들 사이의 갈등의 원인은 영적인 문제의 결정권이 당시의 시 의회에 있는가 아니면 교회에 있는가의 문제였다. 장기적으로 보았을 때 이 문제에 대한 바른 답은 츠빙글리가 아니라 그의 제자들 쪽의 주장이었다. 당연하게 교회의 영적인 문제에 대한 결정권은 국가가 아니라 교회에 있다고 할 수 있다. 이런 맥락에서 보면 취리히에서의 츠빙글리와 그의 제자들인 재세례파와의 반목은 보다 급진적으로 교회 자체의 영적 권세를 주장할 것이냐 아니면 인내심을 가지고 조금 더 기다릴 것이냐의 문제였다고 할 수 있다. 그런 면에서 당대의 문맥에서는 츠빙글리가 옳았지만 원칙적인 면에서는 그의 제자들의 주장도 틀린 주장은 아니었다라고 할 수 있다. 츠빙글리와 스위스 형제단 사이의 보다 핵심적인 차이점은 국가 교회(state church)에 대한 견해였고 그 핵심에 유아 세례 문제가 있었다고 할 수 있을 것이다.

취리히에서는 1527년 1월부터 재세례파에 대한 공개 처형이 자행되었으며 츠빙글리가 살아있었던 동안에 3명, 그 이후 1571년까지 또 3명 도합 6명의 재세례파 사람들이 처형되었다. 취리히 종교개혁의 어두운 일면을 반영한 이러한 사건에 대한 죄책 고백이 스위스 개혁교회를 중심으로 1983년에 이루어졌고, 2004년에는 하인리히 불링거 탄생 500주년을 맞아 취리히 교회 당국은 공개 처형이 있었던 리마트 강가에 속죄와 화해의 기념비를 마련하였다.[27]

페터 오피츠는 재세례파 사람들이 처형된 것은 취리히 의회의 결의 사항, 즉, 정치, 사회적 혼란기에 공적으로 유효한 법령을 거듭해서 무시한 것에 대하여 일반적인 집행의 테두리 안에서 이루어진 것이지 종교적으로 "박해"를 받은 것이 아니라고 말하고 있다. 즉 재세례파의 유아 세례 거부는 "기독교 정치 공동체와 사회의 법질서의 범주 안에 소속되는 것을 거부하는 것"이었다.[28]

하지만 그럼에도 이들 재세례파들은 "기독교가 단지 일반적 문화로 전락한 곳에서 기독교 신앙을 의식화함으로써 일정한 박해를 경험하게 된 것"이었으며 "츠빙글리 자신도 그가 인식한 복음을 위하여 순교자가 될 각오를 했었기 때문에 이러한 사람들의 태도를 이해하였고 이러한 일이 진행되는 과정도 스스로 공감할 수 있었다."[29]

한때 자신의 제자들이었던 재세례파들이 박해를 받고 심지어 처형을 당하는 것에 대해 츠빙글리는 어떻게 대응했을까? 오피츠는 츠빙글리가 취리히 시당국에 의해 이들이 단지 가볍게 처벌 받을 수 있도록 오랫동안 노력하였다고 말하고 있다. "선처를 청원하는 것이나 제안을 하는 것 이외에 츠빙글리가 할 수 있는 일이란 사실 별달리 없었다. 츠빙글리는 수년 전에 함께 히브리 성경을 공부했던 펠릭스 만츠(Felix Manz)를 처형하라고 요청한 것도 아니었고 그렇다고 만류한 것도 아니었다. 그는 결코 가볍지 않은 마음으로 이처럼 피할 수 없는 결과를 허용한 것이었다."[30]

오피츠는 츠빙글리가 직면했던 초기 "재세례파"를 1527년의 슐라이트하임 신앙고백이나 메노 시몬스의 문헌들을 중심으로 결집된 후기 "재세례파"와 분명히 구별해야 한다고 주장하고 있다. 그레벨은 참된 교회에 대하여 "십자가 아래"에 모인 잠재적 순교자들의 무방비적인 작은 공동체라고 주장함으로써 사회와는 일정 부분 단절을 도모하는 재세례파의 한 유형인 "자유 교회"의 선구자가 되었다.[31]

오피츠는 초기 "재세례파"인 스위스 형제단과 후기 "재세례파"인 메노파를 구별해야 하지만 그럼에도 츠빙글리와 메노파 사이에 기독교를 이해하는 데에 있어서의 뚜렷한 유사성이 존재한다고 주장하고 있다: 재세례파가 강조한 정치 권력으로부터의 독립성에 대한 의지, 고백교회적 성격의 기독교, 전 세계적으로 펼쳐진 기독교 평화 운동과 함께 메노파 교회는 그들이 그레벨과 그와 가까왔던 취리히 친구들을 어떻게 대표하고 있는지를 보여준다. "단지 이들이 그러한 생각을 자유롭게 펼칠 수 있는 여건이 그리 넉넉하게 허용되지 않았던 것은 정치, 종교, 문화적으로 제약된 한계 때문이었다."[32]

5. 츠빙글리의 세례론

루터나 칼빈, 그리고 츠빙글리 등의 개혁자들이 유아 세례와 관련해서 직면했던 과제는 두 가지였다. 첫째 과제로 개혁자들은 로마 가톨릭교회식의 예전적인 유아 세례를 비판했다. 가톨릭교회는 세례를 받는다는 것이 교회 구성원이 될 뿐만 아니라, 나아가 자동적으로 구원에 이르는 필수적인 것이라고 보았다. 개혁자들은 이런 가톨릭의 세례관에 대해 반대하였다. 또한 동시에 개혁자들은 "유아 세례를 거부하고 세례의 반복을 정당시하는 재세례파에 대하여서도 바른 입장을 취해야 했다."[33]

세례를 은혜의 방편으로 보았던 루터와는 달리 츠빙글리는 세례를 단순히 내적인 신생의 외적 표징과 상징으로 보았다. 츠빙글리에게 있어서 세례라고 하는 것은 하나님의 백성으로 한 단체에 불러 모아졌다는 것을 의미하는 것이다. 세례는 우리가 이제부터 그리스도인이라고 인정받게 되는 표징이다. 츠빙글리는 처음에는 유아 세례가 비성경적임을 지적하고 반대했다. "언젠가 나 역시도 그 오류에 빠져서 어린이들이 분별할 나이가 될 때까지 세례를 주지 않는 것이 낫다고 생각했다."[34] 하지만 츠빙글리는 "후에 마지못해 정부의 권력을 기초로 한 국가 교회(state church)의 유아 세례 관에 따라" 유아 세례를 인정했다.[35]

츠빙글리와 스위스 형제단을 이루게 되는 그의 제자들은 함께 신약 성경을 공부하였다. 이런 예언 모임을 통해 그들은 사회 개혁을 포함한 다소 과격한 견해를 공유하게 되었다. 그러면 츠빙글리가 자신의 제자들과 달리 유아 세례 반대 입장을 넘어설 수 있었던 이유는 무엇이었을까? 루터와 재세례파는 구약 성경에 대해 그다지 중요한 의미를 부여하지 않았다고 할 수 있다. 루터에게는 이신칭의가 중요하였기 때문에 구약의 율법을 정당하게 이해하는데 한계를 드러내었다. 재세례파 또한 구약 성경이 보여주는 율법적 행위를 과소평가하면서 신약 성경만을 극단적으로 강조했다. 이들 재세례파들은 "사도행전에 묘사된 초대 교회의 회복을 부르짖으며, 그들이 목격하고 있는 소위 기독교 국가의 문제점들을 신랄하게 공격하기 시작했다."[36]

츠빙글리는 재세례파들의 도전을 극복하기 위하여 구약 성경에 관심을 기울이게 되었다. 유아 세례의 기원을 구약 성경의 할례에서 찾으면서 유아 세례의 정당성을 확보하게 된 것이다. 세례가 할례를 대체한다는 결정적 증거로 츠빙글리가 제시한 성경 구절은 골로새서 2장 10-12절 말씀이다.[37] 구약과 신약을 통일적으로 파악할 수 있는 신학적 관점을 발전시켜 나가게 되었으며 이른바 언약 신학의 기초를 놓게 된 것이다. 츠빙글리의 "세례"라는 논문에 대한 편집자의 해설은 논문이 결함이 없는 것은 아니지만 그럼에도 좋은 특징들을 드러내는데 그 가운데 하나로 "언약에 대한 호소"를 꼽고 있다. 이를 통해 츠빙글리는 재세례파들의 신앙과 실천을 단지 신약 성경이 아닌 성경 전반에 기초하도록 하여 재세례파들의 실패를 폭로하고 있다.[38] 이런 신학적인 발전을 통해 츠빙글리는 선택과 계약에 대한 그의 생각을 섭리의 관점으로 연결해 나가게 되었고 우리 그리스도인의 믿음이 하나님의 선물이라는 데 도달하게 되었다.[39]

우리의 믿음이 하나님의 선물이기에 자신의 믿음에 대한 외적 표시로서 세례를 받는 것에 대해 스스로 신앙을 가질 수 있는 것처럼 착각하면 안 된다. "세례 그 자체만으로는 구원을 받을 수 없다. 세례는 수세자가 그리스도의 뜻에 따라 살겠다고 결심하는 교회의 예식일 뿐이다. 오직 구원을 베푸는 이는 하늘에 계신 하나님이시다."[40]

츠빙글리에게 있어서 가장 중요한 전제 중의 하나는 요한의 세례와 그리스도의 세례가 동일하다는 것이다. 예수님 자신도 요한의 세례를 받으셨고 그의 제자들도 마찬가지로 요한의 세례를 받았을 것이다. "그리스도는 자기뿐 아니라 자기 제자들에게도 요한의 세례로 만족"하셨다.[41] "세례는 요한에게 그 시작이 있고, 세례의 본질과 효력과 목적에서도 요한의 세례와 그리스도의 세례에는 아무런 차이가 없다는 것이 확실하다."[42]

이러한 츠빙글리의 주장에 대한 가장 큰 반론은 사도행전 19장의 사건이다. 사도행전은 열두 명의 사람들이 이전에 요한의 세례를 받았지만 예수 그리스도의 이름으로 세례를 받았다고 분명히 말씀하고 있기 때문이다. 츠빙글리는 "가르침"이라는 말 대신에 "세례"라는 단어를 사용하고 있음을 주장하며 바울이 재세례를 시행한 것으로 본문을 해석하는 것은 잘못이라고 주장하고 있다.[43]

츠빙글리에게 있어서 세례를 포함한 성례는 언약의 표시나 서약을 의미한다. 츠빙글리는 "주석"에서 세례에 대해 다음과 같이 설명하고 있다. "상거래에서 악수와 함께 어떤 것이 건네진다면, 악수는 물건이 아니고 보이는 상징이다. 곧 우리로 하여금 양측의 거래가 이루어지게 하는 것이다."⁴⁴ 츠빙글리의 후기 사역에서 루터와 논쟁이 되었던 성찬론에 있어서 상징설이 세례론과 무관하지 않았음을 보여주는 주장이라고 할 수 있다. 2년 뒤인 1527년 "세례"에서는 세례에 대해 다음과 같이 말하고 있다. "세례는 그러므로 입문의 표시인, 의식(ceremonii, 그리스어 teleta)이다. 그것은 수도원에 입문할 때 입는 고깔 달린 수사의 겉옷과 같다. 그들은 그 겉옷이 언제 만들어졌는지 그 규정과 정관을 모르지만, 그들은 겉옷을 입고 그것을 배운다."⁴⁵

츠빙글리에 의하면 재세례파들은 그리스도인들이 죄 없이 살 수 있다고 주장하였다. 아마도 세례 받는 사람들이 세례에 합당한 삶을 살 수 있는 사람들이어야 한다고 주장하기 위한 것이라고 할 수 있다. 이에 대해 츠빙글리는 "우리가 죄 없이 살 수 있다면, 세례는 헛되이 제정된 것이다"라고 주장하고 있다.⁴⁶ "세례는 믿음이 온전해지기 전에는 집행해서는 안 된다"라는 재세례파들의 주장에 대해 츠빙글리는 "내 답변은 이렇다. 즉 우리는 모두 세례를 받지 않은 상태로 남아야 한다. 믿음은 항상 성장하기 때문이다."⁴⁷ 아무라도 세례에 합당한 삶을 사는 사람이 없기 때문이다.

"믿고 세례를 받는 사람은 구원을 얻을 것이요 믿지 않는 사람은 정죄를 받으리라"는 마가복음 16장 16절 말씀에 대해 이 말씀은 들을 수 있는 성인들에게 한 말씀이지 들을 수 없는 아이들에게 한 말씀이 아니라는 것을 츠빙글리는 인정하고 있다. 하지만 그렇다고 해서 아이들, 특히 믿는 부모에게서 태어난 자들이 구원에서 제외될 수는 없는 일이다. 츠빙글리는 사도행전 10장 47절의 베드로의 말을 인용하며 "누가 … 그 아이들에게 세례 주는 것을 거부하겠는가?"라고 유아 세례 반대론자들을 논박하고 있다.⁴⁸

언약 신학은 개혁파 전통에서만 배타적으로 견지된 신학이 아니라 "주로 개혁파 진영의 사상"이라고 할 수 있다. 재세례파 제자들과 논쟁하며 츠빙글리는 신구약 성경을 통일적으로 파악할 수 있는 신학적 관점을 제시하게 되었고 구약의 할례를 신약의 세례와 연결시켜 이해하게 되었음을 살펴보았다. 이때 마음에 가지게 되는 질문은 "칼빈주의 침례교회"는 언약 신학을 수용하는 데 왜 유아 세례를 반대하였는가 하는 것이다. 이 부분과 관련하여 조엘 비키와 마크 존스는 이들 침례교도들이 나름의 언약 신학을 전개하였지만 존 오웬(John Owen, 1616-83)이나 존 플라벨(John Flavel, c. 1627-91)의 정통 개혁파 신학자들의 언약 신학과는 확연히 다른 언약 신학을 전개하였다고 주장하고 있다. 차이점은 옛 언약과 새 언약의 차이점이 아니라 아브라함 언약이 새 언약과 어떻게 관련되어 있는지에 대한 것이었다. 아브라함의 언약을 하나라고 보는 정통 개혁파의 입장과는 달리 유아 세례 반대자들은 아브라함의 언약을 두 언약 즉 행위 언약과 은혜 언약으로 구분한다. "그들은 그렇게 함으로써 할례는 아브라함의 은혜 언약이 아니라 아브라함의 행위 언약에 속해 있다고 주장할 수 있었다."[49] 그렇기 때문에 구약의 할례와 신약의 세례는 아무런 관련이 없다는 것이 개혁파 침례교 신자들의 주장이다.

6. 유아 세례의 문제

현대 신학에서 유아 세례를 반대하는 대표적인 사람은 칼 바르트(Karl Barth, 1886-1968)와 웨인 그루뎀(Wayne Grudem, 1948-)이다. 칼 바르트는 1947년 『세례론』(Die Kirchliche Lehre von der Taufe)이라는 책에서 성

인 세례와 유아 세례에 대한 자신의 입장을 밝히면서 유아 세례에 대한 반대 입장을 분명히 하며 유아 세례를 성례로 받아들이기를 거부하였다. 세례는 그리스도의 구원을 보충하거나 연장하거나 반복시키는 기능을 가질 수 없으며 구원을 위해 반드시 필요하다고 할 수 없다. 1967년 『교회 교의학』 IV/4에서 바르트는 성령 세례가 인간을 향한 부르심을 가리킨다면, 물세례는 그 부르심에 대한 인간의 복종을 가리킨다고 주장하였다. "성령 세례가 하나님의 은사(Gabe)라면 물세례는 이 은사를 받은 인간의 사명(Aufgabe)을 가리킨다."[50] 즉 물세례는 성령 세례에 상응하는 인간의 결단(Entscheidung)이다. 이런 구도에서라면 유아 세례는 유아가 신앙의 결단을 할 수 없기에 불가능하다.

바르트는 유아 세례가 국민교회(Volks Kirche)의 형성과 연관되어 있다고 주장하며 "교회가 현대적인 의미에서 국민교회로 남기 위하여 진정으로 필요한 것이 있다면, 그것은 국민을 위한(for the people) 교회가 아니라 국민의(of the people) 교회라고 할 것이다."[51] 바르트는 유아 세례의 정치적 의미에 주목하고 있다. 바르트는 화란의 언약 신학을 언급하면서 유아 세례의 정당성을 변호하는 논리가 국민교회에서 교회를 기독교 사회와 동일시하는 관념이기 때문에 거부하고 있다. 교회가 유아 세례에 집착하는 이유는 생명력이 없고 담대하지 못하다고 하는 여러 증후군 가운데 하나이다. 그 결과 무관심과 세속주의의 물결이 교회에 흘러 넘치고 있다는 것이다.

바르트와 마찬가지로 웨인 그루뎀은 세례가 구원에 꼭 필요하다는 가톨릭의 견해에 대해 비판적이다. 세례가 구원에 꼭 필요하기 때문에 가톨릭에서는 세례가 사제들에 의해 집전되어야 하지만 특별한 경우에는 즉 아이가 출생하자마자 곧 죽을 위험에 처한 경우에는 산파나 집사, 그리고 평신도도 행할 수 있다고 설명하고 심지어는 불신자가 행한 세례도 유효하다고 주장하기까지 한다. 그루뎀은 루드비히 오트(Ludwig Ott, 1906-85)라는 가톨릭 신학자의 글을 인용하고 있다: "교회의 양식을 따르고 교회가 의도하는 바대로 행한다면 이방인이나 이단자도 세례를 베풀 수 있다."[52]

그루뎀은 세례가 우리의 신앙생활에서 매우 중요한 문제이기에 깊은 관심을 가지고 신중하게 생각해보아야 한다고 말하고 있다. 하지만 그루뎀은 세례가 성도들을 분리시키는 근거가 되어서는 안 된다라고 말하고 있다.[53] 은혜의 방편이라고 하는 세례와 성찬은 역설적으로 교회 역사 속에서 수많은 논쟁과 분열의 원인을 제공하곤 하였다. "세례의 형태나 그 의미에 대한 논쟁은 때로 세례의 중요성과 아름다움을 등한히 하게 만들고, 이 예식에 수반되는 엄청난 축복을 놓치게 만들기도 한다."[54]

그루뎀은 세례의 적극적인 의미에 대해 다음과 같이 말하고 있다: "심판의 물을 안전하게 건너고, 그리스도와 함께 죽었다가 살고, 우리의 죄를 사하는 등의 놀라운 진리들은 중요하고 영원한 우리의 기업에 관한 진리들이며, 따라서 하나님께 영광과 찬송을 돌리는 기회가 되어야 한다."[55]

그루뎀은 유아 세례를 주장하는 사람들이 언약에 호소하는 것에 대해 비판적이다: 유아들이 언약, 혹은 언약의 공동체로 받아들여졌다는 식의 애매한 언어를 사용하는 것은 문제를 회피하는 듯한 인상을 준다.[56]

유아 세례 문제와 관련하여 그루뎀이 제시하고 있는 해결 방안의 첫 단계는 유아 세례주의자들과 신자의 세례주장자들이 모두 세례가 신앙생활에 있어 주요 교리가 아님을 인정하고 이 문제에 관한 서로의 입장을 존중해서 세례로 인해 그리스도의 교회가 분열되는 일이 없도록 하자는 것이다. "특히 이는 세례에 관한 이 두 가지 입장을 모두 가르치고, 양쪽 진영의 교단에서 모두 이 두 가지 세례를 시행하는 것을 의미한다."[57]

유아 세례를 반대하는 침례교회를 향하여 그루뎀은 "유아 세례를 받은 사람들을 교회의 교인으로 받아들이고 양심의 확신이 있는 사람들은 잘 살펴본 후에 유아 세례의 유효성을 인정하고 다시 세례를 받지 않도록 하려는 의지가 있어야 한다"라고 주장하고 있다.[58] 필자가 기억하기에 존 파이퍼(John Piper, 1946-)는 자신이 목회하고 있는 베들레헴 침례교회에서 이를 시행하려고 했고『천로역정』의 저자인 침례교 청교도 존 번연(John Buynan)도 이런 주장을 하였다. 하지만 존 파이퍼는 이러한 자신의 생각을 베들레헴 교회에서 시행하지는 못했다. 남침례교 신학 교수들이 이 문제에 관여하게 되면서 교회의 분위기가 바뀌어 결국 파이퍼는 자신의 생각을 실행에 옮기지는 못하였다.[59]

그루뎀은 "유아 세례주의자들은 유아 세례를 원치 않는 부모들에게 지나치게 강요하고 부담을 주거나, 그와 같은 부모들을 주님께 불순종한 사람들로 간주하지 않기로 동의해야 할 것이다."라고 말하고 있다.[60]

그루뎀은 대표적으로 교회 정치나 세례에 대한 교리는 주요 교리가 아니라고 주장하고 있다. 이 부분에 대해서 필자는 충분히 공감한다. 현대적인 시각에서 보면 교회 정치나 세례에 대한 교리는 한 쪽의 주장만 옳다고 절대적인 진리를 주장할 수 없는 것이 사실이다. 요는 당시의 상황이 어떠하였는가 하는 것이다.

스티븐스는 이 부분과 관련하여 "츠빙글리의 관심은 세례라는 주제 자체가 아니라, 세례나 사회적 문제들에 대한 재세례파의 급진적 태도가 종교개혁 자체에 제기하는 위협이었다"[61]라고 말하고 있다. 루터나 츠빙글리, 그리고 칼빈 모두는 자신들이 직면했던 재세례파의 극단적인 주장이 종교개혁의 대의를 손상시키는 것에 대해 우려하였다.

오피츠는 재세례파와 관련하여 이들이 본래 종교적으로 '박해'받은 것이 아니었으며, 취리히 의회의 결의 사항, 즉 정치, 사회적 혼란기에 공적으로 유효한 법령을 거듭해서 무시한 것에 대하여 처벌받은 것이라고 말하고 있다. 즉 재세례파는 외형적으로는 유아 세례와 관련한 종교적인 문제로 처벌받은 것처럼 보이지만 "일반적인 법 집행의 태두리 안에서 처벌된 것이었다."[62] 이어서 오피츠는 당시의 사회적 맥락에서 재세례파들의 행적이 미쳤던 영향에 대해 다음과 같이 상세하게 소개하고 있다: 재세례파의 유아 세례 거부는 기독교 정치 공동체와 사회의 법질서의 범주 안에 소속되는 것을 거부하는 것이기도 했다. 기독교인은 정치 권력적 직무를 맡아서는 안 된다는 재세례파의 주장은 기독교적 색채를 띠고 있던 당시의 정치 권력의 합법성을 부인하는 것이었다. 기독교인은 무기를 지녀서는 안 된다는 재세례파의 주장은 자신의 도시를 적의 손에서 구하는 일에 참여하는 것을 거부하는 것과 동일시되었다.[63]

재세례파의 유아 세례 거부가 단지 그 문제만을 분리하여 다룰 수 있는 문제가 아니였음을 확인하게 된다. 그런 면에서 다른 문제와 분리해서 다룰 수 있는 현재적인 상황에서라면 조금은 토론의 향배는 달라지리라는 생각을 하게 된다. 그리고 이들 재세례파에 대한 재평가가 필요하다는 생각도 하게 된다. 예컨대, 김균진 교수는 『루터의 종교개혁』 말미에 있는 "책을 끝내면서"에서 재세례파의 주장이 잘못된 비현실적인 부분도 있지만 자신들이 생각한 진리를 위해 박해와 순교의 길을 마다하지 않았던 점에 깊은 감명을 받았음을 밝히고 있다. 이른바 "종교개혁 좌파"의 옳은 점에 대해 김균진은 다음과 같이 말하고 있다:

이들은 하나님의 진리에 관한 문제에 세속의 통치권이 개입하는 것을 거부하였습니다. 믿음과 교회의 순수성을 지키기 위해 이들은 교회와 세속 통치권의 결합을 끝까지 반대하였습니다. 그래서 이들은 양편 모두에게서 미움을 받았지요. 그 결과 이들에게 남은 길은 박해와 순교였습니다. 수십만 명이 죽음을 당하였습니다. 그러나 자기가 옳다고 생각하는 진리 때문에 그들은 박해와 순교의 길을 피하지 않았습니다.[64]

그러면서 김균진은 자문하고 있다: "대학에서 스콜라 신학을 배운 사람들 중에 순교자가 된 사람은 한 명도 없다고 루터는 말했는데, 나도 그중 한 사람이 아닌가?"[65]

7. 결론

지금까지 츠빙글리와 그의 제자들이었던 재세례파가 결렬하게 되는 과정에 대해서 살펴보았다. 이 과정에서 가장 핵심적인 문제는 교회와 국가의 문제였고 시간이 지나면서 유아 세례 문제가 전면에 등장하게 된다. 츠빙글리는 처음에는 유아 세례를 반대하였지만 자신의 제자들인 재세례파와의 논쟁을 거쳐 구약의 할례와 세례를 연결시키게 되었고 구약과 신약의 연속성을 주장하게 되었다. 츠빙글리는 세례를 언약의 표징으로 이해하였으며 유아 세례를 받은 사람들에게 재세례가 필요하다는 주장을 배격하게 되었다.

츠빙글리와 그의 제자들이었던 재세례파의 결별은 당시의 문맥에서만 제대로 이해할 수 있는 문제라고 할 수 있다. 영적인 문제에 대한 의결권이 영적 기관인 교회에 있어야 한다는 츠빙글리의 세사들의 주장은 정당한 주장이기는 하였지만 모든 공권력에 대한 부정적인 입장을 취하며 유아 세례를 부정하고 공권력의 권위를 무시한 것은 종교개혁의 대의를 위협하는 중요한 사안이었다고 할 수 있다.

물론 영적인 문제에 있어서 국가로부터의 교회의 독립을 기본 전제로 받아들이는 현재적인 관점에서는 유아 세례에 대한 토론은 좀더 개방적으로 이루어질 필요가 있을 것이고 이들 재세례파에 대한 평가도 새롭게 이루어질 필요가 있다. 주지하는 바와 같이 바르트와 그루뎀은 스스로 개혁파 신학자들임을 자임하는 사람들임에도 재세례파의 입장과 같이 유아 세례를 반대하는 사람들이다. 이들의 세례론에 대한 보다 심도 있는 평가를 기대해 본다.

10 미주

01　* 이 논문은 「조직신학연구 40」 (2022), 52-82에 게재되었던 논문이다.

　　Alister E. McGrath, 『종교개혁 사상』, 최재건 역 (서울: 기독교문서선교회, 2006), 30에서 역자는 '종교개혁'이라는 용어가 때로 재세례파를 제외하고 루터파와 개혁파가 결부될 때 '관주도적 종교개혁'(Magisterial Reformation)이나 '주류 종교개혁'(Mainstream Reformation)이라 불린다고 번역하고 있다. '관주도'라는 말은 종교개혁이 관주도로 이루어졌다는 의미를 갖기에 오해의 소지가 있는 용어라고 할 수 있다. 다만 국가를 비롯한 공권력과 좋은 관계에서 이루어진 개혁이라는 의미로 이해되어야 할 것이다.

02　김승진, 『근원적 종교개혁: 16세기 성서적 아나뱁티스트들의 역사와 신앙과 삶』 (대전: 침례신학대학교출판부, 2011), 40.

03　전준봉, "칼뱅과 재세례파의 교회론 연구: 교회와 국가와의 관계를 중심으로," 「개혁논총」 50 (2019), 103f.

04　박찬호, "츠빙글리의 개혁신학: '참 종교와 거짓 종교에 대한 주해'를 중심으로," 「조직신학연구 27」 (2017), 346-377. 박찬호, "교회와 국가의 관계에 대한 츠빙글리의 견해," 「한국개혁신학 65」 (2020), 80-117.

05　Peter Opitz, 『울리히 츠빙글리: 개혁교회의 예언자, 이단자, 선구자』, 정미현 역 (서울: 연세대출판문화원, 2017), 54.

06　김승진, 『근원적 종교개혁』, 91.

07　김승진, 『근원적 종교개혁』, 91.

08　김승진, 『근원적 종교개혁』, 91.

09　이 예언 모임은 직접적인 관련성이 확인되고 있지는 않지만 1525년 "렉토리움"(Das Lectorium)이라는 이름으로 문을 열었고 나중에 이름이 바뀌어 "프로페차이"(Prophezei)라고 불리우게 된 일종의 신학교의 전신이라고 할 수 있다. '예언'이라고 하는 말은 지금의 설교라고 이해하면 좋을 것 같다. "종교개혁 시행의 중심은 츠빙글리의 창안인 '예언'이었는데 이것은 곧 이어서 많은 도시나 다른 나라에서 모방되었고 영국에서는 독립파들이 거기에 상당한 변형을 주면서도 그 이름을 보존하기까지 했다" [Jaques Courvoisier, 『개혁신학자 츠빙글리』, 이수영 역 (서울: 한국장로교출판사, 2002), 25].

10　Huldrych Zwingli, "67개조 논제에 대한 해제," 『츠빙글리 저작선집 2』, 임걸 역 (서울: 연세대학교출판문화원, 2018), 513.

11　Ernst Saxer, "해설", 『츠빙글리 지적신집 1』, 임길 역 (시울: 연세대학교출판문화원, 2014), 199. 장수한에 따르면 독일 농민 전쟁(1524-1526)의 "12개 요구 사항"의 작성자는 크리스토프 샤펠러(Christopher Schappeler)와 제바스티안 로체(Sebastian Lotzer, c. 1490-1525)인데, "로체는 샤펠러의 제자였고 샤펠러는 의문의 여지 없이 츠빙글리의 추종자였다" [장수한, "독일 농민 전쟁(1524-1526)에 미친 Martin Luther의 영향," 「복음과 실천 55/1」 (2015), 151].

12　Zwingli, "67개조 논제에 대한 해제," 515.

13　Ernst Saxer, "해설", 199.

14　김승진, 『근원적 종교개혁』, 69.

15 츠빙글리의 성찬론에 대해서는 박찬호, "츠빙글리의 성찬론," 주도홍 외 공저, 『한 권으로 읽는 츠빙글리의 신학』 (서울: 세움북스, 2019), 194-212.
16 김승진, 『근원적 종교개혁』, 70f. 그 자리에서의 콘라드 그레벨의 발언과 츠빙글리의 답변, 그리고 이에 대한 스텀프의 반박, 그리고 츠빙글리의 이에 대한 답변에 대해서는 김승진, 『근원적 종교개혁』, 71f를 참조하라. 김승진은 이에 대해 이것이 "취리히 시의회 의원들의 정치적 후원을 입으며 추진해 왔던" 츠빙글리의 종교개혁 운동의 한계라고 지적하고 있다 (72).
17 김승진, 『근원적 종교개혁』, 73.
18 Peter Winzeler, "해설," 『츠빙글리 저작선집 1』, 385.
19 Huldrych Zwingli, "누가 사회를 혼란스럽게 만들었는가," 『츠빙글리 저작선집 1』, 417.
20 Zwingli, "누가 사회를 혼란스럽게 만들었는가," 418.
21 Zwingli, "누가 사회를 혼란스럽게 만들었는가," 426.
22 김승진, 『근원적 종교개혁』, 75f.
23 William R. Estep, 『재침례교도의 역사』, 정수영 역 (서울: 요단출판사, 1985), 34f.
24 W. P. Stevens, 『츠빙글리의 생애와 사상』, 박경수 역 (서울: 기독교서회, 2007), 147.
25 Opitz, 『울리히 츠빙글리』, 57f.
26 김승진, 『근원적 종교개혁』, 105f. 그레벨은 1526년 여름 8월경 전염병에 걸려 죽음을 맞이하였다 (96). 그레벨이나 만츠 모두 30세 어간에 죽었다.
27 정미현, "하나님의 정의와 인간의 정의," 225, 각주 7.
28 Opitz, 『울리히 츠빙글리』, 58f.
29 Opitz, 『울리히 츠빙글리』, 58.
30 Opitz, 『울리히 츠빙글리』, 60.
31 Opitz, 『울리히 츠빙글리』, 56.
32 Opitz, 『울리히 츠빙글리』, 60f.
33 최종호, "칼뱅과 바르트의 유아 세례 논쟁에 관한 고찰," 『기독교교육정보 31』 (2011), 67.
34 Huldrych Zwingli, "세례," 『츠빙글리와 불링거』, 서원모, 김유준 역 (서울: 두란노아카데미, 2011), 162.
35 최종호, "칼뱅과 바르트의 유아 세례 논쟁에 관한 고찰," 66.
36 조용석, 『츠빙글리: 개혁을 위해 말씀의 검을 들다』 (서울: 익투스, 2014), 144.
37 Zwingli, "세례," 147. 편집자의 해설의 일부이다.
38 Zwingli, "세례," 148. 편집자의 해설의 일부이다.
39 조용석, 『츠빙글리』, 144.
40 조용석, 『츠빙글리』, 144.

41 Huldrych Zwingli, "참된 종교와 거짓 종교에 대한 주석," 『츠빙글리 저작선집 3』, 공성철 역 (서울: 연세대학교출판문화원, 2017), 228.

42 Zwingli, "참된 종교와 거짓 종교에 대한 주석," 232.

43 Zwingli, "참된 종교와 거짓 종교에 대한 주석," 235.

44 Zwingli, "참된 종교와 거짓 종교에 대한 주석," 238.

45 Zwingli, "세례," 164.

46 Zwingli, "세례," 163f.

47 Zwingli, "세례," 169.

48 Zwingli, "참된 종교와 거짓 종교에 대한 주석," 238.

49 Joel R. Beeke and Mark Jones, "청교도들의 유아 세례 사상," 『청교도 신학의 모든 것』, 김귀탁 역 (서울: 부흥과개혁사, 2015), 845.

50 Karl Barth, Kirchliche Dogmatiks, IV/4, 112. 최종호, "칼뱅과 바르트의 유아 세례 논쟁에 관한 고찰," 73에서 재인용.

51 Karl Barth, The Teaching of the Church regarding Baptism (London: SCM, 1948), 54. 전성용, "칼 바르트의 반유아 세례론," 121에서 재인용.

52 Wayne Grudem, 『조직신학 하』, 노진준 역 (서울: 도서출판 은성, 2009), 201.

53 Grudem, 『조직신학 하』, 195.

54 Grudem, 『조직신학 하』, 198.

55 Grudem, 『조직신학 하』, 198.

56 Grudem, 『조직신학 하』, 200.

57 Grudem, 『조직신학 하』, 217.

58 Grudem, 『조직신학 하』, 217.

59 필자는 이 부분과 관련하여 서지 정보를 제시하지는 못하였다. 다만 희미한 기억에 의존하고 있을 뿐이다.

60 Grudem, 『조직신학 하』, 218.

61 Stevens, 『츠빙글리의 생애와 사상』, 149.

62 Opitz, 『울리히 츠빙글리』, 58f.

63 Opitz, 『울리히 츠빙글리』, 59.

64 김균진, 『루터의 종교개혁』 (서울: 새물결플러스, 2018), 804.

65 김균진, 『루터의 종교개혁』, 804f.

성찬식 어떻게 해야 하나?

Reflections on Zwingli and Calvin's Sacraments

임종구(대신대학교 교수)

성찬식 어떻게 해야 하나?
Reflections on Zwingli and Calvin's Sacraments

임종구(대신대학교 교수)

I. 들어가는 말

지난 종교개혁 500주년을 기점으로 많은 연구가 진행되고 발표되었다.[01] 그것은 기독교 신앙이 우리 시대에 던져진 문제들에 대해서 어떤 해답을 줄 것이라고 기대했기 때문일 것이다. 그러나 이러한 일련의 연구들은 비텐베르크에서 시작된 이른바 마르틴 루터의 독일 종교개혁을 기준으로 한 활동이었다. 이런 방식은 역사신학과 그리고 종교개혁을 연구하고 진술하는 일에 있어서 표준과 같이 여겨져 왔다. 한편 종교개혁을 비텐베르크의 운동으로만 볼 것이 아니라 그 시원(始原)을 취리히의 츠빙글리에게서 성찰해야 한다는 주장들이 제기되었다.[02] 이런 분위기는 종교개혁에서 개혁신학의 의미를 드러냄으로써 종교개혁의 다면적 성향을 설명하고 오늘날에도 여전히 진행되어야 할 개혁의 정당성을 확보하려는 노력에서 나온 것으로 보인다. 그렇다면 루터나 칼뱅에 비해 그동안 츠빙글리의 신학이 제대로 다루어지지 못한 원인은 무엇일까? 그 이유 가운데 하나가 그의 신학 작품들을 쉽게 만나기 어려웠던 점도 원인으로 작용하였을 것이다.[03]

그동안 개혁신학의 진영에서 츠빙글리의 위치와 존재감은 그가 기여한 것에 비하면 다소 가볍고 소홀하게 다루어져 왔다. 뿐만 아니라 이 개혁자가 지닌 목양적 실천과 그의 신학도 제대로 조명되지 못한 것이 현실이다. 마르틴 루터와 함께 명실상부한 종교개혁 1세대로서의 츠빙글리의 존재감은 무력하게 보인다. 그러나 이런 역사적 반성이 다시금 츠빙글리를 조명하게 했다. 또한 '종교개혁은 루터로부터'와 같은 도식화된 신학 교육도 그 원인 가운데 하나가 될 수 있을 것이다.

흔히 츠빙글리라고 하면 루터와 칼뱅에 비하면 잘 다루지도 않고, 기껏해야 성찬론을 다룰 때 소위 기념설을 주장했던 사람 정도로 소개되고 있다. 그러나 츠빙글리는 루터가 개혁을 시작할 때 취리히에서 비텐베르크와는 무관하게 개혁을 출범시켰다. 이것은 이른바 '스위스 종교개혁', 혹은 '개혁파 종교개혁'이라고 명명해야 마땅할 정도의 박력을 가진 사건이었다.[04] 또한 성찬론 역시 루터의 공제설의 대조군 차원의 비교가 아니 성찬론의 역사 속에서 츠빙글리가 기여한 것이 무엇이며 그의 주장이 무엇이었느냐가 다루어질 필요가 있다. 또한 그의 성찬론을 그가 처했던 환경에서 읽을 필요가 있다. 아울러 그의 성찬론 역시 초기의 논쟁에서 발견되는 주장과 후기의 작품에서 읽혀지는 부분을 세밀하게 분석해서 그 원인과 그의 주장을 찾아내야 할 것이다.

종교개혁사에서 츠빙글리가 그 영향력에 비해서 주목을 받지 못한 것처럼, 역시 비중 있게 다루어지지 못한 인물이 있다면 마르틴 부처일 것이다. 마르틴 부처는 츠빙글리와 칼뱅의 중간에 서서 모두에게 영향을 미친 인물이기 때문이다. 특히 칼뱅의 신학은 곧 마르틴 부처의 신학이라고 해도 과언이 아닐 것이다. 또한 신학의 현장으로서 스트라스부르와 바젤의 중요성도 조명을 받아야 마땅할 것이다. 그러므로 성찬론에 있어서 멜란히톤과 불링거, 칼뱅의 신학적 연대도 언급될 필요가 있다. 이런 배경에서 칼뱅의 신학자로서의 면모는 취리히 일치신조를 통해서 빛난다. 제네바 교회가 베른 교회와 취리히 교회로부터 국제적인 리더십을 가지게 되는 순간이기 때문이다. 당시 칼뱅이 영원 예정 교리에서 고전을 면치 못한 것에 비하면 성찬론의 일치는 신학에 있어 국제적 리더십을 가지는 순간으로 평가받을 수 있기 때문이다. 실제로 칼뱅은 멜란히톤과 불링거와도 성찬론에서는 상당한 일치에 도달함으로써 개혁파뿐만 아니라 종교개혁 전체 진영에서 성찬론을 종합하고 일치시킨 인물로 평가받아 마땅할 것이다.

본 연구에서 다루게 될 성찬론은 교회사와 종교개혁에서 가장 정교한 분야라 할 수 있다. 성찬론은 같은 개신교 진영의 루터파와 개혁파 사이에는 서로 건너지 못할 강이었으며, 로마 가톨릭과 개신교회 사이에는 다른 종(種)으로 분류될 만한 신학의 차이가 되었다. 성찬론의 분쟁이라고 하면 루터와 츠빙글리의 마르부르크 회담을 들 수 있겠지만 성찬론의 치유는 칼뱅과 불링거 사이에서 합의된 취리히 일치신조라고 할 수 있을 것이다. 개혁신학은 이런 과정을 통해 칼뱅의 영적 임재설이 의심 없이 받아들여졌지만, 16세기 이후로부터 현대 교회를 통찰해보면 역설적으로 신학은 칼뱅의 성찬론이, 교회의 현장에는 츠빙글리의 성찬론이 차지하고 있다고 해도 과언이 아닐 것이다.[05] 이것은 개혁파 신학을 하는 사람들에게는 인정하고 싶지 않은 일이겠지만 신학과 현장 사이에서 일어난 이 괴리를 겸손하게 연구하고 치유해야 할 것이다.

따라서 본 연구는 1. 성찬 논쟁의 역사를 1517년과 1525년을 기준으로 살펴보고, 2. 츠빙글리의 성찬론을 다룬 후, 3. 칼뱅의 성찬론을 전개하고 4. 츠빙글리와 칼뱅의 성찬론의 연속성과 불연속성, 5. 개혁파 성찬론의 과제를 다루는 것을 결론으로 삼고 진행될 것이다.

II. 성찬 논쟁의 역사

성찬 논쟁이 소위 화체설, 공제설, 기념설, 영적임재설과 같은 구도로 고착된 것은 종교개혁 이후라고 할 수 있다. 로마 가톨릭은 제1, 2차 성찬 논쟁 이후 성찬 교리를 체계화하고 1059년과 1079년에 열린 라테란 공의회를 통해 공식화하고 1551년 트랜트 공의회를 통해서 재확인하였다. 따라서 성찬 논쟁의 역사는 종교개혁의 정점을 이룬다. 종교개혁 이전의 성찬 논쟁은 사실상, 화체설과 상징설의 두 구도로 진행되었고, 그것은 곧 아리스토텔레스적인가 플라톤적인가의 차원이었다.

2.1. 1517년 이전의 성찬 논쟁

성찬 논쟁의 역사를 언급할 때 흔히 제1차 성찬 논쟁[06]을 소환한다. 아미앙의 코르비 수도원의 수도승인 파샤시우스라 불리웠던 라트베르투스(Paschasius Radbertus)가 쓴 '주님의 몸과 피에 대하여'(De corporore et sanguine Domini)가 10년 후 칼2세에 의해 다시 질문되어졌고 황제의 질문에 라트람누스(Ratramnus)가 대답함으로써 화체설이 태동되는 기초적인 논쟁이 되었다. 9세기의 제1차 성찬 논쟁 이후 제2차 성찬 논쟁[07]은 11세기에 일어난다. 이 논쟁은 1050년 투르의 본당 학교 교장인 베렌가리우스(Berenger)와 노르만디에 있는 벡의 수도원 학교의 랑프랑(Lanfrance) 사이에서 일어났고, 1, 2차 논쟁의 논점은 라트베르투스가 던진 '그리스도를 이빨로 뭉갠다는 것'을 실제로 받을 것인가, 상징으로 받을 것인가의 문제였다. 로마 가톨릭은 라트베르투스의 논점을 수용했고, 제4차 라테란 공의회로 귀결되었다.

초대 교회의 성찬론은 포괄적이었다. 초대 교회의 성찬 예전에서는 감사(eucharistia)라는 주제가 대두되었고 점차 성찬이라는 단어가 사용되었다. 초기의 이론은 그리스도가 참되고 임재하지만 임재의 방식에 대한 논의는 없었다. 임재에 대한 의심이 없었기 때문이었다. 그러나 교부들의 성찬에 대한 작품에는 희생 제사의 언어가 사용되었다. 그리고 점차 희생 제사의 언어는 그리스도에게도 적용되었다.[08] 특히 마르시온에 대한 가현설의 반향으로 터툴리안은 그리스도의 임재가 결코 '환영'(phantom)이 아니라고 하면서 성찬의 육과 피는 비유가 아니라는 논지를 지향하게 된다.[09] 키프리안 역시 성찬의 희생 제사 이론을 전개하였다.[10]

그러나 성찬 논쟁에서 매우 중요한 지점으로 기억되어야 할 것은 바로 아우구스티누스의 진술에서 찾을 수 있다. 초대 교회는 단지 그리스도의 임재를 확신했지만 그 임재의 방식에 대한 구체적인 논증이 없었던 반면, 아우구스티누스는 성례의 본질에 있어 표징과 상징을 처음으로 구분했다고 평가할 수 있다. 그는 성찬 논쟁의 쟁점인 요한복음 6장을 주해하면서 다음과 같이 설명한다.

> 제가 말씀드렸던 것을 깨달으십시오, 당신이 보는 이 몸을 먹어서도 나를 십자가에 못 박을 자들이 붓는 피를 마셔서도 안 됩니다. 내가 당신에게 어떤 신비를 권하는데 이는 영적으로 이해되어야 하며, 이는 다시 살아날 것입니다. 비록 이것이 가시적으로 시행되어야 하는 것이 필요하지만, 이는 영적으로 이해되어야 합니다.[11]

우리가 가시적인 음식을 받지만, 성례는 하나이며, 성례의 능력은 또 다른 것이라고 전개한다. 장차 그의 성찬론은 라트람누스와 베렌가리우스를 이어 칼뱅의 작품에서 발견된다. 그러나 4세기와 5세기를 지나면서 동방 교회는 신비적인 이해를, 서방 교회는 거룩한 두려움의 이해를 가지기 시작했다. 가령 축성 기도를 할 때 성장으로 가려졌고, 회중에게 잘 들리지 않는 기도는 경외감을 가지는 효과를 가져왔다.[12] 그러나 적어도 제1, 2차 성찬 논쟁 이전에는 여러 가지 그리스도의 임재에 대한 이해, 가령, 성례전적인 이해, 영적인 이해, 물질적 이해가 실재와 상징의 범위 안에서 존재했다고 볼 수 있다.

이와 같이 화체설의 기초를 놓았다고 할 수 있는 라트베르투스의 반대 입장에 섰던 사람들은 모두 로마 가톨릭으로부터 비판과 정죄의 대상이 되었다. 라트람누스와 라바누스의 마우루스(Rabanus Maurus), 존 스코투스 에리게나(John Scotus Erigena), 베렌가리우스를 들 수 있다. 특히 베렌가리우스는 각각 세 번이나 로마로부터 정죄와 복권을 거듭했다.

1059년 로마 교회 회의-베렌가리우스가 작성한 성찬례에 대한 신앙고백

나 베렌가리우스는…참되고 사도적인 신앙을 인정하며, 모든 이단, 특히 이제까지 그것 때문에 내가 고발당했던 이단을 파문한다. 이 이단은, 제대 위에 놓인 빵과 포도주가 축성된 후에 오직 성사일 뿐이지 우리 주 예수 그리스도의 참된 몸과 참된 피가 아니라고 하며, 감각적으로 사제들의 손으로 만져지고 쪼개일 수 없으며 또는 예민하게 신자들의 이로 씹힐 수 없다고 주장한다.[13]

종교개혁 이전의 성찬론의 여명은 교부들로부터 희미한 빛을 보며 아우구스티누스와 베렌가리우스에게서 빛났고, 마침내 옥스퍼드에서 위클리프가 조명탄을 발사하였다. 베렌가리우스가 파문과 복권을 거듭했던 것과는 대조로 위클리프와 얀 후스는 죽음으로서 말하였다. 위클리프는 성찬론으로 최초의 순교자가 되었다고 평가할 수 있다. 콘스탄츠 공의회는 위클리프의 성찬론을 위험천만한 가르침(causa fidei)으로 규정하고 파문하였다. 특히 45개 파문 항목 가운데 첫 번째로부터 세 번째의 항목이 모두 성찬론에 대한 내용이었다는 것은 매우 의미심장하다.

1415년 5월 4일-마르티노 5세가 1418년 2월 22일에 승인한 교령
1. 빵의 질료적 실체와 포도주의 질료적 실체가 제대의 성사에 그대로 남아 있다.
2. 빵의 우유성이 주체 없이는 이 성사 안에 남아 있지 않다.
3. 그리스도께서는 이 성사 안에서 동일하고 실제적으로 당신의 고유한 육체적 현존으로 계시지 않는다.[14]

이와 같이 9세기와 11세기의 1, 2차 성찬 논쟁 이후 로마 가톨릭은 화체설을 확립하였고, 실체와 우유와 같은 개념을 사용하면서 아리스토텔레스의 언어로 신학을 설명하는 체계를 확립하였다. 그러나 성찬론은 아우구스티누스와 베렌가리우스, 위클리프를 통하여 네덜란드의 데모치오 모데르나에 여명을 던져주었고, 종교개혁 시대의 성찬론에 자양분을 제공하였다.

2.2. 1525년 이전의 성찬 논쟁

본 연구에서 성찬 논쟁의 두 번째 분기점을 1525년으로 잡은 것은 종교개혁을 비텐베르크의 사건으로만 보는 시각에서 스위스 종교개혁 내지는, 개혁파 종교개혁으로 볼 수 있는 한 장면이라고 할 수 있다. 서론에서 언급한 것과 같이 츠빙글리와 함께 제대로 조명되지 못한 개혁자로서 마르틴 부처는 들 수 있는데 부처와 츠빙글리가 동일한 성찬론을 주장하면서 루터와 반대편에 서게 된 배경에는 학문적으로는 에라스무스가 있었고, 성찬론과 관련해서는 베셀 간스포르트와 코넬리우스 핸드릭스 호엔

이라는 공통의 접촉점이 있기 때문이다.¹⁵

제3차 성찬 논쟁이라는 이름을 붙인다면 그것은 의심할 나위 없이 1529년의 마르부르크 회담이 될 것이다. 그러나 사실상 그리스도의 임재에 대한 논쟁의 출발은 칼슈타트였다.¹⁶ 비텐베르크에서 밀려난 칼슈타트는 1524년 스트라스부르에 도착하고 그의 성찬론은 부처를 비롯한 스트라스부르의 종교개혁자들에게 루터와 칼슈타트의 차이점을 발견하게 했다. 같은 해 네덜란드 출신의 히네 로드(Hinne Rode)가 네덜란드 공동생활 형제단 학교의 교장이었던 코넬리우스 호엔(Cornelis Hoen)의 요청으로 베셀 한스포르트의 작품과 코넬리우스의 작품을 가지고 방문하였다.¹⁷ 그는 먼저 1521년 루터와 부처를 방문하였다. 루터가 큰 관심을 보이지 않은 것에 반해 부처는 호엔의 성찬론에 관심을 가지고 경청했다. 호엔 역시 1523년과 1524년에 바젤의 오이콜람파디우스를 만났고, 취리히의 츠빙글리도 만났다. 이미 루터나 칼슈타트가 아닌 제3의 성찬론이 바젤과 취리히, 스트라스부르의 개혁자들에게서 공유되고 있었다는 사실이다. 1524년 부처는 이 문제를 츠빙글리와 루터에게 각각 서신을 보냈고, 츠빙글리의 의견은 1525년 출간된 '참 신앙과 거짓 신앙'을 통해 나타났고, 루터 역시 1525년 '천상의 선지자들을 대항하여'를 통해서 나타났다.¹⁸

부처는 호엔의 요한복음 6장의 해석을 통해 '이것은 내 몸이다' 라고 할 때 '이다'(est)는 '나는 생명의 떡이다'라는 말씀에서처럼 '의미하다'(significat)로 해석해야 한다는 호엔의 주장을 받아들였고, 츠빙글리 역시 동일하게 호엔의 해석을 지지한다는 사실을 알게 되었다. 이렇게 코넬리우스 호엔의 성찬론으로부터 비텐베르크와 스트라스부르의 입장이 갈

라지게 된 배경이 되고 1529년 마르부르크 회담에서 그 결과로 나타나게 되었던 것이다.[19]

> 이 가장 살아있는 믿음을 로마의 스콜라주의자들은 기어하지 않는 것처럼 보이고, 오히려 그들은 빵이 축성되고 나서는 참된 그리스도의 몸이라고 주장하며, 지금도 그런 일이 어떻게 일어나는가를 성경 어디에도 증명이 되지 않는 수없이 많은 교묘한 술수들로 주장하면서, 어떤 다른 죽은 신앙을 교권으로 확정하면 충분하다고 생각하였다.
> 바울도 고린도전서 10장 16절에서 "빵은 주님의 몸이다"고 말하고 있지 않다. 이 구절에서 명백한 것은 "이다"는 "의미하다"를 대신하고 있다.[20]

루터는 결국 바르트부르트 성채에 갇혔던 것처럼 성찬에 있어서는 비텐베르크에서 제한적이 되고 더 이상의 확장성을 가지지 못하게 되었다. 그러나 츠빙글리는 마르틴 부처, 오이콜람파디우스와 함께 데보치오 모데르나(Devotio moderna)를 공유함으로써 루터나 칼슈타트가 아닌 제3의 성찬론을 굳건히 붙들게 되었다. 루터파나 재세례파가 아닌 개혁파의 태동을 조성하였다. 또한 칼뱅과 불링거에 이르르는 취리히 일치신조를 이끌어 내는 기초를 제공하였다. 이런 일련의 상황에서 고흐의 요한 푸퍼[21], 베셀 간스포르트[22], 코넬리우스 호엔, 가브리엘 빌[23]과 같은 인물들의 역할과 작품도 함께 언급되어져야 할 것이다.

III. 츠빙글리의 성찬론

초기 종교개혁의 초점은 로마 교회의 부패와 면벌부 판매와 같은 것을 개혁하려는 것에 맞추어져 있었다. 성찬론이 종교개혁의 가장 우선적인 개혁 과제가 아니었다. 대개의 경우 루터의 95개조에 동의했고 마르티안이 되는 것을 주저하지 않았다. 루터 역시 화체설을 반대했지만 그리스도의 임재 형식에 대한 초기 구상을 가지거나 작품을 통해 구체화하지 않았다. 이 점에서 츠빙글리도 예외는 아니었다. 츠빙글리 역시 초기 작품에서 이 주제가 발견되지 않는다. 결국 제1, 2차 성찬 논쟁과 같은 논쟁의 발단은 칼슈타트로부터 왔고, 제3차 성찬 논쟁이라 부를 수 있는 마르부르크 회담을 통해 루터와 츠빙글리의 성찬론이 수면 위로 올라오고 공식화되었다. 이런 일련의 갈등으로 루터파와 개혁파는 분명한 신학적 정체성을 소유하게 되었다.

본 장에서는 츠빙글리의 초기 작품과 후기 작품에서 발견되는 성찬론의 변화를 살펴보고 츠빙글리의 성찬론을 '기념설'이라고 부르는 것이 적절한 것인지에 대한 문제와 그의 성찬론의 기여와 한계를 살펴보게 될 것이다.

3.1. 루터와 칼슈타트의 성찬 갈등

루터 부재 상황의 비텐베르크를 이끌게 된 칼슈타트는 성상 파괴와 같은 개혁 프로그램을 진행했고, 열광주의 재세례파의 효과가 더해져 더 이상 루터파와 함께 할 수 없는 신학적 노선을 가지게 되었다. 이런 상황에서 칼슈타트가 루터의 개혁 의지를 의심하면서 선명한 생각을 드러낸 것이 1524년의 '예수 그리스도의 성례전의 오용에 관한 대담'이다. 또한 이런 칼슈타트에 대한 루터의 답변은 1522년 사순절 실교와 오믈라뮌트의 평신도 신학자들의 작품에서 나타난다.

> 겜저: 이로써 당신은 교황의 얼굴 전체가 흑색이 될 정도로 귀싸대기를 올렸습니다.
> 피터: 또한 그와 함께 모든 교황주의자들을 그렇게 한 것이지요.
> 겜저: 또한 새로운 교황주의자들도요. 하지만 우리가 그리스도의 몸을 영적으로 받아들이거나 받기 위해서 무엇을 해야 할까요?
> 피터: 그대로 두고 아무것도 하면 안 됩니다.
> 겜저: 이해가 안 됩니다. 간단히 말해 주세요.
> 피터: 주님의 빵을 먹으려고 하면서 거기 있는 그리스도의 몸을 전심으로 기억하고자 하며 이것을 최적으로 공동체 안에서 증명하고자 하는 사람은 빵을 받을 자격이 있습니다. "이것을 행하여 나를 기념하라." 그리스도를 올바르게 기념하려고 하지 않는 자는 그리스도께서 원하는 만큼 합당하지 않습니다.[24]

루터는 처음부터 우리가 지금 알고 있는 종교개혁을 구상한 것은 아니었다. 그리고 그는 자신의 의지와 관계없이 곳곳에서 산발적으로 진행되는 개혁 프로그램들을 통제할 수 없었다. 그는 농민들의 편에 서지 않았고, 재세례파는 추방하고, 헤센의 개혁 프로그램에 대해서는 "너무 서둘지 말라"는 답을 보냈다. 그러나 이런 와중에 루터의 개혁 프로그램은 어느새 그가 원하지 않았던 '루터파'라는 이름 속에 갇히게 되었다.

3.2. 루터와 츠빙글리의 성찬 갈등

루터와 츠빙글리의 논쟁은 1524년에 시작되어 1529년 마르부르크 회담을 통해 막을 내렸다. 츠빙글리는 에라스무스와 베셀의 상징설에 배경을 두고 마르틴 부처, 오이콜람파디우스와 공통의 성찬론을 가졌다. 그는 1523년 67개 명제를 발표했고, 1525년 『참 신앙과 거짓 신앙에 대한 주석』에서 루터의 견해를 에둘러 비판했다. 루터 역시 1526년 '그리스도의 몸과 피의 성례전에 관한 설교, 열광주의자들에 반대하면서'에서 상징주의자들을 비판했다. 이에 츠빙글리 역시 곧 이어 『열광주의자라고 비판하는 루터의 설교에 대한 답변』을 출판한다. 츠빙글리는 루터의 주장을 4가지로 요약하면서 그것은 잘못된 주장이라고 단언한다. 그리고 이것을 방치할 경우 종교개혁은 무산으로 돌아갈 것을 우려하고 있다.

> 우리는 루터의 주장들을 요약해서 알려드리겠습니다.
> 1. 실제로 그리스도의 몸을 먹는 것은 신앙을 강하게 한다.
> 2. 그리스도의 실제 몸을 먹음으로써 죄를 용서받는다.
> 3. '이것은 나의 몸입니다.'라는 성찬식의 제정사가 선포되는 순간에 그리스도의 몸은 영성체에 실제 몸으로 역사한다.

4. 우리가 영성체를 받을 때 복음이 주는 약속을 받으며 우리에게 주님의 몸과 피가 주어진다.

이것은 모두 루터의 주장입니다. 그러나 이 모든 주장은 잘못된 것입니다. 이 잘못된 주장을 근거로 해서 교황 제도가 다시 새롭게 일어날 수 있습니다.[25]

성만찬을 둘러싼 두 사람의 논쟁은 1529년 마르부르크 회담에서 정점을 이룬다. 이 회담은 실제로 루터와 츠빙글리가 대면한 만남이었다. 비텐베르크에서는 루터와 멜란히톤, 유스투스 요나스가 참석하였고, 바젤에서는 오이콜람파디우스가, 스트라스부르에서는 마르틴 부처와 카스파 헤디오가 참석하였다. 주요 논쟁의 요지는 다음과 같다.

Z: 육은 무익하다.
L: 빵은 무익하다. 그래서 성찬에는 빵이 없다.
Z: 그리스도의 몸은 한 장소에만 있어야 한다.
L: 그분은 하나 이상의 장소에서 하나의 몸을 지닐 수 있다.[26]

츠빙글리는 1529년에 바디안에게 보내는 편지에서 이 회담은 매우 민감했고, 세 번의 회담이 진행되었다고 설명한다. 그리고 루터가 '그리스도의 육은 육신적으로 우리 육신 안에 먹히시지만 동시에 혹시 영혼도 육을 먹는 가능성에 대해서는 유보하겠습니다'라고 말했다고 증언하고 있다.[27] 결국 마르부르크 회담은 1529년 10월 3일에 15개 조항을 발표하고 서명함으로 막을 내린다. 제15항은 그리스도의 몸과 피의 성례인데 결국 일치를 이루지 못하였다.

〈15. 그리스도 몸과 피의 성례〉
우리 모두가 우리의 사랑하는 주님 예수 그리스도의 성찬에 관해서 믿고 견지하기를 그리스도께서 제정하신 것과 같이 두 형태로 하여야 한다. 또한 미사는 이것을 가지고 한 사람이 죽은 사람이든 산 사람이든 다른 사람을 위해서 은혜를 얻는 행위가 아니다. 성단의 성례도 참된 몸과 피의 성례로서 모든 기독교인들에게 필요하다. 이와 같이 성례의 사용도 말씀처럼 전능하신 하나님께로부터 약한 양심들이 이로써 성령으로 말미암아 믿음으로 움직이게 하기 위해서 주시고 명령하셨다. 하지만 현재 추리는 그리스도의 참된 몸과 참된 피가 빵과 포도주 안에 있는가에 관해서는 일치를 보지 못했다. 하지만 한쪽은 다른 쪽에게 양심이 감당할 수 있는 한에 사랑을 나타내어야 하며, 양쪽은 전능하신 하나님께서 자신의 영을 통해서 우리에게 올바른 이해를 주고 싶어 하시도록 열심히 간구하여야 한다. 아멘 마르틴 루터, 유스투스 요나스, 필립 멜란히톤, 안드레아스 오시안더, 스테파누스 아그리콜라, 요하네스 부렌티우스, 요하네스 오이콜람파디우스, 홀드리히 츠빙글리, 마르틴 부처, 카르사 헤디오.[28]

그러나 루터파가 주도한 1530년 아우크스부르크 제국 회의는 신앙고백에서 루터의 견해를 반영하였다.

10. 성만찬
주님의 성찬에 관해서 그리스도의 참된 몸과 피가 실제로 성찬

> 에서 빵과 포도주의 형상하에서 실제로 현재하며, 거기서 나누어지고 취하게 된다는 것을 가르쳐야 한다. 따라서 이를 거스르는 가르침도 폐하여야 한다.[29]

한편 1530년에 아우크스부르크 신앙고백에 동의할 수 없었던 독일의 4개 도시, 스트라스부르, 콘스탄츠, 린다우, 멤밍엔은 마르틴 부처와 볼프강 카피토의 이름으로 23개 조항의 이른바 4개 제국 도시의 신앙고백을 발표한다.[30] 이 신앙고백은 멜란히톤의 흐름과 유사하지만 루터파가 침묵한 성경의 최고 권위를 선언하면서 마르틴 부처의 통합적 성향을 따른다. 또한 칼뱅의 성찬론이 희미하게나마 나타나고 있는 점을 주목할 필요가 있다.

> 이 성례에서 그분의 참된 몸과 그분의 참된 피를 먹고 마시도록 주시는데, 이들은 영적인 양식과 영생을 위해서 주심으로 이들이 그분 안에 그분이 그들 안에서 머물게 하려 함이다.[31]

루터파는 1529년 결렬 이후에 1530년 아우크스부르크 신앙고백을 통해 자신들의 성찬론을 공고히 하였다.

3.3. 츠빙글리의 성찬론

츠빙글리는 1518년 취리히의 그로스뮌스터 교회에서 개혁적인 설교를 시작으로 이른바 취리히 종교개혁을 시작하였다. 그리고 1522년 사순절 기간 동안 육식을 금지하는 것이 성경적 근거가 없다는 설교를 하였고, 이것이 도화선이 되어 소시지 논쟁이 일어났다. 그리고 1525년에 취리히는 개혁교회만의 성찬식 모델을 처음으로 도입하였다.[32] 그리고 1526년의 바덴 논쟁, 1528년의 베른 논쟁을 통하여 츠빙글리는 스위스 종교개혁을 주도하였고, 1529년 마르부르크 회담을 통해 루터파와 회담의 상대편에 앉을 정도의 개혁 세력을 형성하였다. 츠빙글리는 1522년부터 그의 생애의 마지막 1531년까지 지속적으로 신학 작품들을 출간하였다.[33]

3.3.1. 츠빙글리의 초기 성찬론

츠빙글리는 초기 에라스무스와 루터의 견해에 대해서 대척점에 서지 않았다. 그러나 칼슈타트가 던진 질문에 대답하는 과정에서 루터와 성찬론에서 대척점에 서게 되었다. 츠빙글리는 네덜란드 학자들의 글을 통해서 마르틴 부처와 오이콜람파디우스와 함께 루터가 주장하는 몸의 편재는 사실상의 화체설을 벗어나지 못한 우회적인 화체설이라는 확신을 가졌다. 츠빙글리는 루터에 대한 존경을 잃지 않으면서도 자신의 주장을 철회하지도 않았다. 그러나 1531년 츠빙글리는 스위스 종교개혁을 완수하지 못하고 카펠 전투에서 생을 마감하였다.

츠빙글리의 초기 작품들은 성찬론의 문제를 우선적으로 다루지는 않았다.[34] 특히 몸의 임재에 관한 논점은 발견되지 않는다. 1522년의 자유로운 음식 선택에 관하여와 슈비츠 사람들에 대한 하나님의 경고, 1523년의 하나님의 말씀의 명확성과 확실성, 하나님의 정의와 사람의 정의, 어떻게 아이들을 훌륭하게 교육시킬 것인가, 1524년의 목자, 스위스 연방에 대한 간곡한 경고, 누가 사회를 혼란스럽게 만들었는가? 등의 작품들에서는 오히려 사회 개혁과 스위스 종교개혁을 위한 메시지들이 주를 이루고 있다. 다만 주목할만한 작품은 1523년에 나온 이른바 67개 논제에 대한 해제인데 제18조에서 성찬에 대한 츠빙글리의 초기 사상이 정리되어 있다. 18조에서는 자신이 루터와는 다르지만 루터와 성찬론에서 큰 차이점을 가진다고 말하지 않고 있다. 오히려 츠빙글리는 루터의 '계약'과 자신의 '기억'이 성찬에 대한 동일한 입장을 취한다고 말한다.

3.3.2. 츠빙글리의 후기 성찬론

1525년에 접어들면 츠빙글리의 성찬론은 분명한 색깔을 드러낸다.[35] 프랑수아 1세에게 헌정된 참된 종교와 거짓된 종교에 대한 주해에서 그는 18장에서 67개조에서 다룬 성만찬의 문제를 다시 언급한다. 개정된 츠빙글리의 성찬론에서는 그의 성찬론이 로마 가톨릭과, 루터와 어떤 차이를 가지는지가 분명해진다. 츠빙글리에게 성찬은 희생 제사가 아닌 "기억", "상징", "기념"이며, 성례전적인 식사가 아닌 영적인 식사이며, 육체적인 살이 아닌 영적인 살이다. 그는 제2차 성찬 논쟁의 베렌가리우스를 예를 들면서 "신자들의 이빨에 의해 부서진다"는 것은 "육은 무익하다"는 논증으로 육은 무익하기 때문에 영이 먹는 것이지 입으로 먹는 것이 아니라고 말한다. 츠빙글리의 논점은 "신체적인 살을 영적인 방식으로 먹는다"로 요약될 수 있다.[36]

이후에도 츠빙글리는 1527년 열광주의자라고 비판하는 루터의 설교에 대한 답변에서 "존경하는 루터, 당신은 지금 무엇을 집착하고 있는지 한번 말해 보시기 바랍니다. 아마도 당신은 죄 용서를 위해서 그리스도의 몸을 실제로 먹어야 된다는 사실에 그렇게도 집착하고 있는 것이 아닙니까?"라고 하면서 루터의 죄 용서로서의 성찬과, 그리스도의 실제의 살을 먹는다는 개념을 비판한다.[37] 또한 1528년의 베른에서의 첫 번째 설교에서 츠빙글리의 성찬론이 집대성되는 것을 발견할 수 있다. 그는 자신의 성찬론은 사도신경에서 나왔다고 말하면서 성자에 대한 고백 가운데 "하늘에 오르사, 전능하신 하나님 우편에 앉으사, 산 자와 죽은 자를 심판하러 오시리라"에서 그리스도의 육체가 성찬식에서 현존한다는 주장이 정면으로 모순된다고 주장한다.[38]

츠빙글리는 마지막까지 소위 극단적 상징설에 머물렀을까?라는 질문에 대해서 우리는 불링거의 변화 속에서 행간을 찾을 수 있을 것이다. 디아메이드 맥클로흐는 루터에 맞서기 위해 비타협적인 입장에 있었다고 판단했던 츠빙글리가 불링거와 성찬론에 있어서 '영적임재'와 '신비'에 대해 좀더 나은 설명을 찾기 위해 고민했다고 말한다.[39] 그럼에도 불구하고 츠빙글리의 작품을 통해 파악되는 그의 성찬론은 그리스도가 부재한 상황에서의 은혜의 방편의 의미를 부여받지 못한 그야말로 상징이며 기념이라고 요약할 수 있을 것이다.

3.3.3. 츠빙글리의 성찬론에 대한 평가

츠빙글리는 스위스 종교개혁을 시작한 인물이자, 루터를 대항하여 초기 개혁파 성례론을 구축한 인물로서 평가되기에 충분하다. 그가 개혁신학에서 기여한 것은 루터의 종교개혁이 온전히 성경에 이르지 못하는 부분에 대해서 분명하게 반대하고 개혁신학 성찬론의 정초를 놓았다는 점이다. 1525년에 처음으로 행하여진 취리히의 개혁된 성찬론은 회중이 떡과 잔을 받는 이종 배찬이 시행되었고, 떡에 경배하지도 절하지도 않았으며 무릎을 꿇고 받은 것이 아니라 서서 받았다는 것이다. 그는 주장을 글로 썼고, 설교했으며, 기념으로서의 성찬을 시행하였다.

츠빙글리의 성찬론은 바젤과 취리히, 베른에서 꽃을 피워 개혁파 초기 성찬론을 구축한다. 그러나 루터의 성찬론이 칼슈타트에 의해 의문이 제기되었던 것과 같이 츠빙글리의 성찬론은 칼뱅에 의해서 다시 의문이 제기된다.[40] 베른의 신학을 제네바가 거부하는 가운데 성찬론과 예정론에 대한 이견이 대두되기 때문이다. 츠빙글리는 성찬을 은혜의 방편에 편입시키지 않았다. 기념설로 일갈되는 그의 성찬론의 마지막 지점이라고 할 수 있다. 칼뱅은 츠빙글리가 멈춘 지점에서 한 걸음 더 나아가 개혁파 성찬론을 완성했다고 할 수 있다. 츠빙글리는 화체설과 공제설의 문제점을 성경을 통해서 고발했고, 마르부르크에서 물러서지 않음으로 개혁파 신학을 태동시켰다. 그러나 무교병을 고집했고, 성찬 시행 횟수를 일년 4번으로 정한 것과, 성찬을 받는 자격과 같은 성찬의 시행에 대해서는 제대로 전개하지 못하였다. 그가 1531년 전투에서 사망하지 않았다면 그의 성찬론은 미답지를 향해 나아갔을 것이다. 그러나 이런 몇 가지의 문제로 그의 성과를 과소평가해서는 안 될 것이다. 츠빙글리가 개혁파 신학의 정초를 놓았다는 점을 우리는 부정할 수 없다.

IV. 칼뱅의 성찬론

1525년을 개혁파 성찬론의 출발로 삼는다면 츠빙글리가 개혁신학에 기여한 것은 높이 평가받아 마땅하다. 그러나 1531년 츠빙글리가 전사하고 난 후 개혁파 성찬론을 정교하게 완성하는 일에 장 칼뱅이 역할을 감당하였다. 1530년 아우구스부르크 의회 이후 루터파와 개혁파의 성찬 논쟁은 일단락 되었다. 그러나 1525년부터 1530년 사이에 츠빙글리가 주도한 개혁파의 성찬론은 화체설과, 희생 제사, 그리스도의 육체적 임재를 배격하고 이종 배찬을 실시하는 것으로 1차적 성과를 거두었다고 평가할 수 있다.

칼뱅의 성찬론의 특징은 그는 성례를 "하나님의 가시적 말씀"으로 정의하여 성례는 "보이는 말씀"이 되어진다. 즉 말씀과 성례를 연결하고 있다는 점이다. 이것은 츠빙글리가 성례를 도구로 보지 않았던 것과는 대조가 되며, 칼뱅은 성례를 은혜의 방편에 편입시킨다. 이런 논지를 발전시켜 성례는 믿음을 확증하고 성장시킨다. 이 지점에서 칼뱅은 성령의 역사를 도입한다.

칼뱅은 아우구스티누스의 성찬 이해를 가져와 성례의 효력을 설명하면서 악한 자들에게는 효력을 발휘하지 않는다고 함으로써 성령의 개입이 없는 성례는 아무런 효력이 없다고 주장한다. 또한 칼뱅은 성례를 설명하면서 그리스도와의 연합을 주장한다. 이런 부분에서 루터는 "계약", 츠빙글리는 "기억"을 가져왔다면 칼뱅은 "신비"를 가져왔다고 평가할 수 있을 것이다. 칼뱅은 그리스도와의 연합을 이끄시는 분은 성령이시며 성령을 통하여 그리스도가 영적으로 우리에게 임재한다고 주장한다. 그러므로 칼뱅은 루터의 그리스도의 임재라는 초기의 사상을 가져오되 육체적 임재를 거부하면서 영적 임재와 연합으로 나아가 츠빙글리의 문자적 상징론과 기념이라는 개념의 한계를 넘어 성령을 통해 그리스도의 몸에 참여하게 하신다는 연합과 효력을 주장한다.

칼뱅의 성찬론 기여는 1549년 불링거와의 협의를 통해 취리히 일치신조에 도달했다는 점이다. 물론 만족스러운 결과라고 평가할 수는 없지만 1529년의 성찬론의 실패를 치유하는 성과로 볼 수 있다. 칼뱅은 성찬론에서 한걸음 더 나아가 올바른 성찬의 시행을 위해 노력하였다. 취리히 모델이 개혁과 성찬론의 출발점이었다면 제네바 모델은 개혁과 성찬론의 절정이었다. 1525년에 취리히에서 첫 개혁교회의 성찬이 시행되었다면 1541년에 제네바에서 올바른 성찬이 비로소 시행되었다고 평가할 수 있을 것이다.

4.1 칼뱅의 초기 성찬론

칼뱅의 성찬론에 대한 평가와 분석은 다양하다. 빔 얀서(Wim Janse)의 경우 칼뱅의 성찬론은 발전을 거듭했다고 분석한다.[41] 그는 칼뱅이 츠빙글리의 경향, 루터의 경향, 상징주의의 경향, 다시 루터의 경향으로 오락가락했다고 분석한다.[42] 한편 알리스터 맥그래스의 경우 칼뱅의 성찬론은 비텐베르크와 취리히의 중간 지점을 찾아 루터와 츠빙글리의 이견을 화해시키려는 주도면밀한 시도였다고 평가한다.[43] 논자는 칼뱅의 성찬론을 1541년을 기준으로 초기와 후기로 구분하는 것이 적절하다고 본다. 칼뱅의 초기 성찬론은 1536년 기독교강요 초판과, 1538년 제네바 교리 문답, 1539년 기독교강요 2판, 1541년의 성만찬 소고에서 발견되는데 마르틴 부처의 영향을 받았다고 평가할 수 있을 것이다.[44] 그의 초기 성찬론은 1538년까지의 1차 체류에서 경험했던 목회의 실제와 1541년까지 스트라스부르에서 경험했던 목회의 실제가 절충되어서 초기 칼뱅의 성찬에 대한 입장을 정리했고, 1541년 교회 법령을 통해서 명시적으로 나타났다.

4.2 칼뱅의 후기 성찬론

칼뱅의 신학은 제네바 1차 체류를 통해 뼈아픈 추방을 경험하고 스트라스부르에서 마르틴 부처 등을 통해서 체계화된다. 이것이 칼뱅의 신학이라고 할 것이다. 이러한 칼뱅의 신학은 1539년 기독교강요 2판과, 1541년 제네바 교회 법령을 통해 명시적이 된다. 이후에 칼뱅은 1549년에 취리히 일치신조에 도달하지만 빔 얀서의 분석과 같이 성찬론의 변화라기보다는 그의 교회론에 따라 성찬의 일치를 위한 칼뱅의 분투로 이해해야 할 것이다. 칼뱅에게 올바른 성찬의 시행은 그의 이상이었다. 그의 성찬론은 성경의 가르침을 따라 정당하게 시행되어야 했으며, 세례와 성찬은 결코 분리된 상태로 있을 수 없었고, 무질서한 성찬은 그에게는 견딜 수 없는 일이었다.

칼뱅의 후기 성찬론에서 주목할 부분은 루터파나, 비루터파를 향하여 자신의 목소리를 분명하게 내기 시작했다는 점이다. 동시에 멜란히톤과 불링거와 함께 성찬의 일치를 위한 노력을 포기하지 않았다.[45] 칼뱅은 츠빙글리를 향해서는 "성체는 다 없애고 메마른 상징만을 남겨두었다"고 평가하면서 상징은 신비를 담아내지 못했다고 평가했다. 아울러 루터를 향해서는 교회의 일치를 이루는데 있어 완고한 태도와 우상 숭배의 위험을 지적했고, 츠빙글리와 루터가 마리아를 칭송하는 것을 매우 부당하게 여겼고, 신성 모독이라고 비난했다.[46]

츠빙글리가 사도신경에서 성찬론을 가져왔다면, 칼뱅은 아우구스티누스와 칼케톤 신조에서 성찬론을 가져왔다고 할 수 있다.[47] '구별은 되지만 분리되지 않는다'는 두 속성에 대한 이해에서 실체와 상징을 구별하면서도 분리하지 않으려고 했다. 브레인 게리쉬는 이런 구분을 츠빙글리는 '상징적 기념설'로, 불링거는 '상징적 병행설'로 칼뱅은 '상징적 도구설'로 구분하려고 했다.[48] 특별히 칼뱅은 미사에서 사용하던 '너의 마음을 들어 올려라'(Sursum Corda)를 사용하여 성령께서 신자들을 그리스도의 임재 앞으로 끌어 올린다고 표현하였다.

그러나 칼뱅에게 있어서 제네바 모델은 절반의 성공이라고 할 수 있다. 그는 초기 모델을 포기해야 했고, 심지어 그가 혐오했던 일들을 정리하지 못했다. 그러나 성경적인 성찬론의 정착을 위한 그의 전진은 결코 멈추지 않았다. 성찬론의 이론만큼이나 올바른 성찬의 시행을 위해 분투한 칼뱅

의 실천적 노력을 가볍게 평가해서는 안 될 것이다.[49]

4.3 칼뱅과 멜란히톤

칼뱅은 성찬론에서 루터의 임재설에 대해서 귀를 기울였다. 이런 칼뱅의 생각은 멜란히톤과의 교제를 계속하게 했다. 멜란히톤이 '크립토 칼비니스트'(Crypto-Calivinist)라는 비난에 직면하고 심지어 작센의 멜란히톤주의자들이 박해까지 받아야했던 점을 생각한다면 그의 성찬론이 결코 비텐베르크에 머물지 않았다는 것을 알 수 있다.[50] 1530년의 아우크스부르크 신앙고백에서 1540년의 아우크스부르크 신앙고백서 수정판이 나오는 과정에서 멜란히톤은 그리스도의 몸의 편재를 거부하고 영적 임재를 고수한다. 칼뱅과 멜란히톤은 서로 22통의 서신을 왕래하였고, 칼뱅은 멜란히톤의 아우크스부르크 신앙고백 수정안에 서명하였다. 물론 영원 예정 교리에 대해서 멜란히톤이 침묵했지만 성찬론에서 이룬 어느 정도의 일치는 두 사람의 신학과 성품을 높이 평가할 수 있는 부분이라 할 것이다.

4.4 칼뱅과 불링거

칼뱅과 불링거 사이의 일치와 불일치는 베른과 제네바의 갈등 속에서 발견된다. 제롬 볼섹과의 논쟁 때 불링거는 루터와 츠빙글리 사이의 성찬론 갈등만큼이나 칼뱅과 거리를 두었다. 1551년에 발송된 제네바 목사회의 볼섹 사건에 대한 스위스 각 개혁 도시들의 반응은 칼뱅을 적잖게 실망시켰다.[51] 특히 베른 지역에 있는 제네바의 영지에서 예정 교리를 설교할 때 설교자들이 옥에 갇히는 일들이 빈번했다. 칼뱅은 이 문제를 해결하기 위해 베른 목사회와 시 의회에 서신을 보냈다.[52] 그러므로 칼뱅이 불링거와 함께 서명한 1549년의 취리히 일치신조는 일치라기보다는 양보와 합의라는 설명이 보다 정확하다고 할 수 있을 것이다. '하나의 스위스 개혁교회 성찬론의 일치'라는 가치에 적어도 두 사람이 동의했기 때문이었다. 그 결과 개혁파 교회의 성찬 교리를 안정시키고 교회의 보편성과 통일성을 성취하게 되었다.

V. 츠빙글리와 칼뱅의 연속성과 불연속성

츠빙글리의 성찬론은 예배는 미사가 아니며, 성찬은 희생 제사가 아니라는 점과 성찬을 통해 죄 용서를 받는다는 개념, 그리스도의 육체적 임재에 대하여 반대함으로써 개혁파 성찬론의 기초를 놓았다. 또한 그는 1525년에 최초로 개혁파 성찬을 취리히에서 시행하였고 1531년 프랑스 왕 프랑수아 1세에게 헌정한 그리스도교 신앙 선언을 통해 개혁파 교회의 예배와 성찬을 선명하게 제시하였다.

성찬론의 이론에서 츠빙글리와 칼뱅은 육체적 임재를 거부하고 영적 임재의 입장에서 연속성을 가진다. 그러나 은혜의 도구나 방편으로 보려는 칼뱅의 입장은 츠빙글리와 의견이 갈라지는 지점이다. 그러나 칼뱅은 불링거와의 오랜 소통을 통해 이 문제를 치유함으로써 루터와 츠빙글리가 나아가지 못했던 성찬론 일치에 도달한다. 또한 칼뱅은 츠빙글리가 미처 집중하지 못했던 올바른 성찬의 시행을 위해 오랜 시간을 제네바에서 분투한다. 그 결과 성찬 전에 치리회를 개최하고, 시찰을 통해 권징을 시행함으로써 주님의 성만찬이 기만당하지 않게 하려는 성찬의 안전장치를 마련한다.[53]

결국 츠빙글리와 칼뱅의 불연속성의 문제는 취리히 모델과 제네바 모델의 충돌을 통해서 드러난다. 대표적인 것은 성찬에서의 무교병의 사용과 성찬에 참여하는 자의 자격에 대한 부분, 성찬의 시행 횟수에 대하여 충돌을 일으켰다. 심지어 칼뱅은 미신적인 세례명부터[54] 산파에 의한 세례와도 싸워야 했다.[55] 칼뱅은 취리히 모델로 만족할 수 없었다. 결국 칼뱅과 제네바는 1541년에 제네바 모델을 완성하고 취리히와 다른 길을 걷게 된다. 그러나 성찬론은 1549년 취리히 일치신조를 통해서 회복된다. 칼뱅은 츠빙글리의 어깨를 넘어선다. 그는 기념과 상징의 개념에서 신비와 성령을 통한 임재와 그리스도와의 연합, 성례전의 은혜의 방편으로서의 도구와 효용을 주장하면서 성찬과 말씀과 연결시켜 성례를 보이는 말씀으로 격상시킨다. 칼뱅은 츠빙글리와 마찬가지로 성경적인 성찬의 시행을 추구하였고, 성찬의 올바른 시행을 위해 기여하였다고 평가할 수 있을 것이다.

VI. 개혁파 성찬론의 과제

키이스, A. 매티슨은 "성찬의 신비-칼뱅의 성찬론 회복"에서 의미심장한 말을 던졌다. "그것은 16세기와 17세기에 개혁교회 내에서 칼뱅의 성찬론과 츠빙글리의 성찬론이 공존하였는데 17세기 이후에는 츠빙글리의 기념론적 견해가 개혁교회의 주된 견해로 자리잡게 되었다." 그는 웨스트민스터 신앙고백서는 대체적으로 칼뱅의 성찬론을 수용하고 있고 볼레비우스, 툴레틴, 아 브라켈의 작품에서도 칼뱅의 성찬론이 발견되지만 일부 청교도들과 18세기 뉴잉글랜드 신학에 이르러서는 츠빙글리의 신학의 강조점이 주류를 이루었다고 평가한다.[56]

한국 교회에서의 성찬론은 초라하다. 개혁교회, 장로교회의 정체성은 말할 것도 없고, 개혁교회의 성찬론이 올바르게 목회 현장에서 실천되고 있다고 말할 사람은 없을 것이다. 그러므로 츠빙글리에 대한 연구와 함께 성찬론의 역사와 개혁신학에서의 성찬론을 재정립하고 현대 교회에 어떻게 적용할 것인가에 대한 연구가 절실히 필요하다.

11
미주

01 2017년 종교개혁 500주년에 Refo 500이 조직되어 다양한 행사를 진행하였다. 한편 칼뱅 탄생 500주년인 2009년에는 "요한 칼빈 탄생 500주년 기념사업회"가 조직되어 다양한 기념사업을 전개하였다. 2009년 6월 21에 기념 예배를 드리는 것으로 시작하여 심포지엄과 칼빈 길, 칼빈 우표, 문진 제작, 칼뱅 흉상 제막 등의 행사가 있었다.

02 이런 분위기는 종교개혁 500주년을 2017년을 기점으로 기념하려고 할 때 스위스에서는 종교개혁은 2019년으로 기념할 것을 천명하였다. 한국에서도 스위스 종교개혁 500주년 기념 대회가 2019년에 열렸다.

03 츠빙글리의 작품은 독일어권에서 10년의 작업을 통해 1995년에 총4권으로 출간된 훌트라이히 츠빙글리선집(T. Braunnschweiler/S. Lutz(Hg.), Huldrych Zwingli Schriften Ⅰ-Ⅳ,Zurich, 1995)이 나오면서 일차 자료가 연구자들의 손에 들어가게 되었고, 한국어로는 2013년에 연세대학교 대학문화출판원에서 출판되었다. Zwingli, Ulrich, Huldrych Zwingli Schriften Ⅰ-Ⅳ, Zurich, 츠빙글리,『츠빙글리 저작선집Ⅰ-Ⅳ』, 임걸 역, (서울: 연세대학교 출판문화원, 2013).

아울러 고대 교회로부터 종교개혁에 이르는 성찬론을 비롯한 신학의 원전 자료는 1976년 하이델베르크대학의 교부학자였던 리터(A.M. Ritter)가 고대 문헌들을 번역해서 내놓은 '교회와 신학의 역사 원전' 시리즈가 초대 교회로부터 종교개혁에 이르는 신학의 변천을 파악할 수 있는 중요한 1차 자료로 연구자들에게 주어졌다. 한국어로는 2006년 한국신학연구소에서 출간되었다. A.M. Ritter, Kichen-und Theologiegeschte in Quellen Vol Ⅰ-Ⅲ, Neukichener Verlag. 리터,『교회와 신학의 역사 원전, 고대 교회』,공성철 역(서울: 한국신학연구소, 2006). 또한 성찬론을 비롯한 로마 가톨릭의 공식적인 기록물로는 하인리히 덴칭거 신경, 신앙과 도덕에 관한 규정, 선언 편람이 2014년 한국천주교주교회의에서 한국어로 출간되어 연구자들에게 소중한 자료가 되었다. Heinrich denzinger, "Enchirdion symbolorum Defintionum et declarationum de rebus fidei et Morum" 하인리히 덴칭거,『하인리히 덴칭거 신경, 신앙과 도덕에 관한 규정. 선언 편람』,이성효 역 외,(서울: 한국천주교중앙협의회:2017). 한편 츠빙글리와 비교하게 될 칼뱅의 자료는 비교적 많이 출판되었다. 기독교강요는 초판과 2판, 최종판이 나왔고, 칼뱅의 서간집과 작품집이 박건택의 오랜 수고로 연구자들의 손에 주어졌다. 그러나 설교집과 주석의 한국어 출판은 아직도 만족스럽지 못한 가운데 있다. 아울러 개혁교회의 근간이 되었던 제네바의 상황에 대한 자료로서는 제네바 목사회 회의록, 제네바 치리회 회의록, 제네바 시 의회 회의록 등이 있지만 불어판 외에는 한국어 출판은 이루어지지 못한 가운데 있다.RCG-Registres du Conseil de Genève à l'époque de Calvin, Tome I. du 1er mai au 31décembre 1536 (volume 30, f. 1-139). Geneva: Droz, 2003. RCPG-Registres de la Compagnie des pasteurs de Genève au temps de Calvin 1546-1553. ed. Bergier, Jean-François. Tome Premier. Geneva: Droz, 1964; The Register of The Company of Pastors of Geneva in The Time of Calvin. ed. Philip E. Hughes, Wipe and Stock, 1966. RConsistG -Registres du Consistoire de Genève au temps de Calvin. ed. Robert M. Kingdon et Watt, R. Jeffrey. Tome I, 1542-1544. Geneva: Droz, 1996.

04 교회사에서 종교개혁사을 다루는 방식을 보면 1)루터를 중심으로 종교개혁을 서술하는 패턴과 2)종교개혁을 개별적이고 다발적 운동으로 서술하는 패턴과 3)츠빙글리의 운동을 '스위스 종교개혁'이라고 분류하는 패턴과 4)루터와 츠빙글리의 종교개혁으로 서술하는 패턴이 있다. 먼저 루터를 종교개혁의 중심으로 보는 것은 유스토 L. 곤잘레스(Justo L.Gonzalez)를 들 수 있다. 그러나 츠빙글리의 운동을, 스위스 종교개혁이라

고 명칭한다. 첫 번째 패턴의 대표적인 학자는 바이트 루드비히 폰 젠켄도르프로 종교개혁을 16세기 독일에서 일어난 일로 보고 종교개혁을 루터의 죽음과 함께 끝났다고 본다. 레오폴트 폰 랑케 역시 '종교개혁 시대의 독일 역사'로 본다. '종교개혁과 반종교개혁'을 쓴 칼 하인츠 뮐렌(Karl-Heinz zur Muhlen)의 경우도 종교개혁의 시작을 루터의 운동으로 본다. 그러나 역시 츠빙글리를 언급하면서 '스위스종교개혁'이라는 명칭을 부여한다. 윌리스턴 워커(Williston Walker)도 동일하게 루터를 종교개혁의 중심으로 설명하면서 '스위스 종교개혁'을 언급한다. '르네상스와 종교개혁'을 쓴 윌리엄 R. 에스텝(William R. Estep)은 종교개혁의 시원을 루터에서 시작하면서도 츠빙글리의 쥐리히 운동을 결코 '작센의 복사판'이 아니었다고 평가하고 있다. 페트릭 콜린슨(Patrick Collinson)의 경우 종교개혁을 루터 없이 생각할 수 없다고 말하면서도 '종교개혁은 에라스무스가 알을 낳았고, 츠빙글리가 그 알을 깠다'고 서술하고 있다. 두 번째 종교개혁을 다발적 운동으로 보는 것은 먼저 리샤르 스토페르(Richard Stauffer)를 들 수 있다. 그는 "종교개혁자들"이라는 뤼시앙 페브르의 서사를 소개하면서 루터, 츠빙글리, 칼뱅, 영국 종교개혁의 연대기 순으로 설명한다. 카터 린더버그(Carter Lindberg) 역시 "여러 종교개혁들(Reformations)를 주장하고 개혁을 '종교'의 영역으로만 국한하려는 시도에 대해서도 부정적으로 보고 있다. 알리스터 맥그래스(Alister McGrath)는 종교개혁을 '프로테스탄트 종교개혁'이라고 명칭하면서 루터파 종교개혁, 개혁파 종교개혁, 급진적 종교개혁, 반종교개혁으로 나누고 있다. 세 번째, 스위스 종교개혁이라는 분류를 사용하는 학자로는 리샤르 스토페르, 유스토 L.곤잘레스, 칼 하인츠 뮐렌, 윌리스턴 워커 등이 있다. 네 번째, 디아메이드 맥클로흐,(Diarmaed MacCullich)는 종교개혁을 1529년으로 보고 루터와 츠빙글리를 같은 출발점에서 보고 있다.

05 키이스 A. 매티슨, 『성찬의 신비-칼빈의 성찬론 회복』 이신열 역,(부산:개혁주의학술원, 2011), ix.

06 키이스 A. 매티슨, 『성찬의 신비-칼빈의 성찬론 회복』, 369. 마르틴 리터, 『교회와 신학의 역사전Ⅱ, 중세 교회』 공성철 역(서울: 한국신학연구소, 2010), 136.

07 마르틴 리터, 『교회와 신학의 역사 원전Ⅱ, 중세 교회』, 140.

08 키이스 A. 매티슨, 『성찬의 신비-칼빈의 성찬론 회복』, 375-376.

09 Tertullian, Against Marcion, 3.19.

10 Cyprian, Epistle, 62.14.

11 Augustine, On the Gospel of St. John, tract. 26, sec.11.

12 키이스 A. 매티슨, 『성찬의 신비-칼빈의 성찬론 회복』, 364.

13 투르의 베렌가리우스는 이미 1050년 로마와 베르첼리의 교회 회의, 1051년 파이 교회 회의, 1054년 투르 교회 회의와 같은 여러 교회 회의에서 단죄받았다. 1059년 로마 교회 회의에서 서명된 다음의 양식문은 실바 칸디다 훔베르트 추기경에 의해 작성되었다. 그러나 베렌가리우스는 다시 한번 이 신앙으로부터 곧 멀어졌고, 그 결과 그는 1078년과 1079년 다시금 교황 그레고리오 7세 앞에서 신앙고백을 표명해야 했다. Heinrich denzinger, "Enchirdion symbolorum Defintionum et declarationum de rebus fidei et Morum." 하인리히 덴칭거,『하인이리 덴칭거 신경, 신앙과 도덕에 관한 규정. 선언 편람』, 이성효 역 외, (서울: 한국천주교옹양협의회:2017) 263.

14 파문된 위클리프의 명제는 45번까지 이어지고 있다. 그 가운데 1번부터 3번의 명제는 분명한 성찬론을 보여주고 있다. Heinrich denzinger, "Enchirdion symbolorum Defintionum et declarationum de rebus fidei et Morum", 368-372. 한편 1415년에 파문된 얀 후스의 파문 칙령을 보면 30개의 명제가 파문되고 있으나 성찬론과 관련된 명제는 발견되지 않고 있다. Heinrich denzinger, "Enchirdion symbolorum

Defintionum et declarationum de rebus fidei et Morum", 374-379. 후스는 평신도 분잔 요구였고, 이것은 1420년 후스파의 4개 조항의 프라하 조항에서 발견된다. 마르틴 리터, 『교회와 신학의 역사 원전Ⅱ, 중세 교회』, 480-483.

15 리터 시리즈의 종교개혁 시대를 편역한 폴커 렙핀(Volker Leppin)은 마르부르크 회담의 동인을 츠빙글리가 아닌 마르틴 부처에게서 찾아야 한다고 주장하고 있다. 폴커 렙핀, 『교회와 신학의 역사 원전Ⅱ, 종교개혁』, 338.

16 황대우, 『부써, 교회연합운동의 선구자』, (서울: 익투스, 2020), 130.

17 황대우, 『부써, 교회연합운동의 선구자』, 132-136.

18 황대우, 『부써, 교회연합운동의 선구자』, 134.

19 황대우, 『부써, 교회연합운동의 선구자』, 135.

20 코넬리우스 호엔은 이것은 내 몸이다의 "est"를 "significat"로 해석하고 있다. 호엔의 원전은 A. Hyma, Hoen's Letter on the Eucharist and Inflience upon Carlstadt, Bucer and Zwingli, in: PTR 24 (1926) 폴커 렙핀, 『교회와 신학의 역사 원전Ⅱ, 종교개혁』, 338-340.

21 리터, 『교회와 신학의 역사 원전Ⅱ, 중세 교회』, 550-552.

22 리터, 『교회와 신학의 역사 원전Ⅱ, 중세 교회』, 552-554.

23 리터, 『교회와 신학의 역사 원전Ⅱ, 중세 교회』, 554-559.

24 폴커 렙핀, 『교회와 신학의 역사 원전Ⅱ, 종교개혁』, 235-237.

25 Zwingli, Ulrich, Huldrych Zwingli Schriften Ⅳ, Zurich, 츠빙글리, 『츠빙글리 저작선집Ⅳ』, 임걸 역, (서울: 연세대학교 출판문화원, 2013), 40.

26 안드레아스 오시안더의 보고서(1529년), 폴커 렙핀, 『교회와 신학의 역사 원전Ⅱ, 종교개혁』, 354-358.

27 츠빙글리의 보고서(1529년 10월 20일) 바디안에게 보내는 편지, 폴커 렙핀, 『교회와 신학의 역사 원전Ⅱ, 종교개혁』, 359-361.

28 폴커 렙핀, 『교회와 신학의 역사 원전Ⅱ, 종교개혁』, 361-365.

29 폴커 렙핀, 『교회와 신학의 역사 원전Ⅱ, 종교개혁』, 366-371.

30 폴커 렙핀, 『교회와 신학의 역사 원전Ⅱ, 종교개혁』, 377.

31 폴커 렙핀, 『교회와 신학의 역사 원전Ⅱ, 종교개혁』, 377-379.

32 1525년의 부활절의 성찬식은 개혁파 교회의 공식적인 첫 성례식으로 그 가치가 평가될 필요가 있다. 츠빙글리는 칼뱅의 주저가 그러하듯이 프랑수아 1세에게 헌정하는 '참된 종교와 거짓 종교에 대한 주해'를 발간한다. 이 저작은 11년 후 칼뱅의 주저에서 츠빙글리와의 연속성을 가진 책으로 출간된다. 특히 18장 성만찬에서는 개혁교회의 성찬론을 정립하고 있다. 츠빙글리, 『츠빙글리 저작선집Ⅲ』, 공성철 역, 239-280. 특히 1531년 그리스도교 신앙 선언에서는 개혁교회의 공예배와 성찬식의 순서를 오늘날의 주보를 보듯이 구체적으로 제시하고 있다. 츠빙글리, 『츠빙글리 저작선집Ⅳ』, 임걸 역, 318-324.

33 츠빙글리는 1522년부터 자신의 신학 작품을 출간하기 시작해서 1531년, 생애의 마지막까지 작품을 발표했다. 그의 작품을 초기와 후기로 나누는 것의 기준을 필자는 1525년으로 삼았다. 츠빙글리의 초기 작품은 1522년부터 출간되기 시작한다. '페스트의 노

래', '67개 논제에 대한 해제', '자유로운 음식 선택에 관하여', '슈비츠 사람들에 대한 하나님의 경고'가 있다. 그리고 1523년에는 '하나님의 말씀의 명확성과 확실성', '하나님의 정의와 사람의 정의', '어떻게 아이들을 훌륭하게 교육시킬 것인가', 1524년에 '목자', '스위스 연방에 대한 간곡한 경고', '누가 사회를 혼란스럽게 만들었는가', '발발 가능성이 있는 전쟁의 대비를 권면함'등이 있다. 후기 작품으로는 1525년의 '참된 종교와 거짓된 종교에 대한 주해', 1527년의 '열광주의자라고 비판하는 루터의 설교에 대한 답변', 1528년의 '두 개의 베른 설교', 1530년의 '믿음의 내용', '하나님의 섭리', 1531년의 '그리스도교 신앙 선언' 등이 있다.

34 츠빙글리의 초기 작품들의 주요한 주제들을 살펴보면 죽음과 신앙에 대한 개인적 고백으로 '페스트의 노래'가 있다. 신학적 논쟁을 주제로한 첫 번째 책은 '자유로운 음식 선택에 관하여'로 이른바 1522년 사순절 기간에 일어났던 '소시지 사건'이 그 배경이 된다. 그는 금식 규정이 임의로 강요된 교회의 규칙에 구속되는 것이 아니라 성경의 지침에 구속된다고 주장한다. 마치 루터의 1522년에 발표된 '그리스도인의 자유'를 떠올리는 작품이다. 루터의 작품과 연속적인 차원의 논지를 펼치고 있다. 그러나 루터가 부패를 성토했다면 츠빙글리는 차분히 성경의 권위에 의지하고 있다. 같은 해에 츠빙글리의 국가관에 대한 작품이 나오는데 '슈비츠 사람들에 대한 하나님의 경고'로 1524년에 발표된 '스위스 연방에 대한 간곡한 경고'와 함께 사회 문제를 다루고 있다. 1523년에는 신학적 이슈를 다루는 작품들이 나오는데 대표적인 작품이 '67개 논제에 대한 해제'로 처음으로 성례, 성사, 성찬의 주제가 다루어지고 있다. 쟁점을 정리하면 1)성찬은 희생 제사가 아니다. 2)이종 배찬을 시행해야 한다. 3)성례는 세례와 성찬뿐이다. 4)성찬은 기억과 기념이다. 1523년의 츠빙글리의 논점은 성찬이 희생 제물인지, 주님의 기억하는 것인지의 논쟁이라고 분명히 밝히고 있다. 또 루터의 '계약'이라는 개념과 자신의 '기억'이라는 개념이 다르지 않다고 말하면서 떡과 잔의 변화에 대해서는 관심이 없다고 밝히고 있다. 심지어 루터와 동일하게 도대체 "이것은 나의 몸입니다"라는 문장보다 더 분명한 말씀이 어디 있느냐고 말하고 있다.

35 츠빙글리의 신학 논쟁의 여정과 그의 작품에서 1525년은 매우 중요한 분깃점이 된다. 그는 최초의 개혁과 성찬식을 시행하였고, '참된 종교와 거짓종교'에서 루터와의 성찬론에서 분명한 반대 입장을 드러내었다.

36 츠빙글리, 『츠빙글리 저작선집IV』, 임걸 역, 14-41.

37 츠빙글리, 『츠빙글리 저작선집IV』, 임걸 역, 141-194.

38 '첫번째, 먼저 나는 다른 어떤 것도 아닌 사도신경 자체가 올바른 성찬식에 대한 이해를 나에게 가르쳐 주었다고 자신 있게 말할 수 있습니다.' 츠빙글리, 『츠빙글리 저작선집IV』, 임걸 역, 69-90.

39 디아메이드 맥클로흐, 『종교개혁의 역사』, 이은재역 (서울: CLC, 2011), 257.

40 칼뱅의 제1차 제네바 체류 시 칼뱅의 개혁 프로그램에서 첫 번째 이슈는 성만찬이었다. 칼뱅은 매주 성찬 시행을 주장하면서 올바른 성만찬의 시행을 위해 권징을 행하여야 한다고 주장했다. 그러나 베른 모델을 수입한 제네바는 칼뱅의 제안을 거부한다. 1538년의 수정 법령을 보면 성찬을 한 달에 한번으로, 세례반을 승인하고, 4가지 축일을 승인하고, 무교병의 사용을 제안하지만, 결국 칼뱅은 1541년 추방된다. 임종구, 『칼빈과 제네바 목사회』 (서울: 부흥과개혁사, 2015), 368.

41 빔 얀서, "성례,"『칼빈 핸드북』 헤르만 셀더하위스, 김귀탁 역(서울: 부흥과개혁사, 2013), 675.

42 ibid, 676.

43 앨리스터 맥그래스, 『종교개혁 사상』,최재건 역 (서울: CLC, 2006), 298.

44 빔 얀서의 경우 1536-1537년을 츠빙글리의 경향, 1537-1548년을 루터의 경향으로 분석하고 있는데 논자로서는 동의하기 어렵다. 칼뱅이 바젤에서 기독교강요 초판을 출판할 당시 이미 그는 성찬론과 관련된 논쟁을 파악하고 있었고, 특히 스트라스부르에서는 마르틴 부처의 교회론에 영향을 받고 있었다. 그러므로 이미 츠빙글리와 루터의 통합을 시도했던 부처의 영향을 받았다고 보는 것이 객관적인 평가가 될 것이다. 그리고 이것이 기독교강요 2판과 1541년 제네바 교회 법령을 통해 정리되었다고 할 것이다. 빔 얀서, "성례," 『칼빈 핸드북』 헤르만 셀더하위스, 김귀탁 역(서울: 부흥과개혁사, 2013), 666-667.

45 디아메이드 맥클로흐, 『종교개혁의 역사』, 345-346.

46 디아메이드 맥클로흐, 『종교개혁의 역사』, 347.

47 디아메이드 맥클로흐, 『종교개혁의 역사』, 348.

48 디아메이드 맥클로흐, 『종교개혁의 역사』, 349.

49 1536년의 기초 법령, 1537년의 수정 법령, 1541년의 표준 법령, 그리고 1561년의 최종 법령에는 칼뱅이 제네바에서 올바른 성찬의 시행을 위해 분투한 모든 여정이 나타나 있다. 특히 최종 법령에서는 권징의 권한을 전적으로 교회가 가지는 것을 규정함으로써 위정자의 검과 교회의 검이 제자리를 찾게 되었다. 임종구, 『칼빈과 제네바 목사회』, 531-610.

50 정원래, 『멜란히톤 종교개혁 신학의 틀을 세우다』 (서울: 익투스, 2017), 287-288.

51 제네바 목사회는 1551년 11월 21일에 뇌샤텔, 취리히, 바젤, 특히 바젤의 시몬 슐츠, 미코니우스에게 제롬 볼섹 사건에 대한 공개 질의서를 보냈고, 각 도시는 1551년 12월과 1552년 1월에 답변서를 보내왔다. 취리히(불링거)의 답변은 이렇다. "볼섹도 매너가 없지만 당신들도 교정의 필요가 심히 느껴진다. 우리는 우리가 모르는 포로된 자의 사슬을 조이고 싶지 않다." RCPG, I, 172-185. 임종구, 『칼빈과 제네바 목사회』, 311-314.

52 제네바 목사회 회의록 I, II(1546-1564)에는 43건의 서신이 수록되어 있다. 38번, 39번 서신은 1554년 10월 4일에 베른의 대표와 베른 목사회에게 보낸 서신으로 예정 교리에 대한 내용을 담고 있다. 임종구, 『칼빈과 제네바 목사회』, 268.

53 "12월 11일 금요일에 성찬이 다가오고 있음으로 제롬이 저지른 이 문제를 해결하는 것이 좋겠다고 목사들이 결정했으며, 그의 오류로 물든 자들이 성례전을 타락시키지 않도록 진행하기 위해서였다. RCPG, I, 131. 임종구, 『칼빈과 제네바 목사회』, 414.

54 임종구, 『칼빈과 제네바 목사회』, 286-288.

55 RCPG, I, 15-16. 임종구, 『칼빈과 제네바 목사회』, 421-422.

56 키이스 A. 매티슨, 『성찬의 신비-칼빈의 성찬론 회복』 IX-X.

그리스도인의 삶, 어떻게?

우병훈(고신대학교 교수)

12

그리스도인의 삶, 어떻게?

우병훈(고신대학교 교수)

1. 츠빙글리와 그리스도인의 삶

츠빙글리(1484-1531)는 그리스도인의 삶을 그 전체적 측면에서 고찰한 종교개혁자였다.[01] 기독교가 전체 사회에 스며드는 누룩이며, 세상이 말씀으로 변화되기까지는 쉬지 아니하는 이 땅의 소금이며 힘이라는 것을 종교개혁자들 가운데 츠빙글리보다 더 잘 인식한 사람은 없었다.[02] 츠빙글리는 그리스도인의 삶의 윤리를 그 원리와 실제에 있어서 포괄적으로 진술한 신학자이자 실천가였다.[03] 하지만 안타깝게도 츠빙글리는 "잊힌 종교개혁자"인 동시에 "오해받는 종교개혁자"였다.[04] 사람들은 츠빙글리가 종교와 정치를 섞음으로써, 복음을 훼손시킨 사람이라고 비난한다. 물론 이러한 비난은 그를 잘못 이해한 데서 나오는 것이며, 근거가 없다.[05]

오히려 츠빙글리는 복음 안에서 그리스도인의 전체 삶을 재형성하고 갱신하고자 했던 말씀의 선포자였기 때문이다.

이 글은 츠빙글리의 윤리에 대한 연구서를 바탕으로 그리스도인의 삶에 대한 츠빙글리의 가르침을 요약적으로 제시하고자 한다.[06] 이 책들과 츠빙글리의 사상을 다루는 연구서들은 츠빙글리와 그리스도인의 삶에 대해 논할 때, 신론과 교회론과 국가론과 연결하여 논하는 특징을 보인다.[07] 따라서 이 글에서도 역시 그리스도인의 삶에 대한 츠빙글리의 사상을 이러한 세 가지 측면과 연결하여 다루겠다. 또한 그의 사상적 특징을 좀더 부각시키기 위해서 루터의 신학과 비교하고자 한다. 츠빙글리가 바로 루터와 동시대 사람이고, 또한 츠빙글리 자신이 자신의 교회 개혁은 루터와 독립적으로 진행되었음을 여러 차례 강조하였기 때문이다.[08]

2. 하나님과 그리스도인의 삶

가. 삼위일체 하나님의 주권성 속에 놓인 그리스도인의 삶

츠빙글리는 그리스도인이란 예수 그리스도를 믿음으로 새롭게 되며, 성령을 통하여 자신의 판단을 거룩한 성경에 복종시키고, 하나님의 이름이 그들 안에서 거룩하게 되는 삶을 사는 사람이라고 본다. 그에게 그리스도인의 삶이란 예수 그리스도와 성령으로 말미암아 진리 안에서 거룩하게 사는 삶이다.[09] 여기에서 중요한 것은 그리스도인의 삶이 지니는 삼위일체 중심적인 성격이다.[10] 스티븐스가 잘 지적한 것처럼 츠빙글리에게 구원이란 성부, 성자, 성령 하나님의 역사 속에서 가장 잘 파악된다.[11]

그런 점에서 그리스도인의 삶이라는 주제 역시 츠빙글리 신학이 지니는 삼위일체적 구조 속에서 이해되어야 한다.[12]

스티븐스(W. P. Stephens)가 잘 지적한 것처럼 삼위일체 하나님의 중심성에 대한 강조는 "츠빙글리 신학 전체를 규정짓는 하나님의 주권 사상"에서도 잘 볼 수 있다.[13] 얀 바우케-뤼크(Jan Bauke-Ruegg)가 말하듯이 츠빙글리는 창조와 구속에 있어서 하나님의 전능성을 아주 많이 강조했다. 그는 츠빙글리에게 "하나님의 전능성" 개념이 발전하였다고 주장한다. 초기에 그 개념은 "모든 것을 하실 수 있음(omnia posse)"이란 의미를 지녔지만, 1528년에는 "모든 능력을 갖고 있음"이란 의미로, 그리고 최종적으로는 "능력 있는 활동"이란 의미로 옮겨갔다.[14] 이 세 가지 의미 모두 하나님의 주권 사상과 깊은 연관성을 가지는데, 특히 그리스도인의 삶과 관련해서는 마지막의 의미가 가장 중요하다. 츠빙글리는 하나님의 능력 있는 활동이 그리스도인의 삶의 모든 영역 가운데 스며들어 있다고 보았기 때문이다.

츠빙글리의 신학에서 그리스도인의 삶을 이렇게 삼위일체적 측면에서 바라보는 것과 하나님의 주권 사상에서 바라보는 것은 서로 동연적인(coexistent) 특징을 지닌다. 그런 측면에서 바빙크는 츠빙글리의 신학에서 하나님, 성령, 그리스도가 '도덕적 삶의 창시자'이시며, 여기에서 인간은 완전히 수동적이고, 믿음은 다만 수용적일 따름이라고 주장했다.[15] 하지만 츠빙글리가 그리스도인의 삶이 다만 수동적이라고 말한 것은 아니다. 인간은 삼위일체 하나님의 주도성 안에서 오히려 적극적이고 능동적인 반응을 보여야 하기 때문이다. 그런 점에서 바네르 에브라르트(Wanneer Ebrard)가 "츠빙글리에게 신앙이란 구원 획득의 전체성으로서 그리스도께서 우리 안에서 사시는 것 외에 다른 것이 아니다."라고 말할 때에, 츠빙글리 신학에서 나타나는 그리스도인의 능동성을 약화시켰다는 비판을 받을 수 있다.[16] 츠빙글리의 사상에서는 삼위일체 하나님의 주도성과 말씀을 믿고 따르는 인간의 참여성이 잘 조화되고 있기 때문이다.

츠빙글리에게 그리스도인의 삶이란 "하나님의 뜻"에 따라 사는 삶이다.[17] 그리스도인의 실존은 그리스도의 구속 사역에 근거한다. 따라서 그리스도인이 하나님의 뜻에 따라 살기 위해서는 그리스도에 대한 지속적인 신앙을 가져야만 한다. 츠빙글리는 거룩한 삶의 모범이 그리스도 안에서 신자에게 주어진다고 보았다.[18] 그리스도인은 그리스도를 본받아 사는 사람이다. 츠빙글리는 매우 인상적으로 "사도들의 모든 성경은 저 생각 즉, 기독교는 그리스도 예수를 통해 하나님 안에 있는 확고한 소망과 그분 자신이 주시는 만큼 그리스도의 모범을 따라 표현된 무죄한 삶 외에 다른 것이 아니라는 생각으로 가득하다."라고 적는다.[19]

츠빙글리는 신자가 그리스도, 말씀, 성령의 현존 속에서 언제나 또다시 새로워져야 함을 강조한다. 그는 살아있는 하나님의 말씀을 그리스도와 동일시하였다.[20] 그리스도인의 삶은 지속적으로 죄를 회개하고 날마다 육신을 죽이는 삶이다.[21] 하나님의 전능성은 언제나 성령과 말씀의 사역을 통해 나타난다.[22] 성령이 신자를 살리는 방편은 언제나 하나님의 말씀을 통해서 이뤄지기 때문이다.[23] 성령은 만물과 모든 피조물에게 존재와 생명을 수여하는 분이신데, 특히 그리스도인 안에서는 말씀으로 그렇게 하신다.[24] 말씀은 신앙을 강화시키고 또한 늘 활력 있게 한다. 참된 그리스도인은 하나님의 사랑 가운데 머물면서, 오직 하나님 안에서만 모든 것을 찾는다. 그리스도인은 세상이나 죄를 우상화하지 않는다. 신자의 이러한 삶은 개인적 차원과 사회적 차원에서 윤리적 실천으로 드러난다. 바로 이러한 삼위일체 하나님의 주권 속에서 츠빙글리는 그리스도인의 삶

을 논한다.[25]

나. 율법과 복음의 조화 속에서 이뤄지는 그리스도인의 삶

스티븐스는 "복음에 대한 츠빙글리의 요약 안에 '아버지 뜻'의 계시라는 언급이 있는데, 이는 츠빙글리를 루터와 구별하는 표지가 된다."라고 주장한다.[26] 실제로 츠빙글리는 "복음의 요약은 우리 주 예수 그리스도, 즉 참된 하나님의 아들이 하늘 아버지의 뜻을 우리에게 계시하셨고, 자신의 무죄로써 우리를 죽음에서 구원하셨으며 하나님과 화해시키셨다는 것이다."라고 주장한다.[27] 루터는 (멜란히톤의 순서에 따르자면) 율법의 제2용법을 강조하여 죄를 깨닫고 하고 그리스도께로 인도하는 기능만을 강조했다면, 츠빙글리는 처음부터 율법이 성화에 필수적이라는 율법의 제3용법까지 강조하고 있었다고 볼 수 있다.[28] 하지만 츠빙글리는 가장 초기의 저술에서부터 복음은 하나님과 이웃에 대한 사랑으로 불타오르게 하는 것이라고 주장함으로써, 믿음이 율법의 요약인 사랑을 지향함을 강조했다.[29] 츠빙글리는 많은 사람들의 믿음이 약하기 때문에 율법이 필요하다고 주장했다. "그렇기 때문에 우리는 은혜뿐만 아니라 율법도 설교한다. 믿는 자들과 택함 받은 자들은 율법에서 하나님의 뜻을 배우고 악한 자들은 율법에 겁먹어 그 두려움 때문에 이웃을 섬기거나 혹은 자신들의 모든 절망과 불신앙을 드러내게 된다."라고 츠빙글리가 말할 때, 율법의 제3용법을 상당히 분명히 보게 된다.[30]

성화된 신자의 중요한 특징은 이기주의로부터 해방되었다는 점이다. 따라서 신자들은 모든 행동을 이제 이기주의적 동력에서 행하지 않으며, 오히려 즐겁게 하나님의 뜻에 순종하고자 한다. 하나님의 뜻은 율법에 계시되어 있으며, 그 요약은 하나님 사랑과 이웃 사랑이라는 사랑의 이중계명이다.[31] 루터에게 율법과 복음은 서로 대립되는 것이라고 한다면, 츠빙글리에게 율법과 복음은 서로 조화를 이루고 있는 것이다.[32] 둘 다 하나님의 사랑에 근거하고 있기 때문이다. 츠빙글리에게 율법이란 피조물에게 다가오시는 하나님의 "사랑 의지의 구체화(Konkretisierung des Liebeswillens)"이며, 복음이란 인간을 위한 하나님의 "구원 의지의 선언(Kundgabe des Heilswillens)"이다.[33]

특히 그리스도인의 삶을 성령론적 구조 속에서 파악함으로써, 츠빙글리는 율법주의나 방종주의의 위험 모두를 피하고 있다. 그에게 칭의론과 성화론은 긴밀하게 연결되어 있다. 신앙의 실천이란 칭의의 결과로서 유기적으로 발생하는 것이다. 선행은 신앙의 결과인데, 그것은 바로 하나님께 속한 일이며, 신앙이 살아있다는 표시가 된다.[34] 하지만 선행이 결코 공로가 될 수 없음은 신자의 변화가 어디까지나 성령을 통한 하나님의 전적인 활동에 의해 발생한 것이기 때문이다.[35] 츠빙글리는 루터와 마찬가지로 좋은 나무가 좋은 열매를 맺는 것처럼, 살아있는 신앙이 선한 행위라는 열매를 낸다고 주장한다.[36]

복음은 하나님께서 믿는 자를 수납하시는 의가 오직 그리스도에 근거한 의라는 것을 가르쳐 준다. 이때 율법은 성화를 이루는 신자의 삶에서 실제적으로 의를 행하는 것을 도와준다. 츠빙글리는 칭의론에서 복음의 핵심인 그리스도의 의를 강조하는 한편, 성화론에서는 성령 안에서 율법의 역할을 강조한다. 성령의 사역이 인간의 의지를 하나님의 의지 곧 율법에 일치시키는 힘으로 작용한다고 보는 것이다. 따라서 루터에게 있어서 거의 드러나지 않았던 율법의 제3용법이 츠빙글리의 성화론에서는 아주 중요하게 부각되는 것을 발견할 수 있다. 율법의 용도와 관련해서 생각해 본다면, 츠빙글리는 칭의론에서는 율법의 2용도 즉 죄를 깨달아 그리스도께로 인도하는 "선도적 용법"을 강조하였다. 그런데 성화론에서는 율법의 1용도와 3용도를 강조한다. 그런 점에서 츠빙글리는 율법을 부정적으로 묘사하는 루터에게 비판적이었다.[37]

다. 선택, 믿음, 칭의, 성화와 그리스도인의 삶

츠빙글리는 칼빈과 마찬가지로 하나님의 영원한 선택이 그리스도인의 삶을 떠받치는 근거가 된다고 보았다.[38] 그에 따르면, 성령의 사역으로서 믿음과 선행은 하나님의 "선택의 증거들(Zeichen für die Erwählung)"이 된다.[39] 츠빙글리는 믿음이 "선택의 열매(electionis fructus)" 혹은 "선택의 표시(electionis signum)"라고 자주 주장한다.[40] 츠빙글리 신학에서는 믿음은 선택이 실현되는 수단이 되는 것이다.[41] 또한 츠빙글리는 선행이란 믿음이 낳는 열매라고 주장한다.[42] 믿음과 선행 모두 경험 가능한 것이다. 한편으로 신자 개인의 마음속에서 경험되며, 다른 한편으로 믿음의 열매로서 경험된다.[43]

츠빙글리에게 믿음이란 "성령의 선물(die Gabe des Heiligen Geistes)"로서 삶을 변화시키는 힘이다. 마치 불이 열을 낼 수밖에 없듯이, 신앙은 신자로 하여금 선행을 양산할 수밖에 없다.[44] 신앙이란 신뢰하는 것이며, 그리스도에게 자신을 맡기는 것이다.[45] 신앙이란 구원을 확신하는 것인데, 신앙이 선행을 의롭게 하는 것이지 선행이 신앙을 의롭게 하는 것이 아니다.[46] 선행이란 언제나 하나님께서 명하신 것으로서, 성령에 의해 성취되는 것이다.[47] 여기에서 츠빙글리는 당대 로마 가톨릭의 공로주의적 선행을 비판한다. 그것은 그가 보기에 다만 인간의 일에 불과한 것이다. 오직 하나님께만 의지하는 믿음이 결여되어 있기 때문이다.[48]

그리스도인의 실존은 칭의에도 불구하고 여전히 죄의 위협을 받는다. 그러하기에 성령 안에서 윤리적 발전을 이루는 의인은 결코 자기만족에 빠져서는 안 된다.[49] 츠빙글리는 "인간의 정의(menschliche Gerechtigkeit)"와 "하나님의 정의(göttliche Gerechtigkeit)"를 나눈다.[50] 여기에서 "인간의 정의"란 율법의 외적인 준수를 뜻한다. 이는 인간들의 공생을 위하여 주신 율법의 기능을 가리킨다. 이것은 비단 신자만이 아니라, 불신자에게도 해당되는 것이다. 반면에, "하나님의 정의"란 사랑의 계명을 온전히 성취하는 것을 뜻하는데, 이는 오직 말씀과 성령의 역사로 가능한 것이다.[51] 성령은 복음 설교를 통해서 신자 안에 하나님에 대한 사랑과 선행에 대한 의지를 불러일으키신다.[52] 그리하여 하나님의 뜻을 온전히 행하도록 하신다. 이러한 "하나님의 정의"는 신자의 삶에서 지속적으로 이뤄지는 성령의 능력 부여를 통해 가능하다. 이 과정에서 신자는 잔존하는 죄를 극복하며 윤리적이며 도덕적인 삶을 살게 된다. 따라서 우리는 하우쉴트와 함께 츠빙글리가 제시하는 성화론이 결코 율법주의나 도덕주의가 아니라고 주장할 수 있다.[53] 츠빙글리에게 성화란 어디까지나 칭의를 받은 자의 모든 선한 행위를 결정적으로 가능하게 하시는 성령의 사역으로 묘사되기 때문이다. 스티븐스가 잘 요약한 것처럼, 츠빙글리의 구원론에서 성화의 삶은 인간의 노력 여하에 달린 문제가 아니다. 그리스도인 안에서 그리스도와 성령께서 역사하서 끊임없이 성화의 삶을 주시기 때문이다.[54] 츠빙글리에 따르면 신자들은 자신들의 "새로워짐(Erneuerung)"이 아직 완성되지 않았고, 그들은 여전히 죄와 더불어 싸우고 있으며, 영과 육의 지속적인 갈등 가운데 있음을 안다. 따라서 신자들은 한편으로는 하나님의 율법에 따라 의인이 되었지만, "동시에(simul)" 죄의 법이 성령과 거슬러 싸우고 있음을 알고 있다(롬 7:19 참조).[55]

의인이 되었지만 동시에 죄의 법과 싸우고 있는 신자의 실존에 대한 츠빙글리의 묘사는 얼핏 보기에는 루터의 사상과 유사해 보이지만 사실은 아주 다른 것이다. 츠빙글리의 성화론에 있어서, 칭의된 자는 부분적으로 죄가 있기는 하지만 더 이상 전적으로 죄인일 수는 없다. 루터는 그리스도인의 실존에 대하여 저 유명한 "죄인이며 동시에 의인"이라는 말을 남겼다.[56] 이 말은 흔히 오해되듯이 그리스도인이 되어도 여전히 죄를 짓기 때문에, 그리스도인은 부분적으로 의인이지만 또한 부분적으로 죄인이기도 하다는 뜻이 아니다. 루터가 그리스도인이 "죄인이며 동시에 의인"이라고 했을 때 그는 전체적인 인간을 묘사한 것이다.[57] 신자 전체가 죄인이며, 동시에 신자 전체가 의인이다. 그것은 동시적으로 발생하는 현상이다.[58] 이를 설명하면서 루터는 "나는 그리스도 바깥에서 내 자신 안에서 죄인이며, 내 자신 바깥에서 그리스도 안에서 죄인이 아니다."라고 말했다.[59]

여기에서 루터와 츠빙글리의 차이가 발생한다.[60] 루터는 아쉽게도 "죄인이며 동시에 의인"이라는 표현을 통하여 그리스도인이 성화의 삶을 살 수 있는 가능성에 대해 "오해"할 여지를 많이 남겼다. 루터의 신학에서 성화론이 전적으로 결여되는 것은 결코 아니다. 가령, 그의 대(大)『갈라디아서 주석』(1535년판)의 갈라디아서 5장과 6장에 대한 주석을 보면, 그도 역시 칼빈이나 츠빙글리 못지않게 성화에 대해 많이 얘기한 것을 볼 수 있다. 그럼에도 불구하고 그의 성화론을 이해하기 위해서는 많은 설명이 필요하게 되었다. 하지만 츠빙글리는 처음부터 그리스도인의 실존에 대하여 루터와 같은 "역설적인 이해"보다는 "점진적인 이해"를 제시함으로써 성화론을 보다 성경적이고 직관적으로 이해할 수 있는 길을 마련했다.[61] 츠빙글리는 루터처럼 칭의와 성화를 "종말론적으로 결정적으로 정초된" 관점에서 보기를 원하지만, 그럼에도 불구하고 "점진적으로 실현되는(prozessual realisiert)" 현실을 염두에 둔다.[62] 구원은 그리스도에 의해 중재되며, 성령의 사역에 의해 실현되고, 최종적으로 종말의 때에 완성된다. 하지만 신자는 바로 여기, 이곳에서 성령의 사역 가운데 거룩의 회복과 출현을 실재적으로 경험한다.

3. 교회와 그리스도인의 삶

가. 설교와 그리스도인의 삶

츠빙글리는 교회란 성령의 능력 안에서 그리스도를 믿는 공동체이다. 그는 교회를 일차적으로 제도로 보기보다는, 영적이고 인격적인 차원에서 보고자 했다. 츠빙글리의 교회론에서는 신자 개개인에게 모두 동일하게 성령이 머무르고 또한 가르치기에 교회가 형성될 수 있다.[63] 교회의 개념을 다루면서 츠빙글리는 두 가지 구분을 시도한다. 첫 번째 구분은 "보편 교회"와 "개체 교회" 사이의 구분이다.[64] 두 번째 구분은 "참된 교회인 택자들의 군대"와 "신자와 불신자가 섞여 있는 '혼합된 몸(corpus permixtum)'" 사이의 구분이다.[65] "혼합된 몸"으로서의 교회 개념은 아우구스티누스가 도나투스파와의 논쟁에서 발전시킨 개념이다. 츠빙글리는 이를 응용하여 자신의 교회론에 연결시킨다.[66]

츠빙글리에 따르면 그리스도인의 삶은 교회와 불가분리적이다. 교회 안에서 성화된 삶을 살아가는 신자들은 "그들의 성화된 삶을 통하여" 선택을 확신한다.[67] 참된 그리스도인이 참된 교회를 이루며, 반대도 성립한다. 참된 교회는 신앙고백적 측면에서 보자면 "신자들의 교제(communio sanctorum)"이다. 이 교제는 신앙을 성화와 연결시키는 신자들만이 가능한 것이다. 따라서 가시적 교회와 비가시적 교회는 서로 얽혀 있다. 가시적 교회의 회원들은 그리스도에 대한 신앙고백과 성례 참여와 성화의 삶을 통하여 확인된다. 물론 어떤 사람이 참된 신자인지는 완전히 명확하게 확인될 수는 없다. 하지만 신앙고백과 성례 참여와 성화의 삶이라는 세 요소는 중요한 준거점이 된다. 택자는 오직 하나님만 아시지만, 사람들은 그리스도인의 성화된 삶을 통해서 그 실재를 볼 수 있다.[68] 츠빙글리는 "선택의 징표는 하나님을 사랑하고 경외하는 것이다."라고 주장한다.[69]

츠빙글리는 로마 가톨릭 신학자들의 비판에 직면하여 자신의 교회론을 더욱 공고하게 지켰다.[70] 그가 보기에 거짓된 교회는 겉으로는 하나님의 말씀에 근거하는 것처럼 보이지만, 사실상 인간적인 교회 제도, 법, 공의회, 교황에게 근거를 두고 있다. 거짓된 교회는 성경을 주인으로 삼지 않고 오히려 성경 위에 군림하고, 그 결과 성령을 상실한다. 거짓된 교회는 사도신경이 가르치는 "보편 교회(ecclesia catholica)" 즉 "그리스도의 신부(die Braut Christi)"가 아니다.[71] 그리스도인이 공동체를 이루어 말씀과 성령 안에서 살아갈 때, 바로 그곳에 교회가 있다. 그 교회는 엡 5:27에서 말하는 교회이다.[72] 그것은 신실한 자들의 모임이며, 그리스도에 의해 씻기고 거룩하게 된 공동체이다.[73] 츠빙글리에 따르면 그리스도는 교회의 주인이다. 교회가 목자 되신 그리스도의 음성을 듣고 따르는 한 무류·무오(unfehlbar-irrtumslos)하다.[74] 이런 사상은 이후에 가톨릭교회에서 등장했던 "교황 무오설"의 근거를 약화시킨다고 볼 수 있다. 무오의 기준은 그리스도와 "내적인 말씀(innere Wort)"이지, 교황이 아니기 때문이다. 참된 그리스도인의 삶은 하나님의 뜻 즉 성령에 의해 부여되는 지식인 "내적인 말씀"에 전적으로 근거를 두어야 한다.

나. 반사제주의와 그리스도인의 삶

츠빙글리의 교회론에 따르면, 그리스도의 몸이며, 그리스도는 교회의 유일한 머리가 되신다. 그리스도는 천상에서 성령을 통해서 교회를 다스리신다. 교회 안에서 성령은 인간의 사역들을 통하여 일하신다. 사역들 가운데 가장 중요한 것은 말씀의 선포이다.[75] 교회는 경험적으로나 영적으로나 하나님의 말씀을 경청함으로써 새롭게 되기 때문이다. 그리스도는 설교자의 말씀 선포를 통해서 교회를 다스리시며, 그 선포되는 말씀을 통해서 신자는 자신의 삶을 구성한다.[76] 츠빙글리는 로마 가톨릭의 사제주의를 반대하는데, 교황이나 주교와 같은 지상적 위계질서는 기독교의 진리에 반대될 뿐 아니라, 말씀을 통해서 교회를 다스리시는 그리스도의 사역을 오히려 방해하기 때문이다.[77]

당시의 로마 가톨릭교회는 교회를 "가르치는 교회(ecclesia docens)"와 "배우는 교회(ecclesia discens)"로 나누었다. "가르치는 교회"란 교황과 주교로 이뤄진 집단으로서, "교도권(教道權; magisterium)"을 가진다. 반면에 "배우는 교회"란 "가르치는 교회" 하위에 있는 신자들의 모임인데, 교회의 신리를 수납해야 하는 의무를 지닌다. 사제들은 주교들의 권위하에 있으므로 평신도들과 더불어서 "배우는 교회"에 속한다.[78]

루터는 이러한 사제주의를 반대했다. 그는 반사제주의(anticlericalism; Antiklerikalismus)를 만인 제사장직 교리를 통해서 강력하게 피력했다.[79] 특히 루터의 1520년 세 작품에서 이러한 비판이 잘 드러난다.[80] 사제주의에 대한 루터의 비판은 이후에 지속적인 반사제주의의 흐름을 만드는 데 크게 기여했다.[81] 루터를 비롯해서 종교개혁가들은 이상과 같은 로마 가톨릭의 구분을 거부했다. 하지만 그렇다고 해서 목회자와 평교인의 구분을 완전히 철폐한 것은 아니었다.[82] 개신교회는 "집합적 교회(ecclesia synthetica 또는 ecclesia collectiva)"와 "대표적 교회(ecclesia repraesentativa)"의 구분이 있었다. 전자는 전체 신자들의 모임을 뜻한다. 후자는 말씀을 설교하고 교리를 가르치는 사역자들을 뜻한다. 이 구분은 처음에는 루터파에 의해 즐겨 사용되었으나, 이후에 개혁파 역시 수용했다. 특히 개혁파는 "대표적 교회"를 단지 목회자나 교사들만 동일시하지 않고, 교회의 다스림을 위한 장로들의 모임과 총회와도 동일시함으로써 발전을 보였다.[83] 특히 츠빙글리가 그리스도는 목사의 말씀 선포를 통해 교회의 모든 것을 다스리신다고 했을 때, 그는 로마 가톨릭의 사제주의를 반대하면서도 이후에 발전할 "대표적 교회" 사상을 잘 드러낸 것이라 평가할 수 있다.[84]

다. 교회 직제와 그리스도인의 삶

츠빙글리는 교회를 그리스도의 몸이라고 보았지만, 교회 제도 역시 고민했다. 특히 그는 재침례파와 논쟁하면서 참된 교회의 제도적 문제를 다루었다. 츠빙글리에 따르면, 교회의 순결성은 다른 무엇보다도 명백한 죄인들을 권징을 통해 성찬에서 배제시키는 것으로 이뤄질 수 있다. 이러한 권징은 하나님의 공의와 사랑 중 어느 한쪽도 희생시키지 않고 시행되어야 한다. 교회의 이러한 제도적 장치는 그리스도인의 삶을 더욱 성경적으로 붙잡아주는 역할을 한다.[85] 츠빙글리는 한편으로 아우구스티누스의 원리를 따라 교회가 신자와 불신자가 섞여 있는 "혼합된 몸(corpus permixtum)"이라고 본다. 이 "혼합된 몸" 안에서 불신자와 신자는 엄밀하게 구분할 수 없다. 그러나 다른 한편으로 그는 성령의 성화를 직접 경험하고 모든 우상을 버리는 교회를 제도적으로 적절하게 구성하기 위해 노력하였다.[86]

교회의 직제도 역시 그리스도인의 삶에 깊은 영향을 미친다. 츠빙글리는 교회의 직제를 철저하게 성경에 근거하여 논하기를 원했다. 특히 엡 4:11-14가 중요한데, 그는 이 본문에서 가장 중요하고 다른 직분들을 포섭하는 직분은 말씀의 사역이라고 주장했다.[87] 다시 말해 엡 4:11에 나오는 사도, 선지자, 복음 전하는 자, 목자, 교사 등은 모두 설교직에 연관된다고 봐야 한다는 것이다.[88] 설교자의 임무는 성경을 해석하여 공적으로 하나님의 말씀을 선포하고, 개인적인 목양에서 말씀으로 가르치는 것이다. 선지자이자 동시에 목자로서 목사는 그에게 맡겨진 공동체를 섬긴다.[89]

초기 루터 사상이나 급진적 종교개혁 사상에서 드러나는 회중주의적 경향과는 달리 츠빙글리는 처음부터 말씀의 봉사직을 신중하게 다루었다. 그는 1524년에 쓴 『목자론』에서 말씀의 봉사자는 단지 성령의 내적 조명만으로는 사역할 수 없고, 교회의 공적인 선출이 있어야 한다고 보았다.[90] 설교직을 회중주의와 다른 관점에서 기술하고 있는 것이다. 특별히 츠빙글리는 말씀의 올바른 집행을 위해서 목사들의 회집 제도를 신설하였다.[91] 이는 노회 혹은 총회 제도의 초기 형태로 볼 수 있다.[92] 노회가 루터교회에도 등장했으나, 루터교회에서는 노회가 목사들만의 회집이었다. 특별히 루터파 교회는 장로직에 대하여 성경적으로 정립된 신학이 매우 부족하다. 이와는 달리 개혁파는 노회 제도와 정치를 더욱 성경적으로 발전시켜갔다. 또한 츠빙글리는 1528년 취리히에서 총회(Synod)를 제정했는데, 이 총회는 도시와 지방의 설교자들과 시 의회의 몇몇 회원들로 구성된 시 의회에 의해 소집되었다.[93] 특별히 이 총회는 설교자들의 교리와 삶에 대한 문제들을 해결해 주는 과제를 맡았다.[94] 이러한 제도적 장치들은 설교자들이 하나님의 말씀을 더 정확하게 선포하도록 도움을 주기 위한 방편이었다.[95] 츠빙글리의 교회론에 나타난 교회 직제와 제도는 회중에게 선포되는 말씀 사역이 보다 건실하게 되어 그리스도인의 삶이 중심을 잃지 않도록 도와주고 있다.

4. 사회와 그리스도인의 삶

가. 국가와 그리스도인의 삶

종교개혁자들 가운데 기독교의 사회적 역할을 츠빙글리만큼 이론과 실존 모두에서 치열하게 고민한 사람은 드물 것이다. 그가 제시한 그리스도인의 삶은 개인 윤리와 사회 윤리를 포괄한다. 폰 쿠겔겐이 츠빙글리의 윤리학을 개인적 관계(das individuelle Verhalten)와 사회적 관계(das sociale Verhalten)로 나눠서 다뤘던 이유도 거기에 있다.[96] 츠빙글리는 그리스도인의 삶이 단지 한 개인의 내적인 삶으로 한정될 수 없다고 주장하였다. 츠빙글리에게 하나님을 사랑하는 자는 의와 지혜와 선을 사랑하는 자이며 또한 인간을 사랑하는 자이다.[97] 그는 참된 종교란 영혼의 가장 깊은 성소에 놓여 있는 내적 존재를 넘어 외적으로 표현되어야 한다고 보았으며, 그런 원리는 모든 그리스도인의 삶에 해당된다고 생각했다. 따라서 그에게 공적 영역의 문제는 기독교 설교에서 주변적인 것이 아니라 중심적인 것이었다.[98]

바빙크가 처음 발견하고 폰 퀴겔겐이 동의하는 것처럼, 츠빙글리는 스토아 사상을 전유하여 개인에서 사회로 사상을 확대해 간다.[99] 부모가 자식을 사랑할 때 작용하는 감정은 가족 관계를 넘어서 이웃에게도 확대되어 나타난다. 사랑은 우정보다 탁월하다. 모든 우정은 사랑이지만, 모든 사랑이 우정인 것은 아니다. 사랑은 감정에서 나오며, 우정은 덕에서부터 나온다. 참된 우정이 나올 수 있는 덕은 바로 기독교적인 덕이다.[100] 따라서 개인적 삶에서 성경과 성령을 따르는 그리스도인은 사회적 삶에서 참된 우정을 발휘할 수 있다. 츠빙글리에 따르면 그리스도인의 생활은 하나님 앞에서 책임성 있는 삶이며, 하나님의 뜻을 실현하는 책무를 가지는 것이다. 그리스도인의 삶은 통일성이 있다. 다시 말해서 영적 영역과 세속적 영역이 이원론적으로 분리되지 않는다는 뜻이다. 물론 영적 영역과 세속적 영역이 같을 수는 없으며 분명히 구분되어야 한다. 그러나 그 둘은 밀접한 연관성이 있다.

하우쉴트가 잘 요약한 바처럼, 1523년부터 츠빙글리는 취리히가 맞게 된 특별한 상황을 염두에 두면서 "하나님의 정의와 인간의 정의의 차이와 관계에 대한 교리"를 발전시킨다.[101] 취리히의 특별한 상황이란 도시 공동체와 교회 공동체의 단일화였다. 츠빙글리의 사고는 본질적으로는 "루터의 두 왕국에 대한 사상(Luthers Gedanken über die beiden Reiche)"에 상응하는 것이었지만, 사실은 다른 방향으로 전개되었다.[102] 츠빙글리에 따르면, 영혼의 공동체로서 교회는 외적 질서의 공동체인 도시 혹은 국가와 근원적으로 다르다. 전자가 "사랑의 공동체(Liebesgemeinschaft)"라면, 후자는 "법의 공동체(Rechtsgemeinschaft)"이다. 그러나 두 공동체 모두 동일한 목적 즉, 이 세상에 대한 "하나님의 주권적 통치(die Herrschaft Gottes)"를 실현하는 목적을 지닌다는 점에서 일치한다.[103] 따라서 츠빙글리에게 그리스도인의 삶은 사회적, 국가적 차원에까지 확대될 수밖에 없다. 인간의 실존의 목적은 "하나님의 뜻의 총체적 실현으로서의 정의(die Gerechtigkeit als totale Erfüllung des Gotteswillens)"이다.[104] 여기에서 우리는 앞에서 보았던 "하나님의 뜻"에 대한 츠빙글리의 신념이 사회적으로 확대되는 것을 본다. 그런데 그러한 "하나님의 정의(götliche grechtigheit)"의 총체적 실현이 이뤄지기 위해서는 단지 외적인 제도나 장치만으로는 불가능하다.[105] 그것은 "성령의 의도에 따라 -사랑의 계명으로 요약되는 하나님의 모든 계명을 순종하고자 하는, 내적 자극에서부터 나오는 '사랑의 신념(Liebesgesinnung)'"을 통해서만 실현가능하다.[106] 실제로 그렇게 사는 사람은 근원적으로 볼 때에 외적 제도가 더 이상 필요 없게 된다.[107]

이 사회 속에서 하나님의 뜻에 부합하는 법질서가 최종적으로 세워지기 위해서는 하나님이 이 세상에 외적 질서의 공동체인 국가를 만들고, 도덕법을 권력으로써 강제하는 과정이 필요하다. 바로 여기에 "인간의 정의(menschliche grechtigheit)"가 들어온다.[108] 인간의 정의란 "외적이며 시민적인 정의(eine äußerlich-bürgerliche Rechtschaffenheit)"인데, 이것은 사실 하나님 앞에서는 의롭다고 볼 수는 없는 의이다. 츠빙글리의 사상에 따르면, 이러한 두 가지 종류의 의는 설교 사역과 정부의 통치의 "조화(Koordination)"에 상응한다.[109] 위정자들은 "외적 질서와 인간의 정의

(äußere Ordnung und menschliche Gerechtigkeit)"를 보살피기 위해 노력해야 할 뿐만 아니라, 사람들이 하나님에 대한 참된 지식을 갖도록 하고 하나님의 뜻에 따라 살도록 도와주어야 한다. 따라서 세속 정부의 통치는 하나님의 말씀에 근거할 때만 정당성을 확보한다.[110] 이런 점에서 말씀과 성령을 따라 사는 그리스도인의 삶은 공적인 영역에서도 그 진가를 발휘할 수 있다.

나. 정치와 그리스도인의 삶

1513년 츠빙글리는 종군 사제로서 노바라 전투에 참전한다. 이때부터 그는 정치적 문제들을 다루기 시작했다. 1519년 취리히의 목사가 된 이후에도 그는 종교의 사회정치적 측면을 항상 고려하였다. 그는 사회정치적 영역에서도 "하나님의 주권적이고 전일적인 통치(die souveräne Allwirksamkeit Gottes)"를 주장하였고, 그에 따라 "신정(Theokratie)"이라고 묘사될 수 있는 사회-윤리적 실천을 지향하게 되었다.[111] 그에게 "신정(神政)"이란 국가나 위정자가 교회나 목회자에게 복종해야 한다는 의미나 혹은 그 반대가 아니다. 그것은 시 의회가 영적인 일을 통치하는 것을 뜻하는 것도 아니요, 또한 설교자가 정치에 간섭하는 것을 뜻하는 것도 아니다. 오히려 그것은 위정자와 목회자 모두 하나님의 주권적 통치를 확립하기 위해 노력해야 한다는 의미에서의 "신정"이다.[112] 이것은 다른 말로 말하면, 목회 사역과 시 의회의 활동 사이의 조화 가운데서 기독교 공동체에 대한 하나님의 통치를 인정하는 것을 뜻한다.

사실상 19세기 후반과 20세기 초반에 아브라함 카이퍼가 주장했던 "영역 주권" 개념 역시 바로 이런 의미이다. 즉, 삶의 각 영역에서 하나님의 주권적 통치만이 드러나야 한다는 생각이다. 츠빙글리는 "신정"을 통해서 종교와 대립하여 정치나 경제 영역의 "자율(Autonomie)"이 자리 잡지 않기를 바랐다.[113] 그리스도인의 삶에서 하나님의 말씀의 가치를 확보해 주고 "성화가 실현되도록(Heiligung zu realisieren)" 하는 일에 설교자와 시의원들은 각자 구별되는 책임성을 지닌다. 바로 그 책임성이 "두 개의 영역(beide Bereiche)"을 하나로 결합시켜 준다.[114] 설교자는 하나님의 공의에 관여하며, 하나님의 말씀을 전함으로써 하나님의 공의와 뜻이 사람들의 내면에서부터 실현되도록 한다. 위정자들은 인간의 정의에 관여하며, 하나님의 율법에 따라 사회생활을 규제하고, 복음적인 설교를 보호한다. 이를 위해 설교자가 "말씀"을 지닌다면, 관료들은 "검"을 지닌다.[115] 츠빙글리는 로마서 13장에 대한 주해에 근거하여 정부의 목적을 논하였다.[116]

이런 관점은 한편으로는 세속 권세를 주교와 교황 아래에 두었던 로마 가톨릭을 반대하고, 다른 한편으로는 그리스도인들이 정부에 관여하는 자체를 반대했던 재침례파를 반대하는 것이었다.[117] 당시에 재침례파는 산상 수훈을 그리스도인의 삶의 절대적 표준으로 삼았고, 그것을 사회정치적인 영역에도 적용하고자 했다. 하지만 츠빙글리는 그리스도인으로서의 삶과 시민으로서의 삶을 구분하여 일종의 "두 왕국 이론(Zweireichelehre)"을 전개한다.[118] 이에 대해서는 아래에서 따로 논하겠다.

그리스도인의 삶에는 의회와 교회가 서로의 일정 부분 관여한다. 츠빙글리는 의회가 취리히 교회 개혁에 중요한 역할을 한다고 보았기에 제1차와 2차 취리히 토론회를 의회가 소집하도록 했다. 츠빙글리의 설교가 복음적이라는 판단도 의회가 하도록 했다.[119] 그는 복음을 설교하지 않는 설교자를 추방하는 것이나, 삶과 설교가 일치하지 않는 설교자를 쫓아내는 일도 의회가 주도해야 한다고 생각하기까지 했다.[120] 그는 의회가 교회의 일에 관여함에 따라, 목회자들도 의회에 일에 역할을 맡는다고 보았다.[121] 실제로 츠빙글리는 다른 도시들(바젤, 베른, 스트라스부르, 베니스 등)과의 동맹이나 가톨릭 주(우리, 슈비츠, 추크, 루체른, 운터발덴)와의 전쟁 등을 결정하는 데 있어서 관여하였다.[122]

하지만 츠빙글리는 교회의 역할을 좀더 중요하게 생각했다. 그는 예언자(설교자)가 관료들보다 더 필요한 존재라고 생각했다. 관료가 없으면 참된 예언자는 관료를 세울 수 있지만, 참된 예언자가 없으면 관료들은 아무 것도 할 수 없기 때문이다.[123] 그는 의회가 성경에 반대되는 법을 제정한다면 자신은 하나님의 말씀을 가지고 그것을 반대하여 설교할 것이라고 주장했다.[124] 따라서 시 의회는 선한 자들을 보호하고 악한 자들을 징벌해야 한다.[125] 그리고 사람들은 시 의회의 질서가 하나님의 말씀에 반대되지 않는 한 당연히 순종해야 한다.

츠빙글리의 법 사상은 체계적이다.[126] 정부는 선을 보호하고 악을 징벌할 의무를 가진다(롬 13). 그 일을 잘 하기 위해서 정부는 선과 악을 구분하는 지식이 있어야 하는데, 이 지식은 오로지 "신법(lex divina)"과 그것의 간단한 요약인 "자연법(lex naturae)"에서 획득된다. 그리스도의 법은 십계명과 산상 수훈이며, 이 두 가지가 합쳐져서 새로운 법이 된다.[127] 츠빙글리는 국가의 법을 비롯하여 모든 법은 자연법에 근거해야 한다고 보았다.[128] "자연 상태(Naturzustand)"에서 모든 인간은 자신의 욕망에 따라 살고자 한다. 그로 인해 발생되는 무질서를 막고 함께 살아가는 삶을 통제하기 위해서 하나님은 "자연적 도덕법(das natürliche Sittengesetz)"을 주셨고 자신의 율법을 계시하셨는데, 이것은 특히 십계명에 잘 나타나 있다. 십계명은 "자연법"의 요약인데, 시민이 그것을 최소한도로 준수하는 것은 "인간의 정의"에 따라 사는 것이다. 그것은 아직 도덕적으로 불완전하며, 강제성에 의해 따라오는 의이기 때문이다. 츠빙글리는 십계명이 도둑질을 죄로 규정하지만, 그것은 사실상 무질서의 붕괴를 막기 위한 최소한의 장치일 뿐이고, 하나님은 사실은 그 법으로써 탐내지 말 것까지도 의도하신다고 주장한다. 이처럼 "하나님의 정의"는 "인간의 정의"와 출처는 같지만, 그 상위의 것이다. 따라서 츠빙글리는 국가가 보다 하나님의 뜻에 충실하려면 복음의 원리가 필요하다고 보았다.[129] 이런 점에서 그리스도인의 역할이 중요한데, 그들은 복음을 알고 그것을 국가의 영역에서까지 적용할 수 있기 때문이다. 츠빙글리에 따르면 좋은 위정자란 자연법에 순복할 뿐만 아니라, 보다 더 신실하고 경건하게 되어 복음의 원리를 정치 현실 속에서 구현해 내는 사람이다. 그는 "정부가 인간적 정의를 집행하고 또한 그 모든 법을 신법에 최대한 가깝게 맞추어서 조정할 수 있도록 섬겨야 한다."고 주장했다.[130] 또한 "만민법이나 시민법은 자연의 의(=자연법)에 최대한 가깝게 되어 선하고 공정해야 한다."고 주장했다.[131]

이런 측면에서 츠빙글리의 저항권 사상도 이해할 수 있다. 그는 만일 시 의회가 영혼에 대해 주도권을 행사하려고 들고, 심지어 독재 권력으로 발전하려고 하면, 그리스도인들은 저항할 수 있으며, 최종적으로는 그런 권력을 좌천시킬 수 있다고 주장한다.[132] 특히 츠빙글리는 『67개 조항』의 제42번째 조항에서 "그들[=위정자들]이 불성실하여 그리스도의 교훈에 반대되는 행동을 하면, 그들은 하나님의 이름으로 해임될 것이다."라고 적고 있다.[133] 해임은 적절한 절차를 따라 이뤄져야 하는데, 동의를 통해서 위정자를 선출한 사람들에 의해서 이뤄진다고 설명한다. 이러한 해임에 대한 츠빙글리의 주장은 개혁파 정치 신학의 발전에 영향을 미쳤다.[134]

다. 두 왕국 이론과 그리스도인의 삶

츠빙글리의 국가론을 루터의 두 왕국 이론과 비교해 볼 수 있다. 츠빙글리의 『하나님의 정의와 인간의 정의』는 루터의 『세속 정부에 대하여, 어느 정도까지 그 권위에 순종해야 하는가?』가 발표된 해인 1523년에 출판되었다.[135] 그래서 두 사람 사이의 국가론 혹은 정부론의 비교가 많은 학자들의 연구 대상이 되었다. 이 주제에 있어서 스티븐 오즈먼트(Steven E. Ozment)는 루터와 츠빙글리 사이에 큰 차이점이 없다고 평가했다. 크리스토프 게스트리히(Christof Gestrich)는 츠빙글리가 루터로부터 직접 영향을 받았다고 주장했다. 빌헬름 노이저(Wilhelm Neuser)는 루터와 츠빙글리가 세속 권력에 대하여 똑같은 임무를 부여했지만, 루터는 두 왕국의 차이점에 대해서 츠빙글리보다 더 많은 강조점을 둔다고 분석했다. 그는 츠빙글리의 사상에서는 인간의 정의가 하나님의 정의로 나아가는 전단계로 묘사되고 있다며 루터보다는 멜란히톤에 가깝다고 평가했다. 고트프리트 로허(Gottfried W. Locher)는 츠빙글리의 사고에는 루터적 사유보다 믿음이 거룩함과 밀접하게 결합되고, 공동체의 거룩함을 위해 더욱 노력하는 경향이 있어서 루터의 개인주의적 윤리보다 우월한 측면이 엿보인다고 이해했다.[136] 알리스터 맥그래스(Alister E. McGrath)는 루터와 츠빙글리의 국가론의 유사점과 차이점을 잘 지적했다.[137] 유사점은 여섯 가지이다. 첫째, 죄의 결과로 정부가 필요하게 되었다고 가르쳤다.[138] 둘째, 공동체에 속한 자들이 모두 다 그리스도인인 것은 아니라는 사실을 인정하였다. 셋째, 공동체 안에서 권위를 행사하는 자들은 하나님의 권위를 행사하는 것으로 보았다. 넷째, 재침례파는 공직을 맡는 것이 그리스도인이 타락하는 길이라 보았지만, 루터와 츠빙글리는 그리스도인들이 공직을 맡을 수 있다고 주장했다. 특히 츠빙글리는 신실한 그리스도인이야말로 공직에 가장 적합한 사람이라고 주장했다.[139] 다섯째, 두 사람은 산상수훈이 개인 윤리에 해당되며 이는 공적 윤리와 구별된다고 보았다. 여섯째, 두 사람 모두 교회와 국가에 결부되는 "정의" 개념을 구분했다. 이 여섯 번째와 관련하여 맥그래스는 루터와 츠빙글리의 차이를 지적한다. 루터에게 인간의 의와 하나님의 의 사이는 상호 모순적으로 나타난다면, 츠빙글리에게 인간의 의는 외적인 것이며 하나님의 의는 내적인 것으로 나타난다는 것이다.[140]

맥그래스의 주장은 약간 수정하고, 좀더 보충하여 진술할 필요가 있다. 하나님의 의와 인간의 의가 루터에게는 변증법적 긴장 관계에 있다면, 츠빙글리에게는 단계적인 관계에 있다. 츠빙글리에게 인간의 의는 하나님의 의에 못 미치는 아래의 단계에 있는 의인데 그럼에도 불구하고 필요한 의이다. 그러나 루터에게 인간의 의는 하나님의 의와 대립되는 개념이다. 문제는 루터에게 인간의 의와 하나님의 의 개념은 일차적으로 구원론적 관점에서 봐야 하는데 반해서, 츠빙글리에게 인간의 의 개념은 정치적으로 봐야 한다는 점이다. 맥그래스는 이 두 차원을 섞어놓고 평가하고 있다는 약점을 지닌다. 이에서 더 나아가, 루터와 츠빙글리의 국가론의 차이는 율법에 대한 이해의 차이에서 비롯됨을 지적할 필요가 있다. 1523년 루터의 작품에서는 복음으로 다스려지는 교회와 율법으로 다스려지는 국가 사이에는 대립이 있다. 하지만 같은 해의 츠빙글리의 작품을 보면, 국가와 교회 모두 복음을 위해 협력하는 단체들이다. 루터의 신학에서 나타나는 복음과 율법의 대립이 그의 국가론에도 영향을 미치고 있다면, 츠빙글리의 신학에서 나타나는 복음과 율법의 조화가 그의 국가론을 보다 안정감 있게 만들고 있다. 이런 점을 감안하면 츠빙글리의 국가론이 가지는 장점이 선명해진다. 그는 처음부터 시민 정부의 한계를 복음 중심적으로 보다 분명히 설정했고, 그리하여 루터와는 달리 교회와 시민 정부가 조화를 이룰 수 있는 여지를 더 많이 제공했다. 그는 그리스도인의 삶에서 하나님의 주도권을 삼위일체적으로 강조하고, 그것을 하나님의 뜻으로서의 율법론 및 말씀론과 긴밀하게 연결시켰는데, 그것이 국가론에서도 역시 잘 나타나고 있다. 루터의 국가론 혹은 정부론도 그렇게 발전할 수 있었겠지만, 안타깝게도 농민 전쟁을 겪으면서 시민 정부의 역할이 영적인 영역에서도 부분적으로 확대되고 그에 따라 교회의 역할이 축소되는 결과가 생기고 말았다. 이처럼, 그리스도인의 사회적 삶에 대한 츠빙글리의 사상은 루터의 그것보다 더욱 균형이 잡혀 있다고 볼 수 있다.

5. 결론

오해를 많이 받았던 종교개혁자 츠빙글리는 그리스도인의 삶에 대해 아주 건실한 신학을 제시하였다. 그는 그리스도인의 삶에서 삼위일체 하나님의 전적인 주권을 강조하였다. 그 주권은 말씀과 성령의 사역을 통해 구체화된다. 츠빙글리는 그리스도인의 삶이 "하나님의 뜻"을 추구하는 삶이라고 하였는데, "하나님의 뜻"은 때로는 율법으로 때로는 복음으로 드러난다. 이로써 츠빙글리의 신학은 율법의 제3용도를 적절하게 강조할 수 있었으며, 칭의와 성화의 연결성을 루터보다 더욱 건실하게 제시할 수 있었다. 츠빙글리는 믿음으로 의롭게 된 그리스도인이 삶에서 성화의 과정을 점진적으로 실현해야 한다고 주장하면서도, 그것이 지니는 종말론적 완성을 기대하게끔 이끌었다.

츠빙글리에게 그리스도인의 삶은 고립된 섬이 아니라 교회 공동체 안에서 연결된 교제의 삶이다. 그는 참된 교회란 유일한 머리가 되시는 그리스도의 말씀에 신실하게 순종하고 거룩을 이뤄가는 공동체라고 보았다. 지상의 교회는 "혼합된 몸"으로서 신자와 불신자가 섞여 있어서 온전하지 않다. 하지만, 그리스도는 권징, 직제, 교회 회의라는 제도를 통하여 그리스도인의 삶을 지도하고 이끌어 가신다. 교회의 이러한 활동을 기술하면서 츠빙글리는 로마 가톨릭이 빠졌던 반사제주의적 함정에 빠지지 않도록 노력한다. 그와 동시에 그는 그리스도인이 교회에서 특히 목사의 설교를 통하여 성령의 성화를 직접 경험하고 모든 우상을 버리는 실천으로 나아간다고 주장한다.

그리스도인의 삶에 대한 츠빙글리의 논의는 개인적 차원에 국한되지 않고, 사회적·정치적·국가적 차원이라는 공적 영역으로 확대된다. 그는 "하나님의 정의"와 "인간의 정의"를 각각 내적인 것과 외적인 것으로 나누었다. 하지만 그는 전자가 후자를 압도하거나 말살해 버린다고 생각하지 않고, 오히려 둘 사이에 위계 질서를 부여했다. 그리스도인의 삶에서 궁극적으로 추구해야 하는 것은 하나님의 정의이다. 하지만 자연법에 근거한 인간의 정의 역시 그리스도인의 공적인 삶에는 필요하다. 국가는 선을 증진하고 악을 징벌하기 위해서 법이 필요한데, 그 법은 하나님이 주신 자연법에 토대를 두어야 한다. 하지만 보다 나은 국가는 복음적 원리까지 실현할 수 있는 국가이다. 따라서 그리스도인의 시민 생활은 인간적 정의라는 테두리 안에 놓이지만, 그리스도인은 거기에 만족하지 않고 하나님의 정의를 공적 영역에서도 실현하기 위해 부단히 노력해야 한다. 츠빙글리는 자신의 고유한 "신정"이라는 개념 속에서 위정자와 목회자가 하나님의 뜻과 주권을 삶의 모든 영역에서 드러내기 위해 협력해야 한다고 주장한다.

이처럼 그리스도인의 삶에 대한 츠빙글리의 가르침은 로마 가톨릭의 공로주의 및 비복음적 요소를 극복하며, 율법과 복음을 대립시켜 성화의 자리를 불안하게 만든 루터 칭의론의 위험성에 빠지지도 않으며, 그리스도인의 삶의 영역을 사회정치적 차원에서 상당히 축소시켜 버렸던 재침례파적 한계를 뛰어넘는 탁월성을 보여준다. 그리스도인의 삶에 대한 츠빙글리의 가르침은 그리스도인이 개인적 차원과 사회적 차원 모두에서 보다 성경적인 균형을 갖추도록 돕고 있다.

12 미주

01 이 글은 아래와 같은 논문을 바탕으로 하여 작성되었다. 우병훈, "츠빙글리 성화론의 세 측면: 그의 신론, 교회론, 국가론과 연결하여," 「한국개혁신학」 64 (2019): 148-92. 이 글에서 츠빙글리의 작품(Huldreich Zwinglis Sämtliche Werke; "Z"로 약칭)은 모두 다 Corpus Reformatorum(CR로 약칭)에서 인용한다. 가령, "Z 6 III, 184,1"은 츠빙글리 작품 제6권, 세 번째 책, 184쪽의 첫 번째 줄을 뜻한다. Z는 1권부터 14권까지 있으며, 이는 CR 88-101에 대응한다. 그리고 Ulrich Zwingli, Schriften, ed. Thomas Brunnschweiler and Samuel Lutz, 4 vols. (Zürich: TVZ, 1995)에서 인용할 때에는 "Schriften"이라고 약칭한다. Huldreich Zwingli, Huldreich Zwinglis Werke, ed. M. Schuler and J. Schulthess, 8 vols. (Zürich, 1828-42)는 "S"로 약칭한다. 아울러, 영어판 루터 전집은 LW로, 바이마르판 루터 전집(Weimarer Ausgabe)은 WA로 약칭한다. 가령, "WA 40/2,24,22"는 바이마르 루터 전집의 40권 두 번째 책의 24쪽의 22번째 줄을 뜻한다. 츠빙글리의 작품은 아래와 같이 한글로 번역된 것이 있다. 츠빙글리, 『츠빙글리 저작선집 1』, 임걸 역(서울: 연세대학교 대학출판문화원, 2006); 츠빙글리, 『츠빙글리 저작선집 2』, 임걸 역(서울: 연세대학교 대학출판문화원, 2018); 츠빙글리, 『츠빙글리 저작선집 3』, 공성철 역(서울: 연세대학교 대학출판문화원, 2015); 츠빙글리, 『츠빙글리 저작선집 4』, 임걸 역(서울: 연세대학교 대학출판문화원, 2015). 별다른 표시가 없는 한, 이 글에 인용된 독일어, 라틴어, 프랑스어, 영어, 네덜란드어로 된 1차 자료들의 번역은 모두 연구자 자신의 것이다.

02 Herman Bavinck, De ethiek van Ulrich Zwingli (Kampen: G.Ph. Zalsman, 1880), 122: "Veel meer dan Luther, zag Zwingli de beteekenis in van het sociale leven in zijn ganschen omvang. Misschien heeft geen der hervormers het beter dan Zwingli verstaan, dat het Christendom een zuurdeeg is, dat heel de maatschappij doordringt, een zout der aarde, eene macht, die niet rust voor dat zij de wereld beheersch."

03 Matthias Neugebauer, Ulrich Zwinglis Ethik: Stationen, Grundlagen, Konkretionen (Zürich: Theologischer Verlag, 2017); Paul von Kügelgen, Die Ethik Huldreich Zwinglis (Leipzig: Richard Wöpke, 1902).

04 주도홍, "종교개혁자 츠빙글리의 생애와 사상," 정요석 편집, 『한 권으로 읽는 츠빙글리의 신학』(서울: 세움북스, 2019), 14.

05 Gottfried Wilhelm Locher, Zwingli's Thought: New Perspectives, Studies in the History of Christian Thought 25 (Leiden: E.J. Brill, 1981), 34.

06 츠빙글리의 윤리에 대한 대표적인 연구서는 아래와 같다. Herman Bavinck, De ethiek van Ulrich Zwingli (Kampen: G.Ph. Zalsman, 1880); Paul von Kügelgen, Die Ethik Huldreich Zwinglis (Leipzig: Richard Wöpke, 1902); Matthias Neugebauer, Ulrich Zwinglis Ethik: Stationen, Grundlagen, Konkretionen (Zürich: Theologischer Verlag, 2017).

07 W. P. Stephens, The Theology of Huldrych Zwingli (Oxford: Clarendon Press, 1986); W. P. Stephens, Zwingli: An Introduction to His Thought (Oxford: Clarendon Press, 1992); Wolf-Dieter Hauschild, Lehrbuch der Kirchen- und Dogmengeschichte, vol. 2, Reformation und Neuzeit, 2nd ed. (Gütersloh: Gütersloher Verlagshaus, 2001), 334-40. 이 외에 츠빙글리 연구사를 잘 소개한 아래 글을 참조하라. J. V. Pollet, "L'image de Zwingli dans l'historiographie contemporaine," Bulletin de la Société de l'histoire du protestantisme français 130

(1984): 435-69.

08 Wilhelm H. Neuser, Die reformatorische Wende bei Zwingli (Neukirchen-Vluyn: Neukirchener Verlag, 1982), 95-99. 루터와 츠빙글리의 관계에 대한 연구는 아래를 보라. Alexander Schweizer, Zwinglis Bedeutung neben Luther (Zürich: F. Schulthess, 1884).

09 이러한 정의는 츠빙글리가 직접 한 것이 아니라, 그의 성화론을 종합하여 내가 표현한 것이다. 아래의 전거(典據)들을 보라. Z 1, 315,15-25 (Apologeticus Archeteles, 1522); Z 6.2, 815,21-3 (Fidei ratio, 1530); Z 6.5, 104,4-10 (Christianae fidei brevis et clara expositio ad regem Christianum, 1531).

10 츠빙글리의 신론에 대해서는 이신열, "츠빙글리의 신론," 정요석 편집, 『한 권으로 읽는 츠빙글리의 신학』, 213-35를 보라.

11 스티븐스, 『츠빙글리의 생애와 사상』, 120; Stephens, Zwingli, 69.

12 Neugebauer, Ulrich Zwinglis Ethik, 77; Hauschild, Lehrbuch der Kirchen- und Dogmengeschichte, 2:334.

13 스티븐스, 『츠빙글리의 생애와 사상』, 220; Stephens, Zwingli, 142.

14 Jan Bauke-Ruegg, "Die Allmacht Gottes Bei Huldrych Zwingli," Kerygma und Dogma 46, no. 1 (2000): 60-82.

15 Bavinck, De ethiek van Ulrich Zwingli, 52: "God of de Heilige Geest of ook wel Christus is dus de auteur van het zedelijk leven. De mensch is daarentegen geheel passief; het geloof is hier nog bloot receptief…" 바빙크는 아래와 같은 전거를 제시한다. Z 1, 207, 212, 216과 226, 233, 568쪽도 참조; Z 3, 97, 115도 참조.

16 바빙크는 다음과 같은 에브라르트의 주장은 근거가 없지는 않지만 너무 지나친 평가라고 판단한다. Wanneer Ebrard, Das Dogma vom heiligen Abendmahl, II, 85: "der Glauben ist bei Zwingli nichts anders als das Leben Christi in uns, als die Totalität der Heilsaneignung." Bavinck, De ethiek van Ulrich Zwingli, 52n9.

17 Neugebauer, Ulrich Zwinglis Ethik, 212.

18 Bavinck, De ethiek van Ulrich Zwingli, 84.

19 Z 3, 705,7-10 (De vera et falsa religione commentarius, 1525): "Plenae sunt omnes apostolorum scripturae ista sententia, videlicet, quod Christiana religio nihil aliud est, quam firma spes in deum per Christum Iesum, et innocens vita, ad exemplum Christi, quoad ipse donat, expressa." 츠빙글리, 『츠빙글리 저작선집 3』, 146에서는 "모든 사도들의 서신들은 이 확신, 곧 기독교는 그리스도로 말미암아서 가지는 하나님을 향한 굳건한 소망과 허락하시는 한에서 그리스도를 따르면서 죄를 범하지 않는 삶일 뿐이라는 확신으로 가득하다."라고 옮기고 있어 부정확하며, 특히 "그리스도의 모범"이라는 중요한 단어가 누락되고 말았다. 신앙인의 삶에서 그리스도가 모범이 된다는 츠빙글리의 사상에 대해서는 아래의 예들도 보라. Z 3, 769,27-30("ac formandam ad exemplum Christi"); Z 3, 814,29-31("relinquens nobis exemplum"; 벧전 2:21 인용); Z 3, 910,14-18("ad eius exemplum format").

20 페터 오피츠, 『울리히 츠빙글리: 개혁교회의 예언자, 이단자, 선구자』, 정미현 역(서울: 연세대학교 대학출판문화원, 2017), 39; Peter Opitz, Ulrich Zwingli: Prophet, Ketzer, Pionier des Protestantismus (Zürich: Theologischer Verlag, 2015), 30.

21 Bavinck, De ethiek van Ulrich Zwingli, 73에는 이것을 "perpetua poenitentia et

quotidiana carnis mortificatio"라고 표현한다. 하지만 이것과 정확하게 같은 문구는 츠빙글리의 작품에서 발견되지 않는다. 가장 비슷한 표현은 아래를 보라. Z 3 (De vera et falsa religione commentarius, 1525)의 716쪽에 나오는 "carnis mortem"이라는 표현과 717쪽에 나오는 "perpetua poenitentia"라는 표현이 가장 가깝다. 아마도 바빙크는 이 두 페이지에 나오는 츠빙글리의 사상을 요약해서 라틴어로 제시한 것 같다.

22 Z 2, 181,2-7 (Auslegen und Gründe der Schlußreden, 1523): "Dann als wenig der geist und krafft gottes fulet oder mueßig gadt, sunder ist ein ewig wesend werck ueben und wysen (entelechia [ἐντελέχεια]), also wenig gat der guot boum muessig; denn der geist gottes, der inn guot hat gemacht, bewegt inn zuo guoten wercken; unnd ist sin leben nüt anderst dann ein empsig werck gottes."

23 츠빙글리 신학에서 성령과 말씀의 연관성에 대해서는 이은선, "츠빙글리(Huldrych Zwingli)의 예술 이해: 성상 파괴와 이미지의 활용을 중심으로,"「한국개혁신학」63 (2019): 185-86을 참조하라.

24 Z 1, 348,9-10 (Von Klarheit und Gewißheit des Wortes Gottes, 1522): "also der geyst gottes das war leben ist, in dem alle ding lebend und von im das leben habend."

25 스티븐스,『츠빙글리의 생애와 사상』, 201, 204; Stephens, Zwingli, 127, 130.

26 스티븐스,『츠빙글리의 생애와 사상』, 122; Stephens, Zwingli, 70.

27 Z 1 458,13-15 (Aktenstücke zur ersten Zürcher Disputation: I. Die 67 Artikel Zwinglis, 1523): "Summa des euangelions ist, das unser herr Christus Jhesus, warer gottes sun, uns den willen sines himmlischen vatters kundt gethon unnd mit siner unschuld vom tod erlöst und gott versuent hat."

28 멜란히톤이 제시한 율법의 용법(혹은 용도)의 순서는 칼빈이 제시한 것 비교할 때, 첫 번째와 두 번째의 순서가 바뀌어 있다. 칼빈이 제시한 율법의 용법에 대해서는 아래 글을 참조하라. 우병훈, "칼빈의 모세 언약 이해-존 페스코와 코넬리스 베네마의 논쟁에 비추어서-,"「칼빈연구」13 (2016): 31-32. 루터에게 율법의 제3용법이 있었느냐 없었느냐 하는 것은 중요한 토론 주제이다. 엥겔브레히트(Edwards Engelbrecht)는 루터가 "율법의 제3용도"라는 단어를 별로 사용하지 않았지만 그럼에도 불구하고 루터의 작품에는 "율법의 제3용법"가 내용적으로 나타남을 자세한 문헌 고증을 통해서 보여주었다. 그러나 웽걸트(Wengert)나 콜브(Kolb)와 같은 루터 학자들은 여전히 "루터에게는 율법의 제3용법이 없다."고 주장한다. 확실한 것은 루터가 "율법의 제3용도"라는 용어를 분명하게 옹호하면서 쓴 적이 없다는 사실이다. 따라서 루터 학계의 일반적인 합의는 루터는 "율법의 제3용도"를 분명히 말하지는 않았다는 것이며, 그럼에도 불구하고 율법이 가진 선한 기능에 대해 루터가 가르치긴 했다는 것이다. 루터에게 율법의 제3용법이 전혀 없지는 않지만 결코 부각되지 못했다고 표현할 수도 있다. 우병훈, "루터의 칭의론과 성화론의 관계: 대(大)『갈라디아서 주석』(1535년)을 중심으로,"「개혁논총」46 (2018): 101; 김선영, "루터신학에 율법의 제3용법 개념이 나타나는가?,"「한국기독교신학논총」73 (2011): 119-51; Andreas Pawlas, Die Lutherische Berufs- und Wirtschaftsethik: eine Einführung (Neukirchen-Vluyn: Neukirchener, 2000), 90-91; Hans-Jürgen Prien, Luthers Wirtschaftsethik (Göttingen: Vandenhoeck & Ruprecht, 1992), 170-75를 보라.

29 Z 1, 88,10-89,2 (Von Erkiesen und Freiheit der Speisen, 16. April 1522): "Nachdem ir, allerliebsten in gott, ietz im vierden jar das euangelium unnd der heyligen botten leer so durstig gehört, die der allmächtig gott durch mich kleinfuegen sich begnadet hat üch ze [89] offnen, ist der meerteil üwer treffenlich entzündt (darumb sye gott danck) in der liebe gottes und des nächsten." 스티븐스는 이에 대해 에라스무스의 인문주의 및 교부들의 작품이 츠빙글리에게 영향을 끼친 결과라고 주장한다. 스티븐스,

『츠빙글리의 생애와 사상』, 122; Stephens, Zwingli, 70.

30 S 4, 63,31-45; 스티븐스, 『츠빙글리의 생애와 사상』, 124-25; Stephens, Zwingli, 72에서 재인용.

31 아우구스티누스도 역시 하나님 사랑과 이웃 사랑이라는 사랑의 이중 계명을 신자의 삶의 핵심으로 본다(『기독교적 가르침』(De doctrina Christiana), 1.26.27; 1.35.39 참조). 아래 문헌들을 보라. B. Hoon Woo, "Pilgrim's Progress in Society: Augustine's Political Thought in The City of God," Political Theology 16.5 (2015): 436; B. Hoon Woo, "Augustine's Hermeneutics and Homiletics in De doctrina christiana: Humiliation, Love, Sign, and Discipline," Journal of Christian Philosophy 17.2 (2013): 101-2.

32 루터에게 있어서도 율법은 "하나님의 뜻의 표현(Ausdruck des Willens des Gottes)"이다(Pawlas, Die Lutherische Berufs- und Wirtschaftsethik, 90). 하지만 루터신학에서 율법은 자주 복음과 긴장 관계에 있다.

33 Hauschild, Lehrbuch der Kirchen- und Dogmengeschichte, 2:335.

34 Z 3, 849,36-37 (De vera et falsa religione commentarius, 1525): "Qum ergo bona opera fidei fructus sunt, nimirum dei sunt, non nostra."

35 이 점은 츠빙글리의 섭리론에서도 잘 나타난다. 아래 논문을 보라. 김지훈, "구원자 하나님의 영광과 성도의 겸손: 츠빙글리의 섭리론과 예정론," 『한국개혁신학』 63 (2019): 67-103.

36 스티븐스, 『츠빙글리의 생애와 사상』, 121; Stephens, Zwingli, 70. 루터는 믿음과 선한 행위의 관계를 나무와 열매의 관계로 비유했다(WA 7,32,5-12). 이에 대한 논의는 우병훈, "루터의 칭의론과 성화론의 관계: 대(大)『갈라디아서 주석』(1535년)을 중심으로," 85를 보라.

37 스티븐스, 『츠빙글리의 생애와 사상』, 123; Stephens, Zwingli, 71.

38 Bavinck, De ethiek van Ulrich Zwingli, 34.

39 Bavinck, De ethiek van Ulrich Zwingli, 49-50.

40 Z 6 I, 178 (In catabaptistarum strophas elenchus, 31. Juli 1527): "est enim fides electionis fructus." Z 6 I, 179,1-3: "Ecce, ut fide istorum solummodo electorum aut repudiatorum sive salutem sive naufragium deprehendimus, qui iam eo adoleverunt, ut fidem, electionis fructum, de eis expectemus." 또한 다음을 보라. Z 6 III, 181,11-12 (Ad Illustrissimum Cattorum Principem Philippum Sermonis de Providentia Dei Anamnema, 20. August 1530): "fides electionis signum est." Z 6 III, 184,1: "Signum est electionis, qua vere beamur, fides." [밑줄은 필자의 것]

41 Bavinck, De ethiek van Ulrich Zwingli, 50. 바빙크는 이후에 『개혁교의학』에서 바빙크는 "언약은 선택의 물줄기가 영원을 향해 진전해 가는 경로"가 된다고 하였다. 언약적인 삶은 예정이 실현되는 방식이라는 의미이다. 헤르만 바빙크, 『개혁교의학』, 박태현 역(서울: 부흥과개혁사, 2011), 3:280. 이에 대한 보다 깊은 논의는 아래의 문헌을 보라. 우병훈, "칼빈과 바빙크에게 있어서 예정론과 언약론의 관계," 『개혁논총』 23.2 (2013): 311-22.

42 Z 3, 848,31-33 (De vera et falsa religione commentarius, 1525): "Omnia opera pietatis aut carnis fructus sunt; nam si pius es, ex fide iis rebus studes, quas fides dictat. Qui enim fidem habet, deus in eo est et ipse in deo [cf. 1. Joh. 4. 16]." [밑줄은 필자의 것]

43　츠빙글리의 이런 기본적인 생각은 칼빈의 사상과 일치한다. 하우쉴트는 이런 사상이 나중에 후기 종교개혁에서는 "실천적 삼단 논법(syllogismus practicus)"과 연관된다고 주장한다. Hauschild, Lehrbuch der Kirchen- und Dogmengeschichte, 2:335. "실천적 삼단 논법"에 대해서는 리처드 멀러, 『칼빈과 개혁 전통』, 김병훈 역(서울: 지평서원, 2017), 제8장 "칼빈과 베자, 이후 개혁신학의 구원의 확신과 '실천적 삼단 논법'"을 보라.

44　Z 6 III, 184 (De providentia, 1530); Schriften 4, 236.

45　Z 2, 228, 648; Z 7 566. 오피즈, 『울리히 츠빙글리』, 35; Opitz, Ulrich Zwingli, 27.

46　아우구스티누스도 역시 "신자는 행위에서 믿음을 이끌어내지는 않지만, 믿음에서는 행위를 이끌어내는 자"라고 말하여 동일한 사상을 피력한 바 있다. 아우구스티누스, 『은혜와 자유 선택에 관하여』, 17.

47　Bavinck, De ethiek van Ulrich Zwingli, 117. 바빙크는 아래와 같은 츠빙글리의 작품들을 제시한다. V, 41; VI, 1. 250, 288, 297, 304, 354, 378, 542, 584, 586, 609, 613, 625, 647; VIII, 529.

48　Z 6 V, 118-26 (Christianae fidei … expositio, 1531); Schriften 4, 330-37. 아래 논문을 보라. 황대우, "츠빙글리 말년의 신학: 『신앙 해설』을 중심으로," 정요석 편집, 『한 권으로 읽는 츠빙글리의 신학』, 101-26(특히 114).

49　이 점은 칼빈도 역시 강조했던 바이다. 신명기 4:44-49, 5:1-3 설교; CR XXVI, 243; 신명기 4:44-49, 5:1-3 설교.

50　Z 2, 471-525 (Von göttlicher und menschlicher Gerechtigkeit, 30. Juli 1523)를 보라. 츠빙글리, 『츠빙글리 저작선집 1』, 197-261에 번역되어 있다. 츠빙글리의 정의론에 대해서는 이은선, "츠빙글리와 정의," 『ACTS 신학저널』 51 (2022): 9-49를 보라.

51　Z 2, 492 (Von göttlicher und menschlicher Gerechtigkeit, 30. Juli 1523).

52　Z 2, 484 (Von göttlicher und menschlicher Gerechtigkeit, 30. Juli 1523).

53　Hauschild, Lehrbuch der Kirchen- und Dogmengeschichte, 2:335.

54　스티븐스, 『츠빙글리의 생애와 사상』, 123; Stephens, Zwingli, 71.

55　Z 3, 713-14 (De vera et falsa religione commentarius, 1525): "Sentio enim haud parum delectationis in interiore, hoc est: spiritui aurem praebente, homine, qum legem dei audio, meque ad illam componere incipio; sed simul video aliam legem in membris meis repugnantem legi mentis meae iam spiritui obtemperantis, quae membrorum, sive lex, sive vis, me captivum trahit sub legem peccati, quae in membris meis est." [밑줄 친 볼드체는 필자의 것]

56　WA 56,272,17-21: "Nunquid ergo perfecte Iustus? Non, Sed simul peccator et Iustus; peccator re vera, Sed Iustus ex reputatione et promissione Dei certa, quod liberet ab illo, donec perfecte sanet. Ac per hoc sanus perfecte est in spe, In re autem peccator, Sed Initium habens Iustitie?, ut amplius querat semper, semper iniustum se sciens." [밑줄 친 볼드체는 필자의 것] 반대 순서로 나온 경우는 WA 2,497,13: "Simul ergo iustus, simul peccator." 이에 대한 설명은 한스-마르틴 바르트, 『마르틴 루터의 신학』, 정병식·홍지훈 역(서울: 대한기독교서회, 2015), 387을 보라.

57　Hauschild, Lehrbuch der Kirchen- und Dogmengeschichte, 2:291; 한스-마르틴 바르트, 『마르틴 루터의 신학』, 388.

58　"반율법주의자와 논쟁"(1538년)을 다룬 WA 39/1,508,1-2에서 루터는 "운율을 붙일 수

있는 사람은 운율을 붙여서 노래하나니, 두 개의 상반된 것들이 하나의 주어 속에 같은 시점에 있다(Reim, wer reimen kan: Duo contraria in uno subjecto et in eodem puncto temporis)."라고 말한다. 참고로, 이 인용에 대해서 Hauschild, Lehrbuch der Kirchen- und Dogmengeschichte, 2:291에서는 508쪽이 아니라, 507쪽에 나온다고 하는데 틀렸다.

59 WA 38,205,28-29: "Ein Sünder bin ich in mir selbst außer Christo, kein Sünder bin ich in Christo außer mir selbst." Hauschild, Lehrbuch der Kirchen- und Dogmengeschichte, 2:291에 나오는 현대 독일어로 수정하여 인용했다. 같은 곳에서 하우쉴트는 WA 39/1,552에 같은 사상이 나온다고 지적한다.

60 오피츠, 『울리히 츠빙글리』, 27-28; Opitz, Ulrich Zwingli, 20-22.

61 이 점은 헤르만 바빙크 역시 강조하는 부분이다. 바빙크는 츠빙글리의 성화론에서 옛 생명과 새 생명의 대조가 적어도 처음에는 그렇게 분명하지 않고, 그 전이 과정도 상당히 점진적이라고 주장한다. 하지만 신자의 삶이 점차 진행되어 감에 따라 옛 생명과 새 생명의 대조가 더욱 분명해지며 가시적이 된다. 츠빙글리에게는 새로운 생명이 어떻게 시작되었나 하는 질문보다 어떻게 그것이 죄와의 매일의 투쟁 가운데 분명하게 드러나는가 하는 문제가 더 중요했다고 바빙크는 주장한다. Bavinck, De ethiek van Ulrich Zwingli, 69.

62 Hauschild, Lehrbuch der Kirchen- und Dogmengeschichte, 2:336.

63 Bavinck, De ethiek van Ulrich Zwingli, 163.

64 츠빙글리는 개별적 지역 교회를 "kilchhöre"라고 자주 일컫는다. 이는 정기적으로 하나님의 말씀을 들으며 직분이 있는 지역 교회 회중을 뜻한다. Zwingli, Z 2, 125,26-126,2 (Auslegen und Gründe der Schlußreden, 14. Juli 1523): "So einer under üch kranck ist, so berueffe er die elteren der kilchhöre [126] oder gemeind, und dieselben bättind über inn, nachdem sy inn mit öl gesalbet habend in dem namen des herren."

65 이승구, "개혁파 교회에 대한 츠빙글리의 기여," 정요석 편집, 『한 권으로 읽는 츠빙글리의 신학』, 157-59.

66 아래 글을 보라. Tarsicius J. van Bavel, "Church," ed. Allan D. Fitzgerald, Augustine through the Ages: An Encyclopedia (Grand Rapids: Eerdmans, 1999), 172-73. "corpus permixtum" 개념은 다음과 같은 아우구스티누스의 작품에서 나온다. Breviculus conlationis cum Donatistis 3.20; Contra Donatistas 9.12; De doctrina Christiana 3.32; De civitate Dei 18.49. Gerald W. Schlabach et al., "Ethics," ed. Fitzgerald, 323에서 재인용.

67 Hauschild, Lehrbuch der Kirchen- und Dogmengeschichte, 2:336.

68 Bavinck, De ethiek van Ulrich Zwingli, 49-50.

69 Z 7, 550: "Signum electionis est Deum amare ac metuere." Bavinck, De ethiek van Ulrich Zwingli, 50에서 재인용함.

70 Z 3, 230-287 (Adversus Hieronymum Emserum antibolon, 1524). 이 내용은 아래에도 나온다. Z 3, 743-57 (De vera et falsa religione commentarius, 1525); Schriften 3, 206-28.

71 Z 2, 55-72 (Auslegen und Grunde der Schlußreden, 1523, Art. 8-12); Schriften 2, 63-82.

72 (엡 5:27; 개정) 자기 앞에 영광스러운 교회로 세우사 티나 주름 잡힌 것이나 이런 것들

이 없이 거룩하고 흠이 없게 하려 하심이라.

73　Z 3, 745 (De vera et falsa religione commentarius, 1525); Schriften 3, 208-9.

74　아래를 참조하라. Z 3, 749 (De vera et falsa religione commentarius, 1525); Schriften 3, 215.

75　아래 글을 보라. 김재성, "츠빙글리의 성경관과 스위스 종교개혁의 특징들," 정요석 편집, 『한 권으로 읽는 츠빙글리의 신학』, 169-92(특히 172-75).

76　취리히에서 츠빙글리의 사역은 1519년 1월 1일, 그의 서른 다섯 번째 생일날 시작되었다. 그는 마태복음과 사도행전을 강해한 후에 디모데전서, 갈라디아서, 디모데후서, 베드로전후서, 히브리서를 필요에 따라 선택해서 강해하였다. 스티븐스, 『츠빙글리의 생애와 사상』, 45; Stephens, Zwingli, 16(Z 1, 133,2-5; 284,39-285,25).

77　Hauschild, Lehrbuch der Kirchen- und Dogmengeschichte, 2:336.

78　이상의 내용은 아래 사전에서 발췌했다. Richard A. Muller, Dictionary of Latin and Greek Theological Terms: Drawn Principally from Protestant Scholastic Theology, 2nd ed. (Grand Rapids: Baker Book House, 2017), 102.

79　루터 이전에도 사제주의에 대한 비판은 있었다. 가령 1500년대에 이미 사제주의에 대한 산발적 비판들이 발견된다. 하지만 반사제주의가 로마교에서 전통적으로 이해되던 성례론과 직분론을 정면으로 비판하면서 널리 퍼지게 된 계기는 루터의 1520년의 세 작품들이다. 우병훈, "루터의 만인 제사장직 교리의 의미와 현대적 의의," 『신학논단』 87 (2017): 209-35를 보라.

80　그 세 작품은 아래와 같다. 1520년 세 작품 『독일 귀족들에게』 (An den christlichen Adel deutscher Nation; 8월, 독일어로 작성), 『교회의 바벨론 포로』 (라틴어 제목=De captivitate babylonica ecclesiae praeludium, 독일어 제목=Von der Babylonischen Gefangenschaft der Kirche; 10월, 라틴어로 작성), 『그리스도인의 자유』 (Von der Freiheit eines Christenmenschen; 11월, 독일어로 작성).

81　Hauschild, Lehrbuch der Kirchen- und Dogmengeschichte, 2:25.

82　루터의 만인제사장직 교리를 오해해서 마치 개신교에서는 목회자와 평교인의 구분이 전혀 없는 것처럼 생각하면 안 된다. 우병훈, 『처음 만나는 루터』(서울: IVP, 2017), 87-98, 155-160 참조.

83　Muller, Dictionary of Latin and Greek Theological Terms, 2nd ed., 101.

84　Bavinck, De ethiek van Ulrich Zwingli, 145.

85　Z 4, 31-34 (Ratschlag betreffend Ausschließung vom Abendmahl für Ehebrecher, Wucherer usw., 1525).

86　Hauschild, Lehrbuch der Kirchen- und Dogmengeschichte, 2:337.

87　(엡 4:11-14; 개정) [11] 그가 어떤 사람은 사도로, 어떤 사람은 선지자로, 어떤 사람은 복음 전하는 자로, 어떤 사람은 목사와 교사로 삼으셨으니 [12] 이는 성도를 온전하게 하여 봉사의 일을 하게 하며 그리스도의 몸을 세우려 하심이라 [13] 우리가 다 하나님의 아들을 믿는 것과 아는 일에 하나가 되어 온전한 사람을 이루어 그리스도의 장성한 분량이 충만한 데까지 이르리니 [14] 이는 우리가 이제부터 어린 아이가 되지 아니하여 사람의 속임수와 간사한 유혹에 빠져 온갖 교훈의 풍조에 밀려 요동하지 않게 하려 함이라.

88　Z 4, 382-433 (Von dem Predigtamt, 1525).

89　Z 3, 5-68 (Der Hirt, 1524); Schriften 1, 249-312.

90　Z 3, 5-68 (Der Hirt, 1524); Schriften 1, 249-312.

91　헤르만 바빙크, 『개혁교의학』, 박태현 역(서울: 부흥과개혁사, 2011), 4:508-11(#517)을 보라.

92　그 당시 취리히는 스위스에서 이후에 칸톤(canton)이라 불리게 된 13개 주(州) 가운데 하나였음을 고려할 때에 취리히의 "시노드(Synod)"를 노회라기보다는 총회라고 보는 것이 더 나을 것이다. 하지만 이후 개혁교회 역사에서 이것은 노회의 발전에도 영향을 미쳤기에 이 글에서는 편의상 취리히의 시노드를 노회와 총회 개념을 함께 담고 있는 것으로 분석하였다.

93　자세한 내용은 아래 문헌을 참조하라. Bruce Gordon, Clerical Discipline and the Rural Reformation: The Synod in Zürich, 1532-1580, Zürcher Beiträge zur Reformationsgeschichte 16 (Bern: Lang, 1992).

94　바빙크, 『개혁교의학』, 4:508; Herman Bavinck, Gereformeerde Dogmatiek 4 (Kampmen: Kok, 1976), 413. 바빙크는 아래 책을 각주에서 제시한다. J. K. Mörikofer, Ulrich Zwingli, nach den urkundlichen Quellen, 2 vols. (Leipzig: Hirzel, 1867-69), II, 118ff.

95　그 외에 노회의 기원과 역사와 역할에 대해서는 아래 논문을 보라. 아울러, 이상과 같은 노회의 원래적인 사명을 떠나 오늘날 한국 장로교회에서 노회가 정치적 이권 다툼의 장이 된 것은 너무나 안타까운 일이 아닐 수 없다. 우병훈, "노회의 기원과 역할," 「고신신학」 20 (2018): 131-68.

96　Von Kügelgen, Die Ethik Huldreich Zwinglis, 제II부를 보라. 폰 퀴겔겐은 개인적 관계를 기도와 수련으로, 사회적 관계를 가정, 사회, 국가, 교회로 세분한다. Neugebauer, Ulrich Zwinglis Ethik, 제III부에서도 역시 결혼과 가정, 일과 휴식, 국가와 정부, 전쟁과 평화 등을 다룬다.

97　Von Kügelgen, Die Ethik Huldreich Zwinglis, 14.

98　스티븐스, 『츠빙글리의 생애와 사상』, 212; Stephens, Zwingli, 136.

99　Bavinck, De ethiek van Ulrich Zwingli, 139; Von Kügelgen, Die Ethik Huldreich Zwinglis, 74-75.

100　Z VI, 1. 603; VII, 282. Bavinck, De ethiek van Ulrich Zwingli, 139-40에서 재인용.

101　Hauschild, Lehrbuch der Kirchen- und Dogmengeschichte, 2:339("die Lehre von dem Unterschied und von der Beziehung zwischen göttlicher und menschlicher Gerechtigkeit").

102　국가와 교회의 관계성에 대한 루터의 견해를 "두 왕국 이론(Zwei-Reiche-Lehre)"이라는 이름을 붙인 사람은 바르트였다(1922년 처음 사용함). 로제, 『마틴 루터의 신학-역사적, 조직신학적 연구』, 441.

103　"하나님의 주권적 통치(die souveräne Allwirksamkeit Gottes)"가 하나님의 전능성과 관련되는 지점은 Bauke-Ruegg, "Die Allmacht Gottes Bei Huldrych Zwingli," 70, 76을 보라.

104　Hauschild, Lehrbuch der Kirchen- und Dogmengeschichte, 2:339.

105　"하나님의 정의(götliche grechtigheit)"라는 표현을 츠빙글리가 썼던 고대 독일어로 표현했다.

106 Hauschild, Lehrbuch der Kirchen- und Dogmengeschichte, 2:339.

107 이 지점은 루터와 유사하다. 루터도 역시 영적 나라에 속한 사람은 세상의 법과 무력이 필요하지 않다고 보았다. 그러나 루터는 사실상 그렇게 법이 필요 없을 정도로 참되게 살아가는 그리스도인은 언제나 극소수라는 현실을 직시했다. 우병훈, 『처음 만나는 루터』, 128-29, 131.

108 "인간의 정의(menschliche grechtigheit)"라는 표현을 츠빙글리가 썼던 고대 독일어로 표현했다.

109 요더(J. H. Yoder)는 츠빙글리가 1520년대 초에 교회와 국가의 관계에 대해 보다 독립 교회적인 견해를 가지고 있다가 이후에 보다 국가 교회적인 견해로 바뀌었다고 부당하게 주장하였다. 하지만 요더의 견해는 로버트 왈튼에 의해서 반박 당하였다. 왈튼은 1523년 제2차 취리히 논쟁 이후의 과정에서 츠빙글리가 시 의회의 결정에 순복했던 것은 그가 국가 교회적 모델을 생각해서가 아니라 시 의회의 결정이 성경적이라고 판단했기 때문이라고 적절하게 주장한다. 아래 문헌들을 참조하라. John Howard Yoder, "Turning Point in the Zwinglian Reformation," The Mennonite Quarterly Review 32, no. 2 (1958): 128-40; Robert C. Walton, "Was There a Turning Point of the Zwinglian Reformation?," The Mennonite Quarterly Review 42, no. 1 (1968): 45-56; 스티븐스, 『츠빙글리의 생애와 사상』, 211; Stephens, Zwingli, 135.

110 Hauschild, Lehrbuch der Kirchen- und Dogmengeschichte, 2:339-40.

111 Hauschild, Lehrbuch der Kirchen- und Dogmengeschichte, 2:340.

112 스티븐스, 『츠빙글리의 생애와 사상』, 212; Stephens, Zwingli, 136.

113 스티븐스, 『츠빙글리의 생애와 사상』, 205; Stephens, Zwingli, 131.

114 Hauschild, Lehrbuch der Kirchen- und Dogmengeschichte, 2:340.

115 스티븐스, 『츠빙글리의 생애와 사상』, 212; Stephens, Zwingli, 136.

116 스티븐스, 『츠빙글리의 생애와 사상』, 208; Stephens, Zwingli, 133.

117 스티븐스, 『츠빙글리의 생애와 사상』, 204; Stephens, Zwingli, 130.

118 Z 2, 471-525 (Von göttlicher und menschlicher Gerechtigkeit); Schriften 1, 159-213.

119 스티븐스, 『츠빙글리의 생애와 사상』, 200; Stephens, Zwingli, 126-27.

120 스티븐스, 『츠빙글리의 생애와 사상』, 201-2; Stephens, Zwingli, 128.

121 스티븐스, 『츠빙글리의 생애와 사상』, 204; Stephens, Zwingli, 130.

122 스티븐스, 『츠빙글리의 생애와 사상』, 206; Stephens, Zwingli, 132.

123 Z 14, 421,4-10; S 6 i, 367,15-27; S 6 i, 550,21-25. 스티븐스, 『츠빙글리의 생애와 사상』, 205; Stephens, Zwingli, 131에서 재인용함.

124 Z 2, 775,12-16. 스티븐스, 『츠빙글리의 생애와 사상』, 205; Stephens, Zwingli, 131에서 재인용함.

125 츠빙글리는 『67개 조항』의 39번째 조항에서 "법은 억눌린 자들을 보호해야 하는데, 비록 그들이 하소연하지 않는다고 하더라도 그렇게 해야 한다."고 주장한다. 참고로, 『67개 조항』에 대해서는 아래 글을 보라. 강경림, "츠빙글리의 『67개 조항』: 개혁파 프로테스탄트 종교개혁 선언서," 정요석 편집, 『한 권으로 읽는 츠빙글리의 신학』, 33-54.

126 Bavinck, De ethiek van Ulrich Zwingli, 154-58을 보라.

127 Neugebauer, Ulrich Zwinglis Ethik, 113.

128 Z 1, 370-73. Bavinck, De ethiek van Ulrich Zwingli, 155에서 재인용.

129 Bavinck, De ethiek van Ulrich Zwingli, 155.

130 Z I, 374: "humanam justitam administret et servet quantum fieri potest, ut quam proxime ad divinam legem eam omnesque leges suas dirigat." Bavinck, De ethiek van Ulrich Zwingli, 155에서 재인용. Von Kügelgen, Die Ethik Huldreich Zwinglis, 82도 참조.

131 Z VI, 1.517: "jura gentium aut civilia tum bona et honesta sunt, quum ad jus naturae quam proxime accedunt." Bavinck, De ethiek van Ulrich Zwingli, 155에서 재인용. Von Kügelgen, Die Ethik Huldreich Zwinglis, 83에도 인용되어 있음.

132 Z 2, 298-347 (Auslegen und Gründe der Schlußreden 1523, Art. 34-43); Schriften 2, 347-396.

133 Z 1, 463,8-9: "42. So sy aber untrüwlich und usser der schnuor Christi faren wurdend, mögend sy mit got entsetzt werden."

134 스티븐스, 『츠빙글리의 생애와 사상』, 209; Stephens, Zwingli, 134. 동의를 통해서 세워지지 않은 위정자라도 위정자로 세워질 때 백성들의 동의를 받은 것이라 가정할 수 있기에, 그들이 제 역할을 하지 못할 시에는 해임될 수 있다고 츠빙글리는 주장하였다 (Z 2, 342,26-8, 344,17-346,13).

135 루터 작품의 독일어 원문 제목은, "Von welltliche uberkeytt, wie weytt man yhr gehorsam schuldig sey"이다. WA 11,245-280와 LW 45:75-129에 실려 있다. 이에 대한 분석은 로제, 『마틴 루터의 신학』, 221-24를 보라

136 Gottfried Wilhelm Locher, Die Zwinglische Reformation im Rahmen der europäischen Kirchengeschichte (Göttingen: Vandenhoeck und Ruprecht, 1979), 618-19. 최영재, "츠빙글리의 『하나님의 정의와 인간의 정의』에 관하여," 「장신논단」 49.4 (2017.12): 135에서 재인용.

137 알리스터 맥그래스, 『종교개혁 사상』, 제3판, 최재건 역(서울: 기독교문서선교회, 2006), 350-51.

138 Bavinck, De ethiek van Ulrich Zwingli, 151에서 바빙크는 루터와 칼빈과 츠빙글리가 모두 정부의 기원과 관련하여, 다만 죄 때문에 정부가 존재하는 것으로 보았다고 주장한다.

139 스티븐스, 『츠빙글리의 생애와 사상』, 205; Stephens, Zwingli, 131.

140 맥그래스, 『종교개혁 사상』, 351.

참 자유는 무엇인가?

유정모(햇불트리니티신학대학원대학교 교수)

13

참 자유는 무엇인가?[01]

유정모(햇불트리니티신학대학원대학교 교수)

I. 서론

하나님의 주권과 인간의 자유는 기독교 신학에서 가장 난해한 주제 중의 하나로 교회의 역사 속에 있었던 많은 사상적 논쟁의 직접적인 원인이 되었다.[02] 이는 16세기 종교개혁 시대에도 예외가 아니었다. 신적 필연성과 인간의 자유의 관계성을 설명하려는 신학적 논의는 종교개혁가들 사이에서 계속되었고 여러 신학자 사이에서 많은 논쟁을 불러오게 되었다.[03] 특히 이 주제는 종교개혁의 5대 원리에 속하는 '오직 믿음'(Sola Fide) 그리고 '오직 은혜'(Sola Gratia)라는 주제와 직접적인 관련이 있기에 요한 칼뱅(John Calvin, 1509-1564)과 알버트 피기우스(Albert Pighius, 1490-1542) 사이에 벌어졌던 논쟁에서처럼 종교개혁가들과 로마 가톨릭 신학

자들 가운데 첨예한 논쟁을 초래하였다.⁰⁴

따라서 16세기 스위스 종교개혁의 성격과 울리히 츠빙글리(Ulrich Zwingli, 1484-1531)의 신학 사상을 조명하기 위해서도 본 주제는 필수적으로 논의되어야 할 주제라고 할 수 있다. 츠빙글리는 이 주제만을 다룬 저술을 발표하거나 주제와 관련된 논쟁에 직접 참여한 적은 없다. 하지만 본 주제에 대한 그의 사상을 이해하기에 충분한 신학적 논의들이 그의 저작들에 포함되어 있다. 특히 그가 1530년에 발표한 『섭리론』이라는 논문은 하나님께서 모든 것을 섭리하신다면 제이 원인은 우발적 성격을 가질 수 있는가? 죄의 원인과 책임은 그것을 선택한 인간에게 있는가? 아니면 그것을 섭리한 하나님께 있는가? 하나님의 섭리와 인간의 자유 의지는 서로 양립할 수 있는가와 같이 하나님의 주권과 인간의 자유의 관계성을 설명하기에 중요한 주제들을 깊이 있게 논의하고 있다.⁰⁵ 또한 본 주제와 관련된 츠빙글리 사상은 당대와 후대의 여러 신학자의 저작에서 자주 인용되며 종교개혁 이후 개신교 신학이 발전하는데 귀한 사상적 밑거름이 되었다.

하지만 기존 국내외의 학계에서 하나님의 주권과 인간의 자유에 대한 츠빙글리의 사상을 깊이 있게 다루려는 시도는 거의 보이지 않는다. 최근 츠빙글리의 섭리론을 다루는 논문들이 발표되었으나 그 논문들은 대체로 츠빙글리의 섭리론 자체에 대한 개괄적인 서술에 그치거나 그것의 적용에 대한 논의에 한정되고 있다.⁰⁶ 이런 점을 고려할 때 츠빙글리의 신적 필연성과 인간의 자유에 관한 연구와 분석은 학계에서 여전히 미진한 상태에 있다고 할 수 있다.

그러므로 본 논문은 기존 연구의 한계를 극복하고 16세기 스위스 종교개혁 운동의 대표적인 지도자였던 츠빙글리의 신학을 좀더 깊이 있게 조명하기 위해 츠빙글리의 저작에 나타난 하나님의 주권과 인간의 자유에 대한 그의 사상을 분석하고자 한다. 구체적으로 본 논문은 츠빙글리의 『섭리론』을 중심으로 그의 저작들 속에서 나타난 하나님의 주권과 인간의 자유에 대한 그의 사상을 분석함을 통해 죄가 인간에게 미친 영향과 하나님의 섭리에 대한 츠빙글리의 사상은 제이 원인에 의한 우발성 (contingentia, contingency)의 존재와 인간의 순전한 자유의 가능성을 부정하는 결정론적 성격을 강하게 내포하고 있다는 사실을 증명하고자 한다.[07]

II. 본론

1. 아담의 타락과 인간의 자유

하나님의 주권과 인간의 자유와의 관계에 대한 츠빙글리의 사상은 먼저 죄로 인한 인간의 타락이 인간 본성에 어떠한 영향을 미쳤으며 인간이 그러한 죄의 영향으로부터 해방되어 구원에 이를 수 있는 길은 무엇인지를 다루는 인간론과 구원론의 논의에서 잘 나타난다. 츠빙글리에 따르면 사탄은 인간의 행복한 조건을 질투했고 하와를 유혹하여 하나님이 금하신 선악과를 먹게 했다. 그 결과 아담과 하와는 선과 악에 대한 지식을 알아 하나님과 같이 되는 것이 아니라 하나님의 저주를 받아 하나님과의 교제 및 성령의 내주, 인도, 다스리심의 은혜를 상실하게 되었다. 또한 아담과 하와의 본성은 온전함을 잃어버리고 죄의 영향으로 인해 전적으로 타락하게 되었다.[08] 아담과 하와는 이제 육신의 정욕에 노예가 되어 이기적이고 악한 삶을 사는 존재가 되었다. 그런데 더 큰 문제는 죄의 영향이 아담과 하와에게서만 끝난 것이 아니라 이들의 죄가 후손에게 유전되었다는 것이다. 즉, 모든 인간은 아담의 타락으로 말미암아 아담으로부터 원죄를 물려받게 되었다. 따라서 아담과 하와를 최초의 죄로 이끈 타락한 욕망은 인간의 모든 세대에서 나타나게 되었고 마치 타락한 인간이 천사를 낳을 수 없는 것처럼 타락한 인간은 항상 악한 열매만을 맺는 타락한 인간을 낳게 되었다.[09] 한마디로 츠빙글리는 아담의 범죄로 인해 모든 인간은 영적으로 죽은 존재가 되었다고 설명한다.[10]

> 만약 아담과 그의 후손들이 죽었다면, 누가 그들을 생명으로 다시 돌아오게 할 수 있겠는가? 아무도 할 수 없다. 왜냐하면 그들은 모두 죽음의 편에 있기 때문이다. 죽은 사람들은 자신들을 다시 생명으로 돌아오게 할 수 없다. 그리고 모두가 아담 안에서 죽는다면 어떤 사람도 자신을 생명으로 다시 돌아오게 할 수 없다. 그들은 처음에 그렇게 된 것처럼 하나님 영의 은혜가 그들을 다시 살릴 때까지 죽은 채로 남아 있다.[11]

츠빙글리에 따르면 아담과 그의 모든 후손은 하나님과의 관계성이 끊어져 영적으로 죽은 상태가 되었다. 하나님의 율법을 지켜 행할 수 없는 존재가 되었고 인간 스스로는 어떤 구원도 기대할 수 없는 완전한 절망 속에 거하게 되었다.[12] 다시 말해, 인간은 하나님 앞에서 자유롭게 선과 의로움을 선택할 수 있는 능력과 자유를 완전히 상실하게 되었다. 왜냐하면 죄에 속박된 인간의 의지가 의지하는 모든 것은 죄악되기 때문이다.[13] 이에 관해 츠빙글리는 다음과 같이 말한다. "하나님의 뜻과 상관없이 행해진 행위들은 믿음 없이 행해진 것이다. 그리고 만약 그것들이 믿음이 없이 행해진 것이라면 바울의 판단에 따라 모두 죄다."[14] 츠빙글리에 따르면 이제 전적으로 타락한 인간이 소유한 자유는 오직 죄만 지을 수 있는 자유가 되었다.

따라서 죄가 인간의 본성에 미친 영향과 관련하여 츠빙글리는 인간이 본성상 악하고, 교만하고, 무기력한 것이 아니라 단지 죄를 향한 경향성을 가진다는 로마 가톨릭의 반펠라기우스적인(Semi-Pelagian) 주장은 매우 잘못된 비성경적인 가르침이라고 역설한다. 그에 따르면 죄를 향한 경향성을 가진다는 주장은 인간을 어리석게 만드는 설명이다. 츠빙글리는 인간이 죄의 경향성을 갖는 것이 아니라 인간은 전적으로 악하고 타락한 존재가 되었다고 주장한다.[15]

결과적으로 죄가 인간의 본성과 자유에 미친 영향에 대한 츠빙글리의 이해는 아우구스티누스의 전통과 강한 연속성을 갖는다. 츠빙글리는 아우구스티누스의 원죄 교리를 충실하게 계승한다. 그리고 아우구스티누스의 가르침을 따라 아담의 원죄로 인해 모든 인간의 본성은 태어날 때부터 전적으로 부패하게 되었고 결과적으로 타락 후에 인간은 '죄를 짓지 않을 수 없는'(non posse non peccare) 상태가 되었다고 역설한다.

하지만 츠빙글리의 저작에서는 칼뱅이나 다른 16세기 종교개혁가들에게서 발견되는 타락 이전과 타락 이후에 인간이 가지는 자유에 대한 좀 더 상세한 설명은 발견되지 않는다. 가령, 칼뱅 같은 종교개혁가들은 타락 후에도 인간 의지의 능력 자체는 사라지지 않고 의지로서 여전히 기능한다는 사실을 강조하였다.[16] 따라서 비록 아담의 범죄 이후 인간은 죄를 짓지 않을 수 없는 존재가 되었지만, 인간은 타락 후에도 여전히 '강압이나 강요로부터의 자유'(freedom from compulsion or coercion)를 소유하고 있음을 분명히 한다.[17] 하지만 이러한 구분은 츠빙글리의 논의에서는 명확하게 나타나지 않는다. 마찬가지로 굴리엘무스 부카누스(Gulielmus Bucanus, d. 1603)와 같은 16세기 종교개혁가들이 인간이 하나님께서 기쁘게 받으실 어떤 영적인 선을 행할 수 있는 능력을 가리키는 '자유 선택'(liberum arbitrium, free choice)과 단순히 '다른 것을 선택할 수 있는 자유'(freedom of contrary choice in general)를 가리키는 '의지의 본질적 자유'(libertas voluntatis essentialis) 또는 '자유 의지'(libera voluntas, free will)를 구분하여 타락 후 인간이 소유한 자유의 성격을 설명하려는 노력은 츠빙글리의 저작에서는 전혀 발견되지 않는다.[18] 그러나 츠빙글리가 아담의 타락 후 인간은 죄를 짓지 않을 수 없고 죄만 지을 수 있는 존재가 되었기 때문에 인간의 자유에는 심각한 손상과 제약이 가해졌다고 주장한다는 점에서 마르틴 루터(Martin Luther, 1483-1546)나 칼뱅 같은 다른 주요 종교개혁가들과 사상적으로 연속성을 가지고 있음은 분명하다.

이렇게 인간이 자신의 구원을 위해 어떤 공로를 쌓을 수도 없고 자신의 능력으로는 하나님과의 관계를 회복할 수 없는 전적으로 타락한 존재가 되었다면 과연 인간에게 구원의 소망은 어디에서 발견할 수 있는가? 츠빙글리는 하나님께서 타락한 인류를 구원하시기 위해 독생자 예수 그리스도를 보내주셨고 예수 그리스도를 구주로 믿는 사람은 구원을 받을 수 있는 길을 열어 주셨다고 역설한다.[19] 여기에서 츠빙글리는 인간은 오직 믿음으로 말미암아 구원을 받는다는 종교개혁의 이신칭의 교리를 충실하게 따르고 있음을 알 수 있다. 하지만 츠빙글리는 이 믿음은 아무나 소유할 수 없음을 역설한다. 왜냐하면 믿음은 타락한 인간이 만들어 낼 수 있는 것이 아니라 하나님께서 인간에게 주시는 성령의 선물인 것이기 때문이다.[20] 츠빙글리는 요한복음 6장 44절과 같은 성경 본문들을 인용하며 믿음은 인간에게서 나오는 것이 아니라 오직 하나님에게서 나오며, 하나님이 이끌지 않으면 아무도 하나님께로 나아갈 수 없다고 주장한다.

그렇다면 이 믿음은 누구에게 주시는가? 츠빙글리는 영원 전에 하나님께서 구원하시기로 예정하신 사람들에게 주신다고 가르친다.[21] 그는 인간에게 믿음의 선택권이 있는 것이 아니라 로마서 8장 30절에서 말하는 것처럼 하나님께서는 이미 구원하기로 예정한 자들을 부르시고 의롭게 하신다고 역설한다.[22] 따라서 츠빙글리는 믿음과 예정의 관계를 "하나님의 선택이 믿음을 앞서고 믿음은 선택의 징표로 선택을 따라간다."라고 설명한다.[23]

한편 하나님은 어떤 사람을 선택하시는가? 츠빙글리에 따르면 하나님의 선택은 무조건적이다. 즉, 선택은 인간의 공로나 의에 근거한 것이 아니라 하나님의 기뻐하시는 뜻에 따라 주권적으로 결정되었다. 따라서 츠빙글리는 구원과 심판은 오직 하나님의 자유로운 의지에 속한 것이지 인간의 행위와는 무관하다고 주장한다. 그리고 이 결정은 영원불변한 결정으로 인간의 자유 의지를 포함한 어떠한 외부적 원인에 의해서도 변경될 수 없다.[24]

결과적으로 인간은 자신의 구원을 선택하거나 어떤 사람이 구원받도록 영향을 미칠 수 없다. 왜냐하면 믿음은 예정을 따르기 때문이다.[25] 구원의 문제에서 인간의 전적인 무능력에 대해 츠빙글리는 다음과 같이 설명한다.

> 비록 페리클레스(Pericles)의 웅변을 능가하는 웅변술을 가지고 있다 할지라도 사람의 마음을 한 분 하나님에 대한 믿음으로 이끄는 것은 인간의 능력 밖의 일이다. 그것은 하나님께서 우리

를 당신께로 이끌 때처럼 오직 우리의 하늘 아버지께서 하실 수 있는 일이기 때문이다. '믿음은 들음에서 나며 들음은 하나님의 말씀으로 말미암는다'라는 바울의 말은 성령의 내적인 말씀 하심과 강요하심 없이 외적인 말씀의 설교 때문에 인간의 구원이 성취될 수 있다는 것을 의미하는 것이 아니다.[26]

츠빙글리는 구원의 문제에서 하나님의 주권적 성격과 인간의 전적인 무능력을 강조하기 위해 하나님께서 베푸시는 구원의 은혜는 사람이 거절할 수 없는 것임을 강조한다. 즉, 하나님께서 택하신 사람을 구원하시기 위해 은혜를 베푸실 때 그 사람은 그 은혜에 저항하지 못하고 하나님의 부르심에 반드시 응답하게 되어 있다. 츠빙글리는 심지어 강요라는 표현을 써서 다음과 같이 하나님 은혜의 주권적 성격을 설명한다. "그러한 패배는 하나님께 일어날 수 없다. 왜냐하면 그가 의지하든지 안 하든지 그를 부르신 분에게 반응하도록 강요받기 때문이다."[27]

정리하면 인간은 오직 믿음으로 구원받지만, 그 믿음은 인간에게서 나오는 것이 아니라 하나님께서 택하신 자에게 자유롭게 주시는 선물이다. 선택받고 믿음을 선물로 받는 사람은 하나님의 특별한 은혜를 입은 사람들로 이 은혜는 사람이 거절할 수 없는 불가항력적 은혜이다. 이상과 같은 믿음과 은혜의 성격에 대한 츠빙글리의 사상은 그가 중생의 사건을 결정론적으로 이해하고 있음을 보여준다. 다시 말해 중생의 사건은 인간에게 선택의 자유가 없고 다르게 사건이 발생할 수 없는 절대 필연적인 사건이다.

이렇게 중생의 사건을 절대 필연적인 관점으로 이해하는 것은 아우구스티누스의 전통을 따르는 16세기 개혁파 종교개혁가들에게는 공통으로 발견되는 사상이다. 하지만 츠빙글리와 달리 당시의 다른 개혁주의 신학자들은 중생의 사건에서의 하나님의 주권적 역사와 인간 자유의 관계성을 좀더 상세하게 설명하고자 시도했다. 예를 들어, 피터 마터 버미글리(Peter Martyr Vermigli, 1499-1562)는 회심(conversio)을 '수동적 회심'(conversio passiva)과 '능동적 회심'(conversio activa)으로 구분한다. 전자의 경우는 하나님의 은혜가 주어지기 이전에는 인간은 영적으로 죽은 존재이기에 하나님의 은혜에 수동적으로 반응하는 단계이다. 후자의 경우는 일단 하나님의 은혜가 역사하기 시작하면 인간의 본성이 변화되어 죄로 인한 의지의 속박이 벗어지고 '자유 선택'(liberum arbitrium)의 능력이 회복되어 하나님의 구원 역사에 인간이 능동적으로 참여하게 되는 단계이다.[28] 이러한 구분을 통해 버미글리는 중생의 때에 하나님의 역사에 인간이 어떻게 반응하게 되는가를 상세하게 설명하고자 했다.[29] 하지만 이러한 구분과 설명은 츠빙글리의 사상에서는 발견되지 않는다. 특히 츠빙글리는 그의 저술에서 '자유 선택'이라는 용어를 전혀 사용하지 않는다.

요컨대, 타락한 인간의 상태와 구원의 문제에 관하여 츠빙글리는 아우구스티누스 전통 위에서 오직 믿음, 오직 은혜로 구원받는다는 종교개혁의 원리를 충실하게 따르고자 한다. 그리고 원죄의 유전과 인간의 전적 타락, 택자에게 주어지는 믿음, 불가항력적인 은혜 등에 대한 츠빙글리의 이해는 중생의 문제에서 하나님의 절대적 주권을 강조하는 반면 인간의 자유로운 선택의 가능성을 소극적으로 평가하는 다른 개혁파 종교개혁가들과 사상적 궤를 같이한다. 하지만 의지의 본질적 기능과 자유 선택의 구분, 그리고 수동적 회심과 능동적 회심의 구분과 같이 각각의 주제에 대한 좀더 세밀한 분석을 통해 문제를 풀어가려는 다른 종교개혁가들의 노력은 츠빙글리에게서는 발견되지 않는다. 이러한 특성은 다른 16세기 종교개혁자들보다 츠빙글리의 사상이 주제와 관련하여 결정론적 뉘앙스를 좀더 강하게 풍기게 한다.

2. 하나님의 섭리와 인간의 자유

하나님의 주권과 인간의 자유에 대한 츠빙글리의 사상은 섭리론의 논의에서 더욱 명확하게 나타난다. 섭리론은 츠빙글리의 신학에서 중요한 위치를 차지하고 있는데 섭리에 대한 그의 이해는 1530년 발표한 『섭리론』에 잘 정리되어 있다.[30] 이 논문에서 츠빙글리는 먼저 하나님의 섭리가 분명히 존재한다는 사실을 증명하고자 한다. 그에 따르면 전지하고 전능한 최고의 존재는 반드시 세상의 질서를 정하고 모든 것을 선하게 다스리고 돌보아야 한다. 특히, 하나님은 최고의 선이신데 최고선은 신성한 "빛", "올바름", "순수함", "단순함"으로 이루어진 진리이기 때문에 하나님의 섭리는 반드시 있어야 한다.

> 나는 섭리가 있다는 것과 그 섭리가 반드시 있어야 한다는 사실이 확실하다고 생각한다. 왜냐하면 최고의 신성은 빛이며 신실함이며 순수함이며 단순함이며, 완전함, 곧 진리라는 사실이 증명되었기 때문이다. 그 하나님이 모든 것을 보고 있으므로 만약 그가 모든 것의 질서를 정해 주지 않으면 그것은 능력 또는 선한 의도의 결여 때문이다. 하지만 이 신성은 모든 것을 할 수 있으며 모든 면에서 선하고 친절하므로 그 신성은 모든 것을 알고 모든 것을 다스리고 질서를 정해 주며 결정한다는 사실은 분명

하다.³¹

섭리의 존재를 논증한 후에 츠빙글리는 섭리를 "모든 사물에 대한 [하나님의] 영원히, 그리고 절대 변함이 없는 통치와 돌봄"으로 정의한다.³² 여기에서 통치는 "하나님의 능력과 권위, 그리고 존귀함"을 전제하고, 돌봄은 피조물에 대한 단순한 보전이 아니라 피조물에게 "풍성하게 베푸시는 일"을 의미한다. 츠빙글리는 이러한 하나님의 섭리는 멈추지 않고 영원히 계속된다고 주장한다.³³

그런데 인간의 자유와 관련하여 하나님의 섭리가 가지는 성격에 대한 츠빙글리의 설명은 매우 '숙명론적인'(necessitarian) 특성을 갖는다. 먼저 츠빙글리는 섭리와 관련하여 인간의 의지가 자유롭다는 것을 부정한다. 그 이유는 인간의 존재와 행동과 삶 전체를 전적으로 가능하게 하는 것이 바로 하나님의 섭리이기 때문이다. 이에 관해 츠빙글리는 다음과 같이 진술한다.

> 따라서 우리가 하나님이 없이는 존재할 수 없고 살 수도 행동할 수도 없는 우리 자신에게 어떻게 어떤 것이 우리의 덕분이라고 말할 수 있겠는가? 그러므로 자신의 힘으로는 어떤 것도 존재하거나 유지할 수 없고, 살 수도 행동할 수도 이해할 수도 숙고할 수도 없으며 또한 현존하는 신의 능력이 이 모든 것을 하는데 어떻게 사람의 의지가 자유롭다는 것인가?³⁴

츠빙글리는 또한 세상 만물에 대한 하나님의 통치와 다스림은 불변하기에 인간의 의지가 자유롭다고 믿는 사람들의 생각은 완전히 잘못되었

다고 주장한다.³⁵

> 만약 최고의 선이 어떤 것이 발생하기 전에 모든 것을 알았으나 모든 것을 계획하고 명령할 수 없었다는 것은 이상한 것이다. 마찬가지로 만약 하나님이 모든 것을 다스릴 수 있고 모든 지식과 능력을 갖추고 있지만 모든 것을 다스리지 않는다면 이것은 비열하고 야비한 것이다. 그리고 최고의 신에게 이것을 탓하는 것은 불경건한 일이다. 하나님의 섭리는 그러므로 완전하게 자유 의지와 공로를 폐기한다. 만약 섭리가 모든 것을 명한다면 우리 자신의 힘으로 무엇인가를 할 수 있다는 것을 우리가 어떻게 믿을 수 있단 말인가? 모든 것이 섭리의 능력으로 일어난다면 어떻게 우리가 또 공로를 벌어들일 수 있는가?³⁶

앞서 이미 언급하였듯이 아담의 범죄 이후 인간 본성은 전적으로 타락하였고 인간의 의지는 죄에 속박되어 하나님이 보시기에 온전한 선을 행할 수 있는 자유를 완전히 상실하게 하였다. 게다가 모든 것을 필연적으로 주관하는 하나님의 섭리는 인간의 의지가 자유로울 가능성을 제거한다. 결과적으로 츠빙글리의 사상에서는 인간이 타락하든 타락하지 않던 인간에게 자유 의지란 존재하지 않는다.

이러한 츠빙글리의 숙명론적 입장은 제이 원인의 원인으로서의 성격과 역할마저 부정하는 데까지 나아간다. 츠빙글리에 따르면 모든 사물을 움직이는 능력이 되시는 하나님은 홀로 모든 것을 하실 수 있으시고 실제로 그렇게 하신다.³⁷ 따라서 하나님만이 유일한 참 원인이시고 인간을 포함한 피조물은 엄격하게 말해서 원인이 아니다. 이에 관해 츠빙글리는 다음과 같이 설명한다.

> 그러므로 비록 나는 어떤 것의 진리에 대해서 합의가 이루어진 다면 용어에 대해서는 언제나 고집스럽게 다투지는 않았지만, 제이 원인이 정확히 말하면 원인이 아니라는 사실은 확실하다 …원인으로 불리는 어떤 수단이나 도구도 정확하게 말하자면 원인이 아니다. 이것들은 환유(metonymy)라고 불러야 한다. 이 단어의 뜻은 존재하는 모든 것의 최초의 원인에서 나온 존재라는 뜻이다.[38]

츠빙글리는 세상을 창조하신 하나님만이 "오직 유일한 제일 원인"이시고 그 밖의 다른 피조물들은 "진정한 원인"이 아니라고 가르친다. 그는 심부름꾼, 끌과 망치, 소의 비유를 사용하여 이것을 설명한다. 왕의 심부름꾼이 왕처럼 보이고 조각가의 끌과 망치가 그릇의 원인처럼 보이고 농지를 갈고 정리한 것이 소처럼 보이지만 실제로 왕과 대장장이와 농부 자신이 제일 원인이고 심부름꾼, 끌과 망치, 소는 원인이 아니다.[39] 따라서 츠빙글리는 제이 원인은 원인으로 간주 될 수 없다고 주장한다.[40]

인간과 피조물이 제이 원인이 아니라면 세상의 인과 관계에서 이들이 자리매김하는 위치는 무엇인가? 츠빙글리에 따르면 인간과 피조물은 원인이 아니고 단순한 "행위자"이자 "도구"일 뿐이다.[41] 이에 관해 츠빙글리는 다음과 같이 말한다.

> 그것들은 원인이라기보다는 정확히 말해서 도구라고 불려야 하는 것은 확실하다. 왜냐하면 오직 하나의 원인만이 있기 때문

> 이다… 나는 이 장 전체에서 다음의 사실을 말하는 것을 목표로 하였다. 모든 것은 하나(One)로부터, 그리고 하나(One) 안에서 존재하고 살고 운동하고 활동하기 때문에 그 하나(One)라는 존재는 모든 것들의 유일한 참 원인이다. 그리고 우리가 원인이라고 불렀던 더 근접한 것들(nearer things)은 정확히 말해서 원인이 아니고 영원한 정신이 사용하시는 행위자와 도구일 뿐이다.[42]

한마디로 츠빙글리의 사상에서 인간과 피조물은 제일 원인이 될 수 없고, 엄밀하게 말해서는 원인이 아니라 "하나님 통치의 도구"에 불과하다.[43] 이런 점을 고려할 때 츠빙글리의 섭리론이 하나님을 제일 원인으로, 피조물을 제이 원인으로 인정하는 토마스 아퀴나스(Thomas Aquinas, 1224/1225-1274)의 사상을 따르고 있다는 매튜 크넬의 주장은 오류임이 명백하다.[44] 왜냐하면 아퀴나스의 주장과는 달리 츠빙글리의 신학은 세상의 사건 속에서 제이 원인의 원인성 자체를 배제하는 특성을 분명하게 나타내고 있기 때문이다.

그러므로 제이 원인의 원인성을 부정하고 하나님께서 모든 것을 행하신다는 츠빙글리의 주장에서 제이 원인에 의한 순전한 우발적 사건의 존재가 부정되는 것은 피할 수 없는 논리적 귀결이다. 가령 츠빙글리는 다음과 같이 제이 원인의 우발적 가능성을 부정한다.

> 그리스도께서는 하나님이 우리 머리카락의 숫자까지도 세고 있으시며 두 마리가 한 앗사리온에 팔리는 참새들조차도 하나님이 모르는 채로는 땅에 떨어지지 않는다고 [마 10:29-30] 선언하

셨다. 따라서 이 사실로부터 우리가 알 수 있는 것은 우리가 우연한 또는 우발적인(fortuita sive contingentia)이라고 말하는 모든 사건도 사실은 우연이나 우발적인(fortuita aut temeraria) 사건이 아니라 하나님의 명령이나 지시 때문에 발생한 것이라는 사실이다.⁴⁵

츠빙글리에 따르면 세상에서 발생하는 어떤 사건도 우연히 또는 자의적으로 일어날 수 없다. 참새 한 마리가 땅에 떨어지는 것 같은 가장 하찮은 일을 포함하여 세상의 모든 사건은 하나님의 섭리에 의한 것이다. 모든 일이 하나님의 섭리 속에 있다면 절대로 우연이나 우발적인 사건은 존재할 수 없다. 만약 어떤 사건이 우연이나 우발적으로 일어난다면 그것은 하나님이 존재하지 않는다는 사실을 의미한다.⁴⁶

> 만약 어떤 것이 우연이나 우발적으로(fortuito & temerè) 발생한다면 또는 어떤 것이 스스로 존재하고 하나님의 지도로부터 독립적으로 존재한다면, 모든 것은 우연적(fortuito)이 되고 우발적으로(temerè) 표류하게 될 것이다. 이 경우 지적인 존재의 모든 지혜, 사유, 그리고 이성은 공허하고 헛된 것이 된다… 모든 것은 그 자신의 기뻐하는 뜻에 따라 행동할 것이기 때문에 모든 것은 오직 우연과 운에 순종할 것이고 어떤 것도 지성과 이성과 사유를 따르지 않을 것이다. 그러므로 이 경우 하나님은 존재하지 않는다.⁴⁷

결국, 제이 원인의 우발성과 인간의 자유 의지를 거절하는 것은 츠빙글리의 신학이 결정론적 성격을 강하게 내포하고 있음을 암시한다. 왜냐하면 츠빙글리의 형이상학에서는 세상의 모든 사건이 제이 원인의 우발성이나 인간의 자유로운 선택이 배제된 채 '절대 필연성'(necessitas consequentis)에 의해서 발생하기 때문이다. 물론 츠빙글리는 절대 필연성이란 용어를 사용하지는 않는다. 이것은 루터의 경우처럼 중세 스콜라주의의 용어를 배격하고 성경적 용어 사용을 선호하는 경향 때문이라고 추측해 볼 수 있다.[48] 하지만 제이 원인의 우발성과 인간의 자유로운 선택을 부정하는 내용으로 볼 때 츠빙글리의 섭리론이 절대 필연적 성격을 띠고 있는 것은 명백하다고 할 수 있다.

한편 다른 16세기 개혁파 종교개혁가들은 하나님의 섭리와 인간의 자유와의 관계성에 대한 논의에서 대체로 츠빙글리의 결정론적 성향과 사상적인 궤를 달리한다. 가령 버미글리는 제일 원인이신 하나님과 제이 원인인 피조물을 분명하게 구분하고 각각에 원인성의 역할을 부여한다. 그에 따르면 제일 원인이신 하나님은 제이 원인을 배제하지 않고 어떤 강요나 강압 없이 제이 원인의 본성에 따라 세상에서 섭리하신다. 즉, 섭리에서의 신적 필연성은 절대적이 아니라 '가정적'(hypotheical)인 성격을 가진다.[49] 따라서 인간의 행동은 하나님의 섭리에도 불구하고 여전히 자유롭고 우발적이다. 결과적으로 어떤 한 사건이 제일 원인의 관점에서는 필연적이지만 제이 원인의 관점에서는 자유롭고 우발적인 사건이다.[50] 이처럼 버미글리는 츠빙글리와 달리 제이 원인에 합당한 원인성으로의 위치와 역할을 보장하여 줌으로써 섭리로 인한 신적 필연성과 인간의 자유가 양립 가능함을 역설한다. 또 다른 실례로 윌리엄 퍼킨스(William Perkins, 1558-1602)는 스콜라주의의 전통을 따라 하나님의 주권에 의해서 발생하는 필연성의 종류를 "절대적 필연성"(necessitas consequentis)과 "가정적 필연성"(necessitas consequentiae)으로 구분한다.⁵¹ 전자는 우발성과 자유를 배제하는 필연성이라면 후자는 필연적인 사건은 필연적으로, 우발적이고 자유로운 사건은 우발적이고 자유로운 사건으로 발생하도록 함으로써 오히려 제이 원인의 우발성과 자유를 보장하고 가능하게 하는 필연성이다. 퍼킨스는 하나님의 섭리가 발생하는 필연성은 절대적 필연성이 아니라 가정적 필연성이기 때문에 하나님의 주권과 인간의 자유는 조화롭게 양립할 수 있다고 주장한다.⁵² 이처럼 제일 원인과 제이 원인의 구분, 그리고 필연성 종류의 구분을 통해 신적 필연성과 인간의 자유를 조화시키려는 노력은 16-17세기 개혁파 종교개혁가들에게서는 공통적으로 발견되는 시도였고 이를 통해 이들은 개혁주의 신학이 형이상학적 결정론이나 스토아주의의 운명론과는 전혀 다른 사상이라는 것을 변호하고자 하였다.

그렇다면 츠빙글리에게서는 이러한 특성들이 발견되지 않는 이유는 무엇일까? 연구자는 다음의 두 가지 원인을 생각해 본다. 첫째, 츠빙글리가 제이 원인의 원인성을 부정하고 제이 원인의 위치를 단순한 행위자나 도구로 격하시킨 것은 구원론에서 인간의 선행과 공로를 강조한 중세 후기 로마 가톨릭의 '신인협동론'(synergism)이 가져온 폐해가 너무나도 컸기에 이에 대한 반발에서 비롯된 것이 아닐까 싶다. 즉, 츠빙글리는 구원에서의 단독설(monergism)을 주장하는 과정에서 제이 원인은 구원에 기여하는 원인이 될 수 없음을 강조하려다가 이러한 결론에 이른 것으로 추측한다. 둘째, 다른 개혁파 종교개혁가들이 하나님의 주권과 인간의 자유의 관계성을 조화롭게 설명하기 위해 절대적 필연성과 가정적 필연성과 같은 스콜라주의 개념들을 사용한 것과 달리 츠빙글리는 이를 전혀 사용하지 않는데 이는 비록 츠빙글리가 명확하게 언급한 적은 없지만, 중세 스콜라주의를 배격하고 성경의 용어와 표현을 통해 자신의 신학을 펼쳐 나가길 원했던 츠빙글리의 신학적 특성이 반영된 결과라 추측한다.[53] 이 유야 어찌 되었든, 츠빙글리의 관심은 하나님의 주권과 인간의 자유를 조화시키는 것보다는 하나님의 주권을 강조함으로써 로마 가톨릭의 신학과는 구별되는 오직 믿음, 오직 은혜라는 종교개혁의 원리를 더욱 확실하게 조명하는 것에 있었다고 볼 수 있다.

한편 모든 것을 다스리시고 주관하시는 하나님의 절대 주권에 대한 강조가 츠빙글리의 사상을 결정론적으로 흐르게 하는 특성은 죄의 원인성을 논의하는 문제에서 더욱 명확하게 나타난다. 츠빙글리에 따르면 죄도 하나님의 섭리 안에 있다. 하지만 죄가 하나님의 섭리 속에서 발생했다고 해도 하나님은 불의하신 분이 아니다. 왜냐하면 인간과 천사는 율법을 깨뜨렸기에 죄를 범한 것이지만 하나님은 율법에 종속된 분이 아니시기 때문이다. 이에 관해 츠빙글리는 다음과 같이 주장한다.

> 율법이 사람에게 주어졌기 때문에 인간은 율법을 거스를 때 인간은 언제나 죄를 짓는 것이다. 인간이 항상 하나님 안에서, 하나님에 의해서, 그리고 하나님을 통해서 존재하고 살고 행동할 수밖에 없는 것은 사실이다. 하지만 하나님께서 인간의 행위를 통하여서 하신 일은 사람에게는 죄가 전가되지만, 하나님께는 그렇지 않다. 왜냐하면 인간은 율법 아래에 있지만, 하나님은 율법에서 자유로운 영과 정신이시기 때문이다. 따라서 만약 우리가 하나님의 섭리가 사람들이 저지른 이러한 또는 저러한 잘못된 것을 행했다고 말하는 것은 틀린 말이다. 왜냐하면 하나님께서 그것을 행하신 한 하나님께서 하신 일은 율법을 어기는 것

이 아니므로 그것은 죄가 아니기 때문이다. 율법은 절대 의로우신 하나님께 부여된 것이 절대 아니다. 바울은 '율법은 옳은 사람을 위하여 세운 것이 아니요.'(딤전 1:9)라고 말한다. 그러므로 간음이나 살인 같은 하나의 같은 행위가 원인자, 운동자, 충동자로서 하나님과 관계될 때 그것은 하나의 행위이지 범죄가 아니다. 하지만 인간과 관계되는 한 그것은 범죄요 악이다. 왜냐하면 하나님은 율법에 매이지 않고 인간은 율법에 의해서 정죄당하기 때문이다.[54]

츠빙글리는 인간의 악한 행위가 하나님께는 죄가 되지 않지만, 인간에게는 죄가 된다는 내용을 사무엘하 11장에 나오는 다윗의 간음을 예로 들어 설명한다. 츠빙글리에 따르면 그 간음죄의 최초의 원인을 하나님께 돌려도 다윗의 죄가 하나님에게는 죄가 되지 않는다. 왜냐하면 하나님은 모든 것을 자유롭게 하실 수 있으시고 율법에 매이지 않으시고 어떤 죄의 충동에도 영향을 받지 않으시고 인간의 죄까지도 합력해서 선을 이루시는 분이시기 때문이다. 이것은 마치 황소 한 마리가 전체 암소 떼를 임신시킨 것이 하나님에게 죄가 되지 않는 것과 같다.[55] 따라서 어떤 악한 행위가 하나님이 그런 마음을 주어서, 그리고 하나님으로부터 시작된 동기로 했다면 하나님 자신에게는 영광스러운 일이 되지만 거꾸로 사람에게는 죄가 된다. 그리고 죄를 지은 사람이 재판관이나 왕에게 벌을 받는 것은 마땅하다.[56]

그런데 츠빙글리는 섭리와 인간의 죄에 대한 논의에서 인간은 원인으로서가 아니라 도구로서 율법을 어긴 것이라는 주장을 펼친다. 즉, 앞서 인간과 피조물은 어떤 사건의 원인이 아니고 도구에 불과하다고 주장한 것처럼 죄의 원인에 대한 설명에서도 츠빙글리는 인간은 원인이 아니며 하나님의 도구에 불과하다는 것이다.

> 그들은 원인자로서 율법을 어기고 죄를 지은 것이 아니라, 하나님이 자유로운 그의 의지로 사용한 부수적인 도구로서 그렇게 한 것이다. 마치 어떤 집의 아버지가 물을 가지고 자기 마음대로 마시거나 바닥에 부어버리듯이 말이다. 만약 하나님이 어떤 행동을 수행하는 도구에게는 죄가 되는 어떤 행위를 하게 만들었더라도 그 행위가 하나님에게는 죄가 되지 않는다. 왜냐하면 하나님의 행동은 자유이기 때문이다. 하나님은 자신의 도구에게 결코 어떤 잘못된 일도 하지 않은 것이다. 왜냐하면 예술가의 도구들이 자신의 것이듯 모든 것이 그의 소유물이기 때문이다… 어떤 사람도 '그러면 강도는 죄가 없다. 왜냐하면 그는 하나님의 충동을 따라 죽였을 뿐이니까'라고 말해서는 안 된다. 왜냐하면 강도는 율법을 어겼기 때문이다.[57]

츠빙글리는 목수가 연장을 원하는 대로 사용할 수 있는 것처럼 하나님께서는 도구인 인간을 원하는 대로 충동하시고 움직이실 자유가 있으시다. 따라서 비록 하나님이 죄의 "원인자, 운동자, 그리고 충동자"가 되시지만, 인간에게는 죄가 되는 어떤 행위가 하나님께는 죄가 되지 않는다.[58] 이렇게 죄의 문제에 있어서 하나님의 자유는 극대화하는 반면 인간의 자유는 극소화하는 츠빙글리의 사상은 하나님께서는 인간이 죄를 짓도록 인간을 강요하신다고 주장하는 설명에서 더욱 명확하게 발견된다.

> 그러나 당신은 '그러나 그렇다면 그 강도는 죄짓도록 강요당한 것이다!'라고 반박할 것이다. 나는 그 강도가 죄짓도록 강요당했다고 인정하겠다. 그러나 그것은 한 사람은 천국으로 인도하기 위한 것이고 다른 한 사람은 십자가에 못 박히게 하기 위한 것이다. 따라서 자유 의지를 주장하고 하나님의 섭리를 반대하는 사람은 망상 속에 있는 것이다 … 왜냐하면 섭리가 모든 것을 하기 때문이다. 섭리는 사람을 죽이기까지 영향을 주고 마음을 움직이게 할 뿐만 아니라 계속해서 재판관이 법으로 살인자를 심판하도록 강요하고 재판관의 양심을 자극하고 살인의 잔인함이 그의 정의감을 일으키게 해서 강도를 구속하고 결국 십자가에 매달도록 이끈다 … 요컨대, 하나님은 죽이는 행동을 충동했다. 그러나 동시에 하나님은 살인자를 정의의 이름으로 처형하도록 재판관의 마음을 움직였다.[59]

하나님께서 인간에게 죄를 강요했다는 주장은 츠빙글리가 섭리론에서는 아우구스티누스 전통에서 상당히 이탈하고 있음을 보여준다. 왜냐하면 아우구스티누스 전통은 인간이 타락 후에도 '강압과 강요로부터의 자유'(freedom from coercion or compulsion)를 소유하고 있다고 설명하기 때문이다.[60] 특히 하나님께서 인간의 의지를 강압하여 죄를 짓게 한다는 츠빙글리의 논거는 다음과 같은 난제를 만난다. 인간이 하나님의 강요로 인해 죄를 지었다고 한다면 그 죄의 책임은 인간이 아닌 하나님께 귀속되어야 하는 것이 아닌가? 마찬가지로 인간이 자신의 자유로운 의지적 결정에 근거해서 악을 행한 것이 아니면 인간은 왜 죄의 책임을 물어야 하는가? 이에 대한 츠빙글리의 답변은 의외로 간단하다. 하나님이 인간을 죄

짓도록 그 마음을 움직이고 강요했음에도 불구하고 하나님은 율법 아래 있지 않기에 그 어떤 범죄의 혐의에서도 자유롭다. 반면, 악한 행동을 한 인간은 분명하게 죄를 지은 것이다. 왜냐하면 인간은 하나님과 달리 율법 아래에 있기 때문이다.[61] 결국 츠빙글리는 죄의 원인성에 대한 자신의 설명을 다음과 같이 정리한다.

> 이 모든 내용의 요약은 다음과 같다. 사람의 육체와 관계있든지 또는 사람의 영혼과 관계있든지 사람과 관계되어 일어나는 모든 일은 유일한 참 원인이신 하나님에게서 완전하게 말미암은 것이다. 심지어 인간이 죄를 짓는 일도 내가 앞선 논의에서 말했듯이 그것이 비록 하나님에게는 죄가 되지 않지만 다른 어떤 곳이 아닌 바로 하나님으로부터 말미암은 것이다.[62]

츠빙글리에 따르면 하나님은 인간의 악한 행동에 '단순하게 협력'(cocursus generalis)하시거나 그것을 마지못해 '허용'(permissio)하시는 분이 아니시다. 오히려 하나님의 주권을 강조하는 츠빙글리는 죄도 하나님에게서 시작된 것임을 역설한다. 즉, 인간의 의지가 완고하게 되어 죄를 선택하는 것은 하나님의 적극적인 의지가 관계되어 있다. 하지만 츠빙글리는 하나님은 죄가 없으시고 그것을 행한 인간이 죄를 지은 것임을 분명히 한다.[63] 다시 말해, 츠빙글리는 하나님이 죄의 유일한 참 원인이라고 주장하는 동시에 하나님께서는 범죄자가 되지 않으신다고 역설한다. 반면 인간은 죄의 원인이 아니고 하나님의 도구이지만 율법 아래 있기에 인간은 죄를 지은 것이다. 이러한 츠빙글리의 설명은 이해하기 쉽지 않고 논리적으로 모순처럼 들린다. 하지만 여기에서 츠빙글리가 말하고자 하는 중심 논지는 분명하다. 그것은 한마디로 죄를 포함한 모든 영역에서 하나님이 하나님 되게 하라는 것이다. 하지만 의도가 어떠하든 간에 죄와 섭리의 관계에 대한 츠빙글리의 논의는 하나님이 죄를 강요하시고 인간을 하나님의 결정과 역사하심에 단지 수동적으로 반응하는 도구에 불과한 존재로 설명하는 결정론적 경향을 강하게 내포하게 되었다.

한편 죄의 원인과 책임을 논하는 문제에서 다른 개혁파 종교개혁가들은 대체로 츠빙글리와는 다르게 좀더 세밀한 신학적 논거를 통해 개혁주의 섭리론이 운명론적이며 결정론적이라는 오해를 극복하고자 시도하였다. 예를 들어, 칼뱅은 제이 원인의 원인성을 인정하면서 하나님의 섭리는 홀로 일하지 않고 제이 원인과 함께 협력한다고 주장했다. 즉, 제일 원인이신 하나님은 인간의 자유로운 선택을 통해 모든 사건이 일어나도록 작정하셨다는 것이다.[64] 따라서 하나님의 관점에서는 죄를 포함한 모든 사건은 하나님께서 의지하신 대로 반드시 일어나야 하지만 인간의 관점에서는 그 사건들은 인간의 자유로운 선택을 통해 발생하는 우발적 사건이다. 하나님은 결코 인간을 강요함으로써 인간의 자유를 파괴하는 분이 아니시다. 죄를 지을 때 인간은 진정으로 자유로웠다. 따라서 칼뱅은 죄의 책임은 하나님께 있는 것이 아니라 인간에게 있다고 결론을 내린다.[65]

칼뱅의 경우처럼 대부분의 16세기 종교개혁가들은 죄에 있어서 하나님의 강요는 없었고 인간은 제이 원인으로써 자신들의 의지로 자유롭게 죄를 선택한다고 역설했다. 그럼에도 불구하고 죄의 원인에 대한 츠빙글리의 숙명론적 경향은 루터의 『모든 글의 주장』(Assertio omnium articulorum, 1520)과 『속박된 선택에 관하여』(De servo arbitrio, 1525), 그리고 필립 멜란히톤(Philip Melanchthon, 1497-1560)의 『보편 논제』(Loci Communes, 1521) 등의 저술에서도 유사하게 발견된다.[66] 이는 16세기 종교개혁의 초창기에는 죄의 원인에 대한 결정론적 논거들이 상당히 영향력이 있었음을 증거 해 준다.[67] 하지만 츠빙글리는 죄의 문제에 있어서 인간은 원인이 아니고 하나님의 도구에 불과하다고 설명하고 인간을 죄 짓도록 강요하실 정도로 죄에 대한 하나님의 적극적인 역할을 강조한다는 점에서 루터나 멜란히톤보다 결정론적인 성향이 좀더 강하게 나타난다.[68] 결과적으로 모든 것을 주관하시고 다스리시는 제일 원인으로서 하나님의 주권을 강조하기 위한 이러한 숙명론적 주장은 종교개혁 초기에 뜨거운 논쟁을 불러왔다. 그리고 츠빙글리 이후의 종교개혁가들은 츠빙글리를 포함한 초창기 종교개혁가들의 숙명론적 논거와 사상이 인간을 섭리의 꼭두각시로 만들고 하나님은 무자비한 죄의 원인자로 만든다는 정죄와 고소에 대응해야 하는 새로운 과제를 만나게 되었다.[69]

III. 결론

하나님의 주권과 인간의 자유에 대한 츠빙글리의 사상은 인간의 타락으로 인한 원죄가 인간의 본성에 미친 영향, 그리고 하나님의 섭리와 세상에서 일어나는 사건과의 관계성에 대한 논의에서 잘 드러난다. 먼저 츠빙글리는 아담과 하와의 범죄는 인간 본성을 전적으로 타락하게 하였고 아담과 그 후손들은 하나님께서 기쁘게 받으실 영적인 선을 행할 수 있는 자유를 완전히 상실하게 되었다고 주장한다. 왜냐하면 타락 후에 인간의 의지는 죄에 속박되어 인간은 죄를 짓지 않을 수 없는 상태가 되었기 때문이다. 따라서 츠빙글리는 구원의 문제에서 하나님의 주권과 인간의 전적인 무능력을 강조한다. 즉, 믿음과 구원은 인간의 선택이 아니라 하나님의 선물이요 그 선물은 하나님께서 구원하시기로 예정하신 사람에게 은혜로 주어진다. 그리고 그 은혜는 받는 사람이 거절할 수 없는 불가항력적 성격을 가진다. 이러한 가르침은 츠빙글리가 아우구스티누스의 전통을 충실하게 계승하고 있음과 동시에 중생의 문제에 있어서 하나님의 절대적 필연성을 강조하는 반면 인간의 자유와 우발성은 부정하는 다른 개혁파 종교개혁가들과 사상적으로 연속성을 가지고 있음을 보여준다. 하지만 다른 개혁파 종교개혁가들이 타락 후에 인간이 소유한 자유의 성격을 설명하기 위해 의지했던 의지의 본질적 기능과 자유 선택의 구분, 그리고 수동적 회심과 능동적 회심의 구분과 같은 내용은 츠빙글리의 논의에서는 발견되지 않는다. 이러한 차이는 다른 16세기 종교개혁자들보다 츠빙글리의 사상에서 결정론적 성향이 좀더 강하게 드러나게 한다.

구원론에서 발견되는 이러한 결정론적인 특성은 하나님의 섭리에 대한 츠빙글리의 사상에서 더욱 명확하게 나타난다. 츠빙글리는 섭리와 관련하여 인간의 의지가 자유롭지 못하다고 역설한다. 즉, 모든 것을 필연적으로 주관하는 하나님의 주권적 다스림 아래 인간의 의지는 순전한 자유를 가지지 못한다. 츠빙글리는 제이 원인의 원인으로서의 성격과 역할도 부정한다. 그에 따르면 하나님만이 유일한 참 원인이시고 인간은 원인이 아닌 단순한 행위자이자 도구에 불과하다. 결과적으로 츠빙글리의 섭리론은 제이 원인의 우발적 가능성을 부정한다. 이러한 츠빙글리 섭리론의 결정론적 성격은 죄의 원인성을 다루는 논의에서 더욱 명확하게 나타난다. 그에 따르면 죄도 하나님의 섭리 속에 있다. 다시 말해, 하나님은 죄의 유일한 참 원인이 되시고 인간이 죄를 짓도록 인간을 충동하시거나 강요하신다. 반면 인간은 원인으로서가 아니라 하나님의 도구로서 율법을 어긴다. 하지만 하나님은 율법 아래 있지 않기 때문에 범죄자가 되지 않으시고 인간은 율법 아래 있기에 범죄자가 된다. 죄의 원인과 책임에 대한 츠빙글리의 이러한 논거는 인간을 죄에 대해서 다른 선택을 할 수 없는 마치 꼭두각시와 같은 존재로 규정함으로써 형이상학적 결정론의 특성을 매우 강하게 내포하게 되었다. 한편 이와 같은 츠빙글리의 결정론적 특성은 루터 같은 초창기 종교개혁가들의 사상에서도 유사하게 발견된다. 하지만 이러한 숙명론적 논거로 인해 로마 가톨릭 대적자들은 종교개혁가들의 신학이 스토아주의나 마니교의 운명론과 다를 바가 없으며 하나님을 불의한 존재로 만든다고 공격하였고 칼뱅 같은 종교개혁가는 이러한 고소에 대응해야 할 새로운 신학적 과제를 만나게 되었다.[70] 결과적으로 종교개혁의 신학이 하나님을 죄의 원인자로 만든다는 고소에 대응하는 과정에서 대다수 개혁파 종교개혁가들은 츠빙글리와는 다르게 스콜라주의 용어를 다시 사용하는 등 좀더 세밀한 신학적 논거를 통해 종교개혁의 신학이 하나님을 불의한 독재자로 만들고 인간의 자유를 파괴하는 결정론적이며 운명론적인 사상이라는 오해와 정죄를 극복하고자 하였다.

한국 기독교 안에는 하나님의 주권만을 강조하고 인간의 책임을 무시하여 도덕적 방종에 빠지거나 반대로 인간의 자유와 책임만을 강조하여 자기중심적인 이기주의 또는 율법적인 신앙에 함몰되는 양극단의 모습이 강하게 나타난다. 이러한 특성은 그동안 한국 교계 내에 사회적 물의를 일으키는 극단적 신앙의 모습이 등장하도록 하거나 여러 형태의 이단적 사상이 발흥하는 빌미를 제공하게 되었다. 따라서 신적 필연성과 인간의 자유 및 책임 사이의 올바른 관계성에 대해 깊이 고민하는 일은 현재 한국 기독교가 교회와 신학교에서 가르쳐야 할 올바른 신학과 신앙이 무엇인지 정립하고 오늘날 한국 교회가 당면한 사회적, 윤리적 문제들에 관한 해결책을 모색하는 데 꼭 필요한 작업이다. 이러한 점에서 하나님의 주권과 인간의 자유에 대한 츠빙글리의 사상에 관한 연구는 2022년을 지나고 있는 한국 교회에 의미가 있다고 할 수 있을 것이다.

13
미주

01 본 논문은 한국대학선교학회의 한국연구재단 등재지인 『대학과 선교』 52 (2022): 179-210에 게재되었다.

02 Cf. Reinhold Seeberg, Text-Book of the History of Doctrines, 2 vols., trans. Charles E. Hay (Grand Rapids: Baker, 1952), passim; Jaroslav Pelikan, The Emergence of the Catholic Tradition (100-600), vol. 1 of The Christian Tradition: A History of the Development of Doctrine (Chicago: University of Chicago Press, 1971), 278-331; idem, Reformation of Church and Dogma (1300-1700), vol. 4 of The Christian Tradition (1984), 183-244; Rebecca H. Weaver, Divine Grace and Human Agency: A Study of the Semi-Pelagian Controversy, Patristic Monograph Series 15 (Macon, GA: Mercer University Press, 1996); Louis Berkhof, The History of Christian Doctrines (n.p., 1937; reprint, Edinburgh: Banner of Truth, 2002), 127-66.

03 Richard A. Muller, Grace and Freedom: William Perkins and the Early Modern Reformed Understanding of Free Choice and Divine Grace (Oxford: Oxford University Press, 2020), 45-51.

04 Cf. John Calvin, Bondage and Liveration of the Will: A Defence of the Orthodox Doctrine of Human Choice against Pighius, ed. A. N. S. Lane, trans. G. I. Davies (Grand Rapids: Baker, 1996).

05 이 작품의 원제는 다음과 같다. Ulrich Zwingli, Ad illustrissimun Cattorum principem Philippum, sermonis De providentia Dei anamema (Tiguri, 1530).

06 김지훈, "구원자 하나님의 영광과 성도의 겸손: 츠빙글리의 섭리론과 예정론," 『한국개혁신학』 63 (2019): 67-103; idem, "츠빙글리의 '하나님의 섭리에 대한 설교'," 『한 권으로 읽는 츠빙글리의 신학』 정요석 편. (서울: 세움북스, 2019): 238-256; 이신열, "츠빙글리의 창조와 섭리 이해," 『ACTS 신학저널』 46 (2020): 187-221.

07 결정론에 따르면 모든 사건은 인과 관계에서 선행하는 원인과 필연적으로 연결되어 있으므로 세상의 모든 사건의 양태(樣態, mode)는 필연적인 방식으로 발생한다. 따라서 결정론에서는 인간의 자유나 제3 원인의 우발성이 존재하지 않으는다. 결정론에 대한 간략한 역사와 용어의 정의에 관해서는 다음을 참고하라. "Determinisme," s.v. in Andre Lalande, ed. Vocabulaire technique et critique de la philosophie, 7th ed. (Paris, 1956), 221-224. 한편 우발성은 "존재하지만 존재하지 않을 수도 있는"(quod potest non esse), 그리고 "다른 방식으로 존재할 수 있는"(quod potest aliter se habere) 사물 또는 사건을 가리킨다. Richard A. Muller, Dictionary of Latin and Greek Theologiacl Terms: Drawn Principally from Protestant Scholastic Theology (Grand Rapids: Baker, 2017), 79. Cf. 현대 학계에서는 결정론을 '강한 결정론'(hard determinism)과 '약한 결정론'(soft determinism)으로 구분하여 좀 더 세밀하게 결정론의 성격을 설명하려는 시도가 있다. 하지만 강한 성격이든 약한 성격이든 이 둘의 범주에서 하나님의 작정과 섭리는 '절대 필연성'(absolute necessity)을 유발하고 인간의 행위는 하나님의 작정과 섭리 때문에 인과 관계적으로 결정되었다(causally determined)는 것을 전제하고 있기에 '강한 결정론'과 '약한 결정론' 사이에는 결과론적으로 별다른 차이가 없다. 현대 학계의 결정론 구분과 이에 대한 문제점에 관해서는 다음을 참고하라. Jeongmo Yoo, John Edwards (1636-1716) on Human Free Choice and Divine Necessity: The Debate on the Relation between Divine Necessity and Human Freedom in Late Seventeenth-Century and Early Eighteenth Century

England (Göttingen: Vandenhoeck & Ruprecht, 2013), 27.

08 Ulrich Zwingli, "Declaration of Huldreich Zwingli Regarding Original Sin, Addressed to Urbanus Rhegius" in On Providence and Other Essays, ed. William John Hinke (Eugene, OR: Wipf and Stock Publishers, 1999), 10.

09 Ulrich Zwingli, "An Account of the Faith of Huldreich Zwingli submitted to the Roman Emperor Charles" in On Providence and Other Essays, ed. William John Hinke (Eugene, OR: Wipf and Stock Publishers, 1999), 40-41.

10 훌트라이히 츠빙글리, "참된 종교와 거짓 종교에 대한 주해",『츠빙글리 저작선집 3』, 공성철 옮김 (서울: 연세대출판문화원, 2017), 80.

11 훌트라이히 츠빙글리, "67개 논제에 대한 해제",『츠빙글리 저작선집 2』, 임걸 옮김 (서울: 연세대출판문화원, 2017), 43.

12 츠빙글리, "참된 종교와 거짓 종교에 대한 주해" 78-90.

13 츠빙글리, "67개 논제에 대한 해제," 125.

14 Ulrich Zwingli, "An Exposition of the Faith," in Zwingli and Bullinger, ed. and trans. G. W. Bromiley (Philadelphia: The Westminster Press, 1953), 270.

15 츠빙글리, "67개 논제에 대한 해제," 125-26.

16 John Calvin, Institutes of the Christian Religion, ed. John T. McNeill, trans. Ford Lewis Battles (Philadelphia: The Westminster Press, 1960), II, II, XII; II. III. V; idem, Ezekiel. Calvin's Commentaries, vols. 11. trans. Thomas Meyers (Grand Rapids: Baker, 1979), 379; idem, Sermons on Deuteronomy (Carlisle, PA: Banner of Truth Trust, 1987), 1053.

17 Cf. Yoo, John Edwards (1637-1716) on Human Free Choice and Divine Necessity, 96-103.

18 Gulielmus Bucanus, Institutions of Christian religion (London: George Snowdon, and Leonell Snow, 1606), 181-82. 부카누스는 타락 후 인간은 자유 선택은 상실하였지만 의지의 본질적 자유는 여전히 인간에게 남아 있다고 설명한다. Bucanus, Institutions of Christian religion, 181-82. Cf. 자유 선택과 의지의 본질적 자유 또는 자유 의지에 대한 각각의 역사적 정의 및 차이점에 대해서는 다음을 참고하라. Muller, Dictionary of Latin and Greek Theological Terms, 200-03.

19 츠빙글리, "67개 논제에 대한 해제," 127-28; 134.

20 Zwingli, "An Exposition of the Faith," 270; idem, "On the Providence of God," 197.

21 Zwingli, "An Exposition of the Faith," 271.

22 Zwingli, "On the Providence of God," 197-98.

23 Ibid., 197.

24 Ibid., 184-85.

25 Zwingli, "An Exposition of the Faith," 271.

26 Ulrich Zwingli, "Of the Upbringing and Education of Youth in Good Manners and Christian Discipline: An Admonition by Ulrich Zwingli," in Zwingli and Bullinger, ed. and trans. G. W. Bromiley (Philadelphia: The Westminster Press, 1953), 104.

27 Ulrich Zwingli, "On True and False Religion," Great Voices of the Reformation, ed. Harry Emerson Fosdick (New York: Modern Library, 1952), 162.

28 Cf. Muller, Dictionary of Latin and Greek Theological Terms, 81.

29 Peter Martyr Vermigli, "Free Will" in Philosophical Works: On Relation of Philosophy to Theology, ed. & trans. Joseph C. McLelland, The Peter Martyr Library, vol. 4 (Kirksville: Truman State University Press, 1996), 305-06.

30 스티븐스는 하나님의 주권 사상은 "모든 츠빙글리 신학의 기초가 된다."라고 주장하였다. W. P. Stephens, An Introduction to His Thought, 박경수 역, 『츠빙글리의 생애와 사상』(서울: 대한기독교서회, 2007), 132.

31 Zwingli, "On the Providence of God," 134.

32 Ibid., 136.

33 Ibid., 136.

34 Ibid., 189.

35 Ibid., 137.

36 츠빙글리, "참된 종교와 거짓 종교에 대한 주해," 331.

37 Zwingli, "On the Providence of God," 155.

38 Ibid., 155.

39 Ibid., 154-55.

40 Ibid., 155.

41 Ibid., 157.

42 Ibid., 157.

43 Ibid., 157.

44 크넬은 다음과 같이 주장한다. "어떤 사건이 발생하도록 원인하는 것처럼 보이는 인간의 행동과 영향을 보면서 츠빙글리는 제일 원인을 하나님께 제이 원인을 피조물에게 돌리는 아퀴나스의 사상의 측면과 매우 유사한 사상적 계보를 따른다." Matthew Knell, Sin, Grace and Free Will: A Historical Survey of Christian Thought, vol. 2 (Cambridge: James Clarke & Co, 2018), 227.

45 Zwingli, "On the Providence of God," 150. Zwingli, De Providentia Dei, 18.

46 Zwingli, "On the Providence of God," 158. 츠빙글리, "참된 종교와 거짓 종교에 대한 주해," 71.

47 Zwingli, "On the Providence of God," 158. Zwingli, De Providentia Dei, 24. Cf. "Nihil fortuito aut temere ferri… Temerè igitur ferri nihil potest." Zwingli, De Providentia Dei, 24.

48 Cf. Kiven S. K. Choy, "Calvin's Defense and Reformation of Luther's Early Reformation Doctrine of the Bondage of the Will" (PhD diss., Calvin Theological Seminary, 2010), 100.

49 Peter Martyr Vermigli, Loci Communes (London: Thomas Vautrollerius, 1583), 172; 469.

50 Ibid., 469.

51 William Perkins, A Treatise of Gods Free Grace, and Mans Free-will (Cambridge: Iohn Legat, 1601), 872. Cf. 칼뱅도 그의 1559년 판 『기독교강요』와 1558년에 발간한 『하나님의 비밀스러운 섭리에 대한 변호』에서 예수 그리스도가 십자가에서 뼈가 꺾이지 않은 사건을 설명하기 위해 "가정적 필연성"(necessity of consequence)과 "절대적 필연성"(necessity of consequent)을 사용한다. Calvin, Institutes, I. XVI. IX; idem, "A Defence of the Secret Providence of God" in Calvin's Calvinism, trans. Henry Cole (Grand Rapids: Eerdmans, 1950), 234-35.

52 Perkins, A Treatise of Gods Free Grace, 872. Cf. '가정적 필연성'과 '절대적 필연성'의 차이에 대한 좀더 상세한 설명을 위해서는 다음을 참고하라. Willem J. van Asselt, Martin Bac and Roelf T. te Velde, eds, Reformed Thought on Freedom: The Concept of Free Choice in the History of Early-Modern Reformed Theology (Grand Rapids: Baker Book House, 2010), 30-39.

53 참고로 스콜라주의 신학과 용어에 대해 공공연하게 반대하면서 동시에 본 주제와 관련하여 츠빙글리와 매우 유사한 신학적 견해를 추구했던 루터의 경우는 츠빙글리가 스콜라주의 신학과 용어의 사용에 대해 루터와 같은 견해를 가지고 있었음을 강하게 암시해 준다.

54 Zwingli, "On the Providence of God," 181-82.

55 Ibid., 182.

56 Ibid.

57 Ibid., 183.

58 Ibid., 181-82.

59 Ibid., 183.

60 아우구스티누스와 사상적 연속성에 있는 개혁주의 신학자들은 전통적으로 인간에게 세 가지 종류의 자유를 부여했다: '죄로부터의 자유'(freedom from sin), '불행으로부터의 자유'(freedom from misery), '강압으로부터의 자유'(freedom from coercion). 이 세 가지 자유에 대한 구분은 클레르보의 버나드(Bernard of Clairvaux, 1090-1153)에 의해서 처음 체계화되었다. "triplex libertas is ab necessitate cogente… ab peccato… ab miseria." Bernard of Clairvaux, De gratia et Libero Arbitrio, VIII. 24 (Patrologia Latina 182. 1014).

61 Zwingli, "On the Providence of God," 183.

62 Ibid., 203-04.

63 Ibid., 181-83.

64 John Calvin, "A Defence of the Secret Providence of God," in Calvin's Calvinism, trans. Henry Cole (Grand Rapids: Eerdmans, 1950), 235-40.

65 Calvin, Institutes, I. XVIII. I-IV; I. XVII. V.

66 Choy, "Calvin's Defense and Reformation," 71-2. Cf. 『모든 글의 주장』의 원제는 다음과 같다. 『레오 10세의 최근 칙서를 통하여 유죄 판결을 받은 마르틴 루터의 모든 글의 주장』(Assertio omnium articulorum M. Luther per bullam Leonis X. novissimam damnatorum)

67 Cf. Choy, "Calvin's Defense and Reformation," 70.

68 Choy, "Calvin's Defense and Reformation," 109. Cf. 헨리 부이스도 루터보다 츠 빙글리가 더 결정론적이라고 주장한다. Harry Buis, Historic Protestantism and Predestination (Philadelphia, Penn.: Presbyterian and Reformed Pub. Co., 1958). 65.

69 개혁주의 섭리론이 하나님을 죄의 원인자로 만들고 인간을 섭리의 꼭두각시로 만든다는 비난을 극복하려는 츠빙글리 이후 개혁파 신학자들의 신학적 노력에 관한 상세한 정보를 위해서는 다음을 참고하라. Yoo, John Edwards (1636-1716) on Human Free Choice and Divine Necessity, 189-239.

70 Choy, "Calvin's Defense and Reformation," 111.

기독교 평화, 어떻게?

Zwingli's Understanding of Freedom as an impulse for Christian Peace Ethics for the Korean Peninsula

조용석(안양대학교 교수)
Yong Seuck Cho

14

기독교 평화, 어떻게?
Zwingli's Understanding of Freedom as an impulse for Christian Peace Ethics for the Korean Peninsula[01]

조용석(안양대학교 교수)
Yong Seuck Cho

I. Introduction

This article aims to try to develop current reception possibilities to draft Christian Peace Ethics for the Korean Peninsula from a socio-Ethicsal perspective of Zwingli's understanding of freedom. His idea of freedom could contribute a little to overcoming the Korean division of the country, since it is the primary cause of the problems that are expressed in the hostile ideological contrast of the Korean Peninsula.

This is why we should go beyond the numerous small disputes

in Korean society in order to draft the Christian Peace Ethics for the complicated situation based on Zwingli's understanding of freedom. Looking at them makes it clear that the communism in North Korea and the anti-communist democracy play a major role as forms of political religion. His understanding of freedom could offer an impulse for Christians and churches to encourage the governments of North and South Korea not to see each other as enemies but as brothers in order to enable peaceful coexistence. This results in the three steps of investigation:

(1) The Freedom from human word as a man-made idol
(2) The freedom of the gospel as liberation from arbitrary traditions
(3) The protection of political freedom
(4) The Christian Peace Ethics for the Korean Peninsula from a Zwinglian perspective

II. The Freedom from human word as a man-made idol

When we mainly talk about the Reformation, we think of Luther's Reformation. There is a famous Bible verse that symbolizes Luther's Reformation. Romans 1:17. "For in the gospel the righteousness of God is revealed-a righteousness that is by faith from first to last, just as it is written: "The righteous will live by faith." Luther emphasized that we are saved through the grace of Jesus Christ through faith alone, not through human merit, that is, good works. His cry led to reforms in the Roman-Catholic Church, which emphasized the heterogeneous religious practices of the time and aided corruption and corruption. Zwingli, the Reformer in Zurich, Switzerland, also sympathized with Luther's Reformation movement, but judged that Luther's Reformation movement was incomplete and that the remains of the Roman-Catholic Church remained, and he pursued a thorough reform based on the Word of God. So, the Protestant Church that began with Zwingli and succeeded by Calvin was called the Reformed Church. It means reforming Luther's unfinished reforms again. The Reformed Church, which started in continental Europe, has developed into a Presbyterian Church as it crossed over to the United States. Church historians call Zwingli the father of the Reformed-Presbyterian Church. A famous passage related to Zwingli's Reformation is Romans 9:20-21. "But who are you, a human being, to talk back to God? Shall what is formed say to the one who formed it, Why did you make me like this? Does not the potter have the right to make out of the same lump of clay some pottery for special purposes and some for common use?" Zwingli emphasized the providence of God.

Zwingli, who was born on January 1, 1484 in a mountainous

region of Switzerland, was an important Reformer who led the Protestant Reformation in the 16th century together with Luther, who was born on November 10, 1483 in Germany. After he died as a war pastor in the battle between Catholics and Protestants that broke out in Switzerland on October 11, 1531, his contribution to the Reformation was overshadowed and not properly evaluated. Since then, people have called Luther and Zwingli the first-generation Reformers and Calvin the second-generation Reformers. Luther the German and Zwingli the Swiss were at odds with each other, but they were allies in their attempts to reform the Roman-Catholic Church. Calvin, a Frenchman, promoted the Reformation movement in Geneva, Switzerland as a refugee. He played a role in creatively integrating the legacy of the Reformation of Luther and Zwingli, ending the Reformation movement in the 16th century.

After Zwingli was called as the senior pastor of the Grossmünster Church in Zurich, Switzerland in 1519, Zwingli suffered from the plague, or black death, and faced the brink of death. The Black Death was an epidemic with a high mortality rate. The Black Death, which swept Europe during the Middle Ages, killed nearly a third of Europe's population. Zurich, Switzerland, was no exception. However, Zwingli overcame the Black Death by experiencing God's grace and the power of the Holy Spirit with his whole body. Zwingli was a completely different person before he was infected with the Black Death and after he was cured. Before the Black Death, Zwingli was one of the intellectuals of the time who had a very deep knowledge of Greek philosophy. He was a so-called small theologian and pastor. He, like many young intellectuals at the time, had confidence in human rationality. Perhaps by that time he had emphasized the importance of the Bible, but nevertheless, he did not seem to have a deep and spiritual experience of the Word of God. Zwingli, who suffered from the Black Death and was on the verge of death, is praying as follows. Zwingli was born again as a religious reformer through the struggle against the Black Death and the process of experiencing God's providence with his whole body. Let me introduce some.

> "Lord God, help me in my trouble. It seems that death is at the doorstep. Christ, you have overcome death. I cry out to you. / Are you trying to make me die? I can affirm anything in the middle of life. Do whatever you want / to accommodate everything. I am your vessel. / Make it or destroy it!"[02]

He experienced and became convinced of God's absolute sovereignty and providence in the process of being healed of the Black Death. In other word, he regarded the role of rational reason as important, but gained new insight to look at human life in the realm of faith beyond it. He realized deeply that God was the potter. Through the power of his Holy Spirit, he felt God's providence of caring for him to the end with his whole body. Bernd Hamm argues that Zwingli understands God's absolute sovereignty as God's freedom.[03]

He distinguished between the word of God and the word of Man more thoroughly than Luther did. More powerfully than Luther, he promoted a reform of the Word-centered worship. He criticized the Roman-Catholic tradition as an arbitrary design of man. He specifically rejected the arbitrary interpretation of the Bible by the popes, cardinals, bishops, and priests of the Catholic Church, which was contrary to the fundamental meaning of the word of the Bible. He wanted to proclaim only the Word of God. It was trusting the Bible as the Word of God. His experience of fighting the Black Death made him convinced of the standard that fundamentally distinguishes the word of man from the word of God. For these reasons, Zwingli rejected the Catholic Church's Mass and offered a worship service centered on the Word. With this in mind, he removed the icons in the church. Because he was convinced that icons were objects of human worship. In addition, he criticized the Catholic Church's doctrine of the Eucharist, that bread and wine become the actual flesh and blood of Christ after the consecration of the priest with the same point of view. That would eventually result in the worship of man-made bread and wine.

Zwingli criticized human word disguised as the Word of God,

calling for a return to the Word of God. What is human word disguised as the Word of God? It is a man-made idol. Human nature to worship idols comes from human selfishness and arrogance, dreaming of the deification of creation, and wanting to rise to the throne of God. This is the trace of original sin that remains in man. He declared that when man accepts God and man's only Mediator, Jesus Christ, as his only Savior, he can only overcome man's sinful nature.

I would like to interpret Zwingli's theological thinking like this. "Ideology and the gospel are totally different" The gospel as the Word of God and ideology as the word of man are totally different. Zwingli's cry for a strict separation between God and creation meant freedom from idols, that is, freedom from idols created by man. So later, people called Zwingli's Reformation "The Reformation of Freedom". Luther also proclaimed freedom from the idol of indulgences created by human desire. Here is what indulgences mean: It was advertised that if someone bought indulgences issued by the Roman-Catholic Church, their acquaintances in Purgatory could take the train to heaven according to the purchase price of those who bought indulgences. At that time, the Roman-Catholic Church had to sell indulgences through death in order to secure the funds for the construction of St. Vatican Cathedral, which is today a tourist attraction in Rome. Luther bravely told the church in his famous 97 thesis to give up the construction of St. Peter's Cathedral and to help the poor with the money.

Zwingli, who criticized the deification of creation and called for a return to the Word of God, led the Reformation in Zurich through a partnership with the Zurich Parliament. The core of his Zurich Reformation program is the fact that he transformed a medieval monastery into a social welfare facility and made an effort to improve the practical welfare of Zurich citizens. He changed Zurich not only with an interest in the faith of man as an individual, but also with an attitude of pastoral care for the community.

III. The freedom of the gospel as liberation from arbitrary traditions

In the spring of 1522, during Lent, the workers at the book printer Christoph Froschauer who had to work hard physically ate the forbidden sausage. In his sermon, "Von Erkiesen and Freedom of Food" (1522), Zwingli points out that breaking the fasting regulations through the use of Christian freedom is not a sin, since these are only human statutes. This means the radical rejection of the traditional precepts of the catholic church. Zwingli substantiates his claim with numerous biblical testimonies. Logically, he refuses to bind Christians to the arbitrarily imposed the laws of fasting.

In this way, he takes up Luther's art of differentiating between law and gospel and urges us to trust God alone.[04] Because the freedom of the gospel demands the abolition of the arbitrary laws to realize the freedom of the gospel,[05] annoyances are inevitable. But this freedom is not unlimited or irregular freedom, because the rule is that the one who is strong in faith has to spare his weaker neighbor. But the person who offends his fellow man must not be condemned as a sinner.[06]

Therefore, Zwingli's Reformation was called the "Sausage Reformation". I would like to introduce an episode related to this. European sausage and our Sundae (Korean Sausage) have a crucial difference in content. European sausages contain plenty of meat. The etymological meaning of sausage is meat that is salted to prevent spoilage. Zwingli, who was appointed senior pastor of the Grossmünster Church in Zurich on January 1, 1519, rose to prominence as a leader in the Zurich Reformation movement due to the so-called "sausage Incident" that occurred during Lent in 1522. During Lent, which began just before Easter in 1522, the staff of the printing shop run by Froschauer wanted to eat sausages during Lent, when meat was banned. Proschauer ate the forbidden sausages with the print shop staff on Lent. Perhaps the printing industry demanded considerable protein energy from them. This seemingly simple incident went viral, sparking outrage among high-ranking clerics of the Catholic Church in Zurich. After that,

Zwingli began to actively defend the sausage case, which went viral. He exclaimed: "Human traditions (religious precepts) and God's laws are really, really different! God's law is the law of love! Human traditions contrary to God's law of love must be abolished! The Sabbath is for man!" It was a very shocking statement that people had never heard at the time. The "Sausage Incident" highlighted the fact that the Roman-Catholic Church tradition, which banned meat eating during Lent, was not a word of God, but a religious tradition arbitrarily devised by humans, and served as a decisive opportunity to secure the legitimacy of the Zwingli Reformation. Since then, the Reformation of Zwingli has come to be called the "Sausage Reformation".

At the same time, however, we must also go beyond the mere consideration of the weak in faith, because one should strengthen their power of faith,[07] while avoiding the abuse of Christian freedom.[08] Nevertheless, it must be firmly held that there is no turning back in faith and for the glory of God and one must therefore be prepared to suffer for it.[09] He continually emphasizes that the church's commandments are to be obeyed voluntarily, not out of compulsion, but in accordance with the Holy Scriptures. The Holy Scriptures are the sole standard for questions of canonical law[10] and he endeavors as a pastor to protect those who ate meat during Lent from accusations and to give them biblical instruction.[11]

What is remarkable about Zwingli's understanding of the

gospel is that he also unfolds his understanding of the law in a new horizon. Christian freedom frees from the slavish abuse of the law through the right understanding of the gospel, whereby the true relationship with God is restored and at the same time social justice is realized through love of neighbor. The right use of the law, which he recognizes as a form of the gospel[12], cannot be given up. For Zwingli, therefore, freedom can only be understood in close connection with his understanding of the law: With regard to the free choice of food, freedom and law are not in contradiction, insofar as there is no other law apart from the law of love and thus the law Freedom of food choice does not affect the love of one's neighbor.[13] Thus God's law as his will, quite different from human statutes, forbids people from eating any food at any time.[14] With the rediscovery of the divine law, the Christian freedom for the glory of God and for the good of the neighbor is realized, which is based on the true relationship with God and fellow human beings like the law of love: "Die fryheiten, so von got den menschen geben sind, antreffen das gesatzt der spysen und andrer derglichen ding, sollend gegen got bedacht werden und got menschen."[15]

Zwingli's theologically motivated church reform interest had a direct political effect, since church reform and political conflicts form an indissoluble mixture. This is particularly evident in his sermon on freedom, "Von Erkiesen und Freiheit der Essen"

(Regarding the Choice and Freedom of Foods, 1522), which can be compared with Luther's "Von der Freiheit einer Christenmenschen" (On the Freedom of a Christian, 1520). Because their common leitmotif is a new understanding of Christian freedom, which is gained in confrontation with the church tradition, which is interpreted as a slavish abuse of the law. Taken as a whole, Zwingli's sermons on freedom can be understood as a critical political commitment in the political situation in Zurich, because the Reformation knowledge broke out in the confrontation with worldly conflicts (e.g. the criticism of the rice walk). In Zwingli's eyes, the Swiss mercenary system and Zurich's dependence on the Catholic foreign powers constitute an enslavement of the divine law. It should also be noted that his understanding of freedom as a reflection of the relationship between world experience and the image of God could enable greater personal freedom compared to the patriarchal-collective social order of the Middle Ages. However, the juxtaposition of the individual and society is not the focus of his thinking. It is noticeable, however, that Zwingli advocates a pacifism that turns against paid service and the pension system for patriotic reasons. His reformatory concern is based on a combination of Swiss humanism with a pronounced patriotism, which then also forms the intellectual-political basis for the social reform carried out by the Zurich Council. Finally, his view broadened, because the newly understood Christian freedom not only frees from the traditional rules of fasting, but forces a complete renewal of the church.[16]

At the same time, politics comes into play, because Zwingli does not bow to the episcopal threats,[17] but tries to encourage the city council.[18] He did not carry out his Reformation project without considering the church, but by strengthening the council, he tries to enforce the Reformation as a church renewal. This characteristic reflects his social understanding of the church or the prophetic identification of the church and the authorities. The Zwingli Reformation contributed to the collapse of the papal church and the feudal world order as the medieval Corpus Christianum.

IV. The protection of political freedom

Zwingli led to the abolition of the mercenary system that supported Switzerland's economy at the time. He became a pacifist who experienced the tragedy of war and advocated the abolition of mercenaries while participating in the war in 1515 as a war pastor in the battle of Marignano, Italy. There, he witnessed the horrific scene of Swiss young men fighting each other as mercenaries. It is said that he did not know the true meaning of Erasmus's word until he went to war. "War is sweet only to the unexperienced." Of course, the mercenary system was temporarily abolished, but it was not until the 19th century that the Swiss mercenary system was eradicated. At that time, the Swiss living in the mountainous terrain had no other means of livelihood other than dairy farming. So, strong young men who were trained in the mountainous terrain participated in the wars that broke out on the European continent in order to earn money, and provided economic income. War was the only industry that guaranteed large-scale employment for poor Swiss youth at the time. In this way, the young Swiss became mercenaries. It was truly an export of blood.

He was convinced that the mercenary system was driving the Swiss to moral corruption, and judged that it did not contribute to the sound economic development of Switzerland. Because due to the mercenary system, many young Swiss men risk their lives to regularly go to war and kill people, return the money they earned and waste it, and plunge into a swamp of moral corruption. To this end, Zwingli was convinced that if the Bible was properly read, the Swiss would love peace, not war, and that they would be able to build a beautiful Switzerland that God desires.

In the book, Eine göttliche Vermahnung an die Eidgenossen zu Schwyz (A Divine Admonition to the Confederates of Schwyz, 1522), Zwingli warns the Schwyz state community with patriotic passion of the dangers of the salary contracts with the foreign Catholic powers. As a result, there was a general ban on salary services in Zurich in January 1522. This means that with Zwingli a religious motive would have combined with a national-patriotic as with the

Swiss humanist group. His fierce criticism of the greed of those who earned pensions as part of the salary service is very noticeable, since waging war for self-interest results in damage to the homeland, which increases greed, indulgence, ruthlessness and disobedience from day to day.[19] In this context, the 40 article in the interpretation and reasons of the closing speeches suggests that Zwingli understands war for foreign powers out of selfish wage addiction as the cause of current grievances. "It follows that waging war for pay is an inhuman, shameless and sinful thing; for I come to no other conclusion than that all who belong to a campaign are guilty of all manslaughter that is committed in it."[20] This results in five dangers for him: The greatest danger is (1) the threatening wrath of God[21] and (2) the suppression of common justice.[22] Within society, (3) the introduction and spread of perishable customs through the bribes from the foreign war[23] and (4) the bribes of the potentates lead to envy and betrayal.[24] For him this culminates in the end of freedom, because at the end of this development stands (5) the enslavement of the Swiss by the potentates.[25]

In his book, "Eine true und ernstliche Ermahnung der Eidgenossen" (A True and Serious Exhortation of the Confederates, 1524), Zwingli argues in the Recommendations for Preparing for a Possible War (1524) quite similarly. Because Switzerland offers fertile land and natural protection, its good soil can feed its inhabitants sufficiently, which makes military service superfluous.[26] That is why he emphasizes the value of human labor: "But the most beautiful thing is that from the hand of God at creation; the worker is outwardly more like God than any being in the world."[27]

However, he takes the view that a just war to protect peace is legitimate. Thus, the fight against paid service turns into the fight against the Catholic cantons, who want to hold onto it because of their financial dependency. He now claims: "Then even a private person is free from the crime of murder if, for example, they stop violence with counter-violence, or if they kill an unjust and godless enemy in a just war."[28] At the same time, alliances with foreign powers in the area of the Reformed Confederation have been sharply criticized, which is justified by the recourse to the Old Testament.

For Zwingli, Israel is not a people that would have waged unjust wars, since it only fought against the sinful peoples who do not want to leave it in peace,[29] what he does with the spiritual battle that the new people born again in Christ are waging against vice and unbelief have to, analogized.[30] From this point of view, he emphasizes that the battles at Morgarten 1315, Semppach 1386 and Nefels 1388 are morally justified because the Confederates fought with the power and grace of God for the political freedom of the Confederation to protect their fatherland.[31] And in "Quo pacto ingenui adolescentes formandi sint" (How to bring up young people from a good home, 1523) he writes: "For God [⋯] who saved the unarmed Israelites from the threatening enemy, will undoubtedly keep us too. But if it seems otherwise right to him, he will arm our hand. He himself equips our hands for battle." [32] With this argument, he wants to support the federal freedom struggles in order to preserve the political freedom of the Confederates from foreign powers.

V. The Christian Peace Ethics for the Korean Peninsula from a Zwinglian perspective

If one wants to grasp the possible significance of Zwingli's Understanding of Freedom for the Korean Peninsula, the situation of division and the ideological contradictions must first be perceived as socio-Ethicsal issues. The division establishes the ideological differences and represents the most important obstacle to the common social welfare of the entire peninsula. Most Koreans still perceive the division as an unnatural condition, despite the long-standing hostile antagonism between North Korean communism and South Korean anti-communism. The ideological-military conflicts could, however, be viewed from a completely new perspective, insofar as the division is understood as an anti-divine contradiction to the Gospel. There are historical reasons for this, as most North Korean Christians emigrated to the south before and during the Korean War (1950-1953) because the communist government in North Korea persecuted them.

In the following, the historical process of land division is outlined in advance: Two opposing groups fought against Japanese rule (1910-1945) in Korea, a nationalist and a communist liberation movement. The latter had the politico-military support of the Soviet Union and the Communist Party of China, while the nationalist liberation movement was strictly anti-communist. In September 1945, the south of Korea came under the rule of the US military, while the north was occupied by the Soviet military. The catalyzing incident is the decision that was made - really, without the Koreans involved - between the Soviet Union and the United States to divide Korea into two occupation zones. The division of Korea became the direct cause of the later Korean War (1950-1953), which could be viewed as a three-year international proxy war between the USA and the Soviet Union and China, or between capitalism and communism.

The Korean broke out because the North Koreans attacked South Korea with confidence that they could win the war and communize the entire Korean peninsula. In fact, the North Korean forces were far superior to those of the South in all possible categories of the fighting capabilities and abilities. They were fully armed with heavy weapons and equipment supplied by the Soviet Union, well trained by the prudent guidance of Soviet military education and training advisers, greatly reinforced with the Korean soldiers and combat leadership, well-matured in the Chinese Civil War (1927-1949) period, and given a coordinated fighting plan prepared by the Soviet military war-planning advisers. With these expectations and anxieties, North Korea attacked South Korea on June 25, 1950, which became the immediate and direct cause of the Korean War. As a result of the war, there is still no peace treaty, just a ceasefire. The differing political ideologies that existed within Korea were further polarized under the influence of the respective superpowers in charge of the region.

In order to criticize this ideological formation, Zwingli's fundamental theological principle is to take up the difference between God and man, or the difference between the divine and the creature. If you pay attention to it, for example money, power and egoistic ideas should no longer shape the image of God or even become idols themselves. That is why the biblical ban on images that shaped Zwingli's theology is gaining current importance in the political and economic dimension. Ultimately, the absolutized ideological opposites could be understood as merely human word in the division situation on the theological basis of Zwingli's understanding of freedom. Both the North Korean communist ideology and the South Korean anti-communism could then be understood as self-empowering human word.

With the help of Zwingli's Understanding of Freedom outlined above, a three-step Christian vision of peace for the Korean Peninsula could be drawn up. It is therefore about a contextualized reception possibility of his liberation tradition, his reformatory thoughts could be understood in the reunification movement as a contribution to the practice of faith, since they too aimed at social change through the power of the gospel. There are three things to note here:

(1) The Christian freedom from the enslaving abuse of the law or arbitrary human regulations through God's work of reconciliation in Christ - this would correspond to the spiritual-political liberation from ideological illusions in the horizon of an all-encompassing vision of peace, regardless of their respective political views, provided that the division of the country as a consequence of the cold War is at odds with the gospel message of reconciliation.

(2) In the pacifist sense, the military armament of North Korea and South Korea against the right use of the law of love as a form of the gospel for the glory of God and for the good of the neighbor is to be understood as reprehensible, which is not for the social prosperity of both states and peace of the whole Korean peninsula, but for contributes to the respective state power-political benefit.

(3) A church commitment to the peaceful coexistence of North

and South Korea is required, which could lead to the overcoming of the widespread anti-communist reunification ideology in most Protestant churches, which often still see the violent conquest of North Korea with the support of the USA as a church task. This would correspond to the respective state recognition of South and North Korea, which in the long term aims at a final peace order and peaceful reunification.

VI. Conclusion

In this article, an attempt was made to apply Zwingli's Understanding of Freedom in practice to the formation of the Christian Peace Ethics for the Korean Peninsula, which transfers his rejection of the Catholic Church's teachings to the current situation. The exercise of this freedom could be understood in the reunification movement of the churches as a contribution to a practice of faith that also aims at social change through the power of the gospel. However, this does not offer a concrete political strategy, but a theological vision of peace that should determine the criteria for appropriate political decisions.

In contrast to all legal obligations, the knowledge that the law can no longer condemn, must be emphasized, since man has been set free by Jesus Christ through the gospel. This also changes the understanding of the law insofar as it is understood as a form of the gospel, or as another form of liberation from a judging and damning power of the law.: "Aber warlich, so ist es an im selbs nüt anderst dann ein euangelium, das ist: ein gůt gwüsse botschaft von got, damit er uns bricht sins willens."[33] This means that Christian love also determines the practice of the law. The fulfillment of the law through Christian love is therefore always about a responsible use of Christian freedom in which the sanctification of Christian life takes place.: "When love burns in us, then we do not do anything anymore, but everything voluntarily and happily [⋯] we know that liberation from the law consists in doing that out of love, which will please God."[34]

14
미주

01 This article was published in vol. 74 (2022) of korea Reformed Theology.

02 "Hilff, herr gott, hilff in dieser Not! Ich mein, der Tod sig an der thür; Stand, Christe, für, dann du in überwunden hast! Zů dir ich gilff. Ist es dein will, zůch uß den pfyl, der mich verwundt, nit laßt ein stund mich haben weder růw noch rast! Wilt du dann glych tod haben mich in mitz der tagen min, so sol es willig sin. Thů, wie du wilt; mich nüt befilt. Din haf bin ich; mach gantz ald brich." Huldrych Zwingli, "Gebetslied in der Pest", in: Huldreich Zwinglis Sämtliche Werke, Emil Egli, Georg Finsler, (eds.) Band I, (Berlin: Schwetschke, 1905), 67. Zwingli's collected works ("Z").

03 Berndt Hamm, Zwinglis Reformation der Freiheit (Neukirchen-Vluyn: Neukirchener Verlag, 1988), 38-39.

04 Matthias Freudenberg, Zum Antworten geschaffen. Anmerkungen zur Freiheit christlichen Lebens in reformierter Perspektive, in: Gott - Natur - Freiheit. Theologische und naturwissenschaftliche Perspektiven, hrsg. von Johannes v. Lüpke, (Göttingen: Vandenhoeck & Ruprecht, 2008), 148.

05 "[…] dero gwalt wie dhein stund nie gewichen sind, darumb, das die warheit des euangelii üch blibe. Diß werffend die, so fryheit des euangelii bschirmend, den ceremonieren für glich als ein schilt oder bolwerck." Huldrych Zwingli, "Von Erkiesen und Freiheit der Speisen", Z I, 123.

06 "Wo aber ein ding dem glouben nit schaden mag und verbösret aber den nächsten, ob es schon nit sünd ist, sol man doch des nächsten schonen, das man in nit verletze. Als fleisch essen ist uß dheinem götlichen gsatzt verbotten zů dheiner zyt. Wo aber das den nächsten verletzt oder ergeret, sol man das on ursach nit essen, man sol den kleingleubigen vor vest im glouben machen." "Von Erkiesen und Freiheit der Speisen", Z I, 112.

07 "Von Erkiesen und Freiheit der Speisen", Z I, 125 : "Sunder du solt in früntlich berichten des gloubens, wie im alle ding zimmen ze essen und fry syind."

08 "Von Erkiesen und Freiheit der Speisen", Z I, 125 : "So man von der ietz genanten fryheit redt, wir syen von allen sölchen burdinen von got fry erlößt, sol man der warheit und gloubens halb nit wychen, man verbörse sich aber nit. Denn Paulus spricht: Mir zimmen alle ding [1. Cor, 6,12] "

09 "Von Erkiesen und Freiheit der Speisen", Z 112.: "Sich, wo es die eer gottes, den glouben, das hoffen in got antrifft, sollend wir ee alle dyng lyden, ee wir uns lassind darvon tringen. "

10 "Von Erkiesen und Freiheit der Speisen", Z I, 91.: "Was solt ich thůn, dem das uffsehen der seelen und euangelium empfolht, anders, weder die gschrifft eigentlich ersůchen und die als ein liecht in disen finstren irrsal tragen, damit nieman uß unwüssenheit oder unerkantniß den andren verletzen und angriffen möchte in grossen rüwen fallen."

11 "Von Erkiesen und Freiheit der Speisen", Z I, 91 : "namlich so die essenden nit můtwiller oder geyl possen, sunder eersame lüt und gůter conscientz sind. [⋯] id dero nüt dann das heylig euangelium harfür zogen und der botten leer, weliches den grösten teil treffenlich erfreuwt und fry gemacht."

12 "Aber warlich, so ist es an im selbs nůt anderst dann ein euangelium, das ist: ein gůt gwüsse botschaft von got, damit er uns bricht sins willens." Huldrych Zwingli, "Auslegen und Gründe der Schlußreden", in: Huldreich Zwinglis Sämtliche Werke, Emil Egli, Georg Finsler, (eds.) Bd. Z II, (Leipzig: Heinsius 1908), 160.

13 "Von Erkiesen und Freiheit der Speisen", Z I, 135 : "Und sind wir under kein gsatz verbunden, denn das gsatz der liebe, und fryheit der spysen schadt der liebe nüt, so sy recht gelert und erkent wirt, so sind wir demselben gbott oder gsatz nüt schuldig."

14 "Von Erkiesen und Freiheit der Speisen", Z I, 132 : "wenn ichs schon mit der gschrifft erobren, als ichs on zwyfel erobren will mit got, han ich doch nüt gewunnen weder, das nach götlichem gesatzt dem menschen zů geheiner zyt dheinerley spysen verbotten sye."

15 "Von Erkiesen und Freiheit der Speisen", Z I, 125.

16 "Von Erkiesen und Freiheit der Speisen", Z I, 134 : "Die allgemein versamlung der Christen mag ir selbs vastag und abbruch der spysen annemmen, doch nit für ein gemein ewig gesatzt ufflegen."

17 "Von Erkiesen und Freiheit der Speisen", Z I, 127 : "Ist war; dieser Abpruch ist aber von der gemeind der Christenheit nit gebotten, ja nie von besundren bischoffen, die sich ein zyt har understanden nach irem willen den Christen gesatzt uffzelegen, unerfragt das gmein volk."

18 "Von Erkiesen und Freiheit der Speisen", Z I, 112 : "Glich als da ein burgermeister ein antwurt gibt in deß rats namen und nach der antwurt etwas ruchs oder herts hinzůthůt, das im ein rat nit bevolhen hat, noch sin meinung xin, spricht er, das red ich von min selbs wegen, ein rat hat mirs nit bevolhen hat."

19 "Ja wachßt von tag zu tag ie mer und mer gyt, wollust, můtwill, ungehorsami." Huldrych Zwingli, "Eine göttliche Vermahnung an die Eidgenossen zu Schwyz", in: Huldreich Zwinglis Sämtliche Werke, Emil Egli, Georg Finsler, Walter Köhler, (eds.) Bd. Z I, (Berlin: Schwetschke, 1905), 175.

20 "Auslegen und Gründe der Schlußreden", Z II, 335.: "Uß welchem volgt, daß das versöldet Kriegen ein unmenschlich, unverschampt, sündlich ding ist, denn ich hann anderst ermessen, denn das alle, die in eim züg sind, aller todschlegen, die da beschehend, schuldig syind."

21 "Eine göttliche Vermahnung an die Eidgenossen zu Schwyz", Z I, 175 : "Der gfarlikeiten die erst und gröst ist, das den yorn gottes damit über uns schwarlich ladend."

22 "Eine göttliche Vermahnung an die Eidgenossen zu Schwyz", Z I, 179.: "Die ander gevarlikeit, die uns der herren und irs kriegens halb zůstat, das daruß nidertruckt würt die gemein gerechtigkeit."

23 "Eine göttliche Vermahnung an die Eidgenossen zu Schwyz", Z I, 183 : "Die dritt farlikeit ist, das man böß mit frömdem gelt und krieg heimbringt und pflantzet."

24 "Eine göttliche Vermahnung an die Eidgenossen zu Schwyz", Z I, 184 : "Die viert gevarlikeit ist, das die die herrengaben grossen haß und untrüw under uns geberent."

25 "Eine göttliche Vermahnung an die Eidgenossen zu Schwyz", Z I, 185 : "Die letst gevarlichheit ist, das man besorgen muß, man komme zum letsten in der herren hende."

26 "darzů ein gůt erdrych, das üch rychlig erziehen mag." Huldrych Zwingli, "Empfehlungen zur Vorbereitung auf einen möglichen Krieg", in: Huldreich Zwinglis Sämtliche Werke, Emil Egli, Georg Finsler, Walter Köhler, (eds.) Bd. Z III, (Leipzig : Heinsius 1914), 106.

27 "Empfehlungen zur Vorbereitung auf einen möglichen Krieg", Z III, 107.: "Das aller lustigest ist, volget der hand des arbeytenden frücht und gwechs harnach, glych als der hand gottes in anfang der geschöpfft alle ding nach läbendig wurdend, das der arbeyter in ußwendigen dingenn gott glycher ist denn ützid in der welt."

28 "Ab homicidi crimine etiam privatum. Puta, si quis vim vi cohibuit, si in bello iusto iniquum et impium hostem prostravit." Huldrych Zwingli, "Sermonis de providentia dei anamnema", in: Huldreich Zwinglis Sämtliche Werke, Emil Egli, Georg Finsler, Walter Köhler, Oskar Farner, Fritz Blanke, Leonhard von Muralt, Edwin Künzli, Rudolf Pfister, Joachim Staedtke, Fritz Büsser, (eds.) Bd. VI/III, (Zürich: Theologischer Verlag, 1983), 134.

29 "Eine göttliche Vermahnung an die Eidgenossen zu Schwyz", Z I, 177 : "Die Kinder Israels hand eintweders kriegt wider süntliche völcker, die sy [···] nit mit fryden lassen."

30 "Eine göttliche Vermahnung an die Eidgenossen zu Schwyz", Z I, 177 : "[···] des geistlichen Kriegs, den wir ietz in Christo widergeboren und nüwe menschen mit den lastren und ungloubnus haben söllent."

31 "Eine göttliche Vermahnung an die Eidgenossen zu Schwyz", Z I, 171 : "Das on zwyfel nit menschliches vermögens ist, sunder göttlicher krafft und gnaden. Ja, wo sy ir vatterland beschirmt hand unnd fryheit, als zum Morgarten, zů Semppach, ze Nefels in Glaris."

32 "Nam deus, [···] et inermes Israëlitas ab imminente hoste servavit, nos etiam indubie servavit, aut si aliter et visum erist, dexteras armabit. Ipse enim docet manus nostras ad praelium." Huldrych Zwingli, "Quo pacto ingenui adolescentes formandi sint", in: Huldreich Zwinglis Sämtliche Werke, Emil Egli, Georg Finsler, (eds.) Bd. Z II, (Leipzig: Heinsius 1908), 547.

33 "Auslegen und Gründe der Schlußreden", Z II, 160 : "Quae si in nobis ardeat, nihil iam coacte faciemus, sed libere iucundeque omnia. Absolutio enim legis charitas [···] Habemus ergo unum genus liberationis a lege, quo per charitatem facimus, qoud deo placitum fore scimus,"

34 Huldrych Zwingli, "De vera et falsa religione commentarius", in: Huldreich Zwinglis Sämtliche Werke, Emil Egli, Georg Finsler, Walter Köhler, (eds.) Bd. Z III, (Leipzig: Heinsius, 1914), 710.

어떻게 살아야 하나?

주도홍(총신대학교 초빙교수)

15

15

어떻게 살아야 하나?

주도홍 (총신대학교 초빙교수)

들어가는 말

츠빙글리의 일차 자료를 근거로 사회 윤리와 목회 윤리를 생각하려 한다. 츠빙글리의 종교개혁은 하나님의 계시 성경만을 기반으로 신앙의 영역에서 끝나지 않고, 모든 삶의 개혁을 추구했다. 츠빙글리는 본인의 여러 글 가운데서 기독교인의 삶을 총체적으로 다룬다. 필자는 츠빙글리의 두 작품 '하나님의 정의와 사람의 정의'(1523년), '목자'(1524년)를 중점적으로 살펴볼 것이다. 이런 점에서 츠빙글리는 가히 선구자라 할 것이다.[01] 칼빈의 제네바 종교개혁 역시 취리히의 종교개혁자 츠빙글리의 영향력 안에 있는데, 칼빈의 그 어떤 신학적 사유도 이전 츠빙글리가 다루지 않은 것은 없다. 칼빈의 가까운 서신 동료였던 불링거(H. Bullinger)

와 부처(Martin Butzer)도 그렇고 파렐(G. Farel), 비레(P. Viret)도 취리히 종교개혁자 츠빙글리의 영향을 받았다. 이런 점에서 츠빙글리는 '개혁교회의 아버지'이며, '개혁신학의 원조'(der Urvater des reformierten Protestantismus)이다.[02] 그렇다면 21세기를 살아가는 우리는 그로부터 역사적 교훈을 듣고, 21세기 세계 유일 분단의 땅에 존재하는 한국 교회는 개혁신학에 선 윤리 의식을 확고히 해야 할 것이다.

츠빙글리에게 전환점이 된 1523년

1523년은 스위스 종교개혁자요, 개혁교회의 아버지 츠빙글리(Huldrych Zwingli, 1484-1531)에게 전환점이었는데, 취리히 시 의회가 츠빙글리의 종교개혁을 제도적으로 인준한 해였기 때문이다. 1523년 츠빙글리는 신앙과 생활 전반에 관한 새로운 규칙들을 '67조'를 통해 발표했다. 그 가운데 시민들의 삶에 직접적인 영향을 준 것이 세금 문제였는데, '이제 취리히는 무정부 상태와 폭동이 일어날 것이다'라는 소문이 돌 정도였는데, 츠빙글리는 설교와 글을 통해 이 문제를 다루어야만 했다. 츠빙글리는 사회 윤리 내지는 기독교 윤리를 확립하기 위해 준거의 틀로 성경을 가져왔다. 츠빙글리가 제시한 성경은 요한복음 6장 44절 "나를 보내신 아버지께서 이끌어 주지 아니하시면, 아무도 내게 올 수 없느니라"였다. 사람이 하나님의 정의에 이르려면 하나님이 이끌어 주셔야 한다는 츠빙글리의 신앙고백이 제시되고 있다. 인간의 의는 하나님이 이끌 때만 형성된다는 말이다.

얼마든지 우리를 비난하는 적대적인 말들이 많이 있을 것입니다. 그렇지만 그러한 말들은 그리스도의 가르침에 기반을 두지 않았고, 전혀 다른 데서 나온 것입니다. 참고 기다려야만 하는 것은 능력의 하나님의 말씀이 개입하여 적대적인 그들을 물리치고 우리가 승리할 것입니다. 사람들이 하나님의 능력을 볼 수 있도록 반드시 저항해야 합니다.[03]

1523년 6월 24일 세례 요한의 날 베른(Bern)에서 츠빙글리는 "하나님의 정의와 사람의 정의에 관하여"(Goettliche und menschliche Gerechtigkeit)라는 제목으로 설교하여 뜨거운 호응을 받았는데, 6월 30일 그 설교가 인쇄되어 세상에 나왔다. 츠빙글리는 설교를 베른시(市)에 헌정하였다.[04] 이 글을 통한 츠빙글리의 의도는 다섯 가지였다.

> 하나, 그저 중세 교회의 전통을 고수하려는 입장에 이의를 제기한다.
> 둘, 모든 인간의 법을 폐지하려는 극단주의자들을 거부한다.
> 셋, 경제, 정치에 관해 성경은 언급하지 않는다는 관점에 동의하지 않는다.
> 넷, 복음에 근거하여 교회의 질서를 유지한다.
> 다섯, 성경은 귀족 내지는 농부 한 편만을 대변하는 일방적 정의가 아니다.

츠빙글리에게 하나님은 모든 깨끗함, 모든 올바름, 모든 정의, 모든 선의 원천으로서 의롭다. 정의 자체이신 하나님은 모든 근본 의의 원천이다. 문제는 죄에 빠진 인간은 하나님의 정의에 다가갈 수 없다. 하나님께서 자신의 독생자 예수 그리스도를 십자가에 내주어 그를 믿는 자들이 하나님께 나아갈 수 있는데, 이 소식이 바로 복음이다. 사람은 오직 구원자 예수 그리스도를 통하여 하나님께 나아간다. 궁극적으로 츠빙글리에게 하나님의 의는 우리를 위해 십자가를 지신 예수 그리스도로서, 복음은 인간의 죄와 절망의 반대편에 있다. 인간은 십자가를 통해서 의로 나아간다.

하나님의 의

츠빙글리가 제시하는 하나님의 정의는 설교를 듣는 베른 시민들의 구체적 삶을 염두에 두고 있어, 현학적이거나 추상적이지 않고 실질적이다. 글에서 치열한 종교개혁의 역사적 정황을, 그리고 설교를 들었던 일반 교인들을 대상으로 한 츠빙글리의 의도를 파악하는 것이 요구된다. 츠빙글리는 철저하게 성경적 근거 위에서 중세 교회가 내세웠던 인간 공로에 의한 의에 반하여 하나님의 정의를 구체적으로 10가지로 설명한다. 츠빙글리가 말하는 하나님의 의는 인간의 의와 함께 간다. 하나님 없이 인간의 의는 성립되지 않는다.

> 1. 하나님의 의는 그 어떠한 인간의 노력 없이 행해지는 온전한 초월적 용서이다(롬 5:6-11). 2. 살인을 금할 뿐 아니라, 화내지 않는다(마 5:22). 3. 도살장으로 끌려갈지언정, 소리치지도 소송과 다툼도 하지 않는다(사 53:7; 마 12:19). 4. 더러운 모든 욕망을 떠나 있다(마 5:28; 창 2:24; 마 19:5-6). 5. 인간의 모든 맹세를 금한다(마 5:37). 6. 그 어떤 대가를 바라지 않고 가진 것을

기꺼이 내어준다(눅 6:35; 마 6:26). 7. 원수를 사랑하고, 핍박하는 사람을 위하여 기도한다(마 5:44). 8. 남의 것을 탐내지 않고 훔치지 않으며, 모든 것을 흔쾌히 내주며 우리의 더러운 죄악을 치유한다(출 20:15,17). 9. 악한 말과 이웃을 해치는 말을 하지 않는다(마 12:36). 10. 이웃을 사랑하여 우리를 위해 자신을 내어준다(요 15:13; 마 23:8; 갈 4:5).

교황 교회가 말하는 것처럼 하나님의 명령은 하나의 조언이나 충고가 아닙니다. 우리가 그것을 꼭 지키도록 요구한 하나님의 실제적 계명입니다. 하나님이 우리에게 요구한 대로, 그렇게 우리가 죄가 없이 정결하고, 흠이 없이 하나님에게 갈 수 있게 만들었습니다. 하나님의 뜻은 그의 말씀 외에 다른 곳에는 있지 않습니다. 그의 계명은 바로 하나님의 영원한 뜻의 계시입니다. 하나님의 이 계명에 복음이 포함되어 있음을 절대로 잊어서는 안 됩니다. 복음이란 하나님이 우리에게 지키라고 요구했던 계명, 하나님의 뜻을 다 이루신 본인의 아들을 우리에게 보냈다는 사실입니다. 그는 우리의 모든 죄의 값을 청산하고 하나님에게 나아갈 수 있도록 하는 구원자입니다.[05]

외적 및 내적 율법

인간의 의는 포장된 의로 불완전하다. 율법은 인간의 악한 행위에 근거하여 주어졌다. 사람들의 최악의 불의를 막기 위해서 율법이 존재하기에, 율법을 지킨다고 해서 하나님 앞에 의로운 것은 아니다. 다만 그는 벌

받지 않는 권리를 얻은 것이다. 츠빙글리는 갈라디아서 3장 12절 "율법의 규정을 지키는 사람은 그 일로 살 것이다"를 가져온다. 츠빙글리는 율법을 내적 인간을 겨냥하는 신적 율법과 외적 인간을 겨냥하는 인간적 율법으로 나눈다, 신적 율법을 온전히 지키는 자는 아무도 없기에, 오직 그리스도를 통하여 그를 믿음으로 은혜로 의롭게 된다. 그러나 외적 인간에게 주어진 율법은 인간의 외적 정의와 관계된 율법이다. 외적 율법 "도둑질하지 말라"는 내적 율법 "남의 것을 탐내지 말라"와 함께 묶인다. 마음으로 남의 것을 탐내면서도 도둑질하지 않았다면 그는 사람들 앞에서 바른 사람으로 인정받지만, 하나님 앞에서 그가 악한 사람인 것은 남의 것을 탐내었기 때문이다. 이렇듯 세상에서는 거대한 탐욕을 가진 자들이 정의로운 사람으로 인정받는다. 단지 악한 행동으로 표출되지 않았기 때문이다. 하나님 앞에서 모든 사람이 도둑이고 악한 자이다. 겉으로 드러난 도둑은 그들의 악한 마음을 실제 행동으로 옮긴 사람들일 뿐이다.

하나님의 정의를 기준으로 평가하면, 인간 모두는 악한 사람들입니다. 하나님만이 우리 속에 숨겨진 악행을 알듯이, 유일하게 하나님이 하나님의 정의를 판단합니다. 하나님의 정의는 하나님의 독생자가 우리를 위해 죽었다는 사실을 우리가 아무 의심 없이 믿을 때, 하나님의 아들을 통해서 우리에게 선물로 주어집니다.[06]

어리석고 불완전한 의

츠빙글리는 인간적 정의를 "어리석고 불완전한 정의"로 규정한다. 하나님 앞에서 실제로 악한 사람일지라도 겉만 보고 사람들은 바른 사람으로 인정하지만, 인간은 본래 죄로 인해 부패한 존재이다. 그러기에 인간이 자신을 진실하고 의로운 사람으로 드러내는 것이야말로 "포장된 정의"로서 거대한 죄악이다. 이런 맥락에서 사람의 정의는 정의라고 말할 가치가 없다. 부정할 수 없는 사실은 인간적 정의를 어쩔 수 없이 한계를 지닌 사람들에게 하나님이 주셨다는 점이다.

하늘에 계신 아버지는 본인이 요구하는 신실함과 정의대로 사람들이 살 수 없다는 사실을 너무나 잘 알고 있습니다. 그는 사람들이 기쁘고 친절하게 서로 함께 살 수 있도록, 유용하고 선한 규칙들을 주셨습니다. 그는 '도둑질하지 말라, 간음하지 말라, 거짓말하지 말라, 사람을 죽이지 말라, 거짓으로 증언하지 말라'(출 20:13-6) 등 계명을 주었습니다. 그런데 만약 우리가 '당신은 마땅히 이웃을 자신을 사랑한 것처럼 사랑하라'라는 계명만 잘 지킨다면, 위에서 말한 다른 모든 계명이 우리에게 필요 없습니다. 그 사랑의 계명을 지키지 않으니, 하나님은 그밖에 다른 계명들을 우리에게 줄 수밖에 없었습니다.[07]

하나님의 종 공직자

츠빙글리는 하나님이 어떻게 하나님의 정의를 기준으로 인간적 정의를 세웠는지를 설명한다. 하나님은 인간적 의의 한계 때문에 서로 용서하며 분쟁을 막고 이웃과 평화롭게 살도록 사람들을 다스리는 통치자와 재판관을 세웠는데, 그들이야말로 하나님의 종이며 사람들의 훈육관이다.

사람들은 마땅히 그들의 정의에 순종해야 한다. 하나님의 정의는 살인하지 말라, 화내지 말라는 인간적 정의로 제시되어, 죽음에는 죽음으로, 생명에는 생명으로, 눈에는 눈으로, 폭력에는 폭력으로 벌을 주게 했다. 그러한 벌을 받지 않는 인간일지라도 하나님 앞에는 의로운 인간이 아니고, 단지 통치자가 줄 수 있는 벌로부터 자유로울 뿐이다. 하나님 앞에서 인간이 의로운 자로 인정받기 위해서는 오직 믿음으로만 가능하다.

오직 믿음만이 사람을 의롭게 만들며, 그 믿음을 통해서만이 인간이 원초적으로 부패했다는 사실과 구원받을 수 있음을 깨닫습니다. 바로 그런 믿음이 인간에게 있음을 판단하는 것은 오직 하나님입니다. 어쨌든 인간은 하나님의 정의에 비해 초라하고 훨씬 낮은 차원의 인간적 정의를 꼭 지켜야만 합니다.[08]

자연법인 인간의 의는 그리스도의 구원을 통해서 이웃을 자신처럼 사랑하라는 적극적인 사랑법으로 바뀌었다. 인간적 의가 이웃에게 무언가 선한 것을 해줄 수 없는 것은 사람의 정의가 이기심으로 가득하기 때문이다. 인간의 정의는 진정한 공동체를 형성할 수 없다. 인간의 의는 "더럽고 부정한 옷과 같다."(사 64:6) 의로운 사람처럼 보일지라도 하나님 앞에서 인간은 매우 악한 존재이다. 인간에게는 권력자의 감시가 필요한데, 공권력은 사람들이 동물적이고 비이성적 삶이 되지 않도록 예방하는 역할을 한다. 이런 맥락에서 츠빙글리는 하나님의 정의와 인간의 정의를 나눈다.

츠빙글리는 인간 의를 7가지로 제시한다.

1. 인간의 정의는 하나님의 정의에서 나온 것이지만 불완전하다. 2. 인간의 정의는 타락한 인간의 본성을 고려한 것이다. 3. 타락한 인간의 본성과 욕망은 하나님을 찾지 않는다. 4. 타락한 인간은 하나님의 뜻을 따르려 하지 않는다. 5. 사람의 욕망은 자체로 하나님의 형벌이다. 6. 인간의 정의는 사람을 거룩하게 하지 아니한다. 7. 인간의 정의는 잘 지켜도 하나님이 기뻐하는 사람이 되는 것은 아니다.

인간적 정의를 이해할 때, 츠빙글리는 끊임없이 하나님의 정의를 사람들에게 선포하고 설교할 것을 요청한다. 사람들이 먼저 하나님의 나라와 의를 구해야 하기 때문이다. 사람의 정의에 머물러서 안 되는 것은 사람의 정의는 매우 불충분하고, 거짓과 위선으로 가득하기 때문이다. 궁극적으로 그리스도가 우리의 인간의 한계를 극복하여 하나님의 정의에 도달할 수 있게 한다.

공권력에 순종해야

츠빙글리에게 말씀이 육신이 되신 예수 그리스도, 우리의 죄악을 대속하신 그리스도의 사랑은 우리를 새사람으로 만들고 하나님께로 나아가게 한다. 그럴 때 인간의 무기력은 극복되고 하나님의 은혜를 경험하게 된다. 이때부터 사람들은 진정으로 주의 복음을 전하게 된다. 구체적으로 사람의 정의는 국가 권력 곧 공권력으로 정의할 수 있다. 공권력에 반하는 사람은 하나님과 사람에게 죄를 짓는 것으로 의롭지 못하다. 그렇지만 종교 권력인 교황청은 그 어떤 근거도 성경에서 찾을 수 없다. 굳이 인정한다면, 그들은 하나님의 종, 하나님의 비밀을 맡은 청지기이며 하나님의 말씀의 선포자이고, 근원적으로 이웃을 섬기는 자이어야 한다. 종교 권력인 그에게 순종할 근거가 어디에도 없다. 그리스도는 누구도 세상 권력인 공권력의 지배에서 벗어나는 것을 인정하지 않았다. 인간은 감독자가 필요한 존재로서, 공권력은 하나님에게서 나온 것이다. 사람들은 하나님이 세우신 모든 질서에 순종해야 한다(벧전 2:13-14). 문제는 당시 모든 수도회, 신앙 공동체는 자신들의 "독특한" 규칙을 갖고 하나님이 부여한 세상 공권력에 순종하지 않았는데, 이유는 공권력은 그들의 신성한 영역을 침범해서는 안 된다는 것이다. 결과 교회는 사회에 있어야 할 화합과 평화를 깨뜨리며 잘못된 길을 갔다고 츠빙글리는 지적한다. 츠빙글리에게 사람의 의인 세상 권력, 경찰은 "하나님의 일꾼"이다. 그러기에 국민은 그들이 일할 수 있도록 마땅히 세금을 내야 한다고 주장한다.

> 세상 권세는 각 사람에게 유익을 주려고 세운 하나님의 일꾼(eine Dienerin Gottes)입니다. 만약 당신이 나쁜 일을 저지를 때에는 두려워해야 합니다. 그는 공연히 칼을 차고 있는 것이 아닙니다. 그는 하나님의 일꾼으로서 악행을 하는 자에게는 엄한 처벌을 집행하는 사람입니다. 사람들은 그러한 벌이 무서워서 아니라, 양심을 위해서 복종해야 합니다. 같은 이유로 여러분은 또한 세금을 바칩니다. 그와 더불어 그들은 하나님의 일꾼으로서 바로 자신들에게 주어진 과업을 이행하게 됩니다. 그러므로 모든 사람은 마땅한 의무를 이행해야 합니다. 세금을 바쳐야 할 이에게는 세금을 바치고, 관세를 내야 할 이에게는 관세를 내

고, 두려워하고 존경해야 할 이에게는 그렇게 해야 합니다. 위에서 바울 사도가 명확하게 롬 13:1-7에 말한 대로 말입니다.[09]

공권력의 오용

츠빙글리는 사람의 의인 국가 권력을 향한 이해를 종합적으로 제시한다. 모든 공권력은 하나님이 주신 것이기에 사람들은 이에 순종해야 한다. 부패한 권력의 문제가 없지 않음도 부정하지 않는다. 그들은 폭력으로 하나님의 말씀과 그리스도인의 자유를 침해한다. 교황이 마음에 들지 않는 사람들을 억누르는 잘못을 범하는데, 한 예가 복음적으로 살기 시작한 수사들과 수녀들을 다시 '양심의 감옥'인 수도원으로 돌아갈 것을 강요하는 것이다. 정치가들이 사람의 양심과 영혼을 지배할 수 없는 분명한 사실을 그들은 알면서도 어기고 있는데, 그들이야말로 교황의 옹호자로서 네로 황제 같은 폭군들로서 궁극적으로 망할 것을 예언한다.

츠빙글리는 바울 서신을 가져와 사람의 정의가 얼마나 빈약한지를 설명한다. 앞에서 언급한 그대로, 공권력은 밖으로 드러나지 않은 악한 사람들은 처벌할 수 없는데, 단지 드러난 악한 행위를 처벌할 뿐이다. 인간적 정의를 판단하는 기준은 하나님의 말씀과 그리스도의 가르침으로, 겉으로 드러난 정의만을 가르치는 것이 아니라, 내면적 정의와 완전함이 무엇인지 가르치며, 동시에 무엇이 악이고 무엇이 선인지를 가르치기 때문이다. 한 예로 츠빙글리는 성직자의 결혼을 드는데, 16세기 당시 사회법과 종교법이 아직 분리되지 않고 함께 가고 있음을 보여준다. 유럽 사회를 향한 로마 교황의 힘이 얼마나 막강했는지를 제시한다. 교황은 엄청난 폭력으로 성직자의 결혼을 금하고 있는데, 이는 교황 권력이 공권력을 빈번하게 잘못 이용하고 있다는 것이다. 결혼에 대한 츠빙글리의 적극적 태도는 교황과는 성경 이해가 다름을 보여주는데, 교황청은 이해관계에 따라 성경을 짜맞추며 왜곡하고 있다는 것이다.

평화를 지키는 공권력

국가 권력은 정의로운 사람들을 칭찬해야 하고, 보호해야 하며, 죄 없는 약자들의 편에 서야 한다. 당시 공권력은 교황청의 편에 서서 임무를 소홀히 했고, 사회의 불만을 불러일으켰다고 츠빙글리는 말한다. 국가가 공권력을 가지고 악한 자를 처벌하는 것은 "하나님에 대한 봉사"로서 사람이 평화롭게 살기를 원하시는 하나님의 뜻을 이루는 것이며, 악한 사람들로부터 약한 자를 보호하는 것이다. 이런 맥락에서 왕들과 높은 지위에 있는 사람들을 위해 기도하는 것은 백성들의 본분이다. 불행한 일은 권력자들이 교황청의 시녀로 전락해 하나님의 죄 없는 어린 양들을 처벌하는데, 정의로운 권력자들은 성경이 심하게 책망하는 일들을 마땅히 피해야 한다. 교황과 그 밑에 있는 사람들은 절대로 위에 언급한 세속 권력자에는 포함되지 않은데, 예수님은 성직자가 칼을 차고 다니는 것을 허용하지 않았기에, 그들은 마땅히 칼을 칼집에 꽂아야 할 뿐만 아니라, 무기로 사용될 수 있는 지팡이마저도 가지고 다니지 말아야 한다. 교황은 섬기는 자이지, 지배하는 권력자가 아니다. 바울 서신을 따르면, 세상 권력자들은 하나님의 종으로서 불의를 행하는 자들을 "아주 엄격하게 벌주는 하나님의 종"으로서 자신들에게 부여한 의무를 이행해야 한다. 악한 자들은 그들을 두려워하며, 선한 자들은 그들로부터 사랑을 받아야 한다. 그들은 죄에 넘치는 과한 벌을 주어서는 안 되며, "범죄 행위에 따라서 명백하고 정확한 처벌을" 해야 한다. 칼을 가진 세상 권력자에게 순종해야 하는 것은 그들이 무섭기 때문이 아니라, 양심을 위해서이다. 크리스천은 공권력에 참견하려고 해서는 안 되는데, 예수님 역시 이러한 태도를 보였다(눅 12:14). 예수님은 빌라도에게 "내 나라는 이 세상에 속한 것이 아니오"(요 18:36)라고 하며, 제자들이 세상 공권력에 반하여 대항하는 것을 원하지 않았다. 예수는 자신의 어머니가 황제에게 세금을 마땅히 낼 것을 요청했다(막 12:17).

> 그리스도인들은 평화 가운데 안정된 삶을 누리기 위해서 인간의 정의를 통하여 사람을 지키는 세상 공적 권력자에게 순종해야 합니다. 공권력을 가진 사람들이여! 당신들은 하나님의 뜻에 역행하는 그 어떤 것도 만들지 말며, 오직 정의로운 것과 선한 일을 지켜야 합니다. 그렇지 않으면 당신들은 사람들의 양심을 파괴하게 됩니다. 그렇지만 당신들의 명령에 순종하지 않는 양심 있는 사람들이 있습니다. 그들은 양심에 반하는 행동을 하는 당신들에 대해서 분노할 것입니다.[10]

세금과 정의

츠빙글리는 사유 재산을 하나님의 심판을 받을 죄로 일컫는다. 사유 재산은 하나님이 모든 사람에게 값없이 거저 주신 것을 각자의 소유물로 만들었기 때문이다. 츠빙글리는 사유 재산으로 축적된 온갖 부를 불의한 것으로 여기는데, 크리스천은 하나님으로부터 받은 재화를 하나님의 뜻을 이루는 데 사용해야 한다. 부자가 되었다는 것은 부를 하나님의 뜻을 따라 사용하지 못했다는 것으로, 하나님보다 돈을 더 가치 있는 것으로 여겼다고 간주한다. 그렇지만, 현실은 사람들이 사유 재산을 소유하고 있기에, 하나님은 사유 재산이 있는 곳에서 폭동이나 불의가 일어나지 않도록 "남의 것을 탐내지 마라", 더 나아가 "남의 것을 도둑질하지 마라"는 "아주 기본적인 계명"을 주셨으며, "사람의 공동체를 유지하기 위하여 하나님은 우리가 빚진 사람들에게 돌려주라고 명령한다."[11] 인간의 법은 어쩔 수 없는 인간이 처한 삶의 현실을 고려한 것으로 처음부터 불완전하다.

츠빙글리에게 세금 납부는 사회 정의를 위해서 일하는 사람들의 생활을 위해서 마땅한 의무이다. 문제는 권력자들이 너무 많은 세금을 징수할 경우인데, 자신들이 보호해야 할 사람들에게 과하게 짐을 지워 결국 당시 교황 무리처럼 하나님이 없는 사람들로 전락했다는 것이다. 권력 남용을 향한 츠빙글리의 입장은 성도답게 인내하는 것으로, 하나님이 그러한 상황에 개입하실 때까지다. 그러기에 마땅히 잘못을 범한 권력자들은 회개하여 하나님의 벌을 피함이 옳다. 그렇지만 당시 회개해야 할 많은 고위 공직자들이 회개하지 않을 때, "하나님은 반드시 그들을 심판할 자를 멀리서 불러"온다는 것이다. 츠빙글리에게 인내 역시 개혁의 수단인데, 현실적으로 조금은 무력하다는 생각도 떨쳐버릴 수 없다.

5% 이자

츠빙글리는 재화를 팔고 살 때 내는 판매세, 성직자들이 토지 소유를 주장하며 요구하는 십일조세, 땅에서 나오는 온갖 부산물에 대한 소작료, 고리대금에 대하여 성경에 근거하여 입장을 제시한다. 일단 츠빙글리는 하나님의 정의에 근거해 소작료를 불의한 것으로 규정한다. 역사적으로 볼 때, 소작료는 세속 제후들이 자신들의 이익을 위해 제안하고, 그것을 콘스탄츠 공회와 바젤 공회가 인정함으로써 만들어졌는데, 이러한 악법을 마땅히 꾸짖어야 할 "사기꾼 같은 사제들" 때문에 1/10 토지 사용료와 빌려준 돈에 대한 이자도 받기에 이르렀다는 것이다. 결국 공권력이 인정하는 이자율에 대한 협정문이 만들어지기에 이르렀고, 이 원칙마저도 지키지 않아 사회 평화를 깨뜨리게 되었다. 츠빙글리는 협정문에 근거하여 5%까지의 이자만 인정하였는데, 문제는 사람들이 협정문마저 지키지 않은 채 높은 이율의 고리대금을 받기에 이르렀다. 바울 서신에 근거하여 츠빙글리는 하나님의 정의에서 볼 때, 마땅히 그 어떤 대가도 기대하지 않고 어려운 사람들에게 그냥 재화를 빌려주어야 하는데, 욕심에 눈이 가린 사람들은 하나님의 완전한 정의에 대해 알기를 원하지 않을 뿐 아니라, 인간의 정의도 무시한 채 더 큰 불의에 빠져들었다. 그들은 15% 내지는 20%의 높은 이자를 요구하는 "하나님 앞에서 사악한 사기꾼"이 되기에 이르렀다. 츠빙글리는 고리대금을 불의한 것으로 규정하며, 공권력은 백성들을 부정직하게 대우하며 복리를 요구하는 불의한 거래를 허용해서는 안 되며, 이러한 거래를 하는 신앙인과 채무자를 처벌할 것을 요청한다. 고리대금을 취하는 대부업은 "하나님을 거역하는 행위"로 공권력은 더 큰 악을 낳지 않도록 마땅히 개입해야 한다. 그렇지 않을 때 무서운 폭동으로 변할 수 있다고 경고한다. 츠빙글리는 바울 서신에 근거하여 세금을 모든 사람의 의무로 받아들인다. 마땅히 크리스천은 두려워할 자를 두려워하며, 존경할 자를 존경해야 한다. 특히 츠빙글리는 성직자들의 면세를 다른 사람들의 손해 없이는 조금도 가능하지 않은 일로 생각한다. 성직자들의 면세는 그 어떤 근거도 없음을 분명히 하며, 하나님의 말씀을 근거로 한다. 무엇보다 츠빙글리는 더불어 사는 삶을 이룩할 수 있도록 성직자들도 공동체를 위하여 마땅히 세금을 내어야 한다고 주장한다.

목회 윤리

품위 있는 설교자

스트라스부르의 종교개혁자 독일인 카스파 헤디오(Caspar Hedio, 1494-1552)는 1519년 츠빙글리의 설교를 "품위 있고, 학식이 깊으며, 무게감이 느껴지고, 풍요롭고, 파고들며, 복음적이고, 초대 교회의 취지로 우리를 인도하는 명료한" 설교라고 찬사를 아끼지 않았다. 1524년 3월 26일 취리히 크리스톱 프로샤우어 출판사에서 발간된 츠빙글리의 『목자』는 쪽수가 매겨지지 않은 76쪽 분량의 소책자로 원제목은 짧지 않았다. Der Hirt. Wie man die waren Christlichen hirten und widerumb die valschen erkennen/ ouch wie man sich mit inen halten soelle. 번역하면, 『목자. 어떻게 참 그리스도적 목자들과 엉터리들을 구별할 수 있는지/ 거기다 어떻게 그들을 대해야 하는지』이다. 본래 이 글은 1523년 10월 28일 제2차 '취리히 논쟁' 마지막 날 교회 앞에서 츠빙글리가 원고 없이 행한 아침 설교였다. 수많은 성경 구절을 인용한 설교는 중세 교황 교회에 대항하여 츠빙글리의 성경적이며 실천적 설교론, 목회론, 직분 이해, 교회론을 보여주는 투쟁적이며 개혁적 목자 이해라 하겠다.

1523년 1월 제1차 취리히 논쟁을 이끌었던 친구 요아킴 바디안(J. Vadian)과[12] 인쇄업자 프로샤우어의 제안으로 츠빙글리는 이듬해 1524년 3월 조금은 서둘러 책으로 출판하였다. 그래서인지 같은 해 가을 츠빙글리는 '진정한 목자의 결론'을 추가하여 제2판을 냈는데, 책 표지에 제시되는 성경은 마태복음 11장 28절과 요한복음 10장 11절이다. 이 성경 구절은 츠빙글리가 좋아하는 말씀으로 중세 교회 규율 때문에 당시 성도들이 얼마나 수고하고 무거운 짐을 지고 있는지를 가슴 아파했음을 보여준다. 커버에 제시되는 목차는 헌정사-가르침, 삶, 그리고 예언과 목회가 일치되는 그리스도가 모범인 바른 목자 - 거짓 목자 - 마지막 권고 : 참 목자와 거짓 목자의 순서로 되어있다.

당시 교황청은 자기들을 대적한 종교개혁에 맞서 여러 조치를 하달하였는데, 복음적 설교를 금할 것, 설교 중 사회적, 경제적, 신앙적 또는 정치적 비판을 금할 것 등이었다. 그렇지만 종교개혁자 츠빙글리는 이 글을 통해 투쟁의 의지를 더욱 강화하였다. 복음의 바른 선포만이 침체에 빠진 교회 공동체를 변화시키고 새롭게 한다는 것이었다. 목자의 영적 역할뿐만 아니라, 사회 정치적 역할까지를 폭넓게 제시하는 츠빙글리의 '목자'는 당시 스위스의 상황을 잘 반영하고 있으나, 21세기 독자들에게도 주는 메시지가 분명하다. 츠빙글리는 이 책을 아펜첼(Appenzell) 지역의 참 목회자 야콥 슈르탄너(Jakob Schurtanner)에게 헌정하였다.

헌정사

1524년 3월 26일 "하나님 안에서 사랑하는 형제"이며, "하나님이 그들 가운데 시작하고 완성할 훌륭한 작품"(빌 1:6)인 주교 슈르탄너에게 보낸 약 6쪽의 헌정시는 매우 개혁적이고 하나님의 섭리를 향한 확신에 차 있다. 츠빙글리는 고대 히에로니무스도 알고 있고, 당시 기독교인들이 즐겨 읽었던 그러나 잊힌 헬라어로 된 『헤르마스의 목자』를 언급하면서, 자기의 시대에도 그러한 책이 있었으면 하고 바라면서, "어리석고 약한 자" 자신이 이 일에 친히 뛰어들었다고 고백한다. 츠빙글리는 어려운 목회직을 흠 없이 수행하기 위해서 인간적 능력보다는 하나님이 주는 능력이 필요하다는 사실을 분명히 하고, 양의 머리를 한 거짓 목자가 누구인지를 밝혀내고자 글을 썼다고 말한다. 츠빙글리는 "복음을 확실하고 직설적으로 설교하는 소수의" 참 목자까지를 부인하는 것은 아니라고 조심스러움을 보인다. 츠빙글리는 자신을 참 목자 중 한 사람이라고 자평하며, 위장한 늑대들이 자신의 말과 행동을 못마땅하게 여기며, 죄악을 전혀 회개하지 않고 자신을 살인자, 도둑놈, 배반자라고 부르며 이단으로까지 규정할지라도, "영혼의 모든 살인자(마 10:28)의 원수로 남아 있길 원"한다. 그들을 대적한 츠빙글리의 태도는 매우 단호하며, 그의 언사는 거칠기까지 하다. 츠빙글리는 세상 제후들과 결속한 종교 지도자들의 물질적 타락, 일반 백성들을 착취하는 악한 행동을 강하게 질타한다. 끝내 하나님이 개입하여 이러한 죄악을 종결지으며, 죽음의 구렁텅이에서도 구원하실(시 102:20) 하나님의 섭리를 츠빙글리는 확신한다.

그들에게 채찍과 매와 몽둥이를 들어야 합니다. 겉으로 겸손하

게 보이는 그들이 쓴 위선의 가면을 제거하고 그들에게 가식 없
는 순전한 진리를 보여주어야 합니다. 그로 인해 그들이 잠잠해
진다면 여러분들은 적어도 용감한 크리스천을 그들의 손아귀에
서 지켜내야 함을 알게 됩니다. 그럴 때 그들의 못된 권력 남용
이 사라질 것입니다.[13]

츠빙글리는 비진리에 선 그들을 물리치고, 치유하며, 새롭게 하며, 변화시키는 수단은 오직 하나님의 말씀임을 확신한다. 하나님의 말씀이 선포될 때 그들은 특별히 하나님을 경외하는 사람들로 변하며, 그들이 가졌던 나쁜 이기심은 사라진다고 자신의 과거 경험을 통하여 믿는다. 그 경험이란 취리히가 하나님의 말씀에 근거하여 용병 제도를 철폐한 것이었다. 츠빙글리는 하나님의 말씀이 인간의 실생활까지를 변화시킴을 알고 있었다. 헌정사는 슈르탄너가 더욱 강력한 톤으로 개혁에 동참할 것과 츠빙글리 자신을 위한 강력한 기도를 부탁하며 끝맺는다.

어린 양들을 잡아먹으려는 늑대의 이빨에 대항하여 강하고 담
대하게 싸우시오. 그리고 당신의 어린 양들이 당신에게서 떨어
지지 않도록 잘 보호하십시오. 무엇보다도 여우 교황 새끼를 주
목하시오. 그들은 할 수만 있다면 늑대처럼 어린 양을 잡아먹을
것입니다. 그들은 방해 공작하는 일과 불성실에 익숙합니다.[14]

목자 예수

츠빙글리의 설교 '목자'를 들었던 처음 청중은 "수백의 목회자와 가장 학식이 뛰어난 사람들"이었다. 츠빙글리는 신구약에 근거하여 "하나님의 말씀에 갈급한 사람들"에게 목자의 직분에 관해 "강한 말과 사명감을 가지고" 설교하였다. 하나님은 목자이며, 우리는 양떼, 구원자 예수 그리스도는 목자이며, 교회는 "진정한 우리들의 목장이고 초원"인데, 무지와 유혹이라는 인간적 가르침의 어두운 데서 우리를 하나님의 시혜와 빛으로 불러내었기 때문이다. 하나님의 아들은 우리를 자유로 인도하였다. 목자의 직분과 과제는 하나님의 말씀이 보여주는 참 목자이신 예수를 본받아 하나님의 양들을 돌보는 것이다. 성경에 나오는 예언자와 사도들도 완전하지 않지만 역시 목자의 모범이다. 츠빙글리는 양들이 거짓 목자를 확실히 분별하기를 기대한다. 거짓 예언자들을 향한 츠빙글리의 바람은 그들이 변화되든지 아니면 성직에서 떠나는 것이다. 목자는 두 가지 결과를 보이는데, 사람을 더욱 타락시키기도 하며, 아니면 사람을 죄에서 구원한다. 참 목자는 영적 싸움에 직면하고, 적들의 음모와 함정에 노출되어 가족이 함께 어려움을 당한다(눅 2:33-35). 하나님에게 속한 진정한 목자는 육의 부모마저도 떠나 하나님의 일에 몰두한다(눅 2:41-52; 마 10:34-35, 37). 츠빙글리가 제시하는 참 목자를 보여주는 성경 말씀은 마태복음 16 : 24-26, 누가복음 9 : 23-24 등이다.

목자의 자격

츠빙글리는 목자의 주요 자격을 네 가지 기준으로 제시한다. 1. 목자는 날마다 자기를 부인하고 십자가를 지고 주를 따른다. 육은 진실과 정의에 대해 매우 잘 알고 잘 처리하기를 원하지만, 육은 본래 매우 불완전하다는 사실을 인식해야 한다. 목자는 자신을 비우고 난 후, 하나님으로 채우는 사람이어야 한다. 2. 목자는 성령을 받아야 한다(요 20:22). 예수 그리스도는 약속의 성령을 받기 전에는 예루살렘을 떠나지 말라고 했고, 실제로 "그런 일이 기쁘고 놀랍게"(행 2:26) 일어났고, 비로소 사도들은 말씀을 전하기 시작했다. 3. 목자는 그리스도를 따라 회개의 설교를 한다(마 4:17). 세례 요한도 회개의 설교로 사역을 시작했다(마 3:2). 인간에게 소망이 없음을 알 때, 회개할 수밖에 없다. 인간이 어떠한 존재인지를 모를 때 회개하지 않는다. 자기부정으로 이끄는 분명한 죄 인식은 하나님의 은혜의 능력을 사모한다. 예수님은 자신의 이름으로 죄를 용서받는 회개가 모든 민족에게 전파되어야 한다고 말했다(눅 24:47). 복음과 회개는 별개가 아니다. 4. 목자는 옛사람을 벗고 새사람을 입어야 한다(엡 4:22-24). 주님이신 예수 그리스도를 옷 입어야 한다. 목자에게 가장 중요한 것은 가르친 바를 삶으로 실천하는 것이다. 믿음이 약한 성도가 상처를 입는 것은 목사 자신이 가르치는 대로 살지 않을 때다. 목자는 자기 생각과 이론을 따라 살면 안 되고, 하나님의 말씀대로 살아가야 한다. 위선이 없는 그리스도만이 목자의 참 모범이시다.

> 목자는 우리가 좋다고 생각하는 그것을 모범으로 설명해서는 안 됩니다. 하나님이 우리에게 가르치고 지키기를 요구하신 그

것만을 설명해야 합니다.[15]

목양법

츠빙글리는 목자가 어떻게 양들을 양육해야 하는지를 6가지로 자상하게 열거하며 가르친다.

1. 하나님의 말씀만 선포하라

목자는 하나님의 말씀만을 선포해야 한다. 사람들이 얼마나 심각한 죄악에 빠져있는지, 그 죄악과 함께 인간이 얼마나 비참한지를 가르치고, 오직 하나님의 은혜로 구원을 받아 행복할 수 있음을 전해야 한다. 목자는 죄악의 비참, 예수 그리스도의 구원, 성도의 행복을 가르친다.[16]

> 만약 사람들이 지금까지 육에 매여 저주 가운데 살았지만, 영적 축복과 하나님 은혜의 증거를 믿음 안에서 받아들이고 하나님의 자녀가 되면, 비로소 새로운 피조물로서(비고. 갈 6:15) 당장 하나님의 뜻에 따라 살아갈 수밖에 없게 됩니다(비고. 벧전 4:2). 그러기에 목자는 치유받은 사랑스러운 양들이 필연코 다시 병들지 않도록 해야 합니다. 이 모든 것은 오직 하나님의 말씀으로 가능하기에, 목자는 모든 다른 것보다 우선순위로 하나님의 말씀을 가르쳐야 합니다.[17]

2. 죄악을 공격하라

인간의 비참한 죄악과 하나님의 은혜를 선포한 목자는 인간의 모든 사악한 행위를 여지없이 공격하고, 그 어떤 위협에도 흔들려서는 안 된다. 목자는 아무리 높고 견고한 성일지라도 하나님의 말씀에 대항하는 모든 것을 완전히 무너뜨려야 한다(렘 1:9; 고후 10:4-5) 그리스도는 사제들의 위선과 탐욕이 이스라엘을 잘못된 길로 이끌었고, 목자 없이 유리하는 이스라엘을 만들었음을 매우 슬퍼했다. 츠빙글리는 교황청과 교황의 추종자들이 이런 모습을 재현하고 있음을 직시했다.

3. 부패한 권력에 맞서라

목자는 양들을 위해 목숨을 버릴 준비를 언제든지 해야 한다(요 10:11). 이를 향한 모범은 예수 그리스도이다. 그리스도는 물욕, 명예욕, 위선을 강하게 비판했다(마 23:1-36). 목자는 그 어떤 권력에도 맞서 주의 양떼를 위해 지키며 싸운다.

> 그리스도 양떼의 모든 목자는 하나님의 진정한 말씀과 그를 향한 믿음 때문에 고난 가운데 처해 있다면, 참 목자는 그러한 양들을 위해 일어나야 합니다. 그 상대가 알렉산더 대왕, 율리우스 시저 황제, 교황, 왕, 성주, 그 어떤 높은 권력자이든지, 그들을 대적하여 말하는 데 주저하지 말아야 합니다. 권력자들은 오히려 하나님의 말씀을 거부하고, 정의롭고 공정하기보다는 그

들 밑에 있는 정직한 백성들을 괴롭힙니다. 이미 모든 그들의 악한 행위가 밝히 성경에 드러나 있습니다.[18]

츠빙글리는 다윗을 꾸짖었던 선지자 나단, 여로보암을 저주했던 선지자, 이스라엘 왕 아합에게 다가가 거짓 우상 숭배에 대적했던 엘리야 선지자를 예로 들며, 목자는 악에 대한 침묵을 절대 변명할 수 없다고 말한다. 세계는 죄악에 물들어 있는데, 목자가 그 세상을 꾸짖지 않는다면, 왜 세상은 목자를 필요로 하는지 츠빙글리는 반문한다. 목자는 순종의 사람으로, 순종은 "가장 위대한 예배"로서 하나님의 말씀을 인간의 판단과 생각에서 왜곡하지 말고, 오직 하나님의 말씀을 그대로 따르는 것이다. 목자는 양들이 어정쩡 양다리를 걸치게 해서는 안 된다.

> 모리배 같은 모든 교황 추종자들이 하나님의 말씀에 맞지 않은 본인들의 규정, 교리, 판단에 따라서 말할 때, 우리는 그들이 말하는 모든 경우를 하나님의 말씀을 가져와 정확하게 맞서야 합니다. ⋯ 우리는 하나님의 말씀에 반대되는 것을 행하기보다는 차라리 죽음을 택하는 것이 낫습니다. 우리가 하나님의 말씀을 청종하여 그 말씀에서 벗어나지 않도록 하는 것만큼 하나님의 마음을 기쁘시게 하는 것은 그 어떤 것도 없기 때문입니다.[19]

4. 전쟁을 막아라

목자는 마음대로 전쟁을 일으키려는 군주를 꾸짖어 상상 이상의 엄청난 피해를 가져다주는 전쟁을 막아야 한다. 목자는 모든 악을 대적해야 한다. 츠빙글리는 예언서를 읽으면 읽을수록, 세상 권력자들과 세상 악한 자들과의 영원한 싸움을 보는데, 그렇다면 목자는 언제든지 이들의 악을 고발하고 마땅히 책망해야 한다(사 1:23). 예언자 아모스 역시 그들을 "살진 소"라고 부르며 책망했다(암 4:1). 세례 요한 역시 헤롯 왕을 책망해 결국 목 베임을 받아 처형당했다. 이처럼 목자는 악한 지도자를 대항하여 싸우되 그가 변할 때까지 싸움을 멈추지 말아야 한다. 츠빙글리는 권력자들의 권력 남용을 방지하기 위해 뽑은 공무원을 "목자"라 부르며, 그 목자와 파트너십을 가질 것을 주문한다.

> 만약 정부가 목자의 일을 도와준다면, 힘든 짐들을 탈 없이 평화롭게 제거할 수 있을 것입니다. 그러나 정부가 도와주지 않는다면 그는 목숨까지도 걸고 일해야 하며, 그는 그 어떤 다른 도움이나 구조를 기대하지 말고 오직 하나님께 기대해야 합니다. 분명하게 깨어 있는 일과 저항하는 일은 목자가 꼭 해야 합니다.[20]

목자가 세상 권력과 싸울 때 훌륭한 무기가 있는데, 그리스도가 그의 제자들을 위해서 준비한 "그리스도의 무기고"이다. 그리스도께서 제자들을 파송할 때 주었던 말씀 마태복음 10:7-10, 마가복음 6:7-13, 누가복음 9:1-6; 10:4-7을 통해 알 수 있는데, 오직 그리스도를 의지하는 것이다.

5. 사랑을 실천하라

사랑은 목자의 덕목 중 가장 앞선 것으로 하나님의 양들을 목양할 때 꼭 필요하다. 거룩한 사랑은 목자를 교만에서 멀어지게 한다. 사랑의 목자가 되기 위해 늘 하나님 안에 살고 하나님을 불러야 한다. 하나님은 사랑이시기 때문이다(요일 4:16). 무엇보다 하나님의 사랑이 가장 고귀한 아들 예수 그리스도를 통해 우리를 구원하시고, 소명의 목자로 부르셨기 때문이다(요 6:44).

> 유일한 하나님을 향한 사랑만이 목자를 움직이는데, 그때야 비로소 목자는 기꺼이 자신을 부인하며, 그 어떤 주머니나 자루와 의지할 지팡이 하나 없이도 기꺼이 부모를 떠나며, 권력자에게 구금과 고문을 당하고, 거짓으로 기소를 당하며, 죽음에 이르기까지 자신을 내맡깁니다. 이는 그 어떤 상황에도 흔들리지 않는 하나님에 대한 신뢰가 없다면 그 사랑은 존재할 수 없습니다.[21]

6. 보상을 기대하지 말라

바른 목자는 세상에서 그 어떤 보상을 기대하지 않는다. 믿음은 이미 우리에게 주어진 보상이기 때문이다. 삯꾼은 보상을 기대하나, 아들은 보상을 기대하지 않는다. 하나님의 아들이라면 자유롭지 못한 종들처럼 보상을 바라는 것이 아니라, 아버지의 집에서 성실하게 일하는 아들은 "그리스도의 상속자"(롬 8:17)로서 오직 아버지 하나님의 영광만을 추구한다.

거짓 목자

마태복음 7:15-16처럼 하나님은 빈번히 자세하게 거짓 예언자(Propheten)에 대해 말하는데, 이들이 바로 거짓 목자다. 문제는 양의 탈을 쓴 굶주린 이리 같은 거짓 목자에 대해서 사람들이 알려고 하지 않는다는 것이다. 거짓 목자는 매우 논쟁적이고 오직 교황에게 충성심을 보이는 자들이며, 돈을 탐하고, 신부의 말을 순종하라고 강조하면서, 큰 부를 쌓고, 진정한 회개와 참회에는 관심이 없다. 그들은 마리아에게 재물을 바쳐야 한다고 말하고, 부자와 권력자의 자녀들이 수도원에 들어와 많은 돈을 헌금하여 큰 이득을 보기를 원한다. 거짓 목자는 그리스도의 은혜를 자신들의 부의 축적을 위한 이기적 목적으로 악용하며, 하나님을 두려워하지 않고, 그들의 호화스러운 삶이 사라지는 것을 두려워할 뿐이다.

츠빙글리는 디모데전서 3:1-7과 디도서 1:5-9를 가져와 거짓 목자를 통해 참 목자를 대조적으로 이해한다. 그리스도의 말씀에 근거할 때(마 7:17-20) 거짓 목자를 분별할 수 있다는 것이다. 그는 당시 만연하는 성직자들의 성적 방탕을 언급하며, 결혼하지 않는 사제들을 거짓 목자로 비난한다. 술독에 빠진 자, 허풍쟁이, 광신자, 복장과 생활이 방탕한 자는 거짓 목자이다. 가난한 자를 돕지 않는 자도 거짓 목자이지만, 이럴 때 조심스럽게 판단해야 하는데, 자신이 스스로 가난한 사제일 경우다. 교리에 대해 무지한 자, 악한 사제들의 불의에 대항하지 못하는 경우도 참 목자일 수 없다. 무엇보다 목자는 자신의 양들을 신앙적으로 제대로 양육해야 한다(딛 1:6). 가정을 잘 다스리는 자가 목자의 자격을 갖는다. 성령의 은사를 가진 청년 디모데와 같은 사람이 목자가 되어야 한다(딤전 4:12-14).

"열매를 보고 알리라"(마 7:17-20)는 그리스도의 말씀대로 거짓 목자들을 실지로 찾아낼 수 있습니다. 자못 쭉정이를 갖고, 알곡을 버리지 않기 위해(마 13:29), 하나님의 열매와 사탄의 열매를 구별하는 방법을 알아야 합니다. … 앞서 참 목자에 대해 그리스도의 말에서 분명하게 언급한 것처럼 거짓 목자란 마음에서 우러나온 참믿음이 없는 사람들이고, 하나님을 사랑하지 않는 사람들입니다(벧전 1:8). 그들의 불신앙은 그들의 행동에서 분명하게 드러납니다.[22]

거짓 목자는 "굶주린 늑대"처럼 목회를 이용해서 본인의 형제와 친족에게 특혜를 주는 자이다. 참 목자는 부모 형제 친척을 떠나야 하고(마 10:37), 교회 재화는 가난한 사람의 것이다. 거짓 목자는 자기만을 사랑하고, 자기의 삶에 몰입되어 있으며, 사람들을 전쟁의 광기로 몰아가며, 양들이 처한 고통과 어려움에 동참하지 않는다. 그런 늑대와 같은 사람을 목자라고 부르는 것은 "사기"이다. 거짓 목자는 왕과 백성의 죄를 비판하지 않고 모른 체하는 자이다. 목자는 세상 군주들이 쓰는 방법을 사용해서는 안 되고(마 20:25-26), 지팡이나 여행용 자루, 돈주머니를 가져서는 안 된다.

늑대들은 그렇지 않습니다. 어려운 이웃을 도우라는 것을 백성은 익히 알건만, 부끄러운 줄도 모르는 구걸 행각을 통해서 거둔 돈으로 하는 이웃을 향한 자선은 안중에 없습니다. 그저 그 돈으로 자신들의 사치와 방탕을 유지할 뿐입니다. 온 세상을 폭동의 수렁에 빠뜨릴 수 있기에, 마땅히 그러한 교황 추종자들을 더는 돕지 않아야 합니다. 거짓 목자 교황 추종자들은 그런 태도를 향해 '소요를 충동질하는 것'으로 일컫습니다.²³

거짓 목자 식별법

1. 하나님의 말씀을 순수하게 가르치지 않는 자 2. 하나님의 말씀을 가르치지 않고, 인간의 생각을 가르치는 자 3. 하나님의 영광을 위하지 않고, 사람의 이익과 영광, 교황권의 존속을 위해 말씀을 가르치는 자 4. 말씀을 가르친다고 하면서도 악한 정치인의 폭정을 방관하며, 비판하지 않고, 도리어 그들에게 아부하는 자 5. 말씀을 가르치지만, 행함이 없는 자이며 행위로 말씀을 허무는 자 6. 가난한 자들을 멀리할 뿐 아니라, 그들을 착취하고 억압하는 자를 모른 체하는 자 7. 목자의 직분을 가졌으면서도 세상 통치자처럼 군림하는 가장 사악한 늑대 8. 온갖 방법을 다해 물질을 탐하면서, 하나님의 사랑과 경외를 가르쳐주지도 실천하지도 않는 늑대 9. 창조자 하나님 대신 피조물을 섬기도록 이끄는 자 10. 표적과 기적을 일으키고, 점을 치면서 하나님의 길에서 떠나게 하는 자 11. 교황을 이 땅의 하나님으로 부르며, 그에게 존경과 영광을 바치는 자 12. 자신의 꿈과 환상을 전하고 하나님의 말씀을 전하지 않는 거짓 예언자²⁴

그러나 지금은 진리의 빛이 다시 밝혀져, 곳곳에 퍼져있는 늑대들을 쉽게 보고 찾아낼 수 있게 되었습니다. 믿음의 백성은 마땅히 하나님을 대적해서는 안 되며, 늑대들의 감옥에서 벗어나야 합니다. 여기서 문제가 되는 것은 어떤 물질적 피해가 아닙니다. 그들이 하나님의 말씀을 조작하고 가둬두고 있다는 것입니다. 거짓 목자들은 하나님의 말씀을 왜곡하고 침묵하도록 만듭니다. 강퍅한 마음, 권력 수단, 속임수를 가지고 복음이 선포되지 않도록 한다거나, 만약에 복음이 선포되더라도 교만한 인간의 교리가 섞이도록 했습니다.[25]

거짓 목자는 그리스도 피로 세운 교회에 대해서 말하면서도, 그리스도의 말씀 밖에서 교회에 대해서 말하는 모순을 보인다. 교황 교회는 일종의 동호회(Verein)일 뿐, 믿는 자들의 총체(die Gesamtheit der Glaubenden)로서 그리스도의 신부로 고백할 수 없다. 츠빙글리에게 교회는 첫째, 그리스도를 믿고 구원을 확신하는 모든 사람이다(마 16:18). 둘째, 교회는 지상에 존재하는 각 지체 교회 공동체(jede einzelne Kirchegemeinde)로서, 모든 현지 교회이며, 그리스도 몸의 지체다(고전 1:2).

교황 추종자가 교회의 분열을 가슴 아파한다면, 재정적 손실 때문이다. 교황이나 주교라는 직책이 중요한 것이 아니라, 바른 신앙이 교회를 성장하게 한다. 하나님의 양들에게 중요한 것은 풍성한 하나님의 말씀이며, 교회는 하나님의 말씀의 풍성한 목장이 되어야 한다. 사람은 하나님의 입에서 나온 모든 말씀으로 산다(마 4:4). 츠빙글리에게 하나님의 입으로 나오는 말씀은 교부의 말도 아니고, 그들의 평가로도 격을 떨어뜨릴 수 없다. 초대 교회는 하나님의 말씀에 "인간적인 첨가물이나 조작" 없이 오직 하나님의 말씀으로 바로 살았으나, 당시 교회는 "교부의 해석에 따라서" 복음을 전하라고 하는데, 교부들이 하나님의 말씀만을 묵상하며 해석했다면, 하나님의 말씀은 교부의 말에 우선하며, 교부의 말이 하나님의 말씀에 우선되어서는 안 된다.

사랑의 종

츠빙글리는 신실한(treu) 목자와 거짓(falsch) 목자를 향해 '마지막 말(Schlusswort)'로 당부한다.[26] 선한 목자는 당시 겪는 고난과 시험을 놀라지 말고, 담대한 자세로 극복할 것을 당부한다. 무엇보다 하나님이 피할 길을 주시며, 거짓 목자를 정복할 길을 주시기 때문이다. 간절히 기도함으로 양떼들을 지키고, 앞장서 싸우는 순종과 사랑의 종이 되어야 한다. 거짓 목자는 일말의 사랑과 믿음이 있다면, 회개하고 돌아와 고난에 처한 백성을 위로할 것을 요청한다. 그렇지 않을 때 그들에게 하나님의 무서운 심판이 있음을 경고한다.

> 만약 당신들이 성도들을 거짓으로부터 자유롭게 하지 않는다면, 당신들은 종국적으로 비참하게 될 것이며, 사람들은 그 비극을 마땅하게 여긴다는 것을 알게 될 것입니다. 당신들은 이미 오래전에 당신들의 고유한 사명을 부서뜨렸으며, 신뢰와 믿음을 저버렸으며, 올바른 복음의 설교자를 가두어, 잔인하게 고문하고 살해했습니다. 그로 인해 당신들은 하나님의 분노를 샀습니다. … 당신들을 경고합니다. 하나님은 거짓 목사인 당신들을 오래 참으셨습니다. 그는 당신들에게 벌을 내리실 것입니다. … 당신들의 소망을 다른 곳에 두어야 할 것입니다.[27]

맺는말

'개혁교회의 아버지', 제2의 종교개혁자 츠빙글리의 사상은 21세기를 살아가는 오늘에도 교훈하는 바가 적지 않다. 특히 개혁신학이 역사적으로 무엇인지를 알기를 원하는 자들이 귀 기울였으면 한다. 더욱 논의해야 할 점이 있다면 사유 재산을 불의로 규정한 츠빙글리의 입장이다. 하나님께서 내리신 부를 청지기로 마땅히 나누고 사용해야 하는데, 개인의 부로 축적했다며 비판하는 츠빙글리의 말에 귀를 기울이게 된다. 수단과 방법을 가리지 않고 불의한 행위를 하면서 사유 재산을 늘리는 모습을 악행으로 정죄함에는 숙연함과 시원함까지 느낀다. 이 점에 있어서 오늘 한국 교회 지도자들은 엄격하게 자신을 성찰해야 할 것이다. 츠빙글리에게 윤리는 하나님의 말씀에 근거한다. 이 글은 사회 윤리와 목회 윤리로 나누었지만, 개혁교회의 아버지 츠빙글리에게 이러한 구별 및 나눔은 생각할 수 없는데, 그 어떤 한 치의 땅도 하나님의 통치에서 예외일 수 없기 때문이다. 한마디로 말하면, 츠빙글리의 윤리는 통합적 성경적 윤리라 할 것이다. 그러한 츠빙글리의 입장에 동료 마르틴 부처, 후계자 하인리히 불링거, 한 세대 후 제네바의 요한 칼빈, 이후 개혁신학이 어떠했는지, 살폈으면 한다.

> 유한한 인간의 재화 때문에 사람 상호 간의 관계를 결코 부서뜨려서는 안 됩니다. 하나님의 말씀의 빛 안에서 볼 때 허용돼서는 안 되는 불의가 인간을 괴롭힌다면 오직 정당한 국가 권력으로 불의를 바르게 잡아야 합니다. 그리스도께서 강하게 비판하고 있는 것을 우리는 결코 용납해서는 안 됩니다. 국가 권력은

하나님의 뜻에 맞지 않는 모든 모순을 철폐하기 위해서 불꽃 같은 눈을 가지고 주시해야 합니다. 오랫동안 아무런 제재도 받지 않고 진행되어온 불의를 참아온 사람들의 인내는 갑자기 이성을 잃은 맹목적 폭동으로 바뀔 수 있습니다.[28]

15 미주

01　자끄 꾸르브와지에, 『개혁신학자 츠빙글리』, 이수영 역, 장로교출판사, 2002, 123.

02　Peter Opitz, Ulrich Zwingli Prophet, Ketzer, Pionier des Protestantismus, (Zuerich, 2015), 110-111.

03　Huldrych Zwingli, Schriften I, (Zuerich, 1995), 160.

04　Huldrych Zwingli, Schriften I, 155-213 Goettliche und menschliche Gerechtlichkeit und wie diese sich zueinander verhalten. Eine Predigt Huldrych Zwinglis, gehalten 1523 am Tag Johannes Taeufers.

05　Huldrych Zwingli, Schriften I, 169.

06　Huldrych Zwingli, Schriften I, 173.

07　Huldrych Zwingli, Schriften I, 174-175.

08　Huldrych Zwingli, Schriften I, 180.

09　Huldrych Zwingli, Schriften I, 189-190.

10　Huldrych Zwingli, Schriften I, 198-199.

11　Huldrych Zwingli, Schriften I, 200.

12　참고. 주도홍, 『개혁신학의 뿌리 츠빙글리를 읽다』, (세움북스, 2021), 411-421: "바디안에게 1529." 1529년 츠빙글리는 친구 바디안에게 마르부르크 종교 담화에 관한 편지를 보냈다.

13　Huldrych Zwingli, Schriften I, 251.

14　Huldrych Zwingli, Schriften I, 254.

15　Huldrych Zwingli, Schriften I, 264.

16　비참, 구원, 감사로 이루어진 1563년에 이루어진 「하이델베르크 교리 문답」을 떠올리게 된다.

17　Huldrych Zwingli, Schriften I, 264.

18　Huldrych Zwingli, Schriften I, 269.

19　Huldrych Zwingli, Schriften I, 273.

20　Huldrych Zwingli, Schriften I, 279.

21　Huldrych Zwingli, Schriften I, 286.

22　Huldrych Zwingli, Schriften I, 298.

23　Huldrych Zwingli, Schriften I, 302.

24　Huldrych Zwingli, Schriften I, 302-309.

25　Huldrych Zwingli, Schriften I, 303-304.

26 Huldrych Zwingli, Schriften I, 309-314.
27 Huldrych Zwingli, Schriften I, 311-312.
28 Huldrych Zwingli, Schriften I, 208.

하나님의 언약, 어떻게?

이은선(안양대학교 교수)

16

하나님의 언약, 어떻게?[01]

이은선 (안양대학교 교수)

I. 들어가는 말

츠빙글리는 종교개혁 당시에 취리히에서 1522년 사순절에 일어난 소시지 사건과 1523년 1월 29일에 67개 조항을 내걸고 1차 논쟁을 하면서 종교개혁을 시작하였다. 그가 종교개혁을 시작한 후 1523년 10월에 열린 2차 논쟁 후에 유아 세례 반대 세력이 등장하였다. 그는 이 유아 세례 반대를 극복하기 위해 재세례파와 논쟁하는 과정에서 신구약 언약 사상의 통일성을 발전시켰으며, 이것이 개혁파 언약 사상의 특징이라고 알려져 있다. 그렇지만 아직까지 츠빙글리의 언약 사상의 기원이 유아 세례 논쟁인지 성만찬 논쟁인지에 대해 학자들의 견해가 일치하지 않고 있다. 그와 함께 츠빙글리의 언약 사상의 발전 과정에서 구약과 신약의 언약의 통일성을 발견한 시기가 언제인지에 대해서도 의견이 일치되지 않고 있다. 이러한 논쟁점이 형성되어온 과정을 연구사를 서술하면서 분석하고, 논자의 입장을 본론에서 제시하고자 한다.

1. 츠빙글리의 언약 사상의 출발에 대한 연구

종교개혁자들 가운데 언약 사상을 제일 먼저 주장한 인물에 대해 폰 코르프(Emanuel Graf von Korff)는 1908년에 자신의 책 『취리히와 홀란드에서 언약 신학의 출발과 초기 주장』(Die Anfange der Federaltheologie und ihre erste Ausgestaltung in Zurich und Holland)에서 "우리는 언약 신학의 출발을 탐구하는데, 이것은 츠빙글리까지 거슬러 올라간다"[02]고 하였다. 1923년에 고트롭 슈렌크(Gottlob Schrenk)는 『초기 개신교, 주로 요한네스 코케이우스에 있어 하나님 나라와 언약』(Gottesreich und Bund im alteren Protestantismus vornehmlich bei Johannes Coccejus)에서 츠빙글리의 언약 사상이 재세례파와의 논쟁에서 발생했다는 주장을 제기하였다. "재세례파가 언약 사상을 종교개혁 운동에 처음으로 집어넣었다는 견해는 거의 틀림이 없을 것이다. 그러므로 부처와 아울러 취리히 사람들은 언약 표징의 중요성을 해설하기 위하여 성례 교리의 언약 개념을 전환시켰다."[03] 슈렌크는 재세례파 안에 언약 사상이 있었고, 츠빙글리가 이것을 적절하게 계승하여 유아 세례를 반대하는 논쟁의 근거로 삼았다고 주장하면서, 1526년 이후의 츠빙글리의 세 가지 저술을 근거로 제시하였다. 츠빙글리의 언약 사상이 재세례파와의 논쟁에서 발생되었다는 그의 주장은 그 이후에 츠빙글리 연구자들에게 계속해서 수용되었다.

이러한 주장에 이의를 제기했던 인물이 1953년 2월에 취리히 고대 학회에서 했던 로허(Gottfied W. Locher)의 강연이다. 그는 이 강연에서 결정적인 것은 츠빙글리의 성경적 언약 개념의 재발견인데, 그의 언약 개념이 1522년 7월의 한 설교와 1523년 7월에 나온 67개 해설의 성찬 조항에 나타나고 있어 이후에 발생한 재세례파와의 논쟁 이전에 나왔다고 주장하였다.[04]

2. 츠빙글리의 구약과 신약의 관계와 언약의 쌍방성에 대한 연구

1971년에 츠빙글리의 언약 사상에 대해 박사 학위 논문을 썼던 잭 코트렐(Jack Warren Cottrell)은 츠빙글리의 언약 사상이 재세례파와의 논쟁이 아니라 성찬 논쟁에서 시작되었다는 로허의 입장에 동조하면서, 츠빙글리가 성찬 논쟁 과정에서 구약과 신약의 통일성(unity)을 주장하는 언약 신학을 발전시켰다는 점을 강조하였다.[05]

츠빙글리의 언약 사상의 발생의 기원에 관한 논쟁이 진행되던 1972년에 하겐(Kenneth Hagen)은 그의 언약의 성격에 대해 문제 제기를 했다. 하겐은 언약의 성격을 유언 약속으로서의 일방성을 강조하는 루터의 신학에서 1520년대 중반 츠빙글리와 개혁파 신학자들에 이르러 하나님과 인간의 관계에서 언약의 쌍방성을 강조하는 변화가 일어났다고 주장하였다.[06] 이러한 가운데 1980년에 베이커(J. Wayne Baker)는 은혜 언약의 일방성을 강조하는 칼빈의 언약 신학과 구별되는 언약의 쌍방성을 강조하는 불링거의 언약 신학의 전통을 주장하였다.[07] 그렇지만 베이커와 스트렐(Stephen Strehle)은 츠빙글리는 언약의 쌍방성을 말하지 않았다고 지적하였다.[08] 베이커는 1991년에 맥코이(Charles S. McCoy)와 함께 "그는 언약의 쌍방적 성격을 암시했지만, 그는 하나님과 인간들의 상호적인 책임을 강하고 분명하게 주장하지 않았다"고 서술하였다.[09]

2001년에 길리스(Scott A. Gillies)는 츠빙글리의 언약 사상이 성찬론에서 나왔다는 코트렐의 주장을 비판하며 그 기원을 재세례파와의 논쟁이라고 주장하였고 언약의 쌍방성을 주장하는 베이커의 입장을 츠빙글리의 언약 사상에서 추적하고자 하였으며, 1525년 여름에 츠빙글리의 『창세기 주석』[10]과 『성찬 보충론』을 토대로 구약과 신약의 언약의 통일성을 주장했던 츠빙글리의 언약 신학을 개혁파 언약 신학의 기원이라고 주장하였다.[11]

길리스가 논문을 쓰던 2001년에 릴백(Peter A. Lillback)은 칼빈의 언약 사상을 연구하는 과정에서 츠빙글리의 언약 사상을 연구하였다. 릴백은 츠빙글리의 언약의 쌍방성과 신구약의 연속성이란 언약 사상의 특징이 재세례파 논쟁에서 발생한다고 보는 점에서는 길리스와 견해가 일치하지만, 다음의 몇 가지 점에서는 의견을 달리한다. 첫째로 길리스는 1525년 5월까지 츠빙글리가 에라스무스의 영향을 받아 구약과 신약의 차이점을 강조했다고 주장하는데 반해, 릴백은 그러한 점을 인정하지만 1525년 5월의 『세례, 재세례, 유아 세례론』에서 이미 구약과 신약의 통일성과 연속성을 강조한다고 주장한다.[12] 둘째로 가장 중요한 차이는 길리스가 『창세기 주석』과 함께 1525년 8월에 쓴 『성찬 보충론』에서 츠빙글리의 언약 사상의 전환이 일어났다고 주장하는데 반해, 릴백은 1525년 11월의 『후브마이어에 대한 답변』(Antwort über Balthasar Hubmaiers Taufbüchlein)에서 그러한 전환이 일어났다고 주장한다.

언약의 쌍방성을 강조하고 세례 논쟁에서 츠빙글리의 언약 사상의 기원이 발생했다는 길리스의 입장을 비판하면서 2019년에 힐데브란트(Pierrick Hilderbrand)는 츠빙글리의 언약 신학의 전환점을 구약과 신약의 동일한 은혜 언약의 연속성을 강조하는 것이라고 정의하고, 이러한 전환은 1525년 8월의 로마 가톨릭과 성찬론 논쟁에서 이루어졌다고 주장한다.[13]

지금까지의 츠빙글리의 언약 사상의 연구사에서 드러난 가장 중요한 쟁점은 다음의 세 가지로 정리할 수 있겠다. 첫째로 츠빙글리의 언약 사상이 어디에서 기원했는가? 성찬론에서 기원했는가? 아니면 유아 세례 논쟁에서 기원했는가? 이 문제는 논의의 시기에서 본다면 성찬론에서 논의되기 시작했다. 그래서 본론에서 그의 언약에 대한 논의의 시작에서부터 고찰해 보고자 한다. 둘째로 츠빙글리의 언약의 본질을 무엇으로 규정할 것인가? 하는 점이다. 이를 규명하기 위해 츠빙글리의 언약과 성례의 성격의 변화 과정을 분석하고자 한다. 츠빙글리는 초기에 언약을 은혜 언약이자 하나님의 맹세로 인식하면서 구약과 신약의 차이를 유비(analogy)적으로 이해하여 신구약의 유사성을 언급하면서 통일성을 명확하게 지적하지 않았고, 성례를 연약한 신자의 신앙을 돕는 역할을 하는 표징이라고 보았다. 그런데 츠빙글리는 1524년에 접어들어 성례를 신자가 동료 신자와 교회에게 하는 충성 맹세로 이해하기 시작하였다. 그는 1525년 5월의 『세례, 재세례, 유아 세례론』(Von der Taufe, von der Wiedertaufe und von der Kindertaufe)에서 성례 이해에 언약 개념을 도입하여 유아 할례와 유아 세례를 언약의 표지로 제시한다. 츠빙글리는 이때까지는 구약과 신약에 관계에 대해서는 여전히 유비적인 이해를 가지고 있었다. 그는 1525년 8월에 쓴 『성찬 보충론』[14]에 이르러 구약과 신약의 유비적 관계에 대한 이해를 벗어나 구약과 신약이 하나의 동일한 은혜 언약이라는 이해에 이르게 되었다. 이같은 내용을 전개하는 저술은 유아 세례 논쟁이 아니라, 로마 가톨릭과의 성찬 논쟁이었다. 이러한 이해들이 나타나는 과정에서 1525년 6월에 시작된 프로페차이(Prophezei)[15]에서 창세기를 강해하면서 그는 아브라함의 언약의 설명을 통해 언약의 통일성을 가장 명확하게 표명하였다. 그러므로 이러한 작품들을 분석하여 그의 언약의 본질적 성격을 밝혀보고자 한다. 셋째로 츠빙글리의 언약 사상이 언약의 쌍방성을 주장하는지를 분석하고자 한다. 언약의 쌍방성은 불링거가 주장하기 시작한 것으로 알려져 있는데, 최근에 츠빙글리에게서도 쌍방성이 나타난다는 주장이 제기되고 있어, 이 주장의 타당성을 검토해 보고자 한다.

이러한 논의를 통해 츠빙글리의 언약 사상이 1525년 8월에 개혁파 신학 사상의 특성인 구약과 신약이 하나의 동일한 은혜 언약으로 통일성을 가지고 있다는 것을 성찬론 논쟁과 유아 세례 논쟁을 통해 명확하게 주장한 것을 밝히고자 한다.

II. 츠빙글리의 1522-23년 언약에 대한 고찰

이미 여러 연구자들이 지적한 바와 같이 츠빙글리는 1522년 7월에 취리히를 관할하고 있던 콘스탄츠 후고(Hugo) 주교에게 방해받지 않고 복음을 설교할 수 있도록 허락해 달라는 탄원(Supplicatio)으로 한 설교에서 언약에 대해 다음과 언급하였다. "그러므로 우리가 말한 바와 같이, 하나님께서 옛날에 이스라엘에게 그의 예언자들의 입을 통해 반복해서 경고하셨던 것처럼, 취소될 수 없는 언약을 갱신하기 위하여, 오늘날 그의 복음으로 우리를 조명하려고 하시기 때문에, 우리는 가능한 한 많은 사람들을 구원으로 이끌 수 있는 기회가 소홀하게 여겨져서는 안 된다고 느낀다."[16] 로허는 이 내용을 근거로 츠빙글리가 재세례파와 논쟁 이전에 언약을 언급했다고 지적했다.[17] "취소될 수 없는 언약"은 신구약의 연속성을 암시하며,[18] 언약의 갱신은 종교개혁자들에 의해 16세기에 부흥되고 있던 복음의 회복을 말한다.[19]

하겐은 슈렌크와 로허가 츠빙글리의 언약 사상의 기원에 대해 논의하지만, 구약과 신약의 관계를 논하지는 않는다고 비판한다. 그러면서 하겐은 츠빙글리가 이미 1522년 9월에 쓴 "하나님의 말씀의 명료성과 확실성"이란 글에서 구약과 신약의 관계에서 양자의 차이를 전제하고 있다고 지적한다. 이 글에서 구약은 일반적으로 불순종의 본보기로 제시되고 있고, 구약에 있는 하나님의 말씀은 수고와 사망을 가져오는 것으로 제시된다.[20] 츠빙글리는 이 시기에 로마 가톨릭의 우상 숭배와 싸우면서 신약의 우월성을 강조하고 있었다. 종교개혁 초기에 츠빙글리는 인문주의자 에라스무스의 영향을 받아 구약보다는 주로 신약을 중심으로 개혁 활동을 전개하고 있었다.

츠빙글리는 1523년 7월에 저술한 67개 조항 해설에서 언약에 대해 본격적으로 논의한다. 그는 제18항을 해설하면서 언약을 취급한다. 그는 원래 고대 라틴어에서 사크라멘툼(sacramentum)은 맹세를 의미했다고 지적한다. 그러므로 성례(sacramentum)는 하나님께서 맹세하신 것같이 자신의 확실하고 분명한 말씀으로 세우신 것이라는 의미로 사용할 수 있다.[21] 하나님께서 이러한 성례를 세우신 목적은 인간의 연약성 때문에 신앙을 강화시키려는 것이다.[22] 그러므로 미사는 이러한 의미에서 사크라멘툼이라고 할 수 없으며, 그리스도께서 십자가에서 단 한 번 자신을 희생 제물로 드렸으므로, 미사는 희생 제사가 될 수 없고, 단 한 번 있었던 희생을 진지하게 기억하는 것이다. 그는 마태복음 26장 26-28절에 대해 해설하면서 그리스도는 분명하게 "이것은 나의 피, 많은 사람의 죄를 용서하기 위하여 흘리는 새로운 언약의 피이다"라고 말씀했다. 이 말씀에서 "그리스도가 피를 흘리는 것은 많은 사람, 곧 믿는 세상의 죄를 없애기 위한 것이었다는 사실을 우리는 분명히 알 수 있다"라고 말한다.[23] 그의 죽음은 그의 피를 흘려 우리를 대신한 희생 제물이다. 츠빙글리는 예수님께서 마지막 만찬에서 하신 말씀인 "새로운 언약의 피"라는 제정사에서 사용된 "언약"의 의미를 논의하면서 그의 언약 사상을 전개한다.

츠빙글리는 언약을 논의하면서 여러 용어를 교대로 사용하는데, 동격으로 사용하고 있다.

> 성경에서 테스타멘툼(testamentum), 팍툼(pactum), 포에투스(foedus)가 교대로 사용되고 있다. 그러나 테스타멘툼이 가장 자주 사용되고 있다. 그러므로 우리는 여기서 이것을 언급한다. 이 용어는 유언(erbgmächt)을 뜻한다. 그러나 이 용어는 언약(pundt)이나 자주 두 사람 사이에 평화를 위하여 맺는 협정(verstand)을 의미하기 위해 사용된다. 이러한 의미에서 사람들은 옛 언약(testament) 혹은 새 언약 다시 말해, 하나님께서 족장들과 맺었고, 그리스도 안에서 온 세상과 맺은 언약(pundt), 협정(verstand)과 맹세(pflicht)에 대하여 말한다.[24]

이같이 츠빙글리는 언약과 관련하여 라틴어뿐만 아니라 다양한 독일어들을 사용하면서 논의를 전개하고 있다. 그는 이러한 여러 용어를 사용하여 언약의 성격과 본질을 논의할 때, 관련 용어들의 주요 개념들을 종합하고 있다. 제일 먼저 유언(testamentum)의 요소가 자주 전면에 등장한다. 그는 그리스도의 죽음을 유언과 연결할 때, 유언자가 죽어야 유언이 완성된다는 히브리서 9장을 인용한다. "그리고 이제 유언(testament)이 있는 곳에서 유언은 유언자의 죽음 이후에만 시행될 수 있다(히 9:15-17)."[25] 언약을 유언으로 고찰할 때, 이 언약은 은혜 언약으로 이해된다.[26] "그러므로 그리스도께서 그를 통해 우리가 하나님의 자녀들과 상속자들이 될 수 있도록 은혜로 우리에게 유산을 남겼을 때, 그는 죽으셔서 우리와 함께 그의 유산을 확증하셨다."[27] 하나님의 언약에 대해 중요한 것은 그리스도께서 이것을 우리에게 은혜로 베푸신 유산이라는 사실이다.

이러한 논의에서 그는 마시는 잔을 은혜의 언약으로 재정의한다.[28] "제정의 말씀들은 이 의미를 가지고 있다. 이 잔은 너희를 위하여 흘리는 내 피로 세우는 새 언약 혹은 약속이다. 이 언약은 토대와 능력을 가지고 있다."[29] 따라서 성찬은 그 자체를 넘어 하나님께서 세우신 확실한 영원한 은혜 언약을 가리킨다.[30] "그리스도의 몸과 피는 영원한 언약, 상속, 혹은 약속이어서 먹고 마실 때 그는 제물을 드리는 것이 아니라, 오히려 그리스도께서 단번에 드리신 것을 기억하고 갱신하는 것이다."[31]

그는 언약을 논하면서 유언의 개념뿐만 아니라 언약, 협정과 맹세의 개념도 강조한다.[32] 여기서 전면에 나타나는 것은 위에서 유산으로 묘사된 은혜로운 선물들을 사람에게 주신다는 하나님의 맹세이다. 그는 언약을 맺은 자들에게 이러한 선물을 주신다고 스스로 맹세하신다. 그러므로 여기서 맹세는 상호 간의 의무를 가리키기보다는 자신이 약속한 것을 지킨다는 하나님쪽에서의 맹세를 의미한다. 그리고 그리스도의 십자가상에서의 희생 제사로 맺어진 언약은 예수 그리스도의 피로 보증된(맹세된) 은혜 언약이다.

협정과 맹세로서의 언약과 연결되는 것은 츠빙글리의 언약 교리의 기독론적인 방향이다. 그는 피의 희생으로 언약을 확증하는 노아와 특히 모세의 출애굽기 24장의 시내산 언약을 상세하게 설명한다. 모세는 짐승의 피로 언약을 맺었으나, 그리스도는 사람들과 유언 혹은 언약을 맺었을 때, 자신의 피를 흘려 자신을 희생시켰다.

> 모세가 이스라엘 백성들에게 하나님의 모든 계명을 읽어주고, 그들이 하나님의 계명에 순종하겠다고 말했을 때, 그는 12지파에 따라 12마리 송아지를 잡아 하나님께 희생 세물로 드리도록 명령하였다. 그때 그는 피를 받아서 율법책(히 9:20)과 모든 백성들에게 뿌리면서 "이것이 하나님께서 그의 말씀과 계명에 따라 너희와 맺은 언약의 피"라고 말했다. … 그러나 그리스도께서 인류와 그의 테스타멘툼, 영원히 지속될 언약(verpüntnus)과 유언(erbgmächt)을 맺으셨을 때, 그는 짐승을 죽이는 것이 아니라 자신을 드려 희생 제물을 삼으셨다. 그는 짐승의 피가 아니라 그 자신의 피를 우리에게 뿌리셨다.[33]

그러므로 츠빙글리는 누가는 그리스도의 피를 "언약의 피"라고 부를 뿐만 아니라 오히려 "언약"이라고 불렀다(눅 22:20)고 지적한다.[34] 왜냐하면 언약이 그의 피로 확정되기 때문이다. 그의 피는 새 언약의 근거이고 결속이다.

츠빙글리는 이같이 언약을 논의하면서 유언과 맹세라는 측면을 강조하였다. 이러한 언약은 하나님의 은혜의 언약이고, 그러한 은혜를 주신다는 하나님의 맹세이다. 이 맹세는 예수 그리스도의 십자가의 죽음을 통해 성취되었다. 그러므로 그리스도는 새 언약의 토대이고 보증이다. 그리스도와 그의 죽음이 하나님의 언약의 근거이고 확정인 한, 그 자신은 하나님의 은혜와 상속의 확실성의 서약 혹은 보증(Pfand)이시다. 츠빙글리는 언약의 은혜성을 강조하였고, 그러한 언약의 표징으로서 성찬을 제정하여 인간의 연약성을 도와 그들의 신앙을 강화시키려는 것이라고 하였다.

그런데 츠빙글리는 언약을 논의하는 과정에서 구약과 신약의 유사성을 강조하면서 모세의 말이 그리스도의 말씀의 상징이라고 보고 있다.

> 우리는 그의 피에 대한 그리스도의 말씀과 (언약을 확증하는) 모세의 말들의 유사성(glych)을 주목한다. 모든 사람은 유사성을 통해 모세의 행동이 그리스도께서 하신 것의 상징이라는 것을 알 수 있다. 왜냐하면 하나님께서 이스라엘 백성과 그들의 후손들과 언약(pundt)과 유언(erbgemächt), 다시 말해, 테스타멘툼을 맺었을 때, 죽음과 피흘림이 포함되었으나, 앞에서 서술한 바와 같이, 말 못하는 짐승의 죽음과 피흘림이었다. 그러나 그리스도께서 인류와 그의 테스타멘툼, 영원히 지속될 언약과 유언을 맺으셨을 때, 그는 짐승을 죽이는 것이 아니라 자신을 드려 희생 제물을 삼으셨다.[35]

츠빙글리는 구약과 신약의 언약 체결 과정의 유사성을 주목하면서 동시에 그리스도의 희생 제물이 구약의 제사장들의 희생 제물보다 훨씬 더 우월하고 완전하다는 입장에 서 있다.[36] 그러므로 이 시기에 츠빙글리는 길리스가 지적하는 바와 같이 자신이 영향을 받았던 에라스무스의 구약과 신약의 차이점을 강조하는 해석학의 틀을 벗어나지 못하고 있었다.[37] 츠빙글리는 유사성에 기초하여 구약과 신약의 관계를 해석하고 있다. 그러므로 이 시기 츠빙글리의 언약 사상은 구약과 신약의 유사성에 근거하여 은혜 언약의 연속성이 있다고 보았지만, 구약보다 신약이 우월하다고 보았기 때문에 아직 통일성에 대한 인식에 이르지는 못하였다.

그는 이곳에서 언약을 논의할 때, 세례와는 거의 연관시키지 않고 전적으로 마태복음 26장 26절의 제정사와 성찬과 관련하여 논의하고 있다.[38] 언약을 성찬과 관련하여 논의하는 것은 그 단어가 성찬 제정사에서 나오기 때문이다. 그와 동시에 주의 만찬이 믿음에 대한 확신으로 주어지기 때문이다. 하나님께서 우리에게 죄 용서와 양자 삼으심을 주시겠다고 언약을 맺으셨다. 그리스도의 죽음이 언약의 근거이고 이 유산의 보증이다. 그와 동시에 주의 만찬은 신앙이 연약한 사람들을 그 참된 보증이신 그리스도에게로 인도하는 데서 보증이다.[39]

III. 츠빙글리의 1524-1525년 5월까지의 언약 사상의 전개

츠빙글리는 1523년 7월에 성례를 연약한 인간을 위한 신앙의 강화라고 보았던 데 반해, 1524년에 접어들어서는 성례를 신자 편에서 동료들과 교회에 대한 맹세(서약)라는 입장으로 변화하였다.[40] 이러한 입장은 1524년 5월에서 11월 사이에는 성찬론을 중심으로 표명되었고, 1524년 12월부터 1525년 5월 사이에는 세례와 유아 세례를 중심으로 표명되었다. 1525년 5월의 『세례, 재세례, 유아 세례론』에서는 성례를 언약과 연결시켜 언약과 언약의 표징을 구분하였다.

1. 충성 맹세(서약)로서의 성찬

츠빙글리는 먼저 미사와 관련하여 교회 연합에의 참여와 신자들의 맹세 개념을 논의하였다. 그는 1524년 5월에 『성화상과 미사에 대한 제안』(Vorschlag wegen der Bilder und der Messe)을 썼다. 그는 이 글에서 새로운 성례 개념을 도입하였다. 지금까지 성례는 성도의 연약한 신앙을 강화시키는데 기여하는 하나님의 은혜의 외적 표징으로 주로 묘사되고 있었다. 그런데 이 글에서는 여기에 더하여, 동료 신자들에 대한 맹세와 고백으로서의 새로운 성례 개념이 도입되었다. 여기서 주로 논의되는 성찬은 바울이 고린도전서 10장 16절에서 분명하게 서술한 바와 같이, 하나님의 백성의 내적이고 외적인 연합이다. 많은 우리가 한 빵이 되고 한 몸이 되는데, 이것은 우리 모두가 한 빵에 참여하기 때문이다.[41] 이 연합을 위하여 그리스도께서는 우리에게 그의 몸과 피의 성례를 제공하셨다. 따라서 성찬은 단지 기독교인들에 대한 하나님의 확증일 뿐만 아니라, 참여자가 참으로 신자이고 그리스도의 한 몸의 구성원이라는 것을 그의 형제들에게 확증하는 것이다.[42]

그는 1524년 11월 16일에 매튜 알버(Matthew Alber)에게 보낸 편지에서 성찬을 논하면서 성례에 대해 언급한다. 그는 이 편지에서 주의 죽음의 공적인 기념인 성찬에 참여하는 것은 그리스도의 죽음을 의지하는 사람들이 상호 간에 그들의 형제들에게 그들이 그렇게 믿는다는 것을 증명하는 표징이라고 설명한다.[43] 주의 만찬을 먹는 것은 죄를 제거하는 것이 아니라 죄가 그리스도의 죽음에 의해 파괴된다는 것을 굳건하게 믿고 감사하는 사람들의 상징이다.[44] 이것은 참여자들을 하나의 몸으로 연합하고 각자를 그리스도의 형제애의 생활로 묶어준다. 고린도전서 10장에서 바울은 이 빵을 먹고 이 잔을 마시는 사람들은 나머지 형제들과 한 몸으로 연합하여 교회의 통일성을 나타내는 것이라는 것을 명확하게 밝히고 있다. 그와 함께 이러한 성찬에 참여하는 것은 동료 신자들에 대한 자신의 충성 맹세(iuramentum)를 표현하는 것인데, 그는 여기서 사크라멘툼을 충성 맹세라고 부른다.[45] 이제 츠빙글리는 참여를 당시까지의 신학자들이 일반적으로 해석했던 바와 같이 먹는 것에 대하여 사용하지 않고, 교회와 교제하는 것에 대하여 사용한다. 다시 말해, 이 언약(pacto)에 의해 각자는 자신이 교회에 속하고 마치 현저한 충성 맹세(sacramento)를 통해 자신을 교회에 등록한다는 것을 증명한다.[46] 츠빙글리는 이 편지에서 성찬을 하나님의 신자들에 대한 은혜의 맹세가 아니라 동료 신자들에 대한 충성 맹세로 설명하고 있다.

2. 충성 맹세(서약)로서의 세례와 유아 할례의 유비로서의 유아 세례

1524년 말에 이르면 유아 세례가 재세례파와의 논쟁에서 주요한 문제로 부상하였다. 특히 스트라스부르에서 재세례파의 세력이 확장되자 부처는 1524년 10월 31일 재세례파를 막기 위한 성경적 근거를 요구하는 편지를 보냈으며, 11월 중순에는 카피토(Wolfgang Capito)와 부처가 유아 세례에 대한 칼 슈타트의 견해에 관해 취리히 성직자들에게 편지를 보내면서 유아 세례를 중지할 준비를 하고 있었고,[47] 후브마이어는 11월 중순에 세례에 대한 글을 요구하였다. 츠빙글리는 이같이 유아 세례 문제에 대해 다양한 압력을 받고 있었다.[48]

이러한 가운데 그는 1524년 12월 16일에 스트라스부르에 있는 교회 지도자들인 람베르트(Franz Lambert), 부처, 그리고 카피토에게 편지를 보내 유아 세례 문제를 논하였다. 그리고 2주 후인 1524년 12월 28일에 『반란에 대한 원인을 제공하는 자들』(Wer Ursache gebe zu Aufruhr)에서도 재세례파를 반박하는 가운데, 언약의 연속성을 내세우며 유아 세례가 유대인들의 유아 할례 의식의 평행으로 봉사한다고 주장하였다.[49] 그는 유아 세례와 같이 성경에 명백한 규정이 없는 것들에 대해서는 성경 전체에 근거하여 결정해야 한다고 주장한다. 신약에 유아 세례에 대한 규정이 없기 때문에 츠빙글리는 구약에서 선례를 찾아 세례와 동일한 위치에 있었던 할례에 근거하여 논의한다. 그는 이 저술들에서 다음과 같은 몇 가지 중요한 주장을 한다. 첫째로 성례는 시작과 충성의 표징이거나 맹세이므로, 세례는 믿음을 가진 자들에게 베풀어야 한다는 재세례파의 주장을 비판하면서 세례는 믿음을 가질 자들에게도 시행해야 한다고 강조한다. "세례가 믿을 자들뿐만 아니라 이미 믿는 자들의 시작이라는 것은 성경을 약간의 기술을 가지고 취급하면 쉽게 증명될 수 있다."[50] 세례가 앞으로 믿을 자들에게도 주어진다는 것은 분명하다(요 1:26).[51] 츠빙글리는 세례 요한이 오실 메시아를 믿을 자들에게 세례를 베풀었다고 말한다. 그러므로 츠빙글리는 이러한 논리로 믿음이 세례보다 선행한다는 재세례파 주장들을 반박한다.[52]

둘째로 츠빙글리는 할례와 세례 사이의 유비를 주목한다. 구약에서 장래에 신앙을 가질 아이들에게 할례는 시행했으므로, 신약에서도 아이들에게 세례를 시행할 수 있다.[53] 그리고 아이가 세례를 받으면, 그는 기독교 신앙으로 가르침받고 양육받을 가능성이 높다. 왜냐하면 세례는 옛날의 할례와 같이 성례이고 어린이에게 성례의 적용은 어린이를 아직 어리지만 하나님의 율법에 결속시키고, 아이를 율법에 일치하여 양육하도록 부모를 결속시키기 때문이다.[54] 유아 세례는 어린이에게 미래 신앙의 표징으로서 봉사하며 기독교 신앙으로 어린이를 양육할 부모에 의한 맹세로 기여한다. 그는 유아 세례가 신앙으로 양육하는 부모들과 자녀들이 공동으로 받는 표징이라고 해석한다.[55]

셋째로 그리스도께서 사도들에게 작은 아이들이 그에게 오도록 하라고 명령했던 바와 같이(마 19:14), 그는 의심할 바 없이 그들에 대한 이 약속의 표징을 원하셨다. 그리스도는 아이들을 축복했을 뿐만 아니라, 천국이 그들에게 속한다고 강조하여 서술했다. 츠빙글리는 바로 믿는 부모의 자녀들은 거룩하다고 간주되어야 할 것이라는 고전 7:14을 근거로 이러한 성경의 발표들을 강화하고 있다.[56] 그러므로 어린이들에게 물세례를 금하려는 사람들은 그들을 교회로부터 배제할 뿐만 아니라, 그들이 그리스도에게 오는 것을 금하는 것이다.

츠빙글리는 이같이 유아 할례에 기초하여 유아 세례를 주장하지만, 이 시기까지 로마서 4:11, 6:4, 골 2:10-12, 그리고 베드로전서 3:21 등 압도적으로 신약에 근거하여 할례가 세례로 대치되었다는 자신의 주장을 전개할 뿐, 구약과 신약 사이에 더 깊은 해석학적 혹은 역사적인 연결을 제시하지 않는다.[57]

츠빙글리는 1525년 5월에 『세례, 재세례, 유아 세례론』을 통해 다시 한 번 이 문제를 다루었다. 이 저술은 세례와 유아 세례를 다루면서 창세기 17장을 인용하여 언약과 언약의 표징의 관계로 다룬다는 점에서 중요하다. 1525년 초까지 츠빙글리는 구약과 신약의 언약의 연속성을 인식하고 있었지만, 이 연속성을 유아 세례의 문제와 연결시키지 못하고 있었다. 그런데 릴백은 1525년 전반기에 취리히에서 유아 세례 논쟁에 관한 재세례파와의 충돌이 그의 성경 이해에 함축적이었던 것을 명백하게 드러나

도록 자극했다고 보았다.[58]

츠빙글리는 이 글에서 성례를 "언약의 표징 혹은 서약을 의미한다"고 언급한다.[59] 서약과 관련하여 츠빙글리는 용병 군인들이 하얀 십자가를 붙이고 내헨펠스(Nähenfels)로 순례를 하는 것을 언급한다.[60] 스위스의 용병 군인들은 하얀 십자가를 달고 내헨펠스로 순례하는 것을 통해 조상들의 군사적인 승리를 축하하고 스위스 연방에 속한다는 동질성을 선포하였다.[61] 이같이 세례의 표징을 받는 사람은 하나님의 말씀을 듣고 교훈을 배우며 그에 따라 살겠다고 결정하여 서약하는 것이다. 그러므로 세례는 우리가 주 예수 그리스도께 서약했다는 표징이다.[62] 이곳에서 츠빙글리는 세례에서 하나님께서 우리에게 하신 서약이라는 것을 언급하는 것이 아니라, 우리가 하나님께 하는 개인적인 서약을 언급하고 있다. 이것은 군인이 입대할 때 하는 순종의 맹세와 같다. 따라서 "세례는 우리가 일생 육체의 죽임으로 우리를 입문하게 하고 입대할 때의 군인들과 같이 우리를 참여시키거나 서약하도록 하는 시작 표징이나 서약이다."[63] 이것은 새로운 삶의 시작이자 입문이다. 츠빙글리는 로마서 6장에 근거하여 세례 언약의 표징은 우리가 그리스도를 따라 새로운 삶을 살겠다는 서약이라는 것을 분명하게 밝힌다. 이러한 측면에서 츠빙글리는 세례가 인간 편에서 하나님께 서약했다는 것과 함께 입문 의식을 통해 그 소속된 조직에 서약했다는 측면을 지적하고 있다. 그러므로 세례는 새로운 삶을 시작한다는 서약의 표징이자, 언약의 표징이다.

유아 세례는 구약에서 자녀가 부모와 동일하게 하나님께 속하여 유아 할례를 받는 것과 같이 신약에서 그리스도인의 자녀도 부모와 같이 하나님께 속하기 때문에 받을 수 있다. 그러면 구약의 할례의 유비로서 시행되는 유아 세례는 어떻게 개별적인 언약의 표징 혹은 서약으로서의 성격을 가지고 있는가? 유아 세례 논의의 시작 부분에서 아브라함과 언약에 대한 긴 논의가 있다. 그런데 여기서 아브라함에 대한 하나님의 언약 약속에 대한 언급이 없다. 논의의 주제인 서약 혹은 언약(pflicht[64] or pundt) 은 하나님을 섬기도록 자녀를 양육한다는 아브라함의 의무와 약속이다. 이것은 츠빙글리의 다음과 같은 서술에서 명백하다.

> 하나님께서 아브라함과 그의 자녀와 그들이 그를 그들의 하나님으로 소유해야만 한다는 언약을 맺기를 원하셨다. 어떻게? 우리가 그를 우리 하나님으로 가지느냐? 여부가 우리의 언약에 달려 있는가? 아니다. 이것은 (우리의) 언약에 달려 있지 않다. 이것은 원하거나 혹은 달리는 자에게 속하지 않는다. 오히려 하나님의 은혜와 이끄심에 달려 있다. 그러므로 이 하나님의 언약은 오직 외적인 가르침, 촉구, 훈련을 가르쳐야만 한다. 그래서 아브라함과 모든 그의 후손들이 그들의 아이들을 할례를 주어, 그들이 아브라함이 믿었던 분 이외의 다른 하나님을 그들에게 가르치고 교훈해서는 안 된다는 것이다.[65]

츠빙글리는 하나님께서 아브라함과 맺는 언약은 하나님의 은혜와 이끄심에 달려 있는 반면에, 창세기 17장에서 말하는 언약은 아브라함이 그의 후손들을 하나님을 섬기도록 양육한다는 아브라함 편에서의 서약이라고 해석한다. 여기서 언약은 우리가 그를 우리 하나님으로 가질 수 있는 하나님의 은혜로부터 분리된 외적인 일들만을 가리킨다. 여기서 언급된 언약은 우리 하나님이 되신다는 하나님의 언약이 아니고, 그를 우리의 하나님으로 섬기고 우리의 자녀들에게 동일한 것을 하도록 양육한다는 우리의 약속이다. 그러므로 아이들이 스스로 서약하는 것이 아니라, 부모들이 서약하는 것을 통해 자녀들이 개인적으로 참여하는 것이다.

그러면 이 시기의 세례론에서 할례와 세례의 관계가 구약과 신약의 통일성에 근거한 것인가? 아니면 구약과 신약의 차이에 기초한 유비에 근거한 것인가? 클라센(William Klaasen)과 릴백 등은 츠빙글리가 이 저술에서, 특히 이 글의 유아 세례 부분에서 구약과 신약의 통일성을 강조했다고 주장한다.[66] 코트렐은 천 년 이상 구약의 할례의 선례에 호소하여 유아 세례를 주장했다고 분석하여 언약의 연속성을 인정하지 않는다. 그렇지만 릴백은 중세 저자들은 할례의 유비로 유아 세례를 주장했지만, 츠빙글리는 세례와 할례의 동일성을 인정한 것이라고 지적한다. 그래서 릴백은 구약의 아이들이 할례의 징표를 받았듯이 신약의 아이들도 세례의 징표를 받아야 한다는 츠빙글리의 주장은 언약 통일성과 유아 세례 주장의 첫 번째 명백한 결합이라고 주장한다.[67]

그러면 츠빙글리가 "할례는 세례가 신약 속에 있는 것과 같이 구약 속에 있다"[68]라는 표현과 같이 세례와 할례를 유비 관계로 해석할 때, 아브라함의 언약을 신약과 동일한 수준에 놓았는가? 그렇지 않았다. 왜냐하면 츠빙글리는 여전히 구약에 대해 비판적인 입장을 견지하고 있었기 때문이다. 구약의 성례는 육적이고 외적이라며 두 언약들 사이에 이분법을 보여주는데 관심이 있다. "할례받고 세례받는 것이 한 가지 일이다. 그러나 각각이 서약이라는 것은 같지 않다. 왜냐하면 할례는 하나님께 서약하는 것인데, 그러나 여전히 율법의 속박하에서 그렇게 하는 것이기 때문이다. 세례 역시 하나님께 서약하는 것이나, 은혜이신 그리스도하에서 하는 것이다."[69] 이같이 츠빙글리는『세례, 재세례, 유아 세례론』의 논의에서 율법의 구약과 은혜의 신약의 명백한 차이를 지적한다.[70] 따라서 츠빙글리가 할례와 세례의 동일성을 지적하는 것은 구약과 신약의 유사성에 근거한 것이지 결코 신구약의 통일성에 근거한 동일성을 말하는 것이 아니다.[71] 그러므로 이 저술에서 츠빙글리는 할례와 세례의 동일성에 근거하여 유아 세례를 주장하지만, 구약과 신약의 차별성을 강조하고 있다.

그러면 세례론에서 츠빙글리의 언약의 쌍방성이 나타나는가? 코트렐은 이 저술에서 사용되는 언약의 서약(pflichtzeichen) 개념은 하나님의 언약이 아니라 사람의 맹세(서약)이며 구약과 신약의 유사성에 근거하여 유아 세례를 주장하는 점에서 츠빙글리의 언약 개념이 그 이전의 작품들과 별다른 차이가 없다고 지적한다.[72] 이미 브로밀리는 츠빙글리가 세례가 하나님께서 우리를 위하여 이미 하신 것보다는 우리가 해야만 하는 서약(맹세)이라는 성격을 지속적으로 지나치게 강조했고 이것이 그의 유일한 강조라고 판단했다.[73] 이러한 브로밀리의 견해에 대해 하겐은 언약의 지나치게 쌍방적인 성격을 강조한 것에 대해 츠빙글리를 비판한 것으로 평가했다.[74] 그렇지만 하겐의 평가는 인간 편에서의 서약을 하나님의 인간에 대한 서약이 함께 존재한다고 생각한 평가이다. 특히 창세기 17장에 대한 문단에서 츠빙글리의 언약 속에 쌍방적인, 상호적인 개념이 뚜렷해지고 있다고 평가하는 길리스도 "하나님께서 우리의 하나님이 되실 것이라는 하나님의 은혜 언약의 주도는 쌍방적 언약의 사라진 부분"이라고 서술한다.[75] 그러므로 세례론에서 츠빙글리의 언약 개념에서 쌍방적이고 상호적인 개념이 뚜렷해진다는 주장은 근거가 명확하지 않은 것으로 드러난다. 츠빙글리는 성례에서 인간 편에서의 맹세라는 측면만을 강조하고 있다.

IV. 츠빙글리의 1525년 여름을 통한 언약 사상의 전환

츠빙글리의 신학 사상에서 언약의 통일성에 대한 인식이 언제 나타났는가? 이에 대해 코트렐은 1527년 3월에 출판되었지만, 1525년 6월 19일부터 시작된 『창세기 주석』이 츠빙글리의 그러한 사상적 전환의 중요한 계기라고 서술하면서, 창세기 12장, 15장, 그리고 17장의 할례에 대한 논의가 중요한 근거가 된다고 보았다.[76] 그리고 1525년 8월에 출판된 『성찬 보충론』에서도 『창세기 주석』에서 시작된 언약의 통일성에 대한 논의가 명확하게 나타난다고 서술한다.[77] 이러한 입장은 길리스에게서 그대로 계승된다. 그런데 하겐과 베이커는 1525년 11월에 저술된 『후브마이어에 대한 답변』에서 이런 입장이 나타난다고 보았다.[78] 가장 최근에 힐데브란트는 츠빙글리의 언약적인 전환이 일어난 것을 『창세기 주석』보다는 1528년 8월에 저술된 『성찬 보충론』이라고 보았다.

그러면 1525년 여름에 언약 사상의 전환이 일어났다고 할 때, 그 핵심이 무엇인가? 길리스는 언약의 통일성을 강조한다는 점과 언약의 쌍방성이 나타난다는 점을 주목한다. 그는 코트렐이 『성찬 보충론』에서 언약의 통일성 주장이 성찬 논쟁에서 시작되었다고 본 것을 비판하고 츠빙글리의 그러한 논의가 창세기 17장과 할례와 관련하여 논의된다고 주장한다. 길리스는 이러한 해석학적 변화가 온 것이 재세례파의 논쟁에서 구약의 중요성과 해석의 전문성 확보를 위한 프로페차이의 개설과 연관이 있다고 보았다.[79] 반면에 힐데브란트는 개혁파 언약 신학을 "구약과 신약이 하나의 은혜 언약의 연속이라는 점을 강조하는 것"으로 정의하고, 그러한 언약론적인 전환이 츠빙글리에게서 명확하게 나타난 것이 1525년 8월에 출판된 『성찬 보충론』이라고 하였다.[80] 여기서 분명히 드러나는 것은 츠빙글리의 하나님의 은혜 언약에 의한 신구약 언약의 통일성에 대한 인식은 1525년 8월을 전후한 여름이라는 것이다.

그러면 『창세기 주석』과 『성찬 보충론』 가운데 어떤 저술이 그의 사상적 전환에서 더 중요한 역할을 했을 것인가? 츠빙글리에게서 구약과 신약의 통일성에 대한 생각은 1525년에 접어들어 서서히 나타나고 있었다. 첫째로 1525년 3월에 저술한 『참된 종교와 거짓 종교에 대한 주석』(De vera et falsa religione commentarius)에서 유사성을 강조하는 가운데 언약의 통일성이 나타난다. 츠빙글리는 "하나님께서 모든 것이 그리스도를 가리키고 그에게 다가갈 일들과 관련된 조상들에 대한 약속과 비슷하게 그리스도를 가리키나, 이미 성취되고 확정된 우리에 대한 약속 사이를 구별하지 않으셨다"고 언급하여 구약과 신약을 약속과 성취의 통일성으로 이해하고 있다.[81] 둘째로 그는 1525년 8월에 저술한 『성찬 보충론』에서 개혁파의 방식에 따라 성찬식을 시행하기 전날인 1525년 4월 13일 밤에 꿈을 꾸다가 출애굽기 12장 11절의 "이것이 주의 유월절이다"라는 문장을 성찬 제정의 "이것이 내 몸이다(is)"가 내 몸을 "나타낸다"(signify)를 의미한다는 증거로 찾았다. 그는 여기서 성례의 언약적 성격의 이해를 강화시켰고, 신구약의 통일성을 생각하게 되었다.[82] 셋째로 그는 1525년 5월의 『세례, 재세례, 유아 세례론』에서 언약 사상을 논의하기 위해 창세기 17장을 사용하였다.

이러한 가운데 츠빙글리는 1525년 여름에 그의 언약 사상의 전환을 가져왔다. 이 전환의 가장 핵심은 지금까지 유비(유사성)에 근거하여 구약과 신약의 관계를 이해하던 것에서 벗어나 구약과 신약이 동일한 하나의 은혜 언약이라는 이해이다.

1. 『성찬 보충론』과 언약의 통일성

먼저 저작 시기를 명확하게 파악할 수 있는 작품부터 살펴보자. 츠빙글리가 1525년 8월 27일에 이 작품을 저술했는데, 저술한 이유는 1525년 4월에 근소한 차이의 우세로 결정되어 시행한 미사 폐지와 성경적인 성찬식의 거행 때문이었다. 근소한 표 차이로 미사의 폐지가 결정되어 성경에 근거한 성찬식이 거행되었지만, 츠빙글리는 반대파들의 견해를 반박하고 자신의 입장을 다시 한번 명확하게 밝힐 필요가 있었다. 당시에 로마 가톨릭교회를 대표하여 미사를 지지하며 츠빙글리와 논쟁했던 대표적인 인물은 요아킴 그뤼트(Joachim Am Grüt)였다. 따라서 츠빙글리는 1525년 8월에 쓴 이 저술을 통해 그뤼트를 중심으로 한 로마 가톨릭 세력의 성찬론을 반박하고자 하였다. 그러므로 이 글은 재세례파들이 아니라 로마 가톨릭을 대상으로 쓴 글이었다.[83]

츠빙글리가 『성찬 보충론』에서 언약을 어디에서 다루고 있는가? 츠빙글리는 로마 가톨릭 신자가 고린도전서 11장에서 이 잔은 내 피로 맺는 새 언약이라고 말했으므로, 새 언약인 이 잔에 그리스도의 피가 있어야만 한다면서 화체설을 주장한 것을 반박하면서 언약에 대해 논의한다.

츠빙글리는 고린도전서 11장에서 말하는 언약은 주께서 창세기 17장 1절에서 아브라함과 언약을 맺었을 때와 같이, 하나님에 의해 약속된 협정이라고 말한다. 츠빙글리는 창세기 17장의 아브라함의 언약을 설명하면서 언약과 언약의 표징이 구별된다는 것을 설명한다. 그는 언약과 언약의 표징이 구별되는 것을 논의하는 과정에서 언약의 표징인 세례와 할례의 관계를 논의하고, 더 나아가 구약과 신약의 언약의 통일성을 논한다.

언약과 표징에 대해 츠빙글리는 창세기 17장 10절에서는 언약이라고 부르지만, 11절에서는 언약의 표징이라고 부르는 할례에 대해 다음과 같이 언급한다. "동일한 페이지에서 명확하게 증명되는 바와 같이, 언약이라고 부르지만 전혀 언약이 아닌 표징들이 언약에 첨가된다."[84] 그는 신약에서 베드로전서 3장 21절을 근거로 "우리는 실질적으로 오직 그리스도에 의해 구원받지만, 우리는 세례에 의해 구원받는다"고 말하여 표징인 "세례"가 언약인 "그리스도"에 대해 사용된다고 설명한다.[85] 그런 후에 츠빙글리는 세례와 할례의 관계를 유비에 입각하여 다음과 같이 설명한다. "할례가 한때 하나님이 그들의 하나님이고 그들은 그의 백성이라는 언약의 표징이었던 바와 같이, 세례가 그의 아들이 우리의 것이라는 언약을 하나님으로부터 받았던 하나님의 자녀의 표징이다."[86] 이 논증에 대해 힐데브란트는 작은 것으로부터 큰 것으로의 유비의 논증으로 해석한다.[87] 그리고 나서 힐데브란트는 츠빙글리가 언약의 통일성이라는 "언약론적인 전환"을 전개한다고 해석한다.

> 나는 이제 아브라함의 언약으로부터 그리스도의 언약으로 넘어가려고 한다. 아브라함과 맺어진 언약은 아주 강하고 유효해서 당신이 언제나 그것을 신실하게 지키지 않는다면, 당신은 결코 신실하지 못할 것이다. (왜냐하면 네가 주 너의 하나님만을 예배하고 그만을 섬겨야 하기 때문에(신 6:13) 주께서 너의 하나님이시고, 네가 그만을 섬기지 않는다면 네가 신실하다고 자랑할 이유가 없기 때문이다.) 그러나 네가 이같이 섬기고 예배하는 그분이 너의 하나님이시고 최고의 선이시다. 왜냐하면 그는 너에게 값없이 자신을 주시고 그가 너를 자신에게 화해시키시려고 스스로 죽음을 짊어지시기 때문이다. 이 은혜는 우리 첫

> 번째 조상이 그의 법을 위반했을 때 오래 전에 그것을 주시는
> 분에 의해 약속되었으며, 지속적으로 우리 조상들에게 이 약속
> 을 갱신하셨다."88

츠빙글리는 아브라함 언약에서 그리스도의 새 언약으로 넘어가는데, 아브라함의 언약이 아주 강하고 유효해서 새 언약에까지 연결되어 그리스도에 의해 성취되는 것으로 설명한다. 그리스도께서 죽음으로 성취하는 구원의 은혜는 이미 우리 조상들이 범죄할 때 약속되었고, 그 조상들에게 갱신되었다. 그는 구원의 은혜가 이미 아담이 처음에 범죄했을 때 주어졌지만, 성취된 것은 그리스도에 의한 것이라고 말한다.

> 그가 약속을 하신 이유는 다름 아니라 첫 번째 조상의 타락이
> 속죄되지 않는 동안에, 우리가 아무리 수고하고 땀을 흘려도 축
> 복이 우리에게 올 수 없기 때문이다. 그러나 우리를 위해 죽임
> 당하신 그리스도께서 하나님의 정의를 달래시고(유화시키시
> 고) 하나님께 유일한 접근이 되었을 때, 하나님께서 인류와 새
> 언약에 들어가셨는데, 그가 다만 이 치유책을 발견하셨다는 의
> 미에서 새로운 것이 아니라, 그가 오래전에 준비하셨는데, 올바
> 른 순간에 적용하셨기 때문에 새로운 것이다.89

여기서 츠빙글리는 새 언약이 그리스도의 속죄를 통해서만 성취되었다고 말한다. 그리스도를 통해 맺은 언약이 새로운 것은 구약의 제사보다 완전한 치유책을 발견했다는 의미에서 새로울 뿐만 아니라, 이미 아담에게 하신 약속에서부터 준비하셨는데, 그리스도의 구속 사역을 통해 올바

른 순간에 적용하신 면에서 새롭다고 말한다. 여기서 새 언약이 옛 언약의 성취로서 통일성을 가진 것이라는 것은 오래 전에 준비한 것을 올바른 순간에 적용했다는 표현에서 확인할 수 있다.

힐데브란트는 츠빙글리가 여기서 준비와 적용, 다시 말해, 하나의 유일한 언약 속에서 구현되는 약속과 성취의 패턴에서 구원사적으로 주장하고 있으며, 여기에 이미 후대 개혁파 신학이 언급하는 은혜 언약(foedus gratiae)을 말할 수 있다고 해석한다.[90] 츠빙글리는 여기서 발견되는 치유책을 오래전에 준비했다가 올바른 순간에 적용했다고 말하여 구원사적으로 진행되어 성취된 약속으로 설명한다.

그는 그와 동시에 아브라함의 할례와 신약의 세례를 동일한 것이라고 설명한다. 츠빙글리는 골로새서 2장 11절의 해석을 근거로 "이제 우리의 세례는 완전히 이전에 할례가 그랬던 동일한 것을 가리킨다"고 말한다. 여기서 새로운 언약은 "하나님께서 그의 아들을 통해 풍성하게 주시는 죄 용서"인데, 새 언약을 받은 사람들이 그 언약의 징표로 받는 세례는 구약의 할례와 동일하다. 이와 함께 성찬의 축제는 그 언약이 완성된 것을 나타내는 언약의 표징이다[91] 츠빙글리는 이러한 논의를 통해 1525년 8월에 이르러 구약과 신약 사이의 유비적인 연속성을 넘어서 구약과 신약의 본질적인 통일성을 발견하기에 이르렀다.

이러한 언약의 통일성 논의가 성찬론에서 발생한 것인가? 할례와 세례론에서 발생한 것인가? 길리스는 언약의 통일성이 할례와 세례의 논의에서 전개되고, 그 후에 성찬론을 논하기 때문에, 츠빙글리의 언약의 통일성이 세례론에서 발생한다고 주장한다.[92]

그렇지만 이 논의는 새 언약인 성만찬의 잔에 그리스도의 피가 있다는 로마 가톨릭의 성찬론을 비판하기 위한 것이었다. 그리고 그는 "세례가 신약의 첫 번째이자 특별한 표지이다. 더구나 성찬의 축제는 그 언약이 완성된 것을 축하한다"고 설명한다.[93] 츠빙글리는 세례뿐만 아니라 성찬을 통해 구약과 신약이 약속과 성취라는 것을 함께 설명하고 있다. 그러므로 츠빙글리의 개혁주의의 가장 중요한 특성인 언약의 통일성에 대한 인식이 재세례파들과의 논쟁에서만 발생한 것이 아니라, 성찬론을 논의하는 과정에서 생겨났다는 것이 분명하다. 츠빙글리는 세례와 성찬이 동일하게 언약의 표지라는 것을 인식하고 있었고, 세례와 성찬이 동일하게 구약과 신약의 통일성을 나타내고 있다는 것을 인식하였다. 그러므로 그는 1525년 8월에 『성찬 보충론』에서 구약과 신약이 하나의 은혜 언약이라는 언약의 통일성 인식에 도달하였다.

2. 『창세기 주석』과 언약의 통일성

프로페차이에서 창세기는 1525년 6월 19일부터 11월 5일까지 연구되었다. 츠빙글리는 그 후 1526년 7월 8일부터 1527년 3월 초까지 창세기를 설교하였다. 『창세기 주석』은 주드(Jud)와 메간더(Megander)에 의해 편집되었는데, 프로페차이에서 강의를 들은 학생들의 노트와 설교에 대한 기록들로부터 편집되었다.[94] 그러므로 이 편집이 1525년 여름의 강의만이 아니라 그 이후의 설교에서 추가된 것이라는 점에서 1525년 여름의 츠빙글리의 정확한 사상이라고 말하기는 어렵지만, 그때의 사상이 일정 부분 반영된 것은 분명하다 하겠다.

이 주석에서 가장 중요한 요점은 하나님께서 아브라함과 맺은 언약의 통일성에 대한 강조이다. 창세기 12장 1절에 대해 츠빙글리는 다음과 같이 말한다.

> 참으로 아브라함과 우리의 신앙은 동일하다 … 복음은 다름 아닌 하나님의 선과 은혜의 표명이고 보증이다. 이 은혜는 또한 조상들에게 제공되었는데, 그렇지만 완전히 명확하게, 그리고 보편적으로 제공된 것은 아니었다. 참으로 신약에서 예수 그리스도를 통하여 은혜는 명확하게 전시되었고 해외로 온 세상으로 확산되었다. 그러므로 모든 시대에 한 신앙, 하나님의 한 교회가 있었다. 신실한 사람은 누구라도 그리스도를 통해서만 하나님께 온다. 그리스도는 구원과 은혜의 보증이다. 왜냐하면 그리스도 자신만이 길이고 문이며 어느 누구도 그리스도를 통하지 않고는 아버지께로 오지 않기 때문이다.[95]

츠빙글리는 아브라함의 신앙과 우리의 신앙은 동일하고, 모든 시대에 한 신앙과 하나님의 한 교회가 있었다고 말한다. 하나님의 복음의 은혜는 예수 그리스도를 통해 명확하게 드러났고 온 세계로 확산되었다.

창세기 15장에서 정교한 언약 의식을 논의하면서, 츠빙글리는 아브라함이 짐승을 잘라 하나님과 언약을 확증했다고 말한다. "그러므로 우리는 이미 처음부터 조상의 신앙과 우리의 신앙이 하나이고 동일한 것이라는 것을 알고 있다. 왜냐하면 모든 사람들이 하나님께서 아브라함과 그의 씨와 맺은 이 약속과 언약의 신앙에 의해 구원받기 때문이다."[96] 그는 다시 말한다. "믿는 모든 사람들은 아브라함의 자녀들이고 그들은 아브라함과 맺은 언약에 속하며 (언약은 역시 씨와 확정되기 때문이다) 다시 말해, 하나님은 그들에게 하나님이시다."[97] "이 언약(pact)은 처음에 유대인들과 맺었는데, 그들의 조상이 아브라함이다. 이제 참으로 이것은 모든 신자들과 관련을 가진다."[98] 이같이 구약과 신약에서 하나의 동일한 언약과 신앙이 있으며, 모든 사람이 이 동일한 언약의 신앙에 의해 구원받는다.

이 하나의 언약은 그리스도 안에서 통일성을 발견하는데, 그리스도는 구원과 은혜의 보증이다. 츠빙글리가 하나의 신앙만이 있다고 말할 때, 그는 아브라함의 신앙이 우리와 동일하게 예수 그리스도에 초점을 맞춘다는 것을 의미한다. 차이는 아브라함은 약속된 바 씨를 통하여 하나님을 믿었던 반면에, 우리는 현존하는 씨를 믿는다는 것이다.[99] 구원하는 씨에 대한 이 약속은 처음에 아브라함이 아니라 아담에게 주어졌다. 그러므로 츠빙글리는 모든 신자가 그리스도를 약속을 통해 혹은 임재를 통해 이용할 수 있으므로, 그리스도를 통해 하나의 백성으로 통합된다고 보고 있다.

창세기 17장 10절에 대한 주석에서 츠빙글리는 언약의 표징에 대한 긴 논의를 하는데, 이것은 참으로 세 가지 요점의 설교의 모습을 가지고 있다. 그의 첫 번째 요점은 언약(pact)이 언약의 표징, 다시 말해, 할례에 대해 사용되는 바와 같이, 그리스도는 주의 만찬에서 언약(testament)이란 용어에 의해 잔을 언급한다. 비슷한 방식으로, 환유법이라 불리는 언어의 비유를 통해, 그리스도는 빵을 그리스도의 몸으로, 포도주를 피로 언급한다. 그렇지만 그것들은 다만 그것들의 상징이다. 츠빙글리의 둘째 요점은 할례를 언약이라고 부르지만, 이것을 또한 언약의 표징이라고도 부른다는 것이다. 마지막으로, 그리고 여기서 가장 중요하게, 츠빙글리는 유아 세례에 대한 그의 주장을 언약의 표징으로서의 할례로부터 제시한다. 그는 할례는 아브라함과 하나님 사이의 언약의 표징이라고 말한다. 그리고 어린이들 역시 언약에 속해야만 한다. 왜냐하면 표징이 그들이 아브라함과 동일하게 언약 속에 있다는 표징으로서 역시 그들에게 주어지기 때문이다. 이제 아브라함과 그의 자녀들에 대해 언급된 것이 그리스도인들과 그의 자녀들에게 언급되어야만 한다. 그리스도인 부모들로부터 태어난 그들의 상황은 아브라함에게서 태어난 그들의 상황과 같다. 왜냐하면 오직 하나의 신앙과 하나의 교회만이 있기 때문이다. 언약의 표징으로서의 할례가 하나님의 명령과 교훈에 의해 히브리인들의 자녀들에게 주어졌다면, 각각의 근거가 동일하고, 우리의 자녀들이 유대인들의 자녀들에 못지 않게 언약에 속해 있기 때문에, 왜 세례가 기독교인 자녀들에게 거부되어야 하는가?[100]

이같이 츠빙글리는 창세기를 주석하면서 구약과 신약의 언약의 통일성을 명확하게 인식하고 있었으며, 그러한 관점에서 유아 세례를 유아 할례에 근거하여 정당화하고 있다. 그러면 『성찬 보충론』과 『창세기 주석』의 두 저술 가운데 어느 것이 더 먼저 언약의 통일성을 인식하였을까? 구약과 신약의 통일성에 대한 츠빙글리의 통찰이 1525년 6월 9일부터 시작된 프로페차이에서의 창세기 강의에서 시작되었을 가능성이 높다. 그렇지만 1527년 3월에 출판된 『창세기 주석』은 1526년에 진행되어 1527년 3월 초에 끝난 츠빙글리의 설교에도 영향을 받았을 가능성이 있다. 그러므로 츠빙글리의 구약과 신약에서 은혜 언약 사상의 통일성에 대한 발견은 1525년 여름에 시작되었으며, 초기에 표현된 형태는 『성찬 보충론』이고 『창세기 주석』에서는 좀더 발전된 형태로 저술되었을 가능성이 높다.

그러면 1525년 여름의 저술들에서 츠빙글리는 언약의 쌍방성을 강조하고 있는가? 길리스는 세례에서 맺은 언약의 협정이 하나님의 사람에 대한 맹세와 사람의 하나님에 대한 맹세를 간략하게 포함한다고 언급하면서 언약의 쌍방성을 강조한다. "언약은 다름 아닌 하나님이 우리 하나님이고 우리는 그 앞에서 흠 없이 사는 것이다."[101] 그렇지만 창세기 주석에서 츠빙글리는 이 한 문장 외에 사람의 하나님에 대한 맹세에 대해서는 전혀 언급하지 않는다. 츠빙글리는 이 언급에서 언약과 언약의 표징의 구별을 논의한다. 할례를 언약이라고 부르기도 하고 언약의 표징이라고도 부르지만, 할례는 언약의 표징이라는 것을 논한다. 그리고 언약은 나는 네 하나님이 되고 너는 내 앞에서 완전하게 행하라는 것이다. 그리고 그는 성찬에서도 잔이 새 언약이라고 말하지만, 환유법에 의해 잔은 새 언약의 상징이라는 것을 설명한다. 그러므로 그는 이곳에서 인간의 하나님에 대한 언약에 대해서는 전혀 언급하지 않고 하나님의 인간에 대한 언약을 설명하고 있다. 그러므로 이곳에서 언약의 쌍방성보다는 하나님의 은혜 언약을 통한 신약과 구약의 통일성을 설명하고 있다.

V. 나가는 말

츠빙글리의 언약 사상은 1523년 7월부터 1525년 8월의 2년에 걸쳐 발전하여 중요한 결실을 맺었다. 그는 1523년 7월의 67개 신조 18항 해설에서 로마 가톨릭의 성찬에 대한 화체설의 입장을 비판하면서 언약에 대하여 논하였다. 그는 성찬 제정사에 나오는 새 언약이란 표현에서 언약에 대해 논의한다. 여기서 츠빙글리는 언약이 유언의 측면과 맹세의 측면이 있다는 것을 논하면서 언약이 십자가에서 예수 그리스도의 죽음의 유언으로 완성되는 은혜 언약이고, 하나님께서 인간에게 자신이 약속하신 것을 주신다는 맹세로서의 은혜의 일방성을 강조한다. 그렇지만 츠빙글리는 구약의 제사보다는 그리스도의 십자가에서의 희생 제물이 우월하다는 입장에서 구약과 신약의 관계를 통일성보다는 유비성(유사성)에 입각하여 취급하고 있다. 그러므로 이 저술에서 언약에 대한 츠빙글리의 입장은 구약과 신약의 관계를 유비성에 입각하여 논하면서 구약과 신약의 언약이 은혜 언약이라는 연속성이 있다고 이해한다. 그리고 성찬은 인간의 연약성을 도와 신앙을 강화시켜주는 역할을 한다고 보았다. 그러므로 츠빙글리의 언약 사상은 성찬론에서 논의가 시작되었다.

츠빙글리는 1524년 5월부터 1525년 5월 사이에 성례가 언약 참여자의 동료 신자들과 교회에게 하는 맹세로 변화하며, 이를 통한 교회의 통일성을 주목한다. 그는 이 시기에 세례와 성찬을 논하면서 성례의 이러한 새로운 성격을 논의한다. 알베르(Alber)에게 보낸 편지에서 츠빙글리는 성찬을 논하면서 동료 신자들에게 자신의 신앙의 충성 맹세를 나타내 보이고, 교회의 한 몸됨을 고백하여 교회의 통일성을 나타낸다고 보았다. 그리고 1525년 5월의 『세례, 재세례, 유아 세례론』에서는 세례가 동료 신자들에게 신앙의 입교를 나타내고 그들에 대한 헌신의 맹세의 표징임을 설명한다. 그리고 하나님께 대해 자녀들을 하나님의 말씀에 따라 양육하고 자신이 하나님의 말씀에 순종하여 살아간다는 충성 서약의 표징이라는 것이다. 그러므로 이 시기에 성례는 동료 신자들에게 대한 입교와 충성 서약이다. 그리고 유아 세례는 구약에서 부모와 함께 어린이가 할례를 받아 하나님의 언약 공동체에 속했던 바와 같이, 신약에서도 자녀가 부모와 함께 세례를 받아 언약 공동체에 속해야 한다는 유비성을 근거로 유아 세례의 타당성을 주장한다. 그리고 이 시기까지 구약과 신약의 관계에 대해 츠빙글리는 아직까지 여전히 두 언약의 유비성에 근거하여 인식하고 있었다.

그런데 츠빙글리는 1525년 6월 19일부터 프로페차이를 개설하여 창세기를 연구하였다. 그는 『창세기 주석』에서 아브라함의 언약과 그리스도의 새 언약의 통일성을 분명하게 제시하고 창세기 17장에서 구약의 할례와 신약의 세례가 동일한 언약의 표징이라고 설명한다. 츠빙글리는 창세기 연구와 설교를 통해 구약과 신약의 유비적인 성격을 넘어 동일한 하나의 은혜 언약이라는 것을 확인하였다. 그렇지만 이 창세기 주석은 1527년 3월 말에 출판되었고 1526년부터 1527년에 했던 창세기 설교 자료를 포함하여, 이러한 구약과 신약의 언약 통일성의 인식이 1525년 여름의 언제인지를 특정하기가 쉽지 않다.

그런데 1525년 8월에 저술한 『성찬 보충론』은 구약과 신약이 동일한 은혜 언약이라는 것을 명확하게 설명하고 있으므로, 츠빙글리의 언약 사상이 개혁신학의 특색인 구약과 신약이 하나의 은혜 언약이라는 특성을 완전하게 인식한 시기를 알 수 있는 중요한 저술이다. 그래서 힐데브란트는 이 저술을 츠빙글리의 언약의 전환이 일어난 작품이라고 불렀다. 그러므로 츠빙글리는 1525년의 여름에 이르면 구약과 신약이 하나의 은혜 언약이라는 언약의 통일성을 인식한 것으로 분명하게 확인된다. 그러므로 츠빙글리는 종교개혁 당시에 구약과 신약의 은혜 언약으로서의 통일성을 명확하게 인식한 중요한 신학적인 발전을 이룩하였다. 본고의 논의의 결과는 불링거와 칼빈에게서 더욱 발전적으로 확립된 구약과 신약이 동일한 하나의 은혜 언약이라는 관점이 츠빙글리에게서 배아적으로 정립되기 시작한 시기가 1525년 여름이라는 것을 밝혀냈으며, 그러한 관점이 유아 세례 논쟁에서만이 아니라 오히려 성찬 논쟁에서 시작하여 유아 세례 논쟁과 함께 발전해 간 점을 논증하였다.

그렇지만 이 시기까지 츠빙글리의 언약 사상에서 불링거의 언약 사상의 특성인 언약의 쌍방성은 거의 나타나지 않고 있다. 그래서 이 문제와 함께 츠빙글리가 구약과 신약이 동일한 은혜 언약이라는 점을 강조하면서 두 언약의 차이에 대해 했던 논의는 츠빙글리의 여름 이후 시기까지의 츠빙글리의 저술들을 연구하여 밝힐 과제로 남겨두고자 한다.

미주 16

01 이 논문은 「갱신과 부흥」 30호 (2022.9), 87-124에 게재되었다.

02 Emanuel Graf von Korff, Die Anfange der Federaltheologie und ihre erste Ausgestaltung in Zurich und Holland (Bonn: Emil Eisele, 1908), 10.

03 Gottlob Schrenk, Gottesreich und Bund im alteren Protestantismus vornehmlich bei Johannes Coccejus (Gutersloh: C. Bertelsmann, 1923), 37.

04 G. W. Locher, "Das Geschichtsbild Huldrych Zwinglis," Theologische Zeitschrift 9 (1953), 296.

05 Jack Warren Cottrell, "Covenant and Baptism in the Theology of Huldreich Zwingli," Ph. D. Yale University, 1971.

06 Kenneth Hagen, "From Testament to Covenant in the Early Sixteenth Century," Sixteenth Century Journal 3/1 (1972), 16-20.

07 J. Wayne Baker, Heinrich Bullinger and the Covenant: The Other Reformed Tradition (Ohio: Ohio University Press, 1980), 2.

08 Baker, Heinrich Bullinger and the Covenant, 16; Stephen Strehle, Calvinism, Federalism, and Scholasticism: A Study of the Reformed Doctrine of Covenant (New York: Peter Lang, 1988), 113ff.

09 Charles S. McCoy & J. Wayne Baker, Fountainhead of Federalism: Heinrich Bullinger and the Covenantal Tradition (Louisville: Westerminster/John Knox Press, 1991), 21.

10 "Erläuterungen zu Genesis : Farrago annotationum in Genesim ex ore Hulryci Zuinglii per Leonem Iudae et Casparem Megandrum exceptarum. März 1527," E. Egli et al. eds., Huldreich Zwinglis sämtliche Werke, Vol. 13 (Zurich: Verlag Berichthaus, 1963). 이하에서 츠빙글리 전집은 Z로 표기한다.

11 Scott A. Gillies, "Zwingli and the Origin of the Reformed Covenant 1524-7," Scottish Journal of Theology 54 (2001), 21-50.

12 Peter A. Lillback, The Binding of God: Calvin's Role in the Development of Covenant Theology, 원종천 역, 『칼빈의 언약 사상』 (서울: CLC, 2009), 138.

13 Pierrick Hilderbrand, "Zwingli's Covenantal Turn," in Jon Balserak & Jim West & Carl R. Trueman eds.. From Zwingli to Amyraut: Exploring the Growth of European Reformed Traditions (Göttingen: Vandenhoeck & Ruprecht, 2017), 23-36.

14 "Subsidium sive coronis de eucharistia," Z 4 (Leipzig: M. Heinsius Nachfolger, 1927).

15 프로페차이는 1925년 6월 19일에 그로스뮌스터 성가대석을 강의실로 개조하여 구약을 연구하여 강의한 것을 말한다.

16 "Supplicatio ad Hugonem episcopum Constantiensem," Z 1 (Berlin: Schwetschke, 1905), 200.

17　Locher, "Das Geschichtsbild Huldrych Zwinglis," 296-297.

18　Lillback, 『칼빈의 언약 사상』, 120.

19　Cottrell, "Covenant and Baptism in the Theology of Huldreich Zwingli," 31.

20　Hagen, "From Testament to Covenant in the Early Sixteenth Century," 16.

21　"Auslegen und Gründe der Schlußreden," Z 2 (Leipzig: Heinsius, 1908), 120.; E. J. Furcha & H. Wayne Pipkin trans., Selected Writings of Huldrych Zwingli Vol. 1 (Eugene: Pickwick Publications, 1984), 98. 이하 Writings 1로 표기함.

22　Cottrell, "Covenant and Baptism in the Theology of Huldreich Zwingli," 40.

23　Z 2, 130.; Writings 1, 106.

24　Z 2, 131.

25　Z 2, 132.

26　하겐은 이미 62개 조항에 대한 해설에서 츠빙글리가 언약의 쌍방성을 강조한다고 주장한다. 성경에서 testamentum이 가장 일반적으로 사용되는데, 독일어 Gemächd를 의미하며, 이 용어가 게르만법에서 쌍방성의 성격을 갖는다고 해석한다.(Hagen, "From Testament to Covenant in the Early Sixteenth Century," 17) 그는 1523년의 67개 조항 해설에서 이미 언약의 쌍방성을 지적한다고 해석한다.

27　Z 2, 13.

28　Carl M. Leth, "Signs and Providence: A Study of Ulrich Zwingli's Sacramental Theology," (Ph.D. Duke University, 1992), 37.

29　Z 2, 136.

30　Leth, "Signs and Providence," 43.

31　Z 2, 150.

32　Z 2, 131.

33　Z 2, 131.

34　Z 2, 132.

35　Z 2, 131. Hie hörend wir die wort Moysi, damit er das testament gevestet hatt, so glych sin den worten Christi von sinem bluot, das ein ietlicher eigenlich mercken mag, das Moyses gehandlet hat ein bedüten gewesen sin deß, das Christus gethon hat. Denn nachdem got mit den kinderen Israels und iren nachkummen einn pundt gemacht und ein erbgemächt, das ist: ein testament, do ist ouch tod und bluotvergiessen, doch nun der unvernünfftigen tieren, darzuo gebrucht, wie vor gemeldet. Do aber Christus sin testament, das ist: sin verpüntnus und erbgemächt, das in die ewigheit wären würdt, mit den menschen gemacht, hat er nit vihischen tod ufgeopfret, sunder sich selbs.

36　한 논평자가 칼빈의 『기독교강요』의 2권 10장의 제목인 구약과 신약의 유사점, 혹은 일치점과 츠빙글리의 유사성의 차이점이 무엇인가 지적했는데, 칼빈은 『기독교강요』 2권 10장에서 구약과 신약의 일치점을 말하는 반면에, 츠빙글리는 1525년 여름이 되어서야 그러한 일치점을 인식하였고, 그 이전까지는 구약과 신약의 그러한 일치점을 인식하지 못하고, 유비를 통한 유사성을 언급하지만 신약이 구약보다 우월하다는 입장

이었다. 물론 츠빙글리 자신이 신구약의 관계에 대해 명확한 용어를 사용하여 서술하지는 않는다.

37　Gillies, "Zwingli and the Origin of the Reformed Covenant 1524-7," 27.
38　Cottrell, "Covenant and Baptism in the Theology of Huldreich Zwingli," 55.
39　Z 2, 125.
40　W. P. Stephens, The Theology of Huldrych Zwingli, 박경수 역, 『츠빙글리의 생애와 사상』(서울: 대한기독교서회, 2007), 136.
41　"Vorschlag wegen der Bilder und der Messe," Z 3 (Leipzig: Heinsius, 1914), 124.
42　Cottrell, "Covenant and Baptism in the Theology of Huldreich Zwingli," 69.
43　"Ad Matthaeum Alberum de coena dominica epistola," in Z 3, 345.
44　Z 3, 351.
45　Z 3, 348.
46　Z 3, 349.
47　Lillback, 『칼빈의 언약 사상』, 130.
48　Cottrell, "Covenant and Baptism in the Theology of Huldreich Zwingli," 86.
49　Stephen Brett Eccher, "Hudlrych Zwingli: Reformation in Conflict," Perichoresis 15/4 (2017), 45.
50　"Zwingli an Franz Lambert an Strassburg," in Z 8 (Leipzig: Heinsius, 1914), 269.
51　Z 8, 270.
52　Z 8, 271.
53　Z 8, 271.
54　Z 8, 273.
55　Z 3, 410.
56　Z 8, 272.
57　Gillies, "Zwingli and the Origin of the Reformed Covenant 1524-7," 31.
58　Lillback, 『칼빈의 언약 사상』, 132.
59　"Von der Taufe, von der Wiedertaufe und von der Kindertaufe," Z 4, 218. "Sacramentum", so vil hiehar dienet, heißt ein pflichtszeichen
60　Z 4, 218. G. W. Bromiley ed. & trans., Zwingli and Bullinger (London: SCM Press, 1953), 131.
61　Timothy George, The Theology of Reformers, 이은선 피영민 역, 『종교개혁자들의 신학』(서울: 요단출판사, 1994), 165.
62　Z 4, 218. Bromiley ed. & trans., Zwingli and Bullinger, 131.
63　Z 4, 240.

64 pflicht를 서약(맹세)으로 번역한 것은 츠빙글리가 유아 할례에 대해 pflichtzeichen이라고 표현하는데, 이것을 유아에게 올바르게 신앙 교육을 하겠다는 부모의 서약 혹은 맹세의 표징이라고 보아 서약이라 번역했다.

65 Z 4, 293.

66 William Klassen, Covenant and Community: The Life, Writings and Hermeneutic of Pligrim Marpeck (Grand Rapids: Eerdmans, 1968), 21. Lillback, 『칼빈의 언약 사상』, 138.

67 Lillback, 『칼빈의 언약 사상』, 138.

68 Z 4, 212.

69 Z 4, 327.

70 Hagen, "From Testament to Covenant in the Early Sixteenth Century," 18. 츠빙글리는 재세례파와 교황주의자들은 요한이 그리스도의 모형이고 그림자라고 주장하며 그러므로 그를 구약에 속한 것으로 간주한다고 비판하면서, 세례 요한은 세례뿐만 아니라 복음을 시작했던 신약의 인물이라고 강조하여 율법인 구약과 대비시킨다.

71 Hillderbrand, "Zwingli's covenantal turn," 27.

72 Cottrell, "Covenant and Baptism in the Theology of Huldreich Zwingli," 164.

73 Bromiley, Zwingli and Bullinger, 127.

74 Hagen, "From Testament to Covenant in the Early Sixteenth Century," 18.

75 Gillies, "Zwingli and the Origin of the Reformed Covenant 1524-7," 34.

76 Cottrell, "Covenant and Baptism in the Theology of Huldreich Zwingli," 173.

77 Cottrell, "Covenant and Baptism in the Theology of Huldreich Zwingli," 191.

78 Hagen, "From Testament to Covenant in the Early Sixteenth Century," 18-19.; Baker, Heinrich Bullinger and the Covenant, 181.

79 Gillies, "Zwingli and the Origin of the Reformed Covenant 1524-7," 38, 39, 40.

80 Hillderbrand, "Zwingli's covenantal turn," 25.

81 Z 3, 840.

82 Bruce Gordon, "Hulrych Zwingli's Dream Of The Lord's Supper," in Maria Cristina Pitassi & Daniela Solfaroli Camillocci eds., Crossing Traditions: Essays on the Reformation and Intellectual History (Leiden: E. J. Brill, 2018), 306.

83 Leth, "Signs and Providence," 119. Hillerbrand, "Zwingli's Covenantal Turn," 26.

84 E. J. Furcha & H. Wayne Pipkin trans., Selected Writings of Huldrych Zwingli Vol. 2 (Eugene: Pickwick Publications, 1984), 223. 이하 Writings 2로 표기.; Z 4, 500.

85 Writings 2, 224.; Z 4, 500.

86 Z 4 ,500-501.

87 Hillderbrand, "Zwingli's Covenantal Turn," 28.

88 Z 4, 501. Writings 2, 224.

89 Z 4, 501. Writings 2, 224.
90 Hilldebrand, "Zwingli's Covenantal Turn," 30.
91 Writings 2, 224, Z 4, 501.
92 Gillies, "Zwingli and the Origin of the Reformed Covenant 1524-7," 38.
93 Writings 2, 224.
94 Cottrell, "Covenant and Baptism in the Theology of Huldreich Zwingli," 176-177.
95 Z 13, 67-68.
96 Z 13, 89.
97 Z 13, 104.
98 Z 13, 105.
99 Cottrell, "Covenant and Baptism in the Theology of Huldreich Zwingli," 181-182.
100 Z 13, 105-106.
101 Z 13, 105.

재발견된 츠빙글리, 한국 교회에 말하다.

안인섭

에 필 로 그

에필로그

재발견된 츠빙글리, 한국 교회에 말하다.

안인섭(츠빙글리 종교개혁 기념대회 편집위원장, 총신대학교 교수)

2000년대까지만 해도 한국 교회는 하나님의 은혜로 놀라운 성장을 이룩했다는 표현에 방점이 찍혀 있었다. 국제 무대에서도 한국 교회 지도자들과 신학자들의 리더십은 이전과 비교할 수 없을 정도로 위상이 높아졌다. 그러나 최근 선진국 수준에 도달한 한국 사회 속에서 한국 교회는 오히려 그 영향력이 급격하게 줄어들고 있다. 황금만능주의, 도덕적 무기력증, 그리고 교회 내 치열한 권력 투쟁으로 점차 쇠락해 가고 있는 한국 교회는, 코로나19 이후 시대를 겪으면서 그 상황이 더 심해졌다. 이런 맥락에서 한국 교회에 다시 종교개혁이 일어나야 한다는 소리가 자주 들린다. 그렇다. 다시 종교개혁이 필요하다.

그렇다면 무엇을, 어떻게 개혁할 것인가? 이때 츠빙글리의 종교개혁 정신이 절실히 요청된다. 왜 그럴까?

첫째로 츠빙글리의 종교개혁은 교회와 시민 사회 모두 하나님의 말씀에 기초해야 한다는 것을 강조했는데, 바로 이 점이 현대 교회에 절실한 점이라 생각한다. 츠빙글리 시대에 스위스에는 용병 제도의 폐혜와, 뇌물, 땅 투기 등이 범람하고 있었다. 교회와 사회 모두가 성경의 정신에서 이탈해 가고 있었을 때 츠빙글리는 하나님의 말씀의 신학으로 준엄하게 회개를 촉구했다.

한국 교회는 언제부터인가 사회적이고 경제적인 이해관계가 성경의 가르침보다 우선되는 신앙의 역전 현상을 보여주고 있다. 한국 사회 또한 이웃을 배려하는 품격있는 삶은 점차 사라지고 개인의 이기적인 탐욕을 채우기 위해서 질주하고 있다. 이제 우리가 츠빙글리의 목소리에 경청해야 할 이유가 바로 여기에 있다.

둘째로 츠빙글리는 하나님에 의해서 의롭게 된 인간은 동시에 취리히 시에서도 정의를 세우는 시민이 되어야 한다고 강조했다. 츠빙글리는 인간의 의를 먼저 내적으로 하나님과의 관계성 속에서 조명한 후에, 외적으로 국가와 사회를 통한 의로 나갔다. 츠빙글리는 교회와 국가를 두 개의 공동체가 아니라 하나님의 절대적인 지배하에 있는 동일한 공동체로 보았다. 이런 관점은 루터파나 재세례파와는 극명하게 다른 개혁파의 공통적인 장점이다. 그리스도의 왕국을 매개로 하여 교회와 시민 사회 모두를 통합했다. 츠빙글리에 의하면 국가는 인간의 정의가 하나님의 정의에 수렴하는 기관이다.

따라서 츠빙글리의 신앙 개혁 운동은 필연적으로 사회적인 변혁과 맞물려 있었다는 점에서 한국 교회에 츠빙글리의 정신이 더 요청된다고 하겠다. 한국 교회는 이제 신앙과 삶의 균형 잡힌 성숙한 신앙의 모습을 세상에 보여주어야 한다. 예수를 믿는 기독교인은 그들에 의해 사회적 정의가 동반해서 성취되어야 한다는 것이 더 절실하게 요청되는 것이다.

셋째로 츠빙글리를 통해서 배울 수 있는 것은 사회 통합과 사회 공감의 정신이다. 츠빙글리의 종교개혁 사상은 스위스 연방(Swiss Confederation)의 역사적 맥락에서 해석되어야 한다. 스위스는 이미 1291년에 오스트리아에 대항해서 형성된 스위스 연방(Confederatio Helvetica)이 모체가 되어 연방 국가로 성장해 갔으며, 취리히는 1351년에 이 스위스 연방의 일원이 되었다. 츠빙글리는 스위스 연방이 신앙적 개혁과 사회적 갱신을 통해서 연대할 것이며 분열하지 말 것을 간곡하게 주장했다. 츠빙글리는 공공의 삶의 영역에서 기독교인의 책임을 강조했다. 츠빙글리가 볼 때 스위스 연방의 위기의 중심에는 이기심이 있었다. 연방 국가에서 서로 물고 싸우면 멸망할 수밖에 없다는 것이다. 츠빙글리는 만약 서로 화해하고 평화를 유지한다면 다시 발전할 수 있다고 보았다. 츠빙글리는 스위스 연방이 이기심을 버리고 화합을 추구해야 하며, 자기중심성에서 하나님 은혜 중심성으로 회개하며 나갈 때 스위스의 미래가 있다고 전망했다.

츠빙글리의 신학을 연구하다 보면 놀라울 정도로 마치 그가 오늘의 한국 교회를 향해서 말하는 것과 같다. 한국 사회와 교회를 회복하기 위해서 표피적인 제도와 법을 고치는 개혁은 본질적인 대안이 될 수 없다. 보다 근원적인 그 어떤 변화가 필요하다. 이 중요한 지점에 비교적 뒤늦게 주목받고 있는 개혁자가 바로 스위스 취리히의 종교개혁자 츠빙글리다. 츠빙글리가 성경 강해 설교를 통해 종교개혁을 일으켰던 1519년을 기점으로 삼아 500주년이 되는 2019년에 묻혀 있던 츠빙글리를 발굴해 내어 한국 교회와 세계 교회에 소개했던 일은 분명 역사적인 의미가 있는 일이었다. "종교개혁"이라고 하면 당연히 1517년 비텐베르그 성벽의 루터에게로만 향하던 시선이 이제는 1519년 스위스 취리히에서 성경 강해 설교를 하던 츠빙글리에게로 옮겨지게 된 것이다.

이번 책도 이런 문제 의식을 공유하는 대표적인 신학자들이 마음을 모아서 출판하게 된 것이다. 지금 이 책에 기고한 저자들은 츠빙글리 500주년이 되는 2019년부터 시작해서 공동체적 영성을 가지고 지속적으로 츠빙글리의 생애와 신학, 그리고 그것이 현대 사회와 한국에 적용될 수 있는 방향을 찾기 위해서 함께 연구하고 저술하고 전파해 오고 있다. 이 츠빙글리의 개혁신학을 다시 발굴하는데 목회자들도 마음을 함께 모으고 있다. 참으로 소중하고 귀한 일이 아닐 수 없다. 특히 이 귀한 일에 깊이 공감하면서 추천사를 써 주고 각종 후원을 아끼지 않은 한국 교회 지도자분들에게 특별한 감사를 드린다. 이런 정신이 바로 츠빙글리가 우리에게 주는 귀한 유산이라고 생각한다. 또한 이 책의 가치를 알아보고 출판될 수 있도록 적극 돕고 격려해 주었던 킹덤북스(Kingdom Books) 대표 윤상문 목사님에게 깊은 감사의 마음을 전해드린다.

무엇보다도 츠빙글리를 재발견할 수 있도록 이 모든 프로젝트를 시작부터 지속적으로 기획하고 이끌어 가시는 주도홍 츠빙글리 종교개혁 기념대회 대회장님, 이은선 기념대회 집행위원장님, 안명준 교수님, 그리고 손과 발로 뛰면서 이 프로젝트를 추진해 나가고 있는 조용석 사무총장님을 비롯해 모든 저자님들에게 머리 숙여 감사를 드린다.

아무쪼록 이 책을 마주 대하는 모든 독자분들이 더욱 강건하게 하나님 나라의 공동체를 세울 수 있기를 기대하며 주님의 평강을 간구한다.